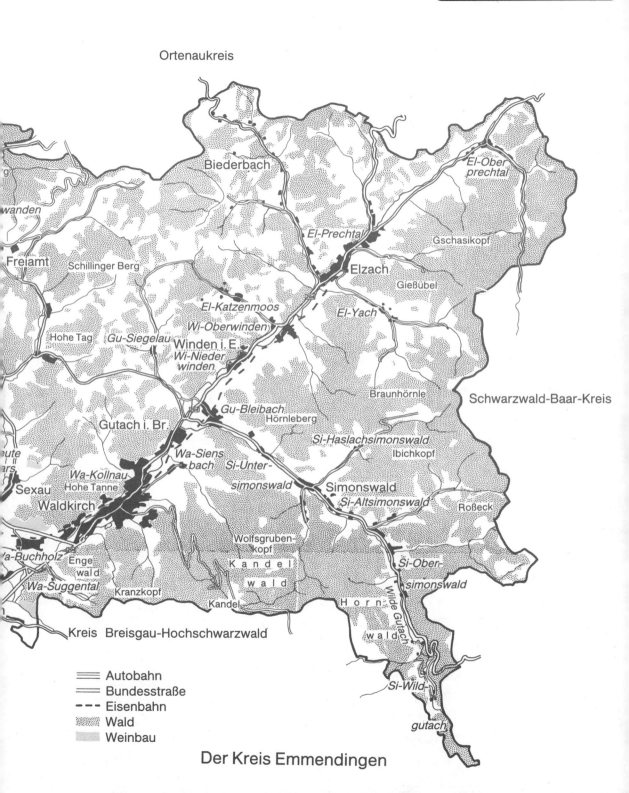

Ortenaukreis

Biederbach

El-Ober
prechtal

El-Prechtal

Gschasikopf

wanden

Freiamt

Schillinger Berg

Elzach

Gießübel

El-Katzenmoos

El-Yach

Wi-Oberwinden

Hohe Tag

Gu-Siegelau

Winden i. E.

Wi-Nieder
winden

Braunhörnle

Schwarzwald-Baar-Kreis

Gu-Bleibach

Hörnleberg

Gutach i. Br.

Si-Haslachsimonswald

Ibichkopf

Wa-Siens
bach

Si-Unter-
simonswald

eute
ars

Hohe Tanne

Simonswald

Sexau

Wa-Kollnau

Si-Altsimonswald

Waldkirch

Roßeck

Wolfsgruben-
kopf

a-Buchholz

Enge
wald

K a n d e l

Si-Ober-

Wa-Suggental

w a l d

simonswald

Kranzkopf

Kandel

H o r n

Kreis Breisgau-Hochschwarzwald

w a l d

≡≡≡ Autobahn
── Bundesstraße
--- Eisenbahn
Wald
Weinbau

Si-Wild-

gutach

Der Kreis Emmendingen

Heimat und Arbeit

Kuratorium

Herausgeber: Dr. Konrad Theiss und Hans Schleuning

29. Juni 1982

Onkel Walter und Tante
Gusti die besten Wünsche
zur

Silbernen Hochzeit

von Eurem

Patenkind Doris

Der Kreis
Emmendingen

Konrad Theiss Verlag
Stuttgart

Herausgeber: Landrat Dr. Lothar Mayer
Redaktion: Volker Watzka, Hans Schleuning, Gabriele Süsskind

CIP-Kurztitelaufnahme der Deutschen Bibliothek
Der Kreis Emmendingen / [Hrsg.: Lothar Mayer]. –
Stuttgart : Theiss, 1981.
    (Heimat und Arbeit)
    ISBN 3-8062-0252-4
NE: Mayer, Lothar [Hrsg.]

Der Schutzumschlag zeigt die Burg Landeck

© Konrad Theiss Verlag GmbH, Stuttgart 1981
ISBN 3 8062 0252 4
Alle Rechte vorbehalten
Gesamtherstellung: Grafische Betriebe Süddeutscher Zeitungsdienst, Aalen
Printed in Germany

Geleitwort des Kuratoriums

Die Buchreihe „Heimat und Arbeit" sieht ihre Aufgabe darin, dem Bürger in Stadt und Land solide Information in Form eines umfassend und anschaulich gestalteten Sachbuches an die Hand zu geben, das über den engeren, gerade noch überschaubaren Lebens- und Heimatbereich zuverlässig Auskunft bereithält, einen gründlichen Überblick über alle Wissensbereiche vermittelt und den Ursachen nachgeht, die diesen Raum so und nicht anders gestaltet haben.

In einer in raschem Wandel begriffenen Welt ist es unumgänglich, die Voraussetzungen nicht aus den Augen zu verlieren, die von Natur aus gegeben sind und die vom Menschen umgeformt zu einer lebenswerten Heimat gestaltet wurden. Arbeits-, Gesellschafts- und Lebensformen stoßen Überaltetes ab, technologische und ökonomische Entwicklungen prägen dem Gesicht eines Gebietes völlig neue Züge auf. Die Umwelt wird vielfach zu einem Problem für den Menschen, der sie über Generationen geprägt hat, der in ihr lebt, arbeitet und sich in ihr heimisch und geborgen fühlen möchte.

Die Veränderungen unserer landschaftlichen und sozialen Umwelt sind so vielfältig und so schwer zu überschauen, daß eine ausreichende Sachkenntnis für den einzelnen immer schwerer wird und die Gefahr falscher Urteile entsteht. Die Buchreihe „Heimat und Arbeit" erfüllt hier eine wichtige Aufgabe, indem sie für einen überschaubaren Raum eine umfassende und zuverlässige Information anschaulich in Text und Bild vermittelt und damit zur Gewinnung eines sicheren Standortes für die eigene Arbeit beiträgt. Gleichzeitig schafft sie damit eine solide Ausgangsposition für die Beurteilung größerer Zusammenhänge.

Deshalb ist die Herausgabe dieser modern gestalteten Heimatbücher, die gleichzeitig als Sach- und Nachschlagewerk raschen Überblick vermitteln, heute notwendiger denn je.

Vorwort des Landrats

Mit großer Freude und Dankbarkeit begrüße ich das Erscheinen der vorliegenden umfassenden Beschreibung des Landkreises Emmendingen. Diese umfangreiche und reichbebilderte Gesamtdarstellung hilft einem dringenden Bedürfnis nach einem modernen heimatkundlichen Werk über unseren Kreis ab. Die letzte Kreisbeschreibung aus dem Jahr 1964 ist seit langem vergriffen. Inzwischen hat sich vieles im Landkreis verändert. Nach den Jahren des Aufbaues sind, verbunden mit schnellen Veränderungen im wirtschaftlichen Bereich, der Bevölkerungsstruktur und des Umweltbewußtseins gewandelte Problemstellungen aufgetreten.

Vieles jedoch ist erhalten geblieben, Fleiß und Heimatverbundenheit der Bürger, Schönheit und Charakter der vielgestaltigen Landschaft, die vielfältigen Zeugnisse der Geschichte und der Baukunst unserer Vorfahren.

Der vorliegende Band gibt ein umfassendes Bild vom Werden und Wirken in unserem Heimatkreis. Mit seiner im Vergleich zur früheren Kreisbeschreibung viel umfangreicher angelegten Themenauswahl wird er sicherlich selbst für Alteingesessene viel Interessantes und Neues berichten oder mannigfaltige Erinnerungen wecken. Er wird aber auch denen, die hier ihre zweite Heimat gefunden haben, diese vielleicht noch liebenswerter machen und kann Gäste, die hier zur Erholung, zu geschäftlichem oder privatem Besuch weilen, mit viel Wissenswertem vertraut machen und manche Anregung bieten.

Es ist gelungen, zur Bearbeitung der gewaltigen Fülle des Stoffes, besonders sachkundige und engagierte Autoren zu gewinnen. Sie berichten über Landschaft und Natur, von der Erdgeschichte über die vielfältige Pflanzenwelt bis zur Pflanzengeographie, über Geschichte und Kultur von der Ur- und Frühgeschichte über das Mittelalter bis hin zu einer besonders eingehenden Darstellung der Kunstgeschichte und der Kunstdenkmäler, an denen unser Landkreis besonders reich ist. Ein Überblick über das heimatliche Brauchtum fehlt ebensowenig wie eine erstmalig umfassende Darstellung der Mundarten oder die Würdigung hervorragender Persönlichkeiten aus dem Landkreisgebiet.

Viel Raum ist der Gegenwart gewidmet, dem Landkreis und seinen vielfältigen Einrichtungen, seinen Städten und Gemeinden. Dem breiten und interessanten Spektrum unserer Wirtschaft wurde der gebührende Platz eingeräumt. Landwirtschaft und Weinbau

als eine wesentliche Erwerbsgrundlage unserer Bevölkerung werden wie auch die Forstwirtschaft eingehend gewürdigt.

Die Herausgabe dieses in Vollständigkeit des Inhalts einmaligen, deswegen aber auch
kostenaufwendigen Werkes zu einem erschwinglichen Preis war nur durch die finanzielle Unterstützung des Landkreises und seiner Gemeinden sowie unserer heimischen
Wirtschaft möglich.

Ihnen allen, aber auch den Autoren und Fotografen sowie dem Konrad Theiss Verlag gilt
ein herzliches Wort des Dankes. Besonders bedanken möchte ich mich bei den Redak-
tionsmitgliedern Frau Süsskind, Herrn Schleuning und meinem Stellvertreter Herrn
Dr. Watzka, die sich um Inhalt und Aufmachung dieses Bandes besondere Verdienste
erworben haben.

Möge dieses wertvolle Werk viele interessierte Leser finden und Verständnis, Zusam-
mengehörigkeitsgefühl und Heimatbewußtsein unserer Mitbürger fördern.

Dr. Lothar Mayer

Inhalt

Landschaft und Natur

Geschichte und Kultur

Der Kreis, seine Städte und Gemeinden

Wirtschaft im Wandel

Wirtschaft im Bild

Die Autoren des Bandes

Dr. Rolf Dehn, Oberkonservator, Landesdenkmalamt Baden-Württemberg,
Außenstelle Freiburg
Karl Faller, Oberbürgermeister der Stadt Emmendingen
Dr. Gerhard Fingerlin, Oberkonservator, Landesdenkmalamt Baden-Württemberg,
Außenstelle Freiburg
Willi Jöst, Leitender Landwirtschaftsdirektor Landwirtschaftsamt Emmendingen
Hochburg, federführend für die Autoren des Beitrags „Landwirtschaft"
Gerhard Keller, Forstdirektor i. R., Freiburg
Dieter Knoch, Studiendirektor, Kreisbeauftragter für Natur- und Landschaftsschutz,
Emmendingen
Dieter Körschges, Dipl.-Volkswirt, Industrie- und Handelskammer
Südlicher Oberrhein, Freiburg
Karl Kurrus, Städtischer Direktor i. R., Freiburg
Dr. Lothar Mayer, Landrat des Kreises Emmendingen
Dr. Bernd Ottnad, Leitender Staatsarchivdirektor, Staatsarchiv Freiburg
Hermann Rambach, Leiter des Elztäler Heimatmuseums, Waldkirch
Professor Dr. Kurt Sauer, Präsident des Geol. Landesamts Baden-
Württemberg, Freiburg
Dr. Wolfgang E. Stopfel, Hauptkonservator, Landesdenkmalamt Baden-
Württemberg, Außenstelle Freiburg
Erich Vierneisel, Kreisobstbauamtsrat, Landratsamt Emmendingen
Professor Dr. Franz X. Vollmer, Freiburg
Dr. Volker Watzka, Regierungsdirektor, Landratsamt Emmendingen
Franz Zeller, Vizepräsident der Handwerkskammer, Freiburg

2. Endingen-Kiechlinsbergen; Aufstieg zur Pfarrkirche mit dem Gasthaus „Stube"
3. Weinernte im Kaiserstuhl

Vorhergehende Seite:
1. Im Naturschutzgebiet „Taubergießen"

Landschaft und Natur

Natürliche Grundlagen des Kreises

von Kurt Sauer

Die landschaftliche Vielfalt ist wesentliches Kennzeichen des am 1. Januar 1979 67998 ha überdeckenden Kreises mit insgesamt 24 Gemeinden und 129845 Einwohnern. Die Höhenunterschiede sind beträchtlich. Der Ortsteil Niederhausen in der Rheinebene liegt mit 167 m NN orographisch am tiefsten. Das Bergmassiv des Kandel erreicht mit 1242 m NN die größte Höhe. Die Große Kreisstadt Emmendingen liegt 210 m hoch.

Topographische Übersicht

Das langsam vom hohen Schwarzwald im Osten über markante Geländestufen zu dem seine Westbegrenzung bildenden Rheinstrom absteigende Gebiet stößt im Norden, Osten und Süden an drei Nachbarkreise an, nördlich der Bleich an den Ortenaukreis, im Osten und Südosten an den Schwarzwald-Baar-Kreis und im Süden an den Kreis Breisgau-Hochschwarzwald.

Das von Denzlingen bis Oberprechtal Südwest-Nordost gerichtete Elztal ist eine Hauptverkehrsschlagader, die den Kreis in einen Nordwest- und Südostteil zerlegt.

Die Bundesbahnlinie Denzlingen—Elzach folgt ihm ebenso wie die Bundesstraße 294, die über den Paß bei der Heidburg mit dem Kinzigtal verbindet und den Anschluß nach Freudenstadt schafft, welcher der Bahnlinie verwehrt blieb. Die Landesstraße 173 geht in Bleibach nach ONO ab, dem Simonswäldertal (Wildgutach) folgend über Gütenbach nach Furtwangen. Sie führt hinüber in die Baar. Die Landesstraße 107 zweigt in Unterprechtal ab und verbindet so über das Landwassereck mit der Bundesstraße 33, welche sie im Gutachtal zwischen Gutach und Hornberg erreicht. In Oberprechtal verläßt sie die L 109, die zunächst der Elz nach Süden bis in die Gemeinde Rohrhardsberg folgt und dann über Schonach nach Triberg zieht. Nicht unerwähnt darf die L 186a bleiben, die Verbindungsstraße von Waldkirch über den Kandel nach St. Peter, die verkehrspolitische Bedürfnisse und solche des Fremdenverkehrs in hervorragender Weise erfüllt. Die lebenswichtige B 294 gewinnt über Denzlingen Anschluß an die für den Kreis nicht minder wichtigen Verkehrsarterien, Bundesautobahn A 5 Hamburg–Basel, früher Ha-Fra-Ba genannt, und die Bundesstraße 3. Die Straßen durch das Brettental nach Ottoschwanden und Freiamt (L 110 und L 106a) und das Bleichtal (L 106) sind als direkte oder indirekte Verbindungen mit dem Schuttertal von Bedeutung. Die L 113 stellt den Anschluß an die A 5 bei Riegel her und gleichzeitig die Querachse am Nordrand des Kaiserstuhls, welche den Verkehr zur Rheinbrücke bei Sasbach aufnimmt und damit nach Frankreich (ab Königschaffhausen L 117). Wenngleich kein Mangel an guten Verbindungs- und Paßstraßen zu dem nördlichen und östlichen Nachbarkeis herrscht, so ist der *Kreis* durch die Lage seiner Kreisstadt und seine Entstehung nach *Westen* und *Süden geöffnet,* zum *Breisgau,* zu dem er auch gehört, und zur historischen Völkerstraße, dem Oberrheintal.

An welchen *Landschaften* hat der Kreis Anteil? Sein Nordwestteil, umrissen durch Rhein, Niederhausen, Herbolzheim, Kenzingen, Riegel, Endingen, Sasbach, Rhein gehört zur *Oberrheinebene.* Der östlich daran anschließende Raum zwischen Bleichtal, Brettental, Sexau, Emmendingen, Kenzingen, Bleichtal ist den *Emmendinger Schwarzwaldvorhügeln* zuzurechnen (Heckenland im W, Ottoschwanden–Freiamter Platte im O). Der *eigentliche Schwarzwald,* geographisch handelt es sich um den mittleren, beginnt östlich des Brettenbachs mit den flacheren Höhen von Siegelau und Biederbach westlich des Elztales (450–700 m NN) und setzt sich in den größeren Erhebungen in dessen Osten fort (Kandel 1242 m NN, Hornkopf 1125 m NN, Rohrhardsberg 1152 m NN, Gschasikopf 1034 m NN, Hörnleberg 904 m NN). Die trompetenartige Öffnung des Elztales bei Denzlingen leitet über in den Nordteil der *Freiburger Bucht,* welche die Fläche Denzlingen, Emmendingen, Teningen, Riegel, Nimburg, Vörstetten, Denzlingen umfaßt. Bahlingen, Endingen, Königschaffhausen, Jechtingen, Sasbach liegen am oder im nördlichen *Kaiserstuhl.* Der Kreis erstreckt sich somit über fünf jeweils eigenständige, voneinander deutlich verschiedene Naturraumeinheiten.

Das Gewässernetz

Der *Rhein* ist das größte und bedeutendste Gewässer im Kreis, der von der Sponeck bei Jechtingen im Süden bis zum Ortsteil Niederhausen der Gemeinde Rheinhausen im Norden seine Westgrenze und zugleich die Vorflut für seine Flüsse und Bäche darstellt. Nächst wichtiger Fluß ist die *Elz,* welche in 1089 m NN am sog. Brücklerain entspringt. Sie durchfließt zunächst in geradem, nach N gerichteten Lauf das Hinterprechtal und dreht nach 12 km an den Südausläufern des Gschasikopfes nach Südwesten ab. Diese

Richtung behält sie mehr oder minder bei bis zu ihrem Austritt in die Rheinebene. Der Elzoberlauf war ursprünglich der Breg tributär, war also ein Teil des Donausystems, bis er in der älteren Quartärzeit (Pleistozän) diesem Strome durch rückschreitende Erosion entrissen wurde. In der Ebene angelangt, strömt sie nach Nordwesten, bis der künstliche Leopoldskanal bei Riegel sie aufnimmt, ihre und der Dreisam schädliche Hochwasser gefahrlos weiterleitet und nordwestlich von Oberhausen dem Rhein übergibt. Die natürliche, NW gerichtete Fortsetzung des Flußlaufes, die sog. *Alte Elz*, die vor dem Bau des Kanals die gesamten Wassermengen mehr schlecht als recht abzuführen hatte, dient heute lediglich Gewerbe- und Wässerungszwecken. Sie zieht zunächst in vielen Windungen und dann begradigt nach NNW und mündet nach Aufnahme der vom Streitberg herunterkommenden *Bleiche* bei Nonnenweier im Ortenaukreis in den Rhein. Die Flußstrecke von der Quelle bis zum Beginn des Leopoldskanals beträgt 58,15 km, bis zur Mündung in den Rhein 70,50 km. Die alte Elz legt von Riegel bis zur Hauptvorflut noch 28 km zurück.

Als wichtige linksseitige Elzzuflüsse sind die *Yach*, die das Simonswäldertal durchfließende *Gutach* (auch Wilde Gutach und im Unterlauf Aubach genannt), das *Lossele* (auch Losel), ein oberhalb Denzlingen von der dort aus dem Schwarzwald austretenden Glotter abzweigender Arm, welcher der Hochwasserentlastung dient, zu nennen. Auch die *Dreisam* mündet bei Riegel in den Kanal. Der von den Höhehäusern herabkommende *Biederbach* und der am Südfluß des Hünersedels entspringende *Brettenbach* sind von den rechtsseitigen zu erwähnen.

Der Durchschnittsjahresgang der Wasserbewegung der Elz unterscheidet sich von dem der anderen typischen Flüsse auf dem Westabfall des Schwarzwaldes kaum. Die höchste mittlere Wasserführung fällt in den April, die niedrigste in den August. Gefürchtet ist der Fluß wegen seiner Hochwässer. Die bisher am Pegel Rohrhardsberg (66 km oberhalb Einmündung in den Rhein, 877,65 m NN, erfaßtes Einzugsgebiet 7,109 qkm) und am Pegel Gutach (37 km oberhalb Einmündung in den Rhein, 283,30 m NN, erfaßtes Einzugsgebiet 303 qkm) gemessenen niedrigsten (NNQ) und höchsten Abflußmengen (HHQ) in l/cbm/sec sowie die Abflußspenden (NNq; HHq) in l/sec pro qkm zeigt nachstehende Tabelle:

Pegel Rohrhardsberg			Pegel Gutach	
6. 7. 1976	NNQ NNq	0,02 cbm/sec 2,82 l/sec qkm	5. 9. 1964	0,58 cbm/sec 1,91 l/sec qkm
9. 7. 1976	HHQ HHq	15,00 cbm/sec 2112,68 l/sec qkm	17. 11. 1972	233,00 cbm/sec 768,98 l/sec qkm

Die häufig auftretenden „Dezemberhochwässer" sind durch hohe Niederschlagsmengen (je nach Klima Regen oder durch Witterungsumschlag rasch abschmelzender

Schnee) auf den steilen Schwarzwaldwestabfall, die tief in den Gneis und Granit eingeschnittenen Täler mit unausgeglichener Gefällskurve, das fast gänzlich fehlende Was-
serrückhaltevermögen der dazu noch geringmächtigen Hangschuttdecke (Gneis und
Granit sind keine Speichergesteine!) und den Ausfall der Vegetation (keine Evapotran-
spiration) bedingt. Ihre verheerenden Wirkungen veranlaßten die großherzoglich badische Verwaltung bereits 1816, die Elz von Kollnau bis zur Mündung in den Staatsfluß-
bauverband aufzunehmen und sie 1842 in den Flutkanal (Leopoldskanal, benannt nach
dem zur Zeit seines Baues regierenden Großherzog Leopold) abzuleiten. Dadurch wurde
den Hochwasserschäden im Oberlauf durch Uferzerstörungen und Kies- und Sand- sowie Schlammuren auf Feldern und Matten Einhalt geboten und der Versumpfung im
Unterlauf begegnet, die sich, von den landwirtschaftlichen Schäden abgesehen, auch
sehr ungünstig auf die Gesundheit der Anwohner durch Wechselfieber, Typhus und
Augenkrankheiten auswirkte. Die damals wie heute großartigen Landeskulturmaß-
nahmen wurden kraft des 1835 veröffentlichten Gesetzes 1837 an drei Stellen zugleich
im Breisgau begonnen, außer dem Leopoldskanal der neue Dreisamlauf zwischen Neu-
ershausen und Riegel und die Elzkorrektion zwischen Köndringen und Riegel. Die Maßnahmen waren 1884 beendet. Der beabsichtigte Zweck wurde erreicht. Der Leopoldskanal entwässert bis zu seiner Einmündung nahezu 1150 qkm. Aber noch sind im
Oberlauf oberhalb Kollnau nicht alle Gefahren gebannt, entsprechende Maßnahmen
durchgeführt oder erforderlich, wie z. B. das katastrophale Unwetter am 22. Juni 1963
deutlich gemacht hat.

Der Untergrund und seine erdgeschichtliche Entwicklung

Wasser, Eis, Wind und Temperatur sind die Faktoren, die unterschiedlich im Anteil und
in der Zeit durch begrenzte oder flächenhafte Abtragung (Erosion bzw. Denudation) die
Landschaft formten und deren heutige Gestalt erzeugten, die ihrerseits durch den Menschen insbesondere in den letzten Jahrhunderten zusätzlich verändert wurde. Damit die
genannten Kräfte aber wirken können, muß Material, Stoff vorhanden sein. Dieses ist
das die Oberfläche und den tieferen Untergrund bildende Gestein, das im Landkreis besonders vielfältig ist, bedingt durch die weit zurückgreifende und an Ereignissen reiche
Erdgeschichte, die über ihn hinwegging. Sie läßt sich aus den vorhandenen Gesteinen,
der Beschaffenheit und ihrer Zeitabfolge erkennen und rekonstruieren. Allerdings ist die
Einzelbetrachtung der metamorphen Gesteine, der Eruptivgesteine (Tiefengesteine oder
Plutonite und Vulkanite) und der Ablagerungsgesteine (Sedimente) wegen ihrer Vielfäl-
tigkeit nicht möglich und auch nicht angezeigt. Statt dessen soll die Übersichtstabelle auf
den Seiten 22 bis 25 der raschen und ausreichenden Orientierung dienen. In ihr sind alle

Gesteine, die im Kreisgebiet entweder direkt zu beobachten oder durch Bohrungen unter die heutige Geländeoberfläche nachgewiesen sind, berücksichtigt und auch die Forschungsergebnisse, die in den letzten 15 Jahren erzielt wurden. Sie umfaßt immerhin den respektablen Zeitraum von fast 600 Mio. Jahren und soll gleichzeitig das Verständnis der nachfolgenden Einzelbeschreibungen der fünf ausgeschiedenen Landschaftsteile erleichtern.

Der Schwarzwaldanteil

Der Schwarzwaldanteil ist flächenmäßig zwar groß, in seinem Gesteinsaufbau jedoch nicht sehr abwechslungsreich, wenn man von zahlreichen für die Forschung sehr wichtigen Einzelheiten absieht, die für den erfahrenen gesteinskundlichen Spezialisten von höchster Bedeutung sind, um der Entstehung und Bildungsweise dieser Gesteine näherzukommen. In ihm sind fast ausschließlich echte *Gneise* und *anatektisch* veränderte *Gneise* (Metamorphite hohen Alters), *Granite* der Karbonzeit und diesen nachfolgende *Ganggesteine* sowie *hydrothermale Erzgänge* verbreitet. Dazu kommen noch *alte* (paläozoische) *Schiefer*, die erst vor kurzem entdeckt wurden und zwischen Zinken im Rambachtal NNO von Waldkirch und Simonswald als 250 bis 300 m breites Band entwickelt sind. Sie unterscheiden sich sowohl bei der Betrachtung mit dem bloßen Auge wie auch unter dem Mikroskop deutlich von dem Gesteinsbestand der Umgebung (Paragneise und Metatexite). Eine genaue Datierung des Alters ist nicht möglich.

Bevor die Flächen kurz umrissen werden, die aus Gneisen und den aus ihnen durch Anatexis (Aufschmelzung in festen Gesteinen infolge Temperaturerhöhung durch deren Versenkung in größere Erdtiefen oder Eindringen von Magmenmassen in den vorhandenen Gesteinskomplex) hervorgegangenen Folgegesteinen bestehen, soll auf den Werdegang des *Grundgebirges* eingegangen werden. Unter diesem Namen werden die Gneise und Granite sowie deren Nachläufer im Schwarzwald zusammengefaßt. Die Bildung des Grundgebirgssockels aus Gneis und Anatexit begann vor ca. 570 Mio. Jahren (Wende Präkambrium/Kambrium) und dürfte vor 500 bis 450 Mio. Jahren ihren Abschluß gefunden haben. Das *Ausgangsmaterial* sind *Schichtgesteine* (Sedimente), nämlich Grauwacken, feldspatführende Sandsteine, Tone und Vulkanite, welche durch eine regionale Metamorphose im Zusammenhang mit der asyntischen Gebirgsbildung (vor ca. 570 Mio. Jahren) zu *Glimmerschiefern* und ähnlichen Gesteinen verändert wurden. Danach wurden diese Bildungen von der *1. Anatexis* erfaßt (Intrusion von Granitmagmen). Die ersten Anatexite wurden dann durch eine Bewegungsmetamorphose *vergneist*, d. h. die Rahmengesteine wurden Para- und die eingedrungenen Granitmassen Orthogneise. Nach einiger Zeit ging über die vorhandenen Gesteine die *2. Anatexis*

Zeitalter	Formation (Dauer in Mio. Jahren)	Abt. Dauer in Mio. Jahren	Weitere Untergliederung	Mächtigkeit in m	Gesteinsbeschaffenheit	nutzbare Wasserführung (W) + techn. Nutzbarkeit (N)	typische Aufschlüsse
Mittelalter (Mesozoikum)	Trias	Buntsandstein 225 – 215	Oberer	5 – 6	Tonstein rot (Rötton, so_2) Feinsandstein, geschichtet, mit Glimmer (Plattensandstein, so_1); rot bis violett	W: mäßig bis gut N: früher Werk- u. Bruchstein	Allmendsberg Wöpplinsberg
			Mittlerer	10 – 15 ca. 15 70 – 80 40 – 45	Sandstein verschiedener Körnung und Bankdicke mit 2 Konglomeratlagen, von oben nach unten: Kristallsandstein (smk) Hauptkonglomerat (smc_2) Bausandstein (smb) Eck'sches Konglomerat (smc_1)	W: mäßig bis gut N: noch vereinzelt Werk- und Bruchsteine Sand (smc_1)	Bleichtal Heimbach Tennenbach
			Unterer	20 (N) 10 (S)	Grobsandstein; schwach verfestigt, grau, grünlich	W: gut N: 0	
	Perm 280 – 225	Rotliegendes	Oberrotliegendes	schwankend	Schiefertonstein, Arkosesandstein, stumpf- bis schmutzigweinrot (ro); Porphyrtuff (älter als ro)	W: 0 N: 0	Hornwald Buchholz Mauracher Berg Hohe Tanne bei Buchholz
Altertum (Paläozoikum)	Karbon 345 – 280				Granit, Ganggefolgschaft u. hydrothermale Erzgänge	W: 0 N: heute 0	
	Ordovicium 500 – 475				Anatektische Grundgebirgsgesteine des Kreisgebietes	W: 0 N: Schotter	

Übersichtstabelle der im Landkreis vorhandenen geologischen Bildungen  Schichtlücke

Zeitalter	Formation (Dauer in Mio. Jahren)	Abt. Dauer in Mio. Jahren	Weitere Untergliederung	Mächtigkeit in m	Gesteinsbeschaffenheit	nutzbare Wasserführung (W) + techn. Nutzbarkeit (N)	typische Aufschlüsse
Mittelalter (Mesozoikum)	Trias	Keuper 205 – 195	Oberkeuper (Rät)	2	Tonstein, grau, mit dünnen Sandsteinlagen	W:0 N:0	–
			Mittelkeuper	ca. 25	Bunte Mergelsteine mit Steinmergellagen (Steinmergelkeuper) sandiger Mergelstein u. Sandstein braunrot, braungelb u. graugrün (Schilfsandstein)	W:schwach N:0	–
				wechselnd bis 15 bis 120	Mergel u. Tonstein, bunt u. grau, mit Anhydrit u. Gips (Gipskeuper)	W:schwach N:0	
			Unter-(Letten-)keuper	10	Kalk- u. Dolomitsteine mit Ton- u. Sandsteinlagen	W:mäßig N:0	Nimburg-Bottingen
		Muschelkalk 215 – 205	Oberer	ca. 14 ca. 22 ca. 20	Dolomitstein, weiß- bis gelbgrau mit Hornsteineinlagen (Trigonodusdolomit) Kalk- u. Mergelkalkstein, grau, braun, plattig (Platten- oder Nodosus-Kalke) Kalkstein, grau, rauchgrau, dickbankig, reich an Muschelschalen u. Seelilienstielglied. (Trochitenkalk)	W:je nach Klüftungs- oder Verkarstungsgrad und Lage zur Hauptvorflut Rhein mäßig bis sehr gut (Wasser hart) N:Straßenschotter, Brandkalk, Schüttmaterial	Am Nimberg zwischen Nimburg u. Bottingen Hecklingen Landeck Emmendingen Landeck Emmendingen
			Mittlerer	20 – 35 (über Tage) ca. 90 (in Bohrungen)	Dolomitstein, mausgrau und hell- bis weißgrau mit Hornsteinen, Tonstein, Gips und Anhydrit. Wenn diese ausgelaugt, geringe Mächtigkeit	W:In den Dolomitsteinen manchmal gut, dabei aber meist hohe Gipshärte N:0	
			Unterer	35 – 38	Wechsel Tonstein, Mergelstein, Mergelkalkstein (bisw. dolomit), Grundfarbe grau	W:mäßig N:Ziegeleirohstoff	Windenreute

Zeitalter	Formation (Dauer in Mio. Jahren)	Abt. Dauer in Mio. Jahren	Weitere Untergliederung	Mächtigkeit in m	Gesteinsbeschaffenheit	nutzbare Wasserführung(W) + techn. Nutzbarkeit (N)	typische Aufschlüsse
Mittelalter (Mesozoikum)	Jura	Malm 157 – 154	?	?	Nur indirekt durch Auswürflinge im vulk. Tuff von Maleck nachgewiesen	W:0 N:0	–
		Dogger 175 – 157	Callovo-Bathonium	nicht zu ermitteln	Tonstein, blaugrau, Mergelstein rotbraun (mit Eisenooiden) Tonstein, blaugrau	W:0 N:0	Steinbruch Behrle bei Herbolzheim (aufgelassen)
			Bajocium	ca. 40	oolithischer Kalkstein, weißgelb (Mittlerer u. Unterer Hauptrogenstein)	W:gut (bei Verkarstung oder Klüftung u. Lage unter Rheinebene) N:Schotter Brandkalk	Brüche Riegel, Kenzingen, Herbolzheim (aufgelassen)
				10 – 15	Mergelstein, blaugrau (Blagdeni-Schichten)	W:0 N:0	Abfalldeponie Kahlenberg
				1	Kalkmergelstein mit braunen Eisenooiden (Humphriese-Oolith)	W:0 N:0	
				27	Wechsel Tonstein, grau, Kalkmergelstein u. Mergelkalkstein, gelb (Sauzei-Sowerbyi-Schichten)	W:0 N:0	
			Aalenium	20 – 25	Wedelsandstein, gelb, Mergelstein, grau (Gryphiten-Mergel) oolithisches Eisenerz, rotbraun (Murchisonae-Lager) Kalksandstein, grau (Liegende Sandkalke)	W:0 N:0	
				90	Tonstein, grau (Opalinum-Schichten)	W:0 N:0	
		Lias 195 – 175	Toarcium bis Hettangium	123 (nach Bohrung Wyhl)	Wechsel grauer bis schwarzgrauer Ton-, Mergel- u. Kalksteine	W:0 N:0	

Zeitalter	Formation (Dauer in Mio. Jahren)	Abt. Dauer in Mio. Jahren	Weitere Untergliederung	Mächtigkeit in m	Gesteinsbeschaffenheit	nutzbare Wasserführung(W) + techn. Nutzbarkeit (N)	typische Aufschlüsse
Neuzeit (Neozoikum)	Quartär	Holozän ab 0,01		0 – 3	Kies, Sand, Lehm, Torf oder Schwemmlöß oder Gehängeschutt über Grundgebirge	W:0 N:0 W:gering N:0 W:mäßig N:0	Kaiserstuhl
		Pleistozän 1,8 – 0,01		142,5 (nach Bohrung Wyhl 1) > 50	Kies und Sand der Niederterrasse von Rhein und Schwarzwaldflüssen (und älter) Löß und Lößlehm	W: sehr gut N:Beton + Straßenbau W:mäßig N:örtlich Ziegeleirohstoff	Kaiserstuhl
	Tertiär	Pliozän 6 – 1,8		gering	Tone, z. T. mit Bohnerz	W:0 N:0	–
		Miozän 26 – 6		Sedimente stark wechselnd Vulkanite nicht bekannt	Sedimente: sandige Mergel, Mergel mit Kalksandsteinen u. Konglomeraten Vulkanite: Limburgit und Olivinnephelinit, Gesteinsgänge; Laven, Agglomerate u. Tuffbreccien aus Leuzittephrit; Breccien und Tuffe	W:0 N:0 W:gering bis mäßig N:Hartsteine Schotter (heute ohne Bedeutung)	Limberg bei Sasbach Limberg bei Sasbach Kaiserstuhl
		Oligozän 38 – 26	Chattium Rupelium Sannoisium	nicht zu ermitteln nicht zu ermitteln nicht zu ermitteln 10 m	Cyrenen-Mergel Meletta-Schichten (Ton- u. Mergelsteine mit Kalksandsteinlagen Streifige Mergel (Mergelstein), Grüne Mergel Süßwasserkalk	W:0 N:0 W:0 N:0 bis gering W:0 N:0 W:0 N:0	Umgebung Silberbrunnen bei Bahlingen W Eichstetten Nimberg
		Eozän 54 – 38		Boluston	Grüne Mergel mit Bohnerz, Vulkan, Tuffe	W:0 N:0	Nimberg Maleck

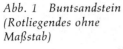

*Abb. 1 Buntsandstein
(Rotliegendes ohne
Maßstab)*

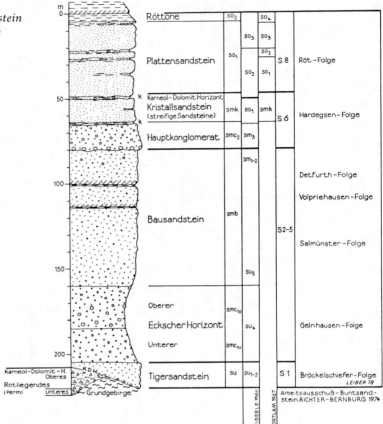

Tonstein
sandig
Tonmergelstein
sandig
Mergelstein
flaserig, wulstig

Sandstein, feinkörnig

Sandstein, mittelkörnig

Sandstein, grobkörnig

Konglomerat

Fanglomerat

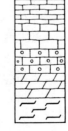

Kalkstein, plattig

Kalkstein, bankig

Oolith

Dolomit

Dolomit, zellig

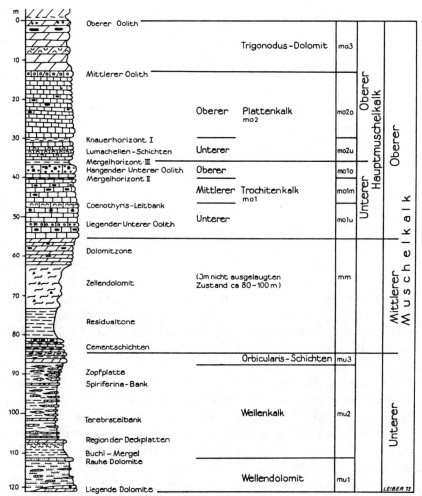

Abb. 2 *Muschelkalk (zusammengestellt nach Profilaufnahmen auf TK 25 Emmendingen, Kenzingen und Freiburg NW)*

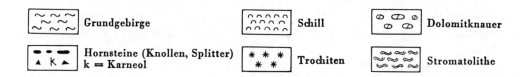

hinweg, welche aus den Para- und Orthogneisen Anatexite verschiedenen Grades machte, von schwacher bis vollständiger Überprägung, die sich in zunehmender Vermischung des ursprünglichen Gefüges ausdrückt (Ana- bis Diatexite). Da die genannten gesteinsverändernden Vorgänge nicht überall und nicht an allen Orten mit derselben Intensität wirkten, sind sowohl Para- und Orthogneise sowie die Gesteinsgruppe der Anatexite vorhanden. Entgegen früheren Vorstellungen dürften die beiden Anatexen einander relativ rasch gefolgt sein.

Westlich der Elz und im Bereiche des Suggentals herrschen Paragneise vor. Rd. ein Drittel der Fläche wird von hellen und dunklen Orthogneisen (aus magmatischen Gesteinen hervorgegangen) und orthogneisähnlichem Gestein eingenommen. Die in den Gneisen nur wenig erkennbare anatektische Überprägung nimmt in Richtung Kandel zu. Vorhanden sind in helle und dunkle Lagen geschiedene Metatexite und weitgehend homogenisierte Diatexite. Wenig überprägte Paragneise herrschen wieder im Norden des Simonswäldertals vor. Höchstens ein Fünftel der Fläche ist von Orthogneisen und diesen ähnlichen Gesteinen belegt. Kleine Vorkommen in Ausdehnung von einem Dezimeter bis zu maximal 100 m Breite aus dunklen hornblendereichen Gesteinen, den Amphiboliten, und verwandten Gesteinen mit maximal einem Prozent der Grundgebirgsfläche sind in die Gneise eingelagert und mit ihnen verformt. Die vorwiegend karbonischen hellen, intermediären und dunklen Ganggesteine (Aplitgranite, Gangporphyre, Dioritporphyrite und Lamporphyre), die sich nach NO, also zum Triberger Granit, häufen, überdecken etwa zwei Prozent der Fläche des Grundgebirges.

Die in den Ortho- und Paragneisen des *Suggentales* aufsetzenden *edlen Erzgänge* gehören der Kupfer-Blei-Silber-Paragenese an und liegen in einer NNW-SSO streichenden Störungszone, die vom Gasthof Suggental in das südlich gelegene Glottertal hinüberzieht. Die Erze sind auf viele Einzelgänge und -trümer verteilt. Der auf sie umgehende Bergbau dürfte bereits im 11. Jahrhundert begonnen und seine Blüte in der 2. Hälfte des 13. Jahrhunderts erreicht haben. Daß es sich um für die damalige Zeit recht ergiebige Gruben gehandelt haben muß, ist daraus zu schließen, daß den Gewerken 1284 die Erlaubnis erteilt wurde, die auf der Südseite des Kandel entspringenden und zu Glotter entwässernden Bäche in einem 15 km langen Ur-(Wuhr-)Graben (Hangkanal) über die Wasserscheide am Lieser zur Energiegewinnung zum Betrieb der Gruben in das Suggental abzuleiten. Ein einziger Wolkenbruch Ende des 13. oder Anfang des 14. Jahrhunderts zerstörte den Wuhrgraben und damit die Gruben und ihre Einrichtungen. Wiederbelebungsversuchen des Bergbaues des 18. bis 20. Jahrhunderts blieb der Erfolg versagt. Im Suggental setzen auch mehrere Eisenerzgänge auf, deren Erze die Eisenschmelze in Simonswald und den Hochofen in Kollnau belieferten, der 1869 endgültig ausgeblasen wurde.

Die Vorhügelzone

Ihr auf den Landkreis entfallender Anteil wird im Osten durch die *Haupt-* oder *Schwarzwaldrandverwerfung* (äußerer Grabenrand) gegen das Grundgebirge des hohen Schwarzwaldes abgetrennt. Diese streicht generell NNO-SSW (rheinisch), teilt den Mauracher Berg in eine westliche Hälfte aus Buntsandstein und Muschelkalk und eine östliche aus Orthogneis mit darin grabenartig versenktem Rotliegenden (solches auch nördlich von Buchholz im Grundgebirge vorhanden) und zieht dann in das Brettental hinein (Lörch im W, Sexau im O), erreicht die Ostflanke des Schloßberges mit der Ruine Hochburg, zieht auf die Ostseite des Tals hinüber, läuft östlich der Staudenhöfe weiter, verläßt dann den Lauf des Brettenbachs und ist im westlichen Talhang ca. 750 m vom Bach abgerückt festzustellen, streicht hart westlich der Ruine Keppenbach vorbei nach N, quert in der Nähe des Sägplatzes das Tal wieder, zieht in der Westflanke des Saisenbergs weiter, verläßt dann das Kreisgebiet und streicht zwischen Hohe Eck und Breite in Richtung Grubhof und Raubühl. Die Vorhügel werden also im Osten durch eine echte, steil nach W einfallende tektonische Bewegungsfläche begrenzt. Diese ist in Freiamt (Glasig bis Hohe Eck) vererzt. Die Mineralisation war Anlaß mittelalterlichen Bergbaues. Dieser wurde Ende des 18. Jahrhunderts unter dem markgräflich badischen Hofrat Johann Georg Schlosser in Emmendingen, dem Schwager von Johann Wolfgang v. Goethe, wieder aufgenommen, ohne jedoch Gewinn zu bringen. Vornehmlich der auf den Gängen vorkommende schwach silberhaltige Bleiglanz gab Anlaß zu den Stollenvortrieben, daneben die stellenweise glaskopfartige Ausbildung des Brauneisens. Bergbau ging im wesentlichen in vier Grubenfeldern um: *Schloßberg* oder *Segen Gottes* südlich des Brettenbachs (Nordhang unter der Ruine Keppenbach), *Schloßberg – Gegentrum* (nördlich Brettenbach), *Silberloch – Gegentrum* im Niedertal am Westhang des Saisenbergs, *Silberloch* im Niedertal (Gewann Eckacker). Verfallene Verhaue und Pingen, verstürzte Stollenmundlöcher zeugen heute noch von der Tätigkeit der alten Bergleute. Südwest- und Südgrenze der Vorhügel sind ebenfalls tektonisch bedingt und in etwa durch die Landesstraße von Sexau – Lörch über Kollmarsreute – Emmendingen und dann die Bundesstraße 3 bis zur nördlichen Kreisgrenze bestimmt. Diese Verwerfungslinie ist aber nicht die *Rheinverwerfung*, welche die höheren östlichen Randschollen gegen die aus sehr mächtigen Tertiärsedimenten und die deren Basis bildenden Schichten des Erdmittelalters, die auf Kristallin liegen, bestehende Grabentiefe abtrennt. Diese liegt viel weiter im Westen und ist wegen der Kies- und Sandablagerungen in der Ebene in ihrem Verlauf nicht zu fassen. Die Vorbergschollen setzen sich unter den Einblick verwehrenden eiszeitalterlichen Lockergesteinen noch weit nach W fort, was man aus einer Wasserbohrung westlich der B 3 bei Kenzingen (Hauptrogenstein des Mittleren Doggers) und Sondierungsergebnissen bei der Aufschließung der Doggererze bei Herbolzheim weiß. Die Vorberge brechen an rheinisch orientierten Störungen allmählich nach W ab.

Die Emmendinger Vorberge werden durch eine wichtige Verwerfung, die *Landeck–Heimbacher Störung,* in einen ausgedehnten *östlichen Buntsandsteinbereich* mit mancherorts vorhandener dünner Schleierdecke aus Unterem Muschelkalk und einen *westlichen* aus *jüngeren Ablagerungen* des *Erdmittelalters* mit verschieden mächtigen Lößüberlagerungen getrennt. Der *Westteil* ist durch zahlreiche, im Detail in ihrer Lage nicht immer genau zu fixierende rheinische Störungen und solche anderer Richtungen in Einzelschollen zerlegt, so daß ein förmliches Mosaik vorhanden ist, dessen genauer Aufbau durch die Lößüberdeckung weitgehend verschleiert wird. Neue Aufschlüsse, etwa durch Bau- oder Flurbereinigungsmaßnahmen, können hier wichtige Erkenntnisse liefern und das bisherige Bild des Bauplans verbessern. An seinem Aufbau sind im wesentlichen Sedimente des Unteren, Mittleren und Oberen Muschelkalkes (z. B. Steinbrüche bei Emmendingen, Köndringen), daneben des Mittleren Jura (Dogger), z. B. bei Kenzingen, beteiligt. Die ihn im O begrenzende Landeck-Heimbacher Verwerfung kommt in Landschaftsform und Bodennutzung klar zum Ausdruck und ist auch für den Laien gut erkennbar. Das Land in ihrem Westen ist landwirtschaftlich intensiv genutzt, der hier in früheren Zeiten stark verbreitete Weinbau nimmt an Fläche wieder zu. Als Beispiele seien der Rebenaufbau von Hecklingen, Bombach, Kenzingen erwähnt. In ihrem Osten herrscht der Waldbau vor. Die sehr kieselsäurereichen und daher nährstoffarmen Böden des Mittleren Buntsandsteins sind vorwiegend mit Nadelwald bestockt, die nährstoffreichen des Oberen (Röt) und der Schleierdecke aus Unterem Muschelkalk tragen Laubwald oder Acker- und Wiesland mit guten Erträgen, wie die stattlichen Bauernhöfe in Freiamt und Ottoschwanden vor Augen führen.

Der *Buntsandstein* (Einzelheiten sind der Tabelle zu entnehmen) hatte in früheren Zeiten als Baustein große wirtschaftliche Bedeutung. Ein Gang in das Freiamt zeigt das noch heute. Fundamente und Mauerwerk der Höfe sind aus Buntsandsteinquadern. Auch die Bausteine für das Freiburger Münster, speziell seine gotischen Teile, stammen aus diesem Raum. Das Material für Turm, Schiff und Chor wurde aus zahlreichen Brüchen im Tennenbächle und Aubächle gewonnen, an deren Vereinigungsstelle das ebenfalls aus rotem Buntsandstein errichtete Kloster Tennenbach stand, dessen Steine dann im Großherzogtum zum Bau der Ludwigskirche an der früheren Zähringerstraße (heute Habsburgerstraße) in Freiburg verwendet wurden. Sie ist ein Opfer des Zweiten Weltkrieges geworden. Auf dem Allmendsberg, zu dem die beiden Tälchen führen, besaß die Stiftung der Freiburger Münsterfabrik einen groß angelegten Bruch im Bereich der Werksandsteinbänke des Oberen Buntsandsteins, die vor allem für die Maßwerke der hoch- und spätgotischen Teile und des Turmes verwendet wurden. Auch die Steine für die Restauration des Turmes in den ersten Jahrzehnten dieses Jahrhunderts wurden hier gebrochen. Hüttenrechnungen aus dem 15. und 16. Jahrhundert zeigen auf, daß auch Steine vom Wöpplinsberg bei Mundingen verbaut wurden. Vom 17. bis 19. Jahrhundert wurden Steine in den sehr ausgedehnten Brüchen auf Gemarkung Heimbach gebrochen, die jedoch wegen der großen Härte und starker Staubentwicklung bei der Bearbeitung (stark verkieselter Mittlerer Buntsandstein) von den Steinmetzen der Münsterbauhütte nicht geschätzt waren. Die genannten Brüche sind unter Einschluß jener im Bleichtal im vorigen Jahrhundert auch zur Gewinnung von Steinmaterial für die Rheinkorrektion und zum Straßenbau (Gestick und Packlage) herangezogen worden. Der Abschluß der Rheinbauarbeiten und der Siegeszug des Betons brachten diese blühende Industrie zum Erliegen. Sie ist heute ohne wirtschaftliche Bedeutung, denn auch die für die laufenden Restaurationsarbeiten am Freiburger Münster benötigten Steine kommen aus entfernteren Gebieten, z. B. aus dem Raum um Freudenstadt.

Die mächtigen kompakten Bänke im Mittleren Buntsandstein mit Klüften und ausgeprägten Schichtfugen und die weniger verfestigten Bereiche des Eck'schen Horizontes mit einem gewissen Porenraum sind als Grundwasserleiter für die *örtliche Wasserversorgung* von Bedeutung und konnten den Bedarf lange Zeit decken. Das Wasser tritt in Form von Schicht- oder Stauquellen zutage, deren mittlere Ergiebigkeit zwischen 0,5 und 1,5 l/sec liegt. Die Schwankungen zwischen Trockenwetter- und Hochwasserabfluß sind beträchtlich. Störungszonen, die ja häufig sind, bilden vielfach Drainagen, welche das Grundwasser aus verschiedenen Niveaus sammeln. Darin austretende Quellen besitzen größere Schüttung wie z. B. die mit der Landeck–Heimbacher Verwerfung in Verbindung stehende Blümlismattquelle auf Gemarkung Mundingen, die im Mittel 7 l/sec bringt. Die Wässer sind in der Regel weich (3–6° DGH). Bei Kalkgesteinen im Einzugsgebiet kann sich der Wert auf mehr als 10° erhöhen. Auf die manchmal beträchtlichen Mengen an kalk- und metallaggressivem Kohlendioxid, die korrosiv wirken können, ist hinzuweisen. Der steigende Wasserbedarf konnte aus dem Buntsandstein nicht gedeckt werden. Infolgedessen haben fast alle Ortschaften heute Zusatzversorgungen über Pumpwerke aus Tiefbrunnen in den Kiesen und Sanden der Rheinebene und der Freiburger Bucht.

In der Westhälfte der Vorberge, deren geologischer Bau infolge der starken Lößüberdekkung weniger bekannt ist – einzelne Fenster von Muschelkalk sind vorhanden –, ist auf zwei geologische Besonderheiten hinzuweisen, einmal den *vulkanischen Tuffschlot* auf Gemarkung Maleck und die *oolithischen Eisenerzlager* im unteren Teil des Mittleren Jura (Murchisonae-Schichten des Doggers) in den Gemarkungen *Kenzingen* und *Herbolzheim.*

Der *Tuffschlot* liegt südlich *Maleck* an der Straße nach Emmendingen und bildet den Buck. Er überdeckt eine ziemlich kreisrunde Fläche von 250 bis 300 m Durchmesser. Er ist das Ergebnis von Eruptionen sehr gasreicher Schmelzen. Seine Grundmasse besteht

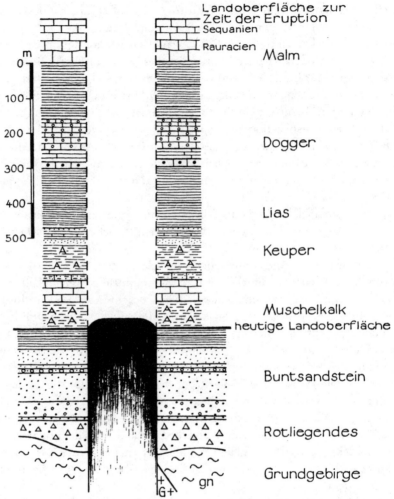

Abb. 3 Malecker Tuffschlot. Hypothetischer Schnitt der durchschlagenen Schichtenfolge

aus Aschen- bis Pisolithtuffen. In diesen liegen Bömbchen aus Melilithankaratrit und vor allem Gesteinsbrocken, die beim Aufdringen der vulkanischen Schmelze von unten aus den durchschlagenen Sedimentgesteinen und dem Grundgebirge mitgerissen wurden. Nachgewiesen sind Paragneis, Rotliegendes, Mittlerer Buntsandstein, Muschelkalk, Keuper, Kalkstein der Arieten-Schichten des Unteren Lias, Dogger von den Opalinum- bis zu den Macrocephalen-Schichten, Malm (Kalke des Rauraciums). Aufgrund

gem Bindemittel, Zeugnis heftiger Explosionen mit Ausschleuderung heißer Lava). Der dazugehörige Krater und die Ausbruchstellen für den Limburgit lassen sich nicht feststellen. Zwischen den Limburgiten liegen *vulkanische Aschen und Tuffe* (dm- bis m-Dicke), die z. B. Blöcke von Granit und Gneis enthalten, welche durch die Explosion aus mindestens zwei Kilometer Tiefe hochgerissen wurden. Die Olivinknollen des Lützelberges dürften aus noch größerer Tiefe stammen (mehr als 25 km, aus dem oberen Erdmantel). Sie führen auch Sand- und Kalksteinreste und zeigen dadurch einen Transport nach Ablagerung durch Wasser an. Fossile Holzreste und solche von kleinen Säugetieren wurden darin gefunden, die in das Mittelmiozän (15–13 Mio. Jahre) einzuordnen sind. Radiometrische Altersbestimmungen haben für den Limbergvulkanismus ein Alter von 13 Mio. Jahren wahrscheinlich gemacht. Nicht vulkanischer Provenienz sind die weit verbreiteten und z. B. im Steinbruch VII die Basis bildenden Mergel und kalkigen Sande des Miozäns, Reste eines Anstaues eines kleinen Flusses, der aus Richtung Lahr–Emmendingen gekommen sein muß. Sie sind heute im sog. ,,Limberggraben'' erhalten, der durch Deutung aller beobachteten Fakten als vom Lützelberg bis zur Höhe der Schiffbrücke mit NNW-SSO Streichen erkannt werden kann. Über dem größten Teil des kleinen Nebengebirges liegt aber wie im Kaiserstuhl der Löß, jenes gelbe bis graue Staubgestein (60–70% Quarzkörner in kalkig-dolomitischem Bindemittel), das vorwiegend aus der letzten Eiszeit stammt und lediglich bis einige 10 000 Jahre alt ist. Der Hauptvulkanismus, dessen Leucittephrit im Bereich der Sponeck, am Eichert bei Jechtingen, bei der Katharinenkapelle zu sehen ist, ist älter als der des Limbergs (15 Mio. Jahre). Das Gesamt-Vulkangeschehen dürfte zwei Millionen Jahre gedauert haben. Die noch heute vorhandenen Oberflächenformen begannen sich vor etwa sechs Millionen Jahren zu bilden, nachdem der Schichtvulkan um einige 100 m erniedrigt war. Vor etwa 1,8 Mio. Jahren setzten die eiszeitlichen Ereignisse ein, die mit der Ablagerung des jüngsten Lößes und der Anschüttung der Kiese und Sande, diese vor allem in der Rheinebene, ihr Ende fanden. Der seit 1978 bestehende wissenschaftliche Lehrpfad durch das Naturschutzgebiet Limberg ist vorzüglich geeignet, die erworbenen Kenntnisse in der Natur anzuwenden.

Oberrheinebene

Der Anteil an ihr ist begrenzt durch den Nordrand des Kaiserstuhls, den Westrand der Vorberge von Teningen bis Herbolzheim, den Nordverlauf der Gemarkung Niederhausen und den Rheinstrom selbst. Festzustellen ist eine weite, sich schwach von Süden nach Norden neigende Fläche, generell *Niederterrasse* genannt, in die sich in jüngster Zeit die *Rheinaue* eingetieft hat. Sie begrenzt die Füllung eines Teiles des ausgedehnten

Schotterfanges, der sich im Pliozän als Oberrheingraben endgültig gebildet hatte und im Verlauf des Eiszeitalters mit älteren und jüngeren rolligen Lockergesteinen (Kies und Sand) aufgefüllt hatte. Diese wurden von den Schmelzwässern der Alpengletscher und von Gewässern aus dem Schwarzwald beigebracht. Die Mächtigkeit der Füllung wechselt von Ort zu Ort stark (Abhängigkeit vom voreiszeitlichen Schollenbau) und kann wenige Meter bis mehrere Dekameter betragen. Die größte Mächtigkeit im Kreis hat bisher die 1959 auf Gemarkung Wyhl geteufte Erdöluntersuchungsbohrung mit 142,5 m durchstoßen. Die Kiese und Sande (Schotter) sind mit Ausnahme der Randzone der Niederterrasse nahe den Vorbergen (Streifen Hecklingen–Kenzingen–Herbolzheim, wo die Elz, der Bombacher Dorfbach und die Bleiche durch ihren in die Kiesfüllung der Ebene übergehenden Schwemmfächer Schwarzwald- und Vorbergzonen-Material beigesteuert haben) zumindest in ihren jüngeren Partien aus Gesteinen aus dem Einzugsgebiet des Alpenrheins zusammengesetzt (vorwiegend graue Kalke und Quarzite). Die alpinen Schotter besitzen unausgeglichene Kornverteilungskurven. Steine und Grobkies sowie Mittel- und Feinsand sind vertreten. Das Mittelkorn aus Mittel- und Feinkies sowie Grobsand haben nur geringen Anteil. Stellenweise sind Schluff und Ton linsenförmig eingelagert, die vielfach reich an noch nicht völlig oxidierten organischen Resten (Pflanzen, Baumstämme) sind. In den Schwemmfächern der Schwarzwaldflüsse sind dagegen Grobsand (vielfach scharfkantig), Fein- und Mittelkies reichlich vertreten. Generell nimmt die Kiesmächtigkeit in Richtung Vorberge ab (Beispiel: die 1954 westlich der Bundesstraße 3 nördlich Kenzingen geteufte Brunnenbohrung hat nach 13,35 m Kies den Hauptrogensteinkalk erreicht, der östlich der Straße beim Kriegerdenkmal zutage ansteht). Die starken Schwankungen in der Mächtigkeit und die geologisch verschieden alten Gesteine als Sohlschicht sind die Folge der tektonischen Vorgänge bei der Grabenbildung.

Kies und *Sand* sind als Rohstoffe für die *Bauwirtschaft* (Betonzuschlagstoff, Straßenbau) wegen ihrer hohen Güte sehr begehrt und werden deshalb in zahlreichen Kiesgruben teils über, teils unter der Grundwasseroberfläche gewonnen. Zum anderen sind sie aber als sehr ergiebiger und für den Kreis wichtigster *Grundwasserleiter* für die Versorgung von Städten, Gemeinden sowie Gewerbe- und Industriebetrieben und der Landwirtschaft von größter Bedeutung. Angesichts dieser Zielkonflikte in der Nutzung ist eine sorgfältige und weitsichtige Planung der Abgrenzungen von Kiesentnahme- und Grundwassernutzungsgebieten erforderlich, um den für die Menschheit wichtigsten Rohstoff ,,Wasser'' auch für die Zukunft ausreichend zu sichern und vor schädlichen Einflüssen zu bewahren (siehe auch Abschnitt Grundwasser).

Der Anteil an der Freiburger Bucht

Der noch in den Kreis hineinragende *Nordteil* der Freiburger Bucht gehört ebenfalls zu den mesozoisch-tertiären Vorbergen, die aber im Gegensatz zu dem geschlossenen Block der Emmendinger Vorberge durch das Auftreffen des aus dem Zartener Becken östlich Freiburg herankommenden und hercynisch streichenden Bonndorfer Grabensystems auf den rheinisch streichenden Oberrheingraben in einzelne Schollenteile zerlegt und nach W auseinandergezogen sind, deren größter Teil unter der Aufschotterung der pleistozänen Schwemmfächer von Dreisam, Glotter und Elz verdeckt und daher der direkten Beobachtung entzogen ist. Lediglich *Mauracher Berg* und *Nimberg* erheben sich über die Kiesoberfläche. Wie bereits dargelegt, gehört auch der Kaiserstuhl zur Vorbergzone. Da er sich aber landschaftlich von der Freiburger Bucht wesentlich unterscheidet, wurde er zuvor in einem gesonderten Kapitel beschrieben.

Der *Mauracher Berg* ist ein kompliziertes Schollenmosaik auf kleiner Fläche, durch den die Schwarzwaldrandverwerfung in rheinischer Richtung hindurchzieht, die ihn in eine westliche Hälfte aus Schichten des Buntsandsteins und Muschelkalks in kleinen Einzelschollen und eine östliche aus Grundgebirge und Perm teilt. Der Ost- und Südsporn bestehen aus hornblendeführenden Orthogneisen, das zwischen diesen etwa ONO-WSW verlaufende Zwischenstück aus roten, tonigen Fanglomeraten (Schutt) und Arkosesandsteinen mit Tonsteineinlagerungen.

Der wie eine Rippe aus den Kiessanden herausragende, schmale, von N nach S langgestreckte *Nimberg* ist eine Horstscholle, die im W und O durch eine ± N-S verlaufende Verwerfung begrenzt ist. In ihrem Westen und Osten sind tektonische Gräben vorhanden. Der Nimberg-Horst selbst wird durch eine ebenfalls nahezu nach N streichende Verwerfung in eine höhere östliche Teilscholle aus Schichten des Muschelkalkes sowie des Unteren und Mittleren Keupers im Kern von einer westlichen abgetrennt. Diese ist aus Schichten des Doggers und den Melanien-Kalken des Eozän (Alttertiär) aufgebaut. Leider verhüllt der Löß den Untergrund weitgehend, so daß neue Aufschlüsse in dessen Basis (Bohrungen) jederzeit neue Befunde und damit Korrekturen des heute dargestellten Bildes bringen können.

Was läßt sich über die von Kies und Sand überdeckten Anteile aussagen? Um diese Frage zu beantworten, muß auf die Befunde der wenigen Bohrungen und der Geophysik zurückgegriffen werden. Diese erweisen, daß zwischen der Hochscholle Nimberg–Lehener Berg und den den östlichen Grabenrand zwischen Denzlingen und Freiburg-Herdern begleitenden mesozoischen Vorbergen eine Tiefscholle eingelassen ist, in welcher im Gewann Hölzle auf Gemarkung Reute die Schichten des Oberen Muschelkalkes in einer Wasserbohrung unter 64 m eiszeitlichen Lockergesteinen angetroffen wurden (= 131 m NN). Daraus läßt sich eine Höhenlage des Daches auf 162 m NN berechnen.

Etwas mehr als sieben Kilometer SSO liegt das Dach des Oberen Muschelkalkes in der Thermalwasserbohrung 1 im Gelände des Gaswerkes der Stadt Freiburg in Zähringen schon 408 m u. Gel. (= 174 m unter NN), also mindestens 336 m tiefer. Damit ist das von der Geophysik nachgewiesene südliche Einfallen bestätigt. Der Verwerfungsbetrag der die Tiefscholle gegen den Nimberg begrenzenden Westverwerfung beträgt auf der Höhe von Bottingen, wo der Obere Muschelkalk bei 200 bis 210 m NN ansteht, mindestens 40 bis 50 m. Im Westen des Nimberges ist zum Kaiserstuhl hin ebenfalls eine Tiefscholle ausgebildet, in der die Basis der Kiessande im Norden, d. h. auf der Höhe von Riegel im Bereiche der Glotter, in 50,10 m Tiefe aus Hauptrogenstein (Mittlerer Jura) besteht. Weiter im Süden sind nach den geoelektrischen Widerstandsmessungen Ton- und Mergelsteine des Tertiärs zu erwarten. Auch hier ist wieder Südfallen der Schichten anzunehmen. Der Hauptrogenstein dürfte auf der Höhe von Hugstetten schon bei etwa 220 m u. Gel. (0 m NN) liegen.

Wie die mitgeteilten Zahlen schon vermuten lassen, sind die beiden Tiefschollen von Kiesen und Sanden mit Ton und Schluff beträchtlicher Mächtigkeit überdeckt (im Bereiche der Riegeler Pforte mehr als 90 m, bei Reute-Vörstetten 65–70 m). Im Osten des Berges sind sie aus vom Schwarzwald stammendem Material aufgebaut, in dessen Westen sind in den oberen Partien Kiese und Sande alpiner Herkunft entwickelt (ehemaliger Ostrhein).

Grundwasser und Wasserversorgung

Das Speichervermögen des *Grundgebirges* für Wasser ist gering. Infolgedessen fließt der größte Teil des nicht verdunsteten Niederschlages oberirdisch ab. Der unterirdische Anteil, der die Quellen bildet und letztlich auch die oberirdischen Gewässer ernährt, ist von der Niederschlagsmenge, der Geländegestalt, dem Aufbau und der Dicke des Speichergesteins abhängig. Verwitterungs- und Hangschutt meist geringer Mächtigkeit (bis 4, selten mehr m) bildet dieses. Einzelquellen, die auch in Trockenzeiten noch über 1 l/s schütten, sind sehr selten. Die Ergiebigkeit beträgt in der trockenen Herbstzeit meist nur Bruchteile davon. In niederschlagsreichen Zeiten sind deren Ergüsse sehr hoch. Die Wässer sind meist sehr weich (= geringer Gehalt an Mineralstoffen, ausgedrückt in deutschen Gesamthärtegraden = °DGH) und führen metall- und kalkaggressive Kohlensäure (CO_2). Um die für die Trink- und Brauchwasserversorgung notwendigen Mengen zu erreichen, wurden meist mehrere Quellen gefaßt und den Orten zentral zugeleitet. Sie reichen jedoch schon lange nicht mehr aus, weswegen man schon frühzeitig das in den Alluvionen (6–10 m) des Elztales vorhandene Porengrundwasser mittels relativ flachen Brunnen zur Sicherstellung zunächst als Zusatz und heute vielfach als Hauptversorgung nutzt (Elzach, Winden, Bleibach, Waldkirch; 4–12 l/s je Brunnen). Lediglich die auf den Hochflächen liegenden Ortschaften (z. B. Freiamt, Siegelau) werden noch aus Quellen versorgt.

Über die Bedeutung des *Buntsandsteins* für das Grundwasser ist schon weiter oben berichtet worden.

Die verkarsteten Kalk- und Dolomitsteine des Oberen *Muschelkalkes* haben sich im letzten Jahrzehnt dank eingehender Untersuchungen als bedeutender und auch die überörtliche Versorgung im Kreise sichernder Grundwasserleiter herausgestellt. Die über der Ebene liegenden Vorkommen in den Emmendinger Vorbergen sind mit teilweise mächtigen Lößablagerungen überdeckt und von dem aus diesen absickernden Wasser ernährt, das ihren Grundwasserhaushalt bestimmt. Sie entwässern in die Kiessande der Niederungen. Der im tektonischen Graben Wasser – Reute – Vörstetten versenkte Obere Muschelkalkhorst (s. S. 37 f.) unter generell mehr als 50 m eiszeitlichen Lockergesteinen des Schwemmfächers von Elz und Glotter liefert heute den Hauptanteil des Trinkwassers für den Wasserversorgungsverband „Mauracher Berg" durch zwei in ihm stehende Tiefbrunnen mit Ergiebigkeiten von je 100 l/s guter chemischer (5° DGH) und bakteriologischer Beschaffenheit. Auf das Vorkommen wurde zurückgegriffen, als die Horizontalfilterbrunnen in den Alluvionen der Teninger Allmend die durch die Erweiterung des Verbandes benötigten Wassermengen nicht mehr brachten. Versorgt werden heute die Gemeinden Wasser, Reute, Vörstetten, Denzlingen, Heuweiler, Glottertal, Buchholz und die Stadt Waldkirch. Der Grundwasserkörper wird durch Zuflüsse aus dem kalkfreien überlagernden Kies und Sand ernährt, die dem Einzugsgebiet von Elz und Glotter entstammen. Dadurch erklärt sich die für ein Muschelkalkwasser erstaunlich geringe Härte.

Die größte Menge Grundwasser bewegt sich im Landkreis in den *Lockergesteinen* des *Quartärs* (Pleistozän und Holozän). Mengenprobleme ergeben sich für Trink- und Brauchwasserversorgung hier nicht.

Die *Siedlungen* an oder östlich der Bundesstraße 3 westlich dem sichtbaren Vorbergzonenrand zwischen Emmendingen und Herbolzheim werden ausreichend über Tiefbrunnen mit Wässern versorgt, deren DGH meist zwischen 15 und 20°, in einigen Fällen darüber liegt. Einzelne Orte, vor allem aber die im Zuge der Gemeindereform zugeschlagenen östlichen Stadtteile von Kenzingen und Herbolzheim versorgen sich noch ganz oder teilweise mit Grundwasser aus Quellen oder flachen Brunnen in den Vorbergen im Buntsandstein oder Löß (z. B. Bombach, Bleichheim), das zwischen sehr weich und hart liegt.

Viel Grundwasser bewegt sich in den *Lockergesteinen* in der Riegeler Pforte, jenem deutlichen Geländeengpaß von Riegel nach Malterdingen, und dem südlich anschließenden Gebiet. Hier ist eine deutliche Härteabnahme vom Kaiserstuhl nach Osten und von den Emmendinger Vorbergen nach W zu konstatieren, wobei eine breite, NNW-SSO gerichtete Zunge weichen Wassers von Teningen in Richtung Riegel zieht (5–7° DGH). Von ihr profitieren die neuen Tiefbrunnen der Gemeinde und Brauerei Riegel (sehr geeignet für Biere nach Pilsner Brauart). Der westlich von Nimburg gelegene Tiefbrunnen ist mit nahezu 14° DGH etwas hart, in Bahlingen nimmt die Härte in Richtung Kaiserstuhl von 17 auf 21° auf kurze Entfernung zu (Einlauf von hartem Wasser aus dem Kaiserstuhl), Mengenprobleme ergeben sich nicht. Manchmal sind erhöhte Gehalte an Eisen und Mangan sowie zu niedrige oder fehlende an Sauerstoff hinderlich. In solchen Bereichen sind aber bisher keine der öffentlichen Versorgung dienende Anlagen errichtet worden.

Die Versorgung der wenigen zum Kreis gehörigen *Kaiserstuhlgemeinden* (unter Einschluß von Bahlingen) wurde früher aus Quellen und Flachbrunnen im Löß oder an der Grenze von Löß zu unterlagerndem Vulkangestein besorgt. Die Gewinnungsstellen sind heute sowohl aus Gründen der Menge, insbesondere aber der Güte, so gut wie bedeutungslos geworden. Die Stadt Endingen mit den Stadtteilen Königschaffhausen, Amoltern und Kiechlinsbergen sowie die Gemeinde Sasbach mit den Ortsteilen Leiselheim und Jechtingen beziehen heute über Tiefbrunnen in den Lockergesteinen der eiszeitlichen Niederterrasse nördlich und westlich des Gebirges ihr Wasser. Infolge der Einspeisung von kalkreichem unterirdischen Niederschlagsabfluß aus dem Kaiserstuhl von Süden her fördern die Tiefbrunnen Wasser höherer Härte (15–20°), das guter Qualität ist. Auch der Wyhler Brunnen gehört noch zu dieser Kategorie.

Die Brunnen in der Kiesniederterrasse der *eigentlichen Rheinebene* (Versorgungen von Forchheim, Weisweil, Rheinhausen) liefern Wasser mit Härten zwischen 10 und 15° DGH, was auf den Einfluß des Leopoldskanals und der alten Elz zurückzuführen ist, die weichere Grundgebirgswässer beibringen.

Die Versorgung der Bevölkerung, von Landwirtschaft, Gewerbe und Industrie des Landkreises mit Trink- und Brauchwasser guter Beschaffenheit in ausreichender Menge ist gesichert. Für Freiamt bedarf es noch einiger technischer Maßnahmen, damit diese Aussage auch für diese Gemeinde gültig ist.

Die jahreszeitliche Tiefenlage der Grundwasseroberfläche in den rheinnahen Teilen der Ebene ist seit der Regulierung des Stromes weitgehend von dessen Wasserführung abhängig. Die Rheinkorrektion ist untrennbar mit dem Namen Gottfried Friedrich Tulla (1770–1828) verbunden, der ab Frühjahr 1798 als Ingenieur im markgräflich badischen Staatsdienst Verwendung fand und ab 1817 als großherzoglicher Ober-Wasser- und Straßenbaudirektor tätig war bis zu seinem Tode 1828 in Paris, wo er Heilung von einem Blasenleiden bei einem Spezialisten suchte. Er ist auf dem Friedhof Montmartre beerdigt im gleichen Grabfeld wie Heinrich Heine. Neben vielen anderen Aufgaben erhielt er eine sein Leben bestimmende, die Projektierung des Hochwasserschutzes am Oberrhein, der

8. Im Elztal

9. Die Wilde Gutach
im Simonswälder Tal

In einem der schönsten Schwarzwaldtäler liegt Simonswald mit seinen Teilgemeinden
10. Haslachsimonswald
11. Wildgutach
12. Altsimonswald
13. Obersimonswald

Einzelhöfe mit tief heruntergezogenen Dächern bestimmen noch immer das Siedlungsbild im Schwarzwald

14. *Hansmartinshof in Biederbach-Bachere*
15. *Sillmann-Jakobshof in Freiamt*
16. *Der Fallerhof in Simonswald*
17. *Haus Herr in Freiamt*

18. Blick auf die 1290 gegründete Stadt Elzach
19. Elzach. Das repräsentative Rathaus in der Hauptstraße
20./21. Blick auf Yach und Katzenmoos im Elztal, Stadtteile des Luftkurorts Elzach

22. *Das Rathaus in Elzach-Unterprechtal*
23. *Ortsmitte von Elzach-Oberprechtal*

aufgrund seiner Denkschrift von 1812 in den Jahren 1813 bis 1870 realisiert wurde. Den 195 000 Bewohnern der 1771 wieder vereinigten Markgrafschaften Baden-Durlach und Baden-Baden, die von dem aufgeklärten Absolutisten Karl Friedrich (1728–1811) regiert wurden, war eine schwache wirtschaftliche, vor allem landwirtschaftliche Basis gegeben. Sie verbesserte sich auch nicht wesentlich, als 1806 das neue Großherzogtum 900 000 Seelen umfaßte. Diese zu erweitern und zu verbessern, war ein Hauptanliegen des Markgrafen. Eine starke Bedrohung für die Sicherung der Ernährung waren die regelmäßigen sommerlichen Überschwemmungen der Rheinniederung und der daran anschließenden Flächen des Hochgestades (Niederterrasse), welche diese für die Produktion unbrauchbar machten. Ingenieure hatten sich schon 25 Jahre mit Flußbaumaßnahmen beschäftigt, welche die Gefahr beseitigen oder doch eindämmen sollten, die auch den Bestand der Siedlungen in Mitleidenschaft zog. Tulla wählte für die erforderliche ,,Rektifikation'' die Möglichkeit, den Strom durch Einbau von Quer-, Längs- und Parallelbauten in ein sich vertiefendes Bett zu zwingen und dadurch den Furkationen und Mäandern zu begegnen. Dadurch wurden die Ausuferungen und Überschwemmungen beseitigt. Auch die nicht unerhebliche Seuchengefahr wurde behoben. Zusätzliches Land wurde geschaffen. Später stellten sich Störungen des Gleichgewichts der natürlichen Gegebenheiten ein. Die Schiffbarmachung und der Bau des Rheinseitenkanals wirkten verstärkend. Nach dem jetzigen Stand der Erkenntnis würde man andere Lösungen, die Veränderungen auf ein kleineres Maß beschränkt hätten, angestrebt haben. Die heute gewachsene Erkenntnis naturräumlicher Zusammenhänge und ihr Begreifen müssen zu Maßnahmen führen, welche die Spätfolgen dieser aus den Bedürfnissen ihrer Zeit geborenen und auch ohne Zweifel für diese großartigen Ingenieurleistung zu beheben suchen. Zahlreiche Wege sind in den letzten Jahren aufgezeigt, welche es zu beschreiten gilt, um zu lindern, zu bessern oder gar zu heilen!
In Waldkirch hat die *Mineralquelle Waldkirch* GmbH & Co. KG eine 660 m tiefe *Bohrung* niedergebracht, die nach Durchörterung von 10,5 m eiszeitlicher Kiese und Sande der Elz bis zur Endteufe in Gneis steht. In dem Bohrloch fließt ab 574 m 0,078 l/s mineralisiertes Wasser (5,2 g/l gelöste Feststoffe) zu, das überflurgespannt mit einer Temperatur von + 17,4° C austritt. Mittels Pumpen kann die Menge auf 0,8 l/s gesteigert werden. Dabei erhöht sich die Wassertemperatur am Austritt auf + 23,3° C. Das durch Natrium, Calcium und Sulfat gekennzeichnete Wasser ist dann thermal. Es ist als Heilquelle staatlich anerkannt und wird zu Trinkkuren verwendet, die bei leichten Stuhlverstopfungen angezeigt ist.

Schlußbetrachtung

Das Kreisgebiet ist reich an exakt zu umreißenden geologischen Einheiten, die seine landschaftliche Vielfalt bewirken, daher seine landwirtschaftlich sehr verschiedene Nutzung, die bedeutende Forstwirtschaft, das darin arbeitende vielseitige Gewerbe und die Industrie, für welche die nutzbare Wasserkraft wichtig ist.
Es liegt im und am Rande des Oberrheingrabens, eines bedeutenden Bruchsystems, der seit urgeschichtlicher Zeit eine wichtige Völkerstraße ist. Sieht man von den größeren Bevölkerungsagglomerationen ab, die hier noch selten sind, so zeigen sich in dieser bunten Landschaft deutliche Unterschiede in der Wesensart der Menschen, die auf die Wanderstraße entlang dem Rhein, gewiß aber auch auf den Untergrund zurückzuführen sind.

Literatur

Cassinone, H. und K. Spieß: Johann Gottfried Tulla. Karlsruhe 1928
Erläut. Geol. Karte Baden-Württ. 1:25000, 7813 Emmendingen. Stuttgart 1980
Erläut. Geol. Karte Freiburg i. Br. 1:50000. Stuttgart 1977
Erläut. Geol. Karte Baden-Württ. 1:25000, 7913 Freiburg i. Br. – NO Stuttgart 1980
Geol. Karte Baden-Württ. 1:25000, 7813 Emmendingen. Stuttgart 1980
Geol. Karte Freiburg i. Br. 1:50000. Stuttgart 1977
Der Kaiserstuhl, Gesteine und Pflanzenwelt. 2. Aufl. Natur- und Landschaftsschutzgebiete Baden-Württ. 8 (1977). Karlsruhe
Metz, R.: Alter und neuer Bergbau in den Lahrer und Emmendinger Vorbergen. Alem. Jb. (1959). Lahr
Metz, R., M. Richter und H. Schürenberg: Die Blei-Zink-Erzgänge des Schwarzwaldes. Beih. geol. Jb. 29 (1957). Hannover
75 Jahre Münsterpflege. Freiburger Münsterbauverein. Freiburg i. Br. 1965
Naturschutzgebiet Limberg, Begleiter zum wissenschaftlichen Lehrpfad bei Sasbach a. Rh. Führer Natur- und Landschaftsschutzgebiete Baden-Württ. 2 (1978). Karlsruhe
Sauer, K.: Bausteine des Münsters und anderer Sakral- sowie Profan-Bauten i. Freiburg i. Br. Führer Exk. 121. Hauptvers. deutsch. geol. Ges. 1969. Freiburg i. Br.
Sauer, K. und P. Simon: Die Eisenerze des Aalenium und Bajocium im Oberrheingraben (Grube Kahlenberg, Grube Schönberg und kleinere Vorkommen). Geol. Jb., D 10 (1975). Hannover
Das Taubergießengebiet, eine Rheinauenlandschaft. Natur- und Landschaftsschutzgebiete Baden-Württ., 7 (1974). Ludwigsburg

Vielfältige Vegetation und Tierwelt

von Dieter Knoch

Ein Blick auf die Landkarte des Kreises Emmendingen macht deutlich, welche großen Gegensätze in Landschaft, Klima und Pflanzenkleid zwischen oberrheinischer Tiefebene einerseits und den höchsten Erhebungen des mittleren Schwarzwaldes (Kandel 1242 m NN, Brend-Rohrhardsberg 1152 m NN) andererseits zu erwarten sind. Wenn der Mensch auch die Landschaft in vieler Hinsicht geprägt und verändert hat, so lassen sich doch auch heute noch die Einflüsse von Klima, Gestein und Boden sehr deutlich erkennen. Weil Pflanzengesellschaften und Tiervorkommen letztlich die klimatischen Gegebenheiten widerspiegeln, sei das Klima im Kreisgebiet mit einigen Daten und Besonderheiten kurz vorgestellt.

Klima

Die Klimagunst der Oberrheinebene mit ihren Randhügeln bis in eine Höhe von 300 m NN (kolline Eichen-Hainbuchenstufe, Obst- und Weinbau) äußert sich in der mittleren Jahrestemperatur von 9 bis 10° C. Im Sommerhalbjahr treten durchschnittlich 46 bis 47 Sommertage (Maximum $\geqq$ 25°) und zehn bis elf heiße Tage (Maximum $\geqq$ 30°) auf. Die Niederschläge pro Jahr betragen am Rhein etwa 700 mm (Rust 708 mm) und erreichen am Rand der Schwarzwaldvorberge knapp 900 mm (Emmendingen 882 mm). Im Elztal werden dann wegen der Stauwirkung der hohen Bergmassive Werte von über 1200 mm erreicht (Bleibach 1259 mm). Das Winterhalbjahr ist gekennzeichnet durch die Häufigkeit von Inversionen, welche den Tieflagen Nebel (60 bis 70 Nebeltage im Jahr), den Hochlagen sonniges und klares Wetter bescheren. In bioklimatischer Hinsicht ergeben sich für den Menschen folgende Belastungsfaktoren: häufiges Auftreten von Schwüle, verringertes Strahlungsangebot, besonders im Winter, häufiges Auftreten von Naßkälte und Nebel, schädliche Auswirkungen von Industrie und Verkehr (Luftverschmutzung). Zwischen 300 und 600 m NN (submontane Buchen-Eichenstufe) wird eine mittlere Jahrestemperatur von 8 bis 9° C erreicht. Die Jahresniederschläge schwanken zwischen 1100 und 1500 mm (Ottoschwanden 1 105 mm, Obersimonswald 1 468 mm). Für

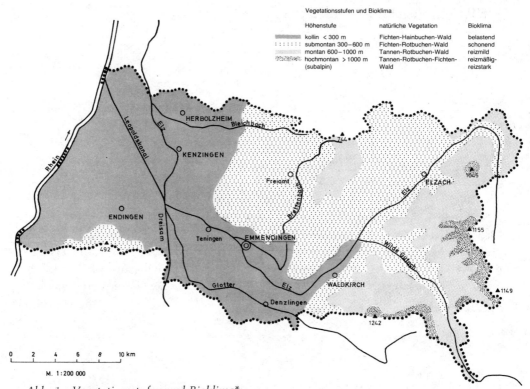

Abb. 1   *Vegetationsstufen und Bioklima**
* *Für wertvolle Klimahinweise sei dem Deutschen Wetterdienst in Freiburg gedankt*

die Gesundheit des Menschen machen sich zunehmend Schonfaktoren bemerkbar: schwache, aber ständige Luftbewegung, ausgeglichene Temperaturverhältnisse ohne Extremwerte, vermehrte Strahlung und hoher Luftreinheitsgrad. Oberhalb 600 bis etwa 1000 m NN (montane Tannen-Buchen-Stufe) wird das Klima merklich kühler und feuchter (mittlere Jahrestemperatur 6 bis 8° C; 1500 bis 1800 mm Jahresniederschlag). Auf den Menschen üben Klimaeigenschaften wie verstärkte Windbewegung, ausgeprägte Temperaturschwankungen, intensive Strahlung (UV-Licht), verringerter Dampf- und Sauerstoffpartialdruck zunehmend Reizwirkungen aus. In den Hochlagen oberhalb 1000 m NN (hochmontane bis subalpine Tannen-Buchen-Fichten-Stufe) schließlich herrscht rauhes Reizklima mit niedrigen Jahrestemperaturen ($\leqq 6°$ C), hohen Niederschlägen ($\geqq$ 1800 mm) und mehrmonatiger Schneedecke. Phänologische Beobachtungen an Wild- und Kulturpflanzen haben ergeben, daß die Vegetationsentwicklung (Blüte, Aussaat, Ernte) in den Hochlagen um etwa vier bis fünf Wochen verzögert wird. So erfolgt die in den Tieflagen um Mitte April einsetzende Apfelblüte in Hochlagen erst Ende Mai.

Oberrheinebene und Freiburger Bucht

Naturräumlich gesehen gehört der in der Ebene gelegene Teil des Landkreises zwei verschiedenen Landschaften an. Südlich der Riegeler Pforte erstreckt sich zwischen Kaiserstuhl und Schwarzwaldvorhügeln die Niederung von Elz und Glotter. Sie ist Bestandteil der Freiburger Bucht. Zur eigentlichen Oberrheinebene zählt der Nordteil des Kreises zwischen Rhein im Westen, Kaiserstuhl im Süden und Vorbergen im Osten. Heute ist die Ebene in weiten Teilen offenes Kulturland, bestehend aus Wiesen, Mais-, Getreide- und Kartoffelfeldern. Größere Waldbestände sind nur in den Rheinauen, den ,,Mooswäldern'' der Freiburger Bucht (Vörstetter Mooswald, Teninger Allmend, Teninger Unterwald), und auf der Niederterrasse zwischen Kenzingen und Weisweil (Forchheimer Wald, Johanniterwald) vorhanden.

Fast alle genannten Wälder waren einstmals Flußauenwälder mit periodischen Überschwemmungen oder zumindest hoch anstehendem Grundwasser, das da und dort aus dem Boden hervortrat. Die rapide und besorgniserregende Grundwassersenkung der letzten Jahrzehnte, eine Folge erhöhter Trinkwasserentnahme, Ausbau der Gewässer, Überbauung und Versiegelung der Landschaft, hat zum langsamen Absterben vieler Auewälder geführt. An ihre Stelle sind Eichen-Hainbuchenwälder getreten, die in der Ebene heute den vorherrschenden Waldtyp bilden und seit eh und je auf den trockenen, grundwasserferneren Kiesrücken der Flußauen heimisch waren. In den früher mittelwaldartig bewirtschafteten Eichen-Hainbuchenwäldern überragen mächtige Stieleichen (*Quercus robur*) die weniger hohen Hainbuchen (*Carpinus betulus*), in die vereinzelt Vogelkirschen (*Prunus avium*) und Haseln (*Corylus avellana*) eingestreut sind. Im Frühjahr ist der Boden übersät mit den weißen Blütensternen des Buschwindröschens (*Anemone nemorosa*) und der Großen Sternmiere (*Stellaria holostea*). In der Teninger Allmend gesellt sich hierzu die seltene Zwiebeltragende Zahnwurz (*Dentaria bulbifera*) mit lilaroten Blütentrauben. Ihre Verbreitung durch achselständige Brutzwiebeln wird durch Ameisen besorgt und ist entlang der Ameisenstraßen gut erkennbar.

An feuchteren und nährstoffreicheren Standorten beleben geophytenreiche Ausbildungen das Bild. Sie sind durch das Auftreten von Bärlauch (*Allium ursinum*), Aronstab (*Arum maculatum*), Scharbockskraut (*Ficaria verna*), gelegentlich auch Lerchensporn (*Corydalis solida*) und Moschuskraut (*Adoxa moschatellina*) gekennzeichnet. Auf tonigen, wasserundurchlässigen Böden macht sich häufig ein dichter Bestand des ,,Seegrases" (*Carex brizoides*) breit. Bei hohen Grundwasserständen, vor allem im Einflußbereich von Bächen und Flüssen im Nordteil der Breisgauer Bucht, stocken Erlen-Eschenwälder, die eine Vielzahl von Feuchtigkeitszeigern wie Waldziest (*Stachys sylvatica*), Waldschlüsselblume (*Primula elatior*), Rohrglanzgras (*Phalaris arundinacea*) u. a. aufweisen. In der Strauchschicht dominiert die Traubenkirsche (*Prunus padus*), und in der Baumschicht beherrschen Schwarzerlen, Eschen, Stieleichen und gelegentlich Flatterulmen das Bild. Waldbilder dieser Art gehören zu den schönsten und reichhaltigsten und waren im Bereich der Flußniederungen vor der Grundwasserabsenkung tonangebend. Heute trifft man sie nur noch sporadisch; am besten noch in einem schmalen Band, das von Vörstetten über Reute, Nimburg und den Teninger Unterwald nach Riegel zieht. Daß hier noch befriedigende Zustände herrschen, ist auf die grundwasserstauende Wirkung von Nimberg und Kaiserstuhl zurückzuführen, die dem langsam nach Nordwesten abfließenden Grundwasser als Barriere entgegenstehen. Ein besonders eindrucksvoller Flußauenwald hat sich im Nordteil des Naturschutzgebietes „Teninger Unterwald" bis in unsere Tage erhalten. Neben mächtigen, über 200 Jahre alten Stieleichen, Eschen und Erlen enthält der Wald noch einen Bestand von über 100 Flatterulmen („Iffen"), die man an den gestielten Blüten und den markanten Brettwurzeln erkennt und die wegen ihres geringen forstlichen Nutzens nicht mehr angebaut werden und somit vom Aussterben bedroht sind.

Wiesen prägen neben Wald und Ackerflur das Bild der Oberrheinlandschaft. Sie sind nicht nur vom Grundwasser, sondern auch stark von Düngung und Mahd abhängig. Im Gebiet herrschen Glatthafer-Fettwiesen vor mit hochwüchsigen Futtergräsern. Aus ihnen leuchten im Frühsommer die gelben Blüten von Wiesenbocksbart (*Tragopogon pratensis*) und Wiesen-Pippau (*Crepis biennis*) sowie die blauvioletten Blütenglocken von Wiesenglockenblume (*Campanula patula*) und Wiesenstorchenschnabel (*Geranium pratense*) hervor. Wenn im Spätjahr die Herbstzeitlosen (*Colchicum autumnale*) aufblühen, schießen nach ergiebigen Regenfällen die beliebten Feldchampignons (*Agaricus campestris*) und mit viel kräftigerem Wuchs die Großsporigen Schafchampignons (*Agaricus macrosporus*) aus dem Boden. Größere Feuchtigkeit und Grundwassernähe zeigen Kuckucksnelke (*Lychnis flos cuculi*), Sumpfdotterblume (*Caltha palustris*), Kohldistel (*Cirsium oleraceum*), seltener Bach-Kratzdistel (*Cirsium salisburgense*) und dunkelgrüne Binsenbestände (*Juncus ssp.*) an. Naßwiesen dieses Typs sind allerdings selten geworden und durch Entwässerung und intensive Düngung längst in Fettwiesen umgewandelt, weil die früher übliche Streunutzung weggefallen ist. Unterbleibt das jährliche Mähen dieser Feuchtwiesen und das Säubern der Gräben, entwickelt sich eine dichte Staudenvegetation mit Blutweiderich (*Lythrum salicaria*), Mädesüß (*Filipendula ulmaria*), Rohrglanzgras (*Phalaris arundinacea*) und Engelwurz (*Angelica sylvestris*). Im Kontakt zu Gräben und offenen Wasserstellen gesellen sich Schilf (*Phragmites austra *lis*), Rohrkolben (*Typha latifolia*), Froschlöffel (*Alisma plantago-aquatica*) und Gelbe Schwertlilie (*Iris pseudacorus*) dazu.

Wassergräben, Bachläufe und Flüsse durchziehen in dichtem Netz unsere Landschaft und bilden mit ihren Ufergehölzen und Pappelreihen markante Kulissen. Gehäuft treten solche Fließgewässer in der Breisgauer Bucht auf, wo sie, eingeengt durch Kaiserstuhl und Schwarzwald, der Riegeler Pforte im Norden zustreben. Zu ihnen zählen Elz, Dreisam, Glotter, Brettenbach, Lossele, Schwan, Taubenbach, Mühlbach, Schobbach, Feuerbach, Schwobbach sowie nördlich von Riegel: alte Elz und Bleiche. Größtenteils werden sie gesäumt von Gruppen der Schwarzerle (*Alnus glutinosa*), malerischen Silberweiden (*Salix argentea*), dichten Ufergebüschen aus Weiden (*Salix spec.*), Pfaffenhütchen (*Evonymus europaeus*) und Gemeinem Schneeball (*Viburnum opulus*). Im Uferbereich breitet sich mehr und mehr das aus Südostasien eingeschleppte Indische Springkraut (*Impatiens glandulifera*) aus, ein stattliches Balsaminengewächs mit roten, gespornten Blüten. Am Schwan bei Denzlingen findet man am einzigen Fundplatz im Landkreis den seltenen Straußfarn (*Matteuccia struthiopteris*). Stehende Gewässer sind in der Rheinebene von Natur aus selten. Erst der Mensch hat durch Kiesabbau Baggerseen geschaffen, die für Pflanzen und Tiere wertvolle Lebensstätten aus zweiter Hand wurden. Sie häufen sich entlang der Autobahn und des Rheines. Soweit man bei ihrer Rekultivierung nicht zu steile Ufer hinterließ, kann man hier beobachten, wie die Natur von Jahr zu Jahr von den neugeschaffenen Lebensräumen Besitz ergreift. Rohrkolben, Schilf und Binsen bilden schnell ein dichtes Uferröhricht. An Teninger Baggerseen wurden hier auch der seltene Kalmus (*Acorus calmus*), die rasig wachsende Sumpfbinse (*Eleocharis palustris*) und der Igelkolben (*Sparganium erectum*) beobachtet. Im Flachwasserbereich entwickeln sich Schwimmblattzonen mit Laichkräutern (*Potamogeton ssp.*), Tausendblatt (*Myriophyllum ssp.*) und Hornblatt (*Ceratophyllum ssp.*) aus.

Tiere bewohnen in der Ebene hauptsächlich die offene Feldflur mit ihren Waldresten und Kleingewässern. Aber gibt es überhaupt noch eine nennenswerte Fauna in einer Landschaft, die von krebsartig wachsenden Siedlungen zerfressen, von Autobahnen, Straßen und Bahnlinien zerschnitten, von Lärm und Abgas überzogen und von einer immer fortschrittlicheren Landwirtschaft ausgeräumt und mit Giften behandelt wird? Die Antwort muß differenziert ausfallen. Manche Tierarten sind verschwunden, andere sind an den Rand ihrer Existenz gedrängt, wieder andere konnten sich in eng umgrenzten Refugien halten, wenige konnten sich sogar ausbreiten. Exemplarisch für die sich laufend verschlechternden Lebensbedingungen ist die rückläufige Bestandsentwicklung des Weißstorches. Noch in den fünfziger Jahren gab es im Oberrheintal zwischen Karlsruhe und Basel eine blühende Population von ca. 150 Paaren. Davon entfielen auf den Kreis Emmendingen etwa zwölf Paare, die sich auf die Orte Herbolzheim, Kenzingen, Riegel, Oberhausen, Niederhausen, Wyhl, Endingen, Bahlingen, Malterdingen, Köndringen,

Emmendingen und Denzlingen verteilten. In den letzten zwanzig Jahren ist der Bestand am Oberrhein auf ca. acht Paare gesunken; im Kreisgebiet sind noch zwei Brutpaare heimisch, die in Riegel und Herbolzheim, gelegentlich in Kenzingen zur Brut schreiten. Daß dieser volkstümliche und liebenswerte Vogel bei uns dem Aussterben nahe ist, hat wohl viele Ursachen, so den Rückgang der Feuchtwiesen und Beutetiere, die zunehmende Anwendung von Bioziden, aber auch die Unfälle an Hochspannungsleitungen und Abschüsse auf dem Zug und im Winterquartier. Ein ähnliches Schicksal droht dem Großen Brachvogel, wenn es nicht gelingt, den Umbruch der Wiesen zu Maisäckern zu stoppen. Noch sind die wehmütig trillernden Rufreihen des großen Schnepfenvogels ein stimmungsvoller Bestandteil der oberrheinischen Wiesen. Doch ist der Bestand im Landkreis bereits von ca. 16 Paaren auf knapp sechs Paare zusammengeschmolzen. Auch unauffällige Vögel der Feldflur wie Rebhuhn und Wachtel, Braunkehlchen und Grauammer sind immer seltener zu vernehmen. Gut gehalten hat sich dagegen der Bestand des Kiebitzes. Ihm ist die Umstellung auf Ackerwirtschaft am besten gelungen. Jubilierende Feldlerchen und rüttelnde Turmfalken gehören auch heute noch zum gewohnten Bild. Wo sich auf kleinen Restflächen eine üppige Feuchtvegetation mit Schilf entfalten kann, stellen sich Rohrammer, Sumpf- und Teichrohrsänger ein. Hier kann man auch das heuschreckenartige Zirpen des Feldschwirls hören. Größte Kostbarkeit solcher Feuchtwiesen ist die Wiesenweihe, die im Teninger Raum noch verschwiegener Brutvogel ist. An dicht bewachsenen Fließgewässern brüten Teichhuhn, Stockente und, sofern steile Lehmufer vorhanden sind, auch der Eisvogel. In einigen saubereren, sauerstoffreichen Waldbächen laichen noch Bachforellen, daneben Stichlinge und das seltene Bachneunauge. Auf den Baggerseen brüten trotz Bade- und Angelbetrieb zutrauliche Bleßhühner, vereinzelt auch Haubentaucher. Hier sind auch die Graureiher gern zu Gast, deren Bestand sich in zwei unter Naturschutz stehenden Kolonien (davon eine knapp außerhalb des Landkreises) gut entwickelt hat. In flachen Uferbereichen hat sich der Wasserfrosch (*Rana esculenta*) so vermehrt, daß man an lauen Frühjahrsabenden wieder regelrechte Froschkonzerte hören kann. Hier ist auch das Reich zahlreicher Libellen, unter ihnen die große Königslibelle (*Anax imperator*), zierliche blaugefärbte Vertreter der Azurjungfern (*Coenagrionidae*) und leuchtend rote Heidelibellen (*Sympetrum ssp.*). Fachleute konnten an den Teninger Baggerseen über dreißig verschiedene, teils bedrohte Libellenarten feststellen. Im Uferröhricht spannt die prächtige Tigerspinne (*Argiope bruennichi*) ihre Netze.

Bemerkenswerte Brutvögel der Niederterrassen- und Mooswälder sind Pirol und Mittelspecht, Nachtigall und Waldschnepfe. Vogelbiotope besonderer Art sind Streuobstbestände, die sich in der Umgebung vieler Ortschaften ausdehnen. Zu ihren heimlichen Bewohnern zählen da und dort noch Steinkauz und Wiedehopf. In den Kronen nistet der vom Aussterben bedrohte Rotkopfwürger, vereinzelt der Raubwürger, bis vor Jahren

24. *Rheinauenlandschaft am Naturlehrpfad bei Wyhl. Im Vordergrund Schwarzpappeln mit den typischen, hier besonders stark ausgeprägten, ringförmigen Knospenwülsten. Die bodenständige Schwarzpappel ist stark gefährdet, weil sie der forstlich in Reinkultur angebauten Kanadischen Pappel (im Hintergrund) weichen muß*

36.–40. (v. l. n. r.) Wärmeliebende Pflanzen und Pilze des Kaiserstuhls und der Vorberge:
Affenorchis, Kreuzenzian, Diptam, Küchenschelle und Kaiserling
41.–43. Seltene Orchideen des Schwarzwaldes: Schwertblättriges Waldvögelein, Holunderknabenkraut und Herbst-Drehähre

44. Zwiebeltragende Zahnwurz mit achsel-
ständigen Brutzwiebeln (Teninger Allmend-
wald)
45. Kaiserstuhlanemonen am Lößhohlweg

46. Rotes Waldvögelein am Rand warmer
Buchenwälder

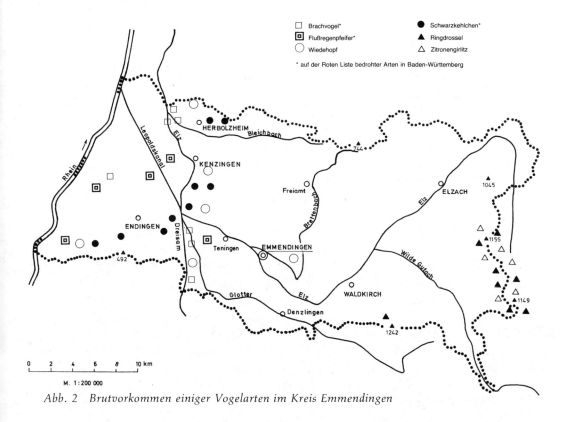

□ Brachvogel*   ● Schwarzkehlchen*
◙ Flußregenpfeifer* ▲ Ringdrossel
○ Wiedehopf   △ Zitronengirlitz

* auf der Roten Liste bedrohter Arten in Baden-Württemberg

Abb. 2 Brutvorkommen einiger Vogelarten im Kreis Emmendingen

auch der Schwarzstirnwürger. Schöne und erhaltenswerte Obstbaumbestände gibt es heute noch im Raum Denzlingen-Vörstetten, im Brettenbachtal nördlich Sexau, im Raum Wyhl–Weisweil–Rheinhausen und bei Kenzingen. Durch Rodung und Umstellung auf Niedrigstammkulturen sind die Biotope akut gefährdet, außerdem wird den Vögeln durch Verwendung von Spritzgiften zunehmend Nahrung entzogen. – Anderen Vogelarten hat der Mensch unfreiwillig zur Ansiedlung verholfen. So hat sich in einigen in Betrieb befindlichen Kieswerken der Flußregenpfeifer eingefunden, um auf den vegetationsfreien Kiesflächen, oft zwischen Baggern und Förderbändern, sein Brutgeschäft zu erledigen. An den ständig neu entstehenden, steilen Kies- und Lehmabbrüchen finden dagegen die Uferschwalben idealen Platz für ihre selbstgebauten Brutröhren.

Rheinniederung (Rheinauen)

In die Schotter der Niederterrasse hat sich der nacheiszeitliche Rheinstrom eingetieft und einen bis zu zwei Kilometer breiten, regelmäßig überfluteten Auenbereich geschaffen. Nach der Rheinkorrektion durch Tulla vor etwa 150 Jahren und der Weiterführung des französischen Rheinseitenkanals (nach dem Zweiten Weltkrieg) blieben die lebenswichtigen Überflutungen jedoch fast völlig aus. Trotzdem gehören die Rheinauen zwischen der Burg Sponeck im Süden und der Ruster Gemarkungsgrenze im Norden zu den schönsten und wertvollsten Naturdokumenten des Landkreises, ja der gesamten badischen Oberrheinebene. Das auf Gemarkung Rheinhausen liegende Auengebiet gehört zum größten Teil zum Naturschutzgebiet „Taubergießen", das sich nach Norden in den Ortenaukreis fortsetzt.

Den besonderen Reiz und den Kontakt zum lebenspendenden Wasser erhalten die Rheinauen durch die zahlreichen „Gießen", das sind Fließgewässer, die vom Rhein, seinen Seitenflüssen oder aus Grundwasserquellen gespeist werden. Dazu kommen abgeschnürte Altrheinarme und Tümpel in alten Kiesgruben. Durch kleine Stauwehre und ein kompliziertes Verbundsystem der Wasserläufe kann das Wasser heute auch zurückgehalten und in weniger gut versorgte Auengebiete eingeleitet werden.

Prächtige Auewälder gedeihen auch heute noch dort, wo trotz ausbleibender Überflutungen das Grundwasser hoch ansteht oder Kontakt zu Altrheingewässern besteht. Den höchsten Grundwasserstand beansprucht die Weichholzaue mit fast reinen Beständen der Silberweide (*Salix argentea*). Im Unterwuchs wuchern Brennesseln und Indisches Springkraut. Bestände dieser Art säumen heute überall Gießen und Altrheinarme. Wo sie flächig entwickelt waren, wurden sie durch monotone Kulturen der Kanadischen Pappel ersetzt. Etwas höher gelegen dehnt sich die Hartholzaue aus. Sie ist der vorherrschende Waldtyp der Rheinauen und wohl auch der schönste und reichhaltigste. Mächtige Feldulmen, brettwurzelige Flatterulmen, schlankwüchsige Eschen, weißleuchtende Silberpappeln, grobborkige Schwarzpappeln und breitkronige Stieleichen bilden das Kronendach der Baumschicht. Im Unterstand können Grauerlen (*Alnus incana*), Traubenkirschen (*Prunus padus*), Haseln mit dem Lianengewirr der Waldrebe (*Clematis vitalba*) urwaldartige Dickichte bilden. Eine außerordentlich üppige, bunt blühende Krautschicht belebt den Boden. Sie besteht aus Bärlauch (*Allium ursinum*), Waldschlüsselblume, Aronstab, Scharbockskraut und Mandelblättriger Wolfsmilch (*Euphorbia amygdaloides*). Stellenweise ist der Boden mit einem dichten Filz des Winterschachtelhalms (*Equisetum hiemale*) überzogen. Typische Pilze dieser Standorte sind die begehrten, im April und Mai erscheinenden Speisemorcheln (*Morchella esculenta*) und der seltene, im Sommer aber gesellig erscheinende Stachelschuppige Wulstling (*Amanita echinocephala*) mit auffallend spitzkegeligen Hüllresten auf der Hutoberseite. Besonders reichhaltig vertreten sind humuszehrende Kleinpilze und Holzbewohner, die die vielfältigen Holzsubstrate abbauen. Auf gefälltem Pappelholz siedelt sich alsbald der große büschelig wachsende Pappelschüppling (*Pholiota destruens*) an, später folgen die mächtigen und mehrjährigen Fruchtkörper des Flachen Lackporlings (*Ganoderma applanatum*). Auf trockenen Standorten tendiert die Entwicklung zum Eichen-Hainbuchenwald. Maiglöckchen (*Convallaria majalis*) und die unscheinbare Haselwurz (*Asarum europaeum*) sind dafür deutliche Zeigerpflanzen, im Raum Weisweil–Oberhausen auch das seltene Gelbe Windröschen (*Anemone ranunculoides*) und die Sternhyazinthe (*Scilla bifolia*). Schöne Beispiele der Hartholzaue und auenartiger Eichen-Hainbuchenwälder sind auf dem Wyhler Naturlehrpfad erschlossen.

Die Vegetation der Gewässer ist recht einheitlich. Wo die Gießen und Altrheinarme etwas breiter werden, bilden sich Schilfröhrichte aus, zum offenen Wasser hin oft von schwimmenden Rasen des Wassersterns (*Callitriche ssp.*) gesäumt. Dazu gesellen sich Laichkräuter (*Potamogeton ssp.*), Wasserlinse (*Lemna ssp.*) und Flutender Hahnenfuß (*Ranunculus fluitans*). Am Leopoldskanal und in den Buhnen des Rheins blüht die prächtige Schwanenblume (*Butomus umbellatus*).

Es versteht sich von selbst, daß die Rheinauen Heimstatt einer überaus reichen Tierwelt sind. Von den großen Säugetieren ist hier das Wildschwein noch ganzjährig anzutreffen. An den Gewässern ist die Bisamratte tätig, von Laien manchmal mit dem ausgestorbenen Fischotter verwechselt. Überwältigend ist die Vielfalt der Vögel. Im März dominieren im Konzert neben Meisen und Singdrosseln vor allem die Spechte mit ihrem Klopfen, Trommeln und melodischen Rufreihen (Bunt-, Mittel-, Klein-, Grau-, Grün- und Schwarzspecht). Im April und Mai erschallt der Nachtigallengesang wie kaum anderswo noch in Deutschland. Im dichten Unterholz wetteifern Grasmücken und Laubsänger im Gesang. Weniger auffällig sind die hellen Balzstrophen der Turteltaube und der schlichte Gesang des Kernbeißers. Aus den Schilfröhrichten der Altwasser klingen die wetzenden Laute des Teichrohrsängers oder die lauten Triller des Zwergtauchers. Dem aufmerksamen Wanderer entgeht auch nicht der tropisch bunte Eisvogel, wenn er blitzschnell über das Wasser schießt. Seine Brutdichte ist in diesem Wasserparadies erfreulich hoch. An breiteren Altrheinen brüten Bleßhühner, Stockenten und seit Ende der sechziger Jahre auch Reiherenten. Ungewöhnlich ist auch der Reichtum an Greifvögeln. Mäuse- und Wespenbussard, Sperber und Habicht, Schwarzmilan und Baumfalke gehören zu den regelmäßigen, Rohr-, Wiesen- und Kornweihe zu den gelegentlichen Brutvögeln. Im Winterhalbjahr sind die Rheinauen Rast- und Überwinterungsplatz für viele Wasservögel. Zwar liegen die bedeutendsten Rastplätze im benachbarten Ortenaukreis auf Gemarkung Kappel, doch wird auch der Rhein zwischen Sasbach und Niederhausen im Herbst und Frühjahr von durchziehenden Strandläufern, im Winter von rastenden Enten aufgesucht. Neben Stockenten sind es vor allem Tafel- und Reiherenten, Krick- und

Spießenten, seltener als Gäste aus dem hohen Norden weiß leuchtende Zwerg-, Mittel- und Gänsesänger, um nur einige Beispiele aus der Vielzahl bisher nachgewiesener Arten zu nennen. Nach neuesten Kenntnissen gehört der Rheinabschnitt zwischen Sasbach und Kehl zu den bedeutendsten Wasservogelgebieten Mitteleuropas.

Altrheinarme und Baggerlöcher beherbergen Reptilien und Amphibien. Im sonnigen Schilf trifft man die Ringelnatter regelmäßig an, und nach Auskunft von Fischern soll es hier noch die einheimische Sumpfschildkröte geben. Häufig ist auch noch der Laubfrosch, dessen nächtliche Konzerte man im Mai kilometerweit hören kann und der mit seinem lauten ,,bäckbäckbäck'' das Quaken der Wasserfrösche und die dumpfen Rufe der Gelbbauchunken weit übertönt. Obwohl Gießen und Altwasser ihre einstige Klarheit und Sauberkeit allmählich einbüßen, sind sie noch immer fischreich. Über 30 Arten wurden nachgewiesen, davon sind Hecht, Aal, Schleie und Plötze von wirtschaftlicher Bedeutung. Nicht selten sind Äsche, Bachforelle und verschiedene Vertreter der Weißfische wie Barbe, Brachse, Döbel, Hasel, Rotauge, Rotfeder und Nase. Der früher alltägliche Lachs ist seit den fünfziger Jahren verschwunden.

Kaiserstuhl

Als breit hingestreckte Insel erhebt sich der Kaiserstuhl aus dem Oberrheintal. Der vulkanische Kern wurde während der letzten Eiszeit mit einem dicken Lößmantel umkleidet, der heute noch eine maximale Stärke von ca. 30 m erreicht. Lößfrei und meist waldbedeckt sind die höchsten Erhebungen, während sich darunter eine fast ausschließlich mit Reben bepflanzte Terrassenlandschaft ausdehnt. Kastenförmige Trockentäler mit oft zirkusartigem Talschluß, tief eingeschnittene Hohlwege und steile Terrassenböschungen sind die charakteristischen Oberflächenformen, die Natur und Mensch im Laufe der Zeiten geformt haben. Leider ist das altvertraute Bild der Kaiserstuhllandschaft, das von Kleinterrassen, zahlreichen Hohlwegen, ausgedehnten Halbtrockenrasen und malerischen Obstbäumen geprägt war, in weiten Teilen verschwunden. Durch groß angelegte, staatlich subventionierte Rebumlegungen ist eine Einheitslandschaft mit Großterrassen und 20 m hohen Böschungen entstanden, die ihren früheren Reiz und ihre ökologische Vielfalt verloren hat. Mit Recht ist diese ,,Zwecklandschaft'' in der Öffentlichkeit immer wieder als Beispiel von Perfektionismus und Gigantismus angeprangert worden.

Der Kaiserstuhl ist berühmt wegen seiner wärmeliebenden Flora und Fauna. Die Zentren der Trockenvegetation liegen jedoch im mittleren und südlichen Kaiserstuhl, der zum benachbarten Landkreis Breisgau-Hochschwarzwald gehört. Im Kreisgebiet überwiegen naturgemäß die kühleren Nordlagen, und nur am isolierten Limberg konnte sich kleinflächig die Palette submediterraner Rasen- und Buschgesellschaften entfalten. – Beginnen wir mit der Flora der Rebterrassen, die dem menschlichen Einfluß am stärksten unterworfen ist. Beim ersten orientierenden Blick erkennt man einen grünen Teppich aus kommunen Unkräutern wie Vogelmiere (*Stellaria media*), Roter Taubnessel (*Lamium purpureum*) und Persischem Ehrenpreis (*Veronica persica*). Bei genauerem Hinsehen entdeckt man da und dort frühblühende Zwiebelpflanzen wie den Acker-Gelbstern (*Gagea villosa*), die Traubenhyazinthe (*Muscari racemosum*), im Gebiet auch Dubeköpfli genannt, und die leuchtend weißen Blütensterne des Doldenmilchsterns (*Ornithogalum umbellatum*).

Artenreicher sind die Steilböschungen der Rebterrassen. Hier finden wir viele Arten der Halbtrockenrasen und der Waldränder, die früher flächenhaft vorkamen und durch das Vordringen der Rebterrassen auf diese kleinflächigen, aber einigermaßen naturnahen Standorte abgedrängt wurden. In ihrem schönsten Schmuck zeigen sich die Böschungen und Oberkanten der Hohlwege, wenn sich im Mai Tausende von Blütenglocken der Kaiserstuhlanemone (*Anemone sylvestris*) öffnen. Die auf den Kaiserstuhl und die Lößvorberge am Schwarzwaldrand beschränkte Pflanze gehört der kontinentalen Flora an und gilt als nacheiszeitliches Relikt einer damals ausgedehnten Steppenvegetation. Zur gleichen Zeit erscheint mit gelben Blütenrispen der meterhohe Färberwaid (*Isatis tinctoria*), der in früheren Zeiten zur Gewinnung des Farbstoffes Indigoblau angebaut wurde. Im Sommer entfalten die Lößhänge eine Blütenpracht, die nicht nur Käfer und Schmetterlinge anzieht, sondern vielen bodenbewohnenden Tieren Unterschlupf gibt. Aus der Vielzahl der Pflanzen seien Gemeiner Dost (*Origanum vulgare*), Ackerglockenblume (*Campanula rapunculoides*) und Hasenohr (*Bupleurum falcatum*) genannt. Wo Sträucher geduldet werden, siedeln sich Berberitze (*Berberis vulgaris*), Strauchkronwicke (*Coronilla emerus*), Zaunrübe (*Bryonia dioica*) und die wärmeliebende Schmerwurz (*Tamus communis*) an. Selten ist im Nordkaiserstuhl der für den kalkreichen Löß so typische Halbtrockenrasen (*Mesobrometum*) geworden. Einmaliges Mähen im Jahr ist Voraussetzung für seinen Bestand. Aber welcher Landwirt hat noch Verwendung für das Heu, wenn der Kuhstall schon längst dem Weinkeller weichen mußte? Und gerade hier findet man die allbekannten Kaiserstuhlorchideen und die als Vorfrühlingsboten so beliebten Küchenschellen (*Anemone pulsatilla*). Halbtrockenrasen in verarmter Ausbildung gibt es bei Amoltern, Kiechlinsbergen, Leiselheim und Sasbach. An steilen, flachgründigen und südexponierten Hängen kommt es lokal zu Ausbildungen von echten Trockenrasen (*Xerobrometum*), so am Südhang des Lützelberges und am Limberg im Bereich der oberen Steinbruchkanten. Floristische Besonderheiten dieser Extremstandorte (hohe Temperaturen, geringe Niederschläge, flachgründige Böden mit geringer Wasserhaltekraft) sind Federgras (*Stipa capillata*), Zartblättriger Lein (*Linum tenuifolium*), Berggamander (*Teucrium montanum*) und Pferdesesel (*Seseli hippomaran-*

thum). Am Lützelberg gesellt sich noch die Ährige Graslilie (*Anthericum liliago*) dazu. In den Wäldern des Nordkaiserstuhls dominiert der Typ des orchideenreichen Strauchbuchenwaldes. Im Unterwuchs gedeihen viele Sträucher, wärmeliebende Seggen (*Carex flacca und montana*) und einige Waldorchideen wie das Rote und Weiße Waldvögelein (*Cephalanthera rubra und damasonium*) und die Nestwurz (*Neottia nidus-avis*). Im Frühling sorgen Maiglöckchen (*Convallaria majalis*), Seidelbast (*Daphne mezereum*) und Lungenkraut (*Pulmonaria obscura*) für leuchtende Farben. Auf mageren und warmen Standorten tritt die Rotbuche zugunsten von Traubeneiche, Hainbuche, Winterlinde und Vogelkirsche zurück. Am Limberg verdienen zwei Waldgesellschaften besondere Beachtung. Am Westabhang stockt ein prächtiger „Seggen-Lindenwald" (*Carici-Tilietum*), der vom Wissenschaftlichen Lehrpfad gequert wird. Als ehemaliger Niederwald ist er aus Stockausschlägen hervorgegangen und zeigt uns, wie die Waldvegetation dieser Lagen in früheren Zeiten ausgesehen hat. Auf der Limbergspitze schließlich hat sich ein kleiner Rest des submediterranen Flaumeichenwaldes gehalten. Unter dem lichten Schirm der Flaumeiche (*Quercus pubescens*) gedeihen botanische Kostbarkeiten wie Kammwachtelweizen (*Melampyrum cristatum*), Blauroter Steinsame (*Polemonium coeruleum*) und Diptam (*Dictamnus albus*). Größere Flächen dieses einmaligen Flaumeichenwaldes auf dem Limberg fielen trotz massiver Einsprüche der Naturschutzbehörden in den fünfziger Jahren einer Ausstockung und Rebanpflanzung zum Opfer.
Über die Tierwelt im Nordkaiserstuhl weiß man weniger gut Bescheid. Ob die Attraktionen des Badberges: Smaragdeidechse (*Lacerta viridis*), Gottesanbeterin (*Mantis religiosa*) und Schmetterlingshaft (*Ascalaphus libelluloides und longicornis*) auch im Kreisgebiet noch vereinzelte Vorkommen haben, ist nicht bekannt. Wichtige Lebensräume für Tiere sind neben Trockenbusch und Rasengesellschaften die steilen Lößwände an Hohlwegen und die Obstbaumbestände in den Tälern und am Rand des Kaiserstuhls. Während der Löß vielen Insekten (vor allem Erdbienen und Grabwespen) Möglichkeit zur Anlage von Bruträhren bietet, sind die Kirsch- und Nußbaumbestände in den tieferen Lagen letzte Zufluchtsstätten für Steinkauz, Wiedehopf und Rotkopfwürger. Ein besonders charakteristischer Vogel der Raine und Terrassen ist das Schwarzkehlchen, das ebenso wie die Orchideen den südlichen Charakter des Kaiserstuhles widerspiegelt.

Emmendinger Vorhügelzone

Zwischen Sexau mit Hochburg im Südosten und Herbolzheim mit Bleichtal im Norden erstreckt sich ein breites Band sanfter Hügel und Hochflächen, dessen westlicher Teil mit Löß überlagert und intensiv in Kultur genommen ist, während nach Osten der Wald zunimmt. Im Bereich des Lösses ist ähnlich wie im Kaiserstuhl eine Terrassenlandschaft mit Hohlwegen entstanden, die intensiv durch Reben, Obst-, Gemüse- und Ackerbau genutzt wird. Durch kleinflächigen Wechsel im Anbau, Feldgehölze und Gebüschstreifen, eingestreute Nuß- und Kirschbäume entsteht ein mannigfaltiges Mosaik von Standorten für Pflanzen und Tiere. Schöne Beispiele dieser reich strukturierten ,,Mischkulturlandschaft'' findet man heute noch im Bereich von Herbolzheim, Kenzingen, Hecklingen, Malterdingen und Heimbach. Auf gemähten Böschungen und kleinen ungedüngten Restflächen begegnet man wieder der artenreichen und wärmeliebenden Flora der Halbtrockenrasen. Zwischen Salbei (*Salvia pratensis*) und Esparsette (*Onobrychis viciifolia*) entdeckt man die reichblütigen Ähren der Mücken-Händelwurz (*Gymnadenia conopsea*), das stattliche Helmknabenkraut (*Orchis militaris*) und das unauffällige Brandknabenkraut (*Orchis ustulata*). Bei Hecklingen gesellen sich hierzu die nur aus dem Kaiserstuhl bekannte Goldaster (*Aster linosyris*), die Affenorchis (*Orchis simia*) und mit blauvioletten Blütenquirlen der Kreuzenzian (*Gentiana cruciata*).

Typische Vögel der mit Obstbäumen und Gebüschen durchsetzten Rebterrassen sind Neuntöter, Dorngrasmücke, Bluthänfling, Baumpieper, Pirol und Turteltaube. In wenigen Paaren schreiten Wiedehopf und Steinkauz alljährlich zur Brut, wenn alte Obstbäume ihnen noch Brutmöglichkeiten bieten und wenn ausgesprühte Insektengifte ihre Nahrung noch nicht dezimiert haben. Über manchen Rebbergen läßt die Heidelerche ihre schwermütigen Strophen erschallen. Das aus rebflurbereinigten Gebieten vertriebene Schwarzkehlchen zeigt noch intakte Lebensräume an.

An die offene, landwirtschaftlich genutzte Lößhügelzone schließt sich ein geschlossenes Waldgebiet an. Auf tiefgründigen, aber entkalkten Lehmböden stocken Eichen-Buchenwälder mit hohem Anteil der Hainbuche. In der Bodenflora deuten Waldmeister (*Asperula odorata*) und Waldsegge (*Carex sylvatica*) auf gute Nährstoffversorgung, die häufige Stechpalme (*Ilex aquifolium*) und das Haarmützenmoos (*Polytrichum attenuatum*) auf die Kalkarmut und Tendenz zur Versauerung hin. Bekannt sind die wärmebegünstigten Lehmbuchenwälder wegen ihres Pilzreichtums. Neben der allbekannten, gern gesammelten Totentrompete (*Craterellus cornucopioides*) gedeihen hier Arten wie Ölbaumtrichterling (*Omphalotus olearius*) und Kaiserling (*Amanita caesarea*), die in Süddeutschland die Nordgrenze ihrer Verbreitung erreichen und zu den größten Raritäten zählen. Wo der Muschelkalk ansteht und in warmer Südwestlage flachgründige Kalkverwitterungsböden entstehen läßt, kommt es wie im Kaiserstuhl zur Ausbildung orchideenreicher Strauchbuchenwälder (Heimbach, Landeck). Im Bereich frischer bis feuchter Lößlehmstandorte überziehen Scharbockskraut, Aronstab, Lungenkraut und gelegentlich Winterschachtelhalm den Waldboden. Im Sexauer Gemeindewald beherbergen Eichen-Buchenwälder auf Gneis ein größeres, im Kreis wohl einmaliges Vorkommen des Schwertblättrigen Waldvögeleins (*Cephalanthera longifolia*), einer seltenen Waldorchidee.

Einen ganz anderen Eindruck erhält man, wenn man, nach Osten wandernd, in den Bereich des Buntsandsteins gelangt, der vom Bleich- und Kirnbach, dem Tennen- und Aubächle durchschnitten wird. Kiefern mit Heidekraut (*Calluna vulgaris*) und Adlerfarn (*Pteridium aquilinum*) an den Südhängen, schwellende Moospolster mit Heidelbeere (*Vaccinium myrtillus*) und Rippenfarn (*Blechnum spicant*) an den Nordhängen vermitteln das Bild eines extrem sauren Buchenwaldes wie er erst wieder in der Vegetation der Fichten-Tannenstufe des Hochschwarzwaldes anzutreffen ist. – In wenigen sauberen Bächen der Vorberge hat sich bis heute der ca. 10 cm große Steinkrebs (*Astacus torrentium*), eine Gebirgsform des Flußkrebses, gehalten.

Schwarzwald

Deutlich trennt das tief gelegene Elztal zwei verschiedenartige Schwarzwaldlandschaften. Im Westen erhebt sich ein flacher, plateauartiger Teil mit Biederbach und Siegelau, der mit den Orten Ottoschwanden-Freiamt in die Vorhügelzone übergeht und am Hünersedel (744 m NN) seinen höchsten Punkt erreicht. Östlich der Elztalfurche erreicht der mittlere Schwarzwald dann bald die Kammhöhen von Brend (1148 m NN) und Rohrhardsberg (1152 m NN), die auch die Wasserscheide zu den östlich gelegenen Donauquellen bilden. Im Süden bildet der Kandel (1241 m NN) als höchster Berg des Kreises einen weit zum Rheintal hin vorgeschobenen Vorposten. Von Natur aus herrschen in Lagen bis etwa 600 m NN Rotbuchenwälder mit mehr oder weniger starker Beimischung der Traubeneiche (submontane Eichen-Buchen-Stufe) vor. Die zumeist ärmliche Bodenflora besteht aus Hainsimsen (*Luzula sylvatica und luzuloides*), Adlerfarn (*Pteridium aquilinum*) und Heidelbeere (*Vaccinium myrtillus*). An wenigen Stellen (Elztal) konnten sich einzelne Eiben (*Taxus baccata*) halten, die heute als Naturdenkmale geschützt sind. Bessere Böden zeigt der Waldmeister (*Asperula odorata*) an. In Bachnähe und an quelligen Stellen beteiligen sich Eschen und Bergulmen am Waldaufbau, und mit ihnen stellt sich eine reichere Krautflora ein, bestehend aus Hängesegge (*Carex pendula*), Hexenkraut (*Circaea lutetiana*) und Silberblatt (*Lunaria rediviva*). Oberhalb etwa 600 m NN, an schattigen Ost- und Nordhängen auch schon darunter, beginnt das Reich der montanen Tannen-Buchenwälder. Die Weißtanne, Charakterbaum des Schwarzwaldes, bevorzugt das kühlere und luftfeuchtere Klima der mittleren Lagen und zeigt hier herrliche Wuchsbilder. Im Unterwuchs gedeiht auf nicht zu trockenen Böden der Waldschwingel (*Festuca altissima*), der Hasenlattich (*Prenanthes purpurea*) und die Schwarze Heckenkirsche (*Lonicera nigra*) mit ihrer schwarzen Doppelbeerfrucht. In feuchten Waldpartien wird die Krautvegetation immer üppiger. Dichte Farnfluren wechseln mit Beständen der Pestwurz (*Petasites albus*) und dem zarten Blattwerk des

Rührmichnichtans (*Impatiens noli-tangere*). Aus dem saftigen Grün ragen die weißen Blütenrispen des Waldgeißbartes (*Aruncus dioicus*) hervor. Zu den ersten Frühjahrs-blühern gehört das dem Boden aufsitzende Milzkraut (*Chrysosplenium alternifolium*). Kennzeichnend für alle Buchenwaldgesellschaften im Gebiet sind atlantisch verbreitete Arten wie Stechpalme (*Ilex aquifolium*) und Roter Fingerhut (*Digitalis purpurea*), des-sen rot bis weiß gefärbte Blütenglocken im Hochsommer Waldlichtungen und Kahl-schläge schmücken. Oberhalb 1000 m NN gelangen wir in den Bereich hochmontaner oder subalpiner Bergmischwälder, an deren Aufbau neben Buche und Tanne Bergahorn und Fichte beteiligt sind. Im Unterwuchs sind Bergampfer (*Rumex arifolius*) und die Hochstauden Alpendost (*Adenostyles alliariae*) und Alpenmilchlattich (*Cicerbita alpi-na*) tonangebend. Am Kandel gesellt sich da und dort noch die Türkenbundlilie (*Lilium martagon*) dazu. Waldbilder dieser Art findet man am schönsten am Rohrhardsberg, Brend und Kandel entwickelt.

Schneedruck, zunehmende Windeinwirkung und hohe Luftfeuchtigkeit äußern sich im gedrungenen Wuchs und dichten Flechtenbehang der Bäume. In wenig durchforsteten Beständen kann man hier noch mächtige Exemplare des Zunderschwammes (*Fomes fo-mentarius*) finden, dessen harte, konsolenförmige Fruchtkörper früher der Zunderge-winnung dienten. Wegen ihrer parasitischen Lebensweise werden sie allerdings vom Forstmann nicht geduldet.

Wenig ist bisher die Rede gewesen von der Fichte, dem Brotbaum der deutschen Forst-wirtschaft, der in weiten Teilen Buche und Tanne verdrängt hat und die natürlichen Ge-gebenheiten überdeckt. Von Natur aus hat die Fichte, nach der Eiszeit aus dem Osten einwandernd, am steilen Westabfall des Schwarzwaldes immer nur eine untergeordnete Rolle gespielt. Lediglich auf den flachen, hochgelegenen Bergrücken, die zur Vermoo-rung und Versauerung des Bodens neigen, hat sie besser konkurrieren können und kleinflächige echte Fichtenwaldgesellschaften gebildet. Im Kreisgebiet spielen diese Flä-chen, die man am schwellenden Moosteppich und an dichten Beständen von Heidelbeere und Preiselbeere erkennt, kaum eine Rolle und sind auf das Gebiet von Rohrhardsberg und Brend beschränkt. Größere Fichtenanpflanzungen gehen zurück auf die Auflassung unrentabler Hofgüter, die Aufgabe von Extensivweiden und die vorzugsweise im Staatswald betriebene Kahlschlagwirtschaft, die an Buchenstandorten großflächig mit Fichte und Douglasie arbeitet. Der Anbau der Tanne ist erschwert, weil sie infolge hohen Wildbestandes durch Verbiß gefährdet ist und weil sie sich nur kleinflächig unter dem Schirm von Altbäumen verjüngen läßt.

Sehr mannigfaltig und blumenreich sind Wiesen und Weiden. Je nach Höhenlage, Expo-sition, Wasserversorgung und Stärke der Düngung wechselt das Bild und wird auch noch jahreszeitlich variiert. Eine Schwarzwaldwanderung erhält erst durch den Wechsel von Wiesen (Fettwiese, Naßwiese, Magerwiese), Weiden und Wald ihren besonderen Reiz.

Grundthema ist eine einheitliche Glatthaferwiese der unteren Tallagen, die beim Höhersteigen in Seitentäler und auf die Höhen immer neue Variationen erfährt. Am buntesten ist das Bild entlang der Bergbäche und Bewässerungsgräben, wo Gebirgshahnenfuß (*Ranunculus aconitifolius*), Waldstorchschnabel (*Geranium sylvaticum*), Schlangenknöterich (*Polygonum bistorta*), Kälberkropf (*Chaerophyllum hirsutum*) und Bachnelkenwurz (*Geum rivale*) weißrote Farbtupfer hervorzaubern. Wenn der Wasserabfluß verzögert wird, entstehen anmoorige Wiesen, die im Frühsommer durch das Breitblättrige Knabenkraut (*Dactylorhiza majalis*) und in höheren Lagen durch das Schmalblättrige Wollgras (*Eriphorum angustifolium*) gekennzeichnet sind. Im Herbst leuchten aus dem Dunkelgrün der Binsen (*Juncus spec.*) die violetten Köpfchen des Teufelsabbiß (*Succisa pratensis*) und die weißen Blütenglocken des Sumpfherzblattes (*Parnassia palustris*) hervor. Beim Hünersedel gedeiht in solchen Wiesen noch das hochseltene Moorglöckchen (*Wahlenbergia hederacea*), ein kleines, leicht übersehbares Glockenblumengewächs, das hier seinen einzigen Standort in ganz Baden-Württemberg hat. Es ist atlantisch verbreitet und steht hier an der Ostgrenze der Verbreitung. Eine andere Kostbarkeit solcher Standorte ist die Herbst-Drehähre (*Spiranthes spiralis*), eine kleine, im Herbst blühende Orchidee, die sehr empfindlich gegen Entwässerung und Düngung ist und heute nur noch im Raum von Oberbiederbach ein letztes Refugium hat. Hier findet sich auch lokal in Torfmoospolstern der insektenfressende Sonnentau (*Drosera rotundifolia*), eine Art, die sonst nur in den Hochmooren der Hochlagen vorkommt. Ausgeprägte Hochmoore fehlen im Kreis Emmendingen; lediglich im Kandelbereich (Platte) und im Gebiet Rohrhardsberg-Brend (Martinskapelle) gibt es hochmoorartige Bildungen mit Alpenwollgras (*Trichophorum alpinum*) und Siebenstern (*Trientalis europaea*), in deren Randbereich kleinflächig natürliche Fichtenwaldareale anzutreffen sind.

Neben Wiesen und Wald bestimmen vor allem die Weiden das Bild der Schwarzwaldlandschaft. Sie sind im mittleren Schwarzwald vom Besenginster (vom Landwirt als „Ramse'' bezeichnet) beherrscht, dessen leuchtendes Gelb im Mai und Juni die Hänge schmückt. Durch eingestreute Birken und Espen, Schlehenbüsche und Brombeergestrüpp, oft auch dichte Adlerfarnbestände ist die Besenginsterweide reich gegliedert und ein abwechslungsreicher Lebensraum. Bis vor einigen Jahrzehnten war sie noch charakteristischer Bestandteil der Landschaft im Elz-, Yach- und Simonswäldertal. Einst zog sie sich in breitem Band die Täler hinauf, die Talwiesen vom Wald trennend, der damals nur die höchsten Berggipfel bedeckte. Heute sind diese Flächen meist mit Fichten aufgeforstet. Wo sie kleinflächig erhalten blieben, sind sie durch Intensivnutzung (Düngung, Elektrokoppeln, Entfernung von Bäumen und Sträuchern) verarmt. Die Besenginsterweiden verdanken ihre Existenz der altertümlichen Reutbergwirtschaft, bei der im Abstand von mehreren Jahren der dichte Graswasen samt Baumwurzeln und Ginster abgeschält und verbrannt wurde. Auf dem entstehenden kargen Reutfeld wurde Getreide gesät, und danach überließ man es wieder dem Weidevieh. Wie man heute weiß, wurde durch den Brand die Ausbreitung des Besenginsters stark gefördert, weil einerseits konkurrierende Pflanzen vernichtet wurden, andererseits aus den unversehrten Wurzelstöcken schnell neue Ginsterruten austreiben konnten. Nach Berichten des Untersimonswälder Bauernsohnes Georg Wehrle betrieb man neben der Bergreute (Wechsel von Weide und Acker) auch die Waldreute, bei der der Wald von Zeit zu Zeit als Reutacker diente. Mit dem Verschwinden des Reutens zu Beginn dieses Jahrhunderts war auch das Schicksal der Besenginsterweiden besiegelt. Ein Großteil der Weiden wurde dem Wald zugeschlagen, der Rest, meist in Hof- und Ortsnähe liegend, als Intensivweide genutzt, in der mechanisch und notfalls auch chemisch das Aufkommen von Strauchbewuchs verhindert wird. In Höhen über 800 m NN fehlt der frostempfindliche Besenginster, an seine Stelle tritt der kleine Flügelginster (*Genista sagittalis*). Hochweiden dieses Typs beherbergen im Raum Kostgefäll-Brend als Kostbarkeit das Holunderknabenkraut (*Dactylorhiza sambucina*), dessen rote und gelbe Blüten schon im Mai die graubraunen Weidfelder beleben. Dazu gesellen sich im Hochsommer die prächtigen Blütensterne der Arnika und die zierlichen Blütenstände des Weißzüngels (*Leucorchis albida*), die am Kandel und auf dem Kamm des Rohrhardsberg und Brend schon subalpine Verhältnisse andeuten.

Aus der Fülle der im Schwarzwald beheimateten Tierarten seien hier nur einige wichtige und typische Vertreter erwähnt. Unter den Säugern sind Reh, Hase, Fuchs und Dachs verbreitet. In der Nachkriegszeit ist auch Rotwild aus dem Südschwarzwald eingewandert und hat in zusammenhängenden Waldgebieten verschiedene Einstände bezogen. Ähnlich verlief die Entwicklung beim Gamswild, das in den dreißiger Jahren im Feldberggebiet ausgesetzt wurde und nach und nach in das Kreisgebiet einwanderte und heute in einem Bestand von ca. 100 Stück die felsigen und steinigen Halden am Kandel, im Simonswälder- und Wildgutachtal bewohnt. Selten bekommt man wegen seiner nächtlichen Lebensweise den Baummarder zu Gesicht. In Siedlungsnähe sind Steinmarder und Großes Wiesel nicht selten. Zu den regelmäßigen Bewohnern von Waldhütten und Baumhöhlen zählt der nächtlich lebende Gartenschläfer. Auch die Haselmaus ist bis in höchste Lagen gefunden worden. In der Vogelwelt gibt es viele charakteristische Vertreter. Im Bergnadelwald gehören Tannen- und Haubenmeise, Kleiber, Goldhähnchen und Waldbaumläufer, Rotkehlchen, Zaunkönig und Heckenbraunelle zum festen Bestand. Lautstark machen sich im Frühjahr nach der Schneeschmelze Sing- und Misteldrossel bemerkbar, an den Waldrändern auch die Wacholderdrossel. In alten Tannen-Buchenwäldern ist der Schwarzspecht zu hören: teils klopfend oder trommelnd, teils rufend mit seiner hellen Balzstrophe. Typisch für den Bergwald ist auch der Tannenhäher mit seiner Vorliebe für Haselbüsche am Waldrand. Oberhalb 1000 m NN, wo die Wälder von Wind und Wetter gezaust werden, wo die Steilhalden allmählich in flache, zur Vermoorung neigende Bergrücken übergehen, mit der Fichte auch Heidel- und Preiselbeere zunehmen, leben noch letzte kleine Bestände des Auerwildes. Hier kann man mit großem Glück ein Haselhuhn davonstreichen sehen oder in der Dämmerung den merkwürdigen Balzlauten der Waldschnepfen lauschen. Neben dem Geheul des Waldkauzes läßt sich auf der Hochfläche gelegentlich auch der seltene Rauhfußkauz mit seinen dunklen Rufreihen vernehmen. Als subalpine Inseln des mittleren Schwarzwaldes erweisen sich Rohrhardsberg, Brend und Kandel auch durch ein Brutvorkommen der Ringdrossel und des Zitronengirlitzes. Diese Vogelarten besitzen erst wieder im Feldberggebiet ein größeres Brutareal. Auch außerhalb des Waldes begegnet man vielen interessanten Arten. Sie sind den Veränderungen in unserer Kulturlandschaft viel stärker ausgeliefert. So war die Zippammer, ein vor allem in Südeuropa beheimateter Vogel, in den steinigen Ginsterhalden des Yach- und Simonswäldertales überall heimisch, bis sie den umfangreichen Aufforstungen dieser „Grenzertragsflächen" zum Opfer fiel. Letzte Brutbiotope besaß die Art noch in den sechziger Jahren am Kostgefäll (Haslachsimonswald). Heute ist sie im Kreis Emmendingen ausgestorben.

Fließgewässer sind bis an den Rand der Ebene die Heimat von Wasseramsel und Gebirgsstelze. Während die Wasseramsel mit ihrem schnurgeraden Flug den größeren Bachläufen folgt, nimmt die elegant mit dem Schwanz wippende, gelb gefärbte Gebirgsstelze mit jedem kleinen Bächlein vorlieb, sofern geeignete Brutplätze wie Brückenmauern oder Felsvorsprünge vorhanden sind. Beide Arten brüten sogar im Innern oder am Rande der Städte, wie dies z. B. für Emmendingen und Waldkirch festgestellt wurde. Von Kriechtieren und Amphibien sind Schlingnatter, Blindschleiche, Waldeidechse, Grasfrosch, Erdkröte und Bergmolch weit verbreitet. In feuchten und lehmigen Waldgebieten steigen Feuersalamander und Gelbbauchunken bis in mittlere Lagen hinauf.

Das Verschwinden vieler extensiv bewirtschafteter Bergwiesen durch Aufforstung oder Veränderungen durch Düngung und Drainage bewirkten eine erschreckende Verarmung der Insektenfauna, namentlich bei Käfern und Schmetterlingen. Nur in abgelegenen Talwinkeln ist die Welt noch einigermaßen in Ordnung. So wurden an der oberen Wildgutach (Simonswälder Tal) in den Jahren 1976 und 1977 noch gute Bestände selten gewordener Schmetterlinge wie Trauermantel, Schwalbenschwanz, Großer Schillerfalter, Kleiner Eisvogel, Admiral, Distelfalter, Taubenschwänzchen, Linden-, Liguster- und Weinschwärmer gefunden.

Vielgestaltig ist das Pflanzenkleid des Landkreises wie auch die von ihm abhängige Tierwelt, ganz gleich, ob man die lichte und südlich anmutende Landschaft am Oberrhein betrachtet oder die sturmzerzausten, vom Nadelwald beherrschten Schwarzwaldhöhen, die einen Hauch nordisch herber Stimmung vermitteln. Es ist zu hoffen, daß das Wesen, die Vielfalt und Schönheit dieser Landschaft trotz notwendiger Änderungen und Entwicklungen für die Zukunft gesichert und erhalten werden kann.

Literatur

Fuchs, G.: Naturschutz und Landschaftspflege im Kaiserstuhl. – Der Kaiserstuhl, Gesteine und Pflanzenwelt. 2. Aufl. LfU, Karlsruhe 1977

–: Die Vegetation am Kaiserstuhl, insbesondere am Limberg und Lützelberg. – Naturschutzgebiet Limberg am Kaiserstuhl. LfU Karlsruhe 1978

Gemeinde Wyhl (Hrsg.): Naturlehrpfad Rheinauewald. 1971

Hädrich, F.: Die Böden der Emmendinger Vorbergzone (Südliches Oberrheingebiet). – Ber. Naturforsch. Ges. Freiburg 1966

Harlfinger, O. und H. Trenkle: Schwarzwald-Klimafibel. – Freiburg 1981

Hölzinger, J., G. Knötsch, B. Kroymann und K. Westermann: Die Vögel Baden-Württembergs – eine Übersicht. – Anz. orn. Ges. Bayern 9, Sonderheft 1970

Hoffrichter, O., G. Osche, und O. Wilmanns: Die Pflanzen- und Tierwelt. – Breisgau-Hochschwarzwald (Kreisbeschreibung) Freiburg 1980

Hügin, G.: Wesen und Wandlung der Landschaft am Oberrhein. – Beitr. z. Landespfl. I, Stuttgart 1962

–: Die Rheinaue im Landschaftsschutzgebiet Taubergießen. – Naturschutz und Bildung. Stuttgart 1968

Kleiber, H.: Pflanzenwelt. – Kaiserstuhl, Rheinauen, Schwarzwaldvorberge. – Freiburg 1976

Knoch, D.: Tierwelt. – Kaiserstuhl, Rheinauen, Schwarzwaldvorberge. – Freiburg 1976

Landesstelle für Naturschutz und Landschaftspflege: Das Taubergießengebiet. Ludwigsburg 1974

Opitz, H.: Zur Vogelwelt des Kaiserstuhls. – Bad. Heimat, H. 1/2 Freiburg 1971

Schäfer, W.: Schmetterlinge aus dem ,,Wildgutachgebiet'' des Simonswäldertals. – Veröff. Naturschutz Landschaftspflege Bad.-Württ. 46, Karlsruhe 1977

Wehrle, G. und H. Kothe: Über den Reutfeldbau im Simonswäldertal. – Ethnographisch-archäologische Forschungen 4, 1958

Wilmanns, O.: Vegetation. – Der Kaiserstuhl, Gesteine und Pflanzenwelt. – 2. Aufl. Freiburg 1977

Wilmanns, O., Emter, M. und A. Schwabe-Braun: Struktur und Dynamik der Pflanzengesellschaften im Reutwaldgebiet des mittleren Schwarzwaldes. Documents phytosociol. IV. Lille 1979

Naturschutz und Landschaftspflege

von Dieter Knoch

Aufgaben und Probleme im Landkreis

Vielfältig wie die Landschaft sind auch die Aufgaben und Probleme, denen sich der Naturschutz im Landkreis gegenübersieht. Ihm obliegt es nach dem Naturschutzgesetz, die freie und besiedelte Landschaft als Lebensgrundlage und Erholungsraum zu schützen, zu pflegen, zu gestalten und zu entwickeln. Dabei sollen die Nutzungsfähigkeit der Naturgüter Boden, Wasser, Luft, Klima, Tier- und Pflanzenwelt gesichert sowie die Vielfalt, Eigenart und Schönheit von Natur und Landschaft erhalten werden.

Worin bestehen nun die Eigenart und Schönheit der Landschaft im Kreisgebiet? Wie im Kapitel über Vegetation und Tierwelt schon angesprochen, sind folgende Landschaftsteile für unseren Raum besonders typisch, erhaltenswert und zugleich gefährdet:

– die historisch gewachsenen und organisch in die Landschaft eingebetteten Ortschaften, umgeben von einem Kranz von Streuobstwiesen und Kleingärten
– die durch Wechsel von Wiesen, Gewässern und Wald gekennzeichnete Mooswaldlandschaft zwischen Vörstetten und Riegel
– die offene, mit Einzelbäumen, Gebüschreihen und Feldgehölzen durchsetzte Feldflur nördlich des Kaiserstuhls (Niederterrasse)
– die mit Ufergehölzen oder Röhricht bestandenen Wasserläufe und Gräben
– die Rheinauenwälder mit ihren Gießen und Altrheinarmen
– die Reb- und Mischkulturlandschaft auf den Lößterrassen von Kaiserstuhl und Vorbergen mit ihren Hohlwegen
– die Reste von Trockenwald und Trockenrasen im Kaiserstuhl, am Limberg und in der Vorbergzone
– die Talschaften und kleinen Wiesentäler im Schwarzwald mit den typischen Hofformen
– die von Weißtanne und Rotbuche geprägten Bergwälder des mittleren Schwarzwaldes
– die Ginsterweiden der Schwarzwaldtäler und die subalpinen Weiden der Hochlagen.

Die vielseitige Inanspruchnahme der Landschaft durch Bebauung, Verkehrserschließung, Grundwasserentnahme, aber auch durch intensive Land- und Forstwirtschaft läuft den genannten Zielen der Landschaftserhaltung oftmals diametral entgegen. Der Bevölkerungsdruck, der von der Metropole Freiburg ausgeht, wirkt sich weit in den Landkreis hinein aus. Ortschaften verschmelzen langsam zu Siedlungsbändern, wie dies am Beispiel von Denzlingen – Buchholz – Waldkirch – Kollnau – Gutach oder Wasser – Emmendingen – Teningen – Köndringen zu erkennen ist. Durch die Ausweisung von Entwicklungsachsen, regionalen Grünzügen und Siedlungszäsuren versuchen Landes- und Regionalplanungen, die stürmische Entwicklung zu steuern und die flächenhafte Zersiedlung des nur begrenzt zur Verfügung stehenden Raumes in den Griff zu bekommen. Um die Verdichtungsräume vom zunehmenden Verkehr zu entlasten, müssen neue Umgehungs- und Entlastungsstraßen gebaut werden, die wiederum die Naherholungsräume zerschneiden, mit Lärm und Abgas überziehen und zusammenhängende Tier- und Pflanzenbiotope zerstückeln und entwerten. Vielfach werden auch Vorrangflächen der Landwirtschaft beansprucht, was nicht nur Verlust, sondern auch erschwerte Bewirtschaftung der Restflächen bedeutet. Zu umstrittenen Straßenbauprojekten dieser Art zählen die B-3-Umgehung im Raum Wasser – Emmendingen – Teningen, die Neutrassierung der L 113 zwischen Riegel und der neuen Rheinbrücke bei Sasbach, die Verbindung von Rust mit einer neuen Autobahnausfahrt ,,Herbolzheim‘‘ und die Verlegung der K 5118 zwischen Herbolzheim und Tutschfelden.

Neben Straßen belasten auch Hochspannungsleitungen immer mehr das Landschaftsbild. Die Frage nach einem dritten Gleis der Deutschen Bundesbahn wird in naher Zukunft Mensch und Natur neue Opfer abverlangen.

Sorgenkinder sind aber nicht nur die Ballungsgebiete; tiefgreifende Veränderungen vollziehen sich auch in den ländlichen Räumen, wo durch eine rationalisierte und technisierte Landwirtschaft die Ausräumung und Verarmung der Landschaft vorangetrieben wird. Da werden noch immer Einzelbäume gerodet, Hecken entfernt, Gehölze an Gewässern abgeschlagen, Gräben und Wasserlöcher zugeschüttet und Raine abgebrannt. Die Anwendung von Unkrautvernichtungs- und Schädlingsbekämpfungsmitteln (allg.: Pestizide) schließlich nimmt vielen Tieren und Pflanzen der Feldflur ihre Lebensgrundlage. Der erschreckende Rückgang der Fasanen, der Rebhühner und Wachteln sowie der Feldhasen legen davon ein beredtes Zeugnis ab. Ungünstig wirkt sich auch der Umbruch vieler Wiesen zu Äckern aus. Die drastische Abnahme der Brachvögel, der Braunkehlchen, der Grauammer und anderer Wiesenvögel ist eine unmittelbare Folge dieser Maßnahmen. Mit Sorge wird auch das Verschwinden der für viele Ortschaften so charakteristischen Streuobstwiesen betrachtet. Dem Roden der hochstämmigen Obstbäume folgen nur selten Neupflanzungen, so daß nicht nur das markante Landschaftsbild an den Ortsrändern verlorengeht, sondern auch ein wertvoller Biotop für seltene Vogelarten. Leider werden auch bei Flurbereinigungen die Belange des Naturschutzes und der Landschaftspflege zuwenig berücksichtigt, so besonders im Lößgebiet von Kaiserstuhl, Nimberg und Vorbergzone, wo einheitliche Großterrassen ohne Baumkulissen und mit asphaltiertem Wegenetz das frühere Mosaik aus kleinen Terrassen, Hohlwegen, Hekken, Kirsch- und Nußbäumen verdrängt und ersetzt haben. Vielfach sind Hohlwege auch unbemerkt mit örtlichem Bauschutt und Erdaushub zugeschüttet worden. Heute gilt es, die noch vorhandenen Lößhohlwege im Kaiserstuhl (z. B. am Schönenberg bei Endingen), am Nimberg und in der Vorbergzone (z. B. „Kinzge" zwischen Emmendingen und Mundingen, Aufstieg zur Burg Lichteneck bei Hecklingen, Hohlwege bei Herbolzheim) zu erhalten und, wenn nötig, als Naturdenkmale unter Schutz zu stellen. Ganz anders strukturiert ist die Landwirtschaft im Schwarzwald, die aus klimatischen Gründen auf die Viehhaltung und damit auf die Nutzung von Wiesen und Weiden angewiesen ist. Hier vollzieht sich seit vielen Jahren ein tiefgreifender Wandel. Früher extensiv bewirtschaftete, meist ertragsarme Flächen („Grenzertragsböden") wie die verbreiteten Besenginsterweiden, einschürige Bergmatten, quellige oder anmoorige Binsenwiesen wurden in großem Maßstab mit Fichten aufgeforstet oder bei günstiger, ortsnaher Lage durch Düngung und Entwässerung (Drainage) melioriert. Dadurch sind gerade Standorte seltener Pflanzen bis auf letzte kleine Reste verschwunden. Daß durch die Aufforstungen auch mancher freie Blick über die Höhen versperrt wird, liegt auf der Hand. Doch ist heute gewährleistet, daß reizvolle Wiesentäler und attraktive Aussichtspunkte in der auf Fremdenverkehr ausgerichteten Schwarzwaldregion freigehalten werden.

Forstwirtschaft und Naturschutz arbeiten in vielen Bereichen eng zusammen. Doch es gibt auch Diskrepanzen. Mehr und mehr verschwinden die landschaftstypischen Tannen-Buchenwälder im Schwarzwald, die Buchen- und Eichen-Buchenwälder der Vorberge und die reich strukturierten Auenwälder der Ebene, und mit ihnen verlieren charakteristische Tier-, Pilz- und Pflanzenarten ihren Lebensraum. An ihre Stelle treten im Bergland oft monotone, artenarme Forstgesellschaften aus Fichte oder Douglasie, in der Ebene sind es Kulturen aus Roteiche, Ahorn-Esche oder Pappelhybriden. Die wegemäßige Erschließung und „Kultivierung" der letzten wilden Bergwaldreviere am Kandel und im Simonswäldertal ist nahezu abgeschlossen.

Zuletzt seien noch Probleme genannt, die durch Freizeitsport und Wochenendrummel an beliebten Ausflugszielen entstehen und zu erheblichen Störungen der Natur führen können: Lagern, Baden und Surfen an Baggerseen; Boots- und Kanufahren in den Gießen und Altwassern der Rheinauen; Zunahme des Bootsverkehrs und des Wasserskisportes samt Folgeeinrichtungen wie Bootsliegeplätze, Camping usw. am Rhein; Ausflugsverkehr am Kandel (Erosionsschäden, Drachenflug und Rückgang der Arnika); Massenandrang an Küchenschellen- und Orchideenstandorten (Kaiserstuhl) und Vogelbrutplätzen (Rheinauen, Taubergießen); Störung durch Fotografen.

Wenn bisher nur Kritik und Sorgen zum Ausdruck kamen, seien nun einige Aktivposten

47. *Blick auf die Vorberggemeinde Freiamt mit ihren zahlreichen Wohnplätzen*

Umseitig:
48. *Das Rathaus in Freiamt*
49. *Freiamt-Ottoschwanden mit der ev. Pfarrkirche*

in der Bilanz von Naturschutz und Landschaftspflege erwähnt: Die Einrichtung einer zentralen Mülldeponie bei Ringsheim hat die Landschaft erheblich entlastet; der Bau der Großkläranlage des Abwasserzweckverbandes Breisgauer Bucht und die Erweiterung örtlicher Kläranlagen führen dazu, daß sich die teils stark verschmutzten Gewässer im Landkreis wieder regenerieren können; durch Flutung alter und neuer Gräben im Teninger Allmend-Wald wird eine Erhöhung des extrem gesunkenen Grundwasserspiegels angestrebt; seit 1979 konnten im Landkreis je vier neue Naturschutz- und Landschaftsschutzgebiete ausgewiesen werden; weitere sind einstweilig sichergestellt oder geplant.

Biotopmanagement oder Natur aus zweiter Hand

Naturfreunde und Naturschützer beklagen immer wieder den Verlust von Feuchtgebieten. Um so erfreulicher ist es, wenn sich bei der Rekultivierung von Baggerseen die Gelegenheit bietet, künstliche Feuchtbiotope zu gestalten (Biotopmanagement) und damit gewissermaßen kleine Naturparadiese aus zweiter Hand zu schaffen. Hier kann der Natur wieder etwas von dem zurückgegeben werden, was ihr der Mensch im Lauf der Zeiten genommen hat. Als Beispiel sei der Nimburger Baggersee der Gemeinde Teningen genannt, dessen Nordteil unter Einbeziehung nicht abgebauter Restflächen naturhaft rekultiviert werden sollte. In den Jahren 1978 bis 1981 wurden folgende Maßnahmen durchgeführt: Schaffung von Vogelteichen mit Inseln sowie Flachwasserzonen (Lagunen) mit und ohne Seeverbindung; Ausbaggerung flacher Mulden in der lehmigen Deckschicht zur Sammlung von Niederschlags- und Hangwasser als Kleinbiotope für Amphibien, Libellen und Feuchtvegetation; Gestaltung steiler Uferbereiche zur Ansiedlung von Eisvogel und Uferschwalbe; Bepflanzung der randlichen Dämme mit standortgerechten Laubhölzern und Sträuchern (siehe Abb.). Schon jetzt zeichnet sich ein voller Erfolg der Maßnahmen ab, die in einmütiger Zusammenarbeit zwischen Gemeindeverwaltung, Forstbeamten, Mitarbeitern der Forstlichen Versuchsanstalt, Naturschutzbeauftragten, Naturschutzwarten und freiwilligen Helfern durchgeführt wurden. Erste Rohrkolben-Weiden-Dickichte bilden sich aus. Frösche, Libellen, Ringelnattern und zahllose Kleintiere bevölkern Gräben und Wasserlöcher. Flußregenpfeifer, Uferschwalbe, Stockente, Bleßhuhn, Haubentaucher, Rohrammer, Teich- und Sumpfrohrsänger zählen zu den ersten Brutvögeln. Regelmäßiger Gast ist der Eisvogel; seltene Besucher sind Fischadler und Große Rohrdommel.

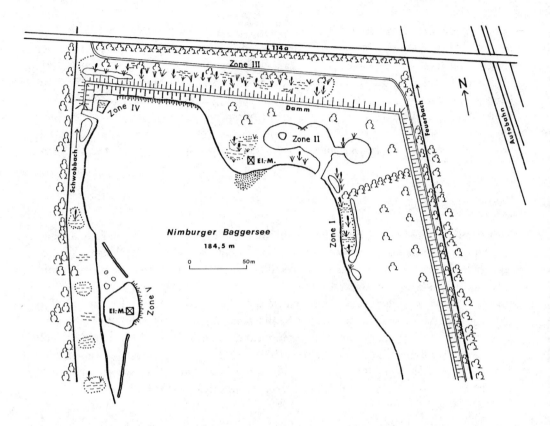

Schaffung von Teichen und Feuchtgebieten am Nimburger Baggersee

Zone I: Rohrkolben-Weidendickicht mit Graben und Gehölzstreifen
Zone II: Vogelteiche mit Insel, randlichen Feuchtgebieten und Kiesbank
Zone III: Mulden- und Grabensystem für Amphibien und Wasserpflanzen
Zone IV: Durch Gräben abgetrennte Insel, Teich und Steiluferbereich
Zone V: Flachwasserbereiche (Lagunen) mit Insel und randlichen Dämmen (Wellenbrecher)

Naturschutzgebiete

Der Landkreis besitzt derzeit acht Naturschutzgebiete mit einer Gesamtfläche von 598 ha, was 0,9 Prozent der Gesamtfläche des Kreises darstellt. Davon entfallen drei Gebiete auf den Kaiserstuhl, je zwei auf die Rheinauen und den Schwarzwald und eins auf die Rheinebene.

Bezeichnung	Gemeinde	Größe in ha	Kurze Beschreibung
Amolterer Heide	Endingen	10,5	Halbtrockenrasen am Ostabfall des Galgenberges, deren Fläche durch Rebflurbereinigung in den fünfziger Jahren stark eingeengt wurde. Die Restflächen weisen auf intensive Düngung hin. Ältestes Naturschutzgebiet im Kreis.
Zweribach	Simonswald	94,3	Nach Nordosten geöffnete Karmulde mit Zweribach-Wasserfällen, Blockschutthalden und Felspartien. Montane bis subalpine Schlucht- und Bergmischwälder mit Sommerlinde, Bergulme, Grünerle, Silberblatt, Alpenjohannisbeere, Seidelbast, Gelbem Eisenhut, Alpendost und Felsenbaldrian. Bannwald.
Limberg	Sasbach	28,9	Einmalige, nieder- und mittelwaldartig genutzte Seggen-Lindenwälder (Westlagen) und Reste des Flaumeichenwaldes (Südlagen). Artenreiche Saumgesellschaften mit Diptam, Blaurotem Steinsame, Kammwachtelweizen, Ebensträußiger Wucherblume und Ähriger Graslilie. Charakterarten des Volltrockenrasens (Xerobrometum) am Limberg mit Lützelberg: Zartblättriger Lein, Pferdesesel, Bartgras und Haar-Pfriemengras.
Bannwald Hechtsgraben	Weisweil	8,0	Bannwald im Rheinauenbereich, bestehend aus Weichholzaue mit Silberweiden (entlang der Altrheinarme) und Hartholzaue mit Eiche, Ulme, Silberpappel und Esche auf seltener überfluteten Rücken.
Brai	Biederbach	6,7	Quellige und anmoorige Wiesen mit seltenen Flachmoorpflanzen.
Hochberg	Sasbach	0,7	Esparsetten-Halbtrockenrasen und Wildanemonen-Staudenhalde als Beispiele selten gewordener Pflanzengesellschaften im Kaiserstuhl.
Taubergießen	Rheinhausen	336	Letzte Reste der Rheinauenlandschaft mit guterhaltener Weichholzaue und Hartholzaue, durchflossen von Altrheinen und Gießen mit interessanten Wasserpflanzen- und Ufersaumgesellschaften. Brutvorkommen von Reiherenten. Der Großteil des 1601 ha umfassenden Naturschutzgebietes liegt im benachbarten Ortenaukreis.
Johanniterwald	Kenzingen Rheinhausen	57,0	Eichen-Hainbuchenwald mit der einzigen Graureiherkolonie im Landkreis.
Teninger Unterwald (Schutzverordnung) tritt voraussichtlich 1982 in Kraft)	Teningen	50,7	Prachtvolle, aus Mittelwald hervorgegangene Eichen-Hainbuchenwälder und grundwassernahe Erlen-Eschenwälder mit schönem Bestand der Flatterulme. Wertvolle Vogel- und Pilzbiotope.
Bleichheimer Ried (in Vorbereitung)	Herbolzheim	5–10	Schilfbestand mit Weidengebüsch und Feuchtgräben. Wichtiges Vogelbrutgebiet.

Flächenhafte Naturdenkmale

Neben zahlreichen, als Naturdenkmal ausgewiesenen Einzelbäumen (z. B. Eichen, Linden und Eiben) gibt es im Kreis folgende flächenhafte Naturdenkmale (unter 5 ha):

Bezeichnung	Gemeinde	Größe in ha	Kurze Beschreibung
Kreuzmooswiese	Gutach	0,2	Flachmoorwiese mit dem einzigen Standort des Moorglöckchens (Wahlenbergia hederacea) in Baden-Württemberg. Höhe: 720 m NN.
Hochmoor am Kandel	Waldkirch Simonswald	1,0	Kleines Hochmoor und anschließende Weideflächen auf dem Kandelgipfel.
Lützelberg	Sasbach	1,2	Wertvolle Halb- und Volltrockenrasen am Südhang des Lützelbergs. Besondere Pflanzenarten sind unter Naturschutzgebiet „Limberg" erwähnt.
Hermannsbrunnen	Teningen	0,6	Quellbrunnen mit Denkmal, Wasserlauf und Schilffläche
Burghang	Emmendingen	0,5	Wertvoller Baumbestand sowie charakteristische, aus Kalkstein und Lößlehm bestehende Abbruchkante.
Burgacker (in Vorbereitung)	Kenzingen	0,9	Wertvolle Halbtrockenrasen und Saumgesellschaften auf Löß mit wärme- und kalkliebender Flora.
Kostgefäll (in Vorbereitung)	Simonswald	4,5	Hochmontane Weiden und Matten mit charakteristischer Flora sowie Felsriegel mit Felsenbaldrian und Grünerle.

Landschaftsschutzgebiete

Der Landkreis besitzt derzeit neun Landschaftsschutzgebiete mit 7137 ha, was einem Flächenanteil von 10,5 Prozent entspricht (Landesdurchschnitt ca. 16 Prozent).

Bezeichnung	Gemeinde	Größe in ha	Kurze Beschreibung
Simonswäldertal	Simonswald	6790	Wildbachtal mit schönen Kultur- und Naturlandschaften.
Tennenbacher Tal	Emmendingen Freiamt	32	Landschaftlich unberührtes Wiesental mit Klosterkapelle.
Kastelburg und Umgebung	Waldkirch	8	Kastelburgruine und Umgebung sowie bewaldeter felsiger Steilabhang zur Stadt Waldkirch.
Landeck und Hochburg	Teningen Emmendingen	8	Bemerkenswerte Burgruinen.
Lichteneck	Kenzingen	18	Burgruine Lichteneck mit schützenswerter Umgebung (Rebberge, Heckensäume, Gehölze, einmaliger Lößhohlweg).

Bezeichnung	Gemeinde	Größe in ha	Kurze Beschreibung
Mauracher Berg	Denzlingen	43,7	Geologisch bedeutsamer, landschaftlich reizvoller „Inselberg" mit artenreicher Waldvegetation und Naherholungsfunktion.
Mooswald	Vörstetten	ca. 100	Ökologisch wertvolle Wald-, Wiesen- und Bachlandschaft am Rande des Ballungsraumes Freiburg. Das Schutzgebiet erreicht im Kreis Breisgau-Hochschwarzwald seine größte Ausdehnung.
Neuershausener Wald	Teningen	10	Umgebung des Naturschutzgebietes „Neuershausener Mooswald" (Kreis Breisgau-Hochschwarzwald).
Johanniterwald	Kenzingen Rheinhausen	95	Umgebung des Naturschutzgebietes „Johanniterwald".

Geplant oder in Vorbereitung sind folgende Landschaftsschutzgebiete: Hinteres Bleichtal, Oberes Elztal, Vorderes Elztal und Rheinwald (zwischen Sasbach und Leopoldskanal).

Geschichte und Kultur

Bilder aus der Urgeschichte des Kreises

von Rolf Dehn

Die Schwierigkeiten, die bei jedem Versuch, einen Abriß der frühen Geschichte eines durch heutige politische Grenzen umschriebenen Raumes zu geben, auftauchen, werden im Landkreis Emmendingen besonders deutlich: Die politische Grenze umschließt keinen einheitlichen Landschaftsraum, für den sich auch eine in etwa gleichverlaufende Entwicklung aufzeigen ließe. So erscheint es dann eher sinnvoll, einige bedeutungsvolle Funde und Fundpunkte herauszugreifen und eingehender vorzustellen als einen ins Detail gehenden, möglichst vollständigen Abriß anzustreben.

Funde der Alt- und Mittelsteinzeit sind bisher aus dem Kreisgebiet nicht bekannt. Ihr Nachweis wird auch in Zukunft dadurch erschwert, daß seit Ende der letzten Eiszeit das Oberflächenrelief durch Erosionsvorgänge so stark verändert wurde, daß die kaum in den Boden eingetieften Befunde dieser Zeitstellung nur in Glücksfällen noch nachweisbar sein werden.

Von den frühen Bauern der Jungsteinzeit, die man der sog. Kultur der Bandkeramik zuordnet, werden dann jedoch die fruchtbaren Löß- und Lößlehmlandschaften im südlichen Kreisgebiet zwischen Dreisam und Glotter, im Kaiserstuhl und seinem nördlichen Vorland schon in erstaunlicher Dichte genutzt. Ausgedehnte Siedlungen dieser Zeit sind von Jechtingen, Sasbach, Leiselheim, Königschaffhausen, Endingen, Riegel, Teningen und Denzlingen-Vörstetten bekannt. Ein kleiner Ausschnitt aus einem Gräberfeld dieser Zeit konnte in Königschaffhausen ergraben werden.

Durch Grabungen, die 1973 bis 1976 auf Gemarkung Jechtingen durchgeführt wurden, kennen wir einen Bestattungsplatz der nachfolgenden Rössener Kultur erheblich besser. Am Nordosthang des Humberges konnte hier ein Gräberfeld dieser Kultur vollständig untersucht werden. Mit 105 Bestattungen ist dieser Friedhof der größte, den wir aus dieser Zeit (ca. 4000 v. Chr.) aus Mitteleuropa kennen. Alle Toten waren in gestreckter Rückenlage einheitlich in West-Ost-Richtung beigesetzt (s. Tafel). Alle Bestattungen waren reich mit Beigaben ausgestattet: Neben sog. Wirtschaftsgütern wie Mahlsteinen und Netzen, von denen sich allerdings nur die steinernen Netzsenker erhalten hatten, die nur in wenigen Gräbern vorkamen, waren in allen Gräbern meist zwei reich mit teppichartigen Stichmustern verzierte Tongefäße, die wohl ursprünglich Speisen und Getränke enthalten hatten, oberhalb des Kopfes aufgestellt (s. Tafel). In zahlreichen Männergräbern fanden sich eng zusammengepackt, wohl als Inhalt einer Tasche aus organischem Material zu deuten, zahlreiche Geräte aus Feuerstein. Besonders auffallend ist dabei die große Zahl hervorragend gearbeiteter Pfeilspitzen aus Feuerstein (s. Tafel). Frauen- und Männergräber waren zudem in gleicher Weise reich mit aus Muscheln und Kalkstein geschnittenem Schmuck ausgestattet, der in Form von Ketten und Anhängern um Hals, Arme, Hüfte und Beine getragen wurde (s. Tafel).

Dieser Friedhof, dessen Bearbeitung und wissenschaftliche Auswertung noch nicht abgeschlossen ist, wird wichtige Erkenntnisse liefern, die weit über den Raum Kaiserstuhl Gültigkeit haben werden. Die Siedlungen dieser Zeit wurden zumeist in den fruchtbaren Talniederungen angelegt. Sie sind heute meterhoch von Schwemmlöß überdeckt, so daß nur bei tiefgreifenden Bauvorhaben kleine Ausschnitte daraus bekannt werden.

Im jüngeren Abschnitt der Jungsteinzeit (3. Jahrtausend v. Chr.) kann man eine deutliche Ausweitung des Siedlungsgebietes feststellen. Von Bleichheim bis Jechtingen sind jetzt zahlreiche kleine Siedlungseinheiten, die wir uns in ihrem Aussehen weilerartig vorstellen müssen, bekannt. Die Besiedlung greift dabei auch im Kaiserstuhl und in der Vorbergzone in Räume aus, bei denen die klimatischen und bodenmäßigen Voraussetzungen nicht so günstig sind. Bestattungsplätze dieser Zeit sind nur selten bekannt. Ein gut ausgestatteter Grabfund von Sasbach zeigt in der Bestattungsform noch deutlich Verbindungen zu dem Gräberfeld von Jechtingen. Dem hier bestatteten Mann waren neben einer reich mit Stempelmustern verzierten Schale ein sorgfältig aus Tonschiefer gearbeiteter Meißel und eine prächtige, aus Felsgestein geschliffene Axt beigegeben (s. Tafel).

Zu Beginn des 2. Jahrtausends v. Chr. können wir auch im Kreisgebiet „Kulturen" nachweisen (Glockenbecher, Schnurkeramik), die hier fremdartig wirken und zudem weiträumige Verbindungen anzeigen. Es sind dies Gruppen, die die Forschung in Zusammenhang sieht mit der Suche nach dem neuen Metall Kupfer. Es verwundert daher nicht, daß die Fundpunkte im Kreisgebiet (Riegel, Limberg bei Sasbach mit Umland) deutlich Knotenpunkte weitreichender Verkehrsverbindungen markieren. Der Grabfund von Wyhl (s. Tafel) gibt einen guten Eindruck vom Fundstoff dieser Zeit. Dem in gehockter Stellung bestatteten Toten waren eine Füßchenschale und ein vollständig mit Stempelmustern verzierter Becher, dessen glockenförmiges Aussehen der Kultur den Namen gegeben hat, beigegeben. Ab dem 13. Jahrhundert v. Chr. werden auch im Kreisgebiet östliche Einflüsse wirksam, die in erster Linie den geistigen Kulturbereich zu

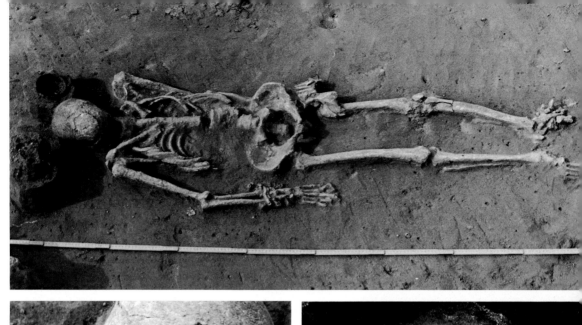

50.–53. Beispiele von Bestattungen aus dem steinzeitlichen Gräberfeld der Rössener Kultur in Jechtingen (Gde. Sasbach)

60./61. Königschaffhau-
sen (Stadt Endingen). Ur-
nenfelderzeitliche Brand-
gräber (restaurierter Zu-
stand)

betreffen scheinen. Leichenverbrennung, Urnenbestattung und neuartiges Symbolgut sind hier die äußeren Anzeichen. Grabfunde dieser Zeit, die 1979 bei Ausschachtungsarbeiten zum Erweiterungsbau der Winzergenossenschaft in Königschaffhausen geborgen werden konnten, bieten hier gute Beispiele (s. Tafel). Bei den Bestattungen handelt es sich um die für die Urnenfelderkultur typischen Brandbestattungen, bei denen die Reste des auf dem Scheiterhaufen verbrannten Toten während des Bestattungsvorganges gesammelt und in einer Urne geborgen worden waren. Über diesen Leichenbrandresten waren in den Urnen den Toten ganze, serviceartig zusammengestellte Geschirrsätze mitgegeben, die sicher einst Speisen und Getränke enthalten hatten. Während sich die stark zerdrückten Urnen nur teilweise ergänzen ließen, zeigen die restaurierten Geschirrsätze deutlich den serviceartigen Charakter der Beigabe: Neben einem Satz flacher Teller, von denen jeweils nur einer auf der Innenseite verziert ist, wurden jedem Grab eine Tasse und ein Krug beigegeben. Schüsseln und Becher runden in unterschiedlicher Zahl die Service ab.

Soziale Differenzierungen und die Herausbildung spezialisierter Handwerksbetriebe beginnen sich bereits in der Urnenfelderkultur anzudeuten. Diese Entwicklungen werden sichtbarer in der folgenden Hallstattzeit, wie uns befestigte Höhensiedlungen auf dem Hochberg bei Jechtingen und dem Limberg bei Sasbach anzeigen. Siedlungen dieser Zeitstellung auf Gemarkung Herbolzheim weisen zudem darauf hin, daß mit den hier vorkommenden Eisenerzen erstmals in größerem Ausmaß einheimische Rohstofflager genutzt werden. Alle sich hier andeutenden Entwicklungen führen letztlich zu den spätkeltischen stadtartigen Siedlungen, den von Caesar überlieferten „oppida", wofür im Kreisgebiet mit der befestigten Anlage auf dem Limberg bei Sasbach ein hervorragendes Beispiel zu benennen ist.

Römer, Alamannen und Franken
700 Jahre frühe Geschichte und Kultur im Landkreis Emmendingen

von Gerhard Fingerlin

Das Gebiet, mit dem wir uns hier beschäftigen, hat weder in der Römerzeit noch im frühen Mittelalter eine eigene Geschichte gehabt oder eine besondere, von seiner Umgebung unterschiedene Entwicklung genommen. Zu allen Zeiten hatte es Anteil an größeren, das ganze Oberrheintal oder den südwestdeutschen Raum betreffenden kulturellen Prozessen und geschichtlichen Ereignissen, die sich aber teilweise mit Funden und Beobachtungen aus dem Kreisgebiet recht gut illustrieren lassen. Mehr noch: trotz der geringen Ausdehnung des heutigen Landkreises, vor allem seiner altbesiedelten Fläche, lagen hier doch häufig Brennpunkte des Geschehens, spielten sich wesentliche geschichtliche

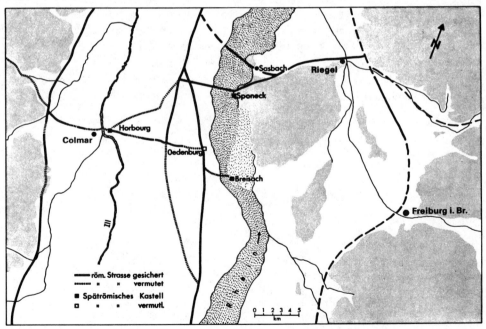

Abb. 1   Römische Straßenverbindungen und wichtige Fundorte im Raum Freiburg/Colmar

Vorgänge innerhalb der heutigen Grenzen ab. Dabei bleibt der östliche gebirgige Teil des Kreisgebietes fast ganz außer Betracht. Mit Ausnahme der als natürliche Verkehrswege in den Schwarzwald führenden Täler von Elz und Glotter spielte dieser Raum in vor- und frühgeschichtlicher Zeit keine Rolle. Nach unserer heutigen Kenntnis wurde er ziemlich spät erst vom Menschen beansprucht und weist auch heute noch eine relativ dünne Besiedlung auf. Ganz anders die Situation in der Vorbergzone, im Rheintal und am Nordrand des Kaiserstuhls. Dieser Teil des Kreises, ein ausgesprochenes Altsiedelland, wird erschlossen, in weitreichende Beziehungen hineingestellt durch zwei wichtige Verbindungslinien (Abb. 1), die, schon in vorrömischer Zeit intensiv genutzt, von den Römern dann zu festen Straßen ausgebaut worden sind. In nordsüdlicher Richtung verläuft die Fernstraße Basel/Mainz, auch rechte Rheinuferstraße genannt, etwa von Vörstetten herkommend, im Waldgebiet von Teningen als Damm noch sehr gut erhalten, durch die Enge zwischen Riegel und Hecklingen (Michaelsberg und Lichteneck) und weiter am Rand der Vorbergzone entlang, teilweise identisch mit dem Verlauf der heutigen Bundesstraße (B 3). Auch Basel und Mainz sind nur Stationen in dieser Nord-Südverbindung europäischen Ranges, die letztlich Italien über die Bündner- und Westalpenpässe mit dem Rheinland und dem nördlichen Frankreich verbindet. Auch die Ost-Westverbindung, die in der Nähe von Riegel auf diese Fernstraße stößt, hat mehr als regionalen Charakter. Die ebenfalls in römischer Zeit ausgebaute Trasse führt bei Jechtingen (Sponeck) über den Rhein und setzt sich über Colmar und Diedolsheimer Höhe (Col de Bonhomme) ins Innere Frankreichs fort. Als Kaiserstuhlnordstraße ist ihr Verlauf auf den Gemarkungen Jechtingen, Leiselheim, Königschaffhausen, Endingen und Riegel genau bekannt. Ihr ca. 5,40 m breit aufgeschotterter Straßenkörper mit seitlichen Abzugsgräben ist an verschiedenen Stellen angeschnitten, gezeichnet und vermessen worden. Unklarheit besteht zwar noch über den weiteren Verlauf östlich von Riegel, doch ist archäologisch gesichert, daß diese Verbindungslinie bei Hüfingen die obere Donau erreicht, von wo dann die Weiterführung durch das Donautal vorgezeichnet wird.

Im westlichen Teil des Landkreises kreuzen sich damit zwei Fernstraßen, die für den Handel wichtig waren, aber auch, wie noch zu zeigen ist, hohen strategischen Wert besaßen und daher immer wieder als Wege für militärische Operationen dienten. Dazu kommt der Rhein, schon seit Urzeiten ein trotz aller damaliger Schwierigkeiten vielgenutzter Wasserweg, dessen Bedeutung für den Warenverkehr gar nicht hoch genug eingeschätzt werden kann, auf dem aber auch, wie wir aus geschichtlichen Quellen wissen, eine römische Kriegsflotte kreuzte. Tatsächlich bedeutet die Führung der Verkehrslinien in und durch diesen Raum die Öffnung zur damaligen ,,Welt'', die unmittelbare Berührung mit geschichtlichen Ereignissen, die wir heute nur noch an den archäologischen Spuren ablesen können, die sich dem Boden eingeprägt haben.

Begreifen wir die Rolle der Fernstraßen, werden uns auch diese Spuren, das Fundbild dieser Landschaft verständlich, das sich eben nur teilweise aus den naturräumlichen Voraussetzungen und den hier vorhandenen wirtschaftlichen Möglichkeiten erklärt. Verständlich wird, weshalb alle wirklich bedeutenden archäologischen Fundplätze entlang dieser Straßen liegen, vor allem an den Rheinübergängen und am Nordrand des Kaiserstuhls. Eben dies erlaubt es auch, ja nötigt sogar dazu, diese Fundorte einzeln vorzustellen, an ihnen die geschichtlichen Vorgänge zu erläutern. Denn in diesen Fundplätzen, Dörfern und kleinen Städten wie Jechtingen, Sasbach, Endingen oder Riegel liegt der Schlüssel zum Verständnis früher geschichtlicher Vorgänge, die das Gebiet des heutigen Kreises berührt und entscheidend beeinflußt haben.

Die militärische Besetzung durch Rom

Oppidum und Römerlager auf dem Limberg, Kastelle in Sasbach und Riegel

Ähnlich wie am Hochrhein hat der erste Versuch der Weltmacht Rom, den südwestdeutschen Raum zu besetzen, auch im Breisgau seine Spuren hinterlassen. Auf dem hochgelegenen Plateau des Limbergs bei Sasbach (Tafelteil) entdeckte man während der Rebflurbereinigung von 1972 ein Lager, wahrscheinlich Ausgangspunkt eines militärischen Vorstoßes, der über den Schwarzwald zur oberen Donau zielte. Die Wahl des Lagerplatzes (Abb. 2) auf diesem halbinselförmig in die Rheinaue vorspringenden Berg, damals vom Strom auf drei Seiten umflossen, hatte seinen besonderen Grund. Hier oben war im Lauf des letzten vorchristlichen Jahrhunderts ein Oppidum entstanden, eine stadtähnliche Siedlung, die den im nördlichen Breisgau ansässigen Kelten als Hauptort und Festung diente. Ein mächtiger Abschnittswall, in dem sich eine aus Holz und Erde bestehende Mauerkonstruktion verbirgt, ist noch heute am Nordrand des Plateaus erhalten und über den ,,Wissenschaftlichen Lehrpfad Limberg'' zugänglich. Aus dem Inneren sind zahlreiche Siedlungsspuren spätkeltischer Zeit bekanntgeworden (Tafelteil). Hier hinein, hinter die ältere Stadtmauer, plazierten die Römer ihr Lager, wobei sie nicht nur die strategisch günstige Situation ausnutzten, sondern zugleich den politischen und militärischen Schwerpunkt dieser Landschaft neutralisierten (Tafelteil). Ob die keltische Bevölkerung des Limberg-Oppidums den Platz kampflos räumte, oder ob diese Höhenfestung erstürmt werden mußte, wissen wir nicht. Jedenfalls ergibt sich aus verschiedenen Anhaltspunkten ein Zusammenhang dieser Vorgänge mit den unter Kaiser Augustus in den Jahren 15 bis 9 vor Chr. geführten Feldzügen, die aus teilweise innenpolitischen Gründen aber nicht zu einem dauerhaften Erfolg führten. Rom nahm seine Truppen wieder über den Rhein zurück, und es dauerte noch einmal ein halbes Jahrhundert, bis in der Regierungszeit des Kaisers Claudius (41–54 n. Chr.) römische Legionen er-

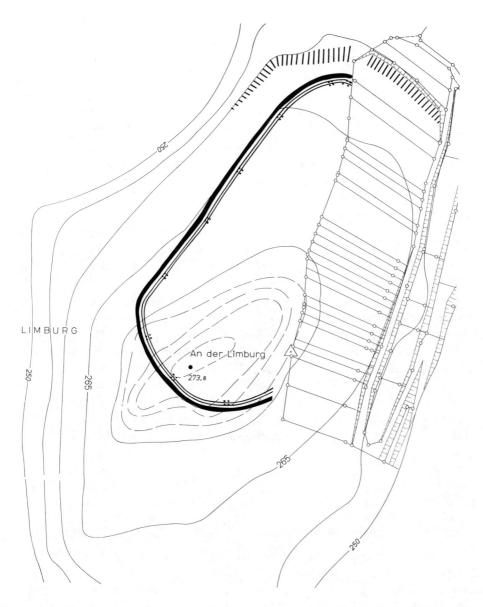

Abb. 2 Plan des römischen Lagers auf dem Limberg bei Sasbach. Holz-Erdemauer mit Holztürmen im Abstand von jeweils 40 m. Haupttor am nördlichen Ende, im Osten zeigt der S-förmige Verlauf des Grabens einen weiteren Eingang an. Die Längsausdehnung des Lagers beträgt ca. 250 m. Schraffur: Verlauf der keltischen Stadtmauer (Keltenwall)

neut den Rhein überschritten und große Teile Süddeutschlands bis zur Donau besetzen konnten. Nach dem archäologischen Befund lag erneut der Rheinübergang bei Sasbach im Brennpunkt des Geschehens. Wieder entstand hier, auf dem rechten Rheinufer, eine Operationsbasis in Form eines großen quadratisch oder rechteckig angelegten Kastells, vielleicht sogar eines Legionslagers. Bisher allerdings ist diese Anlage, die erst 1979 bekannt wurde, nur wenig erforscht, ebenso wie das im gleichen Zusammenhang entstandene Kastell Riegel. Von diesem wesentlich kleineren Stützpunkt, wohl für eine römische Kohorte gedacht, ist im Boden wahrscheinlich auch nur wenig erhalten geblieben. Spätere Nutzung und Überbauung haben die Überreste in dem am Fuß des Michaelsberges gelegenen Kastellgelände weitgehend getilgt. Trotzdem ließ sich anhand der Spuren und der Funde feststellen, daß dieses Straßenkastell, erbaut etwa in der Mitte des 1. Jahrhunderts n. Chr., eine aus Lehmziegeln und Holz errichtete Mauer besaß, und daß in seinem Inneren fast ausschließlich Holzbauten standen, vom Kommandantenhaus bis zur Mannschaftsbaracke.

Im römischen Konzept zur Eroberung und Sicherung Südwestdeutschlands spielten beide Plätze, Sasbach wie Riegel, eine nicht unwesentliche Rolle. Bei Sasbach ergibt sich dies schon aus der Situation als offensiver Brückenkopf. Riegel sichert die gleiche strategisch wichtige Straßenverbindung weiter östlich, gegen den Schwarzwald zu und beherrscht gleichzeitig die Talenge zwischen Kaiserstuhl und Vorgebirge. Mit dem weiteren Vorschieben der Grenzlinie unter den Kaisern Vespasian und Domitian verloren Donau- und Rheintalkastelle ihre militärische Bedeutung. Nach dem Bau des Limes lagen Orte wie Sasbach und Riegel tief im Innern der römischen Provinz, die durch eine Kette neuer Kastelle entlang der Grenze geschützt wurde. Für etwa zwei Jahrhunderte galt auch für das heutige Kreisgebiet die ,,Pax Romana'', der römische Reichsfriede, der bis zu den ersten Einfällen der Alamannen hier kaum eine Unterbrechung erfuhr.

Römisches Leben in der neuen Provinz

Siedlungen und Landgüter am Kaiserstuhl, in Rheinebene und Vorbergzone

Soweit wir es heute beurteilen können, hat sich von den zivilen römischen Siedlungen im Kreisgebiet nur eine zu einer ländlichen Kleinstadt entwickelt: der ,,Vicus'' von Riegel, dessen Ursprung wir in einer zum Kastell gehörenden Ansiedlung von Handwerkern und Händlern vermuten dürfen. Durch die Lage an einer wichtigen Straßenkreuzung begünstigt, nahm der aufstrebende Ort offenbar auch keinen Schaden, als gegen Ende des 1. Jahrhunderts das Kastell aufgelassen wurde und die Truppe aus Riegel abzog. Im Gegenteil: alles weist darauf hin, daß man ziemlich bald schon die Befestigung niedergelegt, das Areal ausplaniert und zumindest teilweise für den weiteren Ausbau der Siedlung genutzt hat.

Leider ist ein ins einzelne gehender Plan dieses römischen Hauptorts am Kaiserstuhl auch durch Ausgrabungen nicht mehr zu gewinnen. Große Teile, vor allem die zentralen Bereiche, wurden seit dem frühen Mittelalter bis in neue Zeit überbaut, dadurch teilweise zerstört oder unzugänglich gemacht. Trotzdem läßt sich anhand vieler Einzelbeobachtungen ein skizzenhaftes Bild der damaligen Verhältnisse zeichnen. Ähnlich wie bei anderen Ortschaften an der östlichen Rheintalstraße beschränkte sich die Steinbauweise auf einen kleineren Kernbereich, der von einer Wohnbebauung in Holz oder Fachwerk eingefaßt wurde. An der Peripherie siedelten sich im späten 1. und 2. Jahrhundert n. Chr. größere handwerkliche Betriebe an, vor allem eine Ziegelei, mehrere Töpfereien und Werkstätten für Eisen- und Bronzeverarbeitung (Tafelteil). Für solche gewerblichen Zwecke wurde auch ein Teil des ehem. Kastellgeländes beansprucht. Dort errichtete man mehrere Brennöfen für feine Keramik, vor allem Trinkbecher, während man sich in anderen Betrieben auf Gebrauchsware wie Krüge, Schüsseln und Kochtöpfe spezialisierte. In einer Ecke des Kastellplatzes, über dem zugeschütteten Graben, entstand ein von einem griechischen Kaufmann gestiftetes „Mithräum", vielleicht innerhalb eines Kultbezirkes, der noch weitere, uns allerdings nicht bekannte Heiligtümer umfaßte. Mit Funden sakralen Charakters scheint sich ein zweiter Tempelbezirk an der entgegengesetzten Peripherie des Ortes abzuzeichnen. Außerhalb des Weichbildes schließlich, entlang der in die Landschaft führenden Straßen, lagen die Gräber, äußerlich durch Grabsteine, Einfassungen und Bepflanzung gekennzeichnet. Von den mindestens zwei Bestattungsplätzen am Ost- und Westrand des Ortes sind bisher allerdings nur wenige Ton- und Glasgefäße bekanntgeworden (Tafelteil).

Die Kleinfunde aus der Siedlung, darunter vor allem Bronzemünzen und zahlreiche verzierte Sigillatascherben, Reste des glänzendroten feinen Tafelgeschirrs, lassen auf eine Blütezeit dieses Gemeinwesens im 2. Jahrhundert n. Chr. schließen. Offenbar hatte der Ort schon an Bedeutung und Wohlstand verloren, als er, wie alle anderen Siedlungen des östlichen Rheintals, im späteren 3. Jahrhundert bei der Einwanderung der Alamannen sein Ende fand.

Eine zweite Siedlung, ebenfalls aus einem Kastelldorf hervorgegangen, lag in Sasbach, doch konnte dieser Ort nach dem Abzug der Truppen mit Riegel offenbar nicht mehr konkurrieren. Ein Ausbau des Siedlungskerns in Stein ist hier anscheinend nicht erfolgt, über Ausdehnung und Charakter des Ganzen wissen wir allerdings noch sehr wenig. Gleiches gilt für Herbolzheim und Vörstetten, wo sich jeweils außerhalb der heutigen Dörfer durch Keramikfunde größere Siedlungsareale abzeichnen. Anders als in Riegel zeigt sich an diesen Plätzen, daß die einwandernden Alamannen in der Regel nicht die römische Siedlungstradition fortgesetzt, sondern ihre Dörfer an neugewählten Stellen angelegt haben, wohl kaum aus Furcht oder Scheu vor steinernen Häusern, wie überliefert wird, sondern weil die wirtschaftlichen Grundlagen und damit die Kriterien für die Wahl eines Siedlungsplatzes andere waren als in der römischen Zeit.

Neben diesen größeren, an den Hauptstraßen liegenden Ortschaften, bestimmten vor allem einzelne Gutshöfe das Siedlungsbild des 1. bis 3. Jahrhunderts n. Chr. Solche ,,villae rusticae'' sind in einiger Zahl nachgewiesen worden, so in Sasbach, Wyhl, Weisweil, Endingen, Riegel (außerhalb des Ortes), Tutschfelden, Nimburg, Vörstetten oder Waldkirch, als am weitesten ins Elztal vorgeschobene Position. Weitere Anlagen dieser Art sind sowohl in der Ebene als auch in der Vorbergzone zu vermuten. Zumindest liegen hier zahlreiche römische Fundplätze, die sich vorerst noch nicht näher klassifizieren lassen.

Nirgends ist bis heute im Kreisgebiet eine solche villa ausgegraben worden, die immer aus mehreren Teilen bestand: das eigentliche Wohnhaus, verschiedene Wirtschaftsgebäude wie Scheunen, Stallungen und handwerkliche Bauten, dazu häufig ein Bad, gelegentlich auch ein Tempel, das Ganze von einer Hofmauer eingefaßt. Dies ist um so bedauerlicher, als diese das Bild der Besiedlung in besonderer Weise prägenden Gutshöfe nicht nur landwirtschaftliche Betriebe waren. Häufig stellte man hier auch handwerkliche Erzeugnisse her, brannte je nach den örtlichen Voraussetzungen Kalk oder Ziegel, verhüttete Eisen oder verarbeitete andere Rohmaterialien. So bilden die römischen Landgüter immer eine wichtige Quelle auch zur Beantwortung wirtschaftsgeschichtlicher Fragen, die uns heute nicht weniger beschäftigen als Fragen nach den politischen oder kulturellen Verhältnissen.

Wirtschaftliche Grundlagen, Handwerk und Gewerbe

Trotz des unzureichenden Erforschungsstandes gerade der römischen Landgüter im Kreisgebiet lassen sich doch für die ökonomischen Grundlagen des damaligen Lebens mancherlei Anhaltspunkte gewinnen. Unverkennbar ist dabei der enge Zusammenhang zwischen naturräumlichen Voraussetzungen und Art oder Intensität der römischen Besiedlung. Ganz offensichtlich bildete in dieser Zeit der Weinbau einen wichtigen Faktor des Erwerbslebens in diesem Raum. Starke Erosionserscheinungen im Kaiserstuhl zeigen, daß die Römer in größerem Umfang den Wald gerodet und die neugewonnenen Flächen eben dieser Nutzung zugeführt haben. Auch in der Vorbergzone des Schwarzwaldes wurden wohl in dieser Zeit die ersten Reben gepflanzt. Ein bronzenes Weinsieb aus Sasbach (Abb. 3) kann zwar nicht als direkter Nachweis für den Rebanbau dort betrachtet werden, verdient aber doch in diesem Zusammenhang besondere Erwähnung. Ohne Frage wurde auch die Landwirtschaft systematischer und intensiver betrieben als in den vorangegangenen Epochen. Dies zeigt allein schon das Netz der Gutshöfe, die inmitten

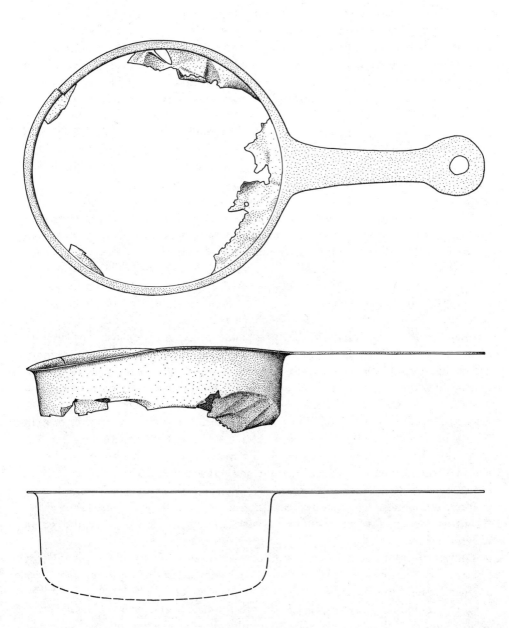

Abb. 3 Römisches Weinsieb aus einer Siedlung bei Sasbach

ihrer Äcker und Felder liegen und damit günstig für die rationelle Bewirtschaftung. Doch nicht nur dieser Aspekt verbindet eine römische Villa mit einem modernen Aussiedlerhof. Auch das zugehörige Wegenetz wurde in römischer Zeit ausgebaut, die Nutzflächen eingeteilt und vermessen, für gute Wasserverhältnisse gesorgt. In Sasbach fanden sich, weit im Gelände verteilt und ohne zugehörige Siedlungsspuren, zahlreiche römische Brunnen (Tafelteil), die nur zur Bewässerung von Feldern und Gärten gedient haben können. Daß es auch Viehhaltung als eigenständigen Erwerbszweig gab, zeigt die Lage einzelner Villen in Randbereichen des Altsiedellandes, die für den Ackerbau kaum in Frage kamen. Ein Beispiel könnte ein Hof bei Waldkirch sein, dessen letzte Bewohner ihren kostbaren Besitz an Bronzegeschirr vor den anrückenden Alamannen im Boden verbargen, ohne diesen Schatz selbst wieder heben zu können (Tafelteil).

Zu den naturräumlichen Voraussetzungen menschlicher Ansiedlung gehört neben Klima und Bodenqualität auch das Vorkommen von Rohstoffen in abbaugeeigneten Lagen. Meist wird dann auch die Weiterverarbeitung und Veredelung dieser Rohstoffe in der gleichen Gegend durchgeführt, schon um hohe Transportkosten zu vermeiden, häufig aber auch, weil sich ein weitreichender Handel wegen der Geringfügigkeit der zugänglichen Vorkommen nicht lohnt. So liegen im Kreisgebiet Fund- und Verarbeitungsplätze meist nahe beisammen. Auf die Ziegeleien und Töpfereien von Riegel wurde schon hingewiesen, sie arbeiteten mit anstehenden Tonen, teilweise auch mit Lößlehm und Auelehm. Ähnliches gilt für Verhüttungsplätze von Eisenerz bei Schupfloch und am Mauracher Hof bei Denzlingen. Nach Untersuchungen des Geologischen Landesamtes Freiburg stammen die hier verwendeten Erze aus Quarz-Brauneisengängen des nahegelegenen Suggentals, wo allerdings der bis ins 19. Jahrhundert weitergeführte Abbau vermutlich alle Spuren des römerzeitlichen Bergbaus verwischt hat.

Auf einzelnen Gutshöfen scheint man sich dann speziell der Weiterverarbeitung des in der Gegend gewonnenen Rohmaterials gewidmet zu haben. Schlacken und Eisenfunde, z. B. in einer Villa bei Tutschfelden zeigen, daß man sich auf das Schmieden des Eisens ebenso wie auf die Verhüttung der Erze verstand. Entsprechende Funde kamen auch in der Siedlung von Riegel zum Vorschein. Zusammen mit den Spuren von Bronzegießerei und Blechverarbeitung zeigen sie die Bedeutung der Metallhandwerke auch für den Verkehr auf den großen Straßen, der auf Ersatzteilbeschaffung und Reparaturmöglichkeiten angewiesen war.

Nicht unerheblich unter den verfügbaren Bodenschätzen im Kreisgebiet war vor allem zu Beginn der römischen Periode auch das Vorkommen brauchbaren Steinmaterials. Vor allem Limburgite und Tephrite aus den Steilhängen des Limbergs, des Humbergs bei Jechtingen und des Burgbergs bei Burkheim wurden in erheblichem Umfang abgebaut. Alle diese Steinbrüche lagen ehemals unmittelbar an einem Hauptarm des Rheins, was Verladung und Abtransport auf großen Lastkähnen möglich machte. So wurde

,,Kaiserstuhlbasalt'' zu Schiff nach Straßburg gebracht und dort vor allem beim Bau der Stadtmauer verwendet. Dagegen gehören die Sandsteinbrüche der Vorbergzone (Heimbach) offenbar erst ins hohe Mittelalter.

Zu den wirtschaftlich bedeutsamen Faktoren zählte ohne Zweifel der Handel auf den Fernstraßen, worauf schon bei der Charakterisierung des römischen Riegel hingewiesen wurde. Tatsächlich hat dieser Ort seinen Aufschwung dem Personen- und Warenverkehr zu verdanken und war auf diese Erwerbsmöglichkeit entsprechend eingestellt, beginnend wohl mit dem Angebot von Herberge und Verpflegung bis hin zu einem breiten Spektrum von Fach-Werkstätten für alle mit dem Verkehr entstehenden Bedürfnisse: Schmieden und Gießereien, Wagnereien und Sattlereien. Auch mit der dauerhaften Ansiedlung fremder Kaufleute müssen wir rechnen, wie die Widmungsinschrift eines griechischen Händlers auf einem Altarstein zeigt. Daneben spielten in einem Ort dieser Größe auch andere Dienstleistungen eine Rolle, für die eigene Bevölkerung, für die Bewohner der näheren Umgebung und für die Durchreisenden. So verwundert es nicht, daß in Riegel der Stempel eines Augenarztes, gleichzeitig Hersteller einer Augensalbe, gefunden wurde. Selbstverständlich gehörte eben auch die ärztliche Versorgung zu den Funktionen eines zentralen Ortes, die sich allerdings, wie auch die von hier aus wahrgenommenen Verwaltungsaufgaben, nur selten archäologisch nachweisen lassen.

Religion und Grabbrauch

Das Mithrasheiligtum in Riegel

Eine schon lange zurückliegende Entdeckung gibt Anlaß, ein bestimmtes Kapitel römischer Religionsgeschichte hier aufzuschlagen: Die Auffindung eines Altarsteins (Tafelteil) in Riegel, der dem ,,unbesiegten Gott'' (deo invicto), dem orientalischen Mithras gewidmet ist. Damit war schon seit 1932 an dieser Stelle ein ,,Mithräum'' bekannt, das aber erst in den letzten Jahren vollständig ausgegraben und anschließend restauriert werden konnte. Es zählt damit neben der spätantiken Kastellmauer auf der Sponeck zu den relativ wenigen sichtbaren Denkmälern römischer Zeit im Kreisgebiet.

Das Mithräum von Riegel (Tafelteil) ist wie alle Heiligtümer dieses Kultes halb unterirdisch angelegt, also weit in den Boden eingetieft. Seine guterhaltenen, ohne Mörtel aufgesetzten Außenmauern umschließen einen etwa 60 qm großen rechteckigen Raum, der an seiner Stirnseite, gegenüber dem Eingang, eine rechteckige Nische aufweist. Dieser Innenraum (Abb. 4), in den man über eine Treppe hinuntersteigt, ist ,,dreischiffig'' angelegt. Zwei erhöhte seitliche Podien begleiten den tiefliegenden mittleren Gang. Auf diesen Podien, die mit Holz verkleidet waren, konnten die Teilnehmer an kultischen

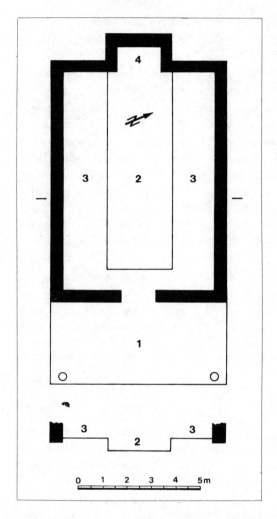

*Abb. 4   Grundriß des Mithrasheilig-
tums von Riegel (schematisch). 1 Vor-
halle in Holzkonstruktion, 2 Mittelgang, 3 seitliche Podien, 4 Apsis*

Handlungen Platz nehmen. In der rechteckigen Nische befand sich das Kultbild, in eini-
gem Abstand davon stand der Hauptaltar im Mittelgang. Der Raum öffnete sich nicht
unmittelbar nach außen, sondern in einen aus Holz gebauten Vorraum, in dem teilweise
die für religiöse Handlungen benötigten Gefäße aufbewahrt wurden. Jedenfalls fand
man hier, aber auch im eigentlichen Kultraum nahe beim Eingang, teilweise noch intakte Teller, Krüge und Becher aus Ton, zahlreiche Öllämpchen und sog. Räucherkelche
(Tafelteil). Die gute Erhaltung, die teilweise außerordentliche Qualität und die Zusammensetzung dieses Fundmaterials lassen keinen Zweifel, daß hier das ganze Inventar des

Heiligtums erhalten geblieben ist. Dafür spricht auch der merkwürdige, in seiner Art ganz einmalige Fund eines „Theaterschwerts", das nur als Requisit szenischer Aufführungen im Kultgeschehen erklärt werden kann (Tafelteil).

Riegel zählt damit zu den wenigen Heiligtümern, die nicht nur Reste ihrer baulichen Substanz, sondern auch ihr ursprüngliches „Zubehör" über die Zeiten gerettet haben, wozu eben auch der von einem griechischen Kaufmann namens „Victor Abscantenus" gestiftete Altar und zwei kleinere Nebenaltäre gehören. Das fehlende Kultbild, auf dem Mithras in orientalischer Gewandung dargestellt war, muß man sich hier als ein Gemälde auf einer Holztafel vorstellen. Ein Tafelbild allerdings hatte keine Chance, im Boden zu überdauern.

Der Kult des Licht- oder Sonnengottes Mithras gehört zu den orientalischen Erlösungsreligionen, die sich seit Beginn der römischen Ära auch in unserem Land ausbreiten konnten. Vor allem Händler aus den östlichen Teilen des Reiches, in geringerem Umfang auch Soldaten, sorgten für die Verbreitung dieses Kultes, der überall kleine, streng abgeschlossene Gemeinden bildete, zu denen nur Männer Zutritt hatten.

Selbstverständlich gab es in Riegel auch andere Tempel, vielleicht dem obersten Gott Jupiter oder dem vergöttlichten Augustus gewidmet. Anhaltspunkte für die Lage solcher baulich sicher sehr bescheidenen Heiligtümer gibt es durchaus, etwa in Form von Votivgaben, die von den Gläubigen in Hoffnung oder Dankbarkeit deponiert wurden. Eine kleine, recht qualitätvolle Silberstatuette (Tafelteil) weist auf den Kult einer weiblichen Gottheit. Unsicher ist dagegen bis heute die Vermutung, daß auf dem Michaelsberg, hoch über Riegel, ein römisches Merkurheiligtum gestanden habe. Denkbar erscheint es aber durchaus, daß die heutige Michaelskapelle eine ältere Tradition fortführt.

Brandgräber in Riegel, Endingen und Sasbach

Eng mit den religiösen Vorstellungen verbunden ist der Grabbrauch. An der Behandlung der Verstorbenen, an den Formen der Bestattung lassen sich viele Aufschlüsse über die inneren Verhältnisse einer Gemeinschaft gewinnen bis hin zu den damals herrschenden Vorstellungen vom Jenseits und vom Weiterleben nach dem Tode. Obwohl die Zahl der aus Italien oder anderen Provinzen eingewanderten Römer hierzulande sicher gering war, übernahm doch die ansässige keltische Bevölkerung sehr rasch die römische Sitte der Totenverbrennung. Gerade in diesem Punkt zeigt sich sehr deutlich, wie tiefgreifend der Romanisierungsprozeß gewesen ist, auch wenn mancherlei vorrömische Traditionen noch lange weiterlebten. Was wir in römischer Zeit, im 1. bis 3. nachchristlichen Jahrhundert antreffen, sind also Brandgräber, teils in den Boden vergrabene Urnen mit Brandresten, teils Gruben, in die einfach alles hineingeschüttet wurde, was vom Scheiterhaufen übriggeblieben war. Vieles wurde mitverbrannt: Mobiliar, Kleidung,

Schmuck, Speisen und ist nur in entsprechend veränderter fragmentarischer Form erhalten. Manchmal wurden die dem Verstorbenen zustehenden Dinge aber auch unverbrannt mitgegeben, beispielsweise Ton- und Glasgefäße (Tafelteil), Lampen und Teile seiner Tracht. Fast obligatorisch sind Münzen, gedacht als Fährgeld für die Überfahrt ins Jenseits, die uns heute vielfach genaue Anhaltspunkte für die zeitliche Bestimmung liefern.

Der Rückzug Roms auf die Rheingrenze

Kurz nach der Mitte des 3. Jahrhunderts, in den Jahren 259 bis 260 n. Chr., überschritten alamannische Heere die alte römische Militärgrenze, den Limes, und besetzten das dahinterliegende „Dekumatland", das mehr als 200 Jahre lang zum römischen Reich gehört hatte. Der Verlust war endgültig. Rom sah sich gezwungen, auf leichter zu schützende, von der Natur vorgezeichnete Linien zurückzugehen. Nach anfänglicher Unsicherheit stabilisierte sich die Reichsverteidigung an Oberrhein, Hochrhein, Bodensee, Iller und Donau. Es entstand eine „nasse" Grenze, die ab 291 n. Chr. durch den Bau von Kastellen gesichert wurde. Nach der Mitte des 4. Jahrhunderts wurde eine Reorganisation der stark belasteten Grenze notwendig, ein systematischer Ausbau mit Wachttürmen (Hochrhein), kleinen „burgi" und größeren Kastellen. Vorausgegangen waren diesen Maßnahmen ein verheerender Germaneneinfall, der weit ins Innere Frankreichs führte, und ein Sieg über die Alamannen bei Straßburg (357 n. Chr.), der die Verhältnisse noch einmal zugunsten Roms veränderte. Kaiser Valentinian I. (364–375 n. Chr.) ließ „die ganze Rheinlinie von der Quelle in Raetien bis zur Meerenge des Ozeans durch gewaltige Festungswerke sichern". Das Kastell auf dem Münsterberg in Breisach, wo der Kaiser im Jahr 369 persönlich anwesend war, und das kleinere Grenzkastell auf der Sponeck bei Jechtingen gehören in diesen Zusammenhang. Wenige Jahrzehnte später, im Jahr 401 n. Chr., verließen die römischen Grenztruppen unser Gebiet, um einen germanischen Einfall in Italien abzuwehren. Alamannische Siedler zogen über die jetzt durchlässig gewordene Rheinlinie und ließen sich im Elsaß nieder. Trotzdem wirkte diese von den Römern im 3. und 4. Jahrhundert geschaffene Grenzlinie weiter. Noch heute spiegelt der Grenzverlauf zwischen Deutschland, der Schweiz und Frankreich die Verhältnisse wider, die in spätantiker Zeit aus dem Zusammentreffen des römischen Reiches mit dem einwandernden Volk der Alamannen entstanden sind.

Das Kastell auf der Sponeck bei Jechtingen

Das spätrömische Grenzkastell (Tafelteil), auf einem weit in die Rheinaue vorspringenden Bergsporn gelegen, wurde nach den hier gefundenen Münzen in der Regierungszeit
Kaiser Valentinians I. etwa 370 n. Chr. erbaut. Es gehört zu den zahlreichen Befestigungen, die damals zur Verstärkung der römischen Abwehr gegen die Germanen errichtet
wurden und hatte vor allem die Aufgabe, den Rheinübergang an dieser von der Natur
vorgezeichneten Stelle zu sichern. Hier bestand schon seit frührömischer Zeit eine wichtige Straßenverbindung über den Fluß, die dem Handel und Fernverkehr diente, aber
auch von großer militärischer Bedeutung war (s. S. 75). Dies unterstreichen weitere
spätrömische Kastelle auf dem linken Rheinufer, in Oedenbourg und Horbourg, sowie
die nahe gelegene große Festung auf dem Münsterberg von Breisach: eine auffallende
Konzentration militärischer Anlagen auf kleinstem Raum.
Nur wenige Jahre nach seiner Erbauung stand das Kastell auf der Sponeck wahrscheinlich im Brennpunkt kriegerischer Ereignisse. Hier oder bei Breisach ging 378 n. Chr. ein
größeres alamannisches Heer über den Rhein, erlitt aber durch Kaiser Gratian bei Horbourg eine Niederlage. Möglicherweise wurde damals das Kastell auf der Sponeck einge-

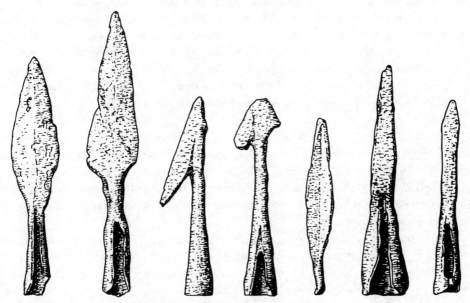

Abb. 5   Eiserne Pfeil- und Bolzenspitzen aus dem spätrömischen Kastell Sponeck
bei Jechtingen. Die längste Pfeilspitze ist 9,3 cm lang

nommen und zerstört. Darauf könnten Brandschichten hinweisen, die bei den Ausgrabungen 1977 bis 1979 angetroffen wurden. Wenn überhaupt, hat aber dieser Alamannenzug die römische „Wacht am Rhein" nur kurz unterbrochen. Mit Sicherheit war das Kastell bis zum allgemeinen Abzug der Grenztruppen (401 n. Chr.) besetzt, vielleicht sogar über dieses Datum hinaus. Manches spricht dafür, daß die römische Befestigung auf der Sponeck auch in den folgenden Jahrhunderten weiter existiert und zunächst den Alamannen, dann den Franken (s. S. 93) als militärischer Stützpunkt am wichtigsten Rheinübergang zwischen Basel und Straßburg gedient hat. Die gleichen Gesichtspunkte waren dann Jahrhunderte später maßgebend für den Bau einer Burg, deren letzte bauliche Reste heute den spätantiken Mauerring überragen, ein seltenes Zeugnis für den geschichtlichen Zusammenhang von Altertum und Mittelalter.

Der spätrömische Kastellfriedhof

Zu den meisten spätantiken Befestigungen kennt man nahe gelegene Bestattungsplätze, denn der „Abstand" zwischen Lebenden und Toten war bei den Römern immer gering. „Vor den Toren" war der übliche Platz für die Gräber, eine Regel, die auch für das Kastell auf der Sponeck Geltung hatte. In seinem unmittelbaren Vorgelände konnte nach älteren Hinweisen der Friedhof lokalisiert und teilweise ausgegraben werden. Allerdings sind es jetzt, in der zweiten Hälfte des 4. Jahrhunderts, keine Brandgräber mehr, wie sie für die vorangegangenen Generationen typisch waren. Spätestens seit der Einführung des Christentums als Staatsreligion war man allgemein zur Erdbestattung übergegangen, auch an den Grenzen und Vorposten des Reichs. Obwohl in Jechtingen bisher nur eine kleine Zahl von Gräbern aufgedeckt werden konnte, sind doch schon einige Aussagen möglich. Außer Soldaten der Kastellbesatzung, die sich nach den Metallbeschlägen ihrer breiten Waffengürtel gut identifizieren lassen, waren auch Frauen an dieser Stelle beigesetzt worden, offenbar Familienangehörige, die entweder im oder beim Kastell lebten. Besonders interessant für uns sind Bestandteile der Frauentracht, vor allem Perlenketten (Tafelteil), die ihre nächsten Vergleiche im alamannisch besiedelten Umland finden. Möglicherweise läßt sich hieraus ein nichtrömischer Anteil an der Bevölkerung dieses Grenzplatzes erschließen, der auch im spätantiken militärischen Zusammenhang nicht verwundern würde.
Von den „Brisigavi", dem im Breisgau seßhaft gewordenen Teilstamm der Alamannen wissen wir, daß er Rom nicht nur Rekruten stellte, sondern insgesamt ein gutes, vertraglich geregeltes Verhältnis zu den linksrheinischen Nachbarn pflegte. Dazu gehörten ohne Zweifel auch Heiratsbeziehungen über die normalerweise offene Grenze hinweg, wie sie sich allem Anschein nach in der Mischung römischer und alamannischer Funde im Jechtinger Gräberfeld abzeichnen.

62. Der Limberg bei Sasbach
63. Keltische Münze vom Limberg. Die
Vorderseite zeigt ein springendes Pferd
in stilisierter Darstellung. Bronze mit
Spuren von Vergoldung

64. Schnitt durch den römischen Spitz-
graben am östlichen Rand des Lim-
berg-Plateaus

Sponeck bei Jechtingen
74. Außenmauer des spätantiken Kastells, errichtet im 4. Jh. n. Chr. zur Sicherung des Rheinüberganges. Später entstand an gleicher Stelle und zu gleichem Zweck eine mittelalterliche Burg, von der noch hoch aufragende Bauteile erhalten sind – ein sichtbares Zeugnis für die „Kontinuität" vom Altertum zum Mittelalter
75. Glas- und Bernsteinperlen aus einem Grab des „Kastellfriedhofs"

76. (Rechts oben) Typisch für die spätantike Zeit sind breite Schnallen und kerbschnittverzierte Gürtelbeschläge. Beispiele aus dem Kastell

Sasbach
77. Silberne, teilweise vergoldete und mit roten Steinen besetzte Gewandschließen aus einem Frauengrab des 6. Jh. n. Chr.
78. Fränkische Bügelfibel aus einem Frauengrab des 6. Jh. n. Chr.

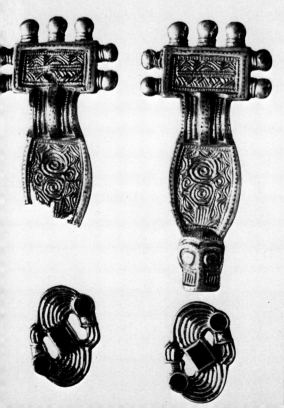

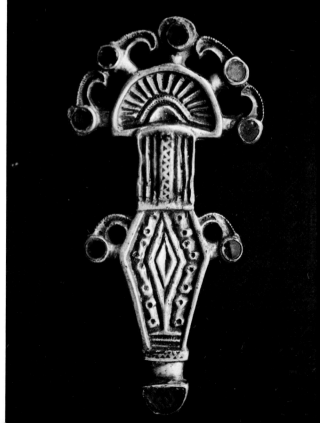

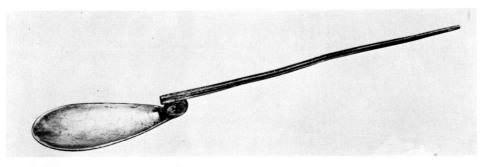

79. *Spätrömischer oder byzantinischer Silberlöffel aus einem Frauen-grab in Sasbach, auf der Unterseite des Griffs der Apostelname An-dreas*

80. *Riemenzunge mit Kreisstempel und gleicharmigem Kreuz (Rück-seite). Aus einem Grab des 7. Jh. n. Chr. in Sasbach*

81. *Radförmiger Anhänger aus Bronze, einbeschrieben ein gleich-armiges Kreuz mit verdickten Enden. Aus einem zerstörten Grab (?) in Herbolzheim. Durchmesser 3,8 cm*

Die Alamannen besiedeln das Land

Über das Leben der nach dem Fall des Limes in Südwestdeutschland einwandernden Alamannen, über ihre Siedlungen, ihre Wirtschaftsweise, ihre gesellschaftliche Gliederung oder ihr Totenbrauchtum wissen wir immer noch sehr wenig. Manches wird von römischen Schriftstellern überliefert, die aber von ihrem eigenen Standpunkt aus sehen und urteilen und denen vieles entweder nicht bekannt ist oder jedenfalls nicht erwähnenswert scheint. So werden denn hauptsächlich die kriegerischen Auseinandersetzungen überliefert, kaum der ,,Alltag'' im Grenzgebiet. Die Bewohner des Breisgaus jedenfalls befanden sich schon aus geographischen Gründen in einer besonderen Lage. Durch ein Gebirge in ihrem Rücken, den Schwarzwald, von der unmittelbaren Verbindung mit den jenseits lebenden Stammesgenossen abgeschnitten, waren sie entlang der Rheingrenze einem starken Nachbarn konfrontiert, der größtes Interesse an einem friedlichen und kontrollierbaren Vorfeld seiner Grenzen zeigte und diese Glacis-Politik durch starke Truppenkonzentrationen in Breisach und Straßburg unterstrich. Persönliche Freundschaft zwischen einem Fürsten dieses Stammes und einem römischen Kaiser ist unter diesen Vorzeichen gut verständlich, ein friedliches Nebeneinander lag im beidseitigen Interesse. Das hat allerdings, wie wir ebenfalls wissen und wofür auch ein Zerstörungshorizont im Kastell auf der Sponeck spricht, die Beteiligung der Brisigavi an Kriegszügen nicht ausgeschlossen, ebensowenig wie teilweise massive römische Eingriffe in die ,,inneren Angelegenheiten'' dieses Stammes.

Leider fällt der Beitrag der Archäologie zu diesem Zeitraum, der die Jahre 260 (Fall des Limes) bis 401 n. Chr. (Abzug der römischen Grenztruppen) umfaßt, noch sehr bescheiden aus. Aber auch das folgende 5. Jahrhundert, in dem eine beträchtliche Ausdehnung des alamannischen Siedlungsraumes nach Westen erfolgt, ist durch Bodenfunde kaum belegt. Immerhin lassen Beobachtungen an frühalamannischen Siedlungsplätzen einen lebhaften Warenverkehr über die Reichsgrenze erkennen: Erzeugnisse römischer Manufakturen, Bronzen, Gläser, Tongefäße waren begehrte Artikel. Möglicherweise wurde im Grenzgebiet sogar römisches Geld akzeptiert, Gold und Silber jedenfalls floß wohl vor allem durch Soldzahlungen reichlich ins Land. Ein geregeltes Nebeneinander zeigt sich auch in der Lage der Siedlungen, die im Vorfeld der römischen Grenzfestungen entstanden sind (Jechtingen). Auch eine gleichzeitige Ansiedlung in Sasbach verdeutlicht, daß nirgends ein Abstand zur Grenze eingehalten wurde. Auffallend für den Archäologen ist dabei, daß diese frühesten Wohnsitze der Alamannen vielfach nicht im Bereich der späteren merowingerzeitlichen Dörfer liegen, in denen ja das bis heute bestehende Siedlungsbild vorgezeichnet ist. Aus Gründen, die wir im einzelnen nicht kennen, haben die ersten Siedler nach einigen Generationen ihre Dörfer und Weiler wieder aufgegeben, sind entweder (über den Rhein) weitergezogen oder haben an anderen Stellen

die Ortschaften angelegt, die für uns im späteren 5. Jahrhundert, etwa 200 Jahre nach
der Landnahme, durch ihre großen Reihengräber faßbar werden. Ganz offenbar hat es
als Folge des römischen Niedergangs im alamannisch besiedelten Raum, nicht zuletzt in
dem hier behandelten Gebiet, noch einmal erhebliche Verschiebungen des Siedlungsbil-
des und – durch Abwanderung und neuen Zuzug – auch der Bevölkerung gegeben, wozu
aber die geschichtlichen Quellen keine weiteren Aufschlüsse liefern. Auch die in anderen
Perioden so häufigen und aufschlußreichen Grabfunde lassen uns hier im Stich. Offenbar hielt die große Masse der eingewanderten Bevölkerung an der aus den Herkunftsge-
bieten bekannten Brandbestattung ohne nennenswerte Beigaben fest, was den archäologischen Nachweis, nicht zuletzt auch die Datierung sehr erschwert. Zwar hatte sich eine
sozial und politisch führende Schicht schon vor der Einwanderung durch die Anlage von
Erdgräbern unterschieden und übte diesen Brauch auch an den neuen Wohnsitzen weiter
aus, doch sind naturgemäß solche Bestattungen selten. Im Kreisgebiet ist denn auch bis
heute kein einziges gesichertes Alamannengrab des 3., 4. oder frühen 5. Jahrhunderts
gefunden worden, wenn man einmal von der besonderen Situation des Kastellgräberfel-
des bei der Sponeck absieht.

Noch in der Zeit alamannischer Selbständigkeit, gegen Ende des 5. Jahrhunderts, ändert
sich das Bild der archäologischen Hinterlassenschaft. Faßbar wird uns dieser Wandel vor
allem in einer neuen allgemeinen Bestattungssitte, die den folgenden Jahrhunderten zu
ihrer Bezeichnung als Reihengräberzeit verholfen hat (6. und 7. Jahrhundert n. Chr.,
nach dem regierenden fränkischen Königshaus auch Merowingerzeit genannt). Es sind
vor allem die Orte mit Namen auf -ingen oder -heim, die jetzt gegründet werden und zu
denen ein Friedhof gehört, in dem sich die Gründergeneration und die folgenden Generationen mehr als 200 Jahre lang bestatten lassen, in langen, mehr oder weniger regelmäßigen Reihen ost-westgerichteter Erdgräber. Hier liegen die Toten mit ihrer Tracht
(Tafelteil), ihrer Bewaffnung und anderen Beigaben, die für uns die wirtschaftlichen und
gesellschaftlichen Verhältnisse ebenso widerspiegeln wie die Handelsbeziehungen in
andere Gebiete oder den Stand der damaligen Technik. In diesen Reihengräberfeldern
stehen uns damit ausgezeichnete Geschichtsquellen zur Verfügung, die zunächst einmal
örtliche Verhältnisse klären, die Größe einer Siedlung, den Zeitpunkt ihrer Gründung,
die zahlenmäßige Entwicklung ihrer Bevölkerung, die es aber auch erlauben, siedlungs-
geschichtliche Abläufe in größeren Landschaftsräumen darzustellen. Auch im Landkreis
ist diese Quellengattung reich vertreten. Danach entstanden im 5. und frühen 6. Jahrhundert neue Ortschaften vor allem am Rand von Kaiserstuhl und Vorbergzone, an Stellen, wo Bäche in die Ebene austreten, wo ein gleichmäßiger Anteil an trockenem Acker-
und feuchterem Wiesen- und Weideland vorgegeben war. Ganz offensichtlich waren es
weniger Gesichtspunkte des Verkehrs als solche der landwirtschaftlichen Nutzung, die
für die Wahl der Wohnplätze bestimmend waren. Trotzdem behalten Orte wie Sasbach

oder Riegel ihren Stellenwert, da die Römerstraßen weiter existieren und in bescheidenerem Umfang auch weiter benutzt werden. Andere frühmerowingerzeitliche Gründungen sind Endingen, Forchheim, Bahlingen, Teningen, Emmendingen, Mundingen und Herbolzheim. -ingen Orte wie Denzlingen, Köndringen, Hecklingen oder Kenzingen werden mit Sicherheit noch die archäologischen Belege ihrer frühen Entstehung liefern.

Die Einbeziehung in das fränkische Reich

Politisch gesehen hatten die Alamannen etwa 200 Jahre lang die Chance, ein selbständiges Reich unter einheitlicher Führung zu schaffen, so wie es anderen germanischen Stämmen, beispielsweise den Ostgoten in Italien für einen kürzeren Zeitraum gelungen war. Obwohl sich die verschiedenen Teilstämme immer wieder zu gemeinsamen Aktionen zusammenfanden, obwohl es schließlich auch einen ,,alamannischen König'' gab, gelang eine solche Staatsgründung nicht, auch wenn das Herrschaftsgebiet im 5. Jahrhundert sich weit nach Süden und Westen ausdehnte. Bei dieser Expansion, die sich auch nach Norden richtete, entstand aber bald ein Interessenkonflikt mit den Franken, der nach einer schweren militärischen Niederlage (496 bei Zülpich, Tod des Alamannenkönigs) zur politischen Angliederung an das fränkische Reich führte, die sich dann in nord-südlich fortschreitenden Etappen in den ersten Jahrzehnten des 6. Jahrhunderts vollzog. Im Leben der alamannischen Bauern und Handwerker änderte sich dadurch nicht viel. Sprachlich und kulturell bestand eine sehr enge Verwandtschaft, auf der die künftige gemeinsame Entwicklung aufbauen konnte. Trotzdem hat es in der Regierungszeit der fränkischen Merowinger und auch danach nicht an Versuchen gefehlt, sich von der fränkischen Vormundschaft zu befreien. Getragen wurden diese Erhebungen immer vom alamannischen Adel, der in erster Linie von den neuen politischen Verhältnissen betroffen war. Trotz gewisser Schwächeperioden der zentralen königlichen Gewalt blieben dies aber letztlich Episoden, denn die Franken vermochten mit Geschick und Konsequenz ihren Herrschaftsanspruch durchzusetzen und zu festigen. Zunächst befanden sie sich dabei in einer ähnlichen Situation wie Jahrhunderte früher die Römer, mit dem Unterschied allerdings, daß ihnen das strategisch wichtige römische Straßennetz wohl mehr oder weniger intakt zur Verfügung stand, und daß es unter den führenden alamannischen Familien von Anfang an eine gewisse Bereitschaft zur Zusammenarbeit gegeben haben muß. In fränkischem Auftrag übernahmen solche Familien militärische, administrative und fiskalische Aufgaben, d. h. sie sorgten bei Bedarf für das Truppenaufgebot, übten die Gerichtsbarkeit aus und zogen die Steuern ein. Sie taten dies von ,,Königshöfen'' aus, zu denen Leute (Hintersassen) und Ländereien gehörten. Auch wenn diese Höfe zunächst meist unbefestigt waren, besetzte man damit doch strategisch wichtige Punkte, häufig entlang der alten Römerstraßen. So finden sich im Kreisgebiet Hinweise auf Königshöfe in Sasbach, Endingen und Riegel, gegen den Schwarzwald zu in Maurach/Denzlingen. Zumindest teilweise kamen die ,,Beauftragten'' des fränkischen Herrschers aus anderen Teilen des Reichs. Vor allem an verkehrsgeographisch wichtigen Plätzen ist ein auch zahlenmäßig erheblicher Zuzug festzustellen, der sich im archäologischen Befund der Reihengräberfelder deutlich zu erkennen gibt (Tafelteil). Besonders im Oberrheintal wurde diese Ansiedlungspolitik, die der alamannischen Bevölkerung ein stabilisierendes, politisch verläßliches Element zufügte, anscheinend recht systematisch betrieben. Dies ist verständlich im Hinblick auf die Bedeutung des Rheintals als Handels- und Heerstraße in den Süden, wohin auch die politischen Ambitionen der fränkischen Herrscher zielten.

Bei der Beurteilung fremder Einflüsse im archäologischen Fundmaterial darf allerdings die Nähe des fränkischen Siedlungsgebietes nicht übersehen werden. Nicht jeder ,,fränkische'' Fund südlich der etwa in Höhe des Kniebis verlaufenden Stammesgrenze ist als

Abb. 6   Fränkische Keramik aus dem Reihengräberfeld Sasbach. Drehscheibenware mit Stempel- und Rollrädchendekor

Beleg für eine Zuwanderung anzusehen. In der „importierten" Keramik (Tafelteil) beispielsweise zeichnen sich auch die im Oberrheintal sehr lebhaften Handelsbeziehungen
ab, durch die, mit Schiff oder Wagen, gutgebrannte qualitätvolle Tongefäße aus dem
nördlichen Oberrheintal und aus Rheinhessen bis in die Gegend von Basel verfrachtet
wurden. Das Kreisgebiet war also im 6. und 7. Jahrhundert nicht nur dem politischen,
sondern auch dem kulturellen Einfluß des fränkischen Reiches weit stärker geöffnet als
andere alamannische Siedlungsräume südlich oder östlich des Schwarzwaldes. Dabei
spielten die Straßenverbindungen und Rheinübergänge (bei Sasbach und Jechtingen)
nach wie vor eine besondere Rolle. Sie bewirkten eine auch militärisch starke Präsenz der
Franken, bemerkenswerterweise an den Orten, an denen schon in römischer Zeit Kastelle entstanden waren.

Jechtingen, Sasbach und Riegel als militärische Stützpunkte der Franken

Um dies gleich vorwegzunehmen: eine fränkische Besatzung im spätantiken Kastell auf
der Sponeck ist auch bei neueren Grabungen nicht nachgewiesen worden. Überhaupt
fehlen bisher an diesem Platz merowingerzeitliche Funde – früher schon entdeckte Waf-
fengräber, mit Sicherheit nicht römisch, blieben leider nicht erhalten und lassen sich daher nicht mehr überprüfen. Die Fundleere besagt allerdings nicht viel, denn auch auf
dem Breisacher Münsterberg sind die nachrömischen Jahrhunderte durch Funde kaum
belegt, obwohl dort an einer kontinuierlichen Weiterbenutzung des großen Kastells kein
Zweifel erlaubt ist. Auch andernorts haben die Franken spätantike Befestigungen übernommen, ganz besonders die Kastelle an der ehem. Rheingrenze, so daß auch für die
Sponeck das gleiche angenommen werden darf, nicht zuletzt deshalb, weil auch andere
Punkte an der gleichen Straße durch Befestigungen geschützt worden sind. Das gilt zunächst für Sasbach, wo alle Indizien fränkischer Präsenz zusammentreffen: Fiskalbesitz
(Fiscus cuius vocabulum est Sasbach), Patrozinium des hl. Martin (Pfarrkirche) und enge
kulturelle Beziehungen zum fränkischen Siedlungsraum, ablesbar am Fundmaterial des
großen Ortsfriedhofs beim Lützelberg (Abb. 6). Offenbar war Sasbach wegen der Bedeutung der Rheinübergänge (beim Limberg und bei der Sponeck) schon im 6. Jahrhundert
ein Hauptort der Landschaft geworden. Dies zeigt sich schon in der außerordentlichen
Größe des zugehörigen Reihengräberfeldes, das mit geschätzten 2000 Bestattungen im
süddeutschen Raum nur wenige Analogien hat. Erklärbar ist diese Größenordnung nur
durch starken Zuzug während des 6. und 7. Jahrhunderts von vermutlich nicht nur
„umgesiedelten" Franken, sondern auch Leuten aus der näheren und weiteren Umgebung, die an diesem aufstrebenden Ort günstige Existenzbedingungen vorfanden.
Die große Zahl der Bewohner und die vielfachen, ins fränkische Reich führenden Beziehungen machten schon lange deutlich, daß Besiedlung und Entwicklung dieses Platzes

durch Faktoren bestimmt wurden, die von außen einwirkten. Eine neue Entdeckung auf
dem Limberg rundet dieses Bild ab. Auf der Südspitze, nur wenige 100 m vom frührömi-
schen Lager entfernt (s. S. 76 ff.), wurde in einer bisher ins 10. Jahrhundert n. Chr. datierten Burganlage eine Riemenzunge des 7. Jahrhunderts gefunden, hinter einer dreifa-
chen, aus Wällen (Palisaden) und Gräben bestehenden Befestigungsanlage. Kein Zweifel, daß wir auf diesem exponierten, 80 m über der Ebene liegenden Bergsporn, dessen
Flanken von römischen Steinbrüchen gebildet wurden, ein fränkisches Castrum vor uns
haben, das zumindest in die jüngere Merowingerzeit zurückreicht. Noch läßt sich allerdings nicht beurteilen, ob diese Anlage sofort nach der Besitznahme des Landes entstand, die Burg also zeitlich mit dem Königshof bei der Martinskirche (?) korrespondiert,
oder ob es erst im 7. Jahrhundert notwendig wurde, die Position in Sasbach durch eine
Burg hoch über dem Rhein zu verstärken. Antwort auf diese geschichtlich interessante
Frage kann nur das Burgareal selbst liefern, das bei der Rebflurbereinigung 1972/73 als
Reservat für die Forschung erhalten werden konnte. Im 781 n. Chr. erstmals urkundlich
genannten Riegel finden wir eine vergleichbare Situation. An der Notwendigkeit, diesen
Punkt militärisch zu sichern, hatte sich nichts geändert. Man wählte allerdings nicht den
alten Kastellplatz in der Ebene, an dem die Römerstraße unmittelbar vorbeiführte, sondern befestigte den äußersten spornartigen Ausläufer des Michaelsberges (Abb. 7),
heute so benannt nach der Wallfahrtskapelle St. Michael im Innern einer zeitlich nicht
genau bestimmten dreiteiligen Burg. Auch bei neueren Erdbewegungen im Vorfeld dieser Burg hat man keine Funde gemacht. In unmittelbarer Nähe aber liegen merowingerzeitliche Gräber, die nicht mit einem Wohnplatz in der Ebene, sondern nur mit dieser

*Abb. 7   Der Michaelsberg bei Riegel, von Osten gesehen. Ausschnitt aus einer Federzeich-
nung von F. Greiner (1901)*

Anlage in Verbindung zu bringen sind und damit auf eine bereits im 7. Jahrhundert bestehende, vielleicht kleinere Befestigung hinweisen. Auch wenn die Waffenfunde aus diesen Gräbern dazu nichts aussagen, kann dies nur eine fränkische Gründung sein, was wiederum sehr gut zusammengeht mit dem Martinspatrozinium der Pfarrkirche im alten Ortskern von Riegel und dem hier urkundlich nachgewiesenen Königsgut.

Zwischen Sasbach und Riegel liegt das 862 erstmals genannte Endingen, das zwar kein römischer Kastellort ist, sich aber mit seinen frühmittelalterlichen Befunden sehr gut in diesen Zusammenhang fügt. Zwei Reihengräberfelder sind hier bekannt. Sie stehen eindeutig in Zusammenhang mit zwei alten Ortskernen, die sich um jeweils eine Kirche, St. Peter und St. Martin gruppieren. Ein dritter Siedlungskern, der bei der mittelalterlichen Stadtgründung außerhalb der Mauern blieb und daher rasch verödete, liegt nördlich im sog. niederen Dorf, unmittelbar an der römischen Straßentrasse, die geradlinig an Endingen vorbeizieht. In diesem Bereich sind Siedlungsspuren der jüngeren Merowingerzeit in Form von Gruben und keramischen Funden vorhanden. Wichtig für unseren Zusammenhang ist das zur Hofgruppe um St. Peter gehörende Reihengräberfeld, das vor wenigen Jahren vollständig untersucht werden konnte. Mit ursprünglich etwa 200 Gräbern, verteilt auf das 6. und 7. Jahrhundert, ist dieser Friedhof bedeutend kleiner als Sasbach, zeigt aber in seinen Funden ähnliche Verbindungen zum nördlichen Oberrheintal, wie sie auch dort festgestellt wurden. Eine weitere Besonderheit bilden elf von Kreisgräben eingefaßte Männergräber (Abb. 8), die trotz antiker Beraubung teilweise noch Reste überdurchschnittlicher Ausstattung erkennen lassen. Mindestens drei dieser schwerbewaffneten Männer waren Reiter. Kreisgräben aber, wahrscheinlich oberirdisch sichtbare ringförmige Einfassungen von Gräbern, sind keine im alamannischen Raum entstandene Erscheinung, sondern gehen offenbar auf Vorstellungen zurück, die sich am fränkischen Mittel- und Niederrhein gebildet haben. Franken also auch in Endingen? Gleiches hat die Forschung schon vor Jahrzehnten für das benachbarte Königschaffhausen vermutet, ohne daß dort die im Namen enthaltene Überlieferung archäologisch bestätigt werden konnte.

Der religiöse Aspekt – Christianisierung durch die Franken

Im 3. Jahrhundert, beim Eindringen in das römische „Zehntland" zwischen Limes und Rhein trafen die heidnischen Alamannen auf eine römische Provinzialbevölkerung, in der das Christentum offenbar noch eine ganz untergeordnete Rolle spielte. Diese Bevölkerung wurde zudem zu einem wesentlichen Teil verdrängt, teilweise über die Grenze an Hoch- und Oberrhein, teilweise aber auch in die weniger siedlungsgünstigen Täler des Schwarzwaldes. Dies änderte sich in gewissem Umfang nach der Öffnung dieser Grenzen. Im Elsaß etwa trafen alamannische Neusiedler nicht nur auf Christen, sondern auf

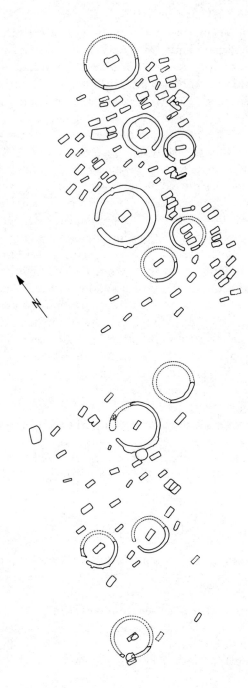

*Abb. 8 Plan des merowinger-
zeitlichen Reihengräberfeldes
von Endingen mit zahlreichen
Kreisgräben*

eine gutorganisierte Kirche mit einem episkopalen Mittelpunkt in Straßburg. Nun war, wie W. Müller (1974) betont hat, die Annahme des christlichen Glaubens in dieser Frühzeit nicht allein eine Sache persönlicher Entscheidung, sondern muß im Zusammenhang mit den politischen Voraussetzungen gesehen werden. Die waren nach dem aufsehenerregenden Übertritt König Chlodwigs überall dort für die Verbreitung der christlichen Lehre günstig, wo die Franken die Oberhand gewannen. Ab der Mitte des 6. Jahrhunderts etwa müßten daher auch Spuren der Christianisierung archäologisch faßbar werden, was in einzelnen Fällen auch tatsächlich zutrifft.

Im Kreisgebiet fehlen diese ältesten Belege, denn ein silberner Löffel mit dem Apostelnamen Andreas aus einem Grab des 5. Jahrhunderts in Sasbach kann nicht als Nachweis für den Glauben seiner Besitzerin gelten. Deutlich wird für uns die Ausbreitung christlicher Vorstellungen vor allem im Verschwinden der Sitte, den Verstorbenen Speise und Trank für den Weg ins Jenseits mitzugeben. Noch im ganzen 6. Jahrhundert finden sich die dafür benutzten Tongefäße, aber auch gläserne Becher und Schalen bei den Bestattungen, außerdem Speisen in Form von Rinder-, Schweine- und Hühnerknochen, gelegentlich auch von Eierschalen. Dies alles verschwindet fast ganz zu Beginn des 7. Jahrhunderts. Gleichzeitig treten die ersten unmißverständlichen Zeichen christlichen Glaubens an den verschiedensten Gegenständen auf, an Waffen, Schmuck und anderen Trachtbestandteilen. Nicht immer ist es das Kreuz, das diesen Wandel anzeigt. In Sasbach kam eine Scheibenfibel zutage (Abb. 9), die einen rückwärts blickenden Vogel zeigt, vor sich das griechische Alpha und Omega (Anfang und Ende im christlichen Sinne), dahinter ein kleines Kreuz. Ebenfalls aus Sasbach, das sich auch in dieser Hinsicht als ergiebigster Fundort ausweist, stammt eine große Riemenzunge aus Bronze mit eingraviertem Kreuz. Kreuze finden sich auch als Mittelornament bronzener Zierscheiben,

Abb. 9   Silberne Scheibenfibel des 7. Jh. n. Chr. Rückwärts schauender Vogel (Adler), am gekrümmten Schnabel ein Kreuz, vor dem Vogel die Buchstaben Alpha und Omega. Aus einem Grab in Sasbach. Durchmesser knapp 3 cm

Bestandteilen der Frauentracht, die in Sasbach, Endingen und Herbolzheim ausgegraben wurden (Tafelteil).

So zeigt sich auch an Funden und Beobachtungen im Kreisgebiet die unter fränkischem Einfluß, politischem wie missionarischem, vollzogene Wandlung, die im Lauf des 7. Jahrhunderts den größten Teil der Bevölkerung erfaßt haben muß. Leider sind bisher weder in Sasbach, Endingen oder Riegel die frühen Kirchen archäologisch nachgewiesen worden, die wir aus den Patrozinien erschließen dürfen. Gleiches gilt auch für die möglicherweise frühgeschichtliche Vorgängerin der Severinskapelle auf dem Mauracher Berg. Ebenfalls unerforscht ist die Situation auf dem Wöpplinsberg oberhalb von Mundingen, wo gewisse Indizien für eine Kirche der Frühzeit sprechen könnten. Nur in den Gräbern alamannischer und fränkischer Adliger, Handwerker und Bauern haben sich konkrete Spuren dieser fundamentalen geistesgeschichtlichen Veränderung erhalten, die wenig später dann dazu geführt hat, daß mit dem Erlöschen der als heidnisch empfundenen Beigabensitte auch eine der wichtigsten Erkenntnisquellen archäologischer Frühgeschichtsforschung versiegte.

Ausgewählte Literatur

Allgemeines

Filtzinger, Ph., D. Planck und B. Cämmerer: Die Römer in Baden-Württemberg. Stuttgart und Aalen 1976

Fingerlin, G.: Zur alamannischen Siedlungsgeschichte des 3.–7. Jahrhunderts. In: Die Alemannen in der Frühzeit. Veröffentlichungen des Alemannischen Instituts Freiburg Nr. 34 (1974) 45–88

–: Vor- und Frühgeschichte um den Limberg und am nördlichen Kaiserstuhl. In: Naturschutzgebiet Limberg am Kaiserstuhl. Führer durch Natur- und Landschaftsschutzgebiete Baden-Württembergs 2 (1978) 55–80

–: Kastellorte und Römerstraßen im frühmittelalterlichen Siedlungsbild des Kaiserstuhl. In: Vorträge und Forschungen 25 (1979) 379–409. Hrsg. vom Konstanzer Arbeitskreis für mittelalterliche Geschichte

Garscha, F.: Die Alamannen in Südbaden. Germanische Denkmäler der Völkerwanderungszeit Ser. A Bd. 11 (1970)

Kraft, G.: Ur- und Frühgeschichte des Kaiserstuhls. In: Der Kaiserstuhl. Landschaft und Volkstum (1939) 77–86

Lais, R.: Der Kaiserstuhl in Ur- und Frühgeschichte. In: Der Kaiserstuhl. Eine Naturgeschichte des Vulkangebirges am Oberrhein (1933) 403–445

–: Das nördliche Kaiserstuhlvorland, seine Bodengestalt, Entstehungsgeschichte und frühe Besiedlung. Schauinsland 61 (1934) 9–20

–: Zur vor- und frühgeschichtlichen Besiedlung des nördlichen Kaiserstuhlvorlandes. Badische Fundberichte 3 (1933–1936) 181–192

Maus, H.: Bergbau auf Erze, Gips und Sonstiges. In: Erläuterungen zur Geologischen Karte Freiburg i. Br. und Umgebung (1977) 249–253

Müller, W.: Die Christianisierung der Alemannen. In: Die Alemannen in der Frühzeit. Veröffentlichungen des Alemannischen Instituts Freiburg Nr. 34 (1974) 169–182

Einzelne Orte

Endingen

Gutmann, K. S.: Römische Brandbestattungen und villa rustica bei Endingen (am Kaiserstuhl). Badische Fundberichte 1, 1925–28, 137–138

Jechtingen

Swoboda, R. M.: Eine spätrömische Anlage auf der Burg Sponeck, Gemarkung Jechtingen, Kreis Emmendingen. Fundberichte aus Baden-Württemberg 4, 1979, 316–343

Riegel

Huld, J.: Beiträge zur römischen Besiedlung im Bereich von Riegel, Lkrs. Emmendingen. Badische Fundberichte 22, 1962, 51–78

Nierhaus, R.: Zu dem Mithrasaltarstein von Riegel am Kaiserstuhl. Alemannisches Jahrbuch 1953, 62–84

Schleiermacher, W.: Ein Mithräum in Riegel. Badische Fundberichte 3, 1933–1936, 69–78.

Schumacher, K.: Neues vom alten Riegel. Schau-ins-Land 28, 1901, 1–12

Sasbach

Eberenz, L.: Aus der Ur- und Frühgeschichte von Sasbach a. Kaiserstuhl. Teil 1 der Ortsgeschichte von Sasbach (1967)

Fingerlin, G.: Keltenstadt und Römerlager: Der Limberg bei Sasbach. Archäologische Nachrichten aus Baden 10, 1973, 5–9 und 15, 1975, 9–15.

Geschichtlicher Überblick

von Bernd Ottnad

Kirchlich-politische Gestaltungskräfte der Karolinger- und Ottonenzeit

Die Einrichtung der Grafschaftsverfassung in Alamannien im 8. und 9. Jahrhundert verdrängte als neue politische Ordnung die ältere alamannische, auf dem Siedlungs-, Kult- und Rechtsverband beruhende, die von sippenrechtlichen Ordnungskräften bestimmt war. Diese frühstaatliche Durchgliederung trug zwar noch personenbestimmte Züge, und die Grafschaften waren räumlich variabel, aber ihre Inhaber, beamtete Grafen, waren bereits vom König- und Herzogtum abhängige Amtsträger. Ihnen oblag innerhalb ihres Amtsbereichs die Rechtswahrung und Friedenssicherung. Häufige Wiederkehr an einen Ort als Malstätte – in unserem Bereich urkundlich nicht belegt – oder Besitzkonzentration, verbunden mit Zentralität, die, wie bei Sasbach, zu gelegentlichem Aufenthalt des Königs führte, verliehen ihm eine ähnlich hoch zu veranschlagende Bedeutung wie den von Königen aufgesuchten, aber alle außerhalb des Breisgaus gelegenen Pfalzen. Einen weiteren Faktor der neuen politischen Ordnung bildete die Kirchen- und Klosterverfassung, die durch die starke Verknüpfung kirchlicher und weltlicher Herrschaft für die Reichspolitik eingesetzt werden konnte. Schenkungen von Gütern oder Güterteilen der Könige – als Vorbild –, von Herzögen, Grafen, Adeligen, aber auch einfachen freien Leuten zum Heil der Seele – teils freiwillig, teils unter politischem Druck – an Kirchen und Klöster, lassen diese neben den fiskalischen Besitzkomplexen zu Stützen der Königsherrschaft und nebenbei zu Großgrundbesitzern werden.

Von wesentlicher Bedeutung ist auch, daß die nach dem 3. Jahrhundert fast ein halbes Jahrtausend aussetzende, zunächst nahezu ausschließlich von Klöstern und bischöflichen Kurien getragene Schriftlichkeit den weltlichen Bereich nur mittelbar faßbar werden läßt. Gerade bei Berücksichtigung dieses Umstandes bleibt die Bedeutung der organisierten, in der Verwaltungskunst den weltlichen anfänglich überlegenen kirchlichen Institutionen unbestritten. Ihren Urkunden, Kopialbüchern, Güterrodeln und Urbaren sind die ersten urkundlichen Erwähnungen von Orten – nicht zu verwechseln mit deren durchweg oft Jahrhunderte früher liegenden Entstehung – bis in das hohe Mittelalter zu danken.

Wenn, wie im Breisgau, der erste Faktor der „Staatsbildung", die Grafschaftsverfassung, zunächst weniger griff – Indiz dafür ist die Bedeutungslosigkeit der Grafen im Breisgau, auch selbst unter dem späteren König Karl III., der 865 hier als Graf in die Geschichte eintrat –, wurde er durch den zweiten, den kirchlichen, aufgewogen: zunächst durch die großen Klöster St. Gallen und Lorsch, das zwischen 770 und 872 mit reichem und besonders wertvollem Besitz (Weinbau!) im Breisgau und am Kaiserstuhl (Riegel, Kenzingen, Reute 770/73) ausgestattet war, den es aber bereits um 900 verloren hatte. Das anderwärts mächtig ausgreifende Inselkloster Reichenau kam im nördlichen Breisgau nur zu geringfügigem, unter den Ottonen zu ausgedehntem Besitz. Dagegen erlangten die vom Königtum geförderten Bistümer Basel und Straßburg – bis zum Aufkommen der Zähringer die beherrschenden Kräfte im Breisgau – und die von ihnen abhängigen Klöster eine besonders starke Position: das 762 von Bischof Eddo von Straßburg gegründete Kloster Ettenheimmünster erhielt wohl aus Reichsgutkomplex stammende Güter zu Bahlingen, Endingen, Forchheim und im abgegangenen Wöllingen.

Der Breisgau kam als Teil Alamanniens – ohne das Elsaß – bei der Reichsteilung von Verdun (843) zum Ostreich und geriet in den Windschatten der großen Politik, was ihm die Orientierung zunächst nach dem Elsaß und später zum schwäbischen Herzogtum ermöglichte, gleichzeitig aber auch Straßburg und die Grafengeschlechter der rätischen Hunfridinger und elsässischen Etichonen anreizte, sich in dieser traditionellen Randzone festzusetzen. Die späten Karolinger suchten – vergeblich – dem Entgleiten dieses Gebietes entgegenzuwirken: Ludwigs II. 862 als Morgengabe getätigte reiche Schenkung von Reichsgut am Kaiserstuhl (Bahlingen, Endingen, Kenzingen, Sexau, Kiechlinsbergen) an seine Schwiegertochter Richardis, die Gattin Karls III., verblieb nicht beim Herrscherhaus, sondern gelangte vielmehr durch sie, die Gründerin des Klosters Andlau, größtenteils an das Kloster.

Der im Kampf um die Führung in Schwaben gegen die mächtigen Franken Erchanger und Berthold obsiegende Hunfridinger Burkhard (†926). Seit 919 als schwäbischer Herzog anerkannt, errichtete 918 bis 926 zwischen zwei bereits bestehenden Eigenkirchen das Frauenkloster St. Margarethen in Waldkirch. Diese Gründung, ausgestattet mit erheblichem Besitz – wohl auf im 8. Jahrhundert beschlagnahmtes altalamannisches Herzogsgut zurückgehend – im nördlichen Breisgau (Waldkirch, Tutschfelden, Wöllingen, Wyhl, Königschaffhausen, Denzlingen) bis zum Schönberg, erfolgte in Abstimmung mit dem mächtigen elsässischen Grafen Guntram, dessen Besitz sich beidseits des Rheines zwischen Kolmar – Riegel und dem Mauracher Berg erstreckte.

Burkhards Witwe, Hadwig, die seinen Nachfolger, den Konradiner Hermann I., heiratete, und der Hunfridinger Guntram de Italia konnten den Ausbau des Herrschaftsschwerpunktes um Waldkirch im 10. Jahrhundert fortsetzen – wobei ungeklärt bleibt, ob es sich bei dem Besitz in Leiningen, Riegel, Kenzingen, Endingen, Wöllingen und Sasbach um Eigengut (Allod) oder ehemaliges Reichsgut handelt.

Im Zuge des von Heinrich I. eingeleiteten, von Otto d. Gr. erfolgreich fortgesetzten Fußfassens der Zentralgewalt im Breisgau kam es 952 – vermutlich im Zusammenhang mit Ottos Italienpolitik – zum Zusammenstoß mit dem mächtigen Grafen Guntram, dem durch einen Prozeß der gesamte Besitz entzogen wurde; Teile davon (Mauracher Hof 752, Teningen, Tutschfelden 972) übereigneten die Ottonen dem von ihnen geförderten Kloster Einsiedeln. Die Einbindung des Oberrheingebiets in die ottonische Reichspolitik ließ gegen Ende des 10. Jahrhunderts diesen Raum zusammen mit dem Elsaß zur Kernlandschaft werden. Gleichzeitig deutete sich mit dem Aufkommen von Zwischengewalten in königsfernen Gebieten, mit dem Schwinden bislang klar umrissener Auffassungen über Reichsgut und Amtsgut, d. h. mit dem Auseinandertreten von schwindender „staatlicher" und zunehmender privater, „allodialer" auf Macht und Gut beruhender Verwaltung eine Entwicklung an, die durch die Zähringer im Breisgau und in der Baar von Bedeutung wurde.

Die Zähringerzeit

Das aus dem mittleren Neckarraum in die Oberrheingegend vordringende Geschlecht der Zähringer, das sich nach einer unweit der späteren Gründungsstadt Freiburg i. Br. gelegenen Burg (um 1090) nannte, ist trotz hochadeliger Herkunft nur schwer in Ordnungsvorstellungen der damaligen Zeit einzugliedern. Die Basis seines Ansehens bildeten Geblütsrecht und reicher, allerdings außerhalb des Breisgaus gelegener Allodialbesitz. „Staatliche" Ämter, wie der Erwerb von Grafschaftsrechten in Teilen der Baar, im Breisgau, Thurgau, Albgau und in der Ortenau gegen Ende der Ottonenzeit, festigten nur seine bereits vorhandene Stellung, die im Investiturstreit, als die Zähringer den Angriff der kaisertreuen Bistümer Straßburg und Basel zurückdrängten, noch gesteigert wurde. Der nach Bertholds II. Verzicht auf das – ihm von der gregorianischen Partei zuerkannte – Herzogtum von Schwaben (um 1098) beibehaltene Herzogtitel, der sich seit 1061 auf Kärnten und die Mark Verona stützte, beinhaltete kein echtes Herzogtum Zähringen, das als Gegenposition zu dem von den Staufern innegehaltenen schwäbischen Herzogtum aufzufassen wäre. Wirklich herzogähnliche Stellung gewannen die Zähringer erst mit dem Erwerb des Rektorats von Burgund und im Zuge der territorialpolitischen Auseinandersetzungen mit den Staufern. Dabei wurde der noch wenig besiedelte, verkehrsmäßig unerschlossene mittlere und südliche Schwarzwald aufgeschlossen, wobei die Zähringer von ihren beidseits dieser Barriere gelegenen Gütern in der Baar und ihrem Besitzschwerpunkt im Breisgau ausgingen, die von staufischem Besitz im Elsaß und Schwaben flankiert wurden.

Vorzügliches Instrument dieser Konzeption war die zähringische Förderung der Klosterreform, die auf dem Prinzip beidseitigen Gebens und Nehmens beruhte. Die 1093 mit Hilfe des Klosters Hirsau vollzogene Verlegung des zerstörten Hausklosters Weilheim unter Teck als St. Peter auf die Schwarzwaldhöhen – als Grablege des Geschlechts ein programmatischer Akt – schuf den Stützpunkt zur Erschließung des Schwarzwaldes in Richtung Baar und Breisgau. Weitere Maßnahmen wie der Erwerb der Vogteien von St. Georgen (1094) und von St. Blasien (1125) oder die Begründung eines Frauenkonvents in Friedenweiler (1123) bildeten die Voraussetzungen, das Gebiet zähringisch zu machen.

Bei diesem erfolgreichen Vorgehen wurde im Kreisgebiet der im 12. Jahrhundert bereits den Schwarzwald erschließende Adel im nördlichen Breisgau zurückgedrängt. Das um 1160 gegründete Zisterzienserkloster Tennenbach führte charakteristischerweise zum Verschwinden jenes Adels aus dieser Gegend, der dabei seine Güter an Tennenbach schenkte oder verkaufte, während im Elztal und seinen Seitentälern aus den Stift Waldkirchischen Meierämtern neue Adelsherrschaften erwuchsen.

Als gleichsam flankierende Maßnahmen wurde das ältere Wegenetz ergänzt. Zur Sicherung der ausgebauten wie der neuangelegten Straßen, der als Sackgassen in die Täler führenden Wege, der Bergwerke (z. B. Suggental), der bäuerlichen Bevölkerung, die sich während des 12. Jahrhunderts in einem Konzentrationsvorgang aus der Vielzahl der Weiler in Dörfern zusammengezogen hatte, kurz: für die Machtstellung der Zähringer wurden ihre Ministerialen besonders wichtig. Es sind mit den Zähringern gekommene oder in ihren Diensten aufgestiegene Leute oder in den Dienst getretene kleine Dorfadelige an etwa acht Stellen (Emmendingen, Herbolzheim, Keppenbach, Limburg, Oberhausen, Riegel, Vörstetten, Weisweil) unseres Gebietes von offenbar nur lokaler Bedeutung, daneben aber auch bedeutendere wie die Blankenburg oder Keppenbach, die mit den Verwandten und politischen Freunden der Zähringer als Schenker oder Verkäufer von Gütern an das Kloster St. Peter im Rotulus Sanpetrinus erwähnt sind. Mit Hilfe ihrer Burgen schützten sie die Bevölkerung und den Raum. Die für die allgemeine Geschichte wichtigste Rolle der Zähringer als Städtegründer (Freiburg, Villingen, Offenburg) rundet die Bedeutung dieses Geschlechts auch für unser Gebiet ab.

Die politischen Kräfte bis zum Ende des Alten Reiches: Die Markgrafen – Die Grafen von Freiburg-Habsburg

Noch in zähringischer Zeit und danach traten in unserem Gebiet hochadelige oder hochfreie Familien auf: die Hessonen, die bereits um 1200 ausgestorbenen Grafen von Nimburg sowie die von den Zähringern nicht abhängigen Üsenberger, Erbschenken des Bistums Basel, die aufgrund umfangreicher Besitzungen und kirchlicher Lehen im Kaiserstuhl, ihrem Kerngebiet, und in der Vorbergzone eine überörtliche Machtstellung erlangten. Jedoch konnten weder sie noch das Bistum Straßburg oder kleine Dynasten bei dem Aussterben der Zähringer (1218) in die sofort ausbrechende Erbauseinandersetzung eingreifen. Entscheidungsträger wurden entferntere und nächste Erbanwärter: die Markgrafen, die Grafen von Freiburg und von Fürstenberg, letztere außerhalb unseres Gebiets; sie alle mußten jedoch bald der von außen eindringenden Macht Habsburg bedeutendere Teile überlassen.

Die zähringische Seitenlinie der badischen Markgrafen, seit spätestens 1064 Inhaber der nicht klar umgrenzbaren Grafschaft im Breisgau mit ursprünglich geringem Grundbesitz um die Burgen Hachberg (oder Hochberg gen.) und Sausenburg, hatten sich 1190 in eine „untere" und „obere" Markgrafschaft gespalten. Die Markgrafen der „Oberen Grafschaft", seit 1239 von Hachberg genannt, erlangten die meisten Orte und Rechte ihrer späteren Herrschaft im Laufe der Zeit durch Kauf (Ottoschwanden 1344, Emmendingen 1412, Köndringen 1521) und Erbschaft. Das übrige Zähringererbe blieb ihnen trotz langwieriger Auseinandersetzungen mit den Grafen von Freiburg – vor allem wegen der breisgauischen Silberbergwerke – versagt.

Die Abspaltung einer weiteren Nebenlinie Hachberg-Sausenberg (1316), wobei die Herrschaft Sausenberg und die Landgrafschaft Breisgau – so die Bezeichnung der Grafschaft seit der zweiten Hälfte des 13. Jahrhunderts – zunächst noch eine Einheit waren, von der Sausenberg im 14. Jahrhundert als besondere Landgrafschaft abgetrennt wurde, verhinderte einen zügigen Herrschaftsausbau. Zu den gewonnenen markgräflichen Orten im Kaiserstuhlgebiet, darunter das bereits 1330 wieder verkaufte Jechtingen – den Erwerbungen des 14. Jahrhunderts Bahlingen, Leiselheim, Weisweil, Malterdingen, Broggingen und Teningen, Teile von Mundingen sowie der bis 1373 ausgeübten, seit 1368 von Österreich beanspruchten Vogtei über Kloster Tennenbach traten im 15. Jahrhundert Nimburg, Wagenstadt und das Kondominat im Prechtal hinzu. Die durch Aussterben der Linie Hachberg (1418) und später auch der von Sausenberg-Rötteln-Badenweiler (1503) mit der Hauptlinie wieder vereinten Herrschaftsbereiche blieben während der erneuten Teilung der Markgrafschaft Baden (1535–1771) bei der Linie Baden-Durlach, ausgenommen das 1481 und 1490 käuflich erworbene Wagenstadt, Teil der Herrschaft Mahlberg, die 1535 an die Linie Baden-Baden gelangte.

Aus dem Zähringererbe nördlich des Hochrheins erhielt Graf Egino von Urach, der Schwager des letzten Zähringers Berthold V., oberrheinisches (und schwäbisches) Besitztum, das er gegen die Staufer und die badischen Markgrafen nicht ungeschmälert behaupten konnte. Die Wirkmöglichkeiten der Grafen von Freiburg, wie sich Egino und seine Söhne zunächst bezeichneten, verminderte überdies die Aufspaltung (1248) in die Linien der Grafen von Freiburg und der von Fürstenberg. Eginos ältester Sohn Konrad, Begründer der 1459 ausgestorbenen Freiburger Grafenlinie, erhielt die Besitzungen im

82. *Stadt Endingen am Kaiserstuhl. Marktplatz mit Rathaus, ehemals Kornhalle*

87. *Blick auf Königschaffhausen (Stadt Endingen); Hintergrund Bildmitte der Limberg bei Sasbach*
88. *Endingen-Amoltern mit seiner klassizistischen Kirche*

Breisgau mit der Herrschaft Freiburg als Zentrum. Mit dem Eintritt der Nachkommen in das habsburgische Lehensverhältnis (1321) und dem Verlust von Bergrechten begannen die Herrschaftsgrundlagen zu bröckeln; schwer erschüttert wurden sie durch den von der Stadt abgerungenen Verzicht auf Freiburg (1368). Die 1318 von den Markgrafen – unter Ausschluß der markgräflichen Orte – pfandweise erlangte Landgrafschaft Breisgau war seit etwa 1360 in eine „niedere", mit dem Besitz Freiburgs verknüpfte, und in eine „obere", Hachberg gehörende, geteilt worden. Noch vor dem Aussterben der Freiburger Grafen war ihre Herrschaft fast vollständig an Habsburg und die Markgrafen übergegangen, zwischen denen die Landgrafschaft bis ins 18. Jahrhundert umstritten blieb.

In das durch das Aussterben der Zähringer und Staufer entstandene Vakuum und die dadurch ausgelöste bewegte Vielfalt gegeneinandergewandter, damit sich neutralisierender Kräfte stieß Habsburg hinein. Binnen anderthalb Jahrhunderten hatte Habsburg, das vordem in unserem Raum nur über geringen Besitz verfügte, unter den Territorialherren die erste Stelle erlangt. Den weiteren, zweifelsohne vorgesehenen Territorialausbau verhinderten seit der Niederlage von Morgarten (1315) die immer verlustreicheren Auseinandersetzungen mit der werdenden Eidgenossenschaft und das gleichzeitig kraftvolle Heranwachsen der Dynasten (in unserem Raum der Markgrafen) und Städte sowie die erstarkten weltlichen und geistlichen Herren.

Der unter Habsburg vor allem nach 1648 zu einem politischen Verwaltungsraum gewordene Breisgau – völlig dem Österreichischen Rechtskreis zugehörig – umfaßte das rechtsrheinische Gebiet zwischen Hochrhein und Schutter und erstreckte sich ostwärts bis zu der Linie Rottweil – Schaffhausen. Die Bedeutung des Raumes wuchs, als die für die gesamten Vorlande zuständige Regierung von Enzisheim nach Freiburg übersiedelte (1651).

Nachdem die Grafen von Nimburg und das Bistum Straßburg längst, die Herrschaft Üsenberg im 14./15. Jahrhundert aus dem politischen Kräftespiel der Landschaft ausgeschieden waren, bestimmten vier Territorien bis zum Ende des Alten Reiches im Berichtsraum: Württemberg, (Nordweil, Burg Sponeck) und Fürstenberg, beide jedoch nur beiläufig, sowie Österreich und Baden, dessen zum Schwäbischen Kreis zählende Herrschaft Hochberg von vorderösterreichischem Gebiet – drei Fünftel der Gesamtfläche – inselhaft umschlossen wurde. Beider ständige Auseinandersetzung – Wechsel der Lehensverhältnisse, Verpfändungen, Verkäufe, offene oder diplomatische Konfrontation, Rechtsstreitigkeiten – prägten jahrhundertelang das politische Bild unseres Gebiets.

Klöster und sonstige geistliche Institutionen

Der ,,Staat" des frühen und hohen Mittelalters beruhte, wie schon erwähnt, auf der engen Verbindung, dem Ineinandergleiten der weltlichen und kirchlichen Bereiche. Demgemäß waren Bistümer und Klöster, regional wie lokal gesehen, stets auch staatlich-herrschaftliche Faktoren, bedeutsam für Wirtschaft und Politik. Der Zeitpunkt, zu dem sie Güterbesitz erlangten, dessen Lage und Umfang oder die Umstände, die ihnen zu Rechtstiteln verhalfen, dies alles spiegelt nicht nur bloßen Erwerbstrieb oder nur religiös bedingte, die stille Kontemplation sichernde Aktivität, sondern in der Umsetzung ins Weltliche zugleich auch territorialpolitisch wirksames Geschehen. Von auswärtigen alten Reichsklöstern, ihrem reichen Besitz und ihren weltlichen Vögten wie auch von Kloster Alpirsbach war schon die Rede. Zu ergänzen ist, daß darüber hinaus eine noch weitaus größere Anzahl auswärtiger Klöster – vorübergehend oder für Jahrhunderte – Grundbesitz und/oder mit Einkünften verbundene Rechtstitel (Zehnten, Kirchensatz, Patronat) in unserem Raum erwarben: Rheinau und Sulzburg noch im 9. und 10. Jahrhundert, Kloster Allerheiligen in Schaffhausen in ansehnlichem Umfang ab 1080; in ganz bedeutendem Maße die von den Zähringern als Vögte geförderten Hirsau und St. Georgen (ab 11. Jh.) sowie St. Peter, Schuttern (besonders aktiv), St. Trudpert und St. Ulrich (ab 12 Jh.); seit der zweiten Hälfte des 13. Jahrhunderts traten noch Oberried, Rippoldsau und Adelhausen, im 14. Jahrhundert Sölden und St. Märgen hinzu, außerdem die Deutschordenskommende Freiburg (13. Jh). und die Universität Freiburg (15. Jh.). Der Besitz dieser auswärtigen Klöster nahm vom Ende des 15. Jahrhunderts ständig ab.

Die in unserem Raum gegründeten Klöster St. Margarethen in Waldkirch und Tennenbach erlangten hier, erwartungsgemäß, einen besonderen Rang. Waldkirch, vor 926 durch Herzog Burkhard I. von Schwaben gegründet, erwarb reichen Besitz in Denzlingen, Hartkirch, Wendlingen, Gündlingen, Ihringen, Bötzingen, Königschaffhausen, Wyhl, Wöllingen und Tutschfelden; es erschloß das Elztal und stand bis 1300 in Blüte. Dennoch konnte es der ihm zugedachten Rolle, der Stärkung des politischen Einflusses des schwäbischen Herzogtums, nicht gerecht werden. Die Verselbständigung seiner Vögte, der Herren von Schwarzenberg, höhlten seine politische Stellung, seine Grundherrschaft, aus. Ausbleiben des Nachwuchses und eine allgemeine Geldentwertung vervollständigten den Niedergang und führten 1437 zur Umwandlung des adeligen Frauenklosters in ein Augustiner-Chorherrenstift. Bei der Säkularisation wurde das Stift 1806 aufgehoben, wie unzählige geistliche Anstalten, etwa *Tennenbach*. Zu dessen bereits erwähnten frühen Erwerbungen im Bereich des heutigen Freiamts traten ausweislich des berühmten Güterbuchs von 1341 noch reiche Besitzungen; diese ballten sich im Bereich des Kaiserstuhls, von Vorbergzone und Rheinebene, des Breisgaus und erstreckten sich zwischen Lahr und Bellingen ostwärts bis in den Hochschwarzwald nach Villingen und Roggenbach.

Der Kampf um die Vogtei, von den Markgrafen von Hachberg bis 1373 ausgeübt, von Österreich seit 1368 als Bestandteil der Landgrafschaft Freiburg beansprucht, führte zu dem einzigartigen Ergebnis, daß Österreich die Vogtei über das Klostergebiet innerhalb der Mauern, als Enklave, erhielt, die Markgrafen aber ihre territorialen Ansprüche im Freiamt durchsetzen konnten. Dank ihres reichen Grundbesitzes überstand die Abtei alle Katastrophen: die Verwüstung durch die Armagnaken (1444), die Zerstörung durch die Bauern (1525) und den Dreißigjährigen Krieg.

Als Ausfluß einer ganz konkret praktizierten, mit abergläubischen Vorstellungen durchwobenen Frömmigkeit auch des Spätmittelalters sind die zahllosen kleinen und größeren Stiftungen und Zuwendungen zu verstehen, die den Pfründen, Kaplaneien, Pfarrkirchen und Klöstern zuflossen oder neue Klöster entstehen ließen: das um 1220 von den Üsenbergern gegründete Augustinerkloster *Wonnental*, seit 1250 dem Zisterzienserorden zugehörig, das Antoniterkloster in Nimburg, das kleine Paulinerkloster „Heiligkreuz im Kürnbach"; das Dominikanerinnenkloster in Riegel, das Franziskanerkloster in Kenzingen, das Regelhaus von Beginen in Kenzingen. Daß diese Anstalten nicht mehr die geistige Ausstrahlungskraft der Reichs- und Reformklöster erreichten, lag an den gewandelten Umständen.

Ein Problem eigener Art bildete das Patronatsrecht der Klöster über ihre zahlreichen Pfarreien. Der naheliegende, seit dem Tridentinum kanonisch nicht mehr statthafte Versuch, diese dem Kloster einzuverleiben, zu „inkorporieren", und durch schlecht besoldete geistliche „Hilfsarbeiter" versehen zu lassen, führte zu Mißhelligkeiten mit den Pfarrangehörigen und vor allem auch mit dem Konstanzer Diözesan, der sich gegen die damit verbundene Schmälerung seiner Kompetenzen wandte.

Die Wiederbelebung oder Neueinrichtung von Wallfahrtskapellen ab der Mitte des 18. Jahrhunderts (Herbolzheim: „Maria im Sand", Sasbach: „Lützelberg", Kollnau, Oberhausen, Oberwinden) war Ausdruck der gegen die Aufklärung gerichteten barocken Volksfrömmigkeit, die auch eine wirtschaftliche Seite hatte.

Städte und Märkte

Im einzelnen schwer bestimmbare wirtschaftliche, politische oder militärische Erwägungen veranlaßten die gestaltenden Kräfte des Hoch- und Spätmittelalters, das Königtum, die geistlichen und weltlichen Territorialherren, zu Städtegründungen. Die daraus resultierenden Notwendigkeiten, für diese Ansammlung von Menschen auf engem Raum Organisationsformen und Rechtsnormen zu Schutz und Unterhalt, zur Gesamtentwicklung im geistigen, kulturellen, sozialen und wirtschaftlichen Bereich zu entwikkeln, hatte für das politische Leben weitreichende Folgen. Zu den bestehenden Gesellschaftsschichten, dem Adel und der meist unfreien Bevölkerung, trat das städtische Bürgertum. Es entwickelte sich zügig zu einer gesellschaftlich wie politisch eigenständigen, seiner Selbst bewußten Klasse. Der durch die Entwicklung des Bürgertums ausgelöste allgemeingeschichtlich bedeutsame Impuls – im Bereich der Agrarwirtschaft, des Handelns und Wirtschaftens – setzte sich bis in die Gegenwart fort. Einerlei welchen Typus, ob Bischofs-, Königs- oder Landstadt, durch ihre Märkte und ihre Sicherung durch Mauern, Türme und Gräben wurden die Städte zu Wirtschaftszentren und überdies zu Schutz- und Zufluchtsstätten für das Umland in Not- und Kriegszeiten. Entsprechend ihrer Zentralfunktion waren sie auch meist Sitz von Gericht und Verwaltung eines Amtsbezirks.

Von den sechs Städten des Berichtsraumes entstanden vier – Kenzingen (1248), Waldkirch (1283), Elzach (1287/90) und Endingen (um 1290) – als Gründungsstädte in nachzähringischer Zeit; die Marktorte Emmendingen und Herbolzheim erlangten erst 1590 bzw. sogar erst 1810 Stadtrechte. Alle eingangs benannten Entstehungsanlässe, vornehmlich aber der machtpolitische, können bei den Gründungsstädten wie bei Emmendingen vorausgesetzt werden: bei den üsenbergischen Anlagen Kenzingen und – noch stärker – Endingen wie bei dem schwarzenbergischen Waldkirch – zur Sicherung der Landstraße von Freiburg ins Kinzigtal – und Elzach. Dabei zeigen sich Parallelen: Jeweils nach Teilungen wird zusätzlich eine Stadt begründet, von den Üsenbergern Endingen, als Zentralort ihrer oberen Herrschaft um den Kaiserstuhl, von der jüngeren schwarzenbergischen Linie Elzach, als Ausdruck des Selbstgefühls bei familienkonformer Zurückdrängung des Klosters Waldkirch. In diesem Zusammenhang erscheint auch die Ähnlichkeit der Anlage der spätromanischen stauferzeitlichen Städte Kenzingen und Waldkirch – mit dem Achsenkreuz der Hauptstraßen und parallel verlaufenden Nebengassen – erwähnenswert. Diese bislang auf zähringisches Vorbild (Stadtanlage von Freiburg, Villingen) zurückgeführte Form dürfte indessen auf eine auch anderwärts anzutreffende, eine Grundidee der Stadtplanung, zurückgehen, was die individuelle Leistung nicht schmälert.

Die jetzt in einem modernen Raum- und Verwaltungsgebilde liegenden Städte zeigen freilich aufgrund früherer ganz anders gearteter Zuordnung, durch topographische Bedingtheiten, unterschiedliche Rechtsgrundlagen und auch strategische Erfordernisse eine höchst heterogene Entwicklung. Allen zwar gemeinsam ist, daß sie als späte Gründungen den zeitlichen Vorsprung anderer Städte nicht aufholen konnten und noch um 1500 Kleinstädte mit weniger als 2000 Einwohnern waren (s. auch Wissenswertes aus den Städten und Gemeinden).

Im Zuge ihrer ständigen Auseinandersetzung mit Vorderösterreich stellte die Markgrafschaft dem bis dahin allein bestehenden österreichischen Marktdreieck Waldkirch–Endingen–Kenzingen mit der Verleihung von Marktrechten an Emmendingen und Eichstetten (1418) ein engeres hachbergisches Marktdreieck Emmendingen–Malterdingen–Eichstetten entgegen. Der Versuch gelang, wie 200 Jahre während Beschwerden von Waldkirch und Kenzingen über unliebsame Konkurrenz und das zu fast stadtähnlichem Erscheinungsbild sich entwickelnde Malterdingen erweisen. Emmendingen erlangte als Residenz Markgraf Jakobs III. 1590 Stadtrecht, das Schloß wurde Sitz des Landvogts und, nach der Zerstörung der Hochburg (1689), der markgräflichen Verwaltung des Oberamts Hachberg; das eigens errichtete Amtsgebäude der ,,neuen Landvogtei'' war Wohnsitz von Goethes Schwager, des Oberamtmanns Joh. Georg Schlosser. Das aufblühende Herbolzheim, 1586 (oder 1589) mit Markt-, 1593 mit Zollrechten ausgestattet, durch den Dreißigjährigen Krieg in seiner Entwicklung schwerstens beeinträchtigt, erhielt dank wirtschaftlicher Entfaltung 1810 Stadtrechte; sie wurden ihm 1935 abgesprochen, 1949 aber wieder zuerkannt.

Um 1813 galt Riegel – mit drei Jahrmärkten – als Marktflecken, war Forchheim durch allwöchentlichen Auftrieb von Mastochsen berühmt, übertrafen die Einwohnerzahlen von Riegel (1707) und Forchheim (1453) die der Städte Emmendingen (1363) oder Elzach (945). Seit 1869 hat sich die Zahl der Marktgemeinden mit Amoltern, Denzlingen, Hecklingen, Heimbach, Königschaffhausen, Kollnau und Sasbach erhöht und die Art der Märkte (Kirchen-, Wochen-, Fisch-, Vieh-, Frucht- und Obstgroßmärkten) erweitert.

Die Landgemeinden

Durch die Vielfalt dörflicher Erscheinungsformen unseres Raumes schimmert das den südwestdeutschen Landschaften gemeinsame Muster einer Grundform, die sich durch die Art der Entstehung und erlangte Verfassung ergab. Dies gilt für die Dörfer, die sich nach einer Siedlungskonzentration, einer Verdichtung älterer Kleinsiedlungen (Weilerform), vom Früh- zum Hochmittelalter im Altsiedelland der Rheinebene, der Vorbergzone und auch in den breiten, weit in die Berglandschaft hineingreifenden Tälern von Dreisam oder Rench – hier der Elz – im 11. und 12. Jahrhundert gebildet hatten. Daneben dauerten einige Kleinsiedlungen fort, entstanden – oftmals im Burgenbereich – jüngere Einzelhöfe, die mit der Burg eine nicht in die übliche Gemeindeverfassung einbezogene Sondermarkung bilden.

Die genossenschaftliche Verbindung – sie hat nichts zu tun mit der früheren, inzwischen wissenschaftlich widerlegten Vorstellung von ,,germanischen'', ,,freien'' Markgenossenschaften – ist das Ergebnis eben dieser Siedlungskonzentration. Äußerlich tritt sie

zutage in den „innert Etter" (d. h. innerhalb des Schutzzaungeflechts) gelegenen Behausungen und gemeinschaftlichen Anlagen der Bewohner einer selbständigen Gemeinde. Aufgrund der spärlichen Quellenbelege wird uns die Gemeinde urkundlich erst im 13. Jahrhundert faßbar: 1220 in den „villani" (Bauern) von Mundingen, die bei einem Tauschgeschäft als Allmendgemeinde auftreten, aus deren Mitte sechzehn „honestiores" (Ehrbare) 1224 zu einem Schiedsgericht zugezogen wurden; 1264 wird die „universitas villanorum" (die Gesamtheit der Bauern) von Hecklingen aufgefordert, alle drei Jahre in einer Gemeindeversammlung die Ansprüche des Klosters St. Ulrich zu „weisen", und 1269 wird gelegentlich der Entrichtung eines Zinses an Kloster Tennenbach die „gebursami", lateinisch die „communitas villae", von Malterdingen genannt. Hier wie in den später rasch zunehmenden Belegen spiegelt sich das agrarisch-dorfgemeindliche Erscheinungsbild wider als ein von Anfang an gegebenes Zusammenwirken von Herrschaft und Genossenschaft, bei dem der adelige oder klösterliche Grund-, Leib- und Gerichtsherr zunächst und lange Zeit fast ausschließlich bestimmte. Da Grund und Boden, Nieder- und Hochgericht oftmals von verschiedenen (Herrschafts-) Trägern innegehabt wurden, läßt sich die Vielfalt – und damit verbundene Schwierigkeiten – der Verhältnisse für die Landgemeinde wie für die Herrschaft erahnen. – Von diesem Grundtypus des Dorfes weicht dagegen der von K. S. Bader als spezifisch schwarzwälderisch herausgearbeitete, in ähnlicher Form auch bei den schweizerischen Eidgenossen, in französischen wie in deutschen Mittelgebirgsgegenden anzutreffende Typ von *Tal* und *Talverfassung* erheblich ab. Er entstand im Neusiedelland, bei der Erschließung der sich verengenden, die Dörfer zurücklassenden Täler des Hochschwarzwaldes – hier bei Glotter, Wilde Gutach, Ybach, obere Elz, Biederbach usw. – unter Leitung zähringischer Ministerialen. Hierbei blieb die genossenschaftliche Zusammenfassung weitgehend aus. Die Hofgruppen eines Tales – urkundlich mit der sie verfassungsmäßig als Gesamtheit zusammenfassenden Form wie „gloter das tal" bezeichnet – bildeten einen „Stab", eine Gerichtsgemeinde, die durch den Vertreter des grundherrlichen oder vogteilichen Gerichtsherren, den Talvogt oder „Stabhalter" lose zusammengehalten wird.
Charakteristisch für das Tal war auch das ausschließliche Anerbenrecht (ungeteilte Weitergabe des Gesamtbesitzes), während im Altsiedelland auch die diesem völlig entgegengesetzte Erbweise der Realteilung (auch Totteilung genannt) bestand, vornehmlich im Gebiet mit Sonderkulturen wie beim Weinbau.
Die Umbildung der älteren Dorfgenossenschaft zu einer kommunalen Korporation, zur Gemeinde, setzte gegen Ende des Hochmittelalters ein. An ihrer Spitze stand in der Regel ein Vogt – oder – gelegentlich und in Analogie zu den verfassungsmäßig gleichgestellten Kleinstädten – ein Schultheiß wie etwas 1256 in Niederhausen oder im 14. Jahrhundert in Riegel. Die Zweigesichtigkeit des Amtes – der Dorfvogt war Repräsentant der dörflichen Genossenschaft und gleichzeitig unterstes Organ der erstarkenden Landes-

herrschaft – war problematisch. Der Aufgabe, beiden oft gegeneinanderstehenden Interessen gerecht zu werden, hielt man nur angesehene Bauernsippen für fähig.

Daraus bildete sich – analog der städtischen Entwicklung – eine Art Patriziat, eine dörfliche Ehrbarkeit, das die Dorfämter unter sich aufteilte. Schon früh, (wie 1359 etwa in Herbolzheim) zeigt sich, daß die Dorfvogtei trotz „Wahl" auf Sohn oder Anverwandte übergeht, sozusagen „erblich" wird. Anfänglich nur in größeren Gemeinden, ab ausgehendem 14. Jahrhundert zunehmend in mittleren und kleineren tritt neben den Vogt das Gericht, eine Art Gemeindeausschuß, der auch als „Vierer" oder „Zwölfer" (Bleichheim 1404; die Zahl kann wechseln) bezeichnet wird sowie der Heimburger, eine Art Rechnungsführer (Gemeinderechner), später Bürgermeister genannt.

Zu diesen von der dörflichen Führungsschicht besetzten höheren Dorfämtern traten niedere (Nachtwächter, Büttel oder Weibel, Feld- und Flurschütz usw.), unter denen der Dorfhirte eine besondere Stellung einnahm. Bei der Wahl des Gemeindebeamten beanspruchte die Herrschaft stets Mitsprache, stieß aber zunehmend auf Widerstand selbstbewußter Gemeinden, die, wie Kiechlinsbergen seit 1406 ihre Heimburger oder Leiselheim seit 1387 ihren Boten und Hirten selbst „setzten". Ausdruck eines wachsenden gemeindlichen Selbstbewußtseins war auch – in Nachahmung des zeitlich allerdings wesentlich früher einsetzenden städtischen Vorbilds – die Führung eines eigenen Siegels.

Die Aufgaben der Gemeinde waren vielfältig: Vordringlich war die Aufsicht über den Bebauungsplan, vornehmlich der Dreifelderwirtschaft, die jedoch variabel, oft von Ort zu Ort wechselnd, zwei, drei oder auch vier Zelgen und bei Sonderkulturen (Weinbau) weitere Verschiebungen aufwies. Daneben stand die Regelung des Genossenschaftlichen wie nachbarlicher Friede, Etter, Weg und Steg. Der ausgeprägteste Bereich der Selbstverwaltung, die Allmendwirtschaft, führte zu starken innerdörflichen Spannungen, zur Ausbildung einer sozialen Schichtung: den eigentlichen Bauern, die den Großteil der Allmend beanspruchten, standen die Taglöhner als Unterschicht gegenüber, zwischen beide schob sich zunehmend das Dorfhandwerk. Diese soziale Differenzierung war für das Verhältnis zur Herrschaft belanglos, da alle drei Gruppen leibeigen waren, was indessen den Wegzug durch Ausstellung von Manumissionsbriefen (Freilassung) ab dem 17. Jahrhundert nicht ausschloß. Die Leibeigenschaft war – bei den einen einheitlichen Untertanenverband anstrebenden Landesherren – vielfach nichts anderes als eine Art Erbuntertänigkeit mit relativ niedrig gehaltenen Gebühren (feudalen Lasten), die gegenüber den vom „unfreien" Grundbesitz zu leistenden Grundzinsen nicht ins Gewicht fielen.

Gegenüber dem seit dem 17. Jahrhundert sich stärker zentralistisch entwickelnden markgräflichen Gebiet trat im habsburgischen das ursprünglich Bauernschaft, Bürgerschaft und Herrschaft gemeinsam verbindende Moment eines militärischen Zusammenschlusses in der Landmiliz, den Landfahnen, durch die Entwicklung des neuzeit-

lichen Heerwesens zurück. Erst die unter Joseph II. 1782, im markgräflichen Gebiet
1783 eingeleitete Bauernbefreiung, d. h. die Aufhebung der Leibeigenschaft, änderte
schrittweise, aber schließlich völlig die Verhältnisse zwischen Herrschaft und Bauer und
Herrschaft und Gemeinde.

Für die Dörfer – ungeachtet ihrer territorialen Zugehörigkeit – erwähnenswert war die
von den Universitäten ausgehende Wirkung. Daß die 1460 einsetzende Freiburger
Hochschule bis 1656 etwa 95 Prozent aller Studierenden aus dem Kreisgebiet anzog
– in den Rest teilten sich Tübingen, Basel, Heidelberg, aber auch Paris, Orléans und
Bologna –, ist territorial- wie bildungsgeschichtlich interessant, aber ökonomisch zu erwarten. Sozialpsychologisch dagegen erstaunlich ist die überraschend hohe Anzahl von
Orten, aus denen Studierende kommen, sodann die auch das flache Land ergreifende
Wirkung des Humanismus, die auch – eine weitere Überraschung – durch den Bauernkrieg nicht beeinträchtigt wurde. Sofern die Immatrikulierten zum Studienabschluß gelangten, traten sie meist in kirchliche, aber auch in städtische oder staatliche Dienste; sie
stellten auch das Lehrpersonal für die ab dem 17. Jahrhundert einsetzenden Volksschu-
len und fungierten seit dem 18. Jahrhundert öfter als Schreiber des Dorfgerichts.

Der Bauernkrieg 1524/25 im Breisgau und im Schwarzwald

Dem 1525 mit der Gewalt eines Naturereignisses losbrechenden Bauernaufstand lagen
vielschichtige Gründe ökonomischer und sozialer, aber auch politischer und religiöser
Art zugrunde. Krisenhafte Beben im 15. Jahrhundert unter dem Zeichen des Bundschu-
hes, des riemengeschnürten Schuhs des Bauern – im Gegensatz zu dem Stiefel des Rit-
ters – gingen voraus, und traten 1513 im ,,Bundschuh von Lehen'' zutage, der sich unter
Führung des Bannwarts Jos Fritz der Stadt Freiburg bemächtigen wollte und sich dabei
auf Anhänger im Kaiserstuhl und in der March stützen konnte. Es bedurfte nur eines lokal oder regional bedingten Anlasses, um den langangestauten Unmut der bäuerlichen
Masse, ihre Sehnsucht nach gerechterer Güterverteilung, nach Bewegungsfreiheit und
Mitbeteiligung am öffentlichen Leben, den allgemeinen sozialen Gärungszustand in
eine vulkanartig ausbrechende Revolution umzuwandeln. – Schon der Ausgang des un-
glücklichen Schweizerkrieges von 1499 hatte dem vorderösterreichischen Teil des Kreisgebiets, der dazu Mannschaft und Geld beisteuern mußte, den Freiheitsdrang der
Schweizer vor Augen geführt.

Im Spätsommer 1524 begann der Aufruhr mit ersten Zusammenrottungen und Aufläu-
fen der Bauern in der Landgrafschaft Stühlingen, pflanzte sich über den Schwarzwald
fort und erreichte mit dem großen Zug nach dem Rhein den Breisgau. Demonstrations-
züge auf der Baar, die Verbrennung des Schlosses Heitersheim, die Besetzung des

Klosters St. Trudpert im Spätjahr 1524 entfachten den Bürgerkrieg, der ohne klare Trennungslinien durch die Bevölkerung lief und dabei – auch ein weiteres Motiv des Aufstands – den Gegensatz zwischen Stadt und Land zutage treten ließ.

Da sich das Bundesheer unter Truchseß Georg von Waldburg, dem „Bauernjörg", gegen den aus politischem Exil heimkehrenden württembergischen Herzog Ulrich wandte, konnten sich die Bauern organisieren und ungehemmt im Frühjahr 1525 das Land sengend und plündernd durchziehen. Unter Führung von Hans Ziler aus Amoltern wird Kiechlinsbergen – nach Erstürmung und Plünderung des Tennenbacher Hofes – Ausgangspunkt der Unruhen im Kaiserstuhlgebiet, die sich auf die umliegenden Dörfer ausbreiten und den Kiechlinsberger Haufen verstärken. Diesem Haufen, der Burkheim zerstörte, mußte die Stadt Emmendingen die Tore öffnen. Nach Vereinigung mit dem Ortenauer Haufen und Bauern aus der Herrschaft Hochberg in Kenzingen wandte er sich, jedoch vergebens, gegen die Hochburg. Anschließend wurde das verlassene Kloster Tennenbach so gründlich geplündert und gebrandschatzt, daß es 30 Jahre öde blieb. Zerstört wurden auch die Klöster Wonnental und Kirnhalde, die Burgen Keppenbach und Landeck und vermutlich auch die Waldkircher Schwarzenburg; verschont wurde dagegen die Limburg, deren Besitzer Graf Georg von Fürstenberg dem Bund beigetreten war. Der in terroristische Einzelbewegungen auswildernde Aufstand zerfiel rasch, teils durch Vertragsabschlüsse wie den Ortenauer Vertrag vom 25. Mai – immerhin ein Stück Rechtsstaatlichkeit –, den Markgraf Philipp vermittelt hatte, den aber die Vorderösterreichische Regierung ablehnte, besonders aber infolge der ständigen Erfolge des Bundesheeres. Die dadurch ausgelöste Panik führte zum raschen Niedergang der blutig ausgetretenen Revolution, die mit der Unterwerfung der Breisgauer Bauern im Offenburger Vertrag vom 12. September besiegelt wurde. Todesstrafen der Rädelsführer, soweit man ihrer habhaft werden konnte, und anfangs empfindliche Geldbußen waren zunächst die Reaktion der obsiegenden Obrigkeit, danach wurde, wie im Neuenburger Vertrag 1527 zwischen den breisgauischen Landständen und den Untertanen des Markgrafen Ernst geregelt, statt dessen eine den Gemeinden auferlegte „Brandschatzung" als Entschädigung erhoben. – Der Bauernaufstand hatte seine politischen, sozialen und religiösen Ziele nicht erreicht.

Die Reformation

Der seit den Reformkonzilien nicht mehr verstummende Ruf nach religiöser Erneuerung ergriff im Bauernkrieg auch die Massen, bei denen Luthers Schriften zündeten, auch wenn der einfache Mann nicht alles verstand. Nach dem Scheitern des Aufstands wurde das Volk aber auch in diesem Bereich in die Unmündigkeit zurückgedrängt, obwohl breite Kreise der Reformation zuneigten. Da der Landesherr entschied, was zu glauben sei („cuius regio, eius religio"), machte sich bald eine allgemeine Passivität breit. So rief die Glaubensspaltung, eines der folgenreichsten Ereignisse der deutschen Geschichte, in unserem Gebiet völlig unterschiedliche Verhältnisse hervor.

Da das Kaiserhaus unerschütterlich am alten Glauben festhielt, wurden auch im vorderösterreichischen Bereich des Kreisgebiets reformatorischen Regungen teils mit Gewalt begegnet: der Kenzinger „lutherische Pfaffe" Jakob Other, wie ihn Erzherzog Ferdinand ärgerlich nannte, mußte 1524 Stadt und Land verlassen, die Neigung der Bevölkerung zur neuen Lehre wurde durch die Enthauptung des Ratschreibers und Bücherverbrennung zurückgedrängt.

Der Augsburger Religionsfriede von 1555 bewog den Nachfolger des Markgrafen Ernst, Markgraf Karl II., die Reformation in seinen Landen einzuführen. Die von ihm 1556 erlassene evangelische Kirchenordnung galt seitdem in den hochbergischen Gemeinden des Kreisgebiets, das nunmehr auch konfessionell aus zwei unterschiedlichen Teilen bestand. Außerdem erlangten Wagenstadt und das Prechtal Sonderstellungen: in Wagenstadt, Teil der Herrschaft Lahr-Mahlberg, die wiederholt Bekenntnisänderungen erlebte, kam es zu einem Nebeneinander von Katholiken und Protestanten; eine verfassungsmäßig tolerierte Glaubensspaltung ergab sich 1570 für das Prechtal, das Kondominat der evangelischen Markgrafen und der katholisch gebliebenen Fürstenberger, wo beide Bekenntnisse simultan die Kirche benutzten. Versuche einer Scheidung, die zu einer Teilung in das überwiegend katholische untere und das der neuen Lehre anhängende obere Prechtal geführt hätten, scheiterten. Die stillschweigende Tolerierung der Glaubensfreiheit wurde schließlich 1741 von beiden Herrschaften offiziell bestätigt; die Klärung der kirchenrechtlichen Verhältnisse erfolgte sogar erst 1862. Beide Herrschaften, die katholisch Vorderösterreichische wie die evangelisch Markgräfliche brachten durch strenge Überwachung der Verhältnisse das schon seit dem Mittelalter sich abzeichnende landesherrliche Kirchenregiment zum Abschluß.

Das Kreisgebiet im Dreißigjährigen Krieg und als Kriegsschauplatz bis 1748

Der durch Reformation und Gegenreformation entstandene unauflösbare kirchlich-religiöse Zwiespalt führte zu immer stärkeren Gegensätzen, die schließlich in kriegerische Auseinandersetzungen mündeten. Deutschland wurde Schlachtfeld eines sich zum europäischen Machtkampf ausweitenden Krieges (1618–1648), der dem deutschen Volk schwersten Schaden zufügte. Vor Kriegsausbruch entstandene konfessionelle Bündnisse, 1608 der protestantischen Union, 1609 der katholischen Liga, führten in unserem Raum zur Konfrontation zwischen dem unionistischen Baden-Durlach und dem ligistischen Vorderösterreich, die durch die strategische Situation des Breisgaus mit der Schlüsselfestung Breisach und das Kraftfeld Hochburg stets von neuem entfacht wurde. Als 1624 kaiserliche Truppen das Oberland besetzten, nistete sich auch hierzulande der Krieg ein. Der Eintritt Schwedens in den Krieg (1630) und sein Vordringen bis Süddeutschland änderten die Kriegslage schlagartig. Durch Württemberg und Baden verstärkt, bemächtigte es sich Offenburgs und ohne großen Widerstand der Städte des Kinzigtals und des Breisgaus, 1632 auch Freiburgs und Kenzingens.

Als Strafaktion gegen den Anschluß Württembergs und Badens an die Schweden konzentrierten sich 1632 kaiserliche Truppen im Breisgau, wurden aber im Dezember von den unter General Horn durch das Elsaß anrückenden Schweden zum Rückzug gezwungen. Breisach, das der ersten schwedischen Belagerung widerstand, beunruhigte fortan den Gegner durch Streifzüge in das Umland, im Februar 1633 mit einem größeren Angriff auf das schwedische Truppenlager bei Denzlingen. Im Hin und Her erhielt Baden-Durlach 1633 die obere Markgrafschaft mitsamt allen vorderösterreichischen Landen zwischen Rhein und Schwarzwald von Säckingen bis Philippsburg als Entschädigung seiner Auslagen für die protestantische Sache zuerkannt. Markgraf Friedrichs V. Eingreifen, der Kenzingen und Kirchhofen einnimmt, wobei die Nachbardörfer verbrannt werden, entfacht aufs neue die Haß- und Racheaktionen zwischen den Parteien, auch von Dorf gegen Dorf: 1634 wird Endingen von der Besatzung der Hochburg überrumpelt und geplündert – im Gegenzug überfällt der kaiserliche Oberst Escher Sexau und brennt es zur Hälfte nieder; er erobert auch die 1633 von badischen Truppen genommene Kastelburg zurück und läßt bei seinem Abzug Waldkirch plündern; die ins Elztal vordringenden Württemberger verheeren Elzach und, vereint mit badischen Truppen und den Bauern von Denzlingen, 1635 das Simonswälder Tal.

Die schwere Niederlage der Schweden bei Nördlingen (1634) lieferte Süddeutschland den Kaiserlichen aus, die das Gebiet der Witwe Leopolds V., Erzherzogin Claudia, und den baden-durlachischen Besitz an Baden-Baden übertrugen. Der Eintritt Frankreichs in den Krieg (1635) wirkte sich zunächst noch nicht aus, so daß Denzlingen von den Kaiserlichen niedergebrannt, Endingen und Hecklingen von beiden Kriegsparteien wechselseitig besetzt und geplündert werden konnten. 1636 fiel die Hochburg, das protestantische Bollwerk im nördlichen Breisgau, nach zweijähriger Belagerung.

Im Sommer 1637 eröffnete Herzog Bernhard von Weimar mit Hilfe Frankreichs den Kampf gegen den Kaiser mit seinem Feldzug in den vorderösterreichischen Landen, der erst im Folgejahr Erfolge brachte. Nach der Einnahme Freiburgs richtete Bernhard den Angriff auf das Kraftfeld Breisach und schnürte es ein. Vom Elsaß und Schwarzwald anrückende kaiserliche Truppen, die ihrerseits den Belagerer einschnüren wollten, konnten die Kapitulation der ausgehungerten Festung nicht verhindern, die mitsamt der enormen Beute an Kriegsmaterial und barem Geld an den Sieger und die von ihm eta-

blierte ,,fürstlich-sächsische Regierung'' fiel. Im Zusammenhang damit mußten die von
der Pest 1632/33 schwer heimgesuchten Emmendinger bereits zum zweiten Male, flie-
hen.

Die danach eintretende scheinbare Atempause – die unaufhörlichen Plackereien der Bevölkerung durch die Soldateska beider Parteien, Raub, Mord, Plünderungen, dauerten
an, so daß Herbolzheim einige Jahre leerstand, Leiselheim, Malterdingen, Nimburg,
Sasbach, Bleichheim oder Köndringen (Schauplatz der Räubergeschichte in Grimmels-
hausens ,,Simplicissimus'') schwere Verluste an Menschen und Gut erlitten – beendeten
die schweren Kampfhandlungen der Jahre 1643, die Niederlage der französisch-weima-
rischen Armee bei Tuttlingen und die daraus 1644 entstandene Schlacht bei Freiburg, das
blutigste Gefecht des Krieges im Breisgau.

Als Ende 1648 Friede eintrat, waren auch hier die fruchtbaren Landstriche verödet, die
Bevölkerung besonders schwer dezimiert – Schätzungen nehmen 80 Prozent an gegenüber dem Reichsdurchschnitt von ca. 40 Prozent!

Noch in der Zeit des langsamen Wiederaufbaus, den mehr als die ausgedehnten Schäden
der ungeheure Bevölkerungsverlust erschwerte, wurde das Kreisgebiet durch den zweiten Eroberungskrieg (Holländischer Krieg 1672–1678) Ludwigs XIV. in das Kriegs-
geschehen einbezogen. Burg Lichteneck, seit 1672 von den Kaiserlichen besetzt, wurde
1675 von General Vauban erobert und zerstört. Während 1675 ein Angriff der Kaiserlichen auf Emmendingen scheiterte, aber in der Umgebung zu Verheerungen führte, er-
oberten die Franzosen 1676 die Stadt, die, dabei halb niedergebrannt und schwer geplündert, ein gleiches Schicksal erlitt wie Kloster Wonnental.

Im dritten Eroberungskrieg (Pfälzer Krieg 1688–1697) wurde das von Vauban zur ge-
waltigen Festung ausgebaute Freiburg Operationsbasis für französische Vorstöße in den
Schwarzwald. Noch zuvor aber war die Hochburg in französische Hand gefallen, die das
Bollwerk 1689 sprengte und verbrannte.

Noch waren die Eroberungskriege kaum zu Ende, als der Spanische Erbfolgekrieg
(1701–1714) unser Gebiet erneut in Mitleidenschaft zog. Bei der Auseinandersetzung
zwischen dem Reich und den Seemächten Holland und England einer- und Frankreich
und Bayern andererseits ging es letztlich um die Sicherung des von Frankreich bedrohten
europäischen Gleichgewichts. Das französisch-bayerische Bündnis bedrohte Süddeutschland. In den weitangelegten Operationen wurde der Besitz der Schwarzwaldpässe für die Kriegführenden von erheblicher strategischer Bedeutung; daher wurden
Schwarzwald und Breisgau, vor allem aber die Baar, noch stärker als in den Zeiten der
Eroberungskriege zum operativen Bewegungs- und Sicherungsraum der beidseitigen
Armeen. Wieder begannen Truppendurchzüge mit allen für die Bevölkerung verbundenen Lasten und Schädigungen. Da die acht ,,Landfahnen'' umfassende vorderösterreichische Landmiliz (8000 Mann ,,Aufgebot'', 1200 Mann Landsturm und 1000 Schanz-

arbeiter) und die Truppen des Türkenlouis 1702 zur Besetzung der Schwarzwaldpässe bei weitem nicht ausreichten, konnte Marschall Villars, von Kehl aus den Schwarzwald durchziehend, und, im Kreisgebiet Panik hervorrufend, bis Hüfingen vorstoßen. Während Waldkirch von den Franzosen besetzt und seine Festungswerke geschleift, Mundingen 1713 eingeäschert wurde, gelang es dem sprachgewandten, mutigen Emmendinger Stadtpfarrer Nicolaus Louis, die Stadt und die Markgrafschaft vor Übergriffen der Franzosen zu schützen und eine Verminderung der Kontributionen zu erreichen. Das nach dem Utrechter Frieden (1713) Frankreich allein gegenüberstehende Österreich wurde von der französischen Hauptarmee unter Villars angegriffen, der Freiburg eroberte und bis in die Baar vorstieß. Durch den Frieden von Rastatt (März 1714) kehrten Freiburg und Breisach an Österreich zurück, erlangte das Land endlich ruhigere Friedens- und Aufbaujahre. Im Österreichischen Erbfolgekrieg (1740–1748) wurde der Raum wieder in kriegerische Auseinandersetzungen einbezogen. Da das im Mehrfrontenkrieg begriffene Österreich seine Vorlande sich selbst überließ, konnte die französische Hauptarmee 1741 unter Marschall Belle-Isle das fast schutzlose Gebiet bei seinem Vorstoß in die Baar überziehen. Bei der Zurückdrängung der Franzosen über den Rhein (1743) wurde das Gebiet wiederum Bewegungsraum der operierenden Kriegsparteien. Der Friede zu Aachen (1748) beendete die Gegnerschaft zwischen Österreich und Frankreich und verschaffte dem Land endlich eine bis 1793 währende Friedensperiode.

Die Revolutionskriege

Der von der Französischen Revolution unter der Parole Freiheit – Gleichheit – Brüderlichkeit ausgelöste Sturm rüttelte auch an den Grundfesten des deutschen Staatsgefüges, ohne es indessen völlig zum Einsturz zu bringen. Die kleinen, fast ausschließlich noch agrarisch strukturierten Staatswesen Baden und Württemberg freilich gingen im Zuge der beispiellosen territorialen Flurbereinigung des deutschen Südwestens infolge enormen Gebietszuwachses daraus als flächenmäßig geschlossene Mittelstaaten hervor. Im ersten Koalitionskrieg (1792–1797) zwischen dem revolutionären Frankreich und den alten Mächten Österreich, Preußen, England, Holland und Spanien verloren Baden und Württemberg ihre linksrheinisch gelegenen Besitzungen. Wieder wurde auch unser Raum, Operationsbasis der kaiserlichen Rheinarmee, Kriegs-, Etappen- und Durchzugsgebiet, dem die durchpassierenden Truppen entnahmen, was immer zum Unterhalt von Mann und Roß erforderlich war. Besonders drückend war auch die zusätzliche Last des verbündeten, geflüchteten Emigrantenkorps unter dem Prinzen Condé, ,,Condeer'' genannt, das 1796 in die Gegend von Kenzingen–Endingen–Freiburg verlegt wurde. – Der französische Vorstoß unter General Moreau über den Rhein bei Kehl am 24. 6. 1796

Territoriale Zugehörigkeit 1790/1800

Markgrafschaft Baden-Durlach:
Oberamt der Herrschaft Hochberg zu
Emmendingen

Herzogtum Württemberg:
Nordweil zu Oberamt Alpirsbach gehörig und
Burg Sponeck ♪

Kondominat (gemeinsame Herrschaft)
von Baden und Fürstentum Fürstenberg von
Prechtal

Vorderösterreich: Landesteil Breisgau
Gebiete unter ausschließlich
österreichischer Landeshoheit

Kameralherrschaften: Kastel- und Schwarzenberg
Amtssitz Waldkirch: Kastelberg mit Bleibach,
Gutach, Kollnau, Oberwinden und dem
Simonswald; Schwarzenberg mit u. a.
Katzenmoos, Siegelau, Siensbach und Suggental;
Herrschaft Kirnberg mit Herbolzheim, Nieder- und
Oberhausen

Landsässige Städte: Endingen, Kenzingen und
Waldkirch

Landsässige Klöster: St. Peter (Wildgutach),
Tennenbach mit Kiechlinsbergen

Landsässiger Adel: Fürstentum Schwarzenber-
(Forchheim, Katzenmoos), Grafen Hennin
(Hecklingen), Grafen Kageneck (Bleichheim),
v. Baden (Amoltern teilw.), v. Bayer (Buchholz),
v. Bollschweil (Niederwinden, Oberyach),
v. Dumenique (Heimbach), v. Fahnenberg
(Jechtingen), v. Girardi (Sasbach), v. Rottenber
(Unteryach), v. Wittenbach (Amoltern teilw.,
Biederbach, Elzach)

Teilbesitz von Kloster Ettenheimmünster und v
Sickingen (Riegel)

Karte 1: Territoriale Zugehörigkeit des Kreises 1790/1800

wurde in den Gefechten bei Herbolzheim-Wagenstadt (7. 7.) aufgehalten, der Rückzug der Franzosen über den Rhein durch weitere Treffen mit kaiserlichen Truppen im Kreisgebiet schwer beeinträchtigt.

Im zweiten Koalitionskrieg (1799–1801) hatte das Oberrheingebiet besonders schwere Belastungen zu ertragen. Der Friede von Lunéville (1801) beendete diesen Krieg, der in unserem Raum eingesetzt hatte, schließlich ganz Europa ergriff und das Ende des alten Deutschen Reiches herbeiführte.

Vom Rheinbund zum Deutschen Bund: das Kreisgebiet im Mittelstaat Baden
(s. Karten 1, 2)

Aufgrund des Lunéviller Friedens sollten Baden und Württemberg, deren linksrheinische Besitzungen an Frankreich abzutreten waren, zunächst aus dem rechtsrheinisch gelegenen säkularisierten Kirchengut „entschädigt" werden. Doch wurden bald auch die Reichsstädte, 1805 die zunächst ausgesparte Reichsritterschaft und 1806 schließlich sogar die gräflichen und fürstlichen Herrschaftsgebiete in den Kreis der Depossidierten, in den Länderschacher einbezogen, aus dem Napoleons Günstlinge Baden und Württemberg, nicht zuletzt auch dank enormer Schmiergelder, ihre Annexionen einbringen konnten. Reichsrechtlich erfuhr diese nach rationalem Machtkalkül, ohne Rücksicht auf historische Gegebenheiten und ohne legitime Grundlage vollzogene Veränderung ihre Sanktionierung durch den Reichsdeputationshauptschluß, den der Regensburger Reichstag billigen und Kaiser Franz II. 1803 bestätigen mußte. Die von langen Kriegsjahren erschöpfte Bevölkerung ließ das Geschehen nahezu gleichgültig über sich ergehen, teilweise stieß das revolutionäre Gedankengut sogar auf positiven Widerhall.

Wie in Campo Formio (1797) vorgesehen, erhielt der Modenesische Herzog den vorderösterreichischen Breisgau als Entschädigung für seine verlorengegangenen italienischen Besitzungen. Als Herkules III., kaum Landesherr geworden, starb, folgte ihm sein Schwiegersohn Erzherzog Ferdinand, ein Bruder Josephs II., wodurch dem Erzhaus die Herrschaft im Breisgau verblieb. Der frühere vorderösterreichische Regierungspräsident, Freiherr Hermann von Greiffenegg, wurde Chef der breisgauischen Regierung. Das zum Kurfürstentum erhobene Baden konnte sich 1803 zwar im Schwarzwald, nicht jedoch im Kreisgebiet ausdehnen. Württemberg dagegen bemächtigte sich vorübergehend des gesamten Ostteils, in dem es seine Südwestgrenze auf eine vom Hünersedel bis zum Kandel reichende Demarkationslinie vorschob. Napoleon griff zugunsten Badens ein: der dritte Koalitionskrieg (1805), in dem das für seine Österreich-Anhänglichkeit bekannte Fürstenhaus Fürstenberg unter französische Sequestration gestellt und der Fürst abgesetzt wurde sowie die Rheinbundakte (1806) änderten nicht nur die Lage im großen sondern auch in unserem Bereich grundlegend. Württemberg mußte seine

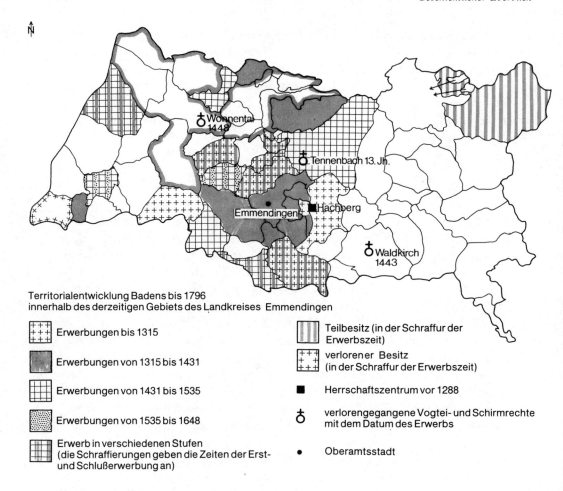

Territorialentwicklung Badens bis 1796
innerhalb des derzeitigen Gebiets des Landkreises Emmendingen

Erwerbungen bis 1315	Teilbesitz (in der Schraffur der Erwerbszeit)
Erwerbungen von 1315 bis 1431	verlorener Besitz (in der Schraffur der Erwerbszeit)
Erwerbungen von 1431 bis 1535	■ Herrschaftszentrum vor 1288
Erwerbungen von 1535 bis 1648	☧ verlorengegangene Vogtei- und Schirmrechte mit dem Datum des Erwerbs
Erwerb in verschiedenen Stufen (die Schraffierungen geben die Zeiten der Erst- und Schlußerwerbung an)	● Oberamtsstadt

Karte 2: Territorialentwicklung Badens bis 1796, innerhalb des derzeitigen Gebiets des Land-
kreises Emmendingen

Westpositionen räumen, und Baden erhielt die vormals österreichischen Teile des Breisgaus, und da Fürstenberg seine Mediatisierung nicht verhindern konnte, gelangte auch
sein Herrschaftsanteil am Kondominat Prechtal an Baden, dem nunmehr alleinigen
Souverän des gesamten Gebietes des jetzigen Kreises.

Baden mußte wie Württemberg für seine Landgewinne „zahlen". In den Feldzügen gegen Preußen (1806/07), Österreich (1809), Rußland, Preußen, Österreich (1813)
kämpften badische und württembergische Einheiten in der französischen Armee, wobei

89. *Emmendingen. Das Rathaus, ein schöner Barockbau aus dem Jahre 1738*

90. Das einzig erhaltene Emmendinger Stadttor

91. Blick auf Emmendingen

92. Emmendingen-
Kollmarsreute. Orts-
mitte mit Rathaus,
Schule und Feuerwehr-
gerätehaus

93. Das moderne
Dorfgemeinschaftshaus
in Emmendingen-
Maleck

94. *Der Rathausplatz in Emmendingen-Mundingen*
95. *Emmendingen-Wasser; im Vordergrund die begradigte Elz*
96. *Blick auf Emmendingen-Windenreute*

99. *Kirche und Rathaus in Sasbach-Leiselheim*

im Rußlandfeldzug (1812) das badische Kontingent mit 6000 Mann nahezu vollständig zugrundeging, darunter auch Zwangsrekrutierte aus unserem Gebiet.

Nach der Schlacht von Leipzig wechselten Baden und Württemberg die Fronten und kämpften auf seiten der Verbündeten in den Feldzügen von 1814 und 1815 gegen das napoleonische System. Die letzten Kriegsjahre 1812 bis 1815 brachten unserem Gebiet eine letzte schwere Prüfungszeit: den Durchmarsch der Truppenmassen der Verbündeten mit allen damit verbundenen Belastungen, dazu Epidemien, an die noch heute die im Feldspital Kloster Tennenbach an Nervenfieber verstorbenen etwa 1500 Österreicher und Bayern erinnern.

Noch während der Kriegszeiten veranlaßten der enorme Gebietszuwachs, die damit verbundene Rangerhöhung und die Einwirkung zeitgenössischen Staatsdenkens den Mittelstaat Baden zu dem bereits 1803 einsetzenden Staatsumbau, der altes und neues Gebiet zu einer homogenen Einheit zusammenschmelzen sollte. Der zunächst behutsam einsetzende Ausbau wurde bald mit Konstitutions- und Organisationsedikten vehement zentralistisch und streng rational uniformierend durchgeführt. Dabei wurden die vorderösterreichisch-landständische Verfassung abgeschafft und die Befugnisse der städtischen Magistrate wesentlich beschnitten, die Klöster aufgehoben und ihr Besitz verstaatlicht. Die Einteilung des badischen Staatsgebiets in drei Provinzen (1803), jede in Bezirke unterteilt, wurde Ausgangslage der Neugliederung vom 5. Mai 1806, die unser Gebiet teils der ,,Provinz des Oberrheins'', den altbadischen Teil der ,,Badischen Landgrafschaft'' zuwies. Mit der am 22. Juni 1807 verkündeten, bereits im Oktober berichtigten Bezirkseinteilung begann eine für Baden typische, permanente, bis in das 20. Jahrhundert währende Reformation der unteren staatlichen Ebene. Die eingangs noch historische Herkunft spiegelnden Bezeichnungen Stadtvogtei-, Ober- oder Obervogteiämter ersetzte bei der Neuorganisation der unteren Verwaltung (1809) die einheitliche ,,Bezirksamt''. Da den neugeschaffenen Ämtern zunächst eine Zahl von jeweils 6000 bis 8000 Einwohnern zugrundegelegt, Veränderungen im Sozial- und Wirtschaftsgefüge aber eingezogen wurden, verringerte sich ihre Zahl ständig bei gleichzeitiger Vergrößerung und Umgruppierung, wie die folgende Statistik verdeutlicht: 1809: 119 Bezirksämter (davon 53 standesherrliche), 1832: 78 (22), 1853: 76, 1864: 59, 1898: 53, 1923: 40. Unter Übergehung der verwirrenden Einzelheiten ergibt sich, daß bis 1857 fünf Bezirksämter teils völlig (Endingen, Kenzingen, Elzach) oder zum größeren Teil (Emmendingen, Waldkirch) innerhalb des Berichtsraumes lagen und zwei (Breisach, 1. Landamt Freiburg) mit Teilen hineinragten (vgl. Karte 3); die weiteren grundlegenden Änderungen der Amtszugehörigkeit, die das Kreisgebiet fast zu der derzeitigen Form führten, erfolgten in den Jahren 1858 bis 1865 und bei der Kreiseinteilung 1936 (vgl. Karte 4).

Nach französischem Vorbild entstanden im Zuge der Neuorganisation der inneren Verwaltung (1809) als Mittelinstanzen zehn meist nach Flußnamen benannte Kreise, wobei

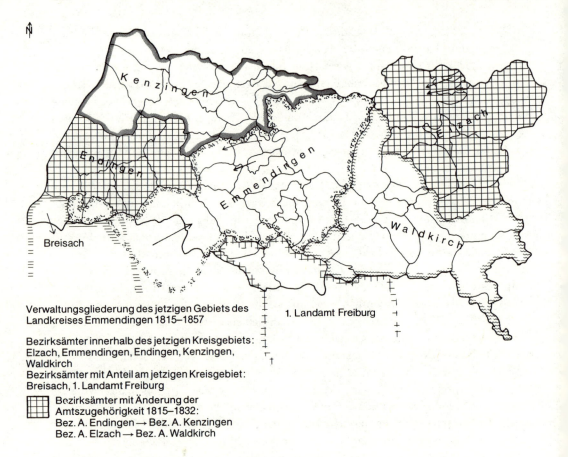

Karte 3: Verwaltungsgliederung des jetzigen Gebiets des Landkreises Emmendingen
1815–1857

der südliche Teil des Berichtsraumes zum Dreisamkreis, der nördliche mit Kenzingen zum Kinzigkreis gelangte. Schon 1820 wurde die Zahl der Kreise auf sechs, nach erneuter Umorganisation (1832) auf vier verringert, und unser Gebiet wurde nunmehr Teil des Oberrheinkreises mit Freiburg als Sitz der Kreisregierung. Bei der Neuorganisation der inneren Verwaltung 1863/64 wurde die staatliche Mittelinstanz der vier Kreisregierungen aufgehoben; statt ihrer überwachte das Innenministerium die Bezirksämter mit Hilfe von vier Landeskommissären, einer davon in Freiburg. Ganz neu als korporative Selbstverwaltungskörper entstanden elf „Kreise", darunter der Kreisverband Freiburg, der alle in unserem Berichtsraum anteiligen Bezirksämter umschloß.

Die insgesamt, auch durch Errichtung selbständiger Amtsgerichte (1857) erreichte Struktur der Bezirksverwaltung dauerte, ungeachtet des Ersten Weltkriegs und der Staatsumwälzung im November 1918 bis 1923, was Zusammenschlüsse von Gemeinden und Umgliederungen zwischen Bezirksämtern, wie bereits erwähnt, nicht ausschloß. Die Übernahme des Code civil als Badisches Landrecht (1810), einigendes Band der alt- und neubadischen Landesteile, und die vom Monarchen freiwillig verliehene („oktroyierte") Verfassung förderten mit den bereits erwähnten Organisationsmaßnahmen das Werden eines badischen Staatsbewußtseins. Es äußerte sich in einer zeitweise sehr

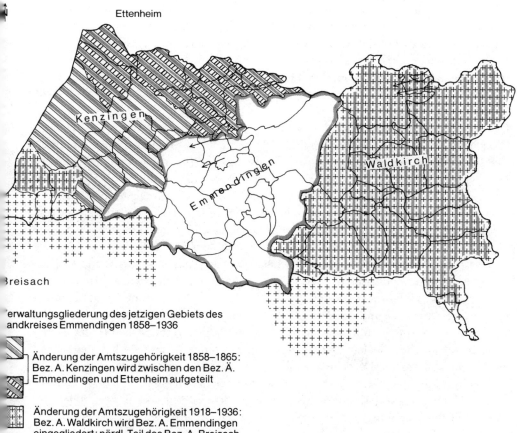

Ettenheim

Kenzingen

Emmendingen

Waldkirch

Breisach

Verwaltungsgliederung des jetzigen Gebiets des Landkreises Emmendingen 1858–1936

Änderung der Amtszugehörigkeit 1858–1865:
Bez. A. Kenzingen wird zwischen den Bez. Ä.
Emmendingen und Ettenheim aufgeteilt

Änderung der Amtszugehörigkeit 1918–1936:
Bez. A. Waldkirch wird Bez. A. Emmendingen
eingegliedert; nördl. Teil des Bez. A. Breisach
gelangt an Bez. A. Emmendingen

Karte 4: Verwaltungsgliederung des jetzigen Gebiets des Landkreises Emmendingen 1858–1936

aktiven, in ganz Deutschland wahrgenommenen Teilnahme des Volkes am Staatsleben, das Baden den Ruf eines „Musterländle" einbrachte.

Die Revolution 1848/49

Die Verfassung von 1818 hatte längst überständige Probleme gelöst und zugleich neue entstehen lassen. Sie traten in den von äußeren Kriegen verschonten, von innerer Bewegung um so mehr erfüllten Jahren vor der 48er Revolution im Entstehen eines politischen Bewußtseins, von Parteiungen und neuer Klassen (Groß- und Kleinbürgertum, Proletariat) zutage. Der in den Freiheitskriegen entstandene Wunsch nach nationaler Einheit, verbunden mit der Sehnsucht, den Obrigkeitsstaat durch die Teilnahme aller Volksschichten am Staatsleben zu ersetzen, artikulierte sich in der Propagierung nationaler, liberaler und demokratischer Ideen, besonders stark in Baden infolge seiner Grenzlage, durch die Entstehung einer liberalen Presse und Bildung des Vereinswesens in den dreißiger Jahren.

Die Hungersnot 1816/17, die zu Massenauswanderungen aus dem Breisgau (angeblich 6000 Personen) führte, dazu wirtschaftliche Depressionen 1818/19 vergrößerten die an sich bereits bestehende Notlage, verursacht durch hohe finanzielle Kriegsfolgelasten. Darüber hinaus hielt der Bevölkerungszuwachs unvermindert an.

Die staatlichen Notmaßnahmen in den Jahren 1817 bis 1848 konnten zunächst nur Voraussetzungen zur Beseitigung der wirtschaftlichen Stagnation schaffen, nicht jedoch die allgemeine Not beheben. Erst die Beseitigung der binnenländischen Zollschranken, 1834 durch die Bildung des Deutschen Zollvereins erreicht, dem Baden 1835 beitrat, schuf die Voraussetzungen zur Entfaltung der Wirtschaftskräfte. Dadurch aber entstand zugleich – eine wesentliche Voraussetzung der späteren Revolution – eine weitreichende soziale Umschichtung. Von ihr wurden auch die mit Handwerkern, Tagelöhnern und Kleinbauern übersetzten Städte und Dörfer unseres Raumes erfaßt. Die auf der bäuerlichen Bevölkerung noch immer ruhenden, mit Grund und Boden verbundenen Lasten waren zwar im altbadischen Gebiet bereits 1783 beseitigt worden, nicht jedoch in den neuerworbenen Landesteilen. Da sich Baden über diese zugleich auch politisch-staatsrechtlichen Fragen mit dem mediatisierten Adel nicht einigen konnte – über 300000 Badener blieben Untertanen von Untertanen – entstand allenthalben zusätzlich eine gereizte adelsfeindliche Stimmung. Der breitgelagerte, soziale, mehr noch sozialpsychologisch bedingte Unmut wurde noch durch Mißwachs und Teuerung 1846/47 – Anlaß für Auswanderung auch aus dem Kreisgebiet – verstärkt.

Das Signal der französischen Februarrevolution 1848 wirkte daher in Baden, das auf Regungen des mächtigen Nachbarn besonders aufmerksam reagierte, wie der zündende

Blitz. Die sofort einsetzenden Unruhen, angetrieben von Heckers Forderungen nach Volksbewaffnung, Pressefreiheit, Schwurgerichten, Abschaffung aller Vorrechte, die Bassermann Anfang Februar im Landtag vortrug und die auf der Volksversammlung am 19. März in Offenburg wiederholt wurden, traten zunächst als agrarische Revolution im Odenwald, kurz danach im Seekreis zutage. Aber während die Bauern, nach Abschüttelung der Feudallasten, sich der erst jetzt einsetzenden politisch-revolutionären Bewegung versagten, breitete sich diese durch Versammlungen und Aufläufe im ganzen Land aus. Heckers und Struves Aufruf am 12. April zur Volkserhebung fand überall breite Zustimmung. Dem bewaffneten Volkszug über den Südschwarzwald, den die Niederlagen bei Kandern, Steinen und Freiburg (20.–27. 4.) beendeten, schlossen sich zahlreiche Freiwillige, auch aus unserem Gebiet, an. Auch Struves wesentlich ernsthafter zu nehmender, von Lörrach aus im Herbst unternommener Putsch scheiterte. Heckerzug und Struveputsch konnten – trotz schweizerischer und französischer Einflüsse, trotz in Gang gesetzter „Parlamentarisierung" durch Bildung von Vorparteien („Konstitutionelle", radikale Demokraten der liberalen Opposition) – nicht vom südwestlichen Winkel des badischen Mittelstaates aus Deutschland umgestalten.

Nach äußerlich ruhigem Winter erneuerte sich die Revolution im Frühjahr 1849. Inzwischen hatte sich jedoch die politische Großwetterlage verändert. Preußen und Österreich hatten die Bewegung mit ihren Machtmitteln bereits überwunden. Da der preußische König Friedrich Wilhelm IV. im April überdies die angebotene Kaiserkrone abgelehnt hatte, war die Stellung der Frankfurter Paulskirchenverfassung schwer erschüttert. Die jetzt, eigentlich nur noch in Baden aktiv unterstützte Bewegung radikalisierte und organisierte sich und überzog das Land mit einem Netz von 400 demokratischen Ortsgruppen: der Waldkircher Arzt Welker (Sohn des berühmten Freiburger Politikers) organisierte im April in Suggental die Volksvereine des Kreises; Wernwag von Kenzingen, Bannwarth aus Bleichheim und der Emmendinger Gemeinderat Kiefer wurden Mitglieder des 14köpfigen Landesausschusses der Volksvereine, aus dem sich die spätere provisorische revolutionäre Regierung bildete.

Der durch die Versammlung der Volksvereine in Offenburg (12./13. 5.) jäh aufflammende Aufstand und die Meuterei der Rastatter Garnison zwangen den Monarchen zur Flucht aus der Hauptstadt. Ab Mitte Mai unterstand das Großherzogtum der Provisorischen Regierung des Freistaats Baden. Die Volksarmee der Republik, zu der auch das 700 Mann starke Bataillon der Emmendinger Bürgerwehr unter Führung von Major Ringwald gestoßen war, wurde nach Anfangserfolgen von der Reichsarmee – vor allem von preußischen Truppen – rasch besiegt. Die republikanische Regierung floh am 26. Juni nach Freiburg, danach nach Donaueschingen, verfolgt von der Reichsarmee, vor der sich die Reste der Volksarmee in die Schweiz retteten. Damit endete auch hier die von so vielen Hoffnungen getragene Revolution; die siegreiche Reaktion begann die Fahndung nach den Beteiligten, die vereinzelt – wie etwa Ringwald, flüchten konnten und in Amerika die berühmt gewordene Gruppe der forty-eighters bildeten. Der scheinbar glücklose Ausgang hatte jedoch den politischen Reifungsprozeß des deutschen Volkes nicht beendet, sondern zunächst nur verzögert und dadurch letztlich sogar noch gefördert; wahrscheinlich verhinderte er – was oft übersehen wird – den Ausbruch eines großen europäischen Krieges.

Wirtschaftsgeschichtlicher Umblick

Gesamtwirtschaftlich betrachtet bestimmte die Land- und Forstwirtschaft vom Mittelalter bis über die Mitte des 19. Jahrhunderts das Wirtschaftsleben des Berichtsraumes. Sein beträchtlicher, auch jetzt weitbekannter Weinbau ist urkundlich bereits vor 800 n. Chr. in Kenzingen und Riegel nachweisbar, vor 1000 n. Chr. in Denzlingen und Sasbach, ab 1000 bis 1300 n. Chr. in Bahlingen, Broggingen, Endingen, Herbolzheim, Malterdingen, Mundingen und nach 1300 n. Chr. in Bleibach, Forchheim, Hecklingen, Jechtingen, Kiechlinsbergen, Köndringen, Sexau, Wagenstadt und Waldkirch. Der im 19. Jahrhundert einsetzende Tabakbau, um 1865 in 22 Orten der Rheinebene und Vorbergzone betrieben, ist inzwischen auf sieben Anbauorte zurückgegangen. Mit der Landwirtschaft waren typische dörfliche Handwerke wie Schmiede, Müller, Küfer, Wagner verbunden. Gewerbliche Tätigkeit im Hausgewerbe, in Handwerken der Städte trat seit dem 13. Jahrhundert in zunächst langsam zunehmendem Maße als eine weitere Erwerbsquelle hinzu. Daneben bestanden aber aufgrund natürlicher Gegebenheiten und politischer Einwirkungen einige besondere Betriebszweige – der Bergbau, der Verkehr, die Edelsteinschleiferei –, die für die Wirtschaftsstruktur von Bedeutung waren und, zu Zeiten des Merkantilismus und der Vorindustriellen Revolution teilweise reaktiviert, bei der Industrialisierung des Kreisgebietes eine gewisse Rolle spielten.
Bekannte Bergbaugebiete waren in Simonswald, im Suggental und im Freiamt; dagegen ist von Bleichheim nur ein indirekter urkundlicher Hinweis (1682) über Bergwerksrechte überliefert.
Die seit dem 11. Jahrhundert im Suggental betriebenen Gruben, aus denen vor allem Silber sowie Kupfer, Blei und Eisen gefördert wurden, erreichten ihre höchste Blüte in der zweiten Hälfte des 13. Jahrhunderts.
Der mit Erlaubnis des Freiburger Grafen Egon 1284 angelegte Wuhr (,,Ur''-)graben, der vom Kandel das Wasser zum Betrieb von Poche, Schmelze und Fördermaschinen herbeiführte, soll der Überlieferung nach (1298? 1348?) durch ein Unwetter zerstört worden sein, dem an die 150 Bergleute und ihre Arbeitsstätten zum Opfer fielen. – Das Bergbaugebiet im Freiamt, genauer, das Brettental mit seinen Gruben Silberloch und Silber-

loch-Gegentrum in Eberbach, die ehemalige Silberschmelze nahe der Hochburg sowie die „Segen-Gottes-Grube" und die Grube Schloßberg-Gegentrum nördlich der Burg Keppenbach, hatte seine große Zeit im 13. Jahrhundert. Wie im Breisgau allgemein ließ zwischen 1400 und 1480 im Suggental der Silberbergbau bereits nach, im Freiamt war er wohl schon nach 1400 zum Erliegen gekommen. – Waldreichtum in nächster Umgebung ermöglichte die Verhüttung des im Simonstal (Zinken Grießbach) geförderten Erzes am Ort. Dem Kollnauer Werk mußte später, als der enorme Holzbedarf die Waldbestände erschöpft hatte, Holz aus den Wäldern der Herrschaft Kirchhofen zugeführt werden. Von gewisser wirtschaftlicher Bedeutung waren im Mittel- und Spätmittelalter auch einige Steinbrüche, die das Material zum Bau des Freiburger Münsters lieferten, die „Münster-Steinbrüche" westlich von Kloster Tennenbach und die längst aufgelassenen Steinbrüche im Heimbachertal des Vierdörferwaldes, wo man einst auch Mühlsteine gewann.

Als durch Zunahme der Zölle die Transportbelastung auf dem Rhein über die Maßen anstieg und die Kaufleute auf den Landweg drängte, belebte sich die Ende des 13. Jahrhunderts benutzte rechtsrheinische Straße, die sich zwischen Neuenburg und Rastatt in zwei Linien gabelte. Beide, die westliche über Breisach – Kehl wie die östliche über Freiburg – Denzlingen – Emmendingen – Offenburg, durchquerten das Kreisgebiet und brachten jene wirtschaftlichen Impulse, die im Gefolge von Verkehrslinien auftreten. Im Zusammenhang damit auch erwähnenswert waren die Rheinzollstätten Limburg und Weisweil, die Kaiser Karl IV. 1376 und König Wenzel 1392 mit Privilegien ausgestattet hatten.

Unbeschadet, ob durch Freiburg eingeführt oder am Ort entstanden, erlangte die Edelsteinschleiferei in Waldkirch eine große wirtschaftliche Bedeutung für die Stadt. Wenngleich erst nach anderen Zünften – Tuchweber 1306 oder Bäcker 1423 – genannt, wurde die Genossenschaft, streng in die Gruppen der „Bohrer" und „Balierer" – die eigentlichen Edelsteinschleifer – getrennt, von der Mitte des 15. Jahrhunderts bis in das 19. Jahrhundert hinein größter und angesehenster Berufsstand Waldkirchs.

Der Rückgang des Bergbaus im Breisgau zwang zur Einfuhr von Rohmaterial, von Achaten und Kalzedon aus dem Elsaß, am Ende des 15. Jahrhunderts zum – mit Freiburg gemeinsamen – Bezug aus dem Hoch- und Idartal, am Beginn des 16. Jahrhunderts auch aus Lothringen; im 16. Jahrhundert erlangte die Bearbeitung von Granaten eine besondere Bedeutung. Die Verbindung von Bearbeitung und Verkauf der Produkte – in Freiburg streng geschieden, in Waldkirch wegen fehlender entsprechender Statuten möglich – führte zu einem Aufschwung, der das Freiburger Gewerbe zeitweilig wirtschaftlich ernsthaft gefährdete. Die volkswirtschaftliche Bedeutung der Waldkircher Edelsteinbearbeitung erhellt daraus, daß 1535 die Zahl der Meister etwa 40, 1583 dagegen 62 betrug und damals nahezu 1700 Menschen den Unterhalt ermöglichte.

Die Blütezeit endigten nicht allein Kriege und Teuerungen, sondern auch ab dem 16. Jahrhundert einsetzende innere Zwistigkeiten wie die Geringschätzung der Bohrer durch die alsbald zahlenmäßig übersetzten Balierer und unzulängliche Betriebsführung, die übermäßiges Eindringen „welscher" Kaufleute und gruppenegoistische, statt gemeinsame Einkäufe bei den Produktionsländern ermöglichte.

Im Zeitalter des Merkantilismus, d. h. der Förderung der Volkswirtschaft durch dirigistische Maßnahmen des absolutistischen Staates im 16. bis 18. Jahrhundert, wandten Vorderösterreich und Baden die entsprechenden Betriebs- und Organisationsformen im Kreisgebiet an: das Verlagswesen, die Zusammenfassung kleiner Handwerksmeister durch staatliche, meist aber private Geldgeber, (Verlag = vorlegen, leihen) und die Manufakturen, die arbeitsteilige Massenanfertigung in Großbetrieben durch Unqualifizierte, Kinder und „Asoziale". Dadurch sollten die Kriegsfolgen beseitigt, die Wohlfahrt der Bevölkerung – und die Staatseinkünfte – gewährleistet und – ganz aufklärerisch – die nicht in der Landwirtschaft Beschäftigten jeden Alters zu nützlichen, zur Arbeit tauglichen Untertanen erzogen werden.

Die zu Anfang des 18. Jahrhunderts schwer darniederliegende Waldkircher Edelsteinbearbeitung nahm in dem folgenden Jahrzehnt einen Aufschwung, dem nach 1775 der Niedergang folgte; im 19. Jahrhundert wurden Bohrer und Balierer in zwei Betriebe zusammengefaßt. Im Bergbau erfolgte eine stark forcierte Wiederbelebung, ab 1769 im markgräflichen Freiamt, kurz darauf im vorderösterreichischen Suggental und Simonswald. Die kurze Scheinblüte, die bei weitem nicht die Erträge des Mittelalters erreichte, endete im Suggental schon Ende der achtziger Jahre, im Freiamt, wo Goethes Schwager Schlosser die „Direktion des Oberländer Bergbaus" 1787 niedergelegt hatte, wenige Jahre später. Auch das im 17. Jahrhundert neugegründete Eisenbergwerk Kollnau mußte 1772 seinen Betrieb einschränken und wurde 1869 endgültig stillgelegt. – Erfolgreicher entwickelten sich das Eisenhammerwerk in Teningen und die Emmendinger Baumwollspinnerei und -weberei, die Arbeitskräfte aus dem von Schlosser gegründeten Waisenhaus bezog. Die inmitten eines Hanfanbaus gelegene Stadt profitierte von dem Hanf- und Garnmarkt.

Die in der zweiten Jahrhunderthälfte nicht unerhebliche Holzflößerei auf Elz und Gutach und Papierfabriken in (Nieder-)Emmendingen lenken den Blick auf den Schwarzwald, wo Heimarbeit seit dem 18. Jahrhundert – in Simonswald, Yach, Ober- und Niederwinden – die Verbindung zum Holz wachgehalten hatte, und in Saisonarbeit hergestellte Holzwaren für acker- und weinbautreibende Gemeinden zum wirtschaftlichen Ausgleich beitrugen, ein Verhältnis, das die aufkommende Industrialisierung ab den dreißiger Jahren änderte.

Manuelle Geschicklichkeit und technische Fertigkeiten, die hier wie bei den Handwerkern der Dörfer und Ackerbaustädtchen oder im Bergbau über Generationen hinweg

100. Die Ruine Kastelburg, ehemals ein Sitz der Herren von Schwarzenberg, zerstört 1634, mit ihrem mächtigen Bergfried (Stadt Waldkirch)

101. Die restaurierte Ruine Keppenbach, erbaut im 13. Jh. (Gde. Freiamt)

Umseitig:

102./103. Die Hochburg in Emmendingen, Sitz der Markgrafen von Hachberg, war eine der größten Burgen und Festungsanlagen Südwestdeutschlands. Seit 1970 werden ständig Erhaltungsarbeiten durchgeführt

entwickelt wurden, bildeten die Voraussetzungen für die in der Mitte des 19. Jahrhunderts einsetzende Industrialisierung, die in Waldkirch bereits 1806 mit der Flötenuhren- und Spielorgelindustrie begonnen hatte.

Die Jahrzehnte davor waren allerdings belastend, zunächst infolge der Bevölkerungszunahme, die durch die starke Auswanderung im 19. Jahrhundert, vornehmlich in die USA, verschleiert wurde, sodann durch den Konkurrenzdruck billiger ausländischer, seit dem Zollverein auch binnenländischer Waren, durch Mißernten und politische Ereignisse und schließlich durch die auch im 19. Jahrhundert anhaltende Serie von Großbränden (Kenzingen 1814, Waldkirch 1819, 1829, Endingen 1856).

Der Eisenbahnbau war für unser Gebiet von eminenter wirtschaftlicher Bedeutung. Die 1845 fertiggestellte Hauptlinie Offenburg–Freiburg gliederte das alte Durchzugsgebiet in den neuentstehenden Verkehrsverbund ein, förderte die sich bildenden Wirtschaftszentren Emmendingen und Herbolzheim. Der Bau der Elztalbahn (1873) belebte Denzlingen und den bereits ausgeprägten Industriestandort Waldkirch. Die Anschlüsse von Gottenheim nach Bahlingen–Riegel (1894), die Linie Breisach–Burkheim–Sasbach–Riegel (1895) und die Weiterführung der Elztalbahn bis Elzach (1906) brachten den Abschluß des Verkehrsausbaus im 19. Jahrhundert. Durch den Tabakanbau entstanden in zahlreichen Orten kleine und mittlere Betriebe der Zigarrenfabrikation; zusammen mit Lahr-Ettenheim wurde der Bezirksraum bis in die Mitte des 20. Jahrhunderts eines der beiden Hauptgebiete dieser Branche in Baden. Zu der in der zweiten Hälfte des 19. Jahrhunderts aufblühenden Textilindustrie (Seidenindustrie: Waldkirch, Endingen, Kenzingen, Prechtal, Gutach; Webereien: Elzach; Nähfadenfabrik: Kollnau) und den anfangs kleineren Betrieben der Leder- und Papierverarbeitung traten im 20. Jahrhundert elektrotechnische, feinmechanische und optische Produktionsstätten. – Die für Baden seit der Mitte des 19. Jahrhunderts charakteristische Mischung von kleinbäuerlichen und kleingewerblichen Betrieben, durchsetzt mit einigen größer dimensionierten ergab sich auch in unserem Raum. Die Verkehrserschließung des 20. Jahrhunderts durch den Straßenbau, gipfelnd in dem Anschluß an die Autobahn Hamburg – Frankfurt – Basel, hat auch abseits gelegene Orte miteinander verknüpft und dem Kreisgebiet in Vorbergzone und Schwarzwaldteil mit dem Fremdenverkehr einen weiteren, sich positiv entwickelnden Wirtschaftszweig gebracht.

Im Deutschen Kaiserreich bis zum Ersten Weltkrieg

Die nach dem Scheitern der 48er Revolution durch die Reaktion zurückgedrängte, aber nie verstummte nationale Frage rückte der Deutsche Krieg 1866 wieder in das Zentrum. Bismarcks kleindeutscher Lösung unter preußischer Führung schloß sich Baden engagiert an. Der Deutsch-Französische Krieg von 1870/71 brachte dann die breite Zustimmung für das neugegründete Kaiserreich. Früher getroffene wirtschaftspolitische Maßnahmen wie die Errichtung der Landesgewerbehalle 1865 in Karlsruhe zur Ausbildung der Gewerbetreibenden, zur Förderung der Klein- und Mittelbetriebe, zur Exportförderung, oder zum Eisenbahn-, Straßen- und Kanalbau konnten sich nunmehr im Ineinandergleiten der politischen Räume und durch die erreichte politische Stabilität voll auswirken. Die produzierende Wirtschaft, der Handel und das Gewerbe erlebten in Baden – wie in anderen deutschen Ländern – eine bis zum Ersten Weltkrieg fortdauernde Aufwärtsentwicklung, die freilich auch Krisen und Konjunkturtäler überwinden mußte. Der allgemeinen Entwicklung entgegen stieg die Bevölkerung im Kreisgebiet nicht an; sie verminderte sich vielmehr durch die noch immer anhaltende Auswanderung namentlich aus den rein agrarisch strukturierten Gemeinden der Rheinebene (Forchheim, besonders Oberhausen) oder des Kaiserstuhls (Endingen) und erreichte erst 1890 mit 62 655 Personen wieder den Stand von 1852.

Die positiven Entwicklungen im staatlich-politischen Bereich wurden durch zunehmend vereinheitlichende Tendenzen begleitet, die mit der Einführung des allgemeinen, gleichen und direkten Wahlrechts für die Reichstagswahlen einsetzten und durch das wachsende Gewicht der Reichseinrichtungen ständig an Bedeutung gewannen, besonders in dem als reichsloyal geltenden Baden. Der von Berlin ausgehende Kulturkampf (1874) erfaßte besonders den mit 65 Prozent weitaus stärkeren katholischen Bevölkerungsanteil des Kreisgebiets, und das Sozialistengesetz (1878) erweckte politisches Denken bei der Arbeiterschaft. Beide Bewegungen wirkten nach Bismarcks Abgang fort in der wilhelminischen Ära (1890–1919): Die von ihr nicht gelösten Verfassungsfragen, die Verhinderung der Demokratisierung, die daraus resultierenden sozialpolitischen Auswirkungen der auch im Kreisgebiet fortschreitenden Industrialisierung – wie etwa der Ausbau der Tabakindustrie – und der überhandnehmende Militarismus führten zu einer immer stärkeren Politisierung breiter Volksschichten. Innen- und sozialpolitische Spannungen schlugen sich in den Wahlergebnissen nieder. Die auch hier zunächst führenden Nationalliberalen wurden nach 1871 von dem Zentrum, das sich in unserem Gebiet zur stärksten Partei entwickelte, verdrängt, während die Sozialdemokratie an Boden gewann. Charakteristisch für die Gesamtsituation des Kreisgebiets, in dem agrarisch bestimmte Gegenden mit industrialisierten ein wirtschaftlich günstiges Mischungsverhältnis bildeten, waren die 1900 einsetzenden Arbeitskämpfe, wie etwa 1904 der Endinger Zigarrenarbeiter oder der Emmendinger Maurerstreik 1906/07, während gleichzeitig die bis zum Kriegsausbruch währende Hochkonjunktur den Einsatz ausländischer (meist italienischer) Arbeitskräfte, vornehmlich im Baugewerbe, erforderlich machte.

Dem Ersten Weltkrieg (1914–1918) stellte sich das deutsche Volk, alle Standes-, Klassen- und Parteiunterschiede zunächst nicht achtend, als eine geschlossene nationale Einheit. Je länger der Krieg dauerte, der auch von der Bevölkerung hierzulande hohe Blutopfer und harte Entbehrungen forderte, um so mehr brachen alte Gegensätze auf, als sich die Niederlage abzuzeichnen begann. Der militärisch-politische Zusammenbruch im Herbst 1918, der die Throne beseitigte, drohte Deutschland in ein Chaos versinken zu lassen.

Die Zeit der Weimarer Republik

Die im November 1918 ausbrechenden Revolutionswirren, die mit Aufständen in den nahegelegenen Garnisonen Lahr und Freiburg am 7. November unmittelbar auch in das Kreisgebiet einstrahlten, führten in Waldkirch zur Bildung eines Soldaten- und Arbeiterrates durch Friedrich Blome, den ,,Führer der Arbeiterschaft des Elztales'', der mit Richard Schaffhauser aus Emmendingen und Ludwig Gehry aus Waldkirch zu den führenden Köpfen der Landesversammlung der badischen Räte zählte. Diese hier teilweise radikale Züge aufweisende Bewegung wurde indessen von den demokratischen Kräften, die in Baden eine weit zurückreichende Tradition besaßen – Zentrum und SPD konnten sich rasch und im Grunde bruchlos regenerieren, den vordem wichtigen Nationalliberalen gelang erst im Sommer 1919 die Bildung eines Ortsvereins in Emmendingen – zurückgedrängt: bereits am 13. April 1919 setzte die Republik Baden ihre Verfassung in Kraft. Die erst danach mit voller Wucht sich herabsenkende Last der harten Bestimmungen des Versailler Vertrags auf politischem und wirtschaftlichem Gebiet drohten den jungen Staat zu ersticken. Gleichzeitig gefährdeten ihn politische Gruppierungen von links und rechts durch Putschversuche – Ausrufung der Räterepublik in Mannheim 1919, Berliner Kapp-Putsch 1920 und politische Morde (Erzberger 1921, Rathenau 1922). Die Demokratie durchstand die 1919 einsetzenden Krisenjahre, in denen die Inflation breiten Volksschichten die Arbeitserträgnisse raubte, namentlich auch das Krisenjahr 1923 mit dem oberbadischen Aufstand, der am 17. September im oberen Wiesen- und Rheintal einsetzte, sich rasch bis nach Mannheim ausbreitete und am 18. September auch zu einer Demonstration von ca. 3000 Arbeitern aus der gesamten Umgebung in Emmendingen und einem Streik von 600 Beteiligten in Herbolzheim führte. Die Demokratie stabilisierte sich sogar aufgrund der von der Reichsverfassung ausgehenden Zentralisierung und Unitarisierung, die den Wegfall der Reservatrechte der Länder, beispielsweise beim Militär- und Postwesen, und die Reichsfinanzreform herbeiführte. – Aber das von zu geringem politischem Verständnis bestimmte Verhalten der einstigen Kriegsgegner schwächte ihr politisches Ansehen im Innern. Die nach kurzer wirtschaftlicher Erholung – im November 1927 konnte die Auftrags- und Beschäftigungslage der Tabakindustrie in und um Emmendingen als befriedigend bezeichnet werden – durch die

1929 ausgebrochene Wirtschaftskrise erneut einsetzende wirtschaftliche Verelendung führte zu einer allgemeinen Gesellschaftskrise. Die an sich selbst irre werdende Republik konnte der antidemokratischen Kräfte schließlich nicht mehr Herr werden. Damit setzte der Aufstieg des Nationalsozialismus ein, im Reich zunächst stärker als in Süddeutschland und in Baden, dem die Grenzlage seit 1918 besonders starke wirtschaftliche Einbußen auferlegt hatte. Trotz ihres in dem überwiegend katholischen Kreisgebiet weit unter dem Landesdurchschnitt liegenden Wahlergebnisses brachten die von der Wirtschaftskrise und der Massenarbeitslosigkeit (1932/33 in Baden 7,6%, im Reich 9,2%) ausgehende Radikalisierung die NSDAP auch hier an die Macht.

Nachzutragen bleibt, daß bei der Vereinfachung der badischen Staatsverwaltung 1924, der Verringerung der Bezirksämter, von dem aufgehobenen Bezirksamt Freiburg die Gemeinden Bischoffingen, Jechtingen, Kiechlinsbergen, Leiselheim, Königschaffhausen und Sasbach dem Bezirksamt Emmendingen eingegliedert wurden.

Von der Machtergreifung zum Zweiten Weltkrieg

Adolf Hitlers Ernennung zum Reichskanzler am 30. Januar 1933 ermöglichte es den Nationalsozialisten, ihre Position durch Terror und geschickte Propaganda rasch und rigoros auszubauen. Die zur Staatspartei gewordene NSDAP überzog das Land mit dem engmaschigen, auch die abgelegenste Schwarzwaldsiedlung nicht aussparenden Netz ihrer Organisationen und stellte durch Gewalttätigkeiten und Einschüchterung die innere Ordnung her. Die Gleichschaltungsgesetze (1933) setzten die bis Kriegsbeginn systematisch fortgesetzte ,,Verreichlichung'' der Länder in Gang. Das ,,Ermächtigungsgesetz'' (1934) beseitigte mit der Aufhebung der Landtage die letzte wirkungsvolle demokratische Einrichtung, noch fortbestehende, wie die Bürgerausschüsse, wurden nach dem Führerprinzip umgestaltet.

Die Überwindung der Arbeitslosigkeit, eingeleitet mit dem mehr propagandistisch als wirtschaftlich effektiven Autobahnbau und einem straff organisierten Vierjahresplan, glänzend inszenierte örtliche Kundgebungen und Massenveranstaltungen (Olympische Spiele, Reichsparteitage) sowie außenpolitische Erfolge, die durch die Wiedereinführung der allgemeinen Wehrpflicht (1935) und den Einmarsch in die entmilitarisierte Rheinzone (1936) die Versailler Ordnung beseitigten, erschienen der geblendeten Mehrheit als Zeichen einer großen nationalen Wiedergeburt Deutschlands. Gleichzeitig vollzog sich in zunehmendem Maße die Verfolgung ,,weltanschaulicher'' Gegner des Regimes, d. h. politisch Andersdenkender, im wahren Christentum Beharrender, der von fanatischem Rassenwahn gejagten jüdischen Mitbürger, rassisch minderwertig erachteter Minderheiten wie die Zigeuner oder religiöser Sondergruppen wie die ernsten

Bibelforscher. Nur andeutungsweise seien einige Geschehnisse im Kreisgebiet aus die-sen noch nicht aufgearbeiteten Jahren erwähnt: Mitglieder kommunistischer Wider-standsgruppen aus Weisweil und Emmendingen wurden 1934 in „Schutzhaft" genom-men, und nach aktiven Mitgliedern der SPD wurde bis 1935 gefahndet; der mutigen Kri-tik des Kiechlinsberger Pfarrers Dr. Knebel wurde 1934 mit einer massiven Pressekam-pagne, dem Bemühen katholischer Priester und Lehrer (Wyhl oder Sasbach), die Jugend in katholischen Organisationen zu halten, mit von Drohungen begleiteten Werbungen für die Hitlerjugend begegnet; bei dem 1936 veranstalteten Kesseltreiben gegen den von der Gemeinde Bahlingen geschätzten evangelischen Pfarrer Treiber versuchte die Kreis-leitung Emmendingen, unterstützt vom Reichsstatthalter, sogar dessen – von Landes-bischof Dr. Kühlewein aber abgelehnte – Versetzung zu erzwingen; die schon seit Jahr-hunderten in dem Raum ansässigen jüdischen Mitbürger (Endingen 1331, Teningen, Waldkirch und Kenzingen im 14. Jh., in Emmendingen seit 1717) wurden, soweit sie nicht nach 1933 flüchten konnten, nach Gurs (1940) oder in das Vernichtungslager Auschwitz deportiert, ihre Synagoge in Emmendingen fiel der Reichskristallnacht (1938) zum Opfer.

Bereits in den Anfangsjahren leitete das NS-Regime die Produktion der wiederangekur-belten Wirtschaft zunehmend in die volkswirtschaftlich schädliche, friedensbedrohende Aufrüstung („Kanonen statt Butter"), zu der auch die tiefgestaffelte, den Kreis durch-ziehende Anlage des Westwalls längs der deutsch-französischen Grenzen von Lörrach bis Bruchsal mit linksrheinischer Fortführung zählte. Die noch in demokratischer Zeit vorbereitete, aber erst dem autoritären System mögliche Durchführung der verfas-sungsrechtlich beachtlichen neuen Kreiseinteilung in Baden (1936) beseitigte die Be-zirksämter: Das aufgehobene Bezirksamt Waldkirch wurde bis auf die am Südrand gele-genen, dem Landkreis Freiburg zugeschlagenen Gemeinden (Föhrental, Heuweiler, Oberglottertal, Ohrensbach, Glottertal), dem Landkreis Emmendingen eingegliedert, ausgenommen nur Prechtal, das durch die Landkreisordnung vom 1. April 1939 aus dem Landkreis Wolfach an Emmendingen gelangte.

Hitlers Angriff auf Polen im September 1939 entfesselte den Zweiten Weltkrieg, der den deutschen Armeen anfänglich große Siege einbrachte und die unmittelbare Bedrohung des Oberrheingebiets, infolge des französisch-polnischen Bündnisvertrags rasch besei-tigte: Im Westfeldzug diente das Kreisgebiet von der Vorbergzone bis zu den Schwarz-waldhöhen als Truppenaufmarsch- und Bereitstellungsraum der Heeresgruppe C, die nach dem 14. Juni 1940 u. a. bei Jechtingen und Sasbach den Rhein überquerte und den Einbruch in die Maginotlinie erkämpfte. Das wachsende militärische Potential der Geg-ner stoppte das deutsche Ausgreifen und kehrte sich mit erbarmungsloser Wucht gegen das Reich, zunächst in dem 1942 einsetzenden Luftkrieg.

Ende März, Anfang April 1945 überschritten Truppen des 1. Französischen Armeekorps

bei Germersheim den Rhein. Ihre Stoßkeile durchbrachen die beiden aus zusammengewürfelten Einheiten gebildeten deutschen Armeekorps, denen Mitte Dezember 1944 die
,,Wacht am Rhein'' übertragen worden waren. Alle verzweifelt-sinnlosen Versuche der
Machthaber, durch Schanzarbeit der Bevölkerung, durch Evakuierung der Nichtkombattanten (Alte, Frauen und Kinder) nochmals Widerstand zu leisten, scheiterten. Ein
französischer Stoßkeil rollte von Philippsburg her den Westwall von der Flanke auf, und
nach der Besetzung Offenburgs und Lahrs am 18. 4. wurde das Kreisgebiet zwischen
dem 20. und 22. April meist kampflos oder nach rasch beseitigtem Widerstand der in voller Auflösung begriffenen deutschen Verbände besetzt.

Bei den im Spätjahr 1944 einsetzenden, seit Januar zunehmenden Luftangriffen auf den
bislang vom Luftkrieg weitgehend verschont gebliebenen Raum, namentlich aber durch
die Bodenkämpfe in den letzten Kriegstagen und den taktischen Einsatz von Jagdbombern büßten innerhalb des Kreisgebiets mehr als 450 Zivilisten und etwa 20 Soldaten ihr
Leben ein. Insgesamt gesehen war jedoch unser Gebiet, etwa im Vergleich zu den Stadtregionen Freiburg, Pforzheim, Heilbronn oder Stuttgart, noch glimpflich davongekommen. Trotzdem war das Elend am Ende des Krieges auch hier groß. Fast in allen Gemeinden waren noch mehr Gefallene und Vermißte als im Ersten Weltkrieg zu beklagen.
Eine überdurchschnittlich hohe Zahl zerstörter Wohnhäuser – 13 Prozent Kreisgebiet
gegenüber elf Prozent in den Landkreisen des Regierungsbezirks Südbaden – besonders
in Nieder- und Oberhausen, Sasbach, Wyhl, Emmendingen, Endingen und Kenzingen –
zerstörte Straßen, Brücken und Eisenbahnlinien waren die Hinterlassenschaft des tausendjährigen Reiches. – Erst jetzt wurde auch das ungeheuere Ausmaß des schaudererregenden Elends allgemein bekannt, das von dem NS-Regime vor allem dem jüdischen
Volke, politischen Gegnern und den als Arbeitssklaven mißbrauchten Menschen weiter
Teile Europas im Namen des deutschen Volkes zugefügt worden war.

Wiederaufbau und Besatzungszeit

Die bedingungslose Kapitulation im Mai 1945 beseitigte das Hitlerreich. Die Teilung
Deutschlands in vier Besatzungszonen besiegelte das Schicksal der Länder und bewirkte
im deutschen Südwesten Veränderungen, die nur noch mit denen in napoleonischer Zeit
vergleichbar sind. Die früheren Länder Baden und Württemberg wurden durch eine am
10. Juli festgelegte Linie südlich der Autobahn Karlsruhe–Stuttgart–Ulm in eine (nördlich davon gelegene) amerikanische und französische Zone geteilt, mit Freiburg als Sitz
der französischen Militärregierung.

Das durch die totale Niederlage hereingebrochene allgemeine Chaos – die Staatsorganisation war auseinandergebrochen, teils sogar beseitigt, mit der Versorgungslage war es ähnlich – trat durch die militärische Besatzung in allen Städten und in vielen Dörfern zurück. Trotz Hunger, Mangel und Verzweiflung nach einem Zusammenbruch ohnegleichen, regten sich bald erste Kräfte für den Wiederaufbau. Es war bezeichnend für alle Beteiligten und die damalige Situation, daß allerorten, vielfach in den notdürftig instandgesetzten Kirchen wieder gutbesuchte Gottesdienste abgehalten werden konnten und die zuvor bekämpften Geistlichen um Fürsprache für die im Lager in Emmendingen konzentrierten Parteigenossen angegangen wurden.

Im Gegensatz zum amerikanischen, war das französische Militärregiment wesentlich strenger. Bedingt durch das französische Streben nach Sicherheit und Entschädigung, vollzog sich hier der staatliche Neuaufbau mit Verzögerung. Die ersten Besatzungsjahre waren daher überaus hart. Wie anderswo waren Tausende von Flüchtlingen und Vertriebenen aus den verlorenen deutschen Ostgebieten und aus der sowjetisch besetzten Zone aufzunehmen – bis 1950 bereits 6600, deren Zahl sich bis 1961 auf über 10 000 d. h. zehn Prozent der Gesamtbevölkerung, erhöhte –, war die das öffentliche Leben anfangs stark behindernde Entnazifizierung durchzuführen und die sich auf alle erdenklichen Lebensbereiche erstreckende Zwangsbewirtschaftung zu ertragen. Besonders belastend aber war, daß die Besatzungsmacht aus dem Land lebte – noch 1950 wurde die Hälfte des Steueraufkommens dafür verwendet – und ihm Nahrungsmittel, Maschinen und Rohstoffe entzog. Die Demontagen, über die 1947 nicht einmal parteiintern diskutiert werden durfte, die im Sommer 1948 zum Rücktritt des Staatspräsidenten Wohleb führten, schwächten die aus ökonomischen und geographischen Gründen bedingte, an sich geringe Wirtschaftskraft des Landes (Süd)Baden und hemmten den Wiederaufbau. Karitative Hilfe der Schweiz und der USA verhinderten im Hungerjahr 1947 eine Katastrophe. Die Währungsreform 1948 linderte, beseitigte jedoch nicht die von der badischen Staatsregierung öffentlich angeprangerten Zwangsleistungen für die Besatzungsmacht, deren Kulturpolitik positive Züge aufwies. Erst danach, im Zusammenhang mit den Verhandlungen über die Gründung der Bundesrepublik Deutschland und die Lockerung des Besatzungsstatus, besserte sich Badens Lage.

Vom Land (Süd)Baden zum Bundesland Baden-Württemberg

Nach dem Zusammenbruch war eine verwaltungsmäßige Einheit der durch die Besatzungszonen geteilten Länder Baden und Württemberg nicht aufrechtzuerhalten. Auf Befehl der Besatzungsmächte entstanden deutsche Verwaltungen; sie schlossen die noch intakt gebliebenen Reste an Staatlichkeit in Gestalt der auf sich selbst gestellten Landkreise wieder zusammen und setzten nach Wiederbelebung eines demokratischen öffentlichen Lebens – Wiederzulassung politischer Parteien Ende 1945/Anfang 1946, der

Gewerkschaften und Wirtschaftsverbände – die Ausarbeitung von Verfassungen in Gang. Nach deren Inkrafttreten 1946 und 1947 entstanden infolge der verschiedenartigen Zielsetzungen der Besatzungsmächte in der amerikanischen Zone das Land Württemberg-Baden, in der französischen Zone dagegen die Länder Baden – mit Freiburg als Regierungssitz – und Württemberg-Hohenzollern, beide durch die alte Ländergrenze getrennt.

Der 1946 aufkommende Gedanke einer Überwindung der Landesgrenzen und der sich verfestigenden Besatzungszonen wurde von der Freiburger Regierung in Übereinstimmung – wenn auch aufgrund unterschiedlicher Motive – mit der französischen Besatzungsmacht abgelehnt. Nach jahrelangen Verhandlungen, die innen- und außenpolitische und verfassungsrechtliche Gesichtspunkte, aber auch der heftig aufgebrochene Meinungsstreit innerhalb der Bevölkerung belasteten, eröffnete die Volksabstimmung vom 9. Dezember 1951 den Weg zur Bildung des Landes Baden-Württemberg, das sich durch das Überleitungsgesetz vom 15. Mai 1952 konstituierte.

Im Kreisgebiet, wo die CDU seit 1946 die stärkste politische Kraft bildete, durch die Badenfrage aber sich in einer Zerreißprobe befand, stimmten nur 38,8 Prozent für den Südweststaat. – Die seitdem nie restlos geklärte Badenfrage fand durch den Volksentscheid am 7. Juni 1970 ihren endgültigen Abschluß; diesesmal votierte der Kreis mit 80,5 Prozent für den Fortbestand des Bundeslandes.

Quellen und Literatur (Auswahl)

Arbeiter-, Soldaten- und Volksräte in Baden 1918/19, bearb. v. Brandt, P. und R. Rürup. Düsseldorf 1980
Bader, K. S.: Zur älteren Geschichte der Stadt Elzach. Z. d. Gesellschaft f. Geschichtskunde in Freiburg/Br. 45, 1934
–: Das badisch-fürstenbergische Kondominat im Prechtal. Beiträge z. oberrhein. Rechts- und Verfassungsgesch. I. Freiburg/Br. 1935
–: Das Freiamt im Breisgau. Beiträge z. oberrhein. Rechts- und Verfassungsgesch. II. Freiburg 1936
–: Zur Tal-, Dorf- und Stadterfassung des Schwarzwaldes. In: Der Schwarzwald, Beiträge zur Landeskunde. Bühl 1980
Batzer, E.: Namen und Grenze des Ortenau-Gaues. In: Die Ortenau 16, 1929
Bräunche, E. O.: Die Entwicklung der NSDAP in Baden bis 1932/33. In: Z. f. d. Gesch. d. Oberrheins 125, 1977
Büttner, H.: Gesammelte Aufsätze (u. a. Franken und Alemannen in Breisgau und Ortenau, Waldkirch und Glottertal. Zur pol. Erfassung des Raumes zwischen Kaiserstuhl und Kandel im Mittelalter), hrsg. von Patze, H., Sigmaringen 1972
Christlein, R.: Die Alamannen. Stuttgart/Aalen 1978
Codex Laureshamensis, hrsg. v. Glöckner, K., 3 Bde. Darmstadt 1929 (Nachdruck 1963)
Fundberichte, Badische. Amtl. Nachr.-Bl. f. d. ur- und frühgeschichtl. Forschung Badens. Freiburg 1925 ff.
Futterer, A.: Endingen. Endingen 1972
Geiges, L., Hetzel, F. und W. Jacob: Emmendingen – Bilder aus einer alten Stadt. Freiburg 1976

Gemmert, F. J.: Die Schicksale der Textilfabriken in den säkularisierten Breisgauer Klöstern. In: Schauinsland 77, 1959

Gothein, E.: Wirtschaftsgeschichte des Schwarzwaldes und der angrenzenden Landschaften I. Straßburg 1892

Heyck, E.: Geschichte der Herzoge von Zähringen. Freiburg/Br. 1891

Hölzle, E. unter Mitwirkung von H. Kluge: Der deutsche Südwesten am Ende des Alten Reiches. Gesch. Karte mit Beiwort. Stuttgart 1938

Jahrbücher für Statistik und Landeskunde von Baden-Württemberg 1955 ff.

Jörger, F.: Aus Waldkirchs Vergangenheit und Gegenwart. 1936

Kowollik, P. (Hrsg.): Handwerk-Handel, Landwirtschaft und Industrie im Landkreis Emmendingen. Waldkirch 1965

Krieger, A.: Topographisches Wörterbuch des Großherzogtums Baden, 2 Bde. 1904–05

Kriegsereignisse 1939–1945, Berichte kath. Pfarrämter an das Erzb. Ordinariat Freiburg von 1945/46. Erzbischöfl. Archiv Freiburg/Br.

Landkreis Emmendingen (Hrsg.): Kreiskommunales Geschehen 1953–1970. Emmendingen 1970

Maurer, H.: Das Freiamt und die Herren von Keppenbach. In: Z. Freiburg 4, 1877

–: Zur Geschichte der Grafen von Neuenburg. Z. Freiburg 5, 1880

–: Urkunden zur Geschichte der Herrschaft Üsenberg. In: Z. Freiburg 5, 1880

Mayer, Th.: Der Staat der Herzoge von Zähringen. Freiburg 1935

–: Die historisch-politischen Kräfte im Oberrheingebiet im Mittelalter. In: Z. f. d. Gesch. d. Oberrheins 91, 1939

Metz, R.: Alter und neuer Bergbau in den Lahrer und Emmendinger Vorbergen. In: Alemann. Jb. 1959

–: Der frühere Bergbau im Suggental. In: Alemann. Jg. 1961

Müller, W.: Die Anfänge des Christentums und die Pfarrorganisation im Breisgau. In: Schauinsland 94/95. 1976/77

Mundhenke, K.: Der oberbadische Aufstand vom September 1923. Heidelberg 1930

Noack, W.: Die Stadt Kenzingen. In: Schauinsland 74, 1956

Ottnad, B.: Politische Geschichte von 1850 bis 1918. In: Badische Geschichte vom Großherzogtum bis zur Gegenwart. Stuttgart 1979

–: Die politische Geschichte von den Anfängen bis zur Gegenwart. In: Breisgau-Hochschwarzwald, Land vom Rhein über den Schwarzwald zur Baar. Freiburg 1980

Ottnad, B. und K. S. Bader: Beitrag zur Geschichte. In: Der Schwarzwald-Baar-Kreis. Stuttgart/Aalen 1977

Poinsignon, A.: Brandschatzung im Breisgau, Z. f. d. Gesch. d. Oberrheins 37, 1884

–: Ödungen und Wüstungen im Breisgau. Z. f. d. Gesch. d. Oberrheins 41, 1891

Rambach, H.: Die Kastelburg bei Waldkirch. Waldkirch 1954

Regesten der Markgrafen von Baden und Hachberg 1015–1515, bearb. v. Fester, R.: 3 Bde. Innsbruck 1900 ff.

Regierungsblatt des Großherzogtums Baden 1807–1939

Riedel, H.: Halt! Schweizer Grenze! (vor Veröffentlichung stehende Dokumentation über das Ende des 2. Weltkrieges im Südwesten Deutschlands)

Rothmund, P. und E. R. Wiehn (Hrsg.): Die FDP/DVP in Baden-Württemberg und ihre Geschichte. Stuttgart 1974

Rotulus Sanpetrinus, hrsg. v. Fr. v. Weech. Freiburger Diözesan-Archiv 15, 1882

Schadt, J. und W. Schmierer (Hrsg.): Die SPD in Baden-Württemberg und ihre Geschichte. Stuttgart 1979

Schreiber, H.: Geschichte der Stadt Freiburg i. Br., 2 Bde., Freiburg/Br., 1857 f.

–: Der deutsche Bauernkrieg. 3 Tle. Freiburg/Br. 1863–1866

Schulte, A.: Geschichte des mittelalterlichen Handels und Verkehrs zwischen Westdeutschland und Italien. 1900 (Neudruck Berlin 1966)

Schuster, E.: Burgen und Schlösser Badens. Karlsruhe 1908

Staatsarchiv Freiburg: Bestand: Landratsamt Emmendingen, Nrn. 199, 206, 653, 820

Strobel, E.: Waldkirch und die Aufstandsbewegung 1848/49, Waldkircher Heimatbrief 1971

–: Die Elztalbahn und der badische Landtag, ebda.

Tennenbacher Güterbuch 1317–1341. 66/8553 Generallandesarchiv Karlsruhe. Publ. Stuttgart 1969

Vierhundert Jahre Reformation im Hochberger Land, 1556–1956. Festschrift. Emmendingen 1956

Wagner, E.: Fundstätten und Funde aus vorgeschichtlicher, römischer und alemannisch-fränkischer Zeit im Großherzogtum Baden. I. Tübingen 1908

Weinacht, P. L. (Hrsg.): Die CDU in Baden-Württemberg und ihre Geschichte. Stuttgart 1978

Wellmer, M.: Der Vierdörferwald bei Emmendingen, Freiburg 1938

–: Der vorderösterreichische Breisgau. In: Vorderösterr., gesch. Landeskunde, hrsg. vom Alem. Institut Freiburg 1959

–: Aus der Geschichte des Kreisgebiets. In: Der Kreis Emmendingen. Aalen/Stuttgart 1964

Wetzel, M.: Waldkirch im Elztal, I. Waldkirch 1912

Zotz, T. L.: Der Breisgau und das alem. Herzogtum. Sigmaringen 1974

Kunstgeschichtlicher Überblick

von Wolfgang E. Stopfel

Der Kreis Emmendingen erstreckt sich über ca. 45 km in Ost-West-Richtung und ca. 20 km in Nord-Süd-Richtung. Von den Fischerdörfern am Rhein und den Reborten am Nordabfall des Kaiserstuhls über die Städtekette an der uralten Nord-Süd-Verbindung entlang der Vorbergzone bis zu den Rodungssiedlungen im Hünersedelgebiet und in den Nebentälern des Elztales umfaßt er eine Fülle ganz unterschiedlicher Siedlungsformen, einen ungewöhnlichen Reichtum verschiedener, sehr ausgeprägter Haustypen. Auf der Darstellung dieses Bestandes an bäuerlicher und bürgerlicher Architektur liegt der Schwerpunkt dieser Topographie kulturgeschichtlicher Sehenswürdigkeiten im Kreis.

Wie das gesamte Oberrheingebiet wurde auch der Kreis Emmendingen vom Anfang des 17. bis zum Ende des 18. Jahrhunderts durch nahezu ununterbrochene Kriegshandlungen verheert. Im ganzen Kreisgebiet ist keine einzige vollständig erhaltene mittelalterliche Kirche aufzufinden, aber mehr als ein Dutzend romanischer und gotischer Turmstümpfe, die bei Kirchenneubauten wiederverwendet wurden. Neben der Turmhalle in Jechtingen, dem Chorturm von Ottoschwanden und dem Chor von Unterreute, deren Datierung ins 13. Jahrhundert nicht sicher ist, hat sich von frühgotischer Architektur nur die – allerdings herrliche – Krankenkapelle von Tennenbach erhalten. Der Chorbau in Denzlingen fällt in die Zeit um 1275. Aus dem 14. Jahrhundert stammen der Turmchor in Teningen und vielleicht der Chor in Hecklingen, während die Chorbauten von Weisweil, Leiselheim, Bahlingen, Emmendingen und Endingen ins 15. Jahrhundert gehören. Eine Gruppe sehr reichgewölbter Chöre nach 1500 vertreten Bleibach, 1514, Malterdingen, 1517, und Elzach, 1522. Letzter Ausklang der Gotik: die phantasievollen Turmaufsätze der Denzlinger Kirchen.

Im Profanbau blieben nur im Kern die Rathäuser in Endingen und Kenzingen aus dem zweiten Jahrzehnt des 16. Jahrhunderts erhalten. Größer ist der Bestand an Fachwerk- und Steinhäusern aus dem letzten Viertel des 16. Jahrhunderts. Neben dem Markgrafenschloß in Emmendingen muß hier der Üsenberger Hof in Endingen stehen, der Rebstock in Köndringen, die Stube in Kiechlinsbergen. Nach dem Bau des Kornhauses in Endingen 1617 in gotischer Tradition beginnt die Zäsur durch den Dreißigjährigen

Krieg. Eine neue Blüte erlebte der Profan- und Kirchenbau in der Mitte des 18. Jahrhunderts. Am Anfang steht Peter Thumbs Stiftskirche in Waldkirch. Unmittelbar unter dem Einfluß von J. K. Bagnatos Merdinger Kirchenbau steht Oberhausen (1740–1744). Sehr gekonnte weiterentwickelte Varianten des Typs mit halbeingestelltem Frontturm lieferte der in Kenzingen ansässige Allgäuer Franz Ruedhart mit Riegel (1743–1749) und Herbolzheim (1752–1754). Das Rathaus von Emmendingen von 1729 setzt den alten Typ des Rathauses mit Laube und Saal im Obergeschoß in die barocke Form um. Die Stiftsgebäude in Waldkirch, neue Pfarrhäuser und eine Reihe von bürgerlichen Wohnhäusern in Herbolzheim, Kenzingen und Endingen (neues Rathaus) sind Zeichen für den neuen Wohlstand nach 150 Jahren Krieg. Der Einfluß der Straßburger Architektur wird an den Endinger Barockpalais faßbar; auch das Schloß in Hecklingen wird 1776 nach einem Entwurf François Pinots erbaut. Das Schloß in Kiechlinsbergen (1776–1778) ist möglicherweise die späte Ausführung eines frühen Entwurfes von Peter Thumb. Während das Schloß in Buchholz (1760) möglicherweise einen Schweizer Architekten zum Urheber hat, wurde das merkwürdige Schloß in Heimbach (1803–1806) von dem baukundigen Besitzer selbst entworfen.

Im Kreisgebiet sehr gut vertreten ist die nach dem Anfall an Baden einsetzende Sakralarchitektur der Bezirks- und Kreisbauämter, die meist mit den unmittelbaren Schülern Friedrich Weinbrenners besetzt waren. Die komplizierten Zuständigkeiten innerhalb der staatlichen Bauverwaltung machen es schwer, die Bauten einem Architekten allein zuzuschreiben; meist waren mehrere an der Planung beteiligt. Die Reihe beginnt mit Vörstetten (1803) und Tutschfelden (1806), sicher wenigstens teilweise von Weinbrenner selbst entworfen. Ihnen folgt Kiechlinsbergen (1813–1815). Die genaue Betrachtung der großen Kirchen der zwanziger und dreißiger Jahre in Achkarren, Bleichheim und Teningen zeigt bei aller Ähnlichkeit doch sehr differenzierte Lösungen in der Gestaltung der damals ganz ungeliebten „Scheunenkirchen". Leider haben sie fast alle einschneidende Veränderungen der Innenräume hinnehmen müssen. Die Wende zum Baustil Heinrich Hübschs markieren die späten Bauamtskirchen Suggental und Oberwinden. Gute neugotische Kirchen stehen in Emmendingen (Meckel) und Freiamt-Mußbach (Carl Schäfer). Bemerkenswert auch die anmutige Neunlindenkapelle Josef Grafs über Elzach. Die beiden Kirchen Raimund Jeblingers in Forchheim und Kollnau zeigen die unterschiedlichen Möglichkeiten dieses Architekten des Stilpluralismus mit Einflüssen des Jugendstils, die auch im „Riegeler Barock" des Julius von der Ohe erkennbar werden. Soziologisch und architektonisch interessant sind die Ende des 19. und zu Beginn des 20. Jahrhunderts entstandenen großen Werksiedlungen in Gutach und Kollnau.

Die umfangreichsten Reste einer mittelalterlichen Kirchenausmalung im Kreis sind auch gleichzeitig die frühesten erhaltenen: Schildwände und Gewölbezwickel der Kapelle im

Südturm der Stadtkirche Kenzingen wurden um 1300 ausgemalt. Ebenfalls im 14. Jahrhundert entstanden wohl die Malereien am Triumphbogen in Teningen, erst im 15. Jahrhundert die Teninger Chor- und Sakristeimalerei, Malereien in Denzlingen und wohl auch die Reste einer Ausmalung im Chor von Ottoschwanden. Im 1517 datierten Chor von Malterdingen und in der gleichzeitigen Seitenkapelle haben sich Rankenmalereien, eine Verkündigung und Heiligenbilder mit Stiftern erhalten. Die einzigen spätgotischen Tafelgemälde, Friedrich Herlin zugewiesen (1473), in St. Bonifatius in Emmendingen kamen erst am Ende des vorigen Jahrhunderts in den Kreis. Das Kreuzigungsbild mit Szenen aus dem Leben Christi in Kenzingen in der Art des Hans Schäufelein entstand um 1650. Die Seitenaltarbilder in Elzach sind ein Beispiel für das Wiederaufgreifen spätgotischer Formen in der Zeit der Gegenreformation.

Das 18. Jahrhundert bringt eine Fülle von qualitätvollen malerischen Kirchenausstattungen, Deckengemälden und Altarbildern. Im weiten Umkreis einmalig sind die Wandmalereizyklen in den evangelisch gewordenen Kirchen in Malterdingen und Nimburg, 1700 und 1718, mit ihren ausführlichen Beschriftungen. Ein katholisches Gegenstück zu dieser volkstümlichen Malerei bildet die Bemalung der Holztonne der Beinhauskapelle in Bleibach von 1723 mit Totentanz-Szenen.

Einen großen Deckenbildzyklus und Altarbilder lieferte nach 1734 der in Freiburg ansässige Tiroler Maler Altenburger für die Stiftskirche in Waldkirch. Meistbeschäftigter Maler nach ihm ist Johann Pfunner, ebenfalls Tiroler Herkunft. Sein erstes Werk im Kreis sind die Deckenbilder in Altsimonswald (1741), sein letztes Werk Deckenmalereien und Altarbilder in Wyhl, 1777. Dazwischen liegen seine Aufträge in Herbolzheim, Tennenbach (heute in Kiechlinsbergen), Heimbach und Endingen. Simon Göser liefert 1747 die Gemälde für die Empore in der Kirche in Weisweil.

Höchst qualitätvolle Glasmalereien der Freiburger Ropsteinwerkstatt, Reste einer auch ursprünglich nur partiellen Farbverglasung, haben sich in der Kirche in Bleibach von 1514 und besonders in Elzach, nach 1522, erhalten. Aus der gleichen Werkstatt stammen auch die Wappenscheiben von 1528/29 im Rathaus zu Endingen. Ein für die Frömmigkeitsgeschichte wichtiges und ungewöhnliches Werk ist das durchstochene Kreuzigungsbild von 1650 in der Kirche von Heimbach.

Mit der Zerstörung der gotischen Kirchen ist auch die sicher ehemals reiche gotische Ausstattung verschwunden. Nur ganz wenige Stücke haben sich hier und da erhalten, etwa die Pietà vom Holzerhof in Oberprechtal um 1380 oder die Bombacher Madonna um 1400. Auch die beiden Gnadenbilder in Wagenstadt und in Maria Sand bei Herbolzheim, eine Tonmadonna, stammen aus gotischer Zeit ebenso wie der große Kruzifixus in der ev. Kirche in Kenzingen, die Anna selbdritt in Heimbach und der Antonius in Obersimonswald. Unter der modernen Bemalung der beiden Heiligenfiguren Felix und Regula in der Pfarrkirche in Reute und der Muttergottes in Forchheim verbergen sich spätgotische Originale, die in den unmittelbaren Umkreis des Schöpfers des Breisacher Altares, des Meisters HL, gehören. Dem bedeutenden Bildhauer Christoph von Urach werden die Epitaphien der Familie Hürnheim, nach 1518, in der Kenzinger Stadtpfarrkirche zugeschrieben. In den neugotischen Altar der gleichen Kirche ist eine Madonna um 1420 eingebaut. Gefällige Barockaltäre, Kanzeln und Orgelprospekte schmücken die meisten Gotteshäuser des Kreises. Nur selten entstammen sie noch dem 17. Jahrhundert wie der Seitenaltar von 1685 in Altsimonswald. Selten lassen sich Namen von bekannteren Bildhauern mit ihnen verbinden wie beim Sebastiansaltar in der gleichen Kirche (von dem Villinger Schupp, 1736) oder bei den Ausstattungsstücken in Waldkirch, für die Winterhalter und Christian genannt werden. Bedeutende Werke der Steinbildhauerei des 18. Jahrhunderts sind die Portalmadonnen Wenzingers in Kenzingen und J. Hörrs in Riegel und der hl. Ulrich in Oberhausen, ein Werk Sellingers von 1761.

Topographie der kulturhistorischen Sehenswürdigkeiten

von Wolfgang E. Stopfel

Altsimonswald siehe Simonswald

Amoltern siehe Endingen

BAHLINGEN   Das große Haufendorf besitzt eine Fülle besonders stattlicher Fachwerkhäuser, sowohl traufseitig als auch giebelseitig zur Straße stehende. Gemeinsam ist fast allen ein sehr hohes steinernes Erdgeschoß mit halboberirdischem Keller, das im Verein mit den häufigen Hofmauern mit rundbogigem Tor und Fußgängerpforte den Hausanlagen der Weinbauern ein ganz eigenes Gepräge gibt. An vielen Balken zeigen geschnitzte Kartuschen die Initialen der Erbauer und das Baujahr.

In keinem anderen Ort des Kreises Emmendingen gibt es so große und stattliche Fachwerkhäuser des traufständigen Typs wie in Bahlingen. Die eindrucksvollste Gruppe bilden die nebeneinanderstehenden Häuser *Kapellenstr. 35–39*; Nr. 39 hat das Baujahr 1783, Nr. 37, das „Haus zum Storchennest", ist 1816 datiert. Von ähnlicher Form und Größe sind das im Krieg zur Hälfte zerstörte *Kapellenstr. 5, Saarstr. Nr. 5* von 1792, *Hauptstr. 30* von 1798 und *Bühlstr. 38.* Das giebelseitig zur Straße stehende Haus mit Fachwerk im Obergeschoß oder Giebel, teilweise mit außerordentlich hohen Kellergeschossen, vertreten die Häuser *Kapellenstr. 9* von 1777, *Bühlstr. 8* und in der *Kreuzstraße*. Zu diesem Typ gehören schließlich auch die stattlichen Gasthöfe *Zum Rebstock*, 1776, *Zum Hecht*, 1805, und das Rathaus. Nicht an allen Fachwerkhäusern liegen die Balken frei, aber auch die verputzten Häuser sind von großer Eindrücklichkeit in den noch sehr gut erhaltenen Straßenzügen der Kapellen-, Saar-, Kreuz- und Bühlstraße. Leider ist Kapellenstr. 32 ganz mit einem Überzug von Asbestschiefer versehen. – Als Ausnahmeform ist das sockellose Fachwerkhaus *Kapellenstr. 17* zu erwähnen und das Haus an der Ecke Endinger Straße/Hohleimen, an dessen Fachwerkgiebel eine zweimalige Erweiterung deutlich abzulesen ist. Technische Kulturdenkmäler sind die im Straßenraum aufgestellte Weintrotte „Am Dorfbach" und Teile einer Ölmühle in der Kapellenstraße. – Das *Rathaus*, am steilen Hang, gibt seine Funktion durch die großen Doppelfenster des Bürgersaales im Obergeschoß und durch das Dachreiterchen zu erkennen. Ein seitlicher Anbau ersetzte die frühere überdachte Freitreppe. – Die *ev. Pfarrkirche*, die sog. „Bergkirche", steht weithin sichtbar über dem Ort. Vom ehemals befestigten Friedhof sind noch Mauern und das Tor mit Fallgatterschlitz erhalten. Der Turm der urkundlich 1275 erwähnten, aber viel älteren Kirche ist vielleicht im Unterteil noch romanisch, aber zu verschiedenen Zeiten um- und aufgebaut; eine Bauinschrift im Innern des Chores nennt das Jahr MCCCCVIII. Wesentliche Teile des Kirchenbaues sind sicher mittelalterlich. Innenausbauten im 18. und 19. Jh. Bei der letzten Restaurierung 1962/63 wurden die Maßwerke der Fenster nach vorhandenen Spuren erneuert.

BIEDERBACH   Der große Doppelhof ,,*Häringerhof*'', Hintertal 65, und der ,,*Spitzbauernhof*''
im Finsterbach 188 mit Vollwalmen lassen erkennen, wie die Biederbacher Höfe früher alle aussa-
hen. – Die *kath. Pfarrkirche,* mit dem neuen Pfarrhaus durch einen Gang verbunden, steht mit
dem seltenen Patron St. Mansuetus beinahe klein zwischen mächtigen Höfen auf einer Erhöhung
über dem Tal. Vielleicht schon im 15. Jh. erbaut, entspricht sie in ihrer heutigen Gestalt dem am
Westportal genannten Datum 1761. Erstaunlich hochwertige Innenausstattung. Hochaltar und
Kanzel wohl um 1761. Seitenaltäre sicher ein halbes Jahrhundert früher.

Bleibach siehe Gutach

Bleichheim siehe Herbolzheim

Bombach siehe Kenzingen

Broggingen siehe Herbolzheim

Buchholz siehe Waldkirch

DENZLINGEN   Vom ursprünglichen Haustyp, dem einstöckigen, kniestocklosen Fachwerkhaus
wie in Vörstetten haben sich nur wenige gepflegte Bauten erhalten (*etwa Hauptstr. 104, Kro-
nenstr. 4*). Zweistöckig und besonders groß das Gasthaus ,,*Zur Krone*''. Sehr selten der südlich
Freiburg häufige Typ mit steinernem Staffelgiebel, *Hauptstr. 97.* An der Hauptstraße, neben der
glücklicherweise die ortsbildbestimmende Glotter noch unverdolt fließt, stehen auch – etwas zurückgesetzt – die drei Kirchen. – *St. Michael* (Storchenturm), 1275 erwähnt. Bis auf Turm und
Mauerreste abgebrochen. Der interessante steinerne Turmhelm setzt im Innern auf acht Rippen
mit offenem Schlußring an. Diese Rippen vereinigen sich freistehend zum Turmabschluß mit
Knauf. Noch komplizierter ist der Turmabschluß der *ev. Kirche St. Georg.* Auch hier ist der Chorturm ältester Teil, die Kirche 18. Jh. mit Umbau 1897 und 1959. Trotz der romanischen Klangar-
kaden ist der Turm wohl in gotischer Zeit erneuert. Ganz gotisch die Obergeschosse mit steinernem Erker unbekannter Bestimmung und dem Helm, der wieder auf einer von acht Rippen mit
Schlußring getragenen Plattform aufsitzt, sich aber als freistehende Spitze aus Rippen noch
13,5 m erhebt, eine merkwürdige Paraphase des Freiburger Münsterhelmes. Die Brüstung der
Turmplattform besteht aus den steinernen Buchstaben des AVE MARIA, von innen lesbar, datiert
1547, also ganz kurz vor Einführung der Reformation in Denzlingen. Im Chor der Kirche Rankenmalerei und Aposteldarstellungen ähnlich wie in Ottoschwanden, 15. Jh. – Die *kath. Kirche*
verwendet das Langhaus der ehem. kath. Kirche in Emmendingen von Heinrich Hübsch, dort abgebrochen 1911. – Halbwegs zwischen Denzlingen und Buchholz am neuen Schwimmbad der
Mauracher Hof mit der *Severinskapelle* auf dem Mauracher Berg. Hier lag wohl die Mutterkirche
des ganzen Gebietes. Das heutige Gasthaus auf uraltem Grund nach Brand neu aufgebaut. Die Ka-
pellenruine auf dem nahen Berg wohl von einem 1497 errichteten Bau, der allerdings auf Vorgän-
ger seit dem 10. Jh. zurückgeht. Wallfahrtsort bis ins 19. Jh. Grabplatte Severins von 1410 jetzt in
der kath. Kirche.

ELZACH   Das Städtchen, 1290 gegründet, wurde zwischen dem bereits bebauten Kirchenhügel
und dem Zentrum des Meiertumes Prechtal, dem Ladhof, errichtet. Der rings von Gebäuden um-
gebene Kirchplatz sitzt noch heute als eigener Bereich im Stadtorganismus. Die kleine Stadt bestand nur aus der Marktstraße (mit drei Brunnen wie in Kenzingen), zwei Parallelstraßen und ei-

104. *Die Krankenkapelle, ein gotischer Bau des um 1160 gegründeten Zisterzienserklosters Tennenbach bei Emmendingen*

106. *Kenzingen. Der barock umgebaute Innenraum der Stadtkirche St. Laurentius*

105. *Elzach. Blick in den Chor der kath. Pfarrkirche, ältester Teil des Gebäudes aus dem Jahre 1522*

107. Die Ruine der Severinskapelle auf dem Mauracher Berg bei Denzlingen geht auf einen um 1497 errichteten Bau zurück

108. Wandmalereien von Georg Menradt von Endingen (1700) in der Kirche von Malterdingen

109. Gutach-Bleibach. Die Holztonne der Beinhauskapelle ist mit einer Darstellung des Totentanzes mit zeitgenössischen Versen von 1723 geschmückt

110. Malereien von 1718 in der ev. Kirche in Teningen-Nimburg, ehemals Kirche des Antoniterklosters

111. Die kath. Kirche in Herbolzheim, erbaut 1752–1754 von Franz Ruedhart
112. Wallfahrtskirche Maria Sand am Rande von Herbolzheim mit ihren schönen Altären

113. Riegel. Die schöne Fassade der Barockkirche, erbaut 1743–1749. Portalmadonna von Josef Hörr

114. *Blick in das Innere der ehem. Stiftskirche St. Margaretha, heute kath. Pfarrkirche in Waldkirch, die malerische Ausstattung stammt von Franz-Bernhard Altenburger*

115. *Waldkirch. Orgelsammlung im Margarethengebäude*

116. Kath. Pfarrkirche St. Peter in Endingen, erbaut 1773–1775. Decken- und Altarbilder von Johann Pfunner

117. Blick in die kath. Pfarrkirche in Teningen-Heimbach, erbaut 1774. Die Altäre stammen von J. Amann

118. *Nepomuk in Kenzingen-Hecklingen*

ner Haupt-Querachse, später, wohl nach dem Brand von 1583 einseitig zu einem Platz erweitert. Mehrere Brände, darunter die vernichtenden von 1583 und 1634 ließen kaum alten Bestand übrig. Eigentliches Zentrum der Stadt ist nicht, wie in Waldkirch, die Querstraße des Achsenkreuzes, sondern der Nikolausplatz mit dem Nikolausbrunnen von 1620 an der Nahtstelle zwischen Stadt und Kirchenplatzumbauung. Der Platz wird im Hintergrund abgeschlossen von dem *alten Pfarrhaus*, Hauptstr. 40, von 1765, mit einem Rokokoportal an der Seite. Jenseits der Hauptstraße, an der Außenseite der den Kirchhügel umrundenden Hauptstraße die beiden Gründerzeitfronten der Gasthöfe „Hirschen" und „Ochsen". Der mächtige „Ochsen" mit seiner großen Gebäudetiefe markiert wohl die Stelle des abgegangenen Hofes der Herren von Reischach. Die Häuser an der Hauptstraße stehen meist traufständig, bemerkenswerte Bauten sind die Gasthöfe *„Bürgerhof"*, 1765, *„Zur Krone"* 1817, noch ganz in barocker Tradition; und das schon jenseits der ursprünglichen Stadt an einer platzartigen Erweiterung der Hauptstraße liegende Gasthaus *„Zum Schwanen"*. Das Elzacher Rathaus befand sich nie an der mittleren Querstraße, sondern an der unteren Hauptstraße. – 1908/09 wurde das heutige *Rathaus* erbaut. Mit seinen beiden Staffelgiebelfassaden und den Gruppenfenstern mit Vorhangbogen ein gotisierender Bau, besonders repräsentativ durch den in fünf Seiten des Achtecks aus der Fassade vortretenden Erker mit Zeltdach, abgestützt auf eine zweiläufige Freitreppe. Das über dem Portal angebrachte Relief des Stadtpatrons besitzt eine Umschrift, die in der Form der Buchstaben genauso auf den Jugendstil hinweist wie das merkwürdig teigige Maßwerk der noch in gotischen Formen gehaltenen Fenster des Erkers. – Ältester Teil der *kath. Pfarrkirche* ist der Chor von 1522, einer der schönsten Kirchenräume des Kreises. Das Langhaus von 1722 wurde 1957/58 durch Seitenschiffe zur heutigen Dreischiffigkeit erweitert. Das Netzgewölbe des Chores schmücken figürliche Schlußsteine mit den Wappen der Freiherrn von Schwarzenberg, der Stadtgründer, und denen von Arco und Rechberg, die den Bau der Kirche förderten. Die Wappen von Arco und Rechberg wiederholen sich noch mehrfach an der Kirche. Ein schönes Sakramentshäuschen aus der Zeit kurz nach 1522 mit Figuren des 19. Jh. und ein Glasmalereizyklus in der partiellen Farbverglasung des Chores mit Scheiben aus der Freiburger Ropsteinwerkstatt sind ebenso bedeutende Ausstattungsstücke wie die drei Altäre, die aus der Augustinerkirche in Oberndorf und aus Ettenheimmünster stammen sollen. Das Hochaltargemälde ist eine fantasievolle Verkündigungsdarstellung des 18. Jh., die Seitenaltargemälde sind aus jeweils zwei Tafeln zusammengesetzt, manieristische Gemälde auf Holz der Zeit gegen 1600. Auch die großen Holzfiguren in der Kirche, z. T. von den Seitenteilen des Hochaltares stammend, sind von hoher Qualität. Der alte Taufstein trägt die Datierung 1480, der neue Taufstein aus dem 17. Jh. ist mit originellen Darstellungen zur Taufe geschmückt. Der westliche Turm der Kirche wurde 1828 in den klassizistischen Formen der Weinbrenner-Schule errichtet und öffnete sich früher in einem hohen Bogen gegen das Mittelschiff. – Über der Stadt auf steilem Berg die *Neunlindenkapelle* von 1912/13. Ihre Vorgängerin war eine 1450 mit einem Spital von dem in Rom lebenden Elzacher Bäcker A. Schleicher gestiftete Kapelle vor dem unteren Tor. Sie wurde durch das Elzhochwasser von 1778 weggerissen. Die neue Kapelle, ein Werk des Fürstenbergischen Architekten Josef Graf, ist auf einem Dreikonchen-Grundriß errichtet. In die Ausstattung durch J. Dettlinger ist das alte Gnadenbild einbezogen. Das reizende Werk der spätesten Neugotik ist eine der wenigen noch ganz vollständigen Kapellen dieser Zeit.

Katzenmoos, Oberprechtal, Yach Das ganze Elztal und das anschließende Prechtal werden noch heute außerhalb der wenigen Orte und Weiler von den einzeln und in Gruppen stehenden Häusern eines bestimmten Aussehens geprägt. Das beginnt schon mit den südlich der Einfahrt nach Waldkirch am Talhang thronenden Petershöfen: ein langgestreckter Eindachhof, hell verputzt, mit Krüppelwalm an der Stirnseite, mit regelmäßig gereihten Fenstern, meist in zwei Stockwerken.

Solange das Tal weit ist, stehen die Höfe weniger im Talgrund als auf den Höhen, im engeren Prechtal mehr im Grund. Sicherlich ist kaum einer dieser Höfe in der Form der Bauzeit erhalten. Geblieben ist die ganz charakteristische einheitliche Außenerscheinung dieser Gebäude in einem Gebiet, das auch einheitlich von dem Stift St. Margarethen in Waldkirch bzw. von dessen Vögten beherrscht wurde.

Die politische Geschichte des Prechtales war selbstverständlich auch von Einfluß auf die Kulturdenkmäler dieses Gebietes. Seit 1409 war es nach langen Streitigkeiten Kondominat zwischen Fürstenberg und Hachberg, nach der Reformation also zwischen den ev. Markgrafen von Baden und dem kath. Haus Fürstenberg. Da seit 1550 die Regierung jährlich wechselte, ist die konfessionelle Verwirrung leicht zu verstehen.

Die heutige Erscheinung eines hell verputzten Hofes entspricht natürlich nicht dem ursprünglichen Bild. Wenige Höfe aber haben die alte Gestalt des dunkelbraunen, in Bohlenständerkonstruktion errichteten Bauernhauses in mehr oder weniger großem Umfang erhalten; nur einzelne Beispiele in den heute zu Elzach gehörenden alten Meiertümern sollen Erwähnung finden. Von der Stadt Elzach ist der Herrschaftssitz des Kondominates, *Ladhof,* nur durch einen Wasserlauf getrennt; die Bebauung geht ineinander über. Das Gasthaus Krone ist das ehem. Amtsgebäude, von Anfang an auch Gastwirtschaft. Der 1814 erneuerte Barockbau von 1745 trägt über dem Portal über der doppelläufigen Treppe die Wappen von Baden und Fürstenberg. – Der im Talgrund gelegene *Vogtpaulihof* Moosweg 8 besitzt noch den Vollwalm, der das niedrige hölzerne Obergeschoß ganz verdeckt. Alte Schnitzereien, Ritzzeichnungen und Reste von Bemalung. In Oberprechtal seien genannt der mächtige *Vogthof* von 1805, Waldkircher Str. 40 und der *Fixenhof,* südlich davon, erbaut 1753, der auch noch alle Nebengebäude besitzt: Backhaus, Mühle und Speicher. Die strohgedeckte Mühle des *Landwasserhofes,* ein aus dem Prechtal im 18. Jh. versetztes und mit dem Mühleneinbau versehenes Berghäusle, wurde 1969 mit Hilfe von Gemeinde, Kreis und Denkmalamt restauriert. Wenig verändert ist auch der *Häringerhof,* neben anderen, im Ortsteil Bachere, Nr. 77 und 78. Im Zentrum von Prechtal ist weit ins Tal hinein sichtbar das große Schul- und Rathaus von 1912. Mittelpunkt von Oberprechtal, neben einigen großen Gasthöfen die *kath. Kirche,* bis zum Bau der ev. Kirche 1976 als Simultankirche genutzt. Das neuerdings nach Westen verlängerte Gotteshaus mit sechsseitigem Dachreiter wurde 1780/84 errichtet. Die schmucke Barockausstattung mit dem ganz aufgelösten Hochaltar stammt aus dieser Zeit. Eine Pietà von 1380 wird nun in der Kapelle des Holzerhofes aufbewahrt. – Nahe hinter dem Chor der Kirche, am Bach, ein unscheinbarer Schuppen, der unter allerlei Gerätschaften ein altes *Hammerwerk* mit eisenbeschlagenen Holzhämmern enthält, getrieben von drei Wasserrädern in einem kleinen Radhäuschen. – Der Doppelhof *Nr. 90a* in Yach ist einer der letzten alten Höfe mit vielen interessanten Konstruktionsdetails und Spuren der alten Bemalung. Interessant die figurenreichen Holzkreuze und das steinerne Wirtshausschild des Gasthofes „Adler". – Die *kath. Pfarrkirche,* ein schmucker Bau des Bezirksbaumeisters Gottlieb Lumpp, im Weinbrennerstil 1826/27 errichtet, mit quadratischem Dachreiter und dreiseitig polygonal geschlossenem Chor hat leider nach den Renovierungen im 1. und 5. Jahrzehnt unseres Jahrhunderts die aus der St.-Nikolaus-Spitalkirche in Waldkirch erworbenen Altäre mit Ausnahme der Hochaltarretabel und der Figuren wieder verloren.

EMMENDINGEN   Der Altstadtkern zwischen Mühlenbach im Norden und Brettenbach im Süden besteht aus dem rechteckigen Marktplatz mit vier davon ausstrahlenden Straßen: zum Hochburgertor (Theodor-Ludwig-Straße), zum Freiburger Tor (Bahnhofstraße), zum Unteren Tor (Lammstraße) und zum „Mühlentörlein" (Klostergasse/Markgrafenstraße). Eine planmäßige spätbarocke Stadterweiterung ist die Karl-Friedrich-Straße, geplant schon gegen 1730, begonnen 1757; die Waldkircher und Freiburger Vorstadt schließen sich in der 1. Hälfte des 19. Jh. an. Die Altstadt schließt pittoreske Winkel mit kleinparzelliger, verfilzter früherer Bebauung ein. Der vorherrschende Haustyp ist jedoch das zweigeschossige traufständige Haus in geschlossener Straßenfront, oft mit hohem Sockel und rundbogiger Toreinfahrt, meist aus dem 18. und 19. Jh. – mehr und mehr dezimiert durch Neubauten (Markgrafenstraße, Theodor-Ludwig-Straße, Lammstraße, Hebelstraße). Freiliegendes Fachwerk ist selten (Lammstraße, Westend). Eines der ältesten erhaltenen Häuser ist das bescheidene, leider fast baufällige Gebäude *Landvogtei 13* mit einem reichen Türgewände von 1584. Von der alten Marktplatzumbauung ist kaum noch etwas erhalten. Abbrüche und Modernisierung haben erst in den letzten Jahrzehnten das Bild endgültig verändert. Noch zu erkennen ist der alte Zustand am *Marktplatz 10* mit hohem Sockel und rundbogiger Einfahrt. Schon dreigeschossige Gebäude der alten Platzfront flankieren den Eingang zur Lammstraße: *Marktplatz 4* im Habitus des mittleren 19. Jh., aber älter, *Marktplatz 5* von 1733, ein schlichtes Barockhaus mit Mansarddach. Auch *Marktplatz 14*, Platzwand an der schmalsten Stelle, ist bemerkenswert als Beispiel für die ehemals üblichen Häuser der Ackerbürger und Handwerker auch am Hauptplatz. – Das gegenüberliegende, behutsam umgebaute, langgestreckte Gebäude des Landratsamtes, *Bahnhofstr. 4*, ist das ehem. Weinoldische Haus, erbaut 1755, aber wohl Anfang des 19. Jh. im Äußeren umgestaltet. – Das Schlossersche Haus, *Landvogtei 6*, ist bedeutsam als Wohnung von Goethes Schwager, des Oberamtmannes Schlosser (1773–1787). Die geschwungene Treppenwange mag noch aus seiner Zeit stammen, das Haus erhielt seine äußere Form erst um die Mitte des 19. Jh. – Die *Karl-Friedrich-Straße* war eine 13 m breite Prachtstraße, beginnend mit einem halbrunden Platz vor dem Unteren Tor (Goetheplatz) und in ihrer Mitte zu einem weiteren rechteckigen Platz ausgeweitet, beidseitig bebaut mit einer geschlossenen Front von zweistöckigen Häusern mit Satteldach, an ausgezeichneten Stellen mit Mansarddach, nach einheitlichem Modell. Die Straßenfronten sind trotz mancher Aufstockungen und Ausbrüche noch recht gut erhalten. Auffällig sind die vielen ehem. oder noch bestehenden Gasthöfe, die die repräsentativen Stellen der Straße besetzen. Die Häuser sind nahezu ganz schmucklos. Die beiden zurückliegenden Fronten des rechteckigen Platzes in der Mitte der Straße werden eingenommen von einer Schule der Gründerzeit im Osten und der sog. neuen Landvogtei im Westen. Die „*Neue Landvogtei*", ein dreigeschossiger Schloßbau mit Mittelrisalit, wurde zwischen 1788 und 1790 von Markgraf Karl Friedrich für seine zweite Frau, die spätere Gräfin von Hochberg, erbaut. Das Relief im Dreiecksgiebel ist eine merkwürdige Abwandlung des badischen Wappens: An die Stelle des zweiten, schildhaltenden Greifen ist ein Eichenstumpf getreten, aus dem neue Reiser schlagen, offenbar eine Anspielung auf die zweite Ehe des fast 60jährigen Grafen. Das Schloß setzt sich nach hinten standesgemäß fort mit einem Wirtschaftshof und einem heute verwilderten und mit Einbauten versehenen Park, der am Gewerbebach mit der belvedereartigen „Goethebank" abschließt. Im halbrunden Goetheplatz öffnet sich die Anlage der Karl-Friedrich-Straße gegen das einzige erhaltene Emmendinger *Stadttor*, das im Kern dem 17. Jh. entstammt und 1705/06 Aufbau und Türmchen erhielt. 1929 wurde es nach Errichtung eines zweiten Bogens durch C. A. Meckel in die heutige Form gebracht. Diesem Umbau entstammen auch die beiden flankierenden, der Vorstadt des 18. Jh. entsprechenden Gebäudes des Cafés Eichkorn und der Gaststätte „Fuchsen". – Das *Rathaus* wurde im Jahre 1729 auf den Grundmauern der alten mittelalterlichen Gemeindestube als freistehender Bau vor der Westwand des Marktplatzes errichtet. Der gefällige zweigeschossige Barockbau mit Mansarddach und Türmchen erhielt 1897 die schwere Fugengliederung des Untergeschosses, die den Bau aber keineswegs entstellt. Ein schönes Balkonportal ziert die Marktseite. An einer Schmalseite ist die Ehreninschrift für den Markgrafen Karl Wilhelm mit einer Büste des

Herrschers angebracht. Im Inneren des Obergeschosses wurde der Bürgersaal mit einer nachempfundenen barocken Stuckdecke ausgestattet. – Ebenfalls städtische Ämter und das Heimatmuseum beherbergt das *Markgrafenschloß*. Ein repräsentativer Renaissancebau, der Hof des Klosters Tennenbach 1577, von Markgraf Jakob III. erworben und zu einem Schloß umgebaut. Der 1919/20 und 1959/60 gründlich instand gesetzte Bau ist dreigeschossig mit nicht ganz regelmäßig verteilten drei- und vierteiligen Gruppenfenstern in allen Geschossen. Ein hoher Treppenturm auf achteckigem Grundriß mit einer schönen Sandsteinstiege erhebt sich, mit drei Seiten eingebaut, vor der Mitte der nördlichen Traufseite. Das obere Turmgeschoß und der Verbindungsgang zum Dachgeschoß sind in Fachwerk errichtet. – Vom Schloß aus führte in früherer Zeit ein gedeckter Gang zum Fürstenstuhl im Chor der ev. Kirche. – Das ehem. gotische Sommerhäuschen des Markgrafenschlosses, *Kirchstr.* 7, ebenfalls mit Gruppenfenstern, heute Büro des Verkehrsvereins, führt den Namen „Lenzhäuschen" weil es zeitweilig von dem Dichter J. M. R. Lenz, einem Schützling des Oberamtmanns Schlosser, bewohnt wurde. Die dem Markgrafenschloß benachbarte *ev. Pfarrkirche* vereinigt Bauteile verschiedener Zeiten. Der heutige Chor 1430–1434 errichtet, das zu klein gewordene Langhaus 1813–1817 abgebrochen und durch ein klassizistisches mit Westturm nach Plänen des Weinbrenner-Schülers Arnold ersetzt. 1858/59 wurde der Turm neugotisch neu gebaut und 1903–1905 das Langhaus durch zwei polygonale Anbauten an der Nord- und Südseite zu einer Art Zentralraum erweitert. Äußeres der Kirche heute deshalb einheitlich gotisch bzw. neugotisch. Der Chor mit seinem auf schlanken Rippen aufsitzenden Netzgewölbe ist der schönste Teil der Kirche. In die Chorwände sind eine Reihe reicher Grabplatten von badischen Markgrafen aus dem 16. und 17. Jh. eingelassen, darunter auch ein Reliefbildnis des Markgrafen Karl II. (1554) vom Tor der Hochburg. – Die *kath. Kirche St. Bonifatius*, 1862/63 von Heinrich Hübsch entworfen, von der nur das Langhaus gebaut wurde. 1894/95 errichtete Max Meckel Chor und Querschiff, 1911/13 das heute bestehende Langhaus und den Turm. Das Langhaus Hübschs wurde als kath. Kirche nach Denzlingen versetzt. Die breitgelagerte dreischiffige Pseudobasilika wird von Rundpfeilern mit flachem Kapitell getragen. Bei aller Anlehnung an gotische Stilformen ist der Bau in der Proportion und in den Details ganz ein Werk des späten 19. Jh. Drei Altarflügel des Nördlinger Meisters Friedrich Herlin (1473) wertvollster Schmuck der Kirche. – Im Stil der ev. Pfarrkirche ist das *ehem. ev. Pfarrhaus*, heute städtisches Verwaltungsgebäude (von 1833) gehalten. Leider – ebenso wie auch die neue Landvogtei – durch die öden Ganzglasfenster entstellt. Der *alte Friedhof* an der Luisenstraße ist eine schöne Anlage mit alten Grabsteinen unter Bäumen mit dem Grab von Goethes Schwester, Cornelia Schlosser. Bei der Markgrafenschule befindet sich der alte *Jüdische Friedhof* mit schönen Grabsteinen von Angehörigen der 1716 gegründeten jüdischen Gemeinde. – In einer großen Parkanlage das *Psychiatrische Landeskrankenhaus*, die alte Heil- und Pflegeanstalt. Die zur Versorgung der Kranken notwendigen modernen Bauten fügen sich in das symmetrische Grundrißschema der imposanten Anlage, begonnen 1887, die ein Areal bedeckt, das größer ist als die Altstadt von Emmendingen. In der Mittelachse stehen hintereinander die Pforte, die Festhalle, die Kirche und die Leichenhalle. Die übrigen Gebäude sind mit Sichtbezug aufeinander rechts und links dieser Achse im Parkgelände plaziert. Besonders eindrucksvoll die beiden sich gegeneinander öffnenden Dreiflügelanlagen der Männerstation und der Frauenstation. In den Bereich der Krankenanstalt einbezogen ist das ehem. *Weiherschloß*, ein elfachsiger Barockbau mit Mansarddach von 1757. In den Wirtschaftsgebäuden haben sich Reste des alten Wasserschlosses (Ende 13. Jh.) erhalten.
Hochburg (Hachberg)   Die Hochburg, Ruine einer der größten Burgen Südwestdeutschlands, wurde im letzten Jahrzehnt durch beispielhafte Aktionen eines privaten Vereins in Verbindung mit dem zuständigen Staatlichen Hochbauamt gesäubert, gesichert und restauriert. Die von der

Hochburg stammende Inschrifttafel unter dem Reliefbildnis des Markgrafen Karl in der ev. Stadtkirche in Emmendingen nennt als Erbauungsjahr der Hochburg das Jahr 808 und den Erbauer Hacho, von dem die Burg den Namen trage. Genannt wird das Schloß Hachberg zum erstenmal in einer Urkunde des Bischofs Udalrich von Konstanz 1127. Ein Geschlecht von Hachberg ist schon 1102 bekannt. So wird die Burg wohl um diese Zeit entstanden sein. Vielleicht saßen die Hachberger zuerst auf dem sog. Bauhof im Gelände der heutigen Landwirtschaftsschule. Sie begannen am Anfang des 12. Jh. mit dem Burgenbau auf dem steilen Rücken des frei in die Rheinebene hinaustretenden Hornwaldes, von dem aus das abfallende Gelände bis zur sumpfigen Rheinniederung und besonders das erzreiche Brettental zu beherrschen waren. 1552–1575 Umbau in eine Renaissance-Festung für Rundumverteidigung mit und gegen Artillerie nach den neuesten Erkenntnissen der Befestigungskunst, nun durch einen äußeren Gürtel von sieben Bastionen verstärkt. So fiel sie im Dreißigjährigen Krieg 1636 nicht durch Sturm, sondern nach jahrelanger Zernierung durch den Mangel an Nahrungsmitteln und Nachschub (1636). Zerstörung durch die kaiserlichen Truppen. 30 Jahre später ist die zerstörte Festung wieder aufgebaut, noch einmal werden gefährdete oder schwache Stellen mit neuen Verteidigungswerken versehen. Da Freiburg nach 1677 französisch blieb und von den Franzosen ebenfalls zur Festung ausgebaut wurde, mußte ihnen die nahe Hochburg ein Dorn im Auge sein. Man befürchtete, sie würden sich durch einen Handstreich in ihren Besitz setzen können. Aus diesem Grunde begann man mit Entfestigungsarbeiten. 1684 äscherte ein Brand alle Gebäude des oberen Schlosses ein, und 1688 war es soweit, daß die Franzosen mitten im Frieden die Übergabe der Festung forderten und sie im Frühjahr 1689 durch Sprengung weitgehend vernichteten. – Alle diese außerordentlich interessanten Perioden der Entwicklung von der staufischen Burg bis zur Barockfestung lassen sich dank der unermüdlichen Arbeit der Mitglieder des Hochburgvereins heute an der Burg wieder ablesen und sind durch Tafeln erläutert.

In den Emmendinger Stadtteilen *Kollmarsreute, Maleck, Mundingen, Wasser* und *Windenreute*, die heute zum größten Teil aus Neubaugebieten bestehen, haben sich einige wenige gepflegte Fachwerkhäuser des 18. und 19. Jh. erhalten.

Mundingen Der massige Turm der 1902 grundlegend umgebauten *ev. Kirche* von Mundingen sieht älter aus, als die Bauinschrift von 1768 vermuten läßt. An dieser Stelle stammt er wirklich erst aus dem 18. Jh., soll aber mit den Steinen der ehem. Mutterkirche auf dem nahen Wöpplinsberg erbaut sein. – Das *Pfarrhaus,* mit Schutterner Wappen von 1750 am Hoftor, ist ein schöner Barockbau mit hohem Mansarddach.

Tennenbach Das Zisterzienserkloster Tennenbach, um 1160 gegründet, wurde im Armagnaken- und Bauernkrieg verwüstet. Ab 1726 nach Plänen Peter Thumbs als regelmäßige Barockanlage neu gebaut, fiel es endgültig der Säkularisation zum Opfer und wurde bis 1826 nach und nach abgebrochen. Die gegen 1210 fertiggestellte Klosterkirche überdauerte bis zuletzt. 1826 wurde sie abgetragen und, nach Plänen von Heinrich Hübsch stark verändert, als ev. Kirche in Freiburg aufgebaut, dort beim Luftangriff 1944 völlig zerstört. – Beim barocken Neubau des Klosters blieb die ehemals in Gebäudeverband stehende *Krankenkapelle* freistehend erhalten und bekam eine provisorische Westwand. So steht sie noch heute einsam im Tennenbachtal. Das Gewölbe des herrlichen Innenraumes, zweijochig mit Fünfachtelschluß, ruht auf freistehenden schlanken Diensten. Die feinen Proportionen, die wie im Langhaus des Freiburger Münsters umlaufenden zweischaligen Blendarkaden, endlich die Akribie und Feinheit der Steinbearbeitung zeichnen das 1240/50 errichtete Meisterwerk zisterziensischer Baukunst aus. Am Äußeren Restaurierungsinschrift von 1725 und origineller Grabstein des letzten Abtes.

ENDINGEN   Wegen ihrer besonderen Bedeutung steht die Altstadt innerhalb der Stadtmauern seit 1964 als Gesamtanlage unter Denkmalschutz.

Als Stadt wird Endingen erstmals 1295 genannt, als befestigter Platz aber bereits im Jahre 763. Die heute noch in Teilen erhaltene Stadtmauer (1319 urkundlich genannt) umschließt Siedlungsbereiche von ganz unterschiedlicher Entstehungsgeschichte und Struktur: Im Südwesten das ehem. Oberdorf, im Norden einen Teil des ehem. Niederdorfes – wobei die außerhalb der Mauer bleibenden Teile des Niederdorfes aufgegeben wurden –, im Osten den Fronhof mit der Peterskirche und im Südosten den Bereich Todtenkinzig, der zum Reichshof in Riegel gehörte. Dazwischen liegen noch heute eine Reihe vom Stadtzentrum her durch Stichstraßen erschlossener Bereiche, deren Namen auf ehem. selbständige Herrschaftshöfe deuten: Adelshof, Lehenhof, Am Hof. Auch in der *Kirchstr. Nr. 7*, wieder am Ende einer Stichstraße, steht ein auffälliges Gebäude, im heutigen Zustand sicher aus dem frühen 16. Jh. Der zweigeschossige Keller mit kapitellgeschmückten Eichensäulen und das interessante Fachwerk zeichnen das Gebäude wohl auch als Teil eines ehem. ,,Hofes" aus. – Von den zwei Toren der Hauptstraße steht noch das *Königschaffhausener Tor*. Der Unterbau entstammt sicher der Erbauungszeit, der Oberteil des Turmes wurde 1581 erneuert, das Dachreitertürmchen im 18. Jh. aufgesetzt. Das dritte, im Süden gelegene Freiburger Tor ist noch heute durch die Straßenverengung zwischen den Häusern *Stollbruckerstr. Nr. 35 und Nr. 38* abzulesen. Im Zentrum zwischen den alten Siedlungsbereichen entstand wohl erst nach der Stadtgründung ein neuer Ortsteil mit großen Parzellen. – Freistehend an der höchsten Stelle des ansteigenden Marktplatzes wird im Jahre 1617 die beherrschende Kornhalle nach dem Vorbild des Freiburger Kornhauses errichtet. – Relativ häufig ist das in vielen Dörfern nördlich des Kaiserstuhles anzutreffende traufständige zweigeschossige Haus mit einer seitlichen Tordurchfahrt zum Hof. Es gibt aber auch viele giebelständige Häuser an den Straßen. Die Häuser an der Hauptstraße sind überwiegend traufständig, zwei- oder dreigeschossig, in der Breite ganz unterschiedlich. Die meisten Häuser sind verputzt. Einige Beispiele anmutiger Fachwerkobergeschosse sind: *Dielenmarktstr. 1* (Zum Judenbrunnen) mit reichverzierten Brüstungsfeldern. Die Balkendatierung 1608 markiert nur ein Datum in der Geschichte dieses Hauses. Es wurde mehrfach umgebaut, wie sich an vielen Unregelmäßigkeiten der Gestaltung ablesen läßt. – *Stollbruckstr. 2*, von 1721. – *Ritterstr. 4* mit Fachwerkerker, am Torbogen datiert auf 1737; *Hauptstr. 23, 36, Hauptstr. 57* von 1772 mit geschnitztem Eckpfosten. Auch *Hauptstr. 6* hat einen schönen Fachwerkgiebel mit einer ehemals offenen Laube. Die zweigeschossige Front ist massiv, mit einem aufwendigen Barockportal. Auch die Fenster weisen barocke Profilierungen auf wie viele Häuser in Endingen (*Hauptstr. 10, 19, Dielenmarktstr. 24, Stollbruckstr. 24* z. B.). – Bürgerhäuser von herausragender Qualität sind die beiden palaisartigen Barockbauten *Hauptstr. 25/27* (im Innern Wand- und Deckengemälde) und *Hauptstr. 41*, Apotheke, mit plastischen Köpfen in den Fensterstürzen, eine in Straßburg häufige Form der Rokokodekoration. Ein Teil der reichen Schmuckformen dieses Hauses stammen allerdings erst aus dem 19. Jh. Ähnliche Köpfe in den Fensterbekrönungen weist auch das sonst schlichtere Barockhaus *Marktplatz 5* auf, dort ergänzt durch eine Hausmadonna. – Durch seine imponierende Höhe (dreistöckig mit dreigeschossigem Dach) fällt das Haus *Hauptstr. 58* auf. Der Giebel ist in Fachwerk ausgeführt, das die Datierung 1567 aufweist. Beachtung verdient auch das Haus *Hauptstr. 67*, das Gasthaus ,,Zur Sonne". Ohne daß nähere Angaben über den Architekten vorliegen, läßt sich der Entwurf in die unmittelbare Nähe Christoph Arnolds, des Weinbrenner-Schülers in Freiburg bringen. – Eher ein herrschaftliches Gebäude war wohl der sog. *Üsenbergerhof* Adelshof 18, über dessen Geschichte leider kaum etwas bekannt ist. Auch das Doppelwappen über der kielbogigen, noch gotischen Eingangstür ist nicht gedeutet. Es wiederholt sich über der Torfahrt des Hauses ,,Zum Schwibbogen", *Hauptstr. 36*. Diese Torfahrt ist wohl der ursprüngliche Zugang zum Adelshof. Durch die in der Mittelachse des Gebäudes senkrecht über der Tür sitzende Gaube mit Krüppelwalm erhält der unten massive, im Obergeschoß in reichem Fachwerk errichtete Üsenbergerhof eine symmetrische Gestaltung, die ihn als einfacheren Ableger gleichzeitiger elsässischer Rathausbauten erscheinen lassen. Umfangreiche Sicherungsmaßnahmen wurden mit Hilfe der Denkmalpflege an dem sehr verwahrlosten Baudenkmal eingeleitet; das eindrucksvolle Mönch-Nonne-Dach ist bereits erneuert. – Auch das *neue Rathaus* Hauptstr. 60 war ehemals ein bürgerliches Palais. Der repräsentativen Stellung in der Hauptstraße, gerade gegenüber der Einmündung des Marktplatzes, entspricht eine sehr aufwendige Gestaltung des Mittelrisalites mit Portal, Balkon und Mittelgaube, um 1755. In diesem Haus haben sich mehr als in den anderen Rokoko-Palais in Endingen noch Teile der inneren Ausstattung erhalten. Die alte Treppe und Stuckdecken in der Art des Freiburger Stukkateurs Franz Anton Vogel, teilweise mit Landschafts- und Jagdszenen, sind solche Relikte. – Das *alte Rathaus* Marktplatz 1, ein giebelständiger Massivbau mit Satteldach und durch Gesimse unterteiltem Volutengiebel, stammt von 1527, wurde aber im 18. Jh. wesentlich umgebaut. In den Fenstern des Ratssaals im Obergeschoß sind zwölf sehr schöne Wappenscheiben aus der Freiburger Ropsteinwerkstatt, 1528/29, eingebaut. – Die *Kornhalle* von 1617 schließt optisch den langgestreckten, ansteigenden Marktplatz. Mit ihrer Westwand lehnt sie am Hang, so daß hier der Eingang über eine geschickt gestaltete Treppe und Rampe ins Obergeschoß erfolgt. Die Erdgeschoßhalle mit hölzerner Decke auf vier reichverzierten Sandsteinsäulen mit Phantasiekapitellen in den vier klassischen Ordnungen und geschnitzten Sattelhölzern ist in alter Schönheit wiederhergestellt, die Obergeschoßhalle unter Schonung des Bestandes zu Büros der Stadtverwaltung unterteilt. – *Kath. Pfarrkirche St. Martin*, die ehem. Kirche des Oberdorfes, weist schon durch ihren Kirchenpatron auf ein hohes Alter. Das im Westportal wiederverwendete Tympanon (Kopie) ist frühromanisch. Urkundlich erwähnt wird die Kirche allerdings erst 1296. Das 1846 neugebaute Langhaus schließt an einen Chor, in dem das schöne, reichverzierte Sakramentshäuschen die Datierung gibt: 1471. Auch der Turm ist noch spätgotisch. Im barocken Hochaltar das weithin berühmte Wallfahrtsbild der weinenden Muttergottes. – *Die kath. Pfarrkirche St. Peter*, Nachfolgerin der zum Fronhof gehörenden Kirche, ist ein außerordentlich interessantes Beispiel für ein Gotteshaus zwischen Rokoko und Klassizismus. Der Freiburger Stadtbaumeister J. B. Hering hatte nicht nur den im Kern wohl noch romanischen Westturm der alten Kirche beizubehalten, er mußte auch einen Kompromiß zwischen den Forderungen der Baukommission nach Anlehnung an das Vorbild der Kirche in Riegel und einem Projekt des Vorarlberger St. Petriner Klosterarchitekten Jakob Natter auszuführen versuchen. So weist der in den Jahren 1773–1775 ausgeführte Bau einen breiten Langhaussaal auf. Im Gegensatz zur von Merdingen beeinflußten Lösung des Architekten Ruedhart in Riegel, dem Querhaus im Außenbau die Choreinziehung mit seitlichen Sakristeien und Oratorien im Innern entsprechen zu lassen, wird in Endingen auch im Innern die Hälfte des Querbaues für ein Querhaus mit plattem Chorbogen nach Vorarlberger Art verwendet. Die Seitenaltäre von 1780 sind in beruhigtem Rokoko gehalten, Hochaltar und zwei Nebenaltäre frühklassizistisch. Decken- und Altarbilder stammen von Johann Pfunner; der interessante Stuck des Übergangsstils wohl vom gleichen Meister wie in der Kirche von Heimbach. Beachtenswert auch die Petrusfigur im Giebel und die originale Eingangstür. – Die *Häuser um den Peterskirchplatz* enthalten noch vielerlei Reste des ehem. Kirche-Fronhof-Bereichs, so das zum Pfarrsaal umgebaute spätgotische Beinhaus mit Spitzbogenfenstern von 1487 und das Haus Peterskirchplatz Nr. 6, dessen steinernes Erdgeschoß mit bossierten Eckquadern verziert ist. Das Fachwerkobergeschoß mit dem steilen Giebel weist ein sehr altertümliches Fachwerk mit einer Firstsäulenkonstruktion und dem sog. „Mann" als Zierelement auf. Die gleiche Konstruktion zeigt auch das Scheunengebäude am Unterkirchgäßle mit Laubengang. –

Das ehem. Pfarrhaus liegt merkwürdigerweise weit von beiden Kirchen entfernt am Beginn der Hauptstraße (*Hauptstr. 1*). Das stattliche Gebäude im Stil des badischen Baudirektors Heinrich Hübsch, erbaut als Putzbau mit Gliederungen in Backstein und Sandstein. Durch sein merkwürdiges flaches Walmdach erhält es ein beinahe norditalienisches Aussehen.

Amoltern   Die Pläne der klassizistischen Kirche der Weinbrenner-Schule, fünfachsig mit halbrunder Apsis und einbezogenem Frontturm, stammen – mit den üblichen Abänderungen der verantwortlichen Gremien – von Gottfried Lumpp. Die schöne Schaufassade wendet die Kirche der ansteigenden Dorfstraße zu. Die frühere Kirche befand sich noch höher am Berg, dort heute nur noch Friedhof und Pfarrhof. Das Pfarrhaus, ein Barockbau mit Walmdach, besitzt ein Eingangstor, das ganz genau jenem der Winzergehöfte gleicht. Zwei Gasthöfe liegen sich im Dorfzentrum gegenüber, ,,Zur Sonne", ein stattliches Fachwerkhaus von 1721, und ,,Rebstock", dessen Fachwerk noch unter dem Putz liegt.

Katharinenberg   Die 1861/62 erbaute Wallfahrtskirche St. Katharina wird noch heute viel besucht. Dem heutigen Bau, dessen Außenkanzel auf den Wallfahrtszweck hinweist, ging eine nach 1322 als Sühnestiftung errichtete Kapelle voraus. Die im Dreißigjährigen Krieg zerstörte Kapelle sollte 1723 durch die drei Gemeinden Amoltern, Schelingen und Endingen durch einen Bau ersetzt werden, in dessen Mitte die drei Gemarkungen zusammenstoßen. Errichtet wurde aber nur der Endinger Teil, der Chor.

Kiechlinsbergen   Das alte Ortszentrum des in einer ansteigenden Mulde am Nordhang des Kaiserstuhles gelegenen Dorfes liegt unterhalb des Kirchhügels, dort treffen sich die meisten der ansteigenden Straßen. Etwas abseits befindet sich das Schloß. Vorherrschender Haustyp in Kiechlinsbergen war das giebelständige Fachwerkhaus, meist gemeinsam mit einem ebenso gestellten Wirtschaftsgebäude einen Dreiseithof mit Hoftor bildend. Am schönsten ist diese ursprüngliche Gehöftform in der Winterstraße zu erkennen, die, teils nur einseitig bebaut, am Hang entlang zum Dorfzentrum führt. Leider wurde der ehemals reiche Bestand an Fachwerkhäusern in Kiechlinsbergen durch den Krieg und nach dem Krieg erheblich dezimiert. Die erhaltenen Beispiele stehen hauptsächlich zusammmhängend im Bereich der Einmündungen von Winter- und Grienerstraße in die Kirchstraße: auf der rechten Seite der Winterstraße das *Haus Nr. 22*, schon in den Hang gebaut, darum an der Straßenseite die Giebelfront auf hohem Sockel stehend. Ganz einfaches Fachwerk, im vorkragenden Giebel in einer Giebellaube geöffnet, 1773. Nach großem Garten folgt bergauf das *Haus Nr. 24*, ein Dreiseithof von 1837 mit einfachem Hoftor. – Auf der Höhe der Straße, *Winterstr. 28* der Gasthof ,,Zur Stube" von 1589. Der hinter dem Haus steil ansteigende Kirchhügel zwang zu traufseitiger Gebäudestellung des am sehr reichen Fachwerk mit einem Abtsstab gezierten Gebäudes auf einem steinernen Untergeschoß. Besonders auffällig die Rad-Motive im Fachwerk der Giebelseite zur Kirchstraße hin. – An der gegenüberliegenden Straßenseite bemerkenswert die Häuser *Winterstr. 27*, ein eingeschossiges, giebelseitiges Kniestockhaus in Fachwerk, 1783, und *Winterstr. 29*, ein Fachwerkhaus, am Eckständer datiert 1785, nach Kriegsbeschädigungen mit einem neuen Giebel versehen. Die merkwürdigen Zierformen des Fachwerkes im Obergeschoß, gebogene Streben und eine mandelförmige Form zwischen den Fenstern, sollen auf den Beruf des Erbauers, eines Webers hindeuten. *Winterstr. 35* ist ein Hof des 16. Jh.; das an der Einmündung der Grienerstraße stehende Wohnhaus wurde allerdings am Ende des 19. Jh. völlig neu gebaut. Das späte Fachwerk fügt sich aber gut in die Umgebung ein. Im oberen Teil der Grienerstraße gehört mit zum Ensemble das mit einem kleinen Fachwerkgiebel und einem zwiebeldachbekrönten Dachreiter versehene Spritzenhaus, das ehem. Rathaus und Schulhaus der Gemeinde, *Grienerstr. 13 und 15*. Leider ist der hintere Teil des mit drei hintereinander liegenden Giebeln schön gestaffelten Gebäudes ganz mit Asbestplatten verkleidet. Jenseits der

119. Über Kiechlinsbergen liegt im ummauerten Friedhof die kath. Pfarrkirche St. Petronilla, erbaut 1813–1815 von Friedrich Arnold

120. Vörstetten. Eine der ersten Kirchenbauten von Friedrich Weinbrenner, erbaut 1803, mit umlaufender Empore auf dorischen Säulen

124. *Forchheim. Die kath. Kirche wurde 1907/08 vom Erzbischöflichen Baurat Raimund Jeblinger im neuromanischen Stil erbaut. Der Turm stammt noch aus dem 11./12. Jh.*

ebenfalls hier einmündenden Langstraße das 1969 renovierte, wohl schönste Bauernanwesen Kiechlinsbergens. Ein Dreiseithof mit steinernem Hoftor, Wohnhaus und Wirtschaftsgebäude über gemauertem Sockel in Fachwerk. Das Wohnhaus trägt die Datierung 1544, das Tor und der Schopf 1589. Freigelegtes Fachwerk besitzt von den Häusern auf dieser Seite der Kirchstraße noch die *Nr. 11*, ein eingeschossiges giebelseitiges Kniestockhaus mit auf drei Streben vorkragendem Giebel, mit Giebellaube und Wetterdach, aus der 2. Hälfte des 18. Jh. An der Kirchhügelseite der Kirchstraße fällt die Baugruppe der *Häuser 6 und 8* auf. Nr. 8 ist ein walmdachgedecktes Anwesen aus dem Ende des 18. Jh., das Obergeschoß in Fachwerk. Das äußerlich ähnlich gestaltete, etwas zurückliegende Haus Kirchstr. 8 ist jedoch ein Steinbau von stattlicher Größe und mit ungemein starken Mauern. Das deutet darauf hin, daß es sich bei diesem ehem. Fronhof des Klosters Tennenbach um ein Gebäude handelt, das älter ist, als sein jetziges Aussehen vermuten läßt. An der ansteigenden Straße hinter diesen Gebäuden ist unter einem Schutzdach ein Teil der letzten *Ölmühle* von Kiechlinsbergen aufgestellt, deren Standort ein jüngst abgebrochenes Anwesen an dieser Stelle war. Ein weiterer Tennenbacherhof war das Gebäude *Herrenstr. 28*, gegenüber vom Schloß. Auch das *Schloß* wurde von den Äbten dieses Klosters, dem ja Kiechlinsbergen zuerst teilweise, seit 1658 aber gänzlich zugehörte, erbaut. Die Bauzeit ist 1776–1778. Die für jene Zeit ganz altertümliche Form hat zu der Vermutung Anlaß gegeben, daß hier nach einem Plan gebaut wurde, den Peter Thumb, der Erbauer der Klosteranlage in Tennenbach, bereits in den 20er Jahren des 18. Jh. entworfen habe. Das Schloß, Propstei und wohl auch Sommersitz der Äbte von Tennenbach, ist ein stattlicher Dreiflügelbau mit wenig vorgezogenem, dreiachsigem Mittelrisalit, bekrönt von einem rundbogig geschlossenen, mehrfach gestuften Giebel mit einer Figur des hl. Benedikt. An der Rückseite des Baues, die fast unmittelbar an den steil ansteigenden Rebhang stößt, ist das repräsentative Treppenhaus in einem eigenen, tiefen Risalit untergebracht. Den Hauptbau deckt ein Satteldach, die Flügel Mansarddächer. In der Mauer finden sich vermauert Türstürze älterer Bauten mit Tennenbacher Wappen von 1494 und 1600. Von den ehem. teils giebelseitigen, teils traufseitigen alten Häusern der Herrenstraße, ist kaum noch etwas erhalten. – Das einzige gute Fachwerkhaus *Herrenstr. 16* über hohem steinernem Erdgeschoß, befindet sich leider in schlechtem Zustand. – Hinter dem Rathaus von 1897, findet sich an einem ruinösen Häuschen *Eichgäßle 1* am Sturz des Kellertores, die zweitälteste Datierung in Kiechlinsbergen, 1520. – *Kath. Pfarrkirche St. Petronilla.* Besonders schön gelegen über dem Dorf auf ummauertem Friedhof. In die Friedhofsmauer eingelassen ein Inschriftstein „1603 WURDE DIESE MAUER ERBAUT ALS DIE REBEN VOM REIFEN ERFROREN." Der steile Aufstieg zur Kirche führt durch ein Tor mit Satteldach, an das das Spritzenhaus der Gemeinde mit hübschen hölzernen Giebelwänden angesetzt ist. Die Pfarrkirche wurde 1813–1815 von Friedrich Arnold, dem Neffen Weinbrenners und Bruder des Freiburger Kreisbaurates Christoph Arnold erbaut. Gegenüber den späteren Bauten der Weinbrenner-Schule ist der Außenbau noch reich gegliedert. Das äußert sich besonders an der Eingangsseite der Kirche mit dem fast, aber nicht ganz in den Umriß des Kirchbaues hineingeschobenen Turm und an der Chorseite in der Stufung von halbrunder fensterloser Apsis, etwas erhöhtem Chorvorjoch und Ostgiebel des Langhauses. Das Innere der Kirche überrascht sehr, weil die klassizistische Kirche im Jahre 1928 in einem sehr qualitätvollen Neurokoko ausgestattet wurde. – Ausgangspunkt für diese Neugestaltung des Inneren waren wohl die bereits 1815 aus dem Kloster Tennenbach erworbenen Seitenaltäre mit Altarbildern Johann Pfunners und der 1817 aus der Johanniterkirche in Kenzingen erworbene Hochaltar.
Königschaffhausen In dem Straßendorf mit parallelen Straßen und einem ehemals befestigten Bezirk mit der Kirche und dem Rathaus prägen die eindrucksvollen, geschlossenen Straßenwände mit stattlichen Dreiseitgehöften und Hakenhöfen, eines der besterhaltenen Dorfbilder im Kreis.

An den Gebäuden der Kiechlinsberger/Endinger Straße sind zwei Beobachtungen zu machen. Einmal scheint die Bebauung im 18. Jh. überwiegend der Dreiseithof mit rundbogigem Hoftor mit Fußgängerpforte zwischen den beiden Giebeln des Wohnhauses und des Wirtschaftsgebäudes zu sein. Darauf weisen die sehr häufigen Datierungen in den Schlußsteinen hin. Im 19. Jh. scheint dieser Hoftyp durch Umbau oder Neubau gerade bei den wohlhabenden Besitzern in der Mitte der Straße durch ein traufseitig stehendes Haus ersetzt worden zu sein, durch das die Zufahrt in den Hof führt. Die zweite Beobachtung betrifft die Grundstücksgröße. Während in der Mitte der Straße offensichtlich immer ein großes Weinbauerngehöft das Grundstück einnimmt, stehen an der unteren Endinger Straße (Haus Nr. 46–62) dicht aneinander zweigeschossige verputzte Giebelhäuser ohne eigenen Hofraum. Offenbar handelt es sich hier um Gebäude für Tagelöhner oder Arbeiter, die keine eigene Landwirtschaft betrieben. Die wichtigsten Beispiele für den Dreiseithof sind *Kiechlinsberger Str. 12,* leider sehr baufällig, ausnahmsweise ganz aus Stein erbaut, am schönen Hoftor datiert 1735. Gegenüber *Kiechlinsberger Str. 17/19* mit erneuertem Wohnhaus, Hoftordatierung 1793 und viele weitere. In der Unteren Guldenstraße ist besonders schön das *Haus Nr. 18,* im Erdgeschoß mit profilierten Gewänden, am mittleren Fenster datiert 1770, das Hoftor zwischen dem Wohnhaus und dem ebenso giebelständigen Schopfgebäude datiert 1793; in der *Oberen Guldenstr. Nr. 6* ein Dreiseithof mit erneuertem Wohnhaus, über dem Schopftor datiert 1753. Die früheste Datierung (1556) weist das sehr schöne Gehöft *Obere Guldenstr. 20* auf, bei dem das zweite Gebäude des Dreiseithofes kein Schopf, sondern ebenfalls ein Wohnhaus mit einem hübschen hölzernen Treppenvorbau ist. Dieses Gebäude markiert heute das Ende des Dorfes gegen die Breisacher Straße, auf der anderen Straßenseite ebenfalls ein Dreiseitgehöft, *Obere Guldenstr. 19* von 1794. Den Typ des Traufhauses vertreten am besten die Häuser *Kiechlinsberger Str. 5* von 1841, *Nr. 3* von 1798 und *Nr. 1* und die gegenüberliegenden Häuser *Kiechlinsberger Str. 2,* Gebäude der Winzergenossenschaft und Endinger Straße 2, an der *Oberen Guldenstr. Nr. 2,* ein sehr repräsentatives ehem. Gasthaus mit riesiger, 1818 datierter Scheune im Hof. Die Dekoration der Fassade, wie bei den vorher genannten Traufhäusern reich, in Formen der Mitte des 19. Jh. Misch- oder Übergangsformen zwischen beiden Typen könnten die Häuser *Obere Guldenstr. 14* und *Endinger Str. 4* sein. – Das ehem. Gasthaus „Zum Rößle" *Endinger Str. Nr. 14,* zeigt an der Erdgeschoßtür die Datierung 1585. Das Fachwerkobergeschoß ist aber wohl neueren Datums. – Der Kirchplatz ist noch heute von einer hohen Mauer umgeben, an die sich ringsum die Häuser der „Kirchengraben" genannten Gasse heranschieben. Zur Guldenstraße hin begrenzen das ehem. Rathaus und das ehem. Schulhaus den Kirchplatz, zwischen beiden der Zugang. – Das ehem. Rathaus, *Untere Guldenstr. 1,* ist ein schönes barockes Walmdachhaus mit Freitreppe, im 19. Jh. umgestaltet. Über der Tür eine Inschriftplatte vom Jahre 1778. Das durch den Zugang zum Kirchhof vom Rathauskomplex getrennte ehem. Schulhaus besitzt über dem zentralen, korbbogigen Kellerportal ein badisches Wappen, anschließend ein Hoftor mit Fußgängerpforte, datiert 1750. – An einen gotischen Turm der *ev. Kirche* mit kleinen Schlitzfenstern und einer spitzbogigen Pforte im Süden schließt das barocke Langhaus von 1741. Mit dessen Anbau wurde die Kirche umorientiert und erhielt den Eingang im Osten, im Haupt des dreiseitig geschlossenen Chores. Bei der Modernisierung 1958 wurde das Innere wieder völlig umgestaltet und umorientiert, so daß das Ostportal heute geschlossen ist und der Altar wieder im Osten steht.

FORCHHEIM Das große Haufendorf wird von den Straßen Wyhl–Riegel und Endingen–Weisweil durchzogen, die sich in der Ortsmitte – versetzt – kreuzen. In der Mitte des Dorfes ist der Kirchplatz ausgespart, rings von öffentlichen und privaten Gebäuden (Rathaus, Pfarrhaus, Schulhaus) umgeben. Nur wenige Häuser können Anspruch auf Beachtung aus kulturgeschichtlicher Sicht erheben. Das größte Fachwerkhaus steht in der Kirchenhofumbauung, *Adlerstraße*, ein zweistöckiges Gebäude, am Fachwerk datiert 1644, mit einem schönen klassizistischen Türgewände, eingesetzt 1814, im steinernen Erdgeschoß. Im reichen Giebelfachwerk durchsteckte Rauten und „halbe Männer". In Sichtweite dieses Gebäudes stehen zwei weitere giebelständige Fachwerkhäuser, Kniestockhäuser, einfacher und bescheiden. – Ein ganz kleines Fachwerkhaus *Aschbergstr. 23* zeigt klassizistische Klötzchenfriese an den Schwellen; moderne Formen des Klassizismus werden auf das Fachwerk übertragen. – Von der alten *Chorturmkirche* steht noch der Turm aus dem 11./12. Jh. mit Resten eines Kreuzgewölbes im Untergeschoß und ein Teil des alten Langhauses, jetzt als Chor verwendet. Die neue Kirche ist ein sehr bemerkenswerter Bau des Freiburger Erzbischöflichen Baurates Raymund Jeblinger, 1907/08. Die neuromanische Kirche zeigt enge Beziehungen zu den etwa gleichzeitigen Bauten Jeblingers, dem Erzbischöflichen Ordinariat (1903–1906) und der Kirche in Schuttertal, 1908. An dieses erinnern die freigespannten Schwibbögen im Innern und die Portalgiebel, an jene die Außengestaltung mit sehr hoch gezogenem Sockel aus Bossenquadern und Rundbogen-Doppelfenstern. Während am Außenbau die volle Instrumentierung der Schmuckformen sehr auf Kosten des romanischen Turmes geht, ist das Innere der Kirche harmonisch. Das flachgedeckte Langhaus ist durch einen in Doppelarkaden durchbrochenen Schwibbogen in zwei gleiche Kompartimente geteilt. Ein gleicher Schwibbogen trennt das halbe Joch der Orgelempore ab. In den Seitenschiffen entsprechen zwei Gewölbejoche einem Quadrat des Langhauses. Die mit Runddiensten reichgeschmückten Pfeiler sind nur in den Einzelformen annähernd „romanisch", ebenso die erhaltenen Ausstattungsstücke. In seiner Gesamtheit ist der Kirchenraum eine höchst qualitätvolle Schöpfung des 20. Jh. Wichtig auch die große Holzmadonna, in der Nachfolge des Meisters HL, Anfang des 16. Jh.

FREIAMT   Der Ort hat 35 Wohnplätze, die nur im Tal des Brettenbaches aus größeren Weilern bestehen, sonst Einzelhöfe. Die großen Dächer dieser Einzelhöfe bestimmen noch heute das Siedlungsbild, während die Gebäude selbst nur noch in einigen wenigen Fällen Reste der ursprünglichen Bohlenständer-Wandkonstruktion bewahren. Als eindrucksvolle Einzelhöfe seien genannt *Schillingbergstr. 22* und *19* in Reichenbach, der Herrenhof auf dem *Allmendsberg* in Mußbach, der Hof auf dem *Kölblinsberg* und das Haus Pechofen 7. Das Gasthaus „*Zum Grünen Baum"* in Keppenbach mit schönem Barockportal stammt von 1769. Vor dem Gebäude die Gerichtslinde mit alten steinernen Tischen. – Die kleine *ev. Kirche Brettental* von 1720 mit winzigem Dachreiter über dem am Äußeren nicht ausgeschiedenen Chor wurde 1973/74 neu gestaltet. – Während das Turmuntergeschoß der *ev. Kirche Keppenbach* vielleicht noch mittelalterlich ist, erfolgte der übrige Bau 1746. Die 1960 ganz erneuerte Kirche mit dem zwiebelbekrönten Westturm besitzt als Altarstipes einen Pfeilerfuß aus Tennenbach mit der Jahreszahl 1632 und eine schmucke Orgel des 18. Jh., aus Solothurn stammend. Das zwischen Kirche und „Grünem Baum" gelegene Pfarrhaus ist ein sehr fein detaillierter Bau von 1896. – Die *ev. Kirche Mußbach* wurde 1899–1901 nach Plänen von Carl Schäfer als Ersatz, aber nicht an der Stelle des schon im 13. Jh. genannten Vorgängerbaues errichtet, an die zwei Tennenbacher Wappensteine erinnern. Einer der wenigen neuromanischen Bauten des „Neugotikers" Schäfer mit hohem Turm im Osten der gewesteten Saalkirche mit Querhaus. Ganz aus Sandsteinquadern. Auch die Prinzipalstücke im Innern Sandstein. – Der mit dem Schiff nicht verbundene Ostturm der 1712 erbauten *ev. Kirche Reichenbach* enthält vielleicht Reste eines Chorturmes des urkundlich gesicherten mittelalterlichen Kirchenbaues. Mit den fast ganz erhaltenen hölzernen Emporen ist die Kirche die letzte in der Umgebung mit dieser einst bei keiner ev. Kirche fehlenden Einrichtung.

Ruine Keppenbach   Von einer freiwilligen Arbeitsgruppe in den letzten Jahren restaurierte

Ruine einer sehr umfangreichen, auf einem Bergsporn über dem Brettental gelegenen Burg des 13. Jh. Oberburg mit Schildmauer und Schießkammern aus dem Umbau Anfang 15. Jh. Rest des Palas, Zisterne. Von der Mittelburg und dem über 80 m entfernten Wachturm noch nichts erforscht. Skulpturen im Bad. Landesmuseum Karlsruhe, Neufunde in der Sparkasse beim Rathaus Freiamt.

Ottoschwanden Ev. Pfarrkirche. Der Chorturm des 13. Jh. bekam in spätgotischer Zeit sein Gewölbe – das Langhaus wurde vergrößert. Eine neuerliche Vergrößerung und Erhöhung des Turmes erfolgte 1744/45. Da die Kirche im Hang steht, geriet mit jeder Schiffsverlegung der Langhausboden höher, so daß heute der Chor so viel tiefer liegt, daß er nur noch als Taufkapelle verwendbar ist. Im Innenraum ein Teil der Emporen des ev. Predigtraumes erhalten. Im Chor romanische Nische und gotisches Sakramentshaus. Figürliche und Rankenmalerei in Resten (vgl. Denzlingen).

GUTACH I. BR.   Ursprünglich wohl nur aus wenigen Gehöften und einer von der Elz betriebenen Schmiede bestehend, verdankt Gutach sein heutiges Gesicht ganz der hierher verlegten Seidenspinnerei Gütermann und deren Fabriken, Wohnbauten und Sozialbauten. Links und rechts der Elzstraße, links der Elz, hinter einem riesigen landwirtschaftlichen Anwesen der Firma mit reichlicher Verwendung von Fachwerk eine ganze Siedlung von *Werkswohnhäusern*, Reihenhäuser in Putz-Ziegelstein-Kombination mit Laubengängen. Die Restaurierung der Siedlung ist begonnen. In Richtung Talausgang folgen beidseits der Elz die Villen, nacheinander vor und nach 1900 erbaut, mit dem Ostmärker Hof von 1904, einem Jugendstilbau von hoher Qualität. Auch auf dem Hügel gegen Siensbach eine Gruppe von Angestellten-Häusern. Jenseits der Fabrik setzen sich einheitlich geplante Werkswohnungen (Laubenhäuser in zwei Zeilen) und Sozialbauten bis weit auf Kollnauer Gemarkung hin fort.

Bleibach Die *neue Kirche* von Bleibach vereinigt den Chor einer Kirche von 1514 mit der ehemals freistehenden Beinhauskapelle von 1720–1722. Der in fünf Achteln geschlossene Chor besitzt ein schlußsteinloses Rippengewölbe. Die Innenausstattung der Kirche unter Einbeziehung alter Teile von Helmut Lutz, Breisach. In die Fenster einbezogen zwei Stifterscheiben des Waldkircher Propstes B. Merklin, Freiburger Ropstein-Werkstatt 1514. Die Beinhauskapelle ist ein Unikat. Auf der Holztonne des rechteckigen Baues eine Darstellung des Totentanzes in 34 Bildern mit zeitgenössischen Versen von 1723.

Siegelau mit Oberspitzenbach besitzt viele traditionelle Höfe, allerdings nur noch mit Resten der alten Zimmermannskonstruktionen der Wände, – zu nennen wäre etwa der *Reschhof* oder das hergerichtete *Haus 77 in Oberspitzenbach* – und zwei Kirchen. – *Kath. Kirche Siegelau,* wohl um 1600 erbaut mit guten Altären und Figuren des 18. Jh. wurde 1930–1935 um Seitenschiffe erweitert. Die merkwürdigen Holzstützen mit ionischen Kapitellen wohl nach dem Vorbild der *kath. Kirche Oberspitzenbach,* hervorgegangen aus einer Privatkapelle der Herren von Wittenbach, dreischiffig mit Holzstützen und mit dreiseitig geschlossenen Apsiden im Osten und Westen. Ausstattung 18. Jh.

Hecklingen siehe Kenzingen

Heimbach siehe Teningen

HERBOLZHEIM   Die alte Bebauung der Hauptstraße ist charakterisiert durch den unvermittelten Wechsel zweier Haustypen. Neben giebelständigen Häusern mit z. T. abgewalmtem Satteldach, deren Obergeschosse wohl in den meisten Fällen aus Fachwerk bestehen, das später verputzt wurde, fallen traufständige behäbige Satteldachhäuser, meist des späten 18. Jh. ins Auge, die der Hauptstraße an manchen Stellen ausgesprochen städtisches Aussehen verleihen. Obwohl Herbolzheim im Dreißigjährigen Krieg zeitweilig ganz unbewohnt gewesen sein soll, haben sich mindestens drei – und erstaunlicherweise gerade sehr reiche – Fachwerkhäuser aus der Wende des 16. zum 17. Jh. erhalten. Zwei stehen an den ansteigenden Bergstraßen und haben darum unter dem steinernen Erdgeschoß an der einen Giebelseite noch ein untergeschobenes Kellergeschoß mit Tor. – Das Haus *Steckenstr. 10* ist das ältere der beiden. Die Datierung 1580 am Kellertor wiederholt sich am ornamentierten Türsturz der Haustür an der Traufseite. Auch die profilierten Steingewände der Fenster weisen auf die gleiche Zeit. In die Quader der Hausecke sind zwei primitive ,,Schreckköpfe" eingemeißelt. Das reich mit Andreaskreuzen geschmückte Fachwerk, an der Giebelseite in jedem Geschoß vorspringend, weist als Besonderheit eine ,,Elsässische Giebellaube" auf. – Rund 20 Jahre später, 1602, ist das Haus *Rusterstr. 6*, die sog. ,,Alte Burg" datiert. In Aufbau und Fachwerkform ist es dem vorgenannten sehr ähnlich. – An der *Hauptstr. 77* steht ein Fachwerkhaus ähnlichen Typs mit Giebellaube, auf dem ebenen Grundstück nun ohne Kellergeschoß und von den Schmuckformen des Fachwerks und der Fensteranordnung her wohl etwas später. – Einzigartig ist das Haus *Hauptstr. 44*, ein barockes Traufhaus mit Walmdach und ornamentiertem Türsturz, aber mit einem Obergeschoß im Fachwerk mit schön verzierten Brüstungsfeldern. – Die palaisartigen Häuser der Hauptstraße gehören alle dem gleichen Typ an. Über einem niedrigen Kellersockel erheben sich zwei Stockwerke mit regelmäßig angeordneten Fensterachsen. Meist in der Symmetrieachse sitzt das Portal mit einer reichen Umrahmung in den Formen des späten Rokoko oder des Frühklassizismus. Das Erdgeschoß wird über eine steinerne Treppe erreicht, die entweder als Freitreppe ausgebildet oder teilweise in das Innere der Haustüröffnung verlegt ist. Leider wurden in den letzten Jahrzehnten im Zuge der Straßenverbreiterung an mehreren Häusern diese Treppen abgebaut und die Eingänge in die Abseiten des Hauses verlegt. Von diesem Typ sind zu nennen *Hauptstr. 131*, datiert 1786 und trotz des noblen Aussehens ehemals ein Ackerbürgerhaus mit Wirtschaftshof; *Hauptstr. 41* gegenüber der Margarethenkapelle, erbaut 1761 von dem Oberzoller Sartori, die ehem. Wirtschaft ,,Zur Krone"; *Hauptstr. 32* von 1786. Für *Hauptstr. 38* gibt die Datierung 1778 am Scheunentor einen zeitlichen Anhaltspunkt. Der Stierkopf auf einem Fenstersturz beim Haus *Hauptstr. 57* und die Brezel im Türaufsatz des Hauses *Hauptstr. 65* geben einen Hinweis auf das Gewerbe der Erbauer. – Das Haus *Hauptstr. 82* ist 1784 datiert; das alte Gasthaus ,,Zum Löwen", *Hauptstr. 91*, ist sicher ursprünglich schon als Gasthaus errichtet, darauf weisen die breite Torfahrt zum Einfahren der Gäste und die Erdgeschoßhalle. In der *Fürstbischof-Galura-Str. 3–7* steht eine höchst bedeutsame Gebäudegruppe, das Haus 3 mit einem Portal des bekannten Typs, datiert 1786, und das durch einen Torbogen damit verbundene Gebäude Nr. 5/7, Geburtshaus des späteren Bischofs von Brixen, B. Galura, in seinem heutigen Aussehen auch 18. Jh., aber sicher ein Wiederaufbau eines gotischen Hauses, von dem wesentliche Bauteile noch sichtbar sind. Solche spätgotischen Reste haben sich auch noch an anderen Häusern in Herbolzheim erhalten. Bei manchen ist nicht zu entscheiden, ob sich unter der modernen Oberfläche noch das alte Haus verbirgt, oder ob nur Teile aus einem abgebrochenen Haus wiederverwendet wurden. – Die *kath. Pfarrkirche St. Alexius* (erbaut 1752–1754) erhebt sich auf einem erhöhten Plateau östlich der Hauptstraße. Der etwas geneigte Turm mit seiner phantasievollen Kuppel beherrscht die Stadt. Architekt war der Kenzinger Franz Ruedhart, der kurz zuvor die ähnliche Riegeler Kirche errichtet hatte. Ruedhart hat wohl die schönsten Dorfkirchen in Mittelbaden errichtet. Unter dem Einfluß der Kirche in Merdingen des Deutschordens-Baumeisters Bagnato entwickelte er einen Kirchentyp mit halb eingebautem Westturm und mit einem weich geschwungenen, breiten Saalraum im Innern. In phantasievoller Variation führte er diesen Kirchentyp in Riegel, Herbolzheim, Niederschopfheim und Orschweier (abgebrochen) aus. Seine Kirchen waren so berühmt, daß sie noch 1786 dem Kirchenbau in Endingen zum Vorbild dienen sollten. Während die originale Kirchenausstattung in Riegel leider bei einem Brand verlorenging, hat sie sich in Herbolzheim erhalten. Die Stukkaturen des Hans Georg Gigl, die Deckengemälde und das Hochaltarbild des aus Schwaz in Tirol stammenden Freiburger Malers Johann Pfunner, die schöne doppelte Westempore und die anderen Ausstattungsstücke, Beichtstühle, Kanzel, Seitenaltäre (mit neueren Bildern) fügen sich zu einem formal und farbig ausgewogenen Gesamtkunstwerk des mittleren 18. Jh., nur etwas beeinträchtigt durch die sicher zu blaßfarbige Tönung der Wände und Decken. – Am Rande der Stadt *Wallfahrtskirche Maria Sand*, in jüngster Zeit restauriert. Das Wallfahrtsbild, eine wertvolle gotische Tonmadonna, soll angeblich von Protestanten in die Bleich geworfen und an der Stelle der heutigen Kapelle angeschwemmt worden sein. Die erste Kapelle dürfte schon im 16. Jh. errichtet worden sein. Der Chorbogen trägt die Datierung 1560. Der erste urkundliche Beleg stammt erst von 1666, damals war die Kapelle wohl schon erweitert. Ein Erweiterungsbau ist auch für 1747 belegt; dem schien die heutige Kapelle mit ihrer Rokoko-Stuckdecke zu entsprechen. Die Untersuchungen ergaben aber, daß in der heutigen Kapelle eine Erweiterung eines bestehenden Kapellenbaues nach Westen enthalten ist. Die kürzere Kapelle besaß eine bemalte Bretterdecke, sicher ebenfalls des 18. Jh., die unter der heutigen Stuckdecke teilweise erhalten ist. So dürfte sich ohne weitere Forschungen die genaue Baugeschichte des heute bestehenden Kirchenbaues nicht klären lassen. Die Altarausstattung ist von hoher Qualität. Die Bilder der Seitenaltäre stammen von dem Barockmaler Joh. B. Enderle. – In der Nähe der Kirche sind noch heute die Spuren der einst dort vorhandenen zwölf Hanf-Röstbecken zu erkennen, die, bis zu 100 m lang, deutlich zeigen, welchen Umfang der Hanfanbau und die Hanfverarbeitung früher in Herbolzheim besaßen.

Bleichheim   Die Partie an der Bleichbrücke mit drei stattlichen Walmdachhäusern (zwei Gasthäuser) bezeichnet das Ortszentrum. Unter den breiten Walmdachhäusern ist das Nr. 21 klassizistisch, mit verzierten Torpfosten. Originell die Einbeziehung des Stalles in die repräsentative Fassade. An der Mühlestraße stehen einige Fachwerkhäuser. – Die Baugruppe des *Schlosses* mit Mühle, Wirtschaftsgebäuden und Jägerhaus steht unter ansteigenden Gartenterrassen allein an der Straße nach Broggingen. Der ehemals einstöckige Bau des Schlosses, am Erker datiert 1688 (an der Tür 1728), wurde erst im 19. Jh. um ein Stockwerk erhöht. Das Jägerhaus stammt aus dem 19. Jh., die große Zehntscheuer mit Durchfahrt von 1594. Die Schloßmühle, eingeschossig mit Fachwerkgiebel, besitzt ein Kielbogenportal des 16. Jh., das 1759 mit einem originellen Kageneck-Wappen verziert wurde. – Die *kath. Kirche*, erbaut 1825 von Christoph Arnold mit nur wenig aus der Westfront hervortretendem Turm und polygonalem, eingezogenem Chor. Im Innern die Originalausstattung des Jodocus Wilhelm in Stuckmarmor z. T. erhalten. Epitaph des F. Graf Kageneck von 1829. Die frei vor dem Dorf gelegene Kirche gehört zu den harmonischsten Kirchen des Weinbrenner-Schülers, der sie auch in seinem Architekturwerk veröffentlichte.

Ruine Kirnburg   Die Sanierung der lange vernachlässigten Ruine, die bereits 1518 unbewohnbar war, hat begonnen. Schon 1203 wird die Burg erwähnt, von der als markanteste Bauteile ein in Bossenquadern aufgeführter Teil der Oberburg mit rundbogigen Fensterscharten und ein ebensolcher Rest des Hauptturmes schon wieder sichtbar sind.

Broggingen   Im Ort sind eine ganze Anzahl von Fachwerk- und Steinhäusern des späten 18. und 19. Jh. Der übliche Typ in dem schon im Weinbaugebiet des Lösses gelegenen Dorf ist das Dreiseit- oder Hakengehöft mit giebelständigem Wohnhaus auf hohem Sockel. Die Fachwerkhäuser stimmen in ihren Zierformen fast genau überein. Im Dorfzentrum, im Blick der Straße von

Tutschfelden, ein querstehendes Haus mit Fachwerkobergeschoß und Mansarddach, sechsachsig, am Türsturz datiert 1771. Der „Dragonerbrunnen" ist ein Kuriosum: 1823 von Jerg Schumacher gehauener Brunnenstock in Dreiviertelfigur eines badischen Dragoners aus Sandstein mit hölzernem Helmbusch. Auf der Brust steht „Bardolomais". – Die weithin sichtbare *Kirche* hat einen in den unteren Geschossen romanischen oder frühgotischen Turm mit ausgebrochenem Gewölbe und Schallarkaden. Turmaufsatz und Schiff wurden 1740–1746 erbaut. Der Saalbau zeigt im Innern die typische Einrichtung einer protestantischen Predigtkirche mit Emporen. Das auf dem gleichen Hügel gelegene *Pfarrhaus* mit mächtigem Gewölbekeller stammt von 1759.

Tutschfelden Der Ortsteil liegt schon völlig im Löß der Vorberge, an der höchsten Stelle die Kirche im Friedhof, zu der eine Treppe hinaufführt. Bemerkenswert ist der *alte Pfarrhof* mit Zehntscheuer, ein älterer Fachwerkbau, winkelförmig angebaut das Pfarrhaus auf hohem Sockel. Datierung von 1806 nennt Pfarrer, Architekten und Steinmetz. – Neben dem Pfarrhof das *ehem. Gasthaus Löwen*, ein Steinhaus mit Fachwerkobergeschoß, um 1730.

Die kleine *Kirche* entstand möglicherweise nach einem Entwurf Weinbrenners. Der detailreiche Schmuck des Außenbaues hat noch nicht die Sprödigkeit seiner späteren Werke. Die klassizistische Kanzel an der Stirnseite des einfachen Saales soll aus Ettenheimmünster stammen. Orgel der Erbauungszeit.

Wagenstadt In den nicht einheitlich bebauten Straßenfronten hat der Ort mehrere renovierte Fachwerkhäuser, meist giebelseitige Kniestockhäuser. Wenige größere Traufhäuser sind durch reichere Sandsteinarbeiten an Fenstern und Türen ausgezeichnet. Eines der schönsten Häuser, *Herbolzheimer Str. 2*, ein Walmdachhaus mit steinernem Erd- und Fachwerk-Obergeschoß, 18. Jh., erhielt 1880 die Verkleidung eines Quaderbaues. – *Kath. Kirche* Neuerdings vergrößerte Saalkirche von 1740 mit Resten einer gotischen Kirche im Chor (Sakramentsnische, Sakristeitür). Im Chor konnte der prächtige gemalte Baldachin für die dort wieder aufgestellte spätgotische Madonna restauriert werden.

Jechtingen siehe Sasbach

Katzenmoos siehe Elzach

KENZINGEN Die 1249 von Rudolf II. von Üsenberg planmäßig angelegte Stadt verbindet mit Villingen und Freiburg, den „Zähringerstädten" das System der sich kreuzenden Hauptstraßen, mit Freiburg zudem die Lage der Hauptkirche im Nordostquadrat der Stadt, schräg zum Straßenkreuz.

Die Mauerumgrenzung des ovalen, einst von zwei Armen der Elz umflossenen Städtchens, das seit 1959 als Gesamtanlage unter Denkmalschutz steht, ist auch heute noch deutlich zu erkennen. Die Haupt- und Marktstraße besaß ehemals zwei Tortürme, die in der Mitte der Stadt kreuzende zweite Achse (heute Eisenbahn – Brotstraße) hatte ursprünglich keine Tore. Das anmutige, mit einem Fachwerkgeschoß überbaute *Schwabentor* am Ostende der Stadt entstand erst nach 1779. Nahe dem Kreuzungspunkt der Straßen liegt an der Hauptstraße das um 1520 errichtete Rathaus, am südlichen Ende der Eisenbahnstraße der große Komplex des ehem. Franziskanerklosters, heute Krankenhaus, mit seiner Kirche. Drei Brunnen schmücken die breite Marktstraße. Die Häuser an den Straßen stehen ganz überwiegend in Traufstellung, in völlig geschlossener Front an der Hauptstraße; hier wurden sogar die Mündungen einiger Gassen des regelmäßigen Straßenrasters später verbaut. Die Zerstörungen des Dreißigjährigen Krieges bewirkten, daß die Bausubstanz in Kenzingen ganz überwiegend dem 18. und 19. Jh. angehört. Natürlich blieben viele Außenmauern und steinerne Bauteile der älteren Häuser erhalten. Neben dem Rathaus gilt besonders das steilgiebelige Gasthaus *„Zur Krone"* als weitgehend noch aus dem 16. Jh. stammend, mit Eck- erker zum Straßenkreuz der beiden Hauptstraßen hin. Ein Strebepfeiler und drei steinerne Konso- len tragen den ganz in Stein errichteten polygonen Erker. Im Innern besitzt er ein steinernes Kap- pengewölbe. Er diente als Schmuck eines im Obergeschoß gelegenen Saales, dessen spätere Wand- verkleidung sicher noch reichere Zierformen verbirgt. Leider ist der Bestand dieses Erkers akut ge- fährdet. – Wohl nur beschädigt überstand den großen Krieg auch das ehem. herrschaftliche *Haus der Bettscholdt-Blumeneck*, Alte Schulstr. 20. Das reichprofilierte Portal ähnelt sehr der 1553 da- tierten Tür zum Pfarrsaal. Die Häuserfronten der Hauptstraße beeindrucken mehr durch ihre ein- heitliche Geschlossenheit als durch einzelne ausgezeichnete Gebäude. Auch die Gebäude der die Hauptstraße kreuzenden zweiten Achse stehen meist traufständig; nur an den Einmündungen der Quergassen konsequenterweise in Giebelstellung. Dieses System ist im Stadtbild von Kenzingen noch nahezu vollständig überkommen. Auch bei neuen Gebäuden ist in der Regel eine Einordnung in das strenge System zu beobachten. Die Häuser der Hauptstraße sind zwei- oder dreigeschossig, in der Regel mit halbhohem Kellergeschoß, so daß das Erdgeschoß über mehrere Stufen erreicht wird, die oft als bescheiden geschmückte Freitreppe angelegt sind. – Besondere Erwähnung an der Hauptstraße verdient *Haus Nr. 10* mit reichdekoriertem Haustor mit gesprengtem Segment- bogengiebel, datiert 1719, aber vielleicht unter Verwendung älterer Teile. Auch im Haus *Haupt- str. 35* ist ein Eingangsportal erhalten, dessen Formen nicht recht zur Datierung des Hauses von 1708 passen wollen. Es ist aber möglich, daß in Kenzingen Steinmetzen auf frühere Formen zu- rückgriffen, als die Bürger der Stadt nach all den Kriegszerstörungen wieder Schmuckformen an den aufgebauten Häusern verlangten. – Aus seiner Umgebung schon durch die Dreigeschossigkeit und das Mansarddach herausgehoben, ist das ehem. Gasthaus *„Zum Salmen" Hauptstr. 31*. Der mittlere Balkon über der schönen Freitreppe mit der kartuschengeschmückten Balkontür ist dem- jenigen am neuen Rathaus in Endingen so ähnlich, daß man für die beiden Häuser den gleichen Ar- chitekten annehmen kann. Ebenfalls dreigeschossig ist das wohl seit seiner Verwendung als Zigar- renfabrik stark veränderte Haus *Hauptstr. 52*. 1685 war es Sitz des österreichischen Amtmannes. – Die benachbarten Häuser an der Hauptstraße stehen mit dem Giebel zum Straßenraum; ebenso wie diejenigen am anderen Ende der Altstadt markieren sie noch heute deutlich sichtbar die Stel- lung der ehem. Stadttore.

Außerhalb des Altstadtgebietes, jenseits der Elz, das herrenhausartige Anwesen *Freiburger Str. 10* (um 1800), fünfachsiges Walmdachhaus mit schöner pyramidenförmiger Haustreppe. – Auch nördlich der Altstadt, an der Offenburger Straße setzen eine Reihe von Gebäuden des 19. Jh. in sehr gekonnter Weise die ausdrucksvolle Hauptstraßenbebauung fort. Zweigeschossige Häuser sind hier zu Zeilen verbunden, die aber nicht mehr ununterbrochen durchlaufen wie an der Haupt- straße, sondern an einigen Stellen auseinanderrücken, wobei die Dächer jeweils am Ende einer Zeile abgewalmt sind. Besonders eindrucksvoll sind auf der westlichen Seite der Straße das Dop- pelhaus *Offenburger Str. 5/7* von 1819, wo korbbogige Tore zu beiden Seiten des Hauses die Lük- ken bis zu den Nachbarhäusern verschließen, und Offenburger Str. 15/17, die, ähnlich gestaltet, ein gemeinsames kräftiges Stockgesims aufweisen, was als Abschluß des Bogens zwischen beiden Gebäuden durchgeführt ist. – Freiliegendes Fachwerk als Schmuckelement spielt heute bei den Häusern Kenzingens eine geringe Rolle. Sicher waren früher aber die in Fachwerk errichteten Obergeschosse der Häuser die Regel. An Fachwerkhäusern seien hier – neben dem Überbau des Schwabentores – genannt das Haus *Brotstr. 9*, bei dem das Obergeschoß weit vorkragend auf zwei Konsolen aufsitzt mit der Inschrift *„Gregorius Hes 1669"* und das große, wegen einer Gassenein- mündung giebelständige Fachwerkhaus von 1736 *Eisenbahnstr. 1*. Auch an den gegenüberliegen-

125. Die strohgedeckte Mühle des Landwasserho- fes in Elzach-Oberprechtal
126. Die restaurierte Öl- mühle in Simonswald ist funktionsbereit und kann besichtigt werden

Umseitig:
127./128. Fachwerkbauten in Weisweil. Oben der Ziegelhof, erbaut 1774, unten das alte Forsthaus von 1802

den Häusern wurde Fachwerk, von 1660, freigelegt. – Die *Nr. 12* in der gleichen Straße ist die *Stadtapotheke* mit dem im 18. Jh. sehr seltenen Motiv eines reichgeschmückten Erkers über der Haustür. – Von den vielen in Bürgerhäusern vermauerten Bauteilen seien nur zwei erwähnt: die Zunftsäule im Haus *Mühlenstr. 10* mit vielen Zunftwappen und der Jahreszahl 1496 und das Portal mit der Inschrift ,,porta patens esto nulli claudaris amico'' am Haus *Spitalstr. 2* mit der wahrscheinlich wieder späteren Jahreszahl 1717. – Das *Rathaus* von 1520, größtes und repräsentatives Gebäude an der Hauptstraße, entstand aus zwei Häusern, wie sich durch die Untersuchungen anläßlich der Erweiterung des Rathauses feststellen ließ. Über einem in Bögen geöffneten Erdgeschoß mit einer hölzernen Stützenstellung erhebt sich ein einheitliches Obergeschoß, mit sieben gleichförmigen dreiteiligen Gruppenfenstern gegen die Straße hin geschmückt. Den größten Teil des Obergeschosses nimmt der große Ratssaal ein mit vier schönen Sandsteinsäulen zwischen den Gruppenfenstern. Die Büros der Stadtverwaltung sind in drei Flügeln untergebracht, mit denen das alte Rathaus in den Jahren 1965–1967 zu einem Vierflügelbau mit einer Front zum Kirchplatz hin erweitert wurde. – Die erste urkundliche Erwähnung der *Stadtkirche St. Laurentius* datiert 1275; der Bau des unter Einfluß der Ostteile des alten Freiburger Münsters mit Flankentürmen errichteten Chores wird nicht viel früher begonnen worden sein. Das ursprünglich basilikale Langhaus wurde um 1503 spätgotisch umgebaut, ab 1730 wiederum umgestaltet und barock ausgestattet. Der letzte Umbau 1903–1906 brachte die Glockengeschosse und Helme der Türme und eine Regotisierung des Chores und der Westfassade hinzu. Das Innere der Kirche, nach den barocken Umbauten ein breiter Saal, gedeckt mit einer Spiegeldecke mit Stichkappen, wird beherrscht von Stuckdecke und Ausstattung der Barockzeit. Reiche Ausstattung mit Stücken des 15. bis 19. Jh. Besonders hervorzuheben die große Immaculata-Figur Christian Wenzingers, 1736 außen im erneuerten Fenster über dem Westportal, die Muttergottes im Hochaltar, um 1420, und die Epitaphien der Veronika von Hürnheim und ihrer Eltern in der 1518 angebauten südlichen Seitenkapelle, Werke des Christoph von Urach. Die frühesten Werke der bildenden Kunst in der besonders reich ausgestatteten Kirche sind Wand- und Gewölbemalereien in der sog. Krypta, einem ehem. Kapellenraum im Untergeschoß des Südturmes. – Die *Kirche des ehem. Franziskanerklosters* dient heute als ev. Kirche und kath. Krankenhauskapelle. Die Franziskaner kamen erst während des Dreißigjährigen Krieges nach Kenzingen. Die einschiffige Kirche mit plattgeschlossenem Chor besitzt ein Tonnengewölbe mit Stichkappen, das gotisierend durch Stuckrippen in Art eines Faltgewölbes gestaltet ist. Die Triumphbogenwand ist vermauert. Das Schiff dient dem ev., der Chor dem kath. Gottesdienst. Der ehem. Hauptaltar mit neuem Altarbild steht im Chor, die beiden Seitenaltäre mit Altarbildern des 18. Jh. sind ohne Mensen an die Längswände der ev. Kirche gestellt. Im ev. Teil befindet sich ein ausgezeichneter spätgotischer Kruzifixus. – Auf dem Grundstück der ehem. *Niederlassung der Johanniter* in Kenzingen erhebt sich heute das Gefängnis. Nur das Barockgebäude des Kameralhauses, Metzgerstr. 6, und eine in jüngster Zeit restaurierte Steinfigur Johannes des Täufers in einem Tabernakel an der Gefängnismauer erinnern noch daran. – Das *kath. Pfarrhaus*, Kirchplatz 16, verdankt seine heutige Gestalt einem klassizistischen Umbau von 1809. Barocke Stuckdecken mit Bandelwerk und figürlichen Dekorationen in den Eckräumen der beiden Obergeschosse beweisen aber, daß es sich um ein älteres Gebäude handelt. Die Tür zum benachbarten Pfarrsaal sitzt in einem Gewände von 1553. – Südlich der Stadt ist inmitten der modernen Bebauung an dem noch erhaltenen Geviert der Dächer deutlich die Vierflügelanlage des ehem. *Frauenklosters Wonnental* zu erkennen. Das ab 1253 zum Zisterzienserorden gehörige Kloster wurde nach dem Anfang des 18. Jh. weitgehend neu gebaut. Nach der Säkularisierung, 1809, wurde die Kirche abgebrochen und die Klostergebäude verkauft. So erinnert außer der allgemeinen Gebäudeform heute nur noch weniges an den einst blühenden Konvent. – Ein bemerkenswerter Bau des 19. Jh. ist das *Amtsgericht*, Eisenbahnstr. 22. Der neunachsige Bau mit dreiachsigem Mittelrisalit stellt ein inzwischen selten gewordenes Beispiel für den noblen Spätklassizismus badischer Amtsgebäude der Nach-Weinbrennerzeit dar.

Bombach   Die 1787 gebaute *Kirche* liegt mit dem Pfarrhaus hoch über dem Ort. Den Fassadenturm krönt ein Kuppeldach mit Laterne. Das Gotteshaus ist einfach ausgestaltet. Die barocken Seitenaltäre stammen wohl aus der Dominikanerinnenkirche Riegel. Von Interesse sind ein ehem. Altarbild mit einer Darstellung des Dorfes vor der Erbauung der neuen Kirche und besonders eine Holzmadonna der Zeit um 1400.

Hecklingen   Kleine, meist giebelständige Häuser, bei denen in wenigen Fällen (Talhaldestraße) das Fachwerk freigelegt und restauriert wurde. – Das ehem. Heninsche *Schloß*, erbaut 1776 nach Plänen des in Straßburg tätigen Architekten François Pinot, ist ungewöhnlich hoch in seinen Proportionen: Auf übermannshohem Sockel zwei Vollgeschosse und eine stockwerkshohe Mansarde bei neun schmalen Achsen in der Breite. Links vom Schloß ein abschließendes Stallgebäude, rechts ein ehemals mit dem benachbarten Pfarrhaus gemeinsam genutzter Speicher, heute Pfarrzentrum. Das *Pfarrhaus* von 1816 ist mit der Gestaltung von Portal und Dach dem Stil des Schlosses angepaßt. – Gegenüber die *kath. Kirche*. Der Turmstumpf der Pfarrkirche ist nach Ausweis der freigelegten Schallarkaden romanisch, vielleicht auch die Triumphbogenwand; der in fünf Achteln schließende Chor mit Rippengewölbe und die Sakristei stammen wohl aus dem 14. Jh. Das barocke Schiff wurde 1963 um ein Joch nach Westen verlängert. Der Hochaltar stammt von 1718, aus dieser Zeit wohl auch der originale achteckige Turmaufsatz mit Zwiebel. Vor der Kirche Sandsteinmadonna, 18. Jh.

Burg Lichteneck   Erbaut im 12. Jh., 1675 von den Franzosen belagert und abgebrannt. Die weithin sichtbare Ruine besteht noch heute aus den erhaltenen Ringmauern der Hauptburg. Im künstlichen Graben zwischen dieser und der Vorburg noch der alte Brückenpfeiler.

Nordweil   Von den zahlreichen Fachwerkhäusern ist kaum noch etwas erhalten. Einzelne baufällige Beispiele können eine Anschauung des ehem. Dorfbildes geben, so *Hochwaldstr. 25*, *Talstr. 6* und die Häuser mit hohem Sockelgeschoß in der *Brunnenstraße*. Ein Fachwerkhaus mit reicher Mittelbahn im Giebel ist *Hochwaldstr. 42*, ebensogut gepflegt *Talstr. 1*, ein etwas verändertes Haus mit der altertümlichen Firstsäulen-Konstruktion. Ein stattliches Walmdachhaus mit Freitreppe von 1807 steht gegenüber dem Rathaus, *Hochwaldstr. 36*. Wertvollstes und ältestes Fachwerkhaus ist die ehem. *Vogtei des Klosters Alpirsbach*, ein zweigeschossiges Haus mit reichem Fachwerk und vielen Schmuckdetails in Stein und Holz, mehrfach deutlich datiert auf 1576. An der Hofseite geschmückter sandsteinerner Galgenbrunnen von 1624. – *Pfarrkirche*, Pfarrhaus und Friedhof liegen auf einem Hügel über dem Dorf. Ältester Teil der Kirche ist der Chor, Teil einer Barbarakapelle von vor 1456. Das alte Langhaus von 1387 wurde 1760 und noch einmal 1914 erweitert. Die Ausstattung stammt aus dem 18. und 19. Jh.

Kiechlinsbergen siehe Endingen

Köndringen siehe Teningen

Königschaffhausen siehe Endingen

Kollmarsreute siehe Emmendingen

Kollnau siehe Waldkirch

Leiselheim siehe Sasbach

Maleck siehe Emmendingen

MALTERDINGEN   Zentrum von Malterdingen ist die platzartige Erweiterung der Hauptstraße, die von zwei Reihen überwiegend traufständiger Häuser in geschlossener Front begrenzt wird und auf das Rathaus zuführt. Die Häuser haben nur z. T. Fachwerkobergeschosse, wie *Hauptstr. 32*, meist handelt es sich um Steinhäuser. Auf der linken Seite der Hauptstraße das Gasthaus „Zur Sonne" von 1822, daneben die „Krone", dreigeschossig ein Umbau des 19. Jh. eines älteren Hauses. Das Eckhaus mit einer gegen das Rathaus abgeschrägten Ecke mit Freitreppe ist auf einer Tafel, die Vogt und Bürgermeister nennt, 1825 datiert. Die gegenüberliegende Front Hauptstr. 25–19 ist von zwei Häusern mit steinernen Erkern im Obergeschoß begrenzt, den einzigen Beispielen im Kreise. *Hauptstr. 25* steht an der Ecke zur Fahnengasse. Der Erker mit reichen Dach-, Gurt- und Sockelprofilen und Ornamenten in den Feldern der Brüstungen sitzt schräg an der Hausecke. An der Vorderseite ist eine Jahreszahl zu erkennen, die vielleicht 1574 zu lesen ist. Der ähnliche Erker an *Hauptstr. 19*, heute wie ehemals platt in die Fassade eingesetzt, stammt von 1594. Er wurde an den Neubau des Hauses übertragen. Das unscheinbare Haus dazwischen, *Hauptstr. 23* gibt durch die steinernen Fenstergewände mit ausgebrochenen Mittelpfosten zu erkennen, daß es mindestens ebensoalt ist. Es handelt sich wohl um das ehem. Pfarrhaus. Im Erdgeschoß ist ein Raum mit spätgotischem Kreuzrippengewölbe in zwei Jochen mit Schlußsteinen erhalten, wohl eine ehem. Kapelle.
Das ehem. Gasthaus „Zur Fahne" *Fahnengasse 4* ist ein sehr aufwendiger Steinbau in zwei Geschossen mit der Jahreszahl 1794 an der Kellertüre. Die gequaderten Ecklisenen und die Form der Eingangstür zum Hof und des Fachwerkgiebels lassen jedoch eine Erbauung des Hauses im früheren 18. Jh. als wahrscheinlich annehmen. – *Hauptstr. 17*, am Anfang zur Kirche gelegen, ist ein noch verputztes Fachwerkhaus herrschaftlichen Zuschnittes, datiert 1625. Zwischen ihm und dem Rathaus führt eine ansteigende Straße zum ehem. *Stadttor* gegen Bombach. Wie beim Schwabentor in Kenzingen ist das steinerne Untergeschoß, datiert 1567, mit einem Fachwerkhaus überbaut. Das Tor stellt den letzten Rest der ehem. Ummauerung Malterdingens dar. – Das stattliche *Rathaus* wendet seinen Giebel zum Dorfplatz. Die Quader der Ecklisenen und ein umlaufendes Gesims in Traufhöhe gestalten die breite fünfachsige Schauseite. Die Giebelform des Rathauses wiederholt die danebenstehende Fachwerkscheune. – Ältester Teil der *ev. Kirche* sind die unteren Geschosse des Westturmes, die mit Schießscharten zur Verteidigung eingerichtet waren. In die Turmvorhalle wurde wohl am Anfang des 16. Jh. ein Gewölbe eingezogen. Die Kirche ist vielleicht ein einheitlicher Neubau vom Anfang des 16. Jh., früher im Chor datiert 1517. An den polygonal geschlossenen und mit einem reichen Netzgewölbe auf Konsolen versehenen Chor schließt nördlich eine Seitenkapelle, südlich eine Sakristei an. Anfang 19. Jh. vom Bezirksbauamt (Lumpp) umgebaut. Von diesem Umbau Dach mit Dachgesims und Aufbau des Turmes erhalten, der Innenausbau mit dorischer Stützenstellung und Emporen 1964 entfernt. Gewölbe von Chor und Seitenkapelle mit phantasievoller Rankenmalerei der Erbauungszeit, in der Seitenkapelle dazugehörig eine Verkündigung im Gewölbe und Darstellungen der hll. Veronika und Ottilie mit Stiftern an der Ostwand. Reiches spätgotisches Sakramentshäuschen im Chor, die Fenstermaßwerke nach gefundenen Resten neu. Im Langhaus umfangreiche Wandmalereien aus zwei Zeiten, stark ergänzt. Von einer älteren Malschicht des 16. Jh. ist nur ein Bild, den Tod des hl. Alexius darstellend, erhalten. Eine jüngere Malschicht, signiert und datiert von Georg Menradt von Endingen 1700, umfaßt eine Reihe von alt- und neutestamentlichen Szenen und von Aposteln mit

Moses und David. Figuren und Szenen nach viel älteren Vorbildern entworfen, die Figuren offenbar einzeln gestiftet; Bezeichnung und Name des Stifters unter die Figur geschrieben. Der Friedhof hat eine auf Holzstützen ruhende Eingangshalle.

Mundingen siehe Emmendingen

Niederhausen siehe Rheinhausen

Niederwinden siehe Winden im Elztal

Nimburg siehe Teningen

Nordweil siehe Kenzingen

Oberhausen siehe Rheinhausen

Oberprechtal siehe Elzach

Obersimonswald siehe Simonswald

Oberwinden siehe Winden im Elztal

Ottoschwanden siehe Freiamt

Prechtal siehe Elzach

REUTE   besteht aus dem größeren Oberreute und dem kleineren Unterreute, das wiederum einen Weiler um die alte Kirche, einen entlang der Straße aufgereihten Ortsteil Mösle besitzt. In *Oberreute* befinden sich neben dem „*Gasthaus zum Hirschen*" (1777) ganz wenige einstöckige Fachwerkhäuser; in Unterreute, in der Möslestraße noch eine fast geschlossene Gruppe gepflegter Häuser des giebelseitigen, eingeschossigen Typs auf hohem Kellersockel. An der Einmündung der Möslestraße in die Landstraße, *Hinter den Eichen 42*, der ehem. Wittumshof der Universität Freiburg, ein Fachwerkhaus auf hohem Sockel, 1763, mit der großen Scheuer mit Walmdach. Gegenüber, *Freiburger Str. 2*, ein ebensolches Fachwerkhaus mit einer kreuzförmigen Balkenanordnung über zwei Gefache in der Giebelmitte.
Um die alte mauerumgebene Kirche von *Unterreute* drängen sich mehrere Häuser mit Fachwerk, die alte Mühle von 1698, *Freiburger Str. 42*, das alte Pfarrhaus von 1717 mit seinen Nebengebäuden, leider schlecht erhalten; im Innern einst drei Rokoko-Stuckdecken. Wohlerhalten gegenüber am Kirchweg *Freiburger Str. 44* von 1807. – Die alte *Pfarrkirche Unterreute* wird bereits im 13. Jh. erwähnt. Chor und Turm der bestehenden Kirche sind mittelalterlich; das überstuckierte Chorgewölbe ruht auf runden Diensten. Das Langhaus mit einer anmutigen Rokokostuckierung soll 1717 erbaut sein. Die Innenrenovierung von 1904 übermalte vielleicht die Reste einer früheren malerischen Ausstattung. – Die neugotische kath. *Pfarrkirche Oberreute* wurde 1901/02 erbaut. Zwei Figuren, Felix und Regula, gehörten mit der Madonna von Forchheim zu einem wohl aus der alten Pfarrkirche stammenden Altar aus dem Umkreis des Meisters HL, eine hl. Barbara wird Hans Wydyz zugeschrieben.

RHEINHAUSEN   In beiden Ortsteilen säumen die Straßen im wesentlichen giebelständige Häuser, die stattlichsten und höchsten in der Ortsmitte von Oberhausen. Eine Reihe von bemerkenswerten Fachwerkhäusern sind zu erwähnen.
Niederhausen   Hauptstr. 31, an der Einmündung der Friedhofstraße gegenüber dem Rathaus. Sehr schönes, steilgiebeliges Fachwerkhaus, dessen Vorderseite noch verputzt ist, an dessen Rückseite aber der Fachwerkgiebel mit der „Elsässischen Giebellaube" zu sehen ist. Hinter dem Haus schöne Fachwerkscheune. *Hauptstr. 60* ganz reiches Fachwerkhaus, eingeschossig mit Kniestock mit Rad und Sternverzierungen im Giebel, am Mittelpfosten des Giebels datiert 1696; *Albert-Stehlin-Str. 10*, westlich der Hauptstraße am Weg zum Rhein, zweigeschossiges Haus auf steinernem Sockel, datiert 1808, das reiche Haus eines Schiffers, worauf die Verzierung des Eckpfostens mit Christogramm, Anker und den Initialen der Erbauer deuten. – Die sehenswerte *Ulrichskapelle* von 1764/65 liegt außerhalb des Ortes. Über dem Chor erhebt sich ein achteckiges Dachreitertürmchen, an den Chor angebaut ist ein einst von einem Eremiten bewohntes Wohnhäuschen.
Oberhausen   Rheinstr. 5, westlich der Hauptstraße, datiert 1707, ein eingeschossiges Fachwerkhaus mit den originellsten Verzierungen der ganzen Gegend. Aus dem vollen Holz der Ständer sind nämlich in Reliefplastik zwei Blüten und ein Herz mit kometenartigen Schweifen herausgehauen. Auch Fenster und Tür sind vom Zimmermann mit aus dem vollen Holz geschlagenen Ornamenten verziert worden. Reiche Zierformen am Fachwerk, allerdings in der üblichen Weise, zeigt auch das Haus *Herbolzheimer Str. 6* (1611), einfacheres Fachwerkhaus schräg gegenüber, *Herbolzheimer Str. 17*; *Kirchstr. Nr. 70*, noch jenseits der Kirche, ist ein traufseitig stehendes Kniestockhaus von 1786. Schöne alte Doppeltür mit geschnitzten Darstellungen von Sonne und Mond, *Kirchstr. 30*, ein einfacheres zweigeschossiges Fachwerkhaus, 1730, das schräg gegenüberliegende mächtige traufseitige Fachwerkhaus auf steinernem Sockelgeschoß mit steilem Giebel, *Kirchstr. 9*, ist heute verputzt, das Fachwerk zeichnet sich deutlich durch den Verputz ab. – *Kath. Pfarrkirche St. Ulrich*   Während Niederhausen erst im 19. Jh. eine Kapelle und 1959 eine Kirche erhielt, wurde die heutige Kirche von Oberhausen an der Stelle eines 1558 errichteten Vorgängerbaues 1740–44 erbaut. Der Architekt ist unbekannt. Die Westfassade mit dem Voluten-Giebel und dem halb eingestellten Turm mit den merkwürdigen Fensterformen ist wohl ohne Kenntnis der kurz vorher errichteten Kirche in Merdingen nicht denkbar. Bauherr waren die Gemeinde und der Deutsche Orden als Inhaber der Pfarrei. Bezeichnenderweise stammt auch die Figur über dem Portal, St. Ulrich, 1761 von dem Merdinger Bildhauer J. B. Sellinger. Das schmucke Gotteshaus wurde 1882/83 mit einem großen Querhaus und einem neuen Chor versehen, eine außerordentlich gelungene Erweiterung. Durch spätere Neufassungen entstellt, birgt die Kirche aber eine Reihe von wertvollen Altar- und Einzelplastiken des 16. und 18. Jh. – Das schloßartige *Pfarrhaus* wurde 1750 von J. K. Bagnato erbaut. – Das Grundstück dieses Deutschordens-Pfarrhauses ist mit einer Mauer umgeben, die rechts und links zum Haus kurvig einschwingt.

RIEGEL   Den annähernd eiförmigen Grundriß des alten Dorfes, ehemals von einer Mauer umgeben, durchzieht von Südosten nach Nordwesten zwischen den verschwundenen Toren Schaftor und Wassertor in mehreren Windungen die Hauptstraße. Etwa in der Mitte des Ortes zweigt nach Südwesten die Kehnergasse ab, mit der Hauptstraße einen dreieckigen Platz bildend, in dessen Mitte das Rathaus steht. Auch alle übrigen Gassen des Dorfes verlaufen in Biegungen; nur die erst 1820 angelegte Leopoldstraße, der heutige Hauptzugang, führt schnurgerade zu Bahnhof und Elzbrücke im Norden. Die Hauptstraße säumen einige giebelständige Fachwerkhäuser und eine ganze Reihe von aufwendigen Traufhäusern des 17. und 18. Jh., die ihr ein städtisches Aussehen verleihen. – Bauten des 18. Jh., Gasthäuser, ehem. Schulhaus, Rathaus, Kirche, setzen die Akzente im

Ortsbild. Daneben sind in ganz ungewöhnlichem Maße ortsbildbestimmend die Gebäude eines Betriebes, der Riegeler Brauerei Meyer & Söhne. Von diesem „Riegeler Brauereistil" wird noch zu sprechen sein. Nennen wir zunächst die wichtigsten Kulturdenkmäler des Ortes: Das sind an der Nordseite der Hauptstraße, im Anschluß an das ehem. Wassertor die Gebäude *Hauptstr. 2–6*, drei aneinandergebaute zweistöckige reiche Traufenhäuser, mit Fachwerkobergeschoß (eines verputzt) aus den Jahren 1684/1710 und *Hauptstr. 8*, ein diese Front abschließendes Giebelhaus mit Krüppelwalm. Daran anschließend ein ebensolches Giebelhaus in etwas reicheren, aber entsprechenden Formen, nun aber schon im „Brauereistil" vom Anfang dieses Jahrhunderts. – *Hauptstr. 12*, heute Post und Sparkasse. Früher war das stattliche Barockgebäude Schule, errichtet als Amtshaus des Klosters Ettenheimmünster. Die unregelmäßige Reihe der Fenster deutet darauf hin, daß der palaisartige Bau aus alten Gebäuden vereinigt wurde. – Im 19. Jh. mit einer ansprechenden reicheren Dekoration der Fenster versehen wurde das mächtige, dreistöckige Barockhaus *Hauptstr. 16*. Weiter seien aus der Reihe der stattlichen Traufhäuser an der Hauptstraße genannt: *Nr. 26* mit Mansarddach und *Nr. 46* mit einem verzierten Rokoko-Türgewände. Auch in der Herrengasse findet sich eine Reihe sehr stattlicher Traufhäuser des 18. Jh. – Das schönste Fachwerkhaus Riegels ist wohl *Kehnergasse 16*, mit einer Dreifenstergruppe in Art eines alemannischen Erkers im Obergeschoß, datiert 1670. – Mindestens das Torgewände neben dem Haus *Hauptstr. 17* stammt aus dem Jahre 1588. *Hauptstr. 41* ist ein zweistöckiges Haus mit Fachwerkobergeschoß von 1785. In Giebelgeschoß und Giebeldreieck zeigt das Fachwerk merkwürdigerweise eine Art betonter Firstsäule. Eine Datierung von 1542 mit Christogramm im Eckpfosten weist das kleine im Kirchengrundstück gelegene ehem. Schwesternwohnhaus *Kirchstr. 11* auf. Bei diesem kleinen schmucken Fachwerkhäuschen wurde wohl ein älterer Eckständer wiederverwendet. Ebenfalls an der Hauptstraße, aber mit der Hausnummer *Amtshof 2*, ein Fachwerkhaus von 1730, zweigeschossig, mit schön restauriertem Fachwerk mit Andreaskreuzen und Rautenmustern. An der Leopoldstraße, die mitten durch das Schloßareal geführt wurde, stehen links und rechts Reste des Riegeler-Schlosses, am Haus *Leopoldstr. 3* mag nur noch der Giebel an der Hofseite an die einstige Bestimmung erinnern. – An den Häusern *Leopoldstr. 6, 8 und 10* ist noch deutlich, wenn auch in beklagenswertem Zustand, die Hälfte der ehem. Schloßfront mit einem mansardengedeckten Risalit und schwungvollen Stuckornamenten im Rokoko-Stil an Fensterverdachungen und Pilastern zu sehen. – *Pfarrkirche St. Martin*. Die schöne Barockkirche Franz Ruedharts, erbaut 1743–49, brannte leider 1936 völlig aus und wurde 1944 noch einmal durch Bomben beschädigt. An der schönen Fassade, aus der der halbeingestellte Mittelturm mit der schmucken Haube wächst, haben sich über die Brände hinweg die hölzerne Eingangstür und die Portalmadonna des Bildhauers Josef Hörr erhalten. – *St.-Michaels-Kapelle*. Der heutige Bau auf dem Michaelsberg stammt aus dem Anfang des 18. Jh., besitzt aber als Chor den Rest einer gotischen Kapelle; möglicherweise markiert oder benutzt das Kirchlein in Teilen die alte Burgkapelle der Riegeler Burg. Das in einem mauerumschlossenen Bereich liegende Gotteshaus steckt tief im Boden. Der Zugang erfolgt über die doppelte Empore mit Staketengitter im Westen. – Das ehem. Dominikanerinnenkloster St. Katharina ist das heutige *Pfarrhaus*. Der Bau wurde 1684–86 errichtet und ist in seinem Außenbau noch heute erhalten. Eine eigene Kapelle besaßen die Nonnen schon in der alten Pfarrkirche. Nach Erbauung der neuen wurde links am Chor für sie eine Kapelle und ein Oratorium angebaut, mit dem Kloster durch einen Gang verbunden. So blieb der bauliche Zustand bis heute, wenn auch die Nonnen ab 1767 ein neues Kloster mit Kirche im Südwesten des Dorfes bauten. An seiner Stelle entstand ab 1861 das erzbischöfliche Kinderheim, dessen Kapelle 1909/10 an der Stelle der alten Klosterkirche errichtet wurde. Die *Kinderhauskapelle* ist ein neugotisches Bauwerk mit einem anmutigen, in Maßwerkfenstern aufgelösten Dachreiter, der sich, über Kon-

solen vorkragend, über der Fassade erhebt. – Das *Rathaus*, ein 1784 an der Stelle des ehem. Teil-
herrenhauses errichteter Barockbau mit Mansarddach und einem späteren Nebengebäude, wurde
1907 durch den Architekten Julius von der Ohe in die heutige Form gebracht und neubarock ausge-
schmückt. Julius von der Ohe war Architekt der Riegeler Brauerei. Diese Brauerei verlegte 1875
ihren Sitz aus dem Stammhaus an der Einmündung der Kehnergasse in die Hauptstraße (zwei
schöne Barockbauten) an den Südhang des Michaelsberges. Von da an begann der Betrieb, seine
Fabrikationsräume, Bierablagen und Gasthäuser in einheitlichem Stil zu gestalten, und bediente
sich hierzu der Pläne bedeutender Architekten. Zuerst war es der berühmte Neugotiker und Karlsruher Architektenprofessor Carl Schäfer (1844–1908). Er nahm für seine Bauten die deutsche Architektur des 16. Jh. zum Vorbild. Sein Entwurf für die Riegeler Brauerei wurde zwar nicht ausgeführt, wohl aber der in ähnlichem Stil gehaltene Hermann Waldes. Von Schäfer stammen aber
eine Reihe von Bierablagen (Emmendingen, Oberrotweil, Lahr u. a.). Sein Nachfolger war Julius
von der Ohe. Dessen architektonischer Ausgangspunkt war offenbar der Barock des Brauerei-
Stammhauses und anderer Gebäude in Riegel (Schulhaus), den er in phantasievoller neubarocker
Abwandlung an den Brauereibauten in ganz Südbaden verbreitete. Schäfers Stil repräsentieren in
Riegel nur noch die Rückgebäude des ,,Stammhauses'', den ,,Riegeler'' Neobarock, u. a. die Häuser Hauptstr. 25/27, der riesige Luxhof, Leopoldstr. 9–11, ein palaisartiges Wohnhaus an der Ecke
Trollberg/Kehnergasse von 1903, das Landhaus Flora, Leopoldstr. 12, und besonders die – allerdings nicht durch von der Ohe, sondern durch den Schäfer-Schüler Paul Meißner – 1903 errichtete
Grabkapelle der Familie Meyer auf dem Friedhof mit einem prächtigen, aus Sandstein und Bronze
gebildeten Portal. – Ein technisches Kulturdenkmal ist die *Elzschleuse* am Leopoldskanal, der, wie
die Inschrift eines Obelisken angibt, zur Abwehr der verheerenden Überschwemmungen 1837–42
erbaut wurde.

SASBACH   Von seiner alten Geschichte her ist Sasbach einer der wichtigsten Orte im Landkreis.
Sasbach lag früher unmittelbar am Rhein in nächster Nähe der uralten Fährverbindung ins Elsaß.
Neben der Landwirtschaft wurde darum der Beruf des Fischers und Schiffers ausgeübt; der Weinbau ist zwar schon im 16. Jh. nachgewiesen, spielt aber erst neuerdings seine Rolle als Haupt-
erwerbsquelle. Durch die Rheinversetzungen war das Dorf stets in seinem Bestand bedroht. Die
größte Gefahr drohte ihm um die Wende zum 19. Jh., als viele Häuser aufgegeben werden mußten und das Rheinufer schon fast die Kirchhofsmauer erreicht hatte. Zentrum des Ortes war und
ist das Gasthaus ,,*Zum Löwen*'', schon 1526 als Gemeindehaus erwähnt. – An zwei Fachwerkhäusern läßt sich die ehem. Bauweise des Dorfes ablesen: *Rheinstr. 3/5*, ein zweigeschossiges typisch
barockes Fachwerkhaus von 1743, und *Wyhler Str. 2/4* mit steinernem Erdgeschoß und Fachwerkgiebel von 1753, beide Häuser giebelständig zu Straße. – Das Patrozinium der *kath. Pfarrkirche St. Michael* deutet darauf hin, daß die Kirche frühmittelalterlichen Ursprungs ist. Sie wird
erstmals 1155 genannt. Ältester Bauteil ist der Turm mit den schießscharténähnlichen kleinen
Fenstern, der sicher gotisch, wenn nicht älter ist. 1740 wurde die Kirche neu gebaut, auch die Barockausstattung stammt aus jener Zeit. Die Seitenaltäre sind aus einer anderen Kirche hierher versetzt, der linke durch ein Chronostichon 1756 bezeichnet, das Datum der Versetzung. – Die Westfassade der Kirche mit dem Portal und Giebelaufbau stammen von einem offenbar nicht zu Ende
geführten Umbau 1909. Die Kirche liegt noch heute – eine Seltenheit – inmitten des ummauerten
Friedhofes, zu dem ein hübsches, mit einem Giebelaufsatz bekröntes Portal führt. – Die *Wallfahrtskirche auf dem Lützelberg* wurde 1767 von Hanibal von Girardi an der Stelle einer ,,uralten''
bestehenden Kapelle errichtet. Von der alten Kapelle stammt wohl noch die spätgotische Sakristeitür. Die Wallfahrtskapelle wurde von den Herren von Girardi als eine Art Schloßkapelle betrachtet

und ausgestattet. 1752 wurde sie zur heutigen Form vergrößert. Ab 1671 wurde sie von Karmeliten versorgt, den Mesnerdienst versah ein Eremit in dem noch heute bestehenden kleinen Mesnerhäuschen. Neben den drei Barockaltären fällt in der Kirche die in die Chorsüdwand eingelassene große Sandsteingrabplatte des Hanibal von Girardi (1671) auf. Von einer kleinen Kapelle am Ortsausgang, deren Portal im Sturz die Jahreszahl 1551, darunter am Pfosten die Jahreszahl 1689 trägt, führt ein Kreuzweg mit gemauerten kleinen Kreuzwegstationen zur Höhe des Berges.
Limberg (s. auch S. 76 und S. 93)   Die 80 x 40 m große Ruine mit zwei deutlich geschiedenen, auf verschiedenen Höhen liegenden Höfen ist noch nicht erforscht, aber bei der Anlage des wissenschaftlichen Lehrpfades weitgehend von der Überwachung befreit worden. Zum letztenmal wurde sie während der Beschießung im 2. Weltkrieg beschädigt, denn der Limberg weist als jüngstes Befestigungswerk die gesprengten Betonruinen eines Kompaniegefechtstandes des Westwalles auf.
Jechtingen   Reines Straßendorf. Von der Hauptstraße führen nur wenige kurze Stichstraßen ab. Vorherrschende Hausform des Weindorfes ist der dreiseitige Hof, zur Straße durch eine Mauer mit rundbogigem Tor und Fußgängerpforte abgeschlossen. Die den Hof seitlich begrenzenden Gebäude stehen mit dem Giebel zur Straße. Ein zweiter Haustyp ist das Walmdachhaus, breitseitig zur Straße, durch dessen Untergeschoß eine Torfahrt mit einem rundgeschlossenen Sandsteinbogen führt. Die Häuser sind im Obergeschoß meist in Fachwerk ausgeführt, während im Untergeschoß mindestens die Giebelwand aus Bruchstein besteht. Glücklicherweise ist in Jechtingen wenigstens in einem Teil der Hauptstraße noch der alte, das Dorf durchfließende Bachlauf unverdolt erhalten. Zum giebelseitigen Typ gehören die Häuser *Dorfstr. 15*, das ornamental skulpierte Hoftor ehem. datiert 1630; *Dorfstr. 21* mit einem Hoftor, das neben einer Datierung aus dem 18. Jh. mit Brezel und Wecken auf das Anwesen eines Bäckers deutet; *Nr. 27*, ein stattliches Dreiseitgehöft von 1778, das rundbogige Tor ohne Fußgängerpforte; *Nr. 29*; *Nr. 24*, im Schlußstein des rundbogigen Tores wieder eine Brezel und das Datum 1774; *Bahnhofstr. 4*, Rest eines stattlichen Dreiseitgehöftes. Auch an vielen modernisierten oder nach der schweren Kriegszerstörung wiederaufgebauten Häusern sind die alten Torbogen, die sog. Schwibbögen, wiederverwendet worden, so Emil-Gött-Str. 1. Traufseitig zur Seite gelegene Häuser, meist mit Walmdach, sind vor allem die Gasthäuser „Zum Rebstock", *Dorfstr. 5*, „Zum Schwanen", *Nr. 36*, Ecke Schwanengasse und das ehem. *Schulhaus von 1793, Nr. 28*, vor der Kirche. Von den traufseitigen Häusern mit großer rundbogiger Durchfahrt durch das Untergeschoß stammt nur eines nach der im Torbogen angebrachten Jahreszahl noch aus dem 18. Jh., das Haus *Dorfstr. 49*; die anderen, Nr. 23 (1821), Nr. 39 (1837) und Nr. 10 (1812) sind Gebäude des 19. Jh. Besondere Erwähnung verdient die Fachwerkhausgruppe *Dorfstr. 7 und 9*, zwei benachbarte Häuser, wohl des 17. Jh., mit unterschiedlichem Fachwerk. Beiden gemeinsam sind die Brüstungsfelder mit Andreaskreuzen, bei dem Haus mit Krüppelwalmdach taucht im Dachgeschoß das Motiv des halben Mannes mit gebogenen Streben auf. – Wohl ebenfalls aus dem 17.Jh. stammt das Fachwerkhaus gegenüber, *Bahnhofstr. 14*, mit einem Fenstererker im ersten Obergeschoß. Auffällig sind bei diesem Gebäude die zwischen die Hölzer des Fachwerkes eingesetzten, aus Brettern bestehenden und teilweise überputzten Zierfelder. Auch *Dorfstr. 53* ist ein, leider nicht gut erhaltenes, Fachwerkhaus. – Der mächtige Turm der *kath. Pfarrkirche hll. Cosmas und Damian* stammt im unteren Teil aus dem 13. Jh. Darauf deuten die Fenster und besonders das Gewölbe des Turmuntergeschosses mit teilweise figürlichen Kapitellen. Das Langhaus wurde 1763 von J. Bapt. Hering neu gebaut, dabei der alte Turm asymmetrisch in die Westfassade einbezogen. Der Turm erhielt um diese Zeit ein neues Geschoß mit ausgerundeten Ecken. Die sehr sorgfältig ausgebildete Gliederung des Außenbaues mit dem weich zum Chor einschwingenden Umriß und der überlegten Pilastergestaltung war si-

129./130. Endingen-Amoltern. Oben der Friedhof, unten Gasthof Sonne, ein Fachwerkbau von 1721

Emmendingen
135. Das Markgrafen-
schloß, ein prächtiger Renaissancebau, daneben die
neugotische evangelische
Kirche
136. Das „Lenzhäus-
chen", gotisches, ehem.
Sommerhäuschen des
Schlosses

Vorhergehende Seiten:
131. Das Schloß in Kiech-
linsbergen, erbaut
1776–1778, Sommersitz
der Äbte des Klosters
Tennenbach
132. Das Pfarrhaus in
Teningen-Köndringen, er-
baut 1752
133./134. Kenzingen.
Stadtapotheke (18. Jh.)
und Gasthaus „Zur Kro-
ne" (16. Jh.)

cher früher durch eine farbige Gliederung von Westfassade und Turm ergänzt, die nicht mehr vorhanden ist. Auch im Innern der Kirche ist nur noch die architektonische Rohform des barocken Saales erhalten. Die Dekoration ist vollständig verloren. Die Kanzel ist noch barock, die Seitenaltäre (Moroder, Offenburg) und die Empore neobarock. In den Hochaltar (Marmon, Sigmaringen) ist die einzige Reliefdarstellung des 16. Jh., die sich in der Kirche erhalten hatte, eingefügt.
Burg Sponeck Vermutlich im 12./13. Jh. errichtet, das Herrenhaus, später Gaststätte, von 1859. 1917 erwarb der Maler Hans Adolf Bühler den Besitz und ließ sich durch den Freiburger Architekten C. A. Meckel auf dem noch dreistöckig erhaltenen Rest der Palasmauer ein Atelier errichten, das wie ein Burgturm die Altrheinlandschaft überragt. Nach Kriegszerstörung wiederaufgebaut.
Leiselheim Der alte Kern besteht aus zwei langen Straßen. Die Hauptstraße weitet sich zum Platz vor der höher gelegenen Kirche. Bei den bescheidenen Häusern wechselt Giebelstellung mit Traufstellung ab. Das typische Kaiserstühler Hoftor mit steinernem Gewände und der danebenliegenden Fußgängerpforte findet sich noch an dem Haus *Scherchstr. 8* und am Schopf *Gestühlstr. 9*, als Durchfahrt bei einem traufseitig stehenden Haus *Meerweinstr. 16*. Die älteste Datierung Leiselsheim findet sich am Kellertor des Hauses *Hinterdorfstr. 124*, 1591. – Das im letzten Weltkrieg zu vier Fünfteln zerstörte Dorf wird überragt vom Staffelgiebelturm der *ev. Pfarrkirche*. Der Turm und der in drei Seiten des Achtecks geschlossene Chor mit Strebepfeilern und Sakristei sind gotisch. Der einfache Saalbau des Langhauses mit Emporen in Westen und Süden stammt aus dem 18. Jh. Die Anfänge des gotischen Rippengewölbes im Chor sind teilweise mit Masken verziert. Schönstes Ausstattungsstück der ganz schlichten Kirche ist der barocke Prospekt der kleinen Orgel, die nach ev. Art im Chor steht. Das stattliche *Pfarrhaus* imponiert durch die dem sehr hohen Kellergeschoß vorgelegte zweiläufige Freitreppe.

SEXAU Alte Höfe mit teilweise erhaltener Bohlenständerkonstruktion sind etwa der *Roserhof*, Eberbächle 28, von 1766, der *Hadererhof*, Sailerhöfe 10, ehem. zum Doppelhof umgebaut, heute nur noch Scheuer, von 1730 und der *Höllhof*, Obersexau 2, von 1775. – Am Schloßberg, unter der Hochburg, das ehem. Verwaltungsgebäude der Silberschmelze mit hoher halbkegelförmiger Freitreppe. – Neben wenigen Fachwerkhäusern verdient im Talgrund das *Gasthaus „Zum Waldhorn"* Aufmerksamkeit, ein mit vielen Teilen der Inneneinrichtung erhaltener barocker Gasthof von 1775. – *Ev. Kirche* beim Rathaus und altem Schulhaus im „Dorf" Sexau gelegen, hat einen Vorgängerbau, dessen Turmfundamente verwendet wurden. Der Neubau 1864/66 von Bezirksbaumeister Ludwig Arnold wurde in den letzten Jahren unter Schonung des neugotischen Bestandes renoviert.

Siegelau siehe Gutach

SIMONSWALD Der größte Weiler befindet sich in *Altsimonswald*, überall sonst herrschen die Gruppen von Einzelhöfen vor, die heute in der Nähe der Talstraße oft zu Fremdenverkehrszwecken umgebaut sind. An der Talstraße 55 eine noch funktionsbereite *Ölmühle*, die in den letzten Jahren restauriert wurde und zu bestimmten Zeiten besichtigt werden kann. Das *„Schloß"* in Altsimonswald, wohl ehemals Verwaltungssitz des Meiertums, ist ein steinerner Winkelbau mit einer Reihe von spätgotischen Türen und Fenstern und ebensolchen Bauteilen im Innern. An Jahreszahlen finden sich eingemeißelt 1556 und 1574. Darüber auf ansteigendem Gelände das *Pfarrhaus* von 1780 auf ummauertem Grundstück, das Schulhaus und – auf dem Hügel – die *kath. Pfarrkirche*. Der ehem. Frontturm mit Turmhalle, datiert 1522, steht nun hinter dem Chor der gewesteten Kirche. Der Chor des 1740 errichteten Neubaues ging wohl aus dem gotischen Langhaus hervor. Die Saalkirche mit Spiegeldecke in Langhaus und Chor besitzt einen Zyklus von Dek-kenbildern, signiert 1741 von Johann Pfunner. Im Chor ist die Legende der hl. Barbara, im Lang-haus die des hl. Sebastian geschildert. Außerordentlich qualitätvolle Altäre, der Sebastians-Hoch-altar 1736 von Schupp d. J. aus Villingen, die beiden Seitenaltäre 1685 mit älteren Figuren. Spät-barocke Kanzel. Oben im Tal die *kath. Pfarrkirche Obersimonswald*, eine barocke Saalkirche von 1792 mit Altären des 18. Jh. Im Hochaltar eine Figur des hl. Antonius mit Stiftern vom Anfang des 16. Jh.

Suggental siehe Waldkirch

TENINGEN   Eine Brandversicherungstabelle des späten 18. Jh. zählt in Teningen 194 Wohn-häuser, davon 26 von Stein. Das Fachwerkhaus war also die vorherrschende Bauart des unregel-mäßig bebauten Haufendorfes. Heute sind die meisten Häuser verputzt. Häufig ist das giebelsei-tige Haus: eine schöne Gruppe in der Engelstraße; besonders repräsentativ mit steinernem Erdge-schoß *Kirchstr. 2* und *Riegeler Str. 20*. An der Hauptstraße überwiegen die größeren Traufhäu-ser: gegenüber vom Rathaus *Riegeler Str. 15* von 1755, *Riegeler Str. 17/19* von 1824, das *Gast-haus "Zum Engel"* von 1805. – Die *Gemeindestube* befand sich in dem schönen Barockhaus von 1751, Riegeler Str. 18, das sicher einen älteren Bau gleicher Funktion ersetzt, denn das dahinter-liegende *Staffelgiebelhaus* von 1572, Riegeler Str. 16, heißt "Neuer Bau". Heute dient als Rat-haus das *Gasthaus Sonne*, 1767 erbaut, mit Mansarddach und schönem Rokokoportal. – Einen Staffelgiebel besitzt auch die *Zehntscheuer* von 1711 an der Breisacher Straße, heute zum Ge-meindehaus umgebaut. – Inmitten des ummauerten Friedhofs liegt die *ev. Kirche*. Unter Verwen-dung des Chorturmes einer mittelalterlichen Kirche wurde durch das Bezirksbauamt 1825–27 die heutige "Weinbrennerkirche" errichtet. Das sehr breite Schiff mit der reichsten Westgiebelge-staltung unter den klassizistischen Kirchen des Kreises steht nicht in der Achse des Turmes. Im In-nern wurde der obere Teil der ehemals charakteristischen zweigeschossigen Empore abgetragen und die Fenster entsprechend neu aufgeteilt. Am Chorbogen traten bei der Restaurierung Male-reien um 1350, im Chorgewölbe und in der Sakristei figürliche und ornamentale Reste des 15. Jh. zutage. – Neben dem *Pfarrhaus*, einem Walmdachbau von 1729 mit mächtigem ebenerdigen Kel-ler, Reste einer alten Kirche oder Kapelle in einem Haus verbaut. Gegenüber der alte Kindergar-ten, ein *Walmdachhaus* von 1786.
Heimbach   Unter den meist traufseitig stehenden Bauernhäusern fallen das *Fachwerkhaus Nr. 44* von 1746 und das *Alte Schloß* an der Straße auf. Der Staffelgiebel des traufseitig an der Straße stehenden Alten Schlosses markiert den Dorfeingang. Sein Untergeschoß wird von Remi-sen mit vier Rundbogentoren, 1577, zum Hof hin eingenommen. Die Inschrift 16 GOLL 70 gibt einen Hinweis auf den Besitzer. Das *Neue Schloß* wurde, wohl nach eigener Planung, 1803–06 für den General Max von Duminique erbaut. Das am steilen Hang erbaute Schloß mit dem aufstei-genden englischen Garten ist von Anlage und Grundriß ein merkwürdiges Bauwerk. Der Haupbau mit zwei Ecktürmen enthält über der Küche in der Beletage nur Repräsentationsräume, Kapelle, einen runden Salon zur Talseite und ein als Grotte dekoriertes "Felsenzimmer". Der eigentliche Wohnbau ist seitlich als eigener Baukörper angehängt. Der schmale Hof liegt hinter dem Schloß zum Berg hin. – Neben einem Grundstück mit kleinen Fachwerkhäuschen (in der Mauer Scheitel-stein der ehem. Zehntscheuer) steigt der Weg zur *kath. Pfarrkirche*, einem Neubau von 1774, bei dem der gotische Turm als Frontturm halb in die Kirchenfassade eingebaut wurde. Der rechteckige Kirchenraum mit ausgerundeten Ecken besitzt eine Stuckdecke, die große Ähnlichkeit mit jener der Peterskirche in Endingen aufweist. Altäre von dem Freiburger J. Amann, Altarbilder von Jo-

hann Pfunner. Anna selbdritt, Anfang 16. Jh. Kreuzigungsbild „von der Heiligen Lanze durchstochen" 1650. – Gegenüber der Kirche spätgotischer *Taufstein* als Brunnen. Auf der Höhe neubarockes *Pfarrhaus* 1907, sicher von R. Jeblinger. – Eine kulturgeschichtliche Besonderheit ist der vor einigen Jahren restaurierte steinerne *Galgen* nahe der Straße nach Kenzingen.

Köndringen   Die noch sehr geschlossene historische Häuserfront an der leider sehr verkehrsbelasteten Hauptstraße hat meist giebelseitige (verputzte) Fachwerkhäuser, deren Höfe von Mauern mit rundbogigen Toren abgeschlossen sind. Der Dorfbach fließt noch heute durch die Sand-, Haupt- und Bahnhofstraße! Noch einige Häuser des 16. Jh. an der Kreuzung Hauptstraße/Heimbacher-/Bahnhofstraße erhalten: „*Rebstock*", *Hauptstr. 18*, die ehemals offene Halle im Erdgeschoß ist an den mächtigen Pfosten des Fachwerkaufbaues noch gut zu erkennen. Im Obergeschoß die vertäfelte Gerichtsstube von 1551. Am Eckpfosten ist eine Renovierung 1732 vermerkt. Gegenüber diesem reichen Fachwerkgebäude das *alte Rathaus*, nach Ausweis der Fenster ebenfalls ein Bau des 16. Jh. und an der dritten Straßenecke, *Hauptstr. 19*, eine ehem. Schmiede mit polygonalem Treppenturm, 1580. – Hinter dem „Rebstock" das stattliche *Gasthaus „Löwen"*, 1591, umgebaut 1845; dem „Rebstock" an der Bahnhofstraße benachbart das ehem. *Vogthaus von 1619*, ein Fachwerkhaus mit ornamentaler Schnitzerei an den Balken. – Die *ev. Kirche* von 1861 verwendet den Stumpf des Chorturms einer mittelalterlichen Kirche als Eingang, ist also gewestet. Das Kreuzgewölbe des alten Chores mit einem Schlußstein mit Christushaupt. Die Kirchturmspitze erinnert in ganz vereinfachender Form an den Freiburger Münsterhelm. – Das *Pfarrhaus* neben der Kirche, Putzbau von 1752 mit einläufiger Freitreppe mit Balustergeländer; deren Plattform schwingt über die rundbogige Torfahrt. – *Friedhof* mit Eingangshalle auf Holzstützen, 1807, wie in Malterdingen. Großer Komplex der ehem. Dorfmühle, Mühlenstr. 20, 1761 und später.

Burg Landeck   Die Ruinen der Burg Landeck lassen zwei durch einen tiefen Graben getrennte Burgen erkennen. Die ältere, unmittelbar auf den Fels gebaute Oberburg wurde wohl Mitte des 13. Jh. von den Geroldseckern erbaut. Der Palas ist teilweise noch über drei Stockwerke erhalten, mit Kaminmänteln und Fenstererkern mit Sitzbänken. Die untere Burg entstand vielleicht 50 Jahre später. An den teilweise zweistöckig erhaltenen Palas schließt eine Kapelle mit rechteckigem Chor, dessen Untergeschoß Verteidigungszwecken diente. Die figürlichen Konsolen des Kreuzgewölbes und ein Schlußstein erhalten. Unterhalb der Unterburg ein steinernes *Wohnhaus von 1567*, Schloßweg 2.

Nimburg   Der Ort hat zwei parallele Straßen mit mehreren Verbindungsstraßen. Charakteristisch für das Ortsbild sind die Hofmauern mit Rundbogentor und Fußgängerpforte zwischen engstehenden giebelständigen Wohn- und Wirtschaftsgebäuden. Zu erwähnen ist das Haus *Lange Str. 12*, ein Fachwerkhaus mit Freitreppe vor hohem Sockel, 1753, das *Rathaus* von 1598, aber im 19. und 20. Jh. umgebaut, und das *Pfarrhaus*, ein Walmdachbau von 1769; das Wappen über der Tür abgeschlagen. – Als *ev. Kirche* dient die Kirche des 1456 gegründeten, 1545 verlassenen Antoniterklosters, weit über dem Dorf am Westhang des Nimberges gelegen. Die Gebäude des Klosters und nachfolgenden Krankenhauses sind bis auf Mauerreste in der Kirchhofsmauer verschwunden. Die heute nach Süden gerichtete Kirche weist viele bauliche Merkwürdigkeiten auf, die eine kleinere, geostete Kirche, vielleicht mit Chorturm, als Vorgängerin vermuten lassen. Die originellen Maßwerkfenster stammen aber sicher aus dem 15./16. Jh. Das Innere der Kirche zeigt eine unmittelbar mit Malterdingen vergleichbare protestantische Bemalung mit biblischen Szenen und Aposteln, durch moralisierende Texte und Stifterinschriften ergänzt, datiert 1718. Wie in Malterdingen gehen die Szenen auf viel ältere Bildvorlagen zurück.

Zwischen Dorf und Glotter sichtbare Reste einer mehrere hundert Meter langen Reihe von „Rötzen", Gruben zur Verarbeitung des früher hier angebauten Hanfs.

Tutschfelden siehe Herbolzheim

VÖRSTETTEN   Mit über 70 wohlerhaltenen Fachwerkhäusern des 18. und frühen 19. Jh. hat
die Gemeinde den größten Schatz dieser ortsbildbestimmenden Gebäude im ganzen Kreisgebiet.
Nicht nur entlang der im Ortszentrum kreuzenden Hauptstraße, sondern auch in den Nebenstra-
ßen stehen, teilweise in geschlossenen Zeilen, die einstöckigen, giebelseitig zur Straße angeordneten Wohngebäude, oft mit Wetterdächern zum Schutz der Schwellen. Besonders eindrucksvoll die
Gruppe an der Freiburger Straße, wo die Häuser fischgrätförmig angeordnet stehen und dadurch
die Giebelreihe schräg der Straße zuwenden.
Im Ortszentrum die beiden stattlichen zweigeschossigen Gasthöfe „*Löwen*" (18. Jh.) und „*Sonne*", 1813, ebenfalls Fachwerk auf massivem Kellergeschoß, durch verziertes Fachwerk und die
größere Höhe von den Bauernhäusern unterschieden. Zwischen beiden das verputzte klassizistische Rat- und Schulhaus, erneuert 1908, hinter dem sich die Kirche auf ummauertem Friedhof erhebt. – *Ev. Kirche*, 1803 nach Plänen Friedrich Weinbrenners erbaut, einer der wenigen nahezu
unverändert erhaltenen Bauten des großen Architekten, auch einer seiner ersten Kirchenbauten.
An die beibehaltenen Untergeschosse eines mittelalterlichen Turmes schließt eine Saalkirche mit
umlaufender Empore auf dorischen Stützen. Die Orgel steht, wie es oft in ev. Kirchen üblich war,
über dem Altar. Die ursprüngliche Farbigkeit wurde rekonstruiert. Leider wurde am Außenbau,
der allerdings durch einen Turmabschluß des 19. Jh. schon verändert wurde, die kubische Klarheit
des Weinbrennerbaues durch das Betonen der Eckquaderung beeinträchtigt, auf deren farbiger
Absetzung die Gemeinde bestand.

Wagenstadt siehe Herbolzheim

WALDKIRCH   Ausgangspunkt der historisch faßbaren Geschichte von Waldkirch ist die Grün-
dung des adeligen Frauenklosters St. Margarethen zwischen 918 und 926. – Im 13. Jh. legten die
Klostervögte, die Herren von Schwarzenberg, zwischen Klosterbezirk und Elz eine ummauerte
Stadt an, die 1300 das Stadtrecht erhielt. Das Kloster wurde 1431 in ein Chorherrenstift verwan-
delt. Der ehem. Stiftsbezirk, seit 1954 als Gesamtanlage unter Denkmalschutz, ist in der heutigen
Gemeinde noch deutlich zu erkennen. Auch die rechteckige Stadtanlage mit Hauptstraße und zum
Marktplatz erweiterter Querstraße läßt sich in ihren Begrenzungen im heutigen Stadtgebiet noch
ahnen; so markiert der vorspringende Teil des Gasthauses „Zur Krone" an der Langestraße die
Stelle vor dem Unteren Tor, das vorspringende Haus Langestraße 57 das Obere Tor. Die beiden
anderen Begrenzungen der ältesten Stadt markieren der Mühlgraben an der Engelstraße und das
Amtshaus am oberen Ende des Marktplatzes. Die Bebauung entlang der Hauptstraßen ist in Waldkirch wie bei allen ähnlichen Städten überwiegend traufseitig in geschlossener Front. Diese Bauart
setzt sich auch in den Stadterweiterungen des 18. und 19. Jh. fort. Wohlerhaltene Straßenfronten
befinden sich in der Langestr. Nr. 54 (Gasthaus „Zum Hirschen") bis Nr. 86, in der Blumen-
straße und auch in der dem Rathaus gegenüberliegenden Front des Marktplatzes mit den vielen
Gasthöfen.
Außerhalb des Stiftsbezirkes befinden sich in Waldkirch nur wenige bemerkenswerte Häuser älteren Datums. Am Haus Langestr. 20 ist ein vom ehem. Tor stammender kleiner Gedenkstein ein-
gemauert mit der bedeutungsschweren Inschrift „1451 verbran di stat". Das folgende Haus, das
Gasthaus „Zur Krone", ist seit 1533 nachweisbar. In dem mächtigen Baukörper ist sicher noch ein
großer Teil des Hauses des 16. Jh. erhalten. *Langestr. 14* ist ein repräsentatives Haus des Klassizismus von 1816, Langestr. 24 und 26, zwei Häuser, denen man ihre Entstehung im 18. Jh. noch

ansehen kann. Das auffälligste Haus in der Langestraße ist Nr. 36, das Gasthaus *„Zum Engel"* (sicher 17. Jh.). Schon in der Nähe der Stiftsgebäude und diesen im Stile ähnlich das Haus *Kandelstr. 2* an der Ecke der Friedhofstraße; hinter diesem Haus tieferliegend, Reste sehr alter Gebäude mit uralten Kellern. Am oberen Ende des Marktplatzes, *Marktplatz 19*, dort wo früher ein Stadttor die Grenze zum Stiftsbezirk markierte, das 1763/64 erbaute vorderösterreichische Amtshaus, heute Sitz der Polizei. – Das *Rathaus*, an der Ecke Marktplatz/Langestraße und an der Stelle früherer städtischer Amtsgebäude, ein seiner äußeren Dekoration nach wilhelminischer Bau, stammt aber, ebenso wie die anschließende Stadtschreiberei aus dem Jahre 1567 und wurde 1654 nach einem Brand restauriert. Das rechte der beiden Portale zur Marktplatzseite ist ein echtes, aber überarbeitetes Renaissanceportal von 1530, das von einem ehem. Propsteigebäude hierhin versetzt wurde. Seine Dekoration diente als Vorbild für die des gesamten Hauses im 19. Jh. – *Stiftsbezirk* Das Kollegiatsstift, im 18. Jh. in einem Zeitraum von ungefähr 60 Jahren völlig neu gebaut, stellt heute eines der besterhaltenen und anschaulichsten Beispiele für ein Kanonikatsstift des 18. Jh. dar. Bei den Erneuerungsarbeiten wurde zuerst die alte Stiftskirche abgebrochen und ab 1732 mit dem Bau der neuen begonnen. Etwa gleichzeitig entstand der *Stiftsfruchtkasten* an dem dreieckigen Platz im Norden der Kirche, das heutige Pfarrheim Kirchplatz 7. 1753 wurde mit dem Bau der *Propstei* begonnen. Der mächtige, dreigeschossige, elffachsige Schloßbau mit reichem Balkonportal und einer Statue der hl. Margarethe auf dem Mittelgiebel, wurde von dem sonst ganz unbekannten Architekten Ludwig Oswald aus Villingen erbaut, möglicherweise aber nicht nach eigenen Plänen. Die Margarethen-Statue stammt von dem Villinger Bildhauer Josef Anton Hops. Die Stuckdecken in den Sälen und den Zimmern der beiden Obergeschosse samt der Dekoration des großen Mittelsaales im zweiten Obergeschoß stammen von dem in Freiburg tätigen Stukkateur Franz Anton Vogel. Weitere Stiftsbauten sind das Palais der *Dekanei*, das heutige Pfarrhaus Kirchplatz 9 von 1770, ein fast ebenso aufwendiges *Kanonikatshaus* Kirchplatz 2, das heutige Bauamt, 1771, mit erhaltenen Nebengebäuden; das leider sehr stark veränderte Haus *Wilhelmstr. 50* von 1795 und die beiden westlich der Kirche gelegenen Stiftsgebäude, das *Kanonikatshaus* Propsteistr. 1 von 1787 und das ehem. *Amtshaus* von 1772/73 Kirchstr. 16. Weniger aufwendig sind die Häuser für die Inhaber der *Kaplaneien*, als drei Reihenhäuser Kirchplatz 1, 3 und 5 erbaut 1779, das *Chorregentenhaus* Kirchplatz 10 und die anschließenden Wohnhäuser der Stiftsbediensteten. Schließlich gehörte zum Stift noch die einfache *Kustodie. Kath. Pfarrkirche*, ehem. Stiftskirche St. Margaretha. Die 1732–34 nach Plänen von Peter Thumb errichtete Kirche ist ein Saalbau von großer Breite, mit einer ganz schwach gewölbten Decke mit Stichkappen versehen. Die im Außenbau durch Mansarddächer markierten Querhausflügel mit Seiteneingängen sind nur so tief, daß ihre Ostwand von einem Altar ausgefüllt wird. Sie bieten die Möglichkeit einer fünffachen Staffelung von Seitenaltären und Hochaltar. Die malerische Ausstattung der Kirche besorgte der Tiroler Maler Franz Bernhard Altenburger (Altarbilder, Deckenbilder mit Margarethenlegende im Schiff, Eucharistie und Passion an der Chordecke und an der in das Querhaus eingeschnittenen lichtlosen Kuppel). Plastik von Johann Michael Winterhalter (Hochaltar und Apostelstatuen) und Johann Josef Christian (Zuschreibung), Kanzel und Tauftafeln. Die Figuren der Fassade werden mit Christian Wenzinger in Verbindung gebracht. Die neoromanische Front der *Stadtkapelle* ist nur Verkleidung eines aus dem Anfang des 14. Jh. stammenden, aber oft veränderten Kirchenhauses.
Buchholz Der heutige *Hahnhof* am Ortsausgang gegen Waldkirch war ehemals Sitz der Ortsherrschaft. Burg oder Schloß verschwunden, das teilweise ummauerte Grundstück mit den Wirtschaftsgebäuden an der Landstraße läßt den einstigen Herrschaftssitz noch ahnen. An seiner Stelle steht heute ein sehr gut gepflegtes Fachwerkhaus des 17. Jh. Weiter ortseinwärts rechts der Straße

zwei große Höfe, einer an der Ecke der Landstraße mit der Von-Bayer-Straße, Nr. 18, weitgehend umgebaut, aber mit seinem dem Elztal zugewandten Wohnteil unter dem Krüppelwalm mit der Holzgalerie noch ein sehr charakteristisches Gebäude. Der nächste Hof, etwas zurückgesetzt, in unmittelbarer Nachbarschaft der bis auf den Turmstumpf modernen Kirche, ist im Äußeren vollständig erhalten. Während der Wohnteil in Fachwerk errichtet ist, besitzt der Stallteil eine hölzerne Bohlenständerkonstruktion. Auch die alte Hofeinfahrt in der Mitte der hinteren Traufseite ist noch erhalten. – Die zweite Komponente der traditionellen Bauweise, die Tagelöhnerhäuser, demonstriert die auf der linken Seite der Straße gegenüberliegende Gruppe *Nr. 31–37*, vier aneinandergebaute kleine Fachwerkhäuser, z. T. restauriert. Gegenüber vom Gasthaus „Zum Löwen", der in seiner äußeren Form auch noch dem alten Hof entspricht, hinter der Straßenfront zurückgesetzt ein steinernes herrschaftliches Haus von 1594, der Hof *„Zum Roten Löwen"*, mit rundbogiger Eingangstür und Gruppenfenstern mit Sandsteinumrahmung. – Nur ganz wenig zurückgesetzt steht in der Häuserzeile der Landstraße das *Schloß* von Buchholz, erbaut 1760 durch den kaiserlichen Rat Franz Anton Bayer von Buchholz. Der Architekt des Schlößchens steht nicht fest. Der Überlieferung nach soll es ein Italiener gewesen sein; auch die Ähnlichkeit des Schlosses mit Schweizer Landhäusern der gleichen Zeit ist immer wieder festgestellt worden. An die östliche Schmalseite des anmutigen, siebenachsigen Baues mit dem Rokokoportal ist die langgestreckte halbrundgeschlossene Kapelle angebaut. Die Herrschaftsempore ist vom Obergeschoß des Schlosses aus zu erreichen, sie dient gleichzeitig als Bücherei. In der Achse des mit schönen Stuckdecken ausgestatteten Baues liegt im Garten ein kleines dreiachsiges Garten- und Gästehäuschen des gleichen Architekten.

Ruine Kastelburg   Die Anlage ist noch sehr gut erhalten, der Bergfried in voller Höhe. Halsgraben mit Zugbrücke, Ringmauer, Schildmauer, Palas und Bergfried sind noch gut zu erkennen oder erhalten. 1634 zerstört, aber noch 1713 militärisch benutzt, restauriert und gut gepflegt.

Kollnau   An das frühere Eisenwerk erinnern nur noch Straßennamen (Schmelzofen!). 1869 an seiner Stelle eine Baumwollspinnerei und -weberei, deren Werkswohnsiedlungen das Ortsbild bestimmen. Im alten Unterdorf an der Straße das *Gasthaus „Adler"*, ein barockes Walmdachhaus mit Freitreppe von 1779. Jenseits der Elz, überraschend mitten in der modernen Gemeinde, der wohlerhaltene hölzerne *Sailerjörgenhof* von 1650 mit seinen Nebenbauten. Dank einer Initiative des Kreisplanungsamtes fällt er nicht dem Straßenausbau zum Opfer, sondern bleibt als Denkmal der Ortsgeschichte – und der Elztäler Beharrlichkeit – in der Ortsmitte stehen. Nördlich des Hofes „Neue Häuser" mit den z. T. durch Neubauten ersetzten Werkssiedlungen der Weberei, regelmäßige Gruppen von Laubenganghäusern des 19. Jh., und den Wohngebäuden der Firma Gütermann, Siedlungsbauten des 20. Jh. zwischen Landstraße und Konradin-Kreutzer-Straße. – Die 1907/10 von R. Jeblinger erbaute *kath. Kirche* mit dem hohen, im Glockengeschoß weit geöffneten Turm mit Jugendstil-Kuppeldach gehört zu den interessantesten Sakralbauten des Kreises. Im Innern dem Schema der „Vorarlberger" Barockkirchen mit Mitteltonne und quertonnengedeckten Kapellen angenähert, aber in ganz anderen geweiteten Proportionen, ist sie mit einer prächtigen, noch wohlerhaltenen Gesamtausstattung in Neu-Rokoko versehen. – Vom gleichen Architekten das Pfarrhaus, in ähnlichem Stil das Schulhaus.

Suggental   Kath. Kirche. 1837 nach Plänen des Bezirksbauinspektors Voß errichtet, ein Beispiel des Überganges vom Weinbrenner-Stil zu dem Heinrich Hübschs. Sie ersetzte die spätgotische, 1258 beschädigte, mehrfach erneuerte viel größere Kirche der Bergbauzeit, von der die kreuzrippengewölbte Sakristei noch heute auf dem Friedhof steht.

Wasser siehe Emmendingen

WEISWEIL   Die Zerstörungen des 2. Weltkriegs im gepflegten Dorfbild sind kaum noch zu erkennen. Sehr viele Fachwerkhäuser haben sich erhalten, die von dem ehemals noch viel reicheren
Bestand zeugen. Sie gehören meist dem Typ des eingeschossigen Hauses mit oder ohne Kniestock
an, das als Teil eines Hakengehöftes die Giebelseite der Straße zuwendet. Auch die bei vielen Orten erwähnten Hoftore mit Fußgängerpforte befinden sich in Weisweil an einigen Häusern. Eine
besonders schöne Gruppe bilden die Häuser am nördlichen Ende der Hinterdorfstraße; auch in der
Mühlbachstraße haben sich einige Fachwerke erhalten. Die Mühlbachstraße wird von einem Gießen begleitet, der einen Hinweis auf die Fischerei als früher wesentliche Einnahmequelle der Bewohner von Weisweil gibt. Recht schöne Fachwerkhäuser befinden sich auch in der Schulstraße
und in der Salmenstraße. Im Ortszentrum stehen, wie überall, die größten Häuser, etwa das zweigeschossige Fachwerkhaus *Hauptstr. 35* oder das ebenfalls zweigeschossige Fachwerkhaus *Ster-
nenstr. 18*, an dem die aus stark gekrümmten Bäumen geschlagenen Schwellen auffallen. – Das
alte *Forsthaus* Hinterdorfstr. 11 von 1806 ist ein besonders stattliches, traufseitig zur Straße stehendes zweigeschossiges Fachwerkhaus mit einem kleinen Nebenbau jenseits der Hofeinfahrt auf
quadratischem Grundriß. – Zu Weisweil gehört auch das heute im Landratsamt Emmendingen
aufbewahrte riesige *Wirtshausschild* des im Kriege zerstörten Gasthauses „Erbprinzen" von
1774. Der Weisweiler Förster Lydin, Begleiter des Erbprinzen Karl Ludwig von Baden, erhielt von
diesem das Recht zur Führung dieses Gasthauses. – Beinahe schloßartig wirkt das freistehende
Fachwerkgebäude des *Ziegelhofes* von 1774, Mühlenstr. 6, etwas außerhalb von Weisweil. Die
Tür sitzt in der Mitte der fünfachsigen Traufseite; das umlaufende Wetterdächle ist bei dem Gebäude als Gestaltungsmittel im Sinne eines Gesimses eingesetzt. Leider sind die technisch und
wirtschaftsgeschichtlich interessanten Einrichtungen der Ziegelei im Verfall begriffen. – *Ev. Kirche*. Chor und Turm der schon im 13. Jh. erwähnten Pfarrkirche stammen wohl aus dem 15. Jh.
Das Langhaus unbekannten Alters wurde 1747 einseitig nach Norden erweitert und im Westen
und Norden mit einer umlaufenden Empore auf Holzstützen versehen. Der Chor besitzt ein
Kreuzrippengewölbe, das auf blattverzierten Kelchkapitellen über kräftigen Diensten aufruht. Am
Chorgewölbe wurde gotische Rankenmalerei freigelegt. 23 Bilder mit biblischen Szenen, Werke
des Malers Simon Göser aus der Zeit der Kirchenerweiterung, sind an der Brüstung der Empore
angebracht. Im Chor ein gotisches Sakramentshäuschen.

WINDEN IM ELZTAL   Über den beiden im Talgrund der Elz liegenden Ortsteilen Ober- und
Niederwinden beherrschen die Halbwalmdächer der ehem. Höfe auf den Hügeln das äußere Bild
der Siedlungen. In den Ortsteilen selbst lassen meist nur die auffallend großen Dächer die – völlig
umgebauten – Höfe erkennen. In Oberwinden verdienen die originellen steinernen Wirtshaus-
schilder Aufmerksamkeit. – Die *kath. Kirche Niederwinden* wurde 1697 erbaut, aber mehrfach
erweitert. Neben dem barocken Hochaltar ist das schöne klassizistische Orgelgehäuse bemerkenswert. Die *kath. Kirche Oberwinden* wurde 1835 geplant, 1842 vollendet. Der dreischiffige, nicht
basilikale Bau des Bezirksbaumeisters Voß ist ein Beispiel für die unter Heinrich Hübsch erfolgte
Wendung der badischen Bauamtsarchitektur vom Klassizismus zum „Romanismus".

Windenreute siehe Emmendingen

WYHL   Sehenswert einige Fachwerkhäuser, vor allem an der Guldenstraße, davon eines
(Nr. 22) am Eckpfosten datiert 1669. – *Kath. Pfarrkirche*, ein Barockbau, errichtet nach Vertrag

von 1761 von dem uns schon aus Jechtingen und Endingen bekannten Johann Baptist Hering unter Verwendung eines romanischen Turmes, den er mit einem achteckigen Aufsatz versah. 1777 wurde Johann Pfunner mit der Malerei im Inneren beauftragt, einer seiner letzten Aufträge. Von ihm stammen die Altargemälde „Hl. Familie", „Barbara" und „Blasius" und das Deckengemälde im Chor, das die Themen der Altarbilder noch einmal vereinigt. Zum ganz einfachen Langhaus bildet der reiche Chor mit seiner Spiegeldecke mit Stichkappen und den Heiligenfiguren in stukkierten Nischen eine eindrucksvolle Steigerung. – Quer zur Kirchenachse steht hinter dem Chor das schloßartige *Pfarrhaus* mit Volutengiebel an der Südseite, 1726 vom Kloster St. Märgen als Zehntherren erbaut. Ein repräsentativer Saal im Obergeschoß ist mit einer Stuckdecke mit Gemälden geschmückt, die möglicherweise ebenfalls von Johann Pfunner stammen. Trotz seiner Lage ganz am Nordrand der großen Gemeinde ist auch heute noch das Gebiet um den ummauerten Friedhof mit Kirche und Pfarrhof Zentrum. Im Bereich des Kirchenvorplatzes liegt das *alte Rathaus*, als Gemeindeschulhaus 1766 erbaut (Inschrifttafel), das neue Rathaus und das sehr harmonische repräsentative *Schulgebäude* von 1912.

Yach siehe Elzach

139. Das Rathaus von Herbolzheim, ein prächtiger Barockbau von 1780

Vorhergehende Seite:
137. Fachwerkhaus mit Mansarddach, datiert 1771, in Herbolzheim-Broggingen
138. Das stattliche Rathaus in Bahlingen

Brauchtum zwischen Schwarzwald und Oberrhein

von Hermann Rambach

Das Brauchtum zwischen Schwarzwald und Oberrhein läßt sich einordnen in den Raum vom Kandel zum Rhein und zwischen Glotter und Bleich. Es ist auch in unseren Tagen noch bunt und vielfältig. Wir finden darin Überreste alter vorchristlicher Kulte, in denen Licht und Fruchtbarkeit eine dominierende Rolle spielen. In christliches Gewand gekleidet leben Flurumgänge und Brunnenkulte noch in unseren Tagen. Eine erstaunlich große Zahl noch lebender Bräuche schöpft ihren Ursprung aus dem christlichen Glaubensleben. Sie gehen auf eine Zeit zurück, in der sich die Menschen noch innerlich mit dem Ablauf des Heilsgeschehens verwurzelt fühlten, so wie es die Kirche ihren Gläubigen das kirchliche Jahr hindurch in Festen und Gedenktagen vor Augen führt. Das gläubige Volk beschränkte sich dabei nicht auf das gesprochene Wort der Glaubensverkündung, sondern fühlte sich gedrängt, den Nachvollzug und die eigene Anteilnahme in aller Öffentlichkeit zu zeigen oder mitzunehmen ins Haus, in den Kreis der Familie. Ein anderer Teil des Brauchtums, der mit der Gläubigkeit in keinem Zusammenhang steht, hat sich aus dem Zusammenleben in einer Gemeinschaft, einem Gewerbe, einer Vereinigung oder Bruderschaft herauskristallisiert. Schließlich darf nicht unerwähnt bleiben, daß mancherlei von dem, was wir zu unseren stehenden Brauchgewohnheiten zählen, aus anderen Gegenden, und teils erst in jüngster Zeit, übernommen wurde. Denken wir an die Einflüsse des rheinischen Karnevals, denen manche Narrengesellschaften unterliegen, die sich dabei gerne auf angestammtes alemannisches Brauchgut berufen. Polterabend, Muttertag, Martinsumzug und Adventskranz, um nur einige Beispiele zu nennen, wurden unbekümmert von anderswoher übernommen und werden bald fest eingegliedert sein im Brauchtum unserer Heimat.

Das Brauchtum im Jahreslauf

Neujahr

Mit lauter Freude wird das neue Jahr begrüßt. In der frohen Hoffnung, daß es nur Gutes bringen wird, reichen sich Freunde und Nachbarn die Hände. Patenkinder suchen Gotti

und Götti auf und überbringen ihre guten Wünsche. Eine *Brezel* ist herkömmlicher-
weise der verdiente Lohn. Singen und Musizieren gehörten schon immer zur Neujahrs-
feier. Nur ein Neujahrslied, dem man im Text sein hohes Alter ansieht, hat sich im Simonswäldertal erhalten. Es ist schlicht und einfach und endet, wie könnte es anders sein,
in einem Heischespruch:
Ein neues Johr un e fröhliche Zeit,
wenn's Maschtochse regnet un Sugkälber schneit.
Wenn ihr uns ebis geh wenn, gen es un bald.
Mir min noch hit Nacht durch e fistere Wald.

Drei Könige

Kaum ist das Vollgeläute der Glocken verklungen, der Sprühregen der Raketen verglüht
und das Pulver verschossen, so steht ein anderes Hochfest im Kalender. Die Drei Könige
halten ihren Einzug. In der darstellungsfreudigen Barockzeit war es das Hochfest der
Chorsänger, die an diesem Tag die Kirchenempore verließen und, als Könige verkleidet,
singend durch die Straßen zogen. Schon vor dem letzten Krieg wurde dieser Brauch an
einigen Orten wieder aufgenommen. Das Fest der Erscheinung des Herrn weist auf die
Bekehrung der Heiden hin; sinnentsprechend sammeln die ausziehenden Könige jetzt
für die Bedürfnisse der Missionen. Wie früher schon schreiben die Sternsinger mit ge-
weihter Kreide an die Haustür die Buchstaben C + M + B und die Jahreszahl. Früher
galten diese Buchstaben gewissermaßen als die Visitenkarte der Könige. In neuerer Zeit
wird ihnen eine andere Deutung unterlegt: Sie sollen die Anfangsbuchstaben des Se-
gensspruches sein: Christus Mansionem Benedicat – Christus segne dieses Haus.

Lichtmeß

Das junge Jahr hat bald seinen ersten Monat hinter sich. Junge Kräfte regen sich, die mit
dem Jahr hinausdrängen wollen, und mit dem Samstag nach Dreikönig ist eine Unruhe
ausgebrochen. Die kommende Fasnet beginnt, aus dem Winterschlaf zu erwachen. Zum
Fest der Lichtmesse (2. Februar), an dem in den Kirchen Kerzen und Wachs geweiht
werden, beginnt ein neues Licht zu strahlen. Die Liturgie nennt es das Licht zur Erleuch-
tung der Heiden. Im profanen Bereich aber weht aus grauer Vorzeit die unstillbare Sehnsucht nach dem wärmenden Licht der Sonne, die sich lange hinter grauen Winterwolken
verborgen gehalten hat. ,,An Lichtmeß bei Tag z' Nacht eß'', sagt ein alter Spruch. Viele
spüren, wie mit neuem Licht in ihnen eine neue Hoffnung erwacht ist, und ihre Haut
ihnen zu eng wird, ein Zustand, gegen den es nur eine wirksame Medizin gibt, hinein in
die fröhliche Fasnet.

Fasnet und Fastenzeit

Der Kult des Wintervertreibens gehört zu den ältesten Bräuchen, die in noch spürbaren Relikten erhalten sind. Er stammt aus vorchristlicher Zeit und wurde, um ihm seinen heidnischen Charakter zu nehmen, später in die Fasnetsitten übernommen. Es erforderte zu keiner Zeit großen Aufwand, sich als Geister zu verkleiden. Damals wie heute genügte ein langes Hemd, eine weiße Zipfelmütze und ein Radauinstrument. Um sich vor dem Blick der vermeintlichen Wintergeister zu schützen und von ihnen unerkannt zu bleiben, brauchte man nur ins Mehl zu blasen, und schon war der Hemdglunker eine veritable Geistergestalt, die ihre feindlichen Artgenossen durch Lärm zu vertreiben versuchte. Als wirksame Mittel sind Holzklappern überliefert. Inzwischen haben die Waldkircher Hemdglunker überall im Landkreis Verbündete gefunden, die sich hauptsächlich in der Nacht vom „Schmutzigen Dunschtig" jedes Geräts bedienen, das geeignet erscheint, viel Lärm zu erzeugen, seien es Kochhafendeckel oder große Blechtonnen. Das ist allerdings nicht mehr die feine vornehme Art von ehedem, doch hat sie weite Verbreitung gefunden.

Ins hohe Mittelalter gehen zwei Fasnettypen zurück, die beide heute noch so stark vertreten sind wie eh und je, der *Wilde Mann* und der *Jokili*, oder, wie er in Waldkirch heißt, der *Bajaß*. Die Gestalt des Wilden Mannes hat weitgehend ihr urtümliches Aussehen bewahrt. Nur der jetzige Name und die Kopfbedeckung entstammen späterer Zeit. In der Sage lebten die Wilden Leute zurückgezogen. Sie waren durchaus keine Schreckgestalten, sondern gutmütig und hilfsbereit, aber scheu. Es soll sie tatsächlich einmal gegeben haben, und sie sollen Menschen gewesen sein, die sich vor eingedrungenen Fremdvölkern mit ihren Angehörigen in die Abgeschiedenheit der Berge und Wälder zurückgezogen und dort gelebt haben. An Fürstenhöfen des Mittelalters bediente man sich ihrer Gestalt zur Maskerade. Auch die Wappenkunst hat sich ihrer angenommen. Und da sich Bürger und Bauern bei ihren Vergnügungen stets gern an Vorbilder Höhergestellter hielten, kann es kaum wundernehmen, wenn die Gestalt des Wilden Mannes eines Tages von bürgerlichen Leuten in ihre Fasnetvergnügungen einbezogen wurde.

Im oberen Elztal, abgeschieden von den modischen Zeitströmungen der Jahrhunderte, ist in Elzach der Wilde Mann des Mittelalters im „*Schutig*" erhalten geblieben. Er beherrscht und bevölkert in ungebrochener Frische und Rüstigkeit die Elzacher Fasnet. Der merkwürdige Name, der ihm anhaftet, ist, wenn wir ihn auf seine Entstehung untersuchen, für sich selbst ein Stück Fasnetsgeschichte. Er ist vom Schurtag abgeleitet, und das ist nach allgemeinem Sprachgebrauch der Aschermittwoch. War einmal das Auftreten dieser Gestalt für diesen Tag typisch, so bestätigt sich durch ihn etwas, was viele nicht wissen, nämlich daß der Aschermittwoch nicht wie heute erster Tag der Fasten- sondern Mittelpunkt der Fasnetzeit war. Ehedem war die Fasnet reine Männersache. Nach der

Herrenfasnet, am Sonntag Esto mihi, kam der Schurtag, an dem die Frauen ihrem Vergnügen huldigen durften, und am darauffolgenden Sonntag Invocavit, die Bauernfasnet. Die Basler Fasnet geht noch auf diese Regelung zurück, und sie ist bei uns noch weitgehend verbreitet, hauptsächlich in der evangelischen Markgrafschaft. Dort, aber auch im nördlichen (katholischen) Breisgau, findet an diesem Sonntag das Scheibenschlagen statt.

Außer dem *Schutig,* dem Laufnarren, steckt in der Elzacher Fasnet noch eine andere Besonderheit alten Ursprungs, die sich ungeschmälert erhalten hat. Es ist das *Taganrufen,* das nichts anderes ist und sein will als ein närrisches Ruggericht. In einem Umzug durch die Stadt findet es in aller Herrgottsfrühe des Fasnetmentig statt. Der zur Einleitung gesungene Nachtwächterruf ist die Persiflage auf ein altes Wächterlied. Seine Melodie bewegt sich ausschließlich in den ersten fünf Tönen der Tonleiter.

Endinger Jokili und Waldkircher Bajasse sind Kinder des Hochmittelalters. Ihre Eltern waren *Jokulatoren,* die als Spaßmacher ebenso zu einem fürstlichen Gefolge gehörten wie Hunde und Jagdfalken. Auch bürgerliche Kreise nahmen sich dieser Gestalt an und bedienten sich ihrer auch bei Schützenfesten. Dort hatten sie als *Pritschenmeister* dem schlechtesten Schützen als besondere Auszeichnung nebst entsprechender Ansprache die Kehrseite seines irdischen Daseins mit der Narrenpritsche zu glätten.

Das Brauchtum dieser ältesten Narrenstädte im Landkreis steht längst nicht mehr für sich allein. Bei den Bewohnern vieler anderer Orte ist die Fasnet inzwischen zu einem festen Brauch geworden, und sie sind auf dem besten Wege, neues Brauchgut zu schaffen, das, an alte Gepflogenheiten anknüpfend, nach Jahr und Tag gute Tradition haben wird. So erfanden sie neue Gestalten, die entweder ein am Ort besonders bemerkenswertes Gewerbe darstellten, dem örtlichen Sagengut angehören oder auf eine Neckerei zurückgehen. In Kollnau geht der *Feuerteufel* auf die rußgeschwärzten Männer der früheren Hammerschmiede zurück, in Bleibach erinnern die *Silberklopfer* an das längst untergegangene Silberbergwerk, die *Schindlejokili* in Niederwinden halten das alte Gewerbe der Schindelmacher wach, die *Brunnenputzer* in Emmendingen treten als frühere Stadtbedienstete auf, und die *Welschkorngeister* in Denzlingen haben ihr Sujet aus dem Bereich der Landwirtschaft dem mehr und mehr zurückgehenden Anbau von Mais (Welschkorn) entnommen. Die *Joli* in Gutach sind Jäger und ebenso im Sagengut daheim wie die *Waldkircher Hexen* und die *Schreckli* in Suggental. Aus Spottnamen sind in Kenzingen die *Wellebengel* entstanden, in Oberwinden die *Spitzbuben* und in Bleichheim der *Zyndus.* Ohne *Schnoge* (Schnaken) wären die Fischerbuebe als Nachkommen der einst stattlichen Fischerzunft in Kenzingen kaum denkbar.

Dann gibt es eine weitere Gattung unter den Fasnetsnarren. Sie sind weiblichen Geschlechts, nämlich die *Schnurrwieber.* In Waldkirch heißen sie Alte Jungfern, in Gutach Alte Tanten, in Endingen sind es die Rebweiber. Sie kleiden sich alle nach der Mode des ausgehenden vorigen Jahrhunderts. In Kenzingen indessen geben sich die Schnurrwieber recht vornehm in ihrer alten Bürgerinnentracht. Eines aber müssen ihre Mitschwestern alle gemeinsam haben, ein gutgeschmiertes Mundwerk und dabei die Gabe, auch delikate Dinge so in ihre Schnurrerei einzuflechten, daß ihr Ruggericht die Getadelten nicht grob beleidigt, sondern mehr oder weniger sanft schmeichelt. Nicht selten zeigen sich bei diesem der Narretei durchaus konformen Geschäft die Frauen als recht geschickte Diplomatinnen.

Daß die Weiberfasnet ausgerechnet am Aschermittwoch gefeiert wird, kommt sicher nicht von ungefähr. Vielerorts trägt der Aschermittwoch noch den Namen ,,Schurtag''. Das Wort ,,Schur'' hat vielerlei Bedeutung, nicht zuletzt hängt es mit einer Schur zusammen. Schur ist auch gleichbedeutend mit Schelte, einer Zurechtweisung. In der Umgangssprache nennt man eine solche auch ,,schurigeln''. So ist ein Zusammenhang zwischen dem ,,Schurtag'', an dem es ausgeübt wurde, und dem Frauenrecht des Rügens unschwer zu erkennen.

Nach dem Trienter Konzil hat sich im katholischen Teil des Breisgaus in zunehmendem Maße der Aschermittwoch als Ende der fasnächtlichen Lustbarkeiten durchgesetzt. Nur den Frauenrechtlerinnen war es gelungen, ihren ,,Rechtsbesitz'' noch bis in die zwanziger Jahr zu wahren. Die Bauernfasnet, wegen des Scheibenschlagens auch Jungfrauenfasnet genannt, fiel der Kirchendisziplin zum Opfer. Den Brauch des *Scheibenschlagens* aber hatte man nicht unterbunden, sondern dafür einen Tag in den Fasten ausgesucht, der in die Düsterkeit der Bußzeit einen lichten Schein wirft, nämlich den Sonntag Laetare. An diesem ruft das Kirchengebet zur Freude auf. ,,Frohlocken sollt ihr und satt euch trinken an der Tröstung Überfülle . . .'' heißt es darin. Der Ruf der Kirche blieb nicht ungehört. Nachdem die glühenden Scheiben wie Funkenflug durch die Vorfrühlingsnacht geflogen waren und zum guten Ende ein Feuerrad in raschem Lauf seine Bahn ins Tal genommen hatte, fanden und finden sich auch heute noch die Scheibenschläger bei der ,,Schiebejungfer'' als erster ein, um den verdienten Lohn in Empfang zu nehmen. Die anderen mit einer Scheibe geehrten Weiblichkeiten werden an den folgenden Wochenenden die Ehre haben, den fälligen Schiebeschnaps zu kredenzen. Die Erinnerung aber an die alte Fasnet ist, manchen unbewußt, im Sprachgebrauch in einer Redewendung erhalten geblieben. Hat sich einer verspätet, so wird ihm bedeutet, er käme hinternach wie die alte Fasnet.

Dafür, daß die Fasnet mit ihrem bunten Allerlei und ihren vielerlei Gestalten unterm Jahr nicht völlig in Vergessenheit gerät und jedermann sich an ihnen erfreuen kann, haben die Narrenverbände Vorsorge getroffen. Die Vereinigung schwäbisch-alemannischer Narrenzünfte, der nur historische Zünfte angehören, hat im Jahre 1973 in Bad Dürrheim in einem ausgedienten und dorthin übertragenen Solebehälter eine Larven- und Kostümschau eingerichtet. Diesem Beispiel folgte 1976 der Verband Oberrheinischer Narrenzünfte. Ihm wurde in Kenzingen ein altes Schulhaus für die Unterbringung einer Kostümschau der verbandsangehörigen Zünfte von der Stadt zur Verfügung gestellt.

Am Ende der Fastenzeit steht die Karwoche. Sie fängt mit dem *Palmsonntag* an. Palmzweige, wie sie in den südlichen Ländern leicht zu haben sind, standen den Schwarzwäldern nicht zur Verfügung. Dennoch fanden sie einen Weg, diesem Mangel zu begegnen, um das triumphale Ereignis auf ihre Art nachzuvollziehen. Junge Tannen, möglichst hoch gewachsen und mit einem regelmäßig geformten Wipfel, werden geschält und bis zu den oberen Zweigreihen ausgeastet, dann bogenartig an dem Stamm befestigt und mit geschnittenem Buntpapier geschmückt oder im Naturzustand belassen. Dann werden sie mit bunten Bändern behangen. In die entstandenen Bögen kommen wechselweise Palmzweige (Ilex), Buchs und Seve. Dieser Brauch ist noch überall verbreitet und steht dort in Blüte, wo er nicht durch Reglementierungen verdrängt wurde. Eine interessante Variante hat sich in Elzach erhalten. Dort flicht man Weidenzweige und befestigt am oberen Ende einen kleinen Strauß mit Ilex, Seve und Buchs, symbolisch für die Lebensrute und das Aufkeimen neuer Fruchtbarkeit.

In Waldkirch erhalten die Palmträger nach dem Gottesdienst vom Bürgermeister als Anerkennung ihrer Mühe ein kleines Geschenk. Dann wandern die Palmstangen entweder auf den Dachboden und werden, als Schutz gegen Blitzschlag, zu einer Luke hinausgesteckt oder am Gartenzaun befestigt. Dort behalten sie ihren Platz, bis sie am kommenden Palmsonntag ihrem Nachfolger weichen müssen.

Vom Gloria der Gründonnerstagsmesse bis zum Gloria des Auferstehungsamtes am Karsamstag haben in den katholischen Kirchen die Glocken zu schweigen. An ihre Stelle treten die *Rätschen* oder *Darren*, wie sie am Kaiserstuhl genannt werden. Für Ministranten und andere Buben ist das die fröhliche Zeit, auf den Straßen mit den großen kistenförmigen Rätschen den Beginn der Gottesdienste anzuzeigen. Im Kirchenraum selbst werden die hellklingenden Altarglocken durch Holzklappern ersetzt.

Der Brauch, am *Karfreitag* das Leiden des Herrn szenisch darzustellen, wurde schon im 18. Jahrhundert unterbunden und dafür in den Kirchen Kreuzwegstationen mit 14 bildlichen Darstellungen des Leidenswegs angebracht. Geblieben sind aber die Hl. Gräber, die zum Karfreitag in den Kirchen aufgestellt werden, als letzter Rest des einst verbreiteten persönlichen Miterlebens und der Teilnahme am Nachvollzug der Passion Jesu. Die alten gemalten Szenenwände, auf denen neben dem Hl. Grab auch eine Nische zur Ausstellung des Allerheiligsten während der letzten Kartage angebracht war und die oft die Öffnung zum Chor völlig verstellten, sind längst dem Unverstand oder dem Zahn der Zeit zum Opfer gefallen. Bis vor Jahren besaß die Pfarrkirche in Kenzingen als letzte unserer Gegend allein noch ein großes barockes ,,Theatrum''.

Ostern

Der Ostertag, das Hochfest der Auferstehung, steht nicht nur strahlend in der gottes-
dienstlichen Feier. Auferstehung des Herrn, Wiedererwachen der Natur, Ende der kost-
armen Fastenzeit, neue Hoffnung, all das hat auch im Brauchtum seinen Niederschlag
gefunden. So beherrscht der *Hase* gerade an diesem Tag das Feld und vollbringt dabei das
biologische Wunder, Eier zu legen. Der Hase galt schon in vorchristlicher Zeit als ein
Symbol der Fruchtbarkeit. Fruchtbarkeit aber und blühender Frühling stehen in sinnfäl-
liger Verbindung mit dem Wunder der Auferstehung, ebenso das Ei als Zelle neuen Lebens. Die Vorstellung, daß der Hase Eier zu legen hat, geht auf mittelalterliche Ordnungen zurück, nach denen den Gläubigen der Genuß von Butter, Eiern und Milchspeisen
während der Fastenzeit verboten war. Allerdings legten die Hühner während dieser Zeit
weiterhin ihre Eier, so daß sich im Haus Vorräte sammelten, die am Ende der strengen
Fasten auf schnellen Absatz warteten. Was lag näher, als Kinder, Enkel und Patenkinder
mit dem Überfluß zu beschenken. Der Hase aber, als Überbringer der Geschenke, muß
gejagt werden, die Eier müssen ihm gewissermaßen entlockt werden. Wenn es das Wetter zuläßt, findet die Hasenjagd im Freien statt, wo Lampe die Gaben unter Büschen und
Hecken versteckt hat. Großer Beliebtheit erfreuen sich aber auch Biskuit-Osterlämmer
mit aufgesteckter Auferstehungsfahne.
Das Frühjahrsfest Ostern hat schließlich auch seine Ausstrahlung auf das Hauswesen. Es
ist die Zeit des großen *Reinemachens*. Ein frischer Duft kommt in die Räume, und der
alte Staub des Winters wird gründlich hinausgefegt. Auch das ist feststehender Oster-
brauch. Macht eines ein verdrossenes Gesicht, so heißt es: ,,Dem ischs au nit grad wie im
Pfarrer z' Oschtere.''
Mit dem Pfarrer freut sich die ganze Gemeinde, daß die Hungerwochen vorüber sind. Jeder stellt reichlich Essen und Trinken auf den Tisch, vor allem das, was er während der
Fasten entbehren mußte. In Bleichheim beispielsweise sind ,,Knöpfli'' aus Butterteig
sehr beliebt.
In Nordweil veranstalten die Rekruten des Jahres am Ostermontag das *Eierspringen*. Gesang begleitet das fröhliche Spiel, und lustige Begebenheiten aus dem Dorf werden bei
diesem Anlaß zum besten gegeben.

Maifeiern

Nicht weniger freudig als Ostern wird der Mai begrüßt. Er wird Wonnemonat geheißen,
weil alle Welt von ihm das erhofft, was mitunter die Ostertage versagt haben. Wer denkt
nach der Walpurgisnacht noch an Hexenspuk? Und was das Wetter angeht, will daran

erinnert sein: ,,Es ist kein Mai so gut, er schneit dem Schäfer auf den Hut." In Waldkirch stellten früher die Bewohner des Marktplatzes eine hohe, bis oben geschälte Tanne
in den Platzbrunnen, heute tut es die Stadt. Der Maibaum trägt an der Spitze einen bunten Buschen. Die Äste sind mit ausgeblasenen Eiern behangen, über die farbige Bänder
herunterhängen. Mit kleinen geschmückten Tännlein, die in der Nacht unbemerkt in
den Dachtrauf gesteckt werden, bringen sich junge Burschen bei ihren Angebeteten in
freundliche Erinnerung. Meist sind es die Scheibenschläger des Jahres, die diesen nächtlichen Spuk vollführen. Den Scheibenschnaps haben sie bis dahin restlos eingezogen.
Hat es aber eine mit der Burschenschaft verdorben, sei es, weil sie den Scheibenschnaps
verweigert hat oder aus welchen Gründen auch immer, so muß sie damit rechnen, daß
beim Morgenschein des ersten Maitags ein *Bantle,* eine Strohpuppe, am Haus baumelt
und, je nach Sachlage, von ihrer Wohnung bis zum Farrenstall Sägemehl gestreut ist.
Eine *Maientour* gehört fast zu den Selbstverständlichkeiten. Ist doch gerade der Monat
Mai der des Wanderns. In Endingen geht es bei den Schützen lustig zu. In feierlichem
Aufzug erscheint die Schützengesellschaft im Schützenhaus. Vier Männer der Schüt-
zengesellschaft versteigern das der Gesellschaft seit Olims Zeiten zustehende Recht, den
,,*Rugelibrauch*" ausüben zu dürfen. In geflochtenen Fruchtwannen werden mit vier
Würfeln große Brezeln ausgelost. Dem oder den Steigerern steht nun zu, das Rugili-
spiel, von dem auch ein kleiner Gewinn erwartet wird, den ganzen Monat Mai über an
Sonn- und Feiertagen im Schützenhaus abzuhalten. Auch Kinder können sich daran beteiligen. Für sie gibt es gegen geringes Entgelt kleinere Brezeln, die nicht mit Würfeln,
sondern durch ein Roulette ausgespielt werden.
Der Mai ist in der katholischen Kirche der *Marienmonat.* Von geschmückten Maialtären
abgesehen, fällt gerade, was die Marienverehrung angeht, vieles in das Reich des Volks-
brauchtums. In erster Linie sind es die Wallfahrten, die im Monat Mai ihren Anfang
nehmen. In unserer Heimat gibt es deren sehr viele, angefangen mit einer der ältesten
Wallfahrten, der auf den Hörnleberg bei Winden, nach dem Lützelberg bei Sasbach, Maria Sand bei Herbolzheim, die Wallfahrt zur ,,Tränenreichen Mutter" in Endingen, dort
auch auf den Katharinenberg und nicht zuletzt zur Neunlindenkapelle in Elzach, den
,,Sieben Schläfern" in Obersimonswald und der kleinen, aber uralten Wallfahrt zu St.
Notburga und zu den neun Geschwistern in Waldkirch. Eine ähnliche Einrichtung wie
die Wallfahrten sind die Flurprozessionen am St.-Markus-Tag und in der Bittwoche vor
Christi Himmelfahrt. Felder und Äcker werden dabei mit der Bitte um eine gute Ernte
gesegnet. Früher führten diese Bittgänge nacheinander um den ganzen Ortsetter. Seit
die Landwirtschaft zurückgeht und die Landschaft langsam aber sicher zugebaut wird,
bleibt wenig Raum mehr für Öschprozessionen. Im gemischt-konfessionellen Oberprechtal gilt unter den Evangelischen der Spruch: ,,Vor die Katholische nit mit de Fähnli
laufe, wachst nint." Hält das naßkalte Wetter bis weit ins Frühjahr an, dann fragt man-

140./141. Kenzingen. Im
Museum verdeutlichen
dem Besucher 230 Nar-
rengruppen in phantasie-
vollem Häs und kunstvoll
geschnitzte Holzlarven
die Vielfalt alemannischen
Fasnachtsbrauchtums.
Oben: Wellebengel vor
dem Schwabentor

cher Evangelische voll Ungeduld: ,,Goht denn die Dapperei no nit bal a?'' (Geht denn die Tapperei – Prozession – noch nicht bald an?).

Im Mai gibt es oft Kälteeinbrüche. Es sind die Tage der hll. Pankraz, Servaz, Bonifaz und Sophie. Ohne eigenes Verschulden tragen diese vier den schmückenden Beinamen ,,*Eisheilige*''. Sind die einmal vorüber, dann steht nach allgemeinem Volksglauben, und falls sich kein Hagelwetter einstellt, einer guten Ernte nichts mehr im Weg.

Pfingsten

Pfingsten ist das zweite Hochfest des Frühjahrs. Das Grün hat sich voll entfaltet, der Viehauftrieb, der sich hierzulande ohne äußeres Gepränge vollzieht, ist vorüber. Jetzt kommt für die Hütebuben das Fest des Jahres. Am Pfingstmontag haben sie dienstfrei. Die des oberen Elztals und die aus dem nahen Kinzigtal treffen sich auf der Biereck oder auf dem Bäreneckle zum *Schellenmarkt.* Der Schellenmarkt, an dem durch Kauf oder gegenseitigen Tausch das Geläute der Herde geändert wird, findet zwar noch statt, aber es fehlen die Hütebuben, denn sie sind durch elektrisch geladene Weidezäune entbehrlich geworden. Dafür hat sich ein anderer, recht übler Brauch eingeschlichen, nämlich der, daß Feriengäste und Antiquitätenhändler auf der unbewachten Weide den Kühen die zum Weidebetrieb unerläßlichen Glocken am Trageriemen abschneiden und mitnehmen.

Ein bemerkenswerter, auch anderwärts in ähnlicher Form verbreiteter Brauch, hat sich in Weisweil erhalten. Es sind die *Pfingsthoppen*, die am Pfingstmontag auftreten. Buben vom 14. Jahr an tun sich zu zweit oder dritt zusammen. Zunächst wird ein Pfingstg'häs angefertigt. Um drei Bohnenstangen werden verschieden große Faßreifen gelegt, so daß ein kegelförmiges Gebilde entsteht. In dieses werden die am Rhein gesammelten Binsen eingefügt und befestigt. Nachdem die Binsen oben an der Spitze und unten sauber abgeschnitten sind, wird in Augenhöhe ein Sehschlitz angebracht und im Innern des G'häs' aufeinander abgestimmte Glöckle aufgehangen. Einer der Buben schlüpft hinein, ein anderer Bub geht als ,,Tschag'' oder Hopper. Er ist mit einem weißen Hemd bekleidet, trägt mitunter dazu eine kegelförmige Binsenkappe und, was die Hauptsache ist, eine etwa dreieinhalb Meter lange, spiralartig geschälte Gerte. An ihrer Spitze wird eine Papierfahne und ein Blumensträußle angebracht. Am frühen Morgen geht es los von Haus zu Haus. Die Hopper klopfen, wenn die Hausbewohner nicht schon durch die Glöckle des Pfingstg'häs' aufmerksam geworden sind, mit ihrem Tschäg an die Stubenfenster, sagen ihren Spruch auf und warten auf klingenden Lohn.

Das *Pfingstreiten*, das bis in die jüngste Zeit in Bombach noch geübt wurde, ist in Weisweil noch erhalten. In Oberprechtal lodern auch noch die *Pfingstfeuer*.

Fronleichnam

In katholischen Gegenden steht das Fronleichnamsfest noch hoch in Ehren. Seine äußere
Feier hat nicht zuletzt durch die Liturgiereform vielerorts einiges an Glanz eingebüßt.
Das gläubige Volk nahm früher größeren persönlichen Anteil. Es hat vor allem zum
Schmuck von Häusern und Straßen, durch die die feierliche Prozession führt, durch reichen Blumenschmuck und figürliche Darstellungen den hohen Festcharakter des Tages
zu verdeutlichen versucht. In Endingen ist es vor allem bei den Rebbauern noch Sitte,
auf die Stationsaltäre, im Volksmund „Käpilli" genannt, Glaskrüge mit Wein aufzustel-
len. Durch seine Nähe mit dem auf den Altar gestellten Allerheiligsten soll der Wein besonders gesegnet werden. Dieser „Käpilliwi" wird nach Ende der Prozession von seinen
Eigentümern abgeholt, nach Hause gebracht und beim festlichen Mittagsmahl kredenzt.
Auch Erdbeeren und Kirschen werden in kleinen Tellerchen auf die Altäre gestellt. In
jüngerer Zeit hat die Herstellung kunstvoller Blumenteppiche vor den Altären an vielen
Orten Eingang gefunden.
Der *St.-Johannis-Tag* am 24. Juni stellt die Jahresmitte dar. Es ist die Sommersonn-
wende. *Johannisfeuer* brennen da und dort auf den Höhen. Im heimatlichen Dialekt
spricht man von „Summer-Johanni" im Gegensatz zum anderen Johannestag im Winter
am 27. Dezember.

Sommerszeit

Die Zahl der Feiertage ist während des Hochsommers gering. Wer hätte inmitten der
Ernte Zeit zum Feiern? Mit banger Sorge sah und sieht man heute noch schwere Gewit-
tern entgegen. Mancherorts ist noch der Glaube verbreitet, die am Palmsonntag geweih-
ten Palmen, die aus der Dachluke herausragen oder am Gartenzaun festgebunden sind,
würden den Blitzschlag abwenden.
Mit den Schulferien ist auch die große *Reisezeit* angebrochen, denn auch das Reisen ist
zu einem stehenden Brauch geworden. Ebenso sind *Stadt-, Straßen- und Vereinsfeste*
inzwischen fester Bestand im Volksleben.
Bis zum Fest der *Himmelfahrt Mariens* hat der Sommer seine Reife erreicht. An diesem
Marienfeiertag tragen Mädchen Kräuterbuschen zur kirchlichen Weihe. Sie sollen wie
die Palmen Unheil von Haus und Stall abwenden. Man wählt dazu heilkräftige Pflanzen.
Wermuth, Thymian, Johanniskraut, Baldrian, Pfefferminz, Arnika, Tausendgulden-
kraut, Schafgarbe, Salbei und inmitten des Büschels eine hohe Königskerze. Gewöhnlich
ragt eine Zwiebel unten aus dem Kräuterbüschel.

Kirchweih

Noch vor 50 Jahren wurde die Feier der Kirchweihe im Festkalender des Landvolks groß-geschrieben. „Hit isch Kilwi, morn isch Kilwi bis am Zischtig owe", so sagt es ein ver-breitetes Sprichwort. Mit dem Rückgang des Bauerntums hat dieses Fest an Bedeutung verloren. Seit von kirchlicher Seite das Fest des Erntedanks zu Anfang Oktober stärker herausgestellt und dieses im Dritten Reich auch von staatlicher Seite gefördert wurde, sind die alten Kirchweihsitten verlorengegangen. Die fröhlichen Zusammenkünfte der bäuerlichen Jugend, die Hammeltänze, die üppigen Mahlzeiten, bei denen ein ansehnli-cher Schinken nicht fehlen durfte, all das gehört der Vergangenheit an. An seine Stelle ist nichts Vergleichbares getreten, so daß die Herbstzeit nur noch im Ausschank des „Neuen" (Weines) eine Besonderheit aufzuweisen hat. Der Festzyklus ist recht mager geworden. Lediglich in Endingen und im Simonswäldertal hat sich der Brauch des *Kilwi-klöpfens* noch erhalten. Er ist Ausfluß der Freude. Nach dem Viehabtrieb versahen die Hirtenbuben ihre Geißeln mit neuem Zwick, der ein lauteres Klöpfen ermöglichte. In der Dämmerung von Hof zu Hof ziehend, führen am Kirchweihsamstag die Klöpfer ihre Künste vor, und das natürlich nicht ohne Hoffnung auf ein Trinkgeld.

Allerseelen und Totensonntag

Nun geht es dem Winter entgegen, draußen wird es stiller, und graue Nebel senken sich in die Täler. Der November bricht an, und mit ihm das Läuten der Totenglocken. „Es ist ein heiliger und heilsamer Gedanke, für die Verstorbenen zu beten", steht im zweiten Buch der Makkabäer. Diese Ermahnung wird noch in weiten Kreisen ernst genommen. Die Friedhöfe in Stadt und Land erfreuen sich sorgsamer Pflege. Zum Fest Allerseelen und zum Totensonntag erfahren die Gräber besonders reichen Schmuck.

St.-Martins-Tag

Der Monat November hat aber auch einen Feiertag, dessen Bedeutung mehr dem Dies-seits zugewandt ist. Bis vor einem Jahrhundert noch war der St.-Martins-Tag einer der großen Zinstage, an denen die öffentlichen Abgaben, aber auch Kapitalzinsen zu ent-richten waren. Wenn es ans Zahlen ging, mag es dem einen oder anderen nicht gerade froh ums Herz gewesen sein, daher war für manchen die Festfreude eingeschränkt. Was das Brauchtum unserer Tage angeht, so gilt für Martini das Prädikat: „Überwiegend heiter". Beide Bräuche, der *Martinsumritt* sowohl wie der Tag der *Karnevalisten*, sind erst in jüngerer Zeit aus dem Rheinland hierher übertragen worden. Der eine wohl aus dem Gefühl, im Festkalender eine fühlbare Lücke füllen zu müssen, der andere, weil bis dahin traditionsarme Narrengesellschaften, nach närrischem Brauchtum suchend, ihre Blicke nach dem allzeit fröhlichen Rheinland richteten. Und so wanderte auch die Feier des 11. 11. mit im Paket fremder Anleihen in den von solchem Jubel bis dahin noch unberührten Breisgau.

Schlachtfest

In diese Zeit fällt da und dort ein Fest, das nicht rot im Kalender steht, dafür aber recht nahrhaft ist, das Schlachtfest. Wenn überall Vorräte für den Winter gesammelt werden, geht es manchem Borstentier ans Leben. Die Reihen der Schinken, Schäufele und was sonst noch Nahrhaftes im Rauch hing, hat sich das Jahr über gelichtet. Da ist es Zeit, dem Hausmetzger Bescheid zu sagen. Ihm fehlt es dann meist nicht an Zuschauern, die es kaum noch erwarten können bis die ersten Würste abgebunden werden.
Besonders Neugierigen stellt der Metzger das „Vorwürstle" in Aussicht. Ist die Arbeit getan, dann gibt es in der Stube die Metzelsuppe mit Kesselfleisch und frischen Würsten. Der Kreis der Mitesser ist gewöhnlich groß, weil die halbe Verwandtschaft eingeladen wird. Doch gibt es auch solche, an deren Hunger der Hausherr nicht gedacht hat. Ein paar herzhafte Buben haben in aller Heimlichkeit einen Metzgerbrief geschrieben, in dem sie ihre Wünsche in gereimter Form mitteilen. An einer langen Stange befestigen sie ein Säckle und legen den Brief hinein. Doch sie dürfen sich nicht erwischen lassen, wenn sie mit der Stange ans Fenster klopfen. Im Haus ist man auf solche Fälle vorbereitet. Das Säckle wird gefüllt, und es ist nun Sache der Säcklestrecker, wie sie sich ungesehen mit ihrer Beute davonschleichen können. Erwischt zu werden bringt allerlei Spott ein, nimmt aber dann doch ein versöhnliches Ende. Noch keiner wurde mit leerem Magen aus der Haft entlassen.

Weihnachtszeit

Mit dem Advent naht eines der schönsten Feste, die Weihnacht. Kinder freuen sich reinen Herzens. „Wenns schneit, ist das Christkind nicht mehr weit", rufen sie in froher Erwartung. Das Fest wird jedoch schon Wochen zuvor „vermarktet". Aber auch dieses geschäftige Hasten und Jagen in der Vorweihnachtszeit hat allmählich Brauchtumswert gewonnen, auch wenn wir dieses Brauchtum nicht zum schönsten und edelsten zählen. Der Adventskranz, vor dem Ersten Weltkrieg hierzulande noch völlig unbekannt, ist aus nördlichen Gefilden zu uns gekommen und hat einen festen Stellenwert in der Feier des Advent eingenommen. Er ist auch in die Kirchen beider christlichen Konfessionen eingezogen und hat darin einen bevorzugten Ehrenplatz gefunden. Der *Barbaratag*, am 4. Dezember, war früher der Tag der Artilleristen. Er hat aber noch eine andere Bedeutung. In der düsteren Winterszeit ist *Advent* Erwartung des Lichts, aber auch Hoffen auf Erwachen und Neuerblühen. Kirschzweige am Barbaratag geschnitten und in der Zimmerwärme aufgestellt, kommen auf Weihnachten zum Blühen. Je nach der Schnelligkeit des Aufkeimens und der Reichhaltigkeit der Blüten werden Schlüsse auf die Fruchtbarkeit des kommenden Jahres gezogen. Aber noch ein Orakel steht damit in Verbindung: Blüht der an St. Barbara ins Wasser gestellte.Zweig zur Weihnachtszeit, so darf das Mädchen, das ihn geschnitten hat, fürs kommende Jahr mit Heirat rechnen. In Nordweil, wo St. Barbara Kirchenpatronin ist, wird dieser Brauch besonders hochgehalten. Was in den Rheinlanden der St.-Martins-Tag schon immer war, ist für uns das Fest des *hl. Nikolaus.* Im Elztal wie im unteren Breisgau haben sich Bäcker zeitig genug auf den Besuch des heiligen Mannes eingerichtet. Weckenmänner und -frauen, Brezeln, auch Schnecken und Tuben halten sie tagtäglich zum Verkauf bereit. Duftende Lebkuchen mit aufgeklebten bunten Bildern waren früher ein zusätzliches Angebot, das gegenwärtig nicht mehr sonderlich gefragt ist. Am Vorabend des 6. Dezember kommt Sankt Nikolaus persönlich in viele Familien, die seinen Besuch gewünscht haben. Neuerdings ist es, nicht zuletzt auch aus räumlichen Gründen, vielerorts üblich geworden, im Rahmen von Vereinsveranstaltungen für die Kinder einen Nikolausbesuch zu veranstalten. Der Nikolaus erscheint fast allgemein im Gewand eines Bischofs und hat einen oder mehrere Ruhpelze als Begleiter. Meistens ist das Strafgericht recht mild, und die Ruhpelze können es beim Brummen und Kettenrasseln bewenden lassen. Zu den Gaben gehören Äpfel, Nüsse, Gebildbrote und Süßigkeiten.

Nun werden aus gedörrtem Obst, Nüssen und Feigen Brote in allen Größen gebacken, die sog. ,,Birewecke''. Unter geschickten Händen entstehen auch, je nach Bedarf, Springerle, Butterbackenes, Mandelhäufle, Zimtsterne, Leckerle, Schokoladenplätzle und wie die schönen Dinge noch heißen.

Die *Weihnachtskrippen* werden vom Speicher geholt, hergerichtet und, wenn nötig, verbessert und in der Stube aufgestellt. Der Krippenbau ist im Schwarzwald zwar nicht so stark verbreitet wie in den Alpenländern. Doch außer den Krippen in den Kirchen werden an vielen Orten immer noch Krippenberge mit Häusern und Weidbergen gebaut, Palmen gebastelt und aus dem Wald, noch ehe der Schnee fällt, hinreichend Moos herbeigeschafft. Manch einer, der Geschicklichkeit mit Liebe zur Sache verbindet, bringt es zu einer ,,läufigen Krippe'', d. h. einem kleinen Kunstwerk, bei dem sich auf mechanischem Wege die Hirten mit Schafen, wie auch der Zug der Heiligen Könige um die zentrale Stelle, den Stall, bewegen. Zu den Vorbereitungen gehört natürlich auch der Einkauf von Geschenken.

Am Heiligen Abend kehrt Stille ein. Da und dort blasen am frühen Abend Musikkapellen vor dem großen Christbaum der Gemeinde die Heilige Nacht ein. Wohltuende Ruhe, Zeit zur Besinnlichkeit. Jetzt kann es Weihnacht werden für jeden, der bereit ist, Frieden in sich einkehren zu lassen. Wie selten einmal das Jahr über findet sich die ganze Familie zusammen. Da wird gesungen und musiziert und schließlich der Gabentisch zur Bescherung freigegeben. Der *Christbaum*, mit oder ohne Krippe, jetzt Mittelpunkt geworden, strahlt bunt behangen mit vielen Lichtern. Er, ohne den wir uns eine Weihnachtsfeier nicht mehr denken können, ist erst vor etwa 100 Jahren hier so recht heimisch geworden. Zwar wurde er damals nicht erst eingeführt, doch war er lange Zeit in Vergessenheit geraten. Aus Freiburg und dem Elsaß sind frühe Belege über seinen Ursprung erhalten, seine früheste Erwähnung stammt aus dem Jahr 1548, als von einem Brauch des Christbaum-Besteckens in Bleibach berichtet wird.

Während die Gläubigen zur *Christmette* gehen, halten sich viele Endinger bereit, um zur Stunde der Mitternacht an einem der öffentlichen Brunnen zu stehen. Es werden Weihnachtslieder gesungen, bis auf dem Turm der Peterskirche der Stundenschlag beginnt. Dann entsteht ein reges Treiben. Jeder versucht, während der zwölf Schläge sein mitgebrachtes Krüglein mit Wasser zu füllen. Und weil dieses Wasser zur Geburtsstunde des Herrn fließt, soll es heilende Kraft haben und heißt deshalb „Heiliwog". Ist der letzte Glockenschlag verklungen, stimmen die Anwesenden den Lobgesang „Großer Gott" an und begeben sich nach Hause. Daheim angelangt, versammelt sich die Familie am Tisch. Jeder trinkt vom Wasser der heiligen Stunde, das Familienoberhaupt zuerst. Dabei spricht man den Segensspruch: „Heiliwog, Gottesgob, Glück ins Hüs, Unglück nüs." Vom Rest des mitgebrachten Wassers kommt dann ein Teil zur Viehtränke und der Rest in das Faß mit dem Haustrinkwein. Dieser Brauch war in früheren Zeiten auch in Waldkirch und anderen Breisgauorten üblich.

Am Weihnachtstag bleibt die Familie vereint. Danach beginnen in der Stadt oder im Dorf die Vereinsweihnachtsfeiern mit Christbaumverlosung, einem Brauch, der jedoch immer mehr am Schwinden ist.

Die Tage von Weihnachten bis Dreikönig gelten als *Lostage*. Sie bestimmen nach dem Volksglauben das Wetter des kommenden Jahres.

Der *Stefanstag*, als Bündeltag der Völker, war einst in den bäuerlichen Familien von einschneidender Bedeutung. An diesem Tage wurde den Völkern, dem Gesinde, vom Bauern der Jahreslohn ausbezahlt. Wer eine andere Dienststelle antreten wollte, packte nach dem Geldempfang seine Siebensachen zusammen und zog seines Weges. Zwischen den Jahren ruhte auf den Höfen die Arbeit fast ganz.

Bräuche im Lebenslauf

Für die meisten Menschen beginnt das Leben jetzt nicht mehr im Elternhaus, sondern in einem Krankenhaus. In vielen Fällen werden die Neugeborenen auch dort getauft. Erfreulicherweise aber mehren sich wieder die Taufen in der heimatlichen Pfarrkirche. Von eigentlichen Bräuchen kann hier nur noch bei Hochzeitsfeiern die Rede sein. Von diesen sind einige eingeführt und in unserer Gegend als Brauchgut erst im Werden, so die *Polterabende* und das *Spalierstehen* nach der Trauung. Im letzteren Falle sind es Kameraden oder Kameradinnen, die sich vor der Kirche postieren. Ein urtümlicher und noch vielerorts erhaltener Brauch ist das „*Schawaris machen*" in der Hochzeitsnacht. Junge Burschen ziehen mit allerlei Lärminstrumenten vor das Haus der Neuvermählten, um ihnen durch lautes Lärmen ihre so begehrte Nachtruhe zu stören. Dem jungen Paar bleibt dann nichts anderes übrig, als die Krakeeler ins Haus einzuladen, wo die Feier in fröhlicher Runde fortgesetzt wird.

Trachten und historische Uniformen

Im gesamten Kreisgebiet wurden nach dem letzten Krieg große Anstrengungen unternommen, die bäuerliche Tracht zu bewahren und neu zu beleben. Tracht kommt von tragen. Ein hervorragendes Verdienst an diesen Bestrebungen hat die 1949 gegründete Arbeitsgemeinschaft Schwarzwälder Volksleben, als deren 1. Vorsitzender Bürgermeister MdL Reinbold von Freiamt erfolgreich tätig war und die in Landwirt Fischer in Waldkirch einen leidenschaftlichen Verfechter hatte. Nur echte, d. h. lebende Trachten fanden Aufnahme. Damals trugen ausnahmslos Frauen in Freiamt und im Elztal mit seinen Seitentälern Trachten. Die Männertracht wird seit über 100 Jahren nicht mehr getragen. Mit zunehmendem Wohlstand setzte auch auf diesem Gebiet ein ebenso zunehmender Schwund ein. Wer wollte schon als rückständig gelten und zurückstehen hinter der vermeintlich fortschrittlichen Entwicklung, die sich im Dorf und in der Stadt von Jahr zu Jahr deutlicher bemerkbar machte? Trachtennachbildungen jedoch entstanden überall da, wo die angestammte Tracht verlorengegangen war. Mehr in den Städten als auf dem Land verspürten heimatverbundene Menschen, daß ihnen mit dem Verlust der Tracht etwas abhanden gekommen war, das ehedem zu ihnen gehört hatte.
Im Zusammenhang mit den Volkstrachten und wie diese als weiterer Zeuge heimatlichen Brauchtums haben in drei Städten des Landkreises die am Anfang des 19. Jahrhunderts entstandenen und 1848 aufgelösten *Bürgermilizen* in den dreißiger Jahren unserer Zeit eine Wiederbelebung erfahren. Die Initiatoren hatten die Absicht, dem rheinischen Vorbild nachzueifern und das Bild ihrer Fasnet mit militärischem Glanz zu vergolden. In Endingen und Kenzingen fungieren sie weiter als *Fasnetssoldaten,* die in Uniformierung und Ausrüstung in etwa nach dem Vorbild des ehemaligen badischen Linienmilitärs gekleidet sind. Nur die Garde von Waldkirch hat sich schon ein Jahr nach ihrer Wiedergründung von der Narrenzunft gelöst und, unter der Bezeichnung „Historische Bür-

gerwehr Waldkirch e. V.", nach altem Vorbild auf eigene Füße gestellt. Sie sieht ihre Aufgabe darin, die Erinnerung an ein Stück bürgerlicher Eigenständigkeit wachzuhalten und bei festlichen Anlässen zu paradieren.

Für Auskünfte habe ich folgenden Herren zu danken: Bernhard Bilharz, Kenzingen; Josef Göhri, Bleichheim; Karl Kurrus, Freiburg; Richard Schneider, Freiamt; Franz Vollherbst, Endingen; Josef Weber, Elzach.

Mundart

von Karl Kurrus

Sprache ist die Fähigkeit, das mit Geist und Herz Wahrgenommene anderen mitteilen zu können. Mit diesem geistigen Werkzeug können wir alles in Worte fassen, was uns bewegt: Erkenntnisse, Ahnungen, Fragen, Besorgnisse, Besinnliches und Frohes. Dem Gesprächspartner können wir mitteilen, was unser Geist im Augenblick erkennt, was unser Gefühl empfindet, was unsere Sinne wahrnehmen und was unser Gedächtnis von früher aufgespeichert hat.

Mundart nun ist lebendige Eigensprache einer bestimmten Gruppe von Menschen. Da zum Sprechen oder Schreiben „Geistes-Gegenwart" gehört, wird begreifbar, daß es auf das Umsetzen des Gedachten in das Wort ankommt, mit anderen Worten: sprich frisch heraus, was du denkst:

> Wenn einer sait, was en so frait,
> nit nabi schluckt, was en so druckt,
> un nit vrbliamlet, was er denkt,
> dno het er klare Wi igschenkt!

Die Menschen zwischen Rhein und Schwarzwald denken alemannisch, also in der alten Sprache dieses Volksstammes, die keine nationalen Grenzen kennt. Sie ist eine unkomplizierte, herzhafte und aufrichtige Volkssprache, nicht nur in den Worten, sondern auch im Satzbau und in der Sprach-Melodie. Das Alemannische in seinem ganzen Sprachgebiet, das etwa sieben Millionen Menschen in vier Nachbarstaaten sprechen, gleicht einer bunten Wiese, und mit aus diesem Grund kann es für das Alemannische keine einheitliche Schreibweise geben.

Betrachten wir kurz, wie die Mundart auf dem Weg ins Leben hilft. Der Begriff „Muttersprache" ist ganz zutreffend. Von der Mutter hört das Kind die ersten Laute, allmählich einzelne Worte, und später, auf all die vielen Fragen, Ant-Wort. Diese Muttersprache geht in Ohr, Verstand und Gemüt.

Was für die Mutter gilt, das gilt im Verhältnis zum Kind auch für die ganze Familie, im gewissen Ausmaß für alle Menschen seiner näheren Umgebung. Und, trotz allen abstrakten modernen Äußerungen zum Begriff Heimat, bleibt die Mundart ein lebendiges

Stück Heimat für jeden, der sein Gefühl nicht mit eiskaltem Verstand vertreiben will,
sondern Geist *und* Herz zu Wort kommen läßt.

Mit der Mundart ins Leben hineinzugehen, wird für die jungen Menschen problematisch mit dem Weg in die Schule. Zur Frage ,,Mundart – Sprachbarriere oder Bereiche-
rung" soll ein Fachmann, Professor Karl Otto Frank von der Pädagogischen Hochschule
in Freiburg, zu Wort kommen. Seine Meinung sei hier stichwortartig wiedergegeben:

– Mundart ist gesprochene Regionalsprache.
– Der Vertrautheitsgrad der Gesprächsteilnehmer ist wichtig.
– Mundart ist nur dort Sprachbarriere, wo eingeschränkte Verständigungsmöglichkeit
  ist.
– Sie befähigt aber zu allen inhaltlichen und zur Verständigung notwendigen sprach-
  lichen Vollzügen bei begrenzter Reichweite.
– Die Mundart ist unser Instrument der Partnerschaft, der geistigen Auseinandersetzung mit der Mit- und Umwelt. Wir müssen den Kindern bewußt machen, daß ihre
  Muttersprache ihnen zu echtem Selbstbewußtsein helfen kann. Mundart ist, entgegen manchem Vorurteil, nicht das Ausdrucksmittel einer sozial minderen Volks-
  schicht. Selbst die hohen Persönlichkeiten und Gelehrten früherer Jahrhunderte bedienten sich der einfachen, ihrem Lebensraum entsprechenden Muttersprache.

Mundart im Kreis Emmendingen

Die Heimat der Menschen im Landkreis Emmendingen zieht sich vom feurigen *Kaiserstuhl* und der fruchtbaren *Rheinebene* bis hinein in die *Schwarzwaldvorberge*. Die verschiedenartige Landschaft und das Leben und Schaffen in der jeweiligen Umwelt bringen
vielerlei Einflüsse, auch auf die Sprache. In Jahrhunderten hat sich für die einzelnen
Standorte ein Wortschatz entwickelt, der in verschiedener Art, Lautung und Charakter,
natürlich und unverfälscht nur ,,gehört" werden kann. Die Normalschrift vermag die
feinen Unterschiede und Schattierungen nicht lautecht wiederzugeben. Wir erinnern
uns: Mundart ist *gesprochene* Regionalsprache!

Als Beispiel bringen wir die in Teilgebieten des Kreises verschiedene Lautung für wenige
Worte, für *Haus*, für *Auge* und für *die Treppe hinauf gehen.*

Mit Ausnahme aller Orte des Elz- und Simonswäldertales, wo das Haus eben *Hus* heißt,
ist *Hüs* das gültige Wort. Bei dem Mundartwort für Auge ist die Lautgrenze viel varia-
bler. Nicht nur die Wälder und die ,,us em Tal", auch schon die Emmendinger und Win-
denreuter sagen *Aug.* Dazu haben noch die Leute von Wyhl eine besondere Vorliebe für
,,au" (Scherz-Verse: Uf dr Wyhler Aue, hän si einer ghaue, kumm mr wän e bschaue).
Und das, obwohl rings um Wyhl, wie überhaupt am Kaiserstuhl und in der Rheinebene,

bis hinüber nach Freiamt *Aüg* oder *Oig* gesagt wird. Den Teil-Satz „die Treppe hinauf gehen" hören wir auf drei Arten, wobei der Hauptunterschied beim Wörtlein *goh, guh* oder *geh* zu finden ist. Die Treppe heißt Stege (Schdägä) oder kurz d Steg'. Das *d Stege nuf (nufi) goh* ist am meisten üblich; die Orte der Schwarzwaldtäler sagen *nuf guh*. Jechtingen sagt, wie die Nachbarn von Burkheim und Oberrotweil sowie elsäßische Orte *nuf geh*.

Interessant sind die Namen für einzelne Früchte und Pflanzen unserer Gegend. Zu den Johannisbeeren sagt man teils *Hannis-* oder *Hansetribili*, am meisten aber *Sunnetribili*. Für den Feld- oder Ackersalat hat man allerorts den Namen *Sunnewirbili*. Nur noch selten nennt man die Butter *Anke* oder *Onke*, und so manches Wort ist in den letzten 50 Jahren abgestorben, so z. B. *Egleisli* (Eidechslein), *Grüselbeer/Brummbeerfäßli* (Stachelbeer), *Nischder* (Rosenkranz), *Rämpfete* (Brotrinde). Die Begrüßungsworte zu den verschiedenen Tageszeiten heißten oft einfach und karg nur „*Morge!*", „*Tag!*", „*Nobe!*" (für Guten Morgen, Guten Tag, Guten Abend), und zum Abschied heißt es „*Adjee*" oder „*a'le adjee!*" Dies und einige andere Worte, wie „*Trotwa*", erhalten unverkennbar die Erinnerung an französischen Einfluß.

Nachdem wir dem Wesen und dem Wert der Mundart nachgegangen sind und einige Verschiedenheiten dabei betrachtet haben, sollen uns zu guter Letzt *Auszüge aus Mundartgedichten* älterer und jüngerer Zeit die Eigen-Arten dieser Sprache vorstellen. Vorweg sei noch bemerkt, daß es viele herzlich-frohe Scherzerzählungen, Rätselverse und Kinderlieder in alemannischer Sprache gibt, die im ganzen alemannischen Sprachraum verbreitet sind; sie sind weniger ortsgebunden. Örtlich genauer zu lokalisieren ist die Mundartdichtung, wie sie in vielen Veröffentlichungen unserer Heimatdichter vorliegt. So lesen wir von *Herbert Burkhardt, Emmendingen,* in „D alt Märktscheese vrzellt":

> Mi Hochditsch isch ganz virnämm sunscht,
> bin froh, aßi zwei Schbroche schwätz.
> Nur in eim Punkt vrloßt mi d Kunscht,
> do wird mi Hochditsch z hinderelätz.
>
> Wenns brenzlig wird, i sags Eich jetz
> – s isch Müssig fir mi Ohr –
> vor jede Satz ich „aajoo" setz,
> als Warnung vor de Gfohr.
>
> Am „aajoo" kennsch de Emmedinger,
> s khert zu de Schbroch in Fraid un Leid,
> „aajoo" sagi un mach e Finger!
> – aajoo, jetz hanis schu widdr gsait!

In der ,,Volkskunde von *Siegelau*'' von 1897 lesen wir vom *Heibermännli* (Heidel-
beermännlein), das auch andernorts besungen wird.

> S Heibermännli isch zu mär kummä,
> s hed mär d Heiberä alli gnummä,
> s Häfili voll, s Blättli leer;
> wenn i nur dä heimä wär,
> dass is kennt där Muädär sage,
> dass si dät däm Heibermännli dä Buckäl voll schlagä.

Der in *Elzach* geborene *Hugo von der Elz* (Hugo Wingler 1869–1924) hat seine Heimat
so besungen:

> Im Schwarzwald isch mi Heimet,
> gebore bini dert,
> wo me vom Prechtal vüri
> de Elzbach rusche hört.

> Um d'Elz rum liege Matte,
> links, rechts siehsch nint as Wald,
> dehinter Berg, e jede
> en ächti Risegstalt.

Daß unsere heimische Mundart eine Sprache des Herzens ist, empfinden wir sicher bei
den Versen der Frau Pfarrer aus *Prechtal*. Sie hat die Farbenpracht der Landschaft treff-
lich geschildert, und in kranken Tagen zugleich ihr Gottvertrauen bekundet. So hat
Anne Hofheinz-Gysin (1881–1928) ihr ,,Plätzli'' auf der Gartenterrasse vorgestellt:

> Wia d'Sunne-n-uff un niedergoht,
> wia d'Wolke genn im Blau,
> un Gwitternaacht un Owerot,
> un Grüen un Gold un Grau!

> Gwieß, wenn's en Moler mole sott,
> si'r Lebtig, was i sieh,
> er bruchte, wenn er's meischtre wott,
> no Fliß johrus johri.

> Doch ebbis han i no nit huß!
> – Vrschrick nit, 's wär kei Grund –
> Mi Lagerschtatt blibt z'naacht au duß,
> drum wirr i, will's Gott, gsund!

Es läßt sich auf alemannisch aber nicht nur ein manierlich-braver Text schreiben. Manch garstig Lied hat es zu allen Zeiten gegeben, und Protestlieder in Mundart gibt es auch heute. Der aus *Jechtingen* stammende *Roland Burkhart*, genannt Buki, hat gegen die Kernkraftwerke Fessenheim und Wyhl ein Lied geschrieben. Davon eine Probe (Aus „Nachrichten aus dem Alemannischen" Olms Presse Hildesheim – 1979):

> Des Friburger ‚WYHL-Urteil' isch a Sensation.
> Da Richter isch dr Größte doch im Land.
> Er dänkt: Ich hab mi Teil jetz gmacht
> un lähnt weng gmeätli zruck.
> Do geht dr Saal-Lütsprecher a un gitt:
> STRAHLEN-ALARM! (Unfall im Atomwerk FESSENHEIM)

Die Mundart ist unser Instrument zur Verständlichmachung in allen Bereichen des Lebens, seien sie ernst oder froh.

Ein anderer Kaiserstühler führt uns zum Genuß dessen, was seine sonnenverwöhnte Heimat an Kostbarkeiten zu bieten hat.

Otto Meyer aus *Endingen,* mit fünfundvierzig Jahren mitten im Leben, läßt uns noch auf manche Dichtergabe hoffen. Uns wünscht er mit herzhaften Worten „e Guate!" – Guten Appetit.

> E Hampfele frischi Nuß,
> e Wiache Bürebrot,
> des isch e bsundre Gnuß –
> un noch e guate Rot:
>
> Im Keller brüst dr Nei,
> der ghert do aü drzua –
> un hesch jetz alli drei,
> bikunnsch bal nimmi gnua!
>
> Mr hän bigott di richtig Zit,
> len's Eich nit zweimol sage –
> „e Guate" winsch i alle Lit . . .
> halt dene, wu's vrtrage!

Wir hatten uns vorgenommen, über die Volkssprache unserer Heimat zu berichten und damit, so hoffen wir, auch beizutragen zu deren Pflege und Erhalt. Es sollte damit auch Mut gemacht werden, die Gedanken, wie sie sich in Wahrheit mit Verstand und Gemüt bilden, in der Muttersprache weiterzugeben. Mindestens daheim ist diese Art zu schwätzen noch lebendig. Und was in den Familien gut ist, sollte in der Öffentlichkeit, in

Schulen und auf Ämtern nicht ohne Grund verdrängt werden. Das ist kein Front-Machen gegen die Hochsprache, wo sie nötig ist. Aber wir brauchen uns der Sprache unserer Vorfahren nicht zu schämen. Sie hilft uns wahrhaftig, bei besinnlichen, bei kritischen und bei heiteren Themen den Wahlspruch zu verwirklichen:

Nit allem sich neige! S Eige zeige!

Historische Persönlichkeiten

von Hermann Rambach

Balthasar Merklin von Waldkirch (1479–1531)

Balthasar, der im Jahre 1479 in Waldkirch zur Welt kam, hatte früh seine Eltern verloren. Verwandte schickten den Jungen in die Humanistenschule nach Schlettstadt. Später studierte er in Paris und Bologna. Seine Begabung verhalf ihm bald zu einem Lehrstuhl an der Universität Trier. Von 1502 bis 1504 war Merklin deren Rektor und gleichzeitig Dekan am St.-Simeons-Stift. Von dort ging er 1506 nach Konstanz, erhielt am Domstift ein Kanonikat und wurde, als geschickter Jurist, vom Bischof 1507 beim Reichstag zu Konstanz zu seinem Vertreter bestellt. Für den nicht gerade mit irdischen Glücksgütern gesegneten jungen Mann war die Begegnung mit Kaiser Maximilian I. von schicksalhafter Bedeutung. Sie brachte die entscheidende Wende in seinem Leben, als ihn der Kaiser zu seinem Orator, eigentlich Redner, ernannte. Auf kaiserliche Empfehlung erhielt Merklin in seiner Heimatstadt 1508 die Propststelle am dortigen Chorherrenstift. Der Protest des Landadels, gegen den Vorsitz eines Bürgerlichen in diesem bisher nur von Herren aus dem Adel regierten Stift fruchtete wenig.

Merklin scheint ein ungewöhnliches Geschick im Verhandeln und Schlichten gehabt zu haben und war für die diplomatische Laufbahn geradezu prädestiniert. Das hatte auch Karl V. rasch erkannt, als er seinem Großvater als deutscher König folgte. Mehr als zuvor war Merklin künftig an den Hof gebunden. Eine der ersten Aufgaben für ihn war, die Wahl Karls zum deutschen König voranzutreiben. Er war auch bei der Königskrönung in Aachen zugegen. Als Dank, und damit er unter den kaiserlichen Gefolgsleuten den ihm zustehenden Rang einnehmen konnte, erhob ihn Karl in den Adelsstand mit dem Prädikat „von Waltkirch". Er wurde 1526 Reichsvizekanzler und Bischof von Malta. Zur Beilegung der Hildesheimer Stiftsfehde empfahl Karl ihn dem dortigen Domkapitel zur Nachfolge des geflüchteten Bischofs. Der schwierigste Auftrag war 1528 die Entsendung nach Deutschland, wo er Fürsten und Reichsstädte, die sich von Kaiser und Reich trennen wollten oder die Trennung bereits vollzogen hatten, zur Umkehr bewegen sollte. Angesichts der in Deutschland herrschenden politischen Verhältnisse konnte ihm das aber in den meisten Fällen nicht gelingen. Den glanzvollsten Höhepunkt seines Lebens erlebte der Vizekanzler im Jahre 1529, als er an der Stelle des Kaisers, zusammen mit Erzherzog Ferdinand, des Kaisers jüngerem Bruder, dem Reichstag zu Speyer präsidierte. Auf dem Reichstag zu Augsburg wurde Balthasar am 3. Juli 1530 von Kardinal Albrecht von Brandenburg zum Bischof von Konstanz und Bistumsverweser von Hildesheim geweiht. Merklin war auch zugegen, als des Kaisers Bruder Ferdinand am 5. Januar 1531 in Köln gewählt und am 11. Januar in Aachen zum Deutschen König gekrönt wurde. Damit war seine letzte diplomatische Mission erfüllt, denn auf einer Reise nach den Niederlanden ereilte ihn ein Schlaganfall. Im Mittelschiff der zur Stiftskirche umgebauten ,,Porta Nigra'' in Trier fand er seine letzte Ruhe. In einer Fensternische ist seine Grabtafel der Nachwelt erhalten geblieben.

Johannes Huser (um 1545 – um 1600)

Von Johannes Huser hören wir erstmals, als er sich 1561 in die Matrikel der Universität Freiburg eintragen ließ. Er absolvierte sein Studium, wurde Arzt und stand mit dem Basler Paracelsuskreis, der trotz Verbot und Verfolgung die revolutionierende Lehre des Meisters verbreitete, in enger Verbindung. Nachdem das führende Haupt des Kreises, Adam von Bodenstein, 1564 aus der Fakultät ausgeschlossen wurde, hielt es auch Huser für angebracht, seiner Heimat den Rücken zu kehren und dorthin zu gehen, wo die Lehre des Paracelsus sich ungehindert entfalten konnte: nach Schlesien.
Von einem seiner Kollegen, dem Humanisten und Arzt Toxites, der wie Huser einst Schüler von Bodenstein war, erfahren wir 1574, daß Huser im Kreis der Paracelsisten mitarbeitete. Toxites gab 1576 eine Paracelsusschrift in Druck. Im Vorwort schrieb er, er habe von seinem Freund ,,Johannes Huser von Waldtkirch, so zu Glogaw in der Schlesi Medicinam exerciert, dieweil er daselbst bey Herrn Johanne Montano bessere exemplar und gelegenheit hat, dies Buch Corrigieren, und in integrum resttituieren lassen . . .''.
Er hatte nicht allein einen guten Ruf unter seinen Freunden, sondern schon begonnen, sich nachhaltig seiner Lebensaufgabe zuzuwenden. Da Paracelsus zu Lebzeiten erhebliche Schwierigkeiten hatte, seine Schriften zu veröffentlichen, hinterließ er eine Menge ungedruckter Manuskripte, die vierzig Jahre nach seinem Tode bereits in ganz Deutschland verstreut waren. Paracelsus hatte auf seinen Wanderschaften jedem seiner Freunde und Gönner davon abgegeben. Huser stellte sich nun die nicht leichte Aufgabe, alles zu sammeln, was sein großer Meister geschrieben hatte und es in einem mehrbändigen Werk herauszugeben.
In den Jahren 1589 und 1590 erschien das große Werk in zehn Bänden. Daß es bei einem Basler Verleger herauskam, deutet auf einen Wandel in der von der dortigen medizinischen Fakultät vertretenen Einstellung hin. Huser hatte auch noch die Absicht, die chir-

urgischen Schriften des Paracelsus in vier Bänden herauszugeben, von denen er aber nur noch das Erscheinen eines Bandes erlebte. Die Bände erschienen dann, nach Husers Tod, 1605 bei Lazarus Zetzner in Straßburg, wo bereits 1603 von Husers Erben eine Neuauflage der Basler Ausgabe herausgegeben worden war.

Huser gebührt das Verdienst, die Schriften des Paracelsus vor dem Untergang gerettet und das sprachschöpferische Werk unverfälscht bewahrt zu haben. Alemanne wie Paracelsus, verstand er dessen Sprache und besaß wie kein anderer das Geschick, sie so wiederzugeben, wie sie der große Meister einst geschrieben hatte. Wie wenige andere Werke zeigt es, daß gerade im alemannischen Raum des 16. Jahrhunderts ernsthaft an der Neugestaltung der deutschen Sprache gearbeitet wurde.

Franz Anton von Plank (1734–1806)

Als Sohn des gleichnamigen Amtmanns der Herrschaften Kastel- und Schwarzenberg und Schultheißen der Stadt Waldkirch wurde Franz Anton Plank am 8. Januar 1734 in der Stiftskirche seiner Heimatstadt getauft. Da er früh seine Eltern verlor, übernahm der Mann seiner Stiefschwester, Professor Dr. Philipp Strobel, die Vormundschaft über die Plankschen Waisen.

Franz Anton Plank, bei den Jesuiten in Molsheim (Elsaß) erzogen, wurde 1751 als Medizinstudent an der Universität Freiburg immatrikuliert. Sein unstetes und teilweise respektloses Verhalten führte jedoch zum Ausstoß aus der Universität, und auch die Offiziersstelle, die er sich für teures Geld gekauft hatte, hielt ihn nicht allzulange. Ein bei der Kaiserin Maria Theresia angesehener Gönner empfahl ihn bei Hof, wo es ihm gelang, sich 1765 wegen der Verleihung einer Ratsstelle selbst der Kaiserin vorzustellen. Seine Bitten, ihn in den Ritterstand und den böhmischen Landadel aufzunehmen, gewährte die Landesmutter beide. Ihm wurde die Regelung urbarer Angelegenheiten übertragen. Wenn er gegenüber seinen juristisch gebildeten Ratskollegen jedoch als jüngster einen schweren Stand hatte, besonders auch wegen seiner auf naturrechtlichen Vorstellungen fußenden Anschauungen, half ihm doch die Gunst der Kaiserin, sich gegen Hofintrigen und Anfeindungen seiner Kollegen zu behaupten. Eine Äußerung Maria Theresias, die sie 1770 abgab, verstand er als Auftrag und machte sie in der Folgezeit zum Programm: ,,Der Bauernstand'', sagte die Kaiserin, ,,der die zahlreichste Klasse des Staates ausmacht, soll in aufrechtem und in solchem Stand erhalten werden, daß derselbe sich und seine Familie ernähren und daneben in Friedens- und Kriegszeiten die allgemeinen Landesumlagen bestreiten könne. Die Rechte der Grundherrschaften müssen gegenüber dieser Rücksicht weichen.'' Plank stieß aber bei der Beseitigung der leibeigenschaftlichen Agrarverfassung auf offenen und versteckten Widerstand der betroffenen Grundherren.

Seine unermüdliche Arbeitskraft, seine geistige Beweglichkeit und Darstellungsgabe, aber auch seine außerordentliche Rücksichtslosigkeit gaben ihm bald ein solches Übergewicht über seine Mitkommissare, daß er diesen immer mehr Zugeständnisse an seinen Standpunkt abnötigte und sie auch in Wien durchsetzte. Das 1768 erlassene Patent war ein persönlicher Alleinsieg für Plank. Sein „Hauptrobotpatent" (zur Regelung der Frondienste), das am 6. Juli 1771 erlassen wurde, hatte bis 1848 unverändert Gültigkeit. 1772 als Hofrat nach Wien zurückberufen, verfocht er auch dort mit unvermindertem Eifer seine liberalen Ideen. Da er sich in unvorsichtiger Weise über den kaiserlichen Mitregenten Joseph äußerte, fiel er 1776 in Ungnade, wobei die Spannungen zwischen Mutter und Sohn keine unwesentliche Rolle spielten. Plank wurde, nun 43 Jahre alt, nach Vorderösterreich versetzt. Er wurde Landvogt der Herrschaft Ober- und Niederhohenberg. Aber auch dorthin verfolgte ihn der Haß des nach dem Ableben der Kaiserin zur alleinigen Regierung gelangten Joseph II. Nach dessen Tod wurde Plank als Stadthauptmann nach Konstanz beordert. Seine Arbeitskraft und seine Einsatzbereitschaft waren trotz aller Widerwärtigkeiten ungebrochen. Wie er beim Präsidium der vorderösterreichischen Regierung in Freiburg sich mit großer Entschiedenheit für die ihm gestellten Aufgaben einsetzte, tat er es auch in Konstanz. Aber als Stadthauptmann saß er endgültig auf dem toten Gleis.

Franz Anton von Plank, ein entschiedener Vorkämpfer für die Befreiung der Bauern vom Joch der Leibeigenschaft, hauptsächlich in Böhmen und Schlesien, starb am 8. April 1806 in Konstanz.

Carl Friedrich Meerwein (1737–1810)

Carl Friedrich Meerwein war am 2. August 1737 als Sohn des Pfarrers in Leiselheim zur Welt gekommen. Er entschied sich für das Baufach. Nach kurzer Lehrzeit in Karlsruhe ging der junge Meerwein nach Straßburg, um dort zunächst die französische Sprache zu lernen, nebenbei hörte er aber auch Vorlesungen in einem „colegii physicum und mathematicum". Nach bestandener Prüfung in der „Civilbaukunst" wurde er „Cammer-Accessist" und erhielt 1779 die Baumeisterstelle für das gesamte Bauwesen des fürstlich badischen Oberlandes.

Neben seinem Beruf beschäftigte ihn lebhaft der Wunsch, die Kunst des menschlichen Fliegens zu erlernen. Dafür machte er zunächst umfangreiche Studien, die er im 2. Jahrgang der „Oberrheinischen Mannigfaltigkeiten" niederschrieb, die 1782 in Basel im Druck erschienen. Zur gleichen Zeit war der Versuch seines französischen Kollegen Blanchard gescheitert und hatte überall Kritik und Spott hervorgerufen. Doch ließ Meerwein sich nicht beirren. Als seine Schrift 1784 bei J. J. Thurneysen in Basel im

Druck erschien, hatte der Autor ihr noch zwei sauber gestochene Kupferstiche hinzugefügt. Bestärkt in seinen fliegerischen Ambitionen wurde er im gleichen Jahr von der
Nachricht, daß es einem Prämonstratenserpater im Kloster Schussenried gelungen war,
mit einem selbstkonstruierten Flugapparat zwei Stunden lang bis zu einer zum Kloster
gehörenden Pfarrei zu fliegen. Daraufhin wagte er selbst den praktischen Versuch, der
ihm auch gelang.
Noch steckte das Flugwesen in den Kinderschuhen. Erst 1809 fand der Engländer Cayley
den Schlüssel. Aber auch er kam in seinen Versuchen nicht viel weiter als Meerwein
lange vor ihm. Erst sehr viel später, gegen Ende des 18. Jahrhunderts, konnten die deutschen Brüder Lilienthal und die amerikanischen Brüder Wright überzeugend beweisen,
daß der ,,Menschenflug'' mit selbstgebauten Flugapparaten möglich ist. Carl Friedrich
Meerwein aber gehört mit in die Reihe der Männer der ersten Stunde, die in harter Arbeit die Voraussetzungen zu den späteren Erfolgen geschaffen haben. Nur schade, daß
sein Flugzeug wegen Platzmangels um die Mitte des 19. Jahrhunderts vernichtet wurde.
Der Landbaumeister und Flugzeugkonstrukteur Carl Friedrich Meerwein starb in Emmendingen am 6. Dezember 1810.

Bernhard Galura (1764–1856)

Im Gasthaus ,,Salmen'' kam Bernhard Galura in der damals vorderösterreichischen
Landgemeinde Herbolzheim am 21. August des Jahres 1764 als Sohn des Wirtes Martin
Katzenschwanz zur Welt.
Er verbrachte seine Gymnasialzeit bei den Benediktinern in Villingen und begann als
Vierzehnjähriger zu studieren: in Freiburg, im Minoritenkloster Breisach, wieder in
Freiburg, dann in Wien, wo er 1788 die Priesterweihe erhielt. 1786 änderte er seinen
Namen, indem er ihn ins Griechische übersetzte: gale = Katze, oura = Schwanz. Daraus
wurde der Name Galura, den auch seine Familie in Zukunft führte. 1788 wurde er an das
Generalseminar in Freiburg berufen, an dem er bis zu dessen Aufhebung 1790 als Stu-
dienpräfekt wirkte. Danach ging er für kurze Zeit als Pfarrer nach Altoberndorf. Auf
Einladung der Universität kehrte er nach wenigen Monaten wieder nach Freiburg zurück, um als Münsterpfarrer bis 1805 äußerst segensreich zu wirken. 1797 wurde er Ti-
tulardomherr von Linz und Geistlicher Rat in Klagenfurt. Als am 14. Januar 1798 Kaiser
Franz I. die Sturmfahne der Freiburger Bürgermiliz mit der goldenen militärischen Tap-
ferkeitsmedaille schmücken ließ, hielt der Stadtpfarrer im Münster eine Predigt zu Ehren der freiwilligen Kämpfer gegen den französischen Feind und gedachte aller österreichischen Untertanen, die bei diesen Kriegshandlungen den Tod gefunden hatten. Diese
Predigt, die später auch im Druck erschien, ist eine geschichtlich wertvolle Darstellung

der Vorgänge. 1805 erging an ihn der Ruf, die Schulaufsicht über den Breisgau und die Ortenau zu übernehmen. Gleichzeitig war er k. k. Regierungsrat in Günzburg. Aber schon 1807 trat Galura seinen Dienst bei der Badischen Regierung in Freiburg an und war von 1810 bis 1815 Stadtpfarrer von St. Martin in Freiburg.

Noch war im Leben des vielseitig begabten und mit Energie geladenen Mannes keine Ruhe und bleibende Stätte zu finden. Nach weiteren fünf Jahren Seelsorge berief ihn der österreichische Kaiser Franz als Gubernialrat und Referent für geistliche Angelegenheiten nach Innsbruck. Von der Tiroler Landeshauptstadt führte der Weg im Jahr 1819 nach Feldkirch. Galura wurde Generalvikar des Bistums Brixen für Vorarlberg. Im Jahr darauf folgte die Bischofsweihe, und 1828 bestieg er den Stuhl des Fürstbischofs von Brixen. 28 Jahre lebte er mit und unter den Tirolern, denen er ein guter Oberhirte war und die ihm nur eines übelnahmen, die Sprache. Bernhard Galura war als Alemanne zur Welt gekommen, mit deren Sprache aufgewachsen und hatte sich wohl auch nie ernsthaft bemüht, sie zu verleugnen. Viel Aufmerksamkeit widmete der Bischof der Ausbildung tüchtiger Seelsorger. Aber auch die Verbindung mit der Heimat hörte nie auf. Als der badische Kirchenstreit ausgebrochen und der greise Freiburger Erzbischof gegen das eingefleischte Staatskirchentum einen harten Kampf zu führen hatte, suchte ihm Galura beizustehen.

Am 17. Mai 1856 starb Bernhard Galura im 92. Lebensjahr und wurde im Dom zu Brixen beigesetzt. Unter seinen zahlreichen Veröffentlichungen war eine 1822 unter dem Titel erschienen: ,,Lehrbuch der christlichen Wohlerzogenheit''. Sie wurde in fremde Sprachen übersetzt und erlebte elf Auflagen.

Mathias Föhrenbach (1767–1841)

Am 22. April 1767 kam Mathias Föhrenbach als Sohn des Bauern und Vogtes Mathias Fehrenbach in Siegelau zur Welt. Da er als jüngster männlicher Nachkomme nicht Hoferbe werden konnte, beschlossen die Eltern, er sollte ein Geistlicher werden. Doch studierte er 1788 bis 1792 aus eigenem Willen in Freiburg Rechtswissenschaft. Nach seinem Staatsexamen erhielt er 1793 von der vorderösterreichischen Regierungskammer und Oberappellationsstelle in Konstanz das sog. Wahlfähigkeitsdekret, das ihm die Möglichkeit gab, landesfürstliche und landständische Dienste zu erlangen und sich um landesfürstliche städtische und andere mit Zivil- und Kriminalrichteramt verbundene Ämter zu bewerben. Noch 1793 kam er an das k. k. Waldvogteiamt der Grafschaft Hauenstein und Herrschaft Laufenburg in Waldshut, um im politischen und Justizfach zu praktizieren. 1794 nahm ihn die Stadt Waldshut als ihren Syndikus an. Als einziger städtischer Beamter zog er im Jahre 1796 mit der Stadtfahne und der Bürgermiliz in den Breisgau

und auch 1800 auf die Schanze bei Albbruck, um die eingedrungenen Franzosen abzuwehren. Während der feindlichen Einquartierungen sorgte Föhrenbach für Ordnung der
städtischen Finanzen und gerechte Verteilung der Requisitionslasten. Zum Dank verlieh
ihm der Stadtrat das Bürgerrecht. Bei der Annexion der Doppelstadt Laufenburg durch
die Schweiz gelang es ihm, die Kleinseite der Stadt auszuklammern und Kleinlaufenburg
als selbständige Gemeinde Deutschland zu erhalten. Im September 1803 wurde er zum
Breisgau-Ortenauischen Landsrechtsrat ernannt und noch im gleichen Jahr zum Syndikus des dritten Standes der Breisgauischen Stände und zu dessen Bevollmächtigtem bei
dem sog. Konzeß der Stände gewählt.

1806 fiel der Breisgau an das Großherzogtum Baden, und die alten Landstände wurden
aufgehoben. Doch die neuen Herren erkannten rasch die hohen Qualitäten dieses Mannes und seine staatsmännischen Fähigkeiten. Schon 1807 erfolgte seine Ernennung zum
Hofrat und Oberamtmann in Waldshut, dem damals größten Bezirk des Landes, dem er
bis 1819 vorstand. Seine Ernennung zum Oberhofgerichtsrat brachte ihn nach Mannheim, und als Abgeordneter des Ämterwahlbezirks Säckingen-Laufenburg zog er in den
neugegründeten Landtag ein. Seine rege Anteilnahme an den damaligen landständischen Verhandlungen beweisen fünf von ihm begründete Parlamentsvorlagen, namentlich jene zur Verbesserung der Prozeßordnung und des Amtsrevisoratswesens. Sein Vo-
tum in der Frage der Zehntablösung, endlich sein Entwurf der Gemeindeordnung fanden
allseitige Beachtung. In der kommenden Wahlperiode (1822) erneut in den Landtag gewählt, wurde er dessen Präsident. Nach seiner Wiederwahl war Föhrenbach im Landtag
1824/25 einer der drei, die allein dem Ministerium Berstett-Berckheim entgegentraten
und gegen eine Änderung der Verfassung stimmten. 1831 und 1833 wurde er jeweils,
auch als Präsident, wiedergewählt, obwohl er oft auf jede weitere parlamentarische Tätigkeit verzichten wollte. Doch mit dem Schluß des letzten Landtages sah sich Föhrenbach endgültig veranlaßt, nicht zuletzt auch des zunehmenden Alters wegen, jede politische Tätigkeit aufzugeben. 1835 legte er alle Ämter nieder und ging in den Ruhestand.
Die Stadt Mannheim ernannte ihn zu ihrem Ehrenbürger. In Freiburg, das er als seinen
Alterssitz gewählt hatte, starb der hervorragende badische Staatsmann am 21. Oktober
1841 und fand auf dem Alten Friedhof seine Ruhestätte.

Ludwig Winter (1778–1838)

Als ältester Sohn des evangelischen Pfarrers Johann Georg Winter und seiner Ehefrau
Anna Maria Muser wurde Ludwig Georg Winter am 18. Januar 1778 in Oberprechtal geboren. Wenn er auch früh seinen Vater verlor, konnte die Mutter ihn durch die Unterstützung des Großvaters väterlicherseits und der Familie des Geheimrats Emanuel

Meier, doch eine gute Ausbildung geben: Sie schickte den Jungen 1792 in das Lyzeum nach Karlsruhe und danach von 1796 bis 1799 nach Göttingen zum Jurastudium.

Nach dem Staatsexamen war Winter zwei Jahre als Advokat in Karlsruhe tätig. Ein Jahr volontierte er danach beim evangelischen Konsistorium. Als Geheimer Sekretär trat er in den Dienst der Innenverwaltung, war 1805 gleichzeitig Assessor beim evangelischen Kirchenrat und wurde 1807 in der Eigenschaft eines Regierungsrats Mitglied beim Oberkirchenrat. In Durlach wurde Winter Kreisrat und im Jahr darauf Oberamtmann. Dann kam er 1813 als Erster Beamter zum Stadtamt in Karlsruhe, wurde dann 1814 zum Stadtdirektor in Heidelberg ernannt und schließlich 1815 Ministerialrat im Ministerium des Innern. 1817 wurde er in die Kommission zur Beratung der Verfassung berufen, und die Ernennung zum Geheimen Referentär blieb nicht aus.

Dem am 21. April 1819 erstmals zusammengetretenen badischen Landtag gehörte Ludwig Georg Winter sowohl als Regierungskommissar, als auch in seiner Eigenschaft als Abgeordneter des Wahlkreises Durlach an. Für die Vereinfachung der Landesorganisation engagierte er sich stark, wegen seiner oppositionellen Haltung jedoch, vorwiegend in Fragen des Adels, wurde er in den Landtag von 1820 nicht mehr als Regierungsvertreter berufen. Kurze Zeit, von 1820 bis 1821 ging er dann als Direktor der Kreisregierung nach Freiburg. Die Zweite Kammer des Landtages wählte ihn aber währenddessen zum zweiten Vizepräsidenten. Im neuen Landtag von 1822 amtierte Winter wieder als Regierungskommissär und wurde als Volksvertreter von neuem zum Vizepräsidenten der Zweiten Kammer gewählt, bis er noch im gleichen Jahr Staatsrat und Mitglied des Staatsministeriums wurde und sein Ehrenamt niederlegte.

Die literarische und rednerische Tätigkeit Winters umfaßt außerordentlich viele Gebiete: Militärverhältnisse, Fragen des Handels und der Gewerbe, das Steuerwesen, Schul- und Eisenbahnfragen und nicht zuletzt die Verteidigung des Grundgebiets Badens gegenüber der Krone Bayerns.

Als Leopold, der Stiefbruder des regierenden Großherzogs, 1830 an die Regierung kam, behielt Winter dessen Vermögensverwaltung bei, wurde aber 1831 zum Chef des Ministeriums des Innern ernannt und schließlich 1833 zum wirklichen Staatsminister. Winter konnte sich zwar nicht in allen seinen Vorstellungen durchsetzen, doch war es seiner vermittelnden Tätigkeit gelungen, in den Landtagen von 1832 bis 1838 die wichtigsten politischen Entscheidungen mit Mehrheit zu verabschieden. Die Ablösung des Zehnten, der Beitritt zum Deutschen Zollverein, auch das wichtige Gesetz über die Errichtung der Eisenbahn von Mannheim bis Basel fanden durch ihn ihre rechtliche Formulierung. Nachdem Winter am 26. März 1838 noch der Abschlußsitzung des Landtages beigewohnt hatte, schied er am anderen Tage unerwartet durch einen Schlaganfall aus dem Leben.

Franz Xaver Fernbach (1793–1851)

Franz Xaver Fehrenbach wurde am 14. Oktober 1793 als Sohn eines Tuchhändlers und Ortskrämers in Waldkirch geboren. Zunächst arbeitete er als Uhrenschildmaler in Furtwangen, ging aber, da ihn diese Tätigkeit nicht erfüllte, 1816 nach München an die königliche Akademie. Neben dem Studium mußte er mehrere Jahre lang sein Brot als Handwerker verdienen. Seine künstlerische Neigung galt der Mosaik-Malerei, die ein begüterter Münchener Bürger unterstützte. Die ersten beiden Mosaik-Tischplatten erregten allgemeines Aufsehen und brachten Fehrenbach auch die Gunst des bayerischen Königs Maximilian I. ein. Dieser kaufte die beiden ausgestellten Tischplatten und bestellte bei Fernbach, wie er sich jetzt schrieb, eine große Tischplatte mit Imitation von Florenzer Mosaik. Nun endlich hatte Fernbach die Mittel, ein ernsthaftes Studium zu treiben. An der Universität Landshut studierte er Mineralogie, Physik und Chemie. Die auf der Ausstellung vaterländischer Kunst- und Gewerbeprodukte zu München gezeigten Schöpfungen fanden so hohe Beachtung, daß Fernbach am 31. Dezember 1819 von seiten des polytechnischen Vereins mit der erstmals verliehenen silbernen Medaille als Anerkennung ausgezeichnet wurde. Franz Xaver Fernbach hatte einen weiteren und vor allem sehr einflußreichen Gönner gefunden, den königlichen Hofarchitekten Leo von Klenze. Von ihm angeregt, entdeckte der junge Maler eine längst vergessene Kunsttechnik neu: die enkaustische Malerei, die im Altertum praktizierte Technik, Wachs als Bindemittel der Farben zu verwenden. Nachdem er 1831 neue Proben vorgelegt hatte, wurde ihm die Wiederherstellung der in Forchheim bei Bamberg, angeblich aus der Zeit Karls des Großen stammenden enkaustischen Gemälde übertragen. Der Erfolg war so großartig, daß erwogen wurde, Fernbach zu den geplanten Malereien im Königsbau in München hinzuzuziehen. Eine inzwischen in Paris aufgetauchte Methode der enkaustischen Malerei wurde zwar von Klenze sehr empfohlen, die Proben erwiesen jedoch die Fernbachsche Methode als die bessere. So wurde die Fernbachsche Enkaustik vom König genehmigt, und der Erfinder, der während der Ausmalung des Frieses im Rudolphssaal den rein technischen Teil des Verfahrens zu besorgen hatte, bezog ein ansehnliches Jahresgehalt. Die künstlerische Ausführung der Wandgemälde hatte Julius Schnorr von Carolsfeld.

Fernbach galt als anspruchsloser, unermüdlich forschender Mann. Immer trug er sich mit neuen Plänen und Verbesserungen. So bereitete er u. a. einen Firnis, der Kupferstiche vor dem Verderben durch Nässe schützte. Auch betätigte er sich schriftstellerisch. Aus seiner Feder kam die Schrift ,,Über Kenntnis und Behandlung der Ölfarben'' (1834) und ein Lehr- und Handbuch für Künstler und Kunstfreunde, betitelt ,,Die Ölmalerei'' (München 1834). Im Jahre 1845 erschien das Buch ,,Die enkaustische Malerei''. Fernbachs System der Temperamalerei wurde weltbekannt. Als ,,Königlicher Konservator'' ist der Wiederentdecker der enkaustischen Malerei 1851 im Alter von 58 Jahren gestorben.

August Joos (1833–1909)

Die alte Spitalmühle in Waldkirch war die Heimat des am 12. Februar 1833 geborenen August Joos. Während der beiden letzten Schuljahre nahm August bei einem Geistlichen am Ort Unterricht in Latein, Griechisch und Mathematik. Nach dem Abitur am Freiburger Bertholdgymnasium 1851 widmeten sich Joos und sein Freund Nokk, der Sohn des damaligen Gymnasiumsdirektors, dem Rechtsstudium. Nach den beiden juristischen Staatsprüfungen 1855 und 1858 und dem Vorbereitungsdienst wurde er 1863 als Rechtsanwalt zugelassen. 1865 folgte er einem Ruf nach Karlsruhe, wo er seinen Freund Nokk im Oberschulamt ablösen sollte. 1869 meldete sich Joos für den Dienst in der inneren Verwaltung und ging als Oberamtmann nach Oberkirch. Während des siebziger Krieges versah er gleichzeitig auch die Amtmannstelle in Kehl.

Als sein Freund Nokk vom Ministerialrat zum Oberschulratsdirektor aufstieg, wurde für Joos ein Platz im Innenministerium frei. Man übertrug im als Arbeitsgebiet den katholischen Kultus und das gesamte Schulwesen mit Ausnahme der Hochschulen. Als diese Aufgaben aus dem Innenministerium ausgeklammert und dem Ministerium für Justiz zugewiesen wurden, bekam Joos seinen alten Freund Nokk als Dienstvorstand, der damals Justizminister war. Aus seiner nebenamtlichen Stellung als Leiter des Oberschulamts wurde 1886 seine feste Anstellung als Direktor. Trotz überdurchschnittlichen Arbeitseifers wurden ihm die Aufgaben zuviel, und er ließ sich 1890 von der Leitung des Kulturreferats entbinden und behielt lediglich die Leitung über das Unterrichtswesen bei. 1895 wurde er zum Präsidenten des Verwaltungsgerichtshofes und 1899 zum Präsidenten der Oberrechnungskammer berufen. Der Ernennung zum Wirklichen Geheimen Rat II. Klasse 1892 folgte 1899 der Aufstieg zum Wirklichen Geheimen Rat mit dem Titel Exzellenz. Weiterhin erhielt er 1904 das Großkreuz des Ordens vom Zähringer Löwen und bei seiner Zurruhesetzung im Jahre 1907 die goldene Kette dazu. Mit 74 Jahren erst ging der Nimmermüde in den Ruhestand. Seine Kräfte waren verbraucht. Ein asthmatisches Leiden, das sich in zunehmendem Maße verschlimmerte, führte am 25. Juni 1909 zu seinem Tode.

Selbst Katholik, gelang es Joos, die Wogen des badischen Kulturkampfes glätten zu helfen. Die von ihm bearbeiteten Gesetze über die Aufbesserung gering besoldeter Geistlicher von 1875 und über die Einführung der örtlichen kirchlichen Besteuerung von 1888 waren sehr zum Nutzen der Kirche. Mit dem von Joos ausgearbeiteten Gesetz über die Einführung der gemischten Schule (Simultanschule) und den hierzu erlassenen Voll-

149. Malterdingen.
In der Hauptstraße
150. Das Torhaus
stellt den letzten Rest
der ehem. Ummaue-
rung Malterdingens
dar

Vorhergehende Seite:
148. Das stattliche
Rathaus in Malterdin-
gen

zugsvorschriften eilte das Großherzogtum Baden vielen anderen Ländern um Jahrzehnte voraus. Auch die Einführung lateinloser, der Ausbildung für einen bürgerlichen Beruf dienender Lehranstalten, haben sich unter der Bezeichnung ,,Realschulen'' glänzend bewährt. Aus seiner reichen literarischen Tätigkeit seien genannt: das ,,badische Gesetz über den Elementarunterricht . . .'' (1868), die ,,Gesetze und Verordnungen über Elementarunterricht, Fortbildungsschule und Mittelschulen für die weibliche Jugend'' (1879) und ,,Die Mittelschulen im Großherzogtum Baden'' (1898).

Andreas Schill (1849–1896)

Andreas Schill kam am 9. Juni 1849 als Sohn des Helmlebauern in Siensbach zur Welt. Nach einigen Jahren Besuch der Dorfschule schickten ihn die Eltern nach Waldkirch in die dortige besser ausgestattete Schule, wo er gleichzeitig Latein und Französisch lernen konnte. Mit zwölf Jahren wechselte Schill in das Freiburger Lyzeum über, wo er sich als gelehriger Lateinschüler erwies. 1867 legte er das Abitur ab. In den Jahren 1867 bis 1873 studierte er an den Universitäten Freiburg und Würzburg Theologie und Philosophie, kam 1871 in das Priesterseminar nach St. Peter im Schwarzwald und empfing am 16. Juli 1872 die Priesterweihe. Kurz zuvor war er in Würzburg mit dem Prädikat ,,summa cum laude'' zum Doktor promoviert.

Von 1873 bis 1875 wirkte er als Seelsorger in Heitersheim, kam dann nach Wolfach und war dort bis 1880 als Pfarrverweser tätig. Obgleich ihm die praktische Seelsorge sehr am Herzen lag, ließen ihn seine kirchengeschichtlichen Studien nicht los. Als deren Frucht und Ergebnis legte er am 12. Juni 1880 der Theologischen Fakultät seine Habilitationsarbeit vor und wurde daraufhin in der Fakultät als Privatdozent für Kirchengeschichte zugelassen. Daneben übernahm er als Pfarrverweser die Pfarrei St. Urban in Freiburg-Herdern. Die Herderner hätten ihn gerne als Pfarrer gehabt, doch hatten seine Vorgesetzten mit dem eifrigen Theologen anderes vor. Während des Wintersemesters 1882/83 reiste Schill nach Rom, um sich dort einige Monate zusätzlichen Studien zu widmen. Als Direktor des privaten theologischen Konvikts brachte er es im Jahre 1886 seiner ausgezeichneten theologischen, philosophischen und geschichtlichen Kenntnisse wegen zum außerordentlichen Professor mit einem Lehrauftrag für Kirchenrecht und Dogmatik. Zwei Jahre später durfte das erzbischöfliche Konvikt wieder als amtlich anerkannte Anstalt arbeiten. Ein Schatten der Kulturkampfzeit war gewichen. Schill sprach gut Französisch, verstand Italienisch und schrieb ein ausgezeichnetes klassisches Latein. Von Papst Leo XIII. wurde er am 11. Dezember 1882 in Audienz empfangen und führte mit ihm ein längeres Gespräch in lateinischer Sprache. Schill war viel auf Reisen. Das führte dazu, daß sein Lehrstuhl aus Zweckmäßigkeitsgründen anderweitig besetzt wurde, er aber, auf Wunsch des Erzbischofs, den neugeschaffenen Lehrstuhl für Apologetik übertragen bekam.

Zuckerkrank und mit einem Herzleiden behaftet, nahm Schills Gesundheitszustand zunehmend ab. Er starb am 9. Mai 1896 kurz vor Vollendung seines 47. Lebensjahres.

Albert Koebele (1853–1924)

Am 28. Februar 1853 wurde Albert im Koebelehof in Siensbach als der Zweitälteste von 16 Geschwistern geboren. Als der Vater den Hof verkaufte, zog die Familie erst nach Untersimonswald, dann nach Buchenbach bei Freiburg, wo der Vater pachtweise das Gasthaus „Zum Adler'' übernommen hatte und daneben noch eine kleine Landwirtschaft betrieb. Früh zeigte sich, daß in dem Buben eine außerordentliche Liebe zur Natur und aufmerksame Hinwendung besonders zur Insektenwelt steckte. Zum Bauern taugte sein schwächlicher Körper nicht, und so brachte ihn der Vater nach der Schulentlassung nach Freiburg zu einem Hutmacher in die Lehre. Doch wehrte Albert sich gegen den Hutmacherberuf, und so wurde der zu nichts nutzende Jüngling zum Vetter Josef Wehrle nach New York geschickt, der dort eine Kohlenhandlung besaß und nebenher Likör fabrizierte. Dieser Vetter muß ein recht verständnisvoller und aufgeschlossener Mann gewesen sein, denn er zeigte für die Liebhabereien seines Neffen großes Verständnis. Eines Tages – wie es dazu kam ist unklar – wurde der junge Kommis dem Direktor des landwirtschaftlichen Versuchswesens bei der Washingtoner Regierung, Prof. Riley, vorgestellt, worauf die Anstellung Koebeles in den Dienst der amerikanischen Regierung, als engster Mitarbeiter von Professor Riley, folgte. Mit bewundernswertem Eifer präparierte der junge Assistent die Fangergebnisse seines Lehrers und zeigte in der Aufzucht der Versuchstiere bald eine erstaunliche Fertigkeit. Auf Rileys Antrag erfolgte 1882 Koebeles Ernennung zum „Amerikanischen Staatsentomologen'' mit dem Dienstsitz in Washington.

Als um 1885 in Kalifornien und in anderen Weststaaten der USA die weiße Wollschildlaus auftrat und in Orangen- und Zitronengärten verheerende Schäden anrichtete, entsandte die Regierung Albert Koebele an die Pazifikküste. Bei San Franzisko ließ er sich nieder und holte sich als Lebensgefährtin Margareta Weiß aus Waldkirch, die Tochter eines dortigen Drechslermeisters.

Doch seine wissenschaftliche Arbeit führte der Forscher trotz häuslicher Geborgenheit unvermindert weiter. In Australien fand er in einer Marienkäferart den natürlichen Gegner der Wollschildlaus. Diese Käfer, nach Großzüchtung in den verseuchten Plantagen eingesetzt, vernichteten die Schädlinge in kürzester Zeit. Die „Koebele-Methode'' verbreitete sich in raschem Lauf um die halbe Welt. In Hawaii machte sich ein anderer

Schädling breit, die Kaffeeschildlaus, eine Verwandte der Wollschildlaus. Koebele wurde gerufen, und wieder gelang es ihm mit einer Marienkäferart, auch diesen Schädling zu bekämpfen. Auch die dortige Zuckerrohrpflanzungen rettete er, und zwar vor den Blattläusen. Um nun ganz seiner Wissenschaft leben zu können, gab er 1893 seine Stellung als Staatsentomologe auf und erforschte die auf der Inselwelt des Stillen Ozeans seit Jahren aufgetretenen Schädlinge.

Der langjährige Aufenthalt in den Tropen und die ohne Schonung seiner Gesundheit betriebene Forscherarbeit zehrten so sehr an seiner Gesundheit, daß er sich auf ärztlichen Rat nach Europa begeben mußte. Ende des Jahres 1908 kehrte Koebele in seine Heimat zurück und ließ sich in Waldkirch nieder. Von dort suchte er als beratender Entomologe im Auftrag der Hawaiian Sugar Planters Association dieser seine Forschungsergebnisse nutzbar zu machen, bis zu seinem Tod am 28. Dezember 1924.

Hermann Dietrich (1879–1954)

Hermann Dietrich, einer der profiliertesten Staatsmänner der Weimarer Republik, kam am 14. Dezember 1879 in Oberprechtal als Sohn des dortigen evangelischen Pfarrers zur Welt. Schon mit 29 Jahren wurde er Bürgermeister in Kehl (1908). Er war ab 1912 als Landtagsabgeordneter das Haupt der Nationalliberalen Partei Badens. Während der schweren Jahre nach dem 1. Weltkrieg 1919/1920 bekleidete er unter Ministerpräsident Anton Geiß das Amt des Ministers des Auswärtigen. Mehr aber neigte er zur Reichspolitik. So zog er 1920 als Abgeordneter der Demokratischen Partei in den Reichstag ein. Als Reichsernährungsminister war er durchaus kein reiner Theoretiker. In Wildgutach besaß er ein landwirtschaftliches Pachtgut, auf dem er nach anstrengenden Tagen turbulenter Regierungsarbeit Ruhe und Entspannung suchte. Lutz Graf Schwerin von Krosigk, der Dietrich im Amt des Reichsfinanzministers nachfolgte, charakterisierte Dietrich als einen Mann reinen Willens und als einen der vornehmsten Vertreter der deutschen Demokratie. Seine Redeweise schien schmucklos und sehr eigenwillig, gern gebrauchte er volkstümliche Wendungen und verwandte oft plastische und kernige Ausdrücke, die ihn ebenso als Sohn des Schwarzwaldes auszeichneten wie seine Sprache, der die alemannische Färbung unverkennbar anhaftete. Als Mitglied des Ausschusses des Rheinschiffahrtsverbandes in Konstanz hatte er ständige Verbindung nach dem deutschen Süden. Damals schon war er ein Verfechter des Gedankens, den Rhein bis zum Bodensee schiffbar zu machen. In den Jahren 1930/32 amtierte Hermann Dietrich als Reichswirtschafts- bzw. Finanzminister und war gleichzeitig Vizekanzler. Als Finanzminister hatte er für einen ausgeglichenen Staatshaushalt zu sorgen, und es spricht für seinen Mut, daß er Maßnahmen ergriff, die den Interessen ihm persönlich nahestehender Kreise zuwiderliefen. Aber im Vordergrund stand für Dietrich immer der Staat, dem er zu dienen hatte. Während des Dritten Reiches widmete er sich seiner Rechtsanwaltspraxis, Erholung fand er im stillen Wildgutachtal. Nach dem 2. Weltkrieg betrat Dietrich noch einmal die politische Bühne. Sein besonderes Interesse galt einer neuen Verfassung. Darüber zu beraten, trat er dem Heidelberger Kreis bei. Im Mai 1946 übernahm er das Amt des Sonderbevollmächtigten für Ernährung und Landwirtschaft im amerikanischen Besatzungsgebiet. Zugleich war er Leiter der Ernährungsabteilung im Sekretariat des Länderrats. Mit der Neuorganisation der bizonalen Verwaltungen im August 1947 schied Dietrich aus der Verantwortung für die Ernährung Westdeutschlands aus und zog sich aus der Öffentlichkeit zurück. Er starb 74jährig am 6. März 1954 in Konstanz und wurde dort beigesetzt.

Literatur

Bader, Emil: Vergessener Künstler aus dem Elztal, Erinnerungen an Franz Xaver Fernbach, 1793–1851. In: Badische Zeitung/Waldkircher Nachrichten Nr. 181 1956
Doebele, Adolf: Laufenburg. In: Badische Heimat/Hochrhein und Hotzenwald. Freiburg 1932
Ehrmann, Eugen: Badisches Land und badischer Staat. In: Badische Heimat 5. u. 6. Jg. 1918/19
Föhrenbach, Max: Aus vergangener Zeit. Heidelberg 1911
Grünberg, Karl: Franz Anton von Blanc. Ein Sozialpolitiker der theresianisch-josephinischen Zeit. München u. Leipzig 1921
Hoch, August: Albert Koebele, Lebensbild eines verdienten Badeners im Ausland. Waldkirch 1930
Lacroix, Emil: Carl Friedrich Meerwein, ein Pionier des Flugwesens. Mein Heimatland 1936
Marggraff, Rudolf: Über die neue enkaustische Malerei in München. In: Münchener Jahrbuch für bildende Kunst. München 1840
Oswald, Wilhelm: Mathias Föhrenbach. Vom Siegelauer Bauernbuben zum Großherzoglichen Oberhofgerichtsrat und Landtagspräsidenten in Baden. In: Badische Heimat 49. Jg. 1969
Pletscher, Werner: Johannes Huser von Waldkirch, ein Diener der Wissenschaft. Das Elztal, Beilage zur Waldkircher Volkszeitung Nr. 10 1952
Rambach, Hermann: Balthasar Merklin, ein großer Sohn der Stadt Waldkirch. Waldkirch 1964
–: Balthasar Merklin, Waldkirch. Freiburg 1979
–: Franz Anton von Plank. Waldkirch
–: August Joos. Zur Geschichte der Volksschule in Waldkirch. Waldkirch 1968
–: Albert Koebele, ein Pionier der biologischen Schädlingsbekämpfung. In: Waldkircher Heimatbrief Nr. 1 1955
Ruch, Josef: Geschichte der Stadt Waldshut. Waldshut 1966
Saldern, Adelheit v.: Hermann Dietrich – Ein Staatsmann der Weimarer Republik. Boppard am Rhein
Strobel, Engelbert: Bernhard Galura, Fürstbischof von Brixen. In: Badische Heimat 39. Jg. 1959
–: Ludwig Georg Winter, Badischer Staatsminister des Innern. August Joos, Verdienter Verwaltungsjurist und Begründer der Realschulen. Andreas Schill, Professor der Theologie und Erzieher. In: Badische Heimat 49. Jahrgang 1969
Weick, Wilderich: Reliquien von Ludwig Winter. Freiburg 1843
Wertvolle Hinweise zur Biographie des Malers Fernbach sind André Michel in Toulon zu verdanken.

Der Kreis, seine Städte und Gemeinden

Der Landkreis Emmendingen

von Lothar Mayer

Zur Lage und Entstehung

Im Südwesten von Baden-Württemberg gelegen, gehört der Landkreis Emmendingen zum Regierungsbezirk Freiburg sowie zur Region Südlicher Oberrhein. Als Nachbarn hat er im Westen Frankreich mit dem Rhein als Grenze, im Norden den Ortenaukreis, im Osten den Schwarzwald-Baar-Kreis und im Süden den Landkreis Breisgau-Hochschwarzwald und den Stadtkreis Freiburg. Seine größte Nord-Süd-Ausdehnung mißt 28 km, die größte Ost-West-Ausdehnung 45 km. Der Höhenunterschied innerhalb des Landkreises beträgt 1077 m, berechnet zwischen der Rheinebene bei Rheinhausen (165 m NN) und dem Kandel (1242 m NN).

Das Gebiet des heutigen Landkreises Emmendingen teilten sich um die Mitte des 19. Jahrhunderts die Bezirksämter Breisach, Emmendingen, Kenzingen und Waldkirch. 1872 kam das Amt Kenzingen zu den benachbarten Ämtern Emmendingen und Ettenheim, kurz danach erhielt Emmendingen das ganze Gebiet des ehemaligen Bezirks Kenzingen zugesprochen. Bei der Auflösung des Bezirks Breisach 1924 kamen die Kaiserstuhl-Gemeinden Bischoffingen, Jechtingen, Kiechlinsbergen, Königschaffhausen, Leiselheim und Sasbach zu Emmendingen, davon wurden aber 1936 Bischoffingen, Jechtingen, Kiechlinsbergen und Leiselheim dem Amt Freiburg zugeschlagen (außer Bischoffingen kamen diese in den Jahren 1974/1975 wieder zu Emmendingen). Außerdem mußte das Amt Emmendingen noch die Gemeinden Bötzingen, Eichstetten, Holzhausen und Oberschaffhausen an das Amt Freiburg abgeben. 1936 wurde auch das Amt Waldkirch aufgehoben, wobei der größte Teil dieses Bezirks zum Amt Emmendingen kam; Prechtal kam zunächst zum Amt Wolfach, 1939 aber zum Amt Emmendingen.

Das am 24. Juni 1939 erlassene Gesetz über die Landkreis-Selbstverwaltung in Baden (Landkreisordnung) begründete anstelle der bisherigen Amtsbezirke die Kreise als untere staatliche Verwaltungsbezirke und bestimmte sie zugleich als Selbstverwaltungs-

körperschaften. Die Geburtsstunde des Landkreises Emmendingen selbst war am 15. 6. 1939. Er ist seither in seinem Gebiet nahezu unverändert und heute damit einer der wenigen „alten" Landkreise in Baden-Württemberg. Denn die Kreisreform Anfang der siebziger Jahre ließ das 666 qkm umfassende Kreisgebiet unberührt. Nicht zum Tragen kamen nämlich die Absichten, die Landkreise Emmendingen und Lahr zu einem neuen Landkreis mit Lahr als Kreisstadt zu vereinigen. Veränderungen für das Kreisgebiet brachte aber die Gemeindereform, da drei Gemeinden des neuen Kreises Breisgau-Hochschwarzwald von Gemeinden des Landkreises Emmendingen eingemeindet wurden. Kiechlinsbergen (1. 1. 1974) kam zu Endingen, Jechtingen (1. 4. 1974) und Leiselheim (1. 1. 1975) zu Sasbach, wodurch sich der Kreis um 15,04 qkm vergrößerte.
Die Feinabgrenzung 1977 bis 1979, in der die Wohnplätze Martinskapelle und Brend von Simonswald nach Furtwangen und damit zum Schwarzwald-Baar-Kreis, eine kleine Fläche der Gemarkung Wildgutach von Simonswald nach St. Märgen und damit zum Landkreis Breisgau-Hochschwarzwald und der Wohnplatz Gutenhof von Gütenbach, Schwarzwald-Baar-Kreis, nach Simonswald und damit zum Landkreis Emmendingen kamen, brachte dann dem Landkreis Emmendingen einen Flächenverlust von 1,12 qkm. 1981 weist der Landkreis Emmendingen eine Fläche von 680 qkm auf. In diesem Gebiet leben 132 000 Menschen. Der Kreis Emmendingen liegt damit unter den 35 Landkreisen Baden-Württembergs flächenmäßig an 28. Stelle, einwohnermäßig an 26. Stelle.

Gemeinden und Verwaltungsgliederung

Ende der sechziger Jahre und vor der Gemeindereform zählte der Landkreis Emmendingen 58 selbständige Gemeinden. Über die Hälfte der Kreisbevölkerung lebte in Gemeinden zwischen 1000 und 5000 Einwohnern. Die Größenordnung der damaligen Gemeinden veranschaulicht Tabelle 1.
Die Gemeindereform der Jahre 1970 bis 1975 brachte für das Gefüge der Gemeinden umwälzende Veränderungen. Es verblieben im Landkreis schließlich 24 selbständige Gemeinden, darunter die sechs Städte Elzach, Emmendingen, Endingen, Herbolzheim, Kenzingen und Waldkirch. In 26 ehemaligen Gemeinden, nunmehr Stadt- oder Gemeindeteile, garantiert die Ortschaftsverfassung mit Ortschaftsrat und Ortsvorsteher einen Rest von Selbständigkeit.
Zu den kleinen Gemeinden unter 2000 Einwohnern gehören Forchheim, Weisweil, Biederbach und Vörstetten, zwölf Gemeinden liegen im Bereich zwischen 2000 und 5000 Einwohnern, und zur mittleren Größenordnung zwischen 5000 und 10 000 Einwohnern rechnen fünf Gemeinden. Die größten Gemeinden mit über 10 000 Einwohnern sind Denzlingen, Teningen, Waldkirch und die Große Kreisstadt Emmendingen.

Tabelle 1: Gemeinde-Größenklasse

Gemeindegröße nach Einwohnern	Zahl der Gemeinden	Einwohner
unter 500	7	2 199
500 – unter 1 000	15	11 237
1 000 – unter 2 000	20	28 399
2 000 – unter 5 000	11	32 583
5 000 – unter 10 000	3	17 056
10 000 und größer	2	27 200
insgesamt	58	118 674

Einwohnerstand: 1970

In der Rheinebene, der Breisgauer Bucht, im Kaiserstuhl, in der Vorbergzone und großenteils auch im Talgrund des Elztales haben sich vorherrschend geschlossene Gruppensiedlungen ausgebildet. Auf den Höhen und in den Tälern des Schwarzwaldes ist die Streu- und Weilersiedlung bestimmend. Insgesamt verteilt sich die Besiedlung auf rd. 400 Wohnplätze, die besonders in den Schwarzwaldgemeinden sehr zahlreich sind. Simonswald hat annähernd 70, Freiamt etwa 62 und Elzach ungefähr 57 Wohnplätze. Die 24 Gemeinden haben sich zu sechs Verwaltungsräumen zusammengeschlossen. Zusätzlich erfüllen die Stadt Waldkirch für die Verwaltungsgemeinschaft Gutach, Simonswald und Waldkirch sowie die Große Kreisstadt Emmendingen Aufgaben einer unteren Verwaltungsbehörde.

Bevölkerung

Am Jahresende 1980 wohnten im Landkreis 131 893 Menschen. Mit einer Bevölkerungsdichte von 194 Einwohnern pro qkm zählt der Kreis verglichen mit dem Landesdurchschnitt (257 Einwohner je qkm) insgesamt gesehen zu den schwächer besiedelten Räumen unseres Landes. Innerhalb des Kreises ist die Bevölkerungsverteilung aufgrund der historischen Siedlungsentwicklung und der räumlichen Gegebenheiten recht unterschiedlich. Der überwiegende Anteil der Bevölkerung (60%) lebt in den zehn Gemeinden des mittleren und südlichen Kreisgebietes, deren Gemarkungsfläche dagegen nur 31 Prozent der Kreisfläche ausmacht (Bevölkerungsdichte 376 Einwohner je qkm).
Im Verlauf der vergangenen 110 Jahre hat sich die Wohnbevölkerung des Kreises mehr als verdoppelt. Der Zuwachs von 106 Prozent zwischen 1871 und 1980 liegt erheblich unter dem Landesdurchschnitt von Baden-Württemberg wie auch der Region Südlicher Oberrhein.

Tabelle 2: Ausgangspunkt und Ergebnis der Gemeindereform

Vor der Gemeindereform			Nach der Gemeindereform, Stand 1. 1. 1981		
Gemeinden	Einwohner 27. 5. 1970	Gemeindeteile mit Ortschafts- verfassung	Gemeinden	Fläche ha	Einwohner
Bahlingen	2 850		Bahlingen	1 266	2 943
Biederbach	1 473		Biederbach	3 136	1 482
Denzlingen	6 458		Denzlingen	1 697	10 298
Elzach, Stadt	2 584		Elzach, Stadt	7 527	6 382
Katzenmoos	334	*			
Oberprechtal	877	*			
Prechtal	1 574	*			
Yach	830	*			
Emmendingen, Stadt	16 028		Emmendingen,	3 379	24 740
Kollmarsreute	1 153	*	Große Kreisstadt		
Maleck	360	*			
Mundingen	1 564	*			
Wasser	1 230	*			
Windenreute	1 051	*			
Amoltern	327	*	Endingen, Stadt	2 672	6 706
Endingen, Stadt	4 008				
Kiechlinsbergen, FR	853	*			
Königschaffhausen	1 028	*			
Forchheim	1 079		Forchheim	1 078	991
Freiamt	2 350		Freiamt	5 292	3 916
Ottoschwanden	1 638				
Bleibach	1 436		Gutach i. Br.	2 476	3 546
Gutach	1 688				
Siegelau	632				
Bleichheim	613	*	Herbolzheim, Stadt	3 547	7 718
Broggingen	599	*			
Herbolzheim, Stadt	5 048				
Tutschfelden	503	*			
Wagenstadt	812	*			
Bombach	444	*	Kenzingen, Stadt	3 695	6 849
Hecklingen	865	*			
Kenzingen, Stadt	4 785				

Tabelle 2: Ausgangspunkt und Ergebnis der Gemeindereform

Vor der Gemeindereform			Nach der Gemeindereform, Stand 1. 1. 1981		
Gemeinden	Einwohner 27. 5. 1970	Gemeindeteile mit Ortschafts- verfassung	Gemeinden	Fläche ha	Einwohner
Nordweil	727	*			
Malterdingen	2195		Malterdingen	1114	2191
Reute	1664		Reute	479	2312
Niederhausen	1119		Rheinhausen	2197	3096
Oberhausen	1993				
Riegel	2180		Riegel	1835	2879
Jechtingen, FR	890	*	Sasbach	2078	2517
Leiselheim, FR	330	*			
Sasbach	1425				
Sexau	2103		Sexau	1630	2547
Altsimonswald	ca. 928		Simonswald	7432	2798
Haslachsimonswald	ca. 284				
Obersimonswald	679				
Untersimonswald	ca. 700				
Wildgutach	99				
Heimbach	844	*	Teningen	4028	10586
Köndringen	2153				
Nimburg	1208				
Teningen	5550				
Vörstetten	1396		Vörstetten	789	1869
Buchholz	1726	*	Waldkirch, Stadt	4847	18784
Kollnau	4687	*			
Waldkirch, Stadt	11172				
Siensbach	629	*			
Suggental	351	*			
Weisweil	1492		Weisweil	1909	1436
Niederwinden	999		Winden im Elztal	2196	2566
Oberwinden	1462				
Wyhl	2688		Wyhl	1695	2741

FR = Landkreis Freiburg, bzw. Breisgau-Hochschwarzwald

Tabelle 3: Verwaltungsräume

Verwaltungsraum	Name, Rechtsform	zugehörige Gemeinden	Sitz
Denzlingen	Gemeindeverwaltungs- verband Denzlingen- Vörstetten-Reute	Denzlingen, Reute, Vörstetten	Denzlingen
Elzach	Gemeindeverwaltungs- verband Elzach	Biederbach, Stadt Elzach, Winden i. E.	Elzach
Emmendingen	vereinbarte Verwal- tungsgemeinschaft Emmendingen	Große Kreisstadt Emmen- dingen, Freiamt, Malterdingen, Sexau, Teningen	Emmendingen
Endingen	Gemeindeverwaltungs- verband Nördlicher Kaiserstuhl	Bahlingen, Stadt Endingen, Forchheim, Riegel, Sasbach, Wyhl	Endingen
Kenzingen-Herbolzheim	Gemeindeverwaltungs- verband Kenzingen- Herbolzheim	Stadt Herbolzheim, Stadt Kenzingen, Rhein- hausen, Weisweil	Kenzingen
Waldkirch	vereinbarte Verwaltungs- gemeinschaft Waldkirch	Gutach i. Br., Simonswald, Stadt Waldkirch	Waldkirch

Aber auch im Landkreis Emmendingen ist ein Prozeß zu beobachten, der eine allgemeine Entwicklung der letzten Jahrzehnte auszeichnet: die stetige Abwanderung der Bevölke- rung aus dem ländlichen Raum in die großen Städte und deren näheres Umland. So hat sich beispielsweise seit 1871 die Einwohnerzahl von Denzlingen nahezu versiebenfacht. Emmendingen ist im gleichen Zeitraum um das Dreieinhalbfache und Waldkirch um das

Tabelle 4: Bevölkerungsverteilung

Verwaltungsraum	Bevölkerungsanteil am Kreis		
	1871 in %	1950 in %	1980 in %
Elzach	12,6	9,3	7,9
Waldkirch	15,7	20,2	19,1
Denzlingen	4,7	5,7	11,0
Emmendingen	24,7	30,6	33,3
Nördlicher Kaiserstuhl	22,6	17,0	14,2
Kenzingen-Herbolzheim	19,7	17,2	14,5
Landkreis	100	100	100

Zweieinhalbfache gewachsen. Andererseits haben die ländlichen Gemeinden Forchheim, Weisweil, Biederbach und Simonswald heute weniger Einwohner als 1871. Den stärksten Einwohnerverlust mit 30 Prozent weist die Gemeinde Forchheim auf.

Die Einwohnerentwicklung der letzten drei Jahrzehnte hat nach den hohen Zuwachsraten zwischen 1950 und 1970 eine Abflachung erfahren, und seit 1975 steigt die Wohnbevölkerung nur noch geringfügig. Der Bevölkerungszuwachs der jüngsten Jahre konzentriert sich fast ausschließlich auf die drei Gemeinden des Verwaltungsraumes Denzlingen. Dagegen war bei mehr als der Hälfte der Gemeinden die Einwohnerzahl in etwa gleichbleibend oder leicht rückläufig.

Der Geburtenüberschuß aus der Differenz von Geburten und Sterbefällen ist wie überall im Lande seit 1966 mit einem damaligen Höchstwert von 1126 bis zum Jahre 1978 mit nur noch sechs Einwohnern Geburtenüberschuß stetig zurückgegangen. Ab 1979 ist erstmals wieder ein Geburtenanstieg zu beobachten. Auch der hohe Wanderungsgewinn in der ersten Hälfte der siebziger Jahre hatte sich in den Jahren 1975 bis 1977 in einen Wanderungsverlust gewendet.

Tabelle 5: Vergleich der Bevölkerungsentwicklung in Land, Landkreis und ausgewählten Gemeinden

	Bevölkerungszuwachs bzw. -abnahme in %				
	1871 bis 1980	1950 bis 1961	1961 bis 1970	1970 bis 1980	1975 bis 1980
Landkreis Emmendingen	106,1	16,0	15,7	9,2	1,9
Region Südlicher Oberrhein	126,9	18,9	14,2	7,2	1,7
Land Baden-Württemberg	176,4	20,7	14,6	4,1	1,2
Biederbach	−7,4	−3,0	2,9	0,6	−0,4
Denzlingen	587,9	39,6	57,5	59,4	21,1
Emmendingen, Stadt	346,1	24,2	23,7	15,7	0,1
Forchheim	−30,5	−2,8	−1,4	−8,2	−4,2
Reute	220,2	18,0	23,6	38,9	22,8
Riegel	96,9	30,1	2,0	32,1	−2,5
Teningen	151,4	18,1	26,7	8,5	0
Waldkirch, Stadt	248,6	21,9	22,6	1,2	−1,2
Weisweil	−17,0	22,8	−0,8	−3,8	3,1

Der Altersaufbau der Kreisbevölkerung weicht nur wenig von den Durchschnittswerten des Landes ab. Rund 27 Prozent der Einwohner sind Kinder und Jugendliche bis 18 Jahre, und etwa jeder siebte Kreisbewohner ist älter als 65 Jahre.

Noch vor dem Zweiten Weltkrieg war die Religionszugehörigkeit verhältnismäßig scharf abgegrenzt und entsprach den früheren Herrschaftsverhältnissen. Nach dem Stand von 1980 sind 39 Prozent der Einwohner evangelisch und 57 Prozent röm.-katholisch.

Sehr gering ist der Anteil der ausländischen Bevölkerung. Mit 5779 Personen oder 4,4 Prozent (am 1. 1. 1980) gehört der Kreis Emmendingen zu den Landkreisen mit dem niedrigsten Ausländeranteil in Baden-Württemberg.

Die Erwerbsstruktur der Kreisbevölkerung ist im Beitrag über die Wirtschaft des Landkreises eingehend geschildert. Bemerkenswert und gleichzeitig bedenklich erscheint aber die Tatsache, daß seit 1938 über die fünfziger und sechziger Jahre hinweg bis heute trotz wachsender Gesamtbevölkerung die Zahl der Industriebeschäftigten bzw. der Beschäftigten im produzierenden Gewerbe konstant geblieben ist. Von 1955 bis heute sank die Industriedichte (Zahl der Industriebeschäftigten je 1000 der Bevölkerung) von 160 auf 120. Der Beschäftigungsausgleich erfolgte im Dienstleistungssektor.

Das Pendlerdefizit über die Kreisgrenze hinaus dürfte sich nach vorsichtigen Schätzungen seit 1955 von 5000 bis heute mehr als verdoppelt haben. Bereits 1970 arbeiteten 23 200 Einwohner außerhalb des Kreises, hingegen kamen lediglich 14 800 Einpendler in den Landkreis zur Arbeit.

Raumordnung und Landesplanung

Der Landesentwicklungsplan von 1971 zeichnet das verbindliche Gesamtkonzept für die räumliche Entwicklung unseres Bundeslandes vor.

Die Regionalplanung für das Gebiet des Landkreises Emmendingen wurde früher von der Regionalen Planungsgemeinschaft Breisgau getragen. Diese privatrechtliche Vereinigung wurde im Jahr 1973 vom Regionalverband Südlicher Oberrhein, einer politisch kontrollierten Körperschaft des öffentlichen Rechts abgelöst. Das Verbandsgebiet, zugleich Planungsgebiet, umfaßt die Landkreise Breisgau-Hochschwarzwald, Emmendingen, den Ortenaukreis sowie den Stadtkreis Freiburg. Der insgesamt 70 Mitglieder umfassenden Verbandsversammlung gehören zehn Vertreter aus dem Landkreis Emmendingen an.

Der vom Regionalverband aufgestellte Regionalplan, der im Herbst 1980 in Kraft trat, konkretisiert das raumordnerische Konzept unter starker Einwirkung neuer Erkenntnisse und veränderter Wertvorstellungen.

Besonders das Verhältnis zwischen Natur und Landschaft einerseits zu Siedlung, Wirtschaft und Verkehr andererseits spiegelt sich in vielen Aussagen und führte während der über mehrere Jahre dauernden Zeit der Aufstellung des Regionalplanes zu intensiven Diskussionen. Raumordnerische Ziele zur Erhaltung und Weiterentwicklung einer an der landschaftlichen Schönheit und Vielfalt ausgerichteten Siedlungsstruktur und raumordnerische Ziele zur Verbesserung der Regenerationsfähigkeit des Naturhaushaltes haben einen herausragenden Stellenwert erhalten.

Die heftigen Auseinandersetzungen um den Bau des geplanten Kernkraftwerkes Wyhl und die Sorge vor einem ,,Ruhrgebiet am Oberrhein'' führten zur eigens erlassenen Sondernovelle zum Landesentwicklungsplan und zu den Leitsätzen der Landesregierung für die Entwicklung des Kaiserstuhlgebietes. Auch bei einem eventuellen Bau des Kernkraftwerkes bei Wyhl sind der Kaiserstuhl und die angrenzenden Landschaften so weiter zu entwickeln, daß deren natürliche und kulturelle Eigenart erhalten bleiben. Eine ungehemmte und ungesteuerte Industrialisierung muß verhindert werden.

Nach den Raumkategorien der Raumordnung gehören vom Landkreis Emmendingen zur Randzone um den Verdichtungsraum Freiburg das Gebiet der Breisgauer Bucht, das Vordere Elztal und der engere Bereich entlang dem Fuß der Vorbergzone von Riegel nach Herbolzheim. Die übrigen Bezirke des Landkreises zählen zum ländlichen Raum. Insgesamt rechnet der ganze Landkreis zu den strukturschwachen Räumen des Landes.

Dem Landesentwicklungsplan sowie dem Regionalplan liegt ein Raumordnungsmodell zugrunde, das auf einem System von Entwicklungsachsen, zentralen Orten, Bereichen verstärkter Siedlungsentwicklung, Gewerbe- und Industriestandorten sowie Freiräumen, besonders gesichert durch regionale Grünzüge und Siedlungszäsuren, beruht.

Die Entwicklungsachsen dienen dem regionalen und landesweiten Leistungsaustausch zwischen den unterschiedlichen Räumen. Die wichtigste Entwicklungsachse im Landkreis folgt der Hauptverkehrslinie entlang dem Rand des Oberrheingrabens und führt von Lahr über Herbolzheim – Kenzingen – Emmendingen – Denzlingen nach Freiburg. Eine weitere Entwicklungsachse verläuft von Freiburg durch das Elztal über Denzlingen –Waldkirch–Elzach ins Kinzigtal. Der Förderung des Kaiserstuhlgebietes dient die regionale Entwicklungsachse Emmendingen–Riegel–Endingen–Sasbach (Rheinübergang).

Die zentralen Orte haben die Aufgabe, die überörtliche Versorgung der Bevölkerung des zentralen Ortes selbst und des zugehörigen Umlandes mit Leistungen und Einrichtungen verschiedenster Art sicherzustellen. Sie sollen somit unmittelbar auch die Entwicklung des Umlandes begünstigen. Oberzentrum für den Landkreis Emmendingen ist die benachbarte Großstadt Freiburg. Als Mittelzentrum für die gehobene Versorgung mit jeweils zugeordneten Mittelbereichen sind die beiden Städte Emmendingen und Waldkirch ausgewiesen. Die Grundversorgung des jeweiligen Nahbereiches ist außer von den beiden Mittelzentren durch das Kleinzentrum Denzlingen und die Unterzentren Elzach, Endingen und Herbolzheim/Kenzingen zu gewährleisten. Dieses System der zentralen Orte deckt sich im Landkreis mit der verwaltungsmäßigen Gliederung in sechs Verwaltungsräume.

Ansatzpunkte für eine verstärkte Siedlungsentwicklung sind aufgrund der vorhandenen oder geplanten Infrastruktur in erster Linie die zentralen Orte sowie einige weitere direkt benachbarte Orte, die in den Entwicklungsachsen liegen. In allen übrigen Gemeinden und Orten des Kreises soll sich die Siedlungsentwicklung auf den jeweiligen örtlichen Bedarf beschränken.

Die regionalen Grünzüge und Siedlungszäsuren sollen ökologische Ausgleichsfunktionen wahrnehmen und müssen aus diesem Grunde von einer Besiedlung frei bleiben. Als regionale Grünzüge wurden festgelegt: die überwiegende Fläche der Vorbergzone zwischen Buchholz und Herbolzheim, die Niederung der Breisgauer Bucht, die zentralen Teile des Kaiserstuhls, die Niederung im Gebiet des Leopoldkanals und der Elz sowie die Rheinauen von Jechtingen bis Niederhausen. Im Elztal und im Simonswäldertal werden durch Siedlungszäsuren ausreichend breite Freiräume zwischen den örtlichen Bebauungen gesichert.

Bauliche Entwicklung in Stadt und Dorf

Vor drei Jahrzehnten war der Landkreis noch ausgesprochen ländlich-bäuerlich geprägt. Aufgrund des Anbaues und der Verarbeitung von landwirtschaftlichen Handelsprodukten (u. a. Tabak) sowie der auffallend hohen Stadtdichte im nördlichen Breisgau gab es zwar, verglichen mit anderen Teilen Südbadens, bereits 1939 eine größere Anzahl sog. Arbeiterbauern, Arbeiterwohn- und gewerblich orientierter Gemeinden, doch das Leben in diesen Gemeinden und damaligen Landstädtchen war fest durch die bäuerlich-handwerkliche Arbeitswelt bestimmt.

Bei näherer Betrachtung der „guten alten Zeit" erweist sich vieles als keinesfalls mehr wünschenswert. Vornehmlich die Dörfer abseits der Hauptverkehrsstraßen, in der Rheinebene, in den Seitentälern der Vorberge und des Schwarzwaldes boten noch vor 40 Jahren oft ein erbärmliches Bild mit äußerst schlechten hygienischen Verhältnissen, vielen überalterten Gebäuden, teilweise noch ohne Wasserleitung und mit großem Wohnungselend. Recht häufig mußten sich mehrere Personen ein Bett teilen.

Die Kriegsschäden am Ende des Zweiten Weltkrieges waren im Landkreis Emmendingen verglichen mit anderen Landkreisen Südbadens überdurchschnittlich hoch. Rd. 13 Prozent des damaligen Wohnungsbestandes war betroffen. In den Städten des Kreises hatte der Krieg nur verhältnismäßig geringe Schäden verursacht, jedoch mußten die Grenzgemeinden am Rhein große Zerstörungen hinnehmen. Beispielsweise wurde die Gemeinde Weisweil zu nahezu 90 Prozent zerstört.

Der Wiederaufbau und Neubeginn setzte in den ersten Jahren nach dem Krieg zunächst nur zögernd ein. Erst ab Mitte der fünfziger Jahre entwickelte sich im Landkreis eine rege Bautätigkeit. Erstes Ziel war, die akute Wohnungsnot abzubauen; die quantitative

Versorgung der Bevölkerung mit Wohnraum stand im Vordergrund. Neues Baugelände mit einem hohen Anteil an Siedlungshäusern und auch Mietwohnungsbau wurde vor allem in den sechs Städten und größeren Landgemeinden wie Denzlingen, Kollnau und Teningen erschlossen. Vom Landratsamt wurden von 1945 bis 1963 19600 Baugesuche für Hochbauwerke bearbeitet. Die Zahl der Wohnungen erhöhte sich zwischen 1950 und 1961 um ein Drittel. In dieser Zeit fanden 12600 Flüchtlinge und Vertriebene aus der damaligen Sowjetischen Besatzungszone und den ehemals deutschen Ostgebieten im Landkreis eine neue Heimat.

Verbunden mit den neuen Stadt- und Ortserweiterungen und dem allgemeinen wirtschaftlichen Aufschwung erfolgte der Auf- und Ausbau der zunächst wichtigsten kommunalen Infrastruktur- und Folgeeinrichtungen: Wasserversorgung, Kanalisation, Ortsstraßenbau und ganz besonders Schulhausneubauten und -erweiterungen. Zwischen 1949 und 1969 wurden in den Städten und Gemeinden des Landkreises 87 Schulhaus-Bauprojekte verwirklicht. In die Zeit der sechziger Jahre fällt auch der Neubau zahlreicher landwirtschaftlicher Aussiedlerhöfe.

In den meisten dörflichen Gemeinden setzte die Neubautätigkeit verglichen mit den Städten oder den nunmehr städtisch geprägten größeren Landgemeinden später ein. Aber inzwischen hat sich auch die Siedlungsfläche der Dörfer, zwar nicht unbedingt immer zum Vorteil, stark ausgeweitet. Die ehemals reinen Bauerndörfer veränderten sich zu Wohnorten und Pendler-, teils auch zu Fremdenverkehrsgemeinden. Zwar prägt die Landwirtschaft auch heute noch das Ortsbild vieler Dörfer, doch in ihrer gesamten Struktur haben diese eine gewaltige sozio-ökonomische Umstellung erfahren.

Seit 1970 wurden in den Gemeinden des Kreises nochmals rd. 350 ha Wohnbau- und 200 ha Gewerbe- und Industriebauland ausgewiesen. Schwerpunkte der kommunalen Bauvorhaben der jüngeren Zeit waren hauptsächlich Kindergärten, Realschul- und Gymnasiumneubauten. Friedhofserweiterungen und Einsegnungshallen sowie Sport-, Freizeit- und Erholungsanlagen oder -bauten, ebenso Fremdenverkehrseinrichtungen. Für die Entwicklung des Landkreises brachte die enge Nachbarschaft zum Oberzentrum Freiburg viele Vorteile wie Bevölkerungsanstieg, rege Bautätigkeit, hohe Attraktivität der im näheren Umland gelegenen Gemeinden, gute Versorgung der Bevölkerung. Andererseits darf nicht übersehen werden, daß einige Orte im südlichen Teil des Landkreises gewissermaßen zu Wohnvorstädten Freiburgs geworden sind. Ebenso ist das hohe Freiburger Bauland- und Mietpreisniveau längst auch im Umland üblich geworden. Auch die Entwicklung der beiden Mittelzentren Emmendingen und Waldkirch gestaltet sich trotz enormer örtlicher Anstrengungen weitaus schwieriger als in vergleichbaren Städten anderswo im Lande. Hinzu kommt wegen der bereits erwähnten hohen Stadtdichte auf kleinem Raum auch innerhalb des Kreises ein Wettbewerb zwischen den einzelnen Städten.

Einige Zahlen mögen dies verdeutlichen. Im ganzen Landkreis hat sich die Zahl der Wohnungen zwischen 1950 und 1980 ungefähr verzweieinhalbfacht, in dem der Stadt Freiburg nächst benachbarten Verwaltungsraum Denzlingen–Reute–Vörstetten stieg die Wohnungsanzahl dagegen um mehr als das Fünffache an. Andererseits blieb die Wohnungsentwicklung in den weiter entfernten Raumschaften Oberes Elztal, Nördlicher Kaiserstuhl und Unterer Breisgau mit rd. 90 Prozent Zuwachs im selben Zeitraum etliches unter dem Kreisdurchschnitt. Die hohe Attraktivität des Freiburger Umlandes für sog. Nahwanderer zeigt sich auch darin, daß 50 Prozent des gesamten Zuwanderungsgewinnes im Landkreis während der Jahre 1977 bis 1979 aus der Stadt Freiburg kommt.

Tabelle 6: Wohnungsbauentwicklung 1950 – 1980

Verwaltungsraum	Zahl der Wohnungen					Zunahme 1950 = 100			
	1950	1961	1968	1976	1980	1961	1968	1976	1980
Elzach	1776	2223	2632	3179	3411	125	148	179	192
Waldkirch	4539	5978	7567	9276	9773	132	167	204	215
Denzlingen	1147	1692	2664	4824	5782	148	232	421	504
Emmendingen	6342	8805	11365	15292	16321	139	179	241	257
Nördlicher Kaiserstuhl	ca. 3778	4604	5131	6519	7055	122	136	173	187
Kenzingen-Herbolzheim	3641	4876	5448	6635	7122	134	150	182	196
Landkreis Emmendingen	ca. 20223	28178	34807	45725	49464	133	164	215	245

Die Bevölkerungszunahme, die allgemein verbesserten Lebens- und Arbeitsbedingungen und der höhere Wohlstand haben zu einer erheblichen Ausweitung der Siedlungsflächen geführt. Im Landkreis Emmendingen hat sich die Siedlungsfläche zwischen 1960 und 1978 um fast die Hälfte vermehrt. Sie nimmt heute nahezu neun Prozent des gesamten Kreisgebietes ein. Besonders das „Sonstige Siedlungsland", dazu gehören Sportanlagen, Friedhöfe, Grünanlagen, und die Bebauungsflächen stiegen überproportional an. Von der Gesamtsiedlungsfläche des Landkreises mit 5843 ha entfallen derzeit (1978) rd. 49 Prozent auf die Bebauungsflächen, 41 Prozent auf die Verkehrsflächen und zehn Prozent auf das Sonstige Siedlungsland. Im Jahr 1960 waren dagegen die Bebauungsflächen mit 48 Prozent, die Verkehrswegeflächen mit 45 Prozent und die Sonstigen Siedlungsflächen mit sieben Prozent an der gesamten Siedlungsfläche beteiligt.
Die Eindämmung des Landschaftsverbrauches bildet einen neuen Schwerpunkt der Entwicklungspolitik. Heute und künftig gilt es, die Bautätigkeit im Landkreis verstärkt auf die innerörtlichen Bereiche zu lenken. Fast zu lange war die gemeindliche Planungs- und Bautätigkeit auf die Ortserweiterungsgebiete fixiert. Der Grundsatz „Erneuerung hat

161. *Die Deponie Kahlenberg für den Landkreis zählt zu den größten Mülldeponien Baden-Württembergs; rechts das Verdichtungsgerät (26 t) bei der Arbeit; das tägliche Abdecken mit Erde läßt sich im Vordergrund beobachten*
162. *Mischkultur in Kenzingen-Hecklingen*

Tabelle 7: Entwicklung der Siedlungsfläche

	ha	% Anteil an Gesamtfl. 1960	ha	% Anteil an Gesamtfl. 1978	% Zunahme 1960 – 78	Besiedelte Fläche ar je Einwohner 1960	1978
Landkreis Emmendingen	3 923	5,8	5 843	8,6	48,9	3,8	4,5
Region Südl. Oberrhein	27 614	6,8	38 718	9,5	40,2	3,9	4,5
Land Baden-Württemberg	252 020	7,0	377 607	10,6	49,8	3,3	4,1

Vorrang vor Neubau" ist bereits in einigen Städten und Gemeinden aufgenommen worden. In mehreren Gemeinden laufen Sanierungsprojekte und Planungen zur Aktivierung schlecht genutzter innerörtlicher Flächen. Eine ganze Reihe dörflicher Gemeinden oder Ortsteile bemühen sich mit Dorfentwicklungsprogrammen, die Wohn- und Lebensbedingungen in den häufig überalterten Innerortsbereichen zu verbessern. Es bleibt zu hoffen, daß trotz der Wertschätzung des eigenen Heimes auf grüner Wiese am Ortsrand die Wiederbelebung der alten Stadt- und Ortsbereiche gelingt und diese Aufgabe künftig den ersten Rang in der gemeindlichen Baupolitik einnimmt.

Verkehr

Die großräumige Verkehrslage des Landkreises Emmendingen ist durch den Oberrheingraben, seit jeher ein Verkehrskorridor europäischer Bedeutung, vorgezeichnet.
Die Bedeutung der Rheintalautobahn mit einem weiteren geplanten Anschluß im Raum Kenzingen–Herbolzheim, der Bundesstraßen 3 und 294, der geplanten Rheinbrücke Sasbach–Marckolsheim und der vorgesehene Ausbau der Rheintal-Eisenbahn zur Steigerung der Transportkapazität werden eingehender im Beitrag über die Wirtschaft im Landkreis betrachtet.
Innerhalb des Landkreises ist wie im gesamten Breisgau der Verkehr vorherrschend auf Freiburg ausgerichtet. Aufgrund dieser Vorgaben wurde die im Sommer 1977 gegründete Nahverkehrskommission über die Landkreisgrenzen hinweg auf das Gebiet des ganzen Breisgaues ausgedehnt. Der Landkreis bemüht sich zusammen mit den einzelnen Verkehrsträgern, den Nahverkehr mit Omnibus und Zug zu verbessern. Viele kleine, aber wirksame Verbesserungen, vor allem in den Orten, die bislang völlig unzureichend bedient waren, konnten bereits erzielt werden.
Längerfristig wird eine umfassendere Neuordnung des öffentlichen Personennahverkehrs, insbesondere eine bessere Kooperation in der Tarif-, Netz- und Fahrplangestal-

tung, in der gemeinsamen Nutzung von Betriebsanlagen angestrebt. Ein in Auftrag gegebenes Gutachten wird dazu die Grundlage liefern.

Energieversorgung

Die Elektrizitätsversorgung fast des ganzen Kreisgebietes wird durch die Badenwerk AG gewährleistet. Große Probleme verursacht nun schon seit fast zehn Jahren der geplante Bau einer 110-kV-Leitung im Elztal. Die weitere bauliche Entwicklung ist bereits für mehrere Jahre blockiert. Es bleibt zu hoffen, daß die Schwierigkeiten doch gemeistert werden und die Elektrizitätsversorgung im Elz- und Simonswäldertal verbessert werden kann.
Bundesweite Schlagzeilen löste das geplante Kernkraftwerk auf der Gemarkung Wyhl aus. Im Oktober 1973 beantragte die Kernkraftwerk Süd GmbH die Genehmigung zur Errichtung und zum Betrieb eines Kernkraftwerkes. Das Kraftwerk soll aus zwei Blöcken mit je einem Druckwasserreaktor bestehen, wobei je nach Kühlart ein Kraftwerkblock eine elektrische Nettoleistung zwischen 1290 MW und 1197 MW erbringen wird. Nach heftigen Auseinandersetzungen erteilte das Wirtschaftsministerium im Januar 1975 eine erste Teilerrichtungsgenehmigung. Das Kraftwerk sollte im Jahre 1979 in Betrieb genommen werden. Gegen die Genehmigung wurde von zwei Städten, vier Gemeinden und neun Privatpersonen gerichtlich geklagt. Im erstinstanzlichen Urteil wurde die Berstsicherheit des Reaktordruckbehälters bemängelt. Ob überhaupt und wann das Kernkraftwerk Wyhl gebaut werden kann, ist derzeit ungewiß. Die letzten gerichtlichen und politischen Entscheidungen hierüber sind noch nicht gefallen.
An die Erdgasversorgung sind bislang die Städte und Gemeinden entlang dem Rand der Vorbergzone sowie des vorderen und mittleren Elztales angeschlossen. Das zuständige Versorgungsunternehmen, die Gasbetriebe Emmendingen, beliefert derzeit 7400 Haushalte und 450 Gewerbe- und Industriebetriebe mit einer Gesamtjahresmenge von 357 Mio. kWh (Daten für 1980).

Wasserwirtschaft und Abfallbeseitigung

Wasserversorgung

Die Wasserversorgung in den Gemeinden des Kreises ist gut ausgebaut und erscheint auf weite Sicht gewährleistet. Alle Gemeinden und Ortsteile sind an zentrale Wasserversorgungsanlagen angeschlossen, lediglich einige Einzelhöfe und Hofgruppen besitzen pri-

vate Anlagen. Die Schwarzwaldgemeinden des Kreises werden in der Regel mit Quellwasser versorgt. Aufgrund der hydrogeologischen Verhältnisse ist das Wasserdargebot
in diesem Teil des Kreises nicht unerschöpflich und daher auch ein begrenzender Faktor
für Siedlungs- und Gewerbeentwicklung.
Das mittlere und westliche Kreisgebiet gewinnt das nötige Trinkwasser ganz überwiegend aus dem Grundwasser des Rheingrabens und seiner Zuflüsse. Auch auf sehr lange
Sicht besteht in der Rheinebene mengenmäßig ein reichliches Wasserdargebot, trotzdem darf Grundwasser wegen der möglichen nachteiligen Auswirkungen – z. B. auf die
Vegetation – nur in unbedingt erforderlichem Maße entnommen werden. Die größte
übergemeindliche Einrichtung ist der Wasserversorgungsverband Mauracher Berg, dem
die Gemeinden bzw. Orte Buchholz, Denzlingen, Kollnau, Reute, Suggental, Vörstetten, Waldkirch und Wasser aus dem Landkreis Emmendingen sowie die Gemeinden
Glottertal und Heuweiler aus dem Landkreis Breisgau-Hochschwarzwald angeschlossen
sind. Aus zwei Horizontalfilterbrunnen auf den Gemarkungen Wasser und Vörstetten sowie zwei Tiefbrunnen auf Gemarkung Reute werden derzeit jährlich rd.
1,7 Mio. cbm Wasser gewonnen. Die Verbandsanlagen entstanden in stufenweisem
Ausbau innerhalb eines Zeitraumes von 20 Jahren. Die letzte Erweiterung wurde im
Herbst 1980 abgeschlossen.

Abwasserbeseitigung

Mit hohem finanziellen Aufwand und ebenso deutlich spürbaren Kosten für die Bevölkerung haben die Kreisgemeinden, vornehmlich während der letzten zehn Jahre, ihre Ab-
wasserprobleme größtenteils gemeistert. Von den damals 58 Gemeinden im Jahr 1961
waren nur 14 Gemeinden an eine mechanisch-biologische Kläranlage, die sich in Betrieb
oder im Bau befand, angeschlossen. Heute sind alle Siedlungen außer einigen kleineren
Orten in den Seitentälern und auf den Höhen des Schwarzwaldes erfaßt. Die Abwässer
von über 95 Prozent der Einwohner des Kreises werden in mechanisch-biologischen
Kläranlagen gereinigt. Der Ausbau der Kanalisation, die Errichtung und Erweiterung
der Kläranlagen, zählen wohl zu den größten kommunalen Bauleistungen der vergangenen Jahre und sind ein ganz gewichtiger Beitrag aktiven Umweltschutzes.
Eine der größten und modernsten Kläranlagen des Landes steht auf der Gemarkung
Forchheim. Nach langer Bauzeit und vielen politischen Auseinandersetzungen über
Konzeption, mögliche schädliche Auswirkungen auf das Taubergießengebiet, Baustopp
und Beihilfenkürzungen wurde im Oktober 1980 die Großkläranlage des Abwasserzweckverbandes Breisgauer Bucht in Betrieb genommen. Diesem Verband gehören
28 Gemeinden, darunter zehn Gemeinden des Landkreises Emmendingen an. Das
rd. 500 qkm große Verbandsgebiet umfaßt nahezu die gesamte Breisgauer Bucht sowie

die unteren Flußtäler von Elz, Glotter und Dreisam. Insgesamt 16 Orte des Landkreises Emmendingen leiten ihre Abwässer in die Verbandskläranlage Forchheim, deren erste Ausbaustufe auf 600 000 Einwohner und Einwohnergleichwerte bemessen ist und deren Baukosten sich auf 100 Mio. DM beliefen. Noch nicht eingebaut ist die immer wieder geforderte dritte Reinigungsstufe. Sie soll in den kommenden Jahren modellhaft mit einem Aufwand von 130 Mio. DM in verschiedenen Variationen erprobt werden.
Für über 16 Mio. DM wird in diesen Jahren das Klärwerk des Abwasserzweckverbandes Untere Elz, dem die Große Kreisstadt Emmendingen und die Gemeinden Sexau und Teningen (ohne Nimburg) angeschlossen sind, zu einer modernen zweistufigen biologischen Kläranlage für 84 000 Einwohner und Einwohnergleichwerte ausgebaut.

Abfallbeseitigung

Die geordnete und schadlose Beseitigung von Abfallstoffen erlangt in dem Bemühen um die Erhaltung und Reinhaltung der Landschaft, der Gewässer, des Grundwassers und der Luft sowie in der Sorge um die öffentliche Hygiene eine hohe Bedeutung.
Vor dem Inkrafttreten des Abfallbeseitigungsgesetzes im Jahr 1973 gab es im Landkreis noch 54 Müllkippen. Nahezu jede Gemeinde betrieb einen örtlichen Müllabladeplatz. Mit dem Landesabfallgesetz wurde in Baden-Württemberg die Aufgabe der Abfallbeseitigung auf die Land- und Stadtkreise übertragen.
Diese schwierige Aufgabe hat der Landkreis Emmendingen vorbildlich und kostengünstig gemeistert. Zusammen mit dem damaligen Landkreis Lahr wurde 1973 der Zweckverband Abfallbeseitigung Kahlenberg gegründet. Am Kahlenberg zwischen Ringsheim und Herbolzheim entstand auf dem Gelände der ehemaligen Tagebau-Eisenerzgrube St. Barbara eine geordnete Abfalldeponie. Seither werden sämtliche Abfälle aus dem Landkreis Emmendingen, die zusammen mit Hausmüll beseitigt werden können, auf die Deponie Kahlenberg transportiert und dort eingebaut. Die früheren gemeindlichen Müllkippen wurden geschlossen und sind inzwischen fast vollständig rekultiviert.
Die Deponie Kahlenberg mit 100 ha Fläche zählt zu den größten Deponien in Baden-Württemberg, obwohl keine Großstadt in dem 290 000 Einwohner umfassenden Einzugsbereich liegt. Das Deponievolumen reicht noch bis in das Jahr 2020. Dem Landkreis Emmendingen stehen 55 Prozent, dem Ortenaukreis als Rechtsnachfolger des ehemaligen Kreises Lahr 45 Prozent des Deponievolumens zur Verfügung. Mit besonderer Genugtuung ist zu vermerken, daß durch Rationalisierung die Deponiegebühren seit 1973 unverändert blieben.
Das verfüllte Gelände der Deponie Kahlenberg wird schrittweise rekultiviert und soweit wie möglich für den Weinbau genutzt.
Sondermüll, den die Deponie Kahlenberg nicht annimmt, wird von gewerblichen Trans-

portunternehmen auf dafür zugelassene weiter entfernte Abfallbeseitigungsanlagen außerhalb der Region Südlicher Oberrhein transportiert.

Bildungswesen, Allgemeine Kulturpflege, Sport

Als ländlicher Raum verfügt der Landkreis Emmendingen über ein gutausgebautes Schulsystem. Dabei sind die Gemeinden weitgehend Träger der ehemals 67 (1965), heute – infolge der Zusammenfassung zu leistungsfähigen Nachbarschaftsschulen – 48 Grund- und Hauptschulen (1978). Der Heimstätte für Mädchen St. Michael in Waldkirch ist eine Hauptschule, dem Erzbischöflichen Kinderheim St. Anton in Riegel eine Sonderschule für verhaltensauffällige Schüler der Grund- und Hauptschule angegliedert.

In der Trägerschaft der Gemeinden oder von Schulverbänden sind sieben Sonderschulen für Lernbehinderte. Der Kreis unterhält eine Schule für geistig Behinderte und eine Sprachheilschule, jeweils in Emmendingen, das Land eine Heimsonderschule für Sehbehinderte in Waldkirch. Einrichtungen für Körperbehinderte sind geplant und werden Mitte der achtziger Jahre verwirklicht werden.

Für die Bildungsaufgeschlossenheit des Kreises ist kennzeichnend, daß weit über die Hälfte der Grundschüler ihren weiteren Bildungsweg in der Realschule oder dem Gymnasium finden (1977: 58,4 Prozent der Grundschüler).

Für diese Schüler gibt es im Kreis Emmendingen sieben Realschulen (Denzlingen, Elzach, Emmendingen, Endingen, Herbolzheim, Waldkirch, Teningen) und vier Gymnasien (Denzlingen, Emmendingen, Kenzingen, Waldkirch).

Breit gefächert ist das Angebot an beruflichen Schulen, die der Kreis in modernen Zentren in Emmendingen und Waldkirch unterhält. Berufliche Ausbildungsmöglichkeiten bestehen an einer hauswirtschaftlichen und an je zwei gewerblichen und kaufmännischen Berufsschulen und Berufsfachschulen. Außerdem vermitteln ein hauswirtschaftliches und zwei kaufmännische Berufskollegs eine qualifizierte Ausbildung. Am Technischen und am Wirtschaftsgymnasium des Kreises in Emmendingen führt der Bildungsweg ferner zur Fachhochschulreife oder zur Hochschulreife. Zusätzlich unterhält die Süddeutsche Ordensprovinz der Schwestern vom Guten Hirten in Waldkirch eine hauswirtschaftliche Berufs- und Berufsfachschule.

Drei Krankenpflegeschulen bestehen am Kreiskrankenhaus und an der Psychiatrischen Landesklinik in Emmendingen sowie am Bruder-Klaus-Krankenhaus in Waldkirch. Außerdem sind in der Staatsdomäne Hochburg eine Fachschule für Landwirtschaft und in Emmendingen eine Polizeischule des Landes eingerichtet.

Die rückläufige Geburtenentwicklung seit Ende der sechziger Jahre schlägt sich bei den

Schülerzahlen der Grund- und Hauptschulen spürbar nieder. 1965 zählten die öffentlichen Grund- und Hauptschulen über 12 600 Schüler, 1975 knapp 15 200 Schüler und 1980 rd. 11 900 Schüler, wobei der Rückgang insbesondere bei den Grundschulen erkennbar ist. Dagegen weisen die Realschulen mit 266 Schülern im Jahr 1965, 3700 Schülern im Jahr 1975 und 4300 Schülern im Jahr 1980 noch eine gegenläufige Tendenz auf, ähnlich die Gymnasien mit 1000 Schülern 1965, 3600 Schülern 1975 und 4200 Schülern 1980. Auch bei den Berufsschulen hält der Zustrom noch an. So verzeichnen allein die Berufsschulen in der Trägerschaft des Kreises für 1978 bis 1981 eine Steigerung der Schülerzahlen von jährlich über acht Prozent (1980: 3205 Schüler).

Den Schulen zur Seite steht die Kreisbildstelle mit einem reichen Angebot an Filmen, Dias, Tonträgern. Großer Beliebtheit erfreuen sich auch die beiden Jugendmusikschulen in Emmendingen und Waldkirch.

Im Bereich der Erwachsenenbildung sind drei kommunale Volkshochschulen mit 16 angeschlossenen Gemeinden und mehrere kirchliche Bildungswerke tätig. Einen weiten Einzugsbereich besitzen auch die 13 Gemeindebüchereien sowie mehrere Pfarr- und Schulbüchereien.

Als Bildungseinrichtungen nicht vergessen werden dürfen die anschaulichen Heimatmuseen in Elzach, Emmendingen, Endingen und Waldkirch sowie die Oberrheinische Narrenschau in Kenzingen.

Im argen läge das heimische Kulturgut, würden sich nicht in jeder Gemeinde Bürger und Vereine um dessen Pflege und Fortbildung große Verdienste erwerben. Der Landkreis Emmendingen kann sich glücklich schätzen, in allen seinen Gemeinden solche Bürger und Vereine zu besitzen, die in fast zahllosen Musik- und Gesangvereinen sowie sonstigen kulturellen Vereinigungen unserer Kultur eine ständige Blütezeit ermöglichen. Auch wenn der Landkreis Emmendingen im Kunst- und Kulturschatten der nahen Stadt Freiburg liegt, so inspiriert vielleicht gerade diese Tatsache zu eigenständigen Initiativen. Hervorgehoben aus der Menge der qualifizierten Kulturarbeit im Landkreis Emmendingen seien an dieser Stelle die Volksbühne (Laientheatergruppe) und die Badischen Kammerschauspiele Emmendingen sowie die Kunstausstellungen und Gastspielveranstaltungen der Verkehrsvereine.

Mit der Zunahme der Freizeit und der Aufgeschlossenheit gegenüber gesundheitlicher Betätigung stieg auch die Bedeutung des Sports. Für Land und Kommunen bedeutete dies erhebliche finanzielle Aufwendungen, um den Wünschen der Bürger und Vereine nach ausreichenden Sportstätten gerecht zu werden. Heute kann man feststellen, daß im Landkreis Emmendingen im Sportstättenbau das Gros der Arbeit erfüllt ist. Es wird daher nahezu jeder Kreisbewohner seine Sportart im Kreisgebiet ausüben können, und für den Breitensport gibt es ungezählte Möglichkeiten. Aber auch bedeutendere, weit über die Grenzen des Kreises hinaus bekannte Sportereignisse finden im Kreis Emmendingen statt. Ohne auch nur im weitesten Sinn Anspruch auf Vollständigkeit zu erheben, seien hier die Turnsportveranstaltungen in Herbolzheim und die Handballwettkämpfe in Teningen angeführt, ferner die Reitturniere in Emmendingen. Im Ringen hat sich Vörstetten einen Namen gemacht, im Fechten Waldkirch. Weithin bekannt sind die Wasserskimeisterschaften in Sasbach. Mit ihrer neuen Sportart haben sich die Drachenflieger am Kandel etabliert.

Jugend und Soziales

Einen bedeutenden Beitrag auf dem Gebiet Jugend und Soziales leisten die Gemeinden, Kirchen und freien Verbände. Hinzu kommt die Arbeit des Landkreises Emmendingen, der als einer der kleinsten und finanzschwächsten Kreise in Baden-Württemberg mit seinen Sozialleistungen je Einwohner an der Spitze in diesem Bundesland steht. Es überrascht daher nicht, daß gegen dieses ungleiche Verhältnis Bedenken vorgebracht werden. Andererseits aber läßt sich der Kreis Emmendingen bei seinem sozialen Engagement weniger von vordergründigen finanziellen Erwägungen leiten, sondern schaut zuerst nach der sozialen Not und deren Linderung. Dabei stehen vorbeugende Arbeit und Hilfe zur Selbsthilfe weitgehend im Vordergrund. Schwerpunkte des Landkreises sind neben der Bearbeitung der vielen Pflichtaufgaben zahlreiche Freiwilligkeitsleistungen.

Kindergärten und Jugendhilfe

Von derzeit 69 Kindergärten im Kreis sind 15 in kommunaler, 21 in evangelischer, 31 in katholischer Trägerschaft. Außerdem gibt es einen Kindergarten der Arbeiterwohlfahrt und einen Kindergarten eines Fördervereins.
Bereits 1974 hatte der Landkreis, gestützt auf das Kindergartengesetz für Baden-Württemberg, einen Kindergartenplan aufgestellt und beschlossen. Das Ziel ist, allen Kindern vom vierten Lebensjahr bis zum Eintritt in die Schule den Besuch eines Kindergartens zu ermöglichen, wobei die Anzahl der Kinder je Gruppe stufenweise verringert werden soll. Mit Hilfe der finanziellen Zuschüsse von Land und Kreis konnte dieses Ziel inzwischen nahezu verwirklicht werden. Bis auf wenige Ausnahmen stehen in allen Städten, Gemeinden und Ortsteilen des Kreises ausreichend Kindergartenplätze zur Verfügung. Anzustreben sind noch Schülerhorte in etlichen Schwerpunktgemeinden und Ganztagskindergärten.
Pionierarbeit hat der Landkreis Emmendingen bei der Betreuung der im Kreisgebiet lebenden Ausländer geleistet. Hervorzuheben ist darunter eine Aktion mit dem Ziel, allen Kindern ausländischer Arbeitnehmerfamilien den Besuch eines Kindergartens zu er-

möglichen. Bereits nach dem ersten Anlauf gelang es, eine stattliche Anzahl ausländischer Kinder in die Kindergärten aufzunehmen. Dazu wurden beispielsweise Fahrdienste organisiert, die Erzieherinnen in die besonderen Probleme ausländischer Familien eingewiesen, Elterngruppen und Sprachkurse eingerichtet.

Großen Wert legt der Kreis darauf, Kinder, die die familiäre Geborgenheit entbehren müssen, nicht in Heimen, sondern bei Pflegeeltern unterzubringen, was bei ca. 70 Prozent der Kinder gelang.

Jugendarbeit

Zur Betreuung vornehmlich der offenen Jugendarbeit, zur Beratung und Unterstützung von Jugendlichen und Jugendgruppen sind im Landkreis ein Kreisjugendpfleger und zwei örtliche Jugendpfleger erfolgreich tätig. Insgesamt spürt man, daß auch in den mehr ländlichen Gebieten die Jugendarbeit in Bewegung geraten ist. Im Kreisjugendring haben sich acht Jugendverbände zusammengeschlossen. Mehrere Jugendzentren, die sich lose zu einer Kreiskonferenz der Jugendzentren zusammengeschlossen haben, bieten je nach Interesse und Engagement der Mitglieder unterschiedliche Programme.

Rat und Hilfe

Der Landkreis und die auf dem Gebiet der freien Wohlfahrtspflege tätigen Verbände haben vielfache Anstrengungen unternommen, das Netz sozialer Einrichtungen und Dienste eng zu knüpfen. Angesprochen werden muß an dieser Stelle die vorbeugende Tätigkeit des Sozialen Dienstes des Kreises, der mit 10000 bis 11000 Einwohnern je Bezirkssozialarbeiter eine hervorragende Arbeitsgrundlage besitzt. Hervorgehoben sei die Beteiligung des Landkreises am Landesmodell „Mutter und Kind". Durch wirtschaftliche und persönliche Hilfen wird die Möglichkeit geschaffen, daß alleinerziehende Mütter in den ersten drei Lebensjahren des Kindes die Betreuung und Erziehung selbst übernehmen können. Eine besondere Beratung und Unterstützung in Erziehungsfragen bietet der Landkreis durch seine mit mehreren Fachkräften besetzte und sehr erfolgreich wirkende Erziehungs- und Familienberatungsstelle. Darüber hinaus wirken im Kreisgebiet verschiedene Beratungsstellen freier Träger.

Seit jüngerer Zeit wird das Beratungsangebot gezielt auch auf ausländische Mitbürger und deren Familien erstreckt. Es ist dies Teil der verstärkten Anstrengungen des Landkreises, die Lebenssituation namentlich der zweiten Ausländergeneration zu verbessern. Kommunale und freiverbändliche Ausländerbetreuungseinrichtungen wirken mit dem Landratsamt zusammen.

Zur Betreuung und Versorgung psychisch kranker Menschen wird man künftig auch

außerstationäre Möglichkeiten erproben und praktizieren. Der Freundeskreis ,,Arche''
am Psychiatrischen Landeskrankenhaus bietet seit langem diesem Personenkreis man-
nigfache Unterstützung, in der freien Gesellschaft wieder heimisch zu werden. Mit dem
Aufbau betreuter Wohngruppen wird ein weiterer Schritt in diese Richtung getan.
Nicht unerwähnt bleibe der ambulante Beratungsdienst für psychisch kranke Menschen
durch die Kreisstelle für Diakonie und die psycho-sozialen Beratungsstellen gegen
Sucht- und Drogengefahren.

Behinderteneinrichtungen

Der Kreis und die freien Träger bemühen sich, mit behindertengerechtem Bauen, der
Bezuschussung von Erholungsmaßnahmen, mit Unterstützung von Fahrdiensten und
auch durch Schaffung von Arbeitsplätzen das Leben der Behinderten zu erleichtern.
Im Anschluß an das Gelände der Kreis-Sonderschule für geistig Behinderte in Emmendingen-Wasser wird das Land Baden-Württemberg in den nächsten Jahren eine Heimsonderschule für körperbehinderte Kinder und Jugendliche errichten. Insgesamt
180 Schüler, davon 120 Heimbewohner und 60 Externe aus dem südbadischen Raum
werden hier Aufnahme finden.
Für schulentlassene und ältere geistig und körperlich Behinderte ist in Elzach und in
Riegel der Neubau von Werkstätten, in denen jeweils 60 bis 80 Behinderte beschäftigt
werden, geplant. Träger dieser Bauvorhaben sind in Elzach der Kreisverein Wolfach der
Lebenshilfe und in Riegel der Caritasverband Freiburg Stadt.

Sozialstationen

Die vor Jahren eingetretene rückläufige Entwicklung der traditionellen Gemeindekran-
kenpflege, die früher vorrangig von Diakonissen und Ordensschwestern getragen wurde, führte zur Neuordnung der gemeindlichen ambulanten Krankenpflege durch die Sozialstationen. Angeboten werden in erster Linie häusliche Krankenpflege, Altenpflege,
Haus- und Familienpflege. Zu den ersten Sozialstationen des Landes gehört die ökumenische Sozialstation in Emmendingen, die am Jahresanfang 1974 eröffnet wurde und
damals zu den 13 Modellstationen in Baden-Württemberg zählte. In den folgenden Jahren wurden weitere Sozialstationen in Waldkirch, Endingen, Elzach und Herbolzheim
gegründet. Der Landkreis strebt eine flächendeckende Versorgung an. Nach seiner Be-
reichsplanung wird vorgeschlagen, noch je eine Sozialstation für die Räume Denzlingen,
Vörstetten, Reute sowie Teningen, Bahlingen, Malterdingen einzurichten.

Altenhilfe

Infolge der zunehmenden Zahl alter Menschen und des Trends zur Kleinfamilie müssen sich die freie Wohlfahrtspflege und die öffentliche Hand in viel größerem Maße als früher alter Menschen annehmen. Die Versorgung alter Menschen mit allen notwendigen Hilfen, auch mit altersgerechten Wohnungen und Heimplätzen ist zu einer personell und finanziell bedeutsamen Aufgabe gewachsen. Aus der Planungsverantwortung des Landkreises, darauf hinzuwirken, daß soziale Einrichtungen und Dienste ausreichend zur Verfügung stehen, wurde im Jahr 1973 ein Altenhilfeplan erarbeitet, dessen Fortschreibung im Gange ist.

Im Landkreis Emmendingen bestehen zusammengefaßt 488 Heimplätze für alte Menschen. Davon sind 55 Altenwohnheimplätze, 207 Altenheimplätze und 226 Altenpflegeheimplätze. Diese Heimplätze verteilen sich auf das Heim St. Nikolai in Waldkirch, das Heim der Metzger-Gutjahr-Stiftung in Emmendingen, das Kreisaltenheim in Kenzingen und das Altenpflegeheim St. Katharina in Endingen. Darüber hinaus tragen noch einige weitere Häuser zur stationären Versorgung älterer Menschen bei.

Nach den Berechnungen des Altenhilfeplanes fehlen im Landkreis noch weitere Heimplätze aller drei Heimwohnformen wie auch Altenwohnungen, vornehmlich jedoch Pflegeplätze. Es ist aber damit zu rechnen, daß in absehbarer Zukunft aufgrund aktueller Bauvorhaben und Planungen den älteren Menschen ausreichend Heim- und Wohnplätze angeboten werden können.

Die verschiedenen, meist von den Wohlfahrtsverbänden und Kirchen getragenen Angebote der offenen Altenhilfe konnten vermehrt und erweitert werden, wobei insbesondere die verschiedenen Mahlzeitendienste „Essen auf Rädern" und der Mobile Soziale Hilfsdienst der Arbeiterwohlfahrt zu erwähnen sind.

Gesundheitswesen

Ärzte

Im Landkreis Emmendingen waren zu Beginn des Jahres 1981 in freier Praxis 62 Ärzte für Allgemeinmedizin, 43 Fachärzte und 57 Zahnärzte tätig. In Krankenhäusern arbeiteten 52 Fachärzte und 83 sonstige Ärzte.

Die Arztversorgung ist im Vergleich zum Regierungsbezirk Freiburg und zum Land Baden-Württemberg nicht so günstig; sie liegt jeweils unter deren Durchschnittswerten. Im Landkreis entfallen auf einen Arzt 569 Einwohner. Von einem Allgemein- und Facharzt in freier Praxis werden im Durchschnitt 1283 Einwohner, von einem Zahnarzt in

freier Praxis 2296 Einwohner betreut. Die Vergleichszahlen für das Land betragen demgegenüber: ein Arzt auf 438 Einwohner, ein Allgemein- und Facharzt auf 968 Einwohner, ein Zahnarzt auf 1802 Einwohner (Statistik zum 31. 12. 1979).

Krankenhäuser

Im Frühjahr 1981 bestanden im Landkreis fünf allgemeine Krankenhäuser mit zusammen 795 Planbetten. Diese Krankenhäuser erfüllen nach den Leistungsstufen des Kran-
kenhausbedarfsplanes Baden-Württemberg, Stufe I, die sog. Regel-, Grund- und Ergänzungsversorgung. Sie gewährleisten damit die medizinische Versorgung bei besonders häufigen Erkrankungen in den Grunddisziplinen sowie auch in einigen Spezialdis-
ziplinen.
Die Aufgaben der hochspezialisierten Zentral- und Maximal-Krankenhausversorgung
für die Bevölkerung des Landkreises Emmendingen werden durch die Universitätsklinik
und die Spezialeinrichtungen im Oberzentrum Freiburg erfüllt.
Im Herbst 1977 wurde nach viereinhalbjähriger Bauzeit der Neubau des Kreiskranken-
hauses Emmendingen vollendet und in Betrieb genommen. Dieses moderne Krankenhaus der Regelversorgung liegt in der Trägerschaft des Landkreises und umfaßt 302 Betten mit den Fachabteilungen Chirurgie, Innere Medizin, Geburtshilfe/Gynäkologie, In-
tensiv-Behandlung sowie den Belegabteilungen HNO- und Augenerkrankungen. Das
neue Kreiskrankenhaus hat sich einen guten Ruf erworben; seit der Inbetriebnahme ist
die Belegung und Leistung des Hauses stetig angestiegen, 1980 betrug der Ausnut-
zungsgrad 87 Prozent.
Dem Krankenhaus sind eine Krankenpflegeschule mit 54 Ausbildungsplätzen und ein
Personalwohnheim mit 70 Appartements angegliedert. Alle hauptamtlich geleiteten
Fachabteilungen besitzen die Anerkennung als Weiterbildungsstätte im Rahmen der
Facharztausbildung. Es ist außerdem als akademisches Lehrkrankenhaus der Universität
Freiburg vorgesehen.
Die Baukosten für Neubau und Einrichtung des Krankenhauses, der Krankenpflege-
schule und der Parkpalette betrugen 60 Mio. DM. Mit über 400 Beschäftigten, darunter
35 Ärzten, nimmt das Kreiskrankenhaus auch in arbeitsmarktpolitischer Hinsicht eine
wichtige Stellung ein.
Das 1956 errichtete Bruder-Klaus-Krankenhaus in Waldkirch mit Fachabteilungen für
Innere Medizin, Chirurgie, Gynäkologie und Geburtshilfe mit insgesamt 223 Betten
wird vornehmlich von der Bevölkerung des Elztales in Anspruch genommen. Es ist der
Leistungsstufe der Grundversorgung zugeordnet und liegt in der Trägerschaft der Kon-
gregation der Franziskanerinnen in Erlenbad. In der angeschlossenen Krankenpflegeschule stehen rd. 45 Ausbildungsplätze zur Verfügung.

Das Städtische Krankenhaus in Herbolzheim (Grundversorgung) mit den Fachabteilungen Innere Medizin, Neurologie, Chirurgie, Gynäkologie und Geburtshilfe hat 150 Betten. Für rd. 14 Mio. DM wird in den Jahren 1981 bis 1985 ein neuer Funktionstrakt erstellt werden mit einer anschließenden Anpassung und Umstellung des Altbaues aus dem Jahr 1950.

Das als Belegkrankenhaus geführte Städtische Krankenhaus Kenzingen (Ergänzungsversorgung) mit früher 100 Betten wurde Anfang 1981 auf 70 Betten reduziert. Derzeit laufen Untersuchungen für eine neue Konzeption des Krankenhauses mit der Absicht, die Anzahl der Betten nochmals stärker zu verringern oder mittelfristig den Krankenhausbetrieb ganz einzustellen.

Das Städtische Krankenhaus Elzach (Ergänzungsversorgung) mit bislang 50 Betten wird im Laufe des Jahres 1981 geschlossen und voraussichtlich in ein Altenpflegeheim umgewandelt.

Am Fuße des Kandel liegt die Herz-Kreislauf-Klinik Waldkirch, die über 200 Betten verfügt. Das Rehabilitationskrankenhaus verfügt über moderne Einrichtungen zur Diagnostik und Therapie von Erkrankungen des Herz-Kreislauf-Systems.

In Elzach besteht seit 1961 ein Neurologisches Sanatorium des Bundes deutscher Hirngeschädigter mit 180 Betten nach der Fertigstellung des derzeitigen Erweiterungsbaues. Es ist beabsichtigt, eine klinische Abteilung für Aphasiekranke einzurichten.

Am Stadtrand der Großen Kreisstadt Emmendingen erstreckt sich das große Areal des Psychiatrischen Landeskrankenhauses, in dem Patienten aus acht Land- und Stadtkreisen des südwestlichen Baden-Württemberg aufgenommen werden. Das 1889 gegründete Krankenhaus hat derzeit 1196 Betten mit einer Sonderabteilung für tuberkulöse Geisteskranke. In der zurückliegenden Zeit wurde eine grundlegende Sanierung des Krankenhauses mit mehreren neuen Krankenhausgebäuden, Versorgungs- und Wirtschaftsbauten durchgeführt. Zum Psychiatrischen Landeskrankenhaus gehören ein 50 ha großer Gutshof, umfangreiche therapeutische Einrichtungen und arbeitstherapeutische Werkstätten für alle üblichen Handwerke sowie eine Krankenpflegeschule. Mit 860 Beschäftigten, darunter 130 Auszubildenden in der Krankenpflege, ist das Psychiatrische Landeskrankenhaus der zweitgrößte Arbeitgeber im Landkreis.

Politische Landschaft

Die Beschreibung eines Verwaltungsraumes wäre unvollständig, würde man nicht auf die politische Einstellung seiner Einwohner eingehen, hat sie doch großen Einfluß auf die Entwicklung des betreffenden Gebiets. Insbesondere bei der Wahl des Kreistages, dem Hauptorgan des Landkreises, prägen die wahlberechtigten Einwohner die Zukunft des Kreises wesentlich mit. Leider scheint diese Tatsache vielen Einwohnern nicht bekannt zu sein, denn bei der Kreistagswahl 1979 gingen von nahezu 90000 Wahlberechtigten nur 47000 zur Urne (52,3%). Am erfolgreichsten schnitt hierbei die CDU mit 43,6 Prozent der abgegebenen Stimmen ab. Es folgten SPD (33%), FWV (13,2%) und FDP/DVP (10,2%). Dadurch wurde die CDU wie in den Vorjahren (siehe Tabelle) die stärkste Fraktion im Kreistag, erreichte aber nicht die absolute Mehrheit.

Bei den Gemeinderatswahlen im Jahr danach eroberte ebenfalls die CDU die meisten Sitze, 148 von insgesamt 389. Auf freie Wählervereinigungen entfielen 124, auf die SPD 90, auf die FDP 10 und auf Listenverbindungen 16 Sitze. Die erstmals an Gemeinderatswahlen teilnehmende Partei Die Grünen erreichte einen Sitz. Diese neue Partei hatte 1979 bei den Europawahlen (Wahlbeteiligung 56,2%) ihren ersten Wahlerfolg mit 7,4 Prozent der abgegebenen Stimmen verbucht. Die CDU hatte hier 48,1, die SPD 34,9 und die FDP/DVP 7,8 Prozent erreicht.

Wie in früheren Jahren erreichte die CDU bei den Landtags- und Bundestagswahlen 1980 die meisten Stimmen, nämlich zum Landtag 45,2 und zum Bundestag 44,4 Prozent (Zweitstimmen). Es folgten SPD (34,1 und 40,9%), FDP/DVP (12,6 und 11,7%) und die Grünen (7,7 und 2,7%). Die Wahlbeteiligung lag bei der Landtagswahl bei 70,1 Prozent und bei der Bundestagswahl bei 85,3 Prozent.

Zu erwähnen sind auch die Erfolge der Landtags- und Bundestagskandidaten aus dem Landkreis Emmendingen, unterstützen sie doch die Interessen des Kreises in den Parlamenten. So sitzen im Landtag Baden-Württemberg aus unserem Landkreis die Abgeordneten Alois Schätzle (CDU), Karl Nicola (SPD) und Dr. Hans Erich Schött (FDP), die übrigens auch Kreistagsmitglieder sind. Im Deutschen Bundestag vertreten die Abgeordneten Albert Burger (CDU) und Ruth Zutt (SPD) den Wahlkreis Emmendingen-Lahr.

Tabelle 8: Politische Zusammensetzung des Kreistages seit 1953

Parteien	Anzahl der Sitze im Wahljahr					
	1953	1959	1965	1971	1973	1979
CDU	18	21	18	21	23	20
SPD	8	11	9	14	14	14
FDP	5	7	6	3	4	4
FWV	–	–	5	7	6	5
Sonstige*	1	–	–	–	–	–
Gesamtzahl der Sitze	32	39	38	45	47	43

*) Bund der Heimatvertriebenen und Entrechteten

Aufgaben und Leistungen des Kreises

Kreis und Gemeinden betreuen gemeinsam die Bevölkerung im Kreisgebiet. Dabei verwaltet der Landkreis unter eigener Verantwortung die die Leistungsfähigkeit seiner Gemeinden übersteigenden öffentlichen Aufgaben. Außerdem unterstützt der Kreis die Gemeinden in der Erfüllung deren Aufgaben und trägt zu einem gerechten Ausgleich ihrer Lasten bei. Neben diesen kommunalen Selbstverwaltungsaufgaben erfüllt das Landratsamt als Behörde des Landkreises auch die Aufgabe einer unteren staatlichen Verwaltungsbehörde.

Das Landratsamt des Landkreises Emmendingen ist in der Großen Kreisstadt Emmendingen zu Hause. In dem 1961 neben dem zweigeschossigen Altbau errichteten sechsgeschossigen Neubau in der Innenstadt sowie in derzeit fünf Nebenstellen in Emmendingen und Waldkirch arbeiten 270 Kreis- und Landesbedienstete (Stand 1981). Hinzu kommen 410 Mitarbeiter im Kreiskrankenhaus Emmendingen sowie 50 Mitarbeiter im Kreisaltenheim Kenzingen, darunter zehn Ordensschwestern. In den Schulen des Landkreises sind über 40 Bedienstete beschäftigt. In diesen Zahlen enthalten sind 80 Auszubildende. Mit knapp 800 Beschäftigten gehört der Landkreis Emmendingen damit zu den fünf größten Arbeitgebern des Kreises.

Im Landkreis Emmendingen haben sich Politiker und Verwaltungsfachleute immer bemüht, bei ihrer Arbeit für den Kreis die eingangs angeführten Grundsätze zugrunde zu legen. Dabei war die Aufgabenbewältigung bei einem engen Finanzvolumen sicher nicht einfach. Trotzdem kann der Landkreis Emmendingen heute ein weitgespanntes Leistungsverzeichnis vorlegen. Insbesondere auf dem Gebiet Soziales hat sich der Kreis, wie schon dargelegt, stark engagiert. Über 60 Prozent des Verwaltungshaushalts (1981: 45,4 Mio. DM) werden für diesen Bereich ausgegeben. Mit dem Neubau des 300-Betten-Kreiskrankenhauses 1977 und dessen laufender Unterhaltung (Etat 1981: 29,1 Mio. DM) hat der Kreis auch das Gesundheitswesen in seinem Gebiet gefördert. Große Anstrengungen unternahm der Landkreis für sein Berufsschulwesen. Mit der Zentralisierung und dem Ausbau dieser Schulen in Emmendingen und Waldkirch werden den Schülern hervorragende Ausbildungsmöglichkeiten geboten. Über 21 Mio. DM hat der Landkreis in den jüngsten Jahren für den Berufsschulbau aufgewendet. Vielleicht nicht so bekannt mag sein, daß der Landkreis auch für 106 km Kreisstraßen zuständig ist. Es würde den Rahmen dieses Beitrags sprengen, ginge man auf weitere Leistungen des Landkreises Emmendingen in seiner über 40jährigen Geschichte ein. Deshalb wurden hier nur einige Beispiele aus der jüngeren Zeit angeführt, die jedoch das Aufgaben- und Leistungsfeld weitgehend ausleuchten.

Ausblick

Die nahezu magische Zahl des Jahres 2000 steht im Blickfeld. Über die Zukunft unserer Gesellschaft zur Jahrtausendwende wurde bereits vieles geschrieben, gestritten und zahlreiche Voraussagen getroffen.

Wer Verantwortung für eine Landschaft wie einen Landkreis und auch darüber hinaus empfindet und zu tragen hat, muß sich gleichermaßen vor einem gedankenlosen Optimismus nach dem Motto ,,bis jetzt hat sich doch alles wieder eingerenkt'' wie vor einem entnervenden und ängstlichen Pessimismus hüten.

Auch die scheinbar heile südbadische Welt des Landkreises Emmendingen ist nicht frei von Konflikten und Zukunftsaufgaben, für die es keine Patentrezepte gibt:

– Der geplante Bau des Kernkraftwerkes bei Wyhl ist nach wie vor heftigst umstritten und wird möglicherweise weitere Auseinandersetzungen zwischen den Parteien, dem Staat und Teilen der Bevölkerung auslösen.

– Große Sorgen bereitet die wirtschaftliche Schwäche des Landkreises. Durch die Verringerung des Wachstums treten die Strukturprobleme des Landkreises nunmehr stärker hervor. Etliche Gewerbe- und Industrieunternehmen im Kreis haben in der jüngsten Zeit ihre Beschäftigtenzahl reduziert oder den Betrieb ganz geschlossen. Es bedarf vielseitiger und tatkräftiger Anstrengungen zur Erhaltung und Schaffung von neuen, vor allem auch qualifizierten Arbeitsplätzen. Die Kreisverwaltung hat sich seit kurzem verstärkt dieser Aufgabe werbend, beratend und fördernd angenommen.

– Für mehrere Straßenbauprojekte – B 3 Umgehung Emmendingen/Teningen, neue Verbindungsstraße Riegel – Sasbach, innerstädtische Verkehrsplanung Emmendingen – konnte bislang keine Übereinstimmung zwischen allen Beteiligten erzielt werden.

– Der beabsichtigte und wünschenswerte Ausbau der Rheintal-Eisenbahn wird sich kaum ohne Probleme verwirklichen lassen.

– Bedenklich ist die stetige Abwanderung, besonders jüngerer Leute, aus den Schwarzwald- und Rheingemeinden und andererseits der Siedlungsdruck und ansteigende Landverbrauch im Raum Teningen–Emmendingen–Denzlingen–Waldkirch, damit einhergehend die überproportionale Steigung der Baulandpreise.

– Der finanzielle Spielraum ist knapper geworden. Der Landkreis Emmendingen ist gemessen an seiner Steuerkraft der finanzschwächste unter den Landkreisen Baden-Württembergs. Die Einnahmen gehen zurück, hingegen steigen die Ausgaben, insbesondere der Sozialaufwand.

Der Landkreis Emmendingen hat seine ihm obliegenden Aufgaben bislang zufriedenstellend gemeistert und hat sich auch als kleiner Landkreis bewährt. Die großen kostenintensiven Vorhaben wie Schulen und Krankenhaus sind nahezu abgeschlossen. Neue Aufgaben wie der öffentliche Personennahverkehr, die Förderung der Jugend, der kulturellen Angebote, des Fremdenverkehrs erfordern künftig außer Geld ganz besonders Ideenreichtum und eine feste partnerschaftliche Zusammenarbeit mit den Gemeinden, den Verbänden und Vereinen sowie der Wirtschaft des Kreises. Der Landkreis wird sich auch den künftigen Herausforderungen stellen und sich mit aller Kraft bemühen, den Bürgern seines Gebietes zu dienen.

163. *Biederbach. Die kath. Pfarrkirche liegt erhöht zwischen mächtigen Bauernhöfen*

Umseitig:
164. *Blick über Biederbach-Tannhöf*
165. *Biederbach. Die kath. Pfarrkirche hat eine qualitätvolle Barockausstattung*

Die Große Kreisstadt Emmendingen

von Karl Faller

Wegen seiner bevorzugten Lage hat Emmendingen seit alters die Funktion eines Zentralortes. Schon die Markgrafen von Baden machten es zum Verwaltungsmittelpunkt ihrer Markgrafschaft Hachberg. Diese Stellung behielt es über die Jahrhunderte bei, auch als zu Großherzogs Zeiten daraus das Oberamt und später der Amtsbezirk Emmendingen geworden war, aus dem schließlich im 20. Jahrhundert der Landkreis Emmendingen hervorging. Der Region ,,Südlicher Oberrhein'' zugeordnet, ist Emmendingen heute Sitz des Landratsamtes und beherbergt auch die wichtigsten staatlichen Stellen.

Emmendingen, das 1973 zur ,,Großen Kreisstadt'' erklärt wurde und annähernd 25000 Einwohner zählt, ist im Landesentwicklungsplan als Mittelzentrum ausgewiesen. Aus dieser Stellung heraus fallen ihm besondere Aufgaben für seinen Einzugsbereich zu. So entstand 1975 eine Verwaltungsgemeinschaft mit den Nachbargemeinden Teningen, Malterdingen, Freiamt und Sexau, die u. a. eine gemeinsame Flächennutzungsplanung vorbereitet. Dieses Ereignis bildete gleichzeitig den Schlußpunkt der Gemeindereform im Raum Emmendingen, in deren Verlauf die Ortschaften Kollmarsreute, Maleck, Mundingen, Wasser und Windenreute zur Kreisstadt gekommen waren. Federführend für überörtliche Aufgaben war die Stadt schon früher gewesen, z. B. bei dem 1959 gegründeten Abwasserverband ,,Untere Elz'', der das Klärwerk Köndringen gebaut hat.

Von Natur aus ist Emmendingen mit einer ungünstigen Gemarkungsform ausgestattet, deren Zustandekommen es immer noch ungeklärten historischen Zufälligkeiten verdankt. Deshalb hatte die Stadt vor allem seit dem Ende des Zweiten Weltkrieges mit großen Schwierigkeiten zu kämpfen, die aber dank einer vernünftigen Grundstückspolitik abgemildert werden konnten. Der starke Zustrom von Heimatvertriebenen ließ die Einwohnerzahl – sie betrug 1946 noch 8917 – sprunghaft ansteigen. Ihrer Wohnungsnot zu steuern und zugleich ihre Integration zu fördern, galten die Wohnungsbauprogramme der frühen fünfziger Jahre. Vor den ,,Toren'' der Altstadt sind seit jener Zeit in rascher Folge neue Wohnviertel entstanden, so an Kastelberg und Burg, in der Roethe und am Schloßberg. Bürkle und Bleiche wuchsen zu einem Stadtteil zusammen, der inzwischen größer ist als der Stadtkern selbst. Auch heute noch ist in Emmendingen eine rege Bautätigkeit zu verzeichnen. Neue Bebauungspläne schaffen das erforderliche Bauland. Daneben wird die Verbesserung der Lebensqualität im Innenstadtbereich durch die Altstadtsanierung eine vordringliche Aufgabe für die Zukunft sein.

Durch ihre Gemarkungsarmut wurde die wirtschaftliche Entwicklung der Stadt in den vergangenen Jahrzehnten erheblich gestört. Eine großräumige Industrie- und Gewerbeansiedlung sowie die Verlegung vorhandener Industrie- und Gewerbebetriebe aus der Stadt heraus waren nur im beschränkten Umfang möglich. Die Realsteuerkraft der Stadt ist daher auch weit hinter der vergleichbarer Städte zurückgeblieben. Emmendingen hatte immer unter seiner Finanzschwäche zu leiden und war stets auf erhebliche Zuschüsse von Bund und Land angewiesen. Wenn es trotzdem seine heutige Stellung erreichte, so ist dies nur einer geschickten Finanzpolitik zu verdanken. Sie allein ermöglichte, daß die als Kriegsfolge und aus einem in frühere Generationen zurückreichenden Nachholbedarf erforderlichen Infrastrukturmaßnahmen ohne erhebliche Verschuldung durchgeführt werden konnten.

Emmendingen bietet aber nicht nur in den Industrie- und Gewerbebetrieben den Einwohnern der Stadt und des Umlandes Beschäftigung. Auch Handels- und Dienstleistungsunternehmen aller Art sind in großer Zahl vorhanden und stellen Arbeitsplätze zur Verfügung. Zudem ist Emmendingen in den letzten Jahren eine beliebte Einkaufsstadt geworden. Vom Einzelhandelsgeschäft über das Kaufhaus bis hin zum Verbrauchergroßmarkt gibt es hier alles. Zwei Werbegemeinschaften sorgen mit ihren spektakulären Aktionen für ein stetiges Anwachsen des Einzugsgebietes. Dazu trägt auch die gute verkehrsmäßige Erschließung der Stadt und ihre Anbindung an die Umgebung durch Straßen, Parkplätze und öffentliche Verkehrsmittel bei. Hier wird die geplante Verlegung der Ortsdurchfahrt im Zuge einer Neutrassierung der Bundesstraße 3 entscheidende Bedeutung haben. Reichhaltig ist in gleicher Weise das Dienstleistungsangebot, z. B. auf dem Sektor der medizinischen Versorgung. Neben zahlreichen Ärzten der Allgemeinmedizin und Fachärzten aller Richtungen stehen ein modern ausgestattetes Kreiskrankenhaus, eine Ökumenische Sozialstation und ein Psychiatrisches Landeskrankenhaus bereit.

Obwohl in ihren finanziellen Möglichkeiten immer beengt, bemühen Stadtverwaltung und Gemeinderat sich stets, die für das Wohl und die Bedürfnisse ihrer Bürger erforderlichen öffentlichen Einrichtungen zu schaffen. Eine wichtige Rolle spielt nach wie vor das Schulwesen. Durch umfangreiche Investitionen verfügt Emmendingen heute über alle möglichen Schularten. Hierzu gehören außer den Grund- und Hauptschulen – insgesamt acht an der Zahl – ein Gymnasium naturwissenschaftlich-mathematischer Richtung, eine Realschule, ein kreiseigenes Berufsschulzentrum mit Wirtschaftsgymnasium und Technischem Gymnasium, ein Schulkindergarten, je eine Sonderschule für Lern-

behinderte und Bildungsschwache sowie eine Sprachheilschule. Dem Kreiskrankenhaus
ist eine Krankenpflegeschule, der benachbarten Staatsdomäne Hochburg eine staatliche
Fachschule für Landwirtschaft angeschlossen. In Emmendingen befindet sich ferner eine
Außenstelle der Landespolizeischule Baden-Württemberg.

Auf dem Gebiet der Erwachsenenbildung und Freizeitgestaltung ist für Emmendingen
die ,,Volkshochschule Nördlicher Breisgau'' ein wesentlicher Faktor. Sie versteht sich
als kommunales Zentrum außerschulischer Bildung und Begegnung und wird von einem
aus sieben Gemeinden bestehenden Zweckverband getragen. Die mit ihr verbundene
Jugendmusikschule hat bereits einen erstklassigen Rang.

Ebenfalls gut ausgestattet ist Emmendingen mit Kindergärten. Zwei stadteigene und
acht kirchliche Einrichtungen sowie ein privater Kindergarten decken den notwendigen
Bedarf in Stadt und Stadtteilen. Dazu kommen noch 17 Kinderspielplätze, von denen der
nahe dem Kreiskrankenhaus gelegene Waldspielplatz ,,Vogelsang'' ohne Zweifel der
schönste ist. Sie runden das Angebot an die jüngsten Bürger ab.

Aber auch die ältere Generation kommt hier nicht zu kurz. Sie kann sich in den von Kirchen und Wohlfahrtsverbänden eingerichteten Altenbegegnungsstätten treffen. Für das
leibliche Wohl sorgt im Notfall die Aktion ,,Essen auf Rädern''. Alleinstehende finden
Aufnahme im Altenheim der Metzger-Gutjahr-Stiftung. Einmal im Jahr werden die
über siebzigjährigen Männer und Frauen von der Stadt zu einem Altennachmittag eingeladen. Ein offizieller Glückwunsch und ein Geschenk zum Geburtstag zeigt ihnen, daß
auch sie nicht vergessen sind.

Emmendingen ist eine sportfreudige Stadt. In 27 Vereinen werden zahlreiche Sportarten
betrieben. Neun Turn-, Sport- und Gymnastikhallen stehen für die Sportler derzeit zur
Verfügung, ferner sieben Turn- und Sportplätze und eine Reihe von Spezialanlagen. Sie
alle wurden weitgehend mit kommunaler Unterstützung errichtet. Weitere Sportstätten
werden noch gebaut. Neben einem privaten Hallenbad ist ein schön gelegenes, städtisches Freibad vorhanden, dessen Erneuerung für die nächsten Jahre ansteht. Zur Über-
planung kommen auch die in den sechziger Jahren geschaffenen Sportanlagen ,,Über der
Elz'', die dringend einer Erweiterung bedürfen.

Das kulturelle und gesellschaftliche Leben wird weitgehend von den Vereinen, Organisationen und Kirchen getragen. Ihre Leistungen sind groß und liegen auf den verschiedensten Gebieten. Sie treten mit vielen Veranstaltungen an die Öffentlichkeit und sorgen im Laufe des Jahres reichlich für Abwechslung. Hier seien stellvertretend nur die
Aktivitäten der Emmendinger Narrengilde zur Fasnachtszeit, das Freilichttheater der
Volksbühne im Sommer und das Lammstraßenfest im Herbst, ein Gassenfest in der Altstadt, genannt. Seit einigen Jahren ist Emmendingen auch Standort des ,,Breisgauer
Weinfestes''. Die Oratorienaufführungen der Evangelischen Kantorei und die Konzerte
der Stadtmusik genießen ebenfalls schon einen hohen Ruf.

Die Stadt unterstützt die Veranstalter dabei im Rahmen ihrer Möglichkeiten und wird, wo es geboten erscheint, auch selbst initiativ. Dies ist jedoch nicht immer möglich, weil ihr der Einfluß der benachbarten Universitätsstadt Freiburg gerade im musischen Bereich nur wenig Spielraum läßt. Immerhin gibt es hier noch zwei erwähnenswerte kulturelle Einrichtungen: die Stadtbücherei und das Heimatmuseum im Markgrafenschloß, das die traditionsreiche Geschichte Emmendingens und der mit ihr verbundenen Umgebung dokumentieren und der interessierten Einwohnerschaft und den zahlreichen Besuchern der Stadt näherbringen möchte.

Infolge seiner Grenzlage in der Nähe des Rheins hatte Emmendingen in den vergangenen Jahrhunderten oft unter den kriegerischen Auseinandersetzungen der europäischen Großmächte zu leiden. Daraus erwächst ihm aber auch die Möglichkeit, Brücke zwischen Deutschland und Frankreich zu sein und somit seinen Teil zur Verständigung zwischen den beiden Völkern beizutragen. Es ist deshalb 1978 eine Partnerschaft mit der südfranzösischen Stadt Six-Fours-Les-Plages (Var) eingegangen, die nicht nur auf offizieller Ebene, sondern auch im privaten Bereich bereits reiche Früchte trägt.

Überhaupt bildet Emmendingen durch seine verkehrsgünstige Situation und seine gepflegte Gastronomie den idealen Standort für Ausflugsfahrten und Ferienreisen in den Schwarzwald, zum Kaiserstuhl, ins Elsaß und in die Schweiz. Nicht umsonst nennt man es das ,,Tor zu Schwarzwald und Kaiserstuhl''. Es hat zudem das Glück, in einem Naherholungsgebiet ersten Ranges angesiedelt zu sein. Durch den Stadtgarten mit seinem prächtigen alten Baumbestand und einem ,,Rosarium'', vorbei an dem einmalig schönen Bergfriedhof mit der 1955 vom Volksbund Deutsche Kriegsgräberfürsorge angelegten Kriegsgräberstätte, führen nur wenige Schritte in das weitläufige Waldgebiet der Schwarzwald-Vorbergzone, wo bequeme und gepflegte Fußwege nach allen Richtungen erholsame Spaziergänge und Wanderungen ermöglichen.

An diesem Ort, in dieser Landschaft kann man sich wohlfühlen. Nicht umsonst hat schon der mit Emmendingen eng verbundene Dichter Goethe vor 200 Jahren den Satz niedergeschrieben: ,,Der Rhein und die klaren Gebirge in der Nähe, die abwechselnden Wälder, Wiesen und gartenmäßigen Felder machen den Menschen wohl und geben mir eine Art Behagens, das ich lange entbehrte.''

Wissenswertes aus den Städten und Gemeinden

von Franz X. Vollmer

Vorbemerkung: Unter diesem Kapitel sind alle Städte und Gemeinden des Landkreises mit Einwohnerzahlen vom 30. 6. 1980 dargestellt. Bei den Einwohnerzahlen der Stadt- und Ortsteile dagegen sind nur die Zirka-Angaben möglich.

Altsimonswald *siehe Simonswald*

Amoltern *siehe Endingen*

Bahlingen

218,6 m NN – Fl: 1265 ha – Einw 2874
Die Gemeinde Bahlingen gehört zusammen mit der Stadt Endingen und den Gemeinden Forchheim, Riegel, Sasbach und Wyhl zu dem am 1. 1. 1975 konstituierten Gemeindeverwaltungsverband „Nördlicher Kaiserstuhl" (Sitz Endingen).
Bahlingen ist nach seinem Namen und nach Reihengräberfunden eine alte Alamannensiedlung. Schriftlich erscheint es als „Baldinga" erstmals 763. Wie das benachbarte Riegel war Bahlingen Reichsgut, das dem König selbst gehörte, z. T. aber auch an adlige Amtsträger, die anstelle des Königs das Land verwalteten, übergegangen ist. Neben den fränkischen Königen tauchte so im frühen Mittelalter in Bahlingen auch Graf Guntram auf, der der bekannten Herzogsfamilie der Etichonen entstammte, die anstelle des fränkischen Herrschers das Elsaß verwaltet, aber auch an verschiedenen Stellen rechts des Oberrheines in Ortenau und Breisgau Fuß gefaßt hatten. Kaiser Karl der Dicke schenkte 862 seiner Gemahlin Richardis Bahlingen, die es um 880 an das elsässische Kloster Andlau übergab. Bei diesem Andlauer Besitz, der erst 1344 verkauft wurde, dürfte es sich um

Oberbahlingen gehandelt haben, während Unterbahlingen – wahrscheinlich ebenfalls durch eine königliche Schenkung – in den Besitz des Klosters Schuttern gekommen ist, bei dem es 1138 sicher bezeugt ist. Im Mittelalter (1275) besaß Bahlingen zwei Pfarrkirchen: Die Kirche in Oberbahlingen, auch „Kirche auf dem Berge" genannt, gehörte bereits 1318 dem Johanniterorden in Freiburg, die Pfarrkirche in Unterbahlingen, auch als „Niedere Kirche" bezeugt, war schon 1276 dem Kloster Schuttern inkorporiert, bis der Markgraf von Baden-Durlach als Landesherr in Bahlingen die Reformation durchführte. Als Lehen von Andlau war nämlich Bahlingen inzwischen an die Herren von Üsenberg, von diesen 1336 an die Städte Freiburg und Endingen, dann 1379 an die Markgrafen von Hochberg und schließlich mit der Herrschaft Hochberg an die Markgrafen von Baden gekommen. Von da an vollzog sich die Geschichte Bahlingens ganz im Rahmen der Markgrafschaft Baden-Durlach.
Im Großherzogtum gehörte es zuerst zum Bezirksamt Endingen, ab 1819 zum Bezirksamt Kenzingen und ab 1872 zu Emmendingen.
1813 hatte Bahlingen 1842 Einwohner. Bis 1939 war die Zahl auf 2286 gestiegen, und die Bevölkerungsentwicklung verlief kontinuierlich bis auf 2850 Einwohner im Jahr 1970. In dem ehemals reinen Bauerndorf (Hauptprodukte: Wein, Vieh) waren 1970 noch 437 Personen (29,3%) in Land- und Forstwirtschaft beschäftigt, dagegen bereits 871 (58,3%) in

Industrie – Handel – Gewerbe und 184 (12,3%) in den Dienstleistungen. Seitdem hat sich die Abwanderung aus der Landwirtschaft verstärkt weiterentwickelt. 1970 pendelten 499 Personen aus und 89 ein. Inzwischen sind neue Arbeitsplätze in Bahlingen geschaffen worden, wodurch sich die Auspendlerzahl zugunsten der Einpendler verringert hat.

Das Bemühen der Gemeinde, Bevölkerung und Beschäftigte in Bahlingen zu halten, zeigt sich auch in der Bereitstellung von 16 ha Wohnland und 6 ha Industriegelände. Dazu wurde neben den üblichen Modernisierungsmaßnahmen (Trennsystem in der Wasserversorgung, Ortsstraßenbau, Erstellung einer Leichenhalle usw.) ein Mineral-Thermalbrunnen erbohrt, die beschleunigte Zusammenlegung des landwirtschaftlich genutzten Geländes betrieben und eine Mehrzweckhalle in Planung gegeben.

Kulturhistorische Sehenswürdigkeiten s. S. 143.

zuwachs nicht integrieren konnte, sank die Einwohnerzahl 1970 aufgrund zahlreicher Auswanderungen auf 1424. Auch 1979 waren nur 1474 Einwohner gemeldet.

Nach dem 2. Weltkrieg setzte eine tiefgreifende Umstrukturierung ein: 1970 waren nur noch 373 Personen (49,9%) in Land- und Forstwirtschaft, dagegen bereits 317 (42,5%) in Industrie – Handel – Gewerbe und 58 (7,6%) im Dienstleistungssektor beschäftigt. Seitdem sind nochmals 10% der in Land- und Forstwirtschaft Tätigen in Industrie und Gewerbe abgewandert. 1970 pendelten 361 Personen aus – die Tendenz ist steigend – und 14 ein.

Die Gemeinde hat in der Nachkriegszeit 1,2 ha Wohnland bereitgestellt, ebenso einen Sportplatz, 2 Hochbehälter für Wasserversorgung und 4 km Abwasserleitung zur Kläranlage Elzach und 16 km Ortsstraßen ausgebaut. In Planung befinden sich ein Kindergarten und ein Wohnbaugelände (ca. 1 ha).

Kulturhistorische Sehenswürdigkeiten s. S. 144.

Biederbach

503 m NN – Fl: 3136 ha – Einw 1485

Biederbach gehört mit der Stadt Elzach und der Gemeinde Winden i. Elztal zum „Gemeindeverband Elzach" (1. 1. 1975).

Urkundlich wird der Ortsname erst im 14. Jh. faßbar, doch deuten vordeutsche Flurnamen darauf hin, daß bereits vor den Alamannen hier romanisch sprechende Bevölkerung vorhanden war. Das Leben in der abseits der politisch und strategisch wichtigen Durchgangsstraßen des Kinzig- und des Elztales liegenden Talgemeinde mit ihren weitgestreuten Zinken und Höfen vollzog sich viele Jahrhunderte in gleichen Bahnen: Die Kirche von Biederbach war lange Filiale der Pfarrkirche Elzach, Patronat und eine Anzahl Höfe gehörten dem Kloster Waldkirch. Über Waldkirch kam Biederbach zur Herrschaft Schwarzenberg und wurde schließlich Teil des vorderösterreichischen Breisgau. Von Österreich zeitweise als Lehen oder Pfandschaft an Adelsgeschlechter ausgegeben, ist Biederbach so zuletzt 1697 an die von Wittenbach gekommen, bei denen es bis 1805 (1797) blieb, um dann an Baden überzugehen. Bis 1819 gehörte Biederbach zum Amt Elzach, dann bis 1936 zum Amtsbezirk Waldkirch, seitdem zum Kreis Emmendingen.

1813, nach dem Übergang an Baden, wurden in Biederbach 1652 Einwohner gezählt. Da die ausschließlich betriebene Landwirtschaft einen Bevölkerungs-

Bleibach *siehe Gutach i. Br.*

Bleichheim *siehe Herbolzheim*

Bombach *siehe Kenzingen*

Broggingen *siehe Herbolzheim*

Buchholz *siehe Waldkirch*

Denzlingen

234 m NN – Fl: 1698 ha – Einw 10147

Denzlingen bildet mit den Gemeinden Reute und Vörstetten den Gemeindeverwaltungsverband Denzlingen – Vörstetten – Reute, Sitz Denzlingen (1. 1. 1975).

Der Name Denzlingen ist erstmals 984 schriftlich bezeugt, doch ist der -ingen-Ort zweifellos viel älter. Er lag an dem fast schnurgerade von Nordwesten (Riegel) nach Südosten (Glottertal) verlaufenden alten „Herweg"/„Hertweg" (Hartweg) und bestand im Mittelalter aus einem Nieder- und einem Oberdorf, das zu einem einzigen, langgezogenen Straßendorf zusammenwuchs, welches bis ins 20. Jh. hinein wegen seiner auffälligen Form auch „Langendenzlingen" genannt wurde. Möglicherweise war die Siedlung schon früh öffentliches Gut gewesen, über das grundsätzlich die Könige, aber in Zeiten ihrer Abwesenheit oder Regierungsschwäche die ihre Stelle einnehmenden Herrschaftsträger verfügen konnten. So verfügte 952 Kaiser Otto I. über den Mauracherhof, den er dem von der elsässischen Herzogsfamilie der Etichonen abstammenden Grafen Guntram hatte abnehmen lassen, und schenkte ihn der Konstanzer Bischofskirche; so hat der Kaiser das Kloster Einsiedeln mit Besitz in Denzlingen, der wohl ebenfalls vorher Guntram abgenommen worden war, ausgestattet. Bei dem 1144 bezeugten Besitz des Klosters St. Trudpert in Denzlingen dürfte es sich ebenfalls um altes öffentliches Gut aus dem Besitz der Etichonen handeln, während die Rechte des Klosters Waldkirch in Denzlingen im 10. Jh. wohl von Herzog Burchard I. von Schwaben stammten. In der Zähringerzeit spielten diese früheren Rechtsverhältnisse anscheinend keine Rolle mehr, ein seit 1112 in Denzlingen nachweisbarer Ortsadel war zähringischer Vasall, und nach den Zähringer Herzögen müssen zu einem unbekannten Zeitpunkt die Markgrafen von Hachberg Denzlingen an sich genommen haben. Ab 1305 ist jedenfalls der Markgraf von Hachberg als Landgraf im Breisgau Gerichtsherr in Denzlingen, und von da an gehört Denzlingen trotz zwischenzeitlicher Verlehnungen und Verpfändungen zur Markgrafschaft Hachberg, danach zur Markgrafschaft Baden-Durlach und erlebte in deren Rahmen die weitere Geschichte – wurde so 1556 evangelisch und im 30jährigen Krieg (1635) von den kaiserlichen Truppen völlig niedergebrannt – bis zur Gründung des Großherzogtums, das es zuerst dem Landamt Freiburg, dann dem Bezirksamt Emmendingen zuordnete.

Denzlingen, das 1813 als reines Bauerndorf (Haupterzeugnisse: Vieh, Öl) 1028 Einwohner hatte, wuchs bereits im 19. Jh. kontinuierlich: 1939 waren 2488 Einwohner verzeichnet. Die Zeit nach dem 2. Weltkrieg brachte einen beispiellosen Bevölkerungszuwachs durch Zuzug in die Neubaugebiete zwischen dem alten Straßendorf und dem Mauracher Berg: von 2522 Einwohnern 1946 stieg die Zahl sprunghaft auf 10 006 im Jahr 1979 an.

Die Daten der Volkszählung von 1970 dokumentieren den fast totalen Wandel des einstigen Dorfes zur vorstädtischen Wohnsiedlung: In Land- und Forstwirtschaft waren noch 173 Personen (6,1%) beschäftigt, in Industrie – Handel – Gewerbe dagegen 1871 Personen (66%) und in den Dienstleistungen 791 (27,9%). Seither hat sich die Zahl der in Land- und Forstwirtschaft Beschäftigten zugunsten der anderen Wirtschaftssektoren verschoben. Bezeichnend ist die

hohe Auspendlerzahl mit 2500 Personen, dagegen stehen nur 100 Einpendler.

Entsprechend groß sind die kommunalen Bemühungen seit 1970, Wohnland (43 ha) und Industriegelände (11 ha) bereitzustellen und zu erschließen, ebenso Sport- und Freizeiteinrichtungen (vor allem Hallen- und Freibadanlage Mauracherberg, dazu Leichtathletikanlage, Tennisplatz, Wander- und Radwege), Schulen und Kindergarten (Bildungszentrum mit Progymnasium und Realschule, Grundschule Brückleacker, Kindergarten). In Planung befinden sich mehrere Sport- und Freizeitanlagen. Kulturhistorische Sehenswüdigkeiten s. S. 144.

Elzach

Fl: 7524 ha – Einw 6367
Die heutige Stadt Elzach besteht aus der alten Stadt Elzach und den eingemeindeten Stadtteilen Katzenmoos (1. 1. 1974), Oberprechtal (1. 1. 1975), Prechtal (1. 1. 1975) und Yach (1. 7. 1974). Mit den Gemeinden Biederbach und Winden i. Elztal bildet sie den am 1. 1. 1975 konstituierten ,,Gemeindeverwaltungsverband Elzach''.
Kulturhistorische Sehenswürdigkeiten s. S. 144 ff.
Stadtteil Stadt Elzach (361 m NN – Fl: 441,9 ha – Einw 1979: ca. 2590)
Vordeutsche Flurnamen und der von Elzach über den Heidburgpaß schnurgerade, mit Steinplatten ausgelegte Weg der ,,Römerstraße'' ins fundreiche Kinzigtalgebiet von Mühlenbach-Haslach weisen auf frühe, voralamannische Besiedlung des Elzacher Raumes. Erstmals wird in der von 1178 erhaltenen Besitzbestätigungsurkunde ,,Eltavelt'' unter den Besitzungen des Klosters Waldkirch genannt. Dieses ,,Eltavelt'' befand sich auf dem linken Elzufer, oberhalb der späteren Stadt beim Ladhof, dem waldkirchischen Meierhof des Prechtals. Vermutlich zwischen 1287 und 1290 wurde die Stadt von Wilhelm von Schwarzenberg, dem Vogt des Klosters Waldkirch, angelegt; der Boden wurde aus den Marken der benachbarten waldkirchischen Meiertümer herausgeschnitten. Die bisherige Landstraße bildete nun die Marktstraße, zu der parallel zwei Hintergassen angelegt wurden. Zwei Stadttore und eine Stadtmauer umschlossen das Ganze. Die Stadtbürger hatten nicht mehr Freiheiten als die Bauern in den benachbarten Dörfern. Die Schwarzenberger blieben die Herren von Elzach; als sie ihre Herrschaft von Österreich zu Lehen nahmen, kam auch Elzach unter österreichische Lehensober-

hoheit. Im Erbgang ging Elzach im 15. Jh. an die Herren von Rechberg, von diesen auf die von Ehingen, dann auf die von Reischach über, zuerst als Lehen, dann als Pfandschaft von Österreich. So kam Elzach als Pfandschaft wieder nacheinander in mehrere Hände und schließlich im 18. Jh. in den Besitz der Familie von Wittenbach. 1805 kam Elzach mit dem übrigen vorderösterreichischen Breisgau an Baden. 1813–1819 war Elzach Sitz eines badischen Amtes, das die Gemeinden des heutigen „Gemeindeverwaltungsverbandes Elzach" umfaßte und 1819 dem Amtsbezirk Waldkirch angegliedert wurde, mit dem es 1936 zu Emmendingen kam.

Um 1475 hatte Elzach 140 Herdstätten, was etwa 840 Einwohnern entsprach, 1813, nach Beginn der badischen Verwaltung, „945 Seelen". Die 146 Erwerbstätigen gehörten größtenteils dem Gewerbe- und Handwerkerstand an, 32 waren Taglöhner und 5 Bauern. Elzach ist bis heute hauptsächlich Handwerkerstadt, die den Bedarf des oberen Elztales deckte. Die Bevölkerungszahlen zeigen, daß Elzach mit zeitbedingten kleineren Schwankungen von 987 Einwohnern ab 1825 auf 1552 Einwohner im Jahr 1939 und 2584 1970 anwuchs, bis die Gemeindereform die Zahl durch die Angliederung von Katzenmoos, Yach und Prechtal mehr als verdoppelte.

An industriellen Unternehmungen bestanden ein Saphirschleifwerk, eine Wollspinnerei und zwei kleinere Webereien. Seit 1901 war Elzach an die Bahn Denzlingen – Waldkirch angeschlossen. 1970 waren in der damaligen Stadt Elzach 960 Personen (77,1%) in Industrie – Handel – Gewerbe, 263 (21,1%) in Dienstleistungen und 22 (1,8%) in Land- und Forstwirtschaft erwerbstätig. Gleichzeitig pendelten 850 Personen nach Elzach zur Arbeit ein, 370 aus.

Seit den Eingemeindungen hat Elzach 4,0 ha Wohnland und 12,0 ha Industriegelände bereitgestellt, in Elzach eine Realschule und im Stadtteil Yach einen Kindergarten errichtet, Investitionen auf den Gebieten Straßen- und Wegebau und Wasserver- und -entsorgung durchgeführt. Geplant sind Wohnbaugebiete von ca. 12 ha und Gewerbegebiete von ca. 5 ha. Elzach besitzt ein Städtisches Krankenhaus, ein Sanatorium und ein Heimatmuseum und ist wie auch die Stadtteile Prechtal und Oberprechtal Luftkurort.

Stadtteil Katzenmoos (510 m NN – Fl: 810 ha – Einw 1979: ca. 340)

Die erste schriftliche Nennung stammt aus dem Jahre 1341. Sicherlich hat sich die Geschichte von Katzenmoos ganz im Rahmen des waldkirchischen Elztales vollzogen: Über Waldkirch ist es Besitz der Kloster-

vögte Waldkirchs, der Herren von Schwarzenberg, geworden, die es seit dem 13. Jh. als habsburgisches Lehen innehatten. Am Ende des 18. Jh. war so die Vogtei „Auf dem Katzenmoos" mit der ritterständischen Herrschaft Schwarzenberg zum vorderösterreichischen Breisgau gehörig und wurde 1805 badisch. 1880 war die Gemeinde noch rein katholisch. Die 1836 genannten 442 Einwohner konnten im weiteren 19. Jh. nicht gehalten werden. Bis 1939 ist ein stetiges Absinken auf 333 Einwohner zu beobachten. Auch nach dem 2. Weltkrieg hielt sich die Bevölkerungszahl knapp auf diesem Niveau (1970 344 Einwohner), da sich außerhalb der Landwirtschaft in der weitgestreuten Berggemeinde keine Beschäftigungsmöglichkeiten boten.

Stadtteil Prechtal (378 m NN – Fl: 2387 ha – Einw 1979: ca. 1640)

Stadtteil Oberprechtal (459 m NN – Fl: 2025 ha – Einw. 1979: ca. 870)

Das Prechtal wird anläßlich der erhaltenen päpstlichen Besitzbestätigungsurkunde von 1178 für das Frauenkloster Waldkirch erstmals schriftlich bezeugt. Es gehört also zu den frühen Ausstattungsgütern Waldkirchs und war eines der fünf klösterlichen Meiertümer, von denen aus das Elztal verwaltet wurde. Wie fast der ganze übrige Waldkircher Besitz geriet Prechtal unter die Herrschaft der Schwarzenberger, die ihrerseits im 13. Jh. die Oberlehenshoheit der Habsburger anerkannten. So wurde das Prechtal habsburgisches Lehen. Der Graf Johann von Habsburg-Laufenburg belehnte damit im 14. Jh. den Markgrafen von Hachberg und den Grafen von Fürstenberg. Die Hachberger, bzw. deren Nachfolger, die Markgrafen von Baden-Durlach, und die Fürstenberger besaßen von 1419 an bis 1806 Prechtal gemeinsam. Die Herrschaft Prechtal, die aus dem oberen Tal mit dem Dorf Prechtal, Landwasser und Hintertal und aus dem unteren Tal mit Reichenbach, Frischnau und Ladhof bestand, wurde vom Ladhof aus nach einer eigenen Talordnung verwaltet, die dem Tal relativ großen Freiheitsspielraum ließ. So gab es auch in der Reformationszeit keine einheitliche obrigkeitliche Glaubensentscheidung für Prechtal. 1553 wurde eine ev., 1748 eine kath. Pfarrei errichtet, 1782 wurde eine Simultankirche erbaut.

1836 hatte Prechtal 2413 Einwohner. Das Tal konnte eine höhere Einwohnerzahl jedoch trotz verbreiteter Heimarbeit nicht halten, und die überschüssigen Arbeitskräfte wanderten ab. 1970 hatten die seit 1964 getrennten Gemeinden Prechtal 1574 und Oberprechtal 877 Einwohner.

Stadtteil Yach (414 m NN – Fl: 1861 ha – Einw 1979: ca. 830)

Schriftlich ist Yach erst im Spätmittelalter belegt. Hier hatte das Stift Waldkirch ein Meiertum eingerichtet, das zeitweise als Lehen ausgegeben war. Am Ende des 18. Jh. hatten so die Freiherren von Rottenberg und die Schneullin-Bernlapp, Freiherren von Bollschweil, die Ortsobrigkeit in Yach. Sie gehörten dem Ritterstand der Breisgauischen Stände Vorderösterreichs an. 1805 ging Yach an Baden über, gehörte dann bis 1819 zum Amte Elzach, kam mit diesem zusammen an den Amtsbezirk Waldkirch und 1936 an Emmendingen. 1813 wurden in Unteryach 496 und in Oberyach 548, also zusammen 1044 Einwohner gezählt.

Danach ging die Entwicklung auf 749 Einwohner im Jahr 1939 zurück, und die Nachkriegszeit brachte der Bauerngemeinde nur einen mäßigen Zuwachs auf 830 Einwohner 1970.

Emmendingen

Fl: 3431 ha – Einw 24 663

Die heutige Große Kreisstadt Emmendingen umfaßt seit 1. 8. 1971 auch die bis dahin selbständigen Gemeinden Kollmarsreute, Maleck und Windenreute, seit 1. 1. 1974 Mundingen und seit 1. 1. 1975 Wasser. Mit den Gemeinden Teningen, Malterdingen, Sexau und Freiamt bildet Emmendingen eine vereinbarte Verwaltungsgemeinschaft mit Sitz in Emmendingen (1. 1. 1975).

Kulturhistorische Sehenswürdigkeiten s. S. 146 ff.

Stadtteil Stadt Emmendingen (202,7 m NN – Fl: 1244 ha – Einw 1979: ca. 16 820)

Das Quartier Romanei, das wohl ins 7. Jh. zurückreicht, läßt vermuten, daß neben dem alten -ingen-Ort Emmendingen eine gallo-romanische Siedlergruppe bestanden hat, hier also Alamannen und Romanen friedlich nebeneinanderlebten. Der sichere Boden der schriftlichen Überlieferung wird aber erst 1091 mit der Nennung eines „Odalricus de Anemoutingen" erreicht. 1094 heißt es von dem Ort, daß er „in der Grafschaft Hermanns" liege, also wohl zum Besitz gehörte, über den der Graf im Namen des Königs verfügen konnte. Emmendingen scheint dann stark unter die Herrschaft der Zähringer geraten zu sein, denn das Zähringerkloster St. Peter hatte hier Besitz, und Dienstmannen des Grafen von Urach, des Zähringererben, nannten sich zwischen 1220–1236 nach „Immindingen". Vor 1200 war Emmendingen aber entweder ganz oder doch in wesentlichen Partien

dem Machtbereich der Grafen von Nimburg eingeordnet gewesen, deren Dienstmannen sich ebenfalls nach Emmendingen nannten. Ihnen gehörte das Kirchenpatronat von Emmendingen, und sie hatten über die Güter der Klöster Sölden und St. Ulrich im Emmendinger Bann die Vogteirechte ausgeübt. Nach dem Aussterben der Nimburger Grafen 1200 stritten sich Staufer, Zähringer und der Bischof von Straßburg um deren Erbe, und für einige Zeit scheint sich der Stauferkaiser Friedrich II. im Besitz von Emmendingen durchgesetzt zu haben, denn 1236 ließ er sich vom Straßburger Bischof mit dem Kirchenpatronat des Dorfes und den Vogteirechten über den Söldener und St. Ulricher Klosterbesitz belehnen. Nach dem Zusammenbruch der staufischen Macht bis zur Reformationszeit (1545) war der Straßburger Bischof Herr der Emmendinger Pfarrkirche. In der weltlichen Herrschaft über Emmendingen setzte sich der Markgraf von Hachberg durch. 1415/20 kam Emmendingen zusammen mit der Markgrafschaft Hachberg an die Markgrafen von Baden und bei der Teilung der Markgrafschaft (1435) an die Linie Baden-Durlach, die in Emmendingen die Reformation durchführte (Emmendinger Religionsgespräch von 1590).

Emmendingen bestand aus zwei rechtlich getrennten Dörfern. Niederemmendingen wurde seit 1341 gesondert genannt, gehörte kirchlich bis 1805 zur Pfarrei Wöpplinsberg-Mundingen und entrichtete seinen Zehnt bis zur Reformation an das Kloster Schuttern. Oberemmendingen, der eigentliche, selbständige Ort, war Mittelpunkt einer Hachbergischen Vogtei, erhielt 1418 das Marktrecht und wurde danach von den Markgrafen zum ummauerten Marktflecken ausgebaut. 1590 verlieh Markgraf Jakob Emmendingen das Stadtrecht; die mit verbesserter Befestigung ausgestattete Stadt wurde nach Zerstörung und Aufgabe der Festung Hachberg 1689 Verwaltungsmittelpunkt der markgräflichen Herrschaft Hachberg und später Sitz des badischen Oberamtes Emmendingen. 1618 hatte Emmendingen 110 Familienhäupter, 1709 waren es 71. 1813 wurden in Emmendingen 1363, in Niederemmendingen, das noch getrennt geführt wurde, 324 Einwohner gezählt, 1883 nach der Eingemeindung von Niederemmendingen 3529. 1939 war die Zahl auf 9893 angestiegen, und 1971 hatte sie sich mit 16 820 fast verdoppelt, obwohl im 2. Weltkrieg durch Luftangriffe und Artilleriebeschuß 3 Fabriken und 60 Wohnhäuser zerstört worden waren. Die Volkszählung von 1970 zeigte, daß in Industrie – Handel – Gewerbe 5954 Personen (65,59%), in Dienstleistungen 2823 (30,98%) und in Land- und

Forstwirtschaft noch 312 (3,43%) erwerbstätig waren. Seither hat die Zahl der in Land- und Forstwirtschaft Tätigen weiter abgenommen. Die Pendlerzahlen zeigten fast ein Gleichgewicht zwischen Einpendlern (3739) und Auspendlern (3612).
Schon in der früheren Ackerbauern- und Handwerkergemeinde waren mehrere Industriebetriebe entstanden: um 1800 eine Feinpapierfabrik, 1840 eine Lederfabrik, 1860 2 Brennereien und eine Großschmiede mit Apparatebau, 1881 eine Mechanische Seil- und Spindelschnurfabrik, 1887 eine Großspinnerei usw., und 1890 wurde die Staatliche Heil- und Pflegeanstalt, das spätere Psychiatrische Landeskrankenhaus, eröffnet. Seit 1845 war Emmendingen an die Eisenbahnlinie Offenburg – Freiburg angeschlossen. Die Stadtgemeinde erstellte seit 1895/96 ein modernes Wasserleitungsnetz mit Hochbehältern und Pumpstationen und seit 1912/13 eine Kanalisation mit Kläranlage, 1908 das Städtische Krankenhaus (welches das Spital von 1833 ersetzte). 1836 waren die Gewerbeschule, 1840 die Höhere Bürgerschule, 1891 die Realschule (1937 Oberschule für Jungen, jetzt Goethe-Gymnasium), 1901 die Höhere Handelsschule eingerichtet worden.
Seit den Eingemeindungen hat die Gesamtgemeinde folgende kommunale Leistungen erbracht: 85 ha Wohnland und 35 ha Industriegelände bereitgestellt, Sport- und Freizeiteinrichtungen geschaffen (1971/72 Hochberg-Halle Kollmarsreute, 1974/75 Schulsportplatz, 1975 Hartplätze, 1975 Waldspielplatz „Vogelsang", 1977/79 Dorfgemeinschaftshaus Maleck, 1977/79 Grünanlage am Mühlbach, 1978/79 Rad- und Fußwege auf dem Elzdamm, 1979 Sportplatz Wasser, 1979/80 Radweg entlang dem Brettenbach, 1980 Sportplatz Mundingen), Errichtung bzw. Erweiterung von Schulen und Kindergärten (1972/74 Neubau des Goethegymnasiums mit Sporthalle und Schulsportplatz, 1974 Grundschule am Rosenweg, 1974/75 Neubau der Kindergärten Kollmarsreute und Mundingen, 1978 Erweiterung der Schule und Turnhalle in Windenreute, 1979 Einrichtung eines Schulkindergartens und einer Sprachheilschule), Verbesserung der Wasserver- und -entsorgung (Bau eines Wasser-Hochbehälters mit Pumpstation auf der Hochburg, Bau von Entsorgungsleitungen in den Wohngebieten Bürkle – Bleiche und Kastelberg, in Kollmarsreute, Mundingen, Wasser und Windenreute sowie in Emmendinger Industriegebieten, Erneuerung von Entsorgungsleitungen), Straßenbau (1971/72 Elzverbindungsstraße mit Brückenbauten, 1974/78 zweite Bahnüberführung mit Straßenaus-

bau und Brückenneubau, 1975 Bahnunterführung Elzstraße, 1975/77 Ausbau Zufahrt zum neuen Kreiskrankenhaus, 1979 Brücke über den Gewerbekanal) sowie Friedhofserweiterung (1970/71) und Neubau des Feuerwehrgerätehauses und des Städtischen Bauhofs (1977/80). In Planung befinden sich Innenstadtsanierung, Ausbau des Freibades, neue Turnhalle, Freizeitanlagen in Kollmarsreute und Mehrzweckhalle in Mundingen. Emmendingen ist Sitz des Landratsamtes des Landkreises, es besitzt u. a. Gymnasium, Technisches Gymnasium, Wirtschaftsgymnasium, Realschule, Staatliche Landwirtschaftsschule Emmendingen-Hochburg, Kreiskrankenhaus, Psychiatrisches Landeskrankenhaus, Heimatmuseum.
Stadtteil Kollmarsreute (219,8 m NN – Fl: 411 ha – Einw 1979: ca. 1480)
Kollmarsreute, das 1385 erstmals schriftlich genannt wurde, ist sicherlich – wie sein Name andeutet und seine Lage in der Nähe der oft Hochwasser führenden Elz vermuten läßt – eine jüngere Ausbausiedlung. „Es lag ehemals ganz an der Elz, ist aber nach und nach wegen den öfteren Überschwemmungen an die Straße gebaut worden; jetzt stehen nur noch wenige Häuser davon auf dem alten Platz, dessen größerer Teil zu guten Wiesen umgeschaffen ist", hieß es 1813. Um 1400 gehörte es zum Emmendinger Bann, auch später immer zur Emmendinger Vogtei der Markgrafschaft, wurde so in der Reformationszeit evangelisch und später Teil des alt-badischen Grundstockes des Großherzogtums und des Kreises Emmendingen.
1813 hatten Alt- und Neukollmarsreute 223 Einwohner, 1939 653 und 1970 1153.
Kollmarsreute ist heute als Wohnsiedlung fast übergangslos mit der Stadt Emmendingen zusammengewachsen. Die Gemeinde hatte in den Jahren vor der Gemeindereform 25 ha Wohnland und 3 ha Industriegelände sowie einen Sportplatz bereitgestellt, das Schulhaus erweitert, Straßen gebaut (Neubaugebietserschließung, Ausbau der Innerortsstraßen) und die zentrale Wasserversorgung und Kanalisation mit Anschluß an den Abwasserverband „Untere Elz" durchgeführt.
Stadtteil Maleck (287,7 m NN – Fl: 236 ha – Einw 1979: ca. 340)
Maleck wurde 1341 erstmals genannt, während der später zu ihm gehörige Weiler Zaismatte bereits 1311 erwähnt ist. Sein Name deutet auf eine hochmittelalterliche Burgsiedlung, wahrscheinlich durch eine von Hachberg abhängige kleine Adelsfamilie. Das Kloster

Tennenbach hatte in Maleck einen großen Hof, der ebenfalls Keimzelle des Ortes sein könnte. Malecks Geschichte spielte sich ganz im Rahmen der Markgrafschaft Hachberg ab, zu deren Emmendinger Vogtei es später zählte.

1813 hatte es 208 Einwohner, 1939 235 und 1970 360.

Bis zur Gemeindereform hatte Maleck 6,2 ha Wohnland bereitgestellt, 1965 eine Volksschule neu gebaut (jetzt Kindergarten), 1956 die Wasserleitung mit Hochbehälter erstellt und 1964–1968 eine Teilkanalisation durchgeführt. 1953 war der Friedhof mit Leichenhalle angelegt, und in den Jahren 1963–1968 waren ca. 4,5 km Straßen ausgebaut und befestigt worden.

Stadtteil Mundingen (206,9 m NN – Fl: 963 ha – Einw 1979: ca. 1690)

Als -ingen-Ort in einem fruchtbaren Vorhügelzonental gelegen, ist Mundingen sicherlich viel älter als die erste schriftliche Namensnennung vom Jahre 1147. Es gehörte zum Teninger Bann, hatte also wohl an der viel älteren Geschichte Teningens teilgehabt. Noch 1210 ließ sich der Abt von Tennenbach einen Güterkauf in Mundingen vom Staufer Friedrich II. bestätigen. Die gesicherte spätere Geschichte Mundingens vollzog sich aber ganz unter der Herrschaft der Markgrafen von Hachberg und damit dann von Baden-Durlach. Nur vorübergehend und unter Vorbehalt der Möglichkeit zur Wiedereinlösung vergaben die Markgrafen es 1407 als Lehen oder Pfandlehen an die Herren von Landeck, nach verschiedenen Streitigkeiten mit den Landeckern lösten sie 1497 Mundingen wieder an die Markgrafschaft ein, bei der es bis zur Gründung des Großherzogtums blieb. Mit der Markgrafschaft Baden-Durlach ist Mundingen in der Reformationszeit evangelisch geworden. Wie die anderen hachbergischen Dörfer gehörte es von Anfang an zum Amte Emmendingen. 1813 zählte Mundingen 681 Einwohner und war wegen des Anbaus von Hanf und Kohl bekannt. Um 1880 wurden die Sandsteinbrüche und der Weinbau Mundingens besonders hervorgehoben, und die Einwohnerzahl stieg. 1939 waren es 1113 Einwohner und 1970 schließlich 1564.

Vor der Gemeindereform hat die Gemeinde 10 ha Wohnland und 15 ha Industriegelände bereitgestellt, Sportplatz, Grünanlage vor dem Rathaus und 6 km Waldwege (Wanderwege) angelegt. 1962–1965 war das Schulhaus, 1960–1961 ein Hochbehälter gebaut worden. Die neuerrichtete Kanalisation wurde an den Abwasserverband „Untere Elz" angeschlossen.

Ein Weiler von Mundingen ist *Wöpplinsberg*. Das erste erhaltene Besitzverzeichnis des Klosters Schuttern vom Jahre 1136 nannte Dorf und Kirche Wöpplinsberg als schutterischen Besitz; er dürfte um einiges älter sein. Die Wöpplinsberger Kirche war Pfarrkirche von Mundingen; in der Reformationszeit durch die Landesherren, die Markgrafen von Baden-Durlach, evangelisch geworden, wurde die Pfarrkirche 1743 in das Dorf Mundingen verlegt.

Stadtteil Wasser (211,6 m NN – Fl: 260 ha – Einw 1979: ca. 1430)

Mit 1534 als erster Nennung gehört Wasser zu den ausgesprochen jungen Ausbauorten zwischen dem Wald des Nonnenhölzles und der Elz. Als Teil der Markgrafschaft Hachberg wurde es in der Reformationszeit evangelisch und gehörte schon immer zum badischen Amt Emmendingen.

Noch 1813 zählte es nur 182 Einwohner und rechnete damals zur Gemeinde Kollmarsreute. Dann stieg die Einwohnerzahl langsam an, und im 20. Jh. brachte die Nähe Emmendingens einen starken Zuwachs bis auf 1230 Einwohner 1970.

Vor der Gemeindereform hatte Wasser 15 ha Wohnland, Sportplatz, Waldspielplatz, Kinderspielplätze und Grünanlagen im Wohngebiet bereitgestellt. 1962/63 war das Schulhaus, 1972/73 der Kindergarten neu gebaut worden. 1962 wurde die Wasserversorgung durch Anschluß an den Wasserzweckverband „Mauracher Berg" sichergestellt. Die neue Kanalisation wurde an den Abwasserverband „Untere Elz" angeschlossen. Seit 1960 wurden alle Ortsstraßen ausgebaut.

Stadtteil Windenreute (259,6 m NN – Fl: 304 ha – Einw 1979: ca. 1340)

Windenreute, das mit einer ersten Bezeugung im Jahre 1094 als Winedoriuti in das Licht der Geschichte trat, dürfte aufgrund mehrerer Anzeichen ein höheres Alter haben und auf galloromanische Bevölkerung deuten. Windenreute stand schon seit Beginn des 14. Jh. in Verbindung mit den Markgrafen von Hachberg auf der benachbarten Hochburg. Schon 1308 besaßen diese den Hof, der dem Kloster Sölden in Windenreute gehörte. Denkbar wäre, daß dieser Hof des Klosters Sölden auf frühere Maßnahmen der Grafen von Nimburg in Windenreute hinweist, da die Nimburger vor ihrem Aussterben um 1200 Vögte von Sölden gewesen waren. Die gesicherte weitere Geschichte Windenreutes spielte sich dann ganz im Rahmen der Herrschaft Hachberg ab. Es gehörte zur markgräflichen Vogtei Emmendingen, wurde mit dieser evangelisch und zählte im

19. Jh. im Oberamt Emmendingen zum alt-badischen Grundstock des Großherzogtums. Windenreute war für seine Obstzucht – vor allem Zwetsch-
gen – bekannt.
Die Bevölkerungsentwicklung blieb unauffällig:
1813 waren 384 Einwohner registriert, 1939 waren es
729 und 1051 im Jahr 1970. Windenreute wurde in
diesen Jahren immer mehr zum stadtnahen Wohnort
für Auspendler.
Bis zur Gemeindereform hat Windenreute 3 ha
Wohnland und 1 ha Industriegelände bereitgestellt,
eine Mehrzweckhalle und einen Sportplatz errichtet,
Schulhaus und Kindergarten gebaut, die Wasserversorgung mit Pumpstation und Hochbehälter und die
Kanalisation mit Anschluß an den Abwasserverband
,,Untere Elz'' durchgeführt. Ebenso waren alle Ortsstraßen ausgebaut worden.

Endingen

Fl: 2672 ha – Einw 6654
Die heutige Stadt Endingen wird gebildet von der
Stadt Endingen und den eingemeindeten Gemeinden
Amoltern (1. 12. 1971), Kiechlinsbergen (1. 1. 1974)
und Königschaffhausen (1. 1. 1975). Sie ist zusam-
men mit den Gemeinden Bahlingen, Forchheim,
Riegel, Sasbach und Wyhl Mitglied des Gemeinde-
verwaltungsverbandes ,,Nördlicher Kaiserstuhl'' mit
Sitz in Endingen (1. 1. 1975).
Kulturhistorische Sehenswürdigkeiten s. S. 150 ff.
Stadtteil Stadt Endingen (186 m NN – Fl: 1383 ha –
Einw 1979: ca. 4300)
Endingen, zwischen den schon in der Römerzeit
wichtigen Kastellorten Sasbach und Riegel an der von
Sasbach nach Osten führenden Römerstraße gelegen, hat fränkisch geprägte Reihengräberfunde des 6.
und 7. Jh. und ein Martinspatrozinium, was beides
auf bewußte fränkische Siedlung in der Merowingerzeit schließen läßt. Auch für das fränkische Königs-
tum war diese römerzeitliche Straße als Vormarsch-
route vom mittleren Elsaß in den Breisgau und weiter
durch den Schwarzwald nach Inneralamannien wichtig, und so wunderte es nicht, daß Endingen wie die
anderen Orte am nördlichen Kaiserstuhl fränkischer
Königsbesitz war, sobald es erstmals in den schriftlichen Quellen auftauchte. 763 war Endingen zum erstenmal genannt, als der Straßburger Bischof Heddo
dem Kloster Ettenheimmünster u. a. Besitz in Endingen schenkte. 862 überließ Kaiser Ludwig der Deutsche den Fronhof Endingen seinem Sohn Karl, dem

späteren Kaiser Karl III., der diese Rechte an seine
Gemahlin Richardis weitergab, die sie ihrerseits 880
dem elsässischen Kloster Andlau schenkte. Und wieder 100 Jahre später gehörte Endingen zu dem Gut,
das Kaiser Otto I. dem Grafen Guntram abnahm und
an das neugegründete Kloster Einsiedeln schenkte.
Auch danach stand Endingen noch in einem besonderen Verhältnis zum Königtum, ohne daß königliche
Besitzrechte im einzelnen ausgemacht werden können. Es war wohl öffentliches Gut gewesen, auf das
der König immer wieder zurückgreifen konnte.
Die von den Üsenbergern gegründete Stadt Endingen
wurde 1304 als von König Albrecht genommenes Lehen der Üsenberger und 1377 als österreichisches Lehen bezeichnet, d. h. daß Endingen bereits vor dem
Aussterben der Üsenberger im Jahr 1379 vom Reich
bzw. von den Habsburgern abhängig war. Die Stadt
wurde 1415–1428 in der Zeit der Ächtung des Habs-
burgerherzogs Friedrich von König Sigismund als
Reichsstadt direkt ans Reich genommen, womit die
alten Königsrechte in Endingen wieder wirksam
wurden.
Endingen ist aus verschiedenen Siedlungskernen zu-
sammengefügt. Der alte kaiserliche Fronhof mit seinem Bezirk und mit der 1256 erstmals genannten
Kirche St. Peter war durch die Schenkung der Kaiserin Richardis andlauisch geworden. Das Patronatsrecht über St. Peter kam erst 1574 durch Verkauf von
Andlau an das Kloster Tennenbach, das vom andlauischen Hof abhängige Schultheißenamt ist 1344 von
der Stadt dem Kloster Andlau abgekauft worden. Im
Oberdorf gab es eine zweite Kirche, das 1296 erstmals
erwähnte St. Martin. Hinter der St.-Martins-Kirche
war ein weiterer Hof, dem die Zehntrechte in Endingen, aber auch in den ebenfalls zum Reichsgut gehörenden Orten Königschaffhausen, Sasbach und Wyhl
gehörten. Daneben bestanden noch Besitzungen verschiedener geistlicher Grundherren (z. B. Kloster
Wonnental, Hirsau, Ettenheimmünster). Durch
Konzentration dieser Siedlungen im heutigen Alt-
stadtraum wurde Endingen zur Stadt. Als solche
wurde es erstmals 1295 bezeichnet. 1309 wurden Rat
und Gemeinde, 1319 Stadtmauer und Richter genannt. Diese Stadtentstehung muß ein bewußter
Planungsvorgang gewesen sein, da die zuvor nördlich
vorbeiziehende Straße Sasbach–Riegel um 500 m
nach Süden verlegt und zur West-Ost-Achse der
neuen Stadt wurde. Um das Ganze wurde ein Mauerring mit drei Toren gelegt. Die Stadt nahm das Üsenberger Wappen ins Stadtwappen.
Nach dem Aussterben der Üsenberger Herren fiel die

Stadt 1379 an die Habsburger zurück, die zeitweise Markgrafen von Hachberg mit dem Endinger Vogteiamt betrauten, bis 1415 der bisherige Stadtherr, Herzog Friedrich von Österreich, von Kaiser Sigismund geächtet und seine Besitzungen ans Reich gezogen wurden. So war Endingen für die sich bis 1428 hinziehende Ächtung Herzog Friedrichs Reichsstadt, wurde aber beim friedlichen Ausgleich zwischen Kaiser und Herzog wieder zurückgegeben. Seitdem war Endingen österreichische Stadt, auch wenn es zeitweise verpfändet wurde, blieb so in der Reformationszeit katholisch und mußte 1634 die Plünderung durch die Schweden über sich ergehen lassen. Um 1470 wurde Endingen Mitglied des III. Standes der vorderösterreichischen Landstände. 1805 ging es an Baden, wurde zuerst Sitz eines großherzoglichen Bezirksamtes, kam aber 1819 zum Amtsbezirk Kenzingen und mit diesem 1872 an Emmendingen. 1950 wurde Endingen von der badischen Regierung das inzwischen verlorene Stadtrecht wiederverliehen.

Die Einwohnerentwicklung Endingens ist erst ab 1810 zahlenmäßig zu belegen. Für 1350 werden etwa 1000 Einwohner, für 1475 etwa 1300 geschätzt. Nach einigen Schwankungen in den nächsten Jahrhunderten (1810 2493 Einw) erreichte die Einwohnerzahl 1939 3054 und 1970 4008.

Die Endinger Bürger waren im Mittelalter zumeist Ackerbauern und Winzer, doch sind seit 1347 auch Handwerker und seit 1415 Zünfte bezeugt. Um 1810 gab es außerhalb der Land- und Forstwirtschaft 432 Erwerbstätige, davon 53 im alteinheimischen Tuchgewerbe, 58 in Kellereiberufen (zentrale Rolle Endingens im Weinbau des nördlichen Kaiserstuhls), 52 Metzger (Umschlagplatz für angeliefertes Mastschlachtvieh) und 66 Verarbeiter von tierischen Produkten (46 Schuster, 9 Sattler, 3 Gerber, 8 Seifensieder). In dem traditionellen Endinger Gewerbe der Tierhäuteverarbeitung setzte auch die Industrialisierung zuerst ein: 1847 entstand eine Lederfabrik, 1890 eine Schuhfabrik. Auch die 1949 entstandene Kleiderfabrik setzt gewissermaßen die Tradition des mittelalterlichen Tuchgewerbes fort. 1895 ist Endingen Bahnstation der Kaiserstuhlbahn geworden. Die früheren kommunalen Leistungen der Stadt (1864 Brunnenleitung, 1892 Wasserleitung, 1896 zweiter Sammler und Pumpwerk, 1889 Hochbehälter, 1904 Kanalisation, 1867 Gaswerk, 1918 Elektrifizierung) wurden auch in der Nachkriegszeit fortgeführt: Es wurden 24 ha Bauland und 12 ha Gewerbe- und Industriegebiet bereitgestellt, Grund- und Hauptschule und Turnhalle errichtet, Tiefbrunnen, Kläranlage,

Ortsstraßen, Wirtschafts- und Wanderwege angelegt, das Wasserversorgungsnetz und der Vorfluter ausgebaut.

Die Daten der Volkszählung 1970 zeigen den Wandel der Beschäftigungsstruktur der Gesamtgemeinde: In Industrie – Handel – Gewerbe waren mit 1678 Beschäftigten 67% erwerbstätig, in Land- und Forstwirtschaft 430 Personen (17%) und in den Dienstleistungen 412 (16%). Zehn Jahre später haben sich die Anteile leicht verändert: Land- und Forstwirtschaft 15%, Industrie 68% und Dienstleistungen 17%. 1970 pendelten 829 Personen (inzwischen 1020) aus, 473 Personen (inzwischen 590) ein.

Seit den Eingemeindungen sind folgende kommunale Leistungen erbracht worden: Wohnland in Endingen 18 ha, in Amoltern 3 ha, in Königschaffhausen 1,5 ha bereitgestellt; Industriegelände in Endingen 6 ha, Sport- und Freizeiteinrichtungen (in Endingen: Tennisplätze, Hartplatz, Stadthalle, Kinderspielplätze, Wanderwege, Minigolfplatz und Freischach; in Amoltern: Wanderwege; in Königschaffhausen: Kinderspielplatz; in Kiechlinsbergen: Wanderwege). Neubau der Realschule und Hauptschule in Endingen, Kindergarten St. Elisabeth. Wasserver- und -entsorgung voll modernisiert (in Endingen: Wasserhochbehälter und Erneuerung verschiedener Hauptleitungen in den Ortsstraßen, Rückhaltebecken im Schambach, Ausbau der Vorflut durch den Zweckverband Vorflutschaffung Nördlicher Kaiserstuhl nach Weisweil, Bau der Kläranlage Wyhl durch den Abwasserzweckverband Kaiserstuhl Nord für die Stadtteile und die Gemeinde Wyhl, Ausbau des östlichen Hauptvorfluters; in Amoltern: Ausbau der Ortskanalisation im Trennsystem, Rückhaltebecken; in Kiechlinsbergen: Wasserhochbehälter und 2 Rückhaltebecken). Straßenbaumaßnahmen, Bauplanung: Erweiterungsbau Realschule, Altstadtsanierung, Erschließung von Neubaugebieten, Erneuerung von Ortsstraßen und Dorfkernen, Mehrzweckhalle Kiechlinsbergen-Königschaffhausen, Anlage von mehreren Rückhaltebecken und Wirtschaftswegen. Endingen besitzt ein Heimatmuseum.

Stadtteil Amoltern (260,9 m NN – Fl: 241 ha – Einw 1979: ca. 310)

Das in einem Seitentälchen des nördlichen Kaiserstuhls abseits der Durchgangsstraße gelegene Amoltern ist um 1150 erstmals urkundlich genannt. Aber erst ein Jahrhundert später werden konkrete Angaben über die Besitzverhältnisse sichtbar.

Rudolf von Üsenberg übergab 1248 das Patronatsrecht der Pfarrkirche Amoltern, das ihm erbrechtlich

gehörte, an das Frauenkloster Wonnental bei Kenzingen, bei dem es auch in den folgenden Jahrhunderten verblieb. Politisch stand Amoltern nach dem
Abgang der Üsenberger unter der habsburgischen
Landeshoheit; es war allerdings als Lehen ausgegeben, und zwar jeweils zur Hälfte an verschiedene
Adelsgeschlechter. So waren im 18. Jh. die Freiherren von Wittenbach und die Freiherren von Baden,
die zu den Breisgauer Landständen gehörten, Mit-
teilherren von Amoltern. In napoleonischer Zeit kam
das katholische Dörfchen wie der übrige vorderösterreichische Breisgau an Baden, gehörte zuerst zum
Bezirksamt Endingen, nach dessen Auflösung 1819
zum Bezirksamt Kenzingen und kam 1872 mit diesem an Emmendingen. Amoltern zählte 1475 28
Herdstätten und 1525 37 Häuser. 1813 hatte es 412
Einwohner, 1939 nur noch 289. Auch die Zeit nach
dem 2. Weltkrieg brachte – wegen Mangel an Arbeitsplätzen und abseitiger Lage – keine wesentliche
Steigerung. 1970 wurden 327 Einwohner gezählt.
Bis zur Gemeindereform hat Amoltern eine neue
Schule und einen Wasserhochbehälter errichtet so-
wie Ortsstraßen und Wirtschaftswege ausgebaut.

Stadtteil Kiechlinsbergen (244 m NN – Fl: 476 ha –
Einw 1979: ca. 860)
Kiechlinsbergen, das ursprünglich nur Bergen, dann
zur Unterscheidung von dem wahrscheinlich von
ihm aus besiedelten Oberbergen öfters Unterbergen
genannt wurde, hat seinen heutigen Namen von dem
Rittergeschlecht der Küchlin von Freiburg, die hier
als Vögte des Klosters Andlau einen Hof hatten.
Erstmals hieß es 1309 ,,ze hern Küchelins Bergen''.
Kiechlinsbergen ist wie die Nachbarorte alter fränkischer Königsbesitz. 862 wurde es von dem Karolinger
Karl seiner Gemahlin Richardis geschenkt, die es um
880 dem elsässischen Kloster Andlau übergab. Fortan
spielte Andlau bis 1682 eine beherrschende Rolle in
der Geschichte des Dorfes.
Zu dem Andlauer Hof gehörten 1344 noch das
Schultheißenamt und das Gericht in Kiechlinsbergen, dazu Güter und Rechte in Oberbergen, Wyhl,
Wöllingen, Forchheim und anderen Nachbardörfern.
Auch nach dem Verkauf des Kiechlinsberger Hofes
1344 an das Kloster Tennenbach blieb Andlau weiterhin Oberlehensherr im Dorf, der die von nun an
durch Tennenbach eingesetzten Vögte bestätigen
mußte: als erste die namengebenden Küchlin von
Freiburg im Dorf. Im Laufe der Geschichte versuchte
die Klosterherrschaft Tennenbach immer wieder, die
Leibeigenschaft auch auf die freien Bauern im Dorf
auszudehnen und die Leistungsverpflichtungen der

Kiechlinsberger zu verstärken. Vom 15. Jh. bis zum
Ende des Alten Reiches führte die Gemeinde Prozesse
mit dem Kloster, in denen sie sich immer wieder behaupten konnte. Eine Folge davon dürfte auch der
entschiedene Einsatz der Kiechlinsberger im Bauernkrieg gewesen sein. Nach Kiechlinsbergen nannte
sich der Haufen des nördlichen Kaiserstuhles, und 13
Kiechlinsberger wurden nach 1525 als Rädelsführer
gesucht. Aber auch mit den Nachbardörfern Königschaffhausen, Leiselheim und Bischoffingen mußten
sich die Kiechlinsberger auseinandersetzen. Die
Banngrenzen waren unsicher, die Kiechlinsberger
hatten Weiderechte im Königschaffhauser Bann und
umgekehrt.
Ursprünglich hatten alle diese Dörfer – darauf deuten
diese Vermengungen der Rechte hin – gemeinsam
zum königlichen Fiskus Sasbach gehört. Später aber
kamen die Gemeinden unter verschiedene Herren,
aus denen zuerst nicht wichtige Banngrenzen wurden
Landes-, ja durch die Reformationsdurchführung
in Königschaffhausen z. T. Konfessionsgrenzen.
Schließlich grenzten Verträge die gegenseitigen
Rechte der Dörfer scharf ab. Als Besitz des Klosters
Tennenbach, dessen Abt dem Prälatenstand der
Breisgauischen Landstände angehörte, unterstand
Kiechlinsbergen der vorderösterreichischen Landesherrschaft und kam 1806 an Baden. Zuerst gehörte es
zum Amtsbezirk Kenzingen, nach 1809 zum Amtsbezirk Endingen, 1819 zum Amtsbezirk Breisach. Als
1924 der Amtsbezirk Breisach aufgelöst wurde, kam
Kiechlinsbergen erstmals zu Emmendingen, wurde
aber 1936 dem Landkreis Freiburg zugeordnet, von
dem es im Zuge der Gebietsreform wieder losgelöst
und dem Kreis Emmendingen angegliedert wurde.
1475 hatte das Dorf 60 Haushalte, 1798 wurden 740
Einwohner gezählt, 1836 sogar 997. Damit war das
etwas abgelegene Weinbauerndorf hoffnungslos
übervölkert. Viele Männer verdienten ihr Brot als
Maurer und Steinhauer auswärts, und Auswanderungen reduzierten die Bevölkerung. 1939 hatte das
Dorf 796, 1970 853 Einwohner.
1950 waren noch 76% der Erwerbstätigen in Land-
und Forstwirtschaft beschäftigt, seither ging der Anteil ständig zurück und betrug 1970 nur noch 48%.
Entsprechend stiegen die Anteile von Industrie –
Handel – Gewerbe auf 42% und des Dienstleistungs-
sektors auf 10%. 130 Auspendler standen 10 Einpendlern gegenüber.
Zur Strukturverbesserung des durch Realteilung
stark parzellierten Weinbaus wurden große Anstrengungen unternommen: die Rebfläche wurde von

55 ha im Jahre 1960 auf 130 ha im Jahre 1970 vergrößert, seit 1951 wurden Flurbereinigungen zur Reduzierung der Besitzzersplitterung durchgeführt und gleichzeitig die Umstellung auf Qualitätsweinbau eingeleitet (Winzergenossenschaft). Bis zur Gemeindereform wurden die Ortskanalisation durchgeführt, die Wasserversorgung erneuert, 11 ha Baugebiete erschlossen, eine neue Schule gebaut, Ortsstraßen und Wirtschaftswege angelegt und Wanderwege hergerichtet.

Stadtteil Königschaffhausen (198,6 m NN – Fl: 572 ha – Einw 1979: ca. 1090)
Der Ortsname (seit 1270 in dieser Form belegt), eine Schenkung Kaiser Ottos III. im Jahre 994 und die noch 1330 bezeugten Reichsleute beweisen, daß der Ort alter Königsbesitz ist, der wohl zum Fiskus Sasbach gehörte. Die königlich fränkische Vergangenheit im Brückenkopfbereich der alten Rheinübergänge Limberg – Sasbach und Sponeck ist unzweifelhaft, hier hatten, wie schon zuvor die Römer, die fränkischen Herrscher aus dem Elsaß über den Rhein nach Osten vorgegriffen. Für die nächsten Jahrhunderte fehlen leider Belege. 1270 versicherte dann Graf Gottfried von Habsburg, daß er das Dorf Königschaffhausen an den Freiburger Ritter Tuslinger verkauft habe. Nachrichten von Besitzrechten von Klöstern (wie Waldkirch und St. Georgen) und niederen Adelsfamilien wechselten sich in der Folgezeit ab, bis sich im 15. Jh. immer eindeutiger eine Ortsherrschaft der Markgrafen von Hachberg-Baden herauskristallisierte. Im Rahmen der Markgrafschaft erlebte Königschaffhausen die weitere Geschichte, wurde so in der Reformation evangelisch und zu Beginn des 19. Jh. mit der übrigen Markgrafschaft in das Großherzogtum Baden eingebracht. Hier gehörte Königschaffhausen zum Amtsbezirk Endingen, ab 1819 zum Amtsbezirk Breisach, nach dessen Auflösung seit 1924 zum Kreis Emmendingen.
1813 betrug die Bevölkerungszahl 794, 1939 974 und erreichte nach leichten Schwankungen 1028 Einwohner im Jahr 1970.
Bis zur Gemeindereform hat Königschaffhausen 9,4 ha Wohnland bereitgestellt, Investitionen für Wasserver- und -entsorgung durchgeführt (Wasserhochbehälter, Tiefbrunnen, Ausbau der Ortskanalisation im Trennsystem), Ortsstraßen und Wirtschaftswege ausgebaut.

Forchheim

177 m NN – Fl: 1077 ha – Einw 1019
Forchheim bildet mit den Gemeinden Bahlingen, Endingen, Riegel, Sasbach und Wyhl den Gemeindeverwaltungsverband ,,Nördlicher Kaiserstuhl'' mit Sitz in Endingen (1. 1. 1975).
Forchheim wurde im Jahre 763 erstmals schriftlich bezeugt, als Bischof Heddo von Straßburg dem Kloster Ettenheimmünster hier ein Gut schenkte. Zuvor war Forchheim also wohl wie die Nachbarorte Riegel und Endingen altes öffentliches Gut gewesen, über das der König und der Herzog verfügten. In der fruchtbaren Forchheimer Gemarkung erwarben im Mittelalter verschiedene geistliche und weltliche Herren Grundbesitz (u. a. Hochstift Straßburg, die Klöster Hirsau, St. Georgen, Schuttern und Tennenbach), auch nannte sich ein 1092–1333 bezeugter Ortsadel nach Forchheim. Im 14. Jh. verliehen die Grafen von Tübingen als Herren der nahen Burg Lichteneck die Rechte in Forchheim Stück um Stück ihrer Herrschaft ein. Nach dem Aussterben der Grafen von Tübingen-Lichteneck wechselte Forchheim seit dem 17. Jh. häufig den Ortsherrn (zuletzt Fürsten von Schwarzenberg), gehörte aber immer unter die Oberherrschaft des vorderösterreichischen Breisgau (bis 1805). 1812 ging Forchheim endgültig an Baden über, kam zuerst an das Bezirksamt Endingen, dann 1819 mit diesem zum Bezirksamt Kenzingen und 1872 an Emmendingen.
1813 hatte das katholische Dorf 1453 Einwohner; es galt wegen seiner weithin bekannten Schlachtochsenmästung als ziemlich wohlhabend. Es konnte den Bevölkerungszuwachs auf die Dauer aber nicht absorbieren, so daß für viele nur die Auswanderung blieb. 1939 zählte man 1033 Einwohner, 1979 waren es 1031.
1970 waren nur noch 209 Personen (44%) in Land- und Forstwirtschaft beschäftigt, dagegen 224 (47%) in Industrie – Handel – Gewerbe und 45 (9%) in den Dienstleistungen. Gleichzeitig gab es 260 Auspendler.
Die Gemeinde hat 4 ha Wohnland bereitgestellt, das Schulgebäude als Kindergarten umgebaut, Ortsstraßen und Wirtschaftswege ausgebaut und zur Wasserver- und -entsorgung Tiefbrunnen und Kanalisation angelegt. Geplant sind die Erschließung von Baugebieten und die Errichtung einer Sporthalle.
Kulturhistorische Sehenswürdigkeiten s. S. 154 f.

Freiamt

Fl: 5300 ha – Einw 3910
Die heutige Gemeinde Freiamt ist aus der Vereinigung der bis dahin selbständigen Gemeinden Freiamt
und Ottoschwanden am 1. 1. 1975 entstanden. Frei-
amt ist mit den Gemeinden Malterdingen, Sexau und
Teningen und der Großen Kreisstadt Emmendingen
an der vereinbarten Verwaltungsgemeinschaft Sitz
Emmendingen beteiligt (1. 1. 1975).
Kulturhistorische Sehenswürdigkeiten s. S. 155 f.
Ortsteil Freiamt (306,5 m NN – Fl: 3900 ha – Einw
1979: ca. 2390)
Die Benennung Freiamt erscheint erst im 16. Jh. Es
bestand aus den vier Zinken oder Abteilungen Brettental, Keppenbach, Mußbach und Reichenbach. Die
Benennung kommt von den freien Leuten, die der
Markgraf von Baden-Hachberg in den vier Zinken
auf Boden des Zisterzienserklosters Tennenbach hatte. Diese hatten vom Kloster mehr Freiheiten erhalten, als sie die Bauern des Altsiedellandes besaßen; da
die Arbeit auf den Sandsteinböden des Waldgebietes
hart und wenig ertragreich war, hatte das Kloster die
Siedlungswilligen mit Vergünstigungen zur Rodung
in das noch weitgehend unerschlossene Waldgebiet
locken müssen. Die Rechte der freien Leute, die auf
den Gütern von Tennenbach saßen, wurden schon
bald nach 1317 schriftlich festgehalten, so daß der
Markgraf von Hachberg als Vogt und Schirmer die
Bauernfreiheit nicht unterdrücken konnte.
Neben diesen Freibauern auf Tennenbacher Boden
gab es in Freiamt auch Leute, die dem Kloster Andlau
gehörten, das von Sexau aus in Richtung Keppenbach
und von Kenzingen aus nach Ottoschwanden die
Siedlung vorangetrieben hatte. Diese Andlauer Leute
standen und blieben unter der echten Herrenvogtei
des Markgrafen; sie wurden nie frei genannt.
Mit der Zeit galt das Freiamt als fester Bestandteil der
Herrschaft Hachberg, und in der Reformationszeit
wurde es auf Geheiß des Markgrafen evangelisch. Als
ehem. Teil der Markgrafschaft gehörte das Freiamt
im Großherzogtum von Anfang an zum Amte Emmendingen. 1813 hieß es: ,,Das Freiamt hat harten
rauhen Boden, viel Gebirg und Wald und weniges
Feld, das zur Kultur taugt. In den Tälern ist Futter für
die Viehzucht. Auf den Gebirgen wächst Hanf, der
gut wird. Desto schlechter ist der Boden für den Ge-
treidebau. – Die Einwohner bewohnen meist einzelne
Höfe, die alle voneinander abgesondert sind und jeder seine eigene Markung hat. Jeder Besitzer eines
solchen Hofguts hat seine Äcker, Wiesen, Waldung

und Reutfeld, die er niemals verteilt, sondern sie auf
einen seiner Söhne nach Vorteilrecht vererbt.'' Angesichts dieser Lebensbedingungen stagnierte die Bevölkerungsentwicklung bis 1939 bei 2047 Einwohnern, die überschüssigen Arbeitskräfte mußten abwandern. Erst die zunehmende Motorisierung nach
1950 machte das Auspendeln möglich und trug zu einem bescheidenen Bevölkerungsanstieg 1970 bis auf
2350 Einwohner bei.
Zur Gemarkung Freiamt gehört heute der Platz des
ehem. *Klosters Tennenbach* (Porta coeli), das zwischen 1158 und 1161 unter Förderung durch die Her-
zöge von Zähringen und die Markgrafen von Hachberg gegründet worden war. Das Zisterzienserkloster
lag zwischen der Mark des andlauischen Sexau und
dem fremder Rodung verschlossenen Vierdörferwald, und da im Norden und Osten bereits Siedler der
Klosterherrschaften Waldkirch, Ettenheimmünster
und Andlau angesetzt waren, blieb für Tennenbach
nur eine Rodungsmöglichkeit im Raume der späteren
Gemeinde Freiamt. Dazu erwarb sich das Kloster
durch Kauf und Schenkungen Besitz in vielen Dörfern des Altsiedellandes (im heutigen Kreis Emmendingen z. B. in Broggingen, Emmendingen, Endingen,   Kiechlinsbergen,   Maleck,   Malterdingen,
Mundingen, Vörstetten, Weisweil, usw.). Nachdem
Tennenbach zuerst unter starkem Einfluß der Zähringer und deren Erben und der Markgrafen von
Hachberg gestanden hatte, eigneten sich im späteren
Mittelalter die Erzherzöge von Österreich ,,Vogtei,
Schützung und Schirmung'' des Klosters an, und
damit geriet Tennenbach mit einem kleinen Umland
unter die Landeshoheit Österreichs. So war im
18. Jh. der Abt von Tennenbach Mitglied des Präla-
tenstandes der vorderösterreichischen Landstände im
Breisgau, bis das Kloster 1806/07 aufgehoben wurde.
Das kleine Klosterterritorium mit etwa 30 Familien
Bevölkerung wurde an die Nachbargemeinden aufgeteilt, wobei das Klostergebäude auf der Gemarkung
Freiamt zu liegen kam. Die Gebäude wurden 1824 bis
auf die Kapelle abgebrochen und die Steine der Kirche
1829 in Freiburg als Ludwigskirche wiederaufgebaut.
Ortsteil Ottoschwanden (416,1 m NN – Fl: 1400 ha –
Einw 1979: ca. 1520)
Ottoschwanden gehörte ursprünglich zur königlichen Mark Kenzingen und verblieb auch, als 880 die
Kaiserin Richardis den St. Petershof in (Alten-) Kenzingen an das elsässische Kloster Andlau schenkte,
bei diesem Hof und wurde damit andlauisch. Noch
1284 hieß es, daß die Äbtissin von Andlau in Ottoschwanden wie in den übrigen andlauischen Höfen

166. Blick über Gutach-Bleibach
167. Gutach verdankt sein heutiges Gesicht stark den Fabriken von Gütermann, ihren Wohn- und Sozialbauten

Umseitig:
168. Rathaus und neue Kirche in Bleibach (Gde. Gutach)
169. Gutach-Siegelau

Zwing und Bann habe. Wer die dreimal jährlich stattfindenden Gerichtssitzungen im Namen der Äbtissin durchführte, ist für die frühen Jahrhunderte unbekannt. Für 1284 sind die Herren von Üsenberg als Vögte des andlauischen Breisgaubesitzes, also auch von Ottoschwanden, genannt.

Es darf angenommen werden, daß sie dieses Amt mindestens seit 1246, der Zeit des staufischen Zusammenbruchs, ausgeübt haben. 1344 kaufte der Markgraf von Hachberg der Andlauer Äbtissin ganz Ottoschwanden ab. Von da an gehörte es zur Markgrafschaft, erlebte also die weitere Geschichte unter Baden-Durlach und wurde so in der Reformationszeit evangelisch. Als das Großherzogtum Baden gegründet wurde, war Ottoschwanden von Anfang an Teil des Amtes Emmendingen.

Die Bevölkerungsentwicklung zeigt ein kontinuierliches leichtes Wachstum von 1140 Einwohnern im Jahr 1836, 1331 1939 auf 1638 1970.

Die Volkszählung im gleichen Jahr wies 1051 Erwerbstätige aus; davon waren noch 531 (50,5%) in Land- und Forstwirtschaft, 365 (34,7%) in Industrie – Handel – Gewerbe und 155 (14,8%) in Dienstleistungen beschäftigt. Gleichzeitig pendelten 783 Personen zur Arbeit aus und nur 21 ein. Seitdem haben sich die Pendlerströme nicht signifikant verändert.

Vor der Vereinigung hatten die beiden Gemeinden bereits Schulen, Wasserver- und -entsorgung, Wegebau und Freizeiteinrichtungen (Sportplatz, Wanderwege, Waldlehrpfad, 5 Waldwanderparkplätze geschaffen. Seit der Vereinigung wurden 6 ha Wohnland bereitgestellt und umfangreiche Sport- und Freizeiteinrichtungen (Sporthalle, Sportplatz, Kurhaus mit Hallenbad, Festsaal mit Bühne, 5 Kinderspielplätze, Waldschutzhütte und Trimm-dich-Pfad) geschaffen. Es wurden eine Grund- und Hauptschule und 2 Kindergärten errichtet. Zur Wasserver- und -entsorgung wurden 3,6 km Wasserleitung und 20 km Abwasserleitung verlegt, ein Hochbehälter und eine mechanisch-biologische Kläranlage gebaut. Straßen und Wege wurden ausgebaut. Geplant sind die Erschließung von 9 ha Wohnland und der Ausbau der Wasserfassungen. Freiamt ist Erholungsort.

Gutach i. Br.

Fl: 2476 ha – Einw 3557

Zum 1. 1. 1974 erfolgte der Zusammenschluß der bis dahin selbständigen Gemeinden Gutach i. Br., Bleibach und Siegelau zu der Einheitsgemeinde Gutach i. Br. Mit der Stadt Waldkirch und der Gemeinde Simonswald bildet Gutach i. Br. eine zum 1. 7. 1975 konstituierte „Vereinbarte Verwaltungsgemeinschaft" mit Sitz Waldkirch.

Kulturhistorische Sehenswürdigkeiten s. S. 156.

Ortsteil Gutach i. Br. (293 m NN – Fl: 370 ha – Einw 1979: ca. 1480)

Gutach unterscheidet sich, ebenso wie Bleibach, deutlich von den umgebenden größeren und eindeutig agrarisch orientierten Talschaften. Seine Geschichte vollzog sich viele Jahrhunderte unauffällig im Rahmen der Geschichte des Klosters Waldkirch, zu dem es von Anfang an gehörte. Über die Gewohnheitsrechte der Waldkircher Klostervögte kam es an die Herrschaft Kastelberg und damit zum vorderösterreichischen Breisgau und mit diesem schließlich 1805 an Baden. Es rechnete bis 1936 zum Amtsbezirk Waldkirch und kam dann an Emmendingen. Noch 1836 hatte das bis dahin rein katholische Dorf nur 380 Einwohner. Der große Bevölkerungsanstieg setzte für Gutach mit dem Eindringen der Industrialisierung in das untere Elztal ein. Der Anschluß an die Eisenbahn 1901 wirkte sich voll aus, 1939 zählte Gutach 1417 Einwohner und hatte bis 1970 1688 erreicht. Es gehört zu dem stark industrialisierten Ballungsgebiet des unteren Elztales.

Ortsteil Bleibach (299 m NN – Fl: 380 ha – Einw 1970: ca. 1440)

Eine relativ kleine Gemarkung im Winkel zwischen der aus dem Simonswälder Tal kommenden Wilden Gutach und der Elz, eine verkehrsgünstige Lage an den Straßen von Waldkirch nach Elzach und nach Furtwangen – Villingen, die Ausnützung der Wasserkräfte durch Mühlen und schon im Mittelalter bezeugter Bergbau (Name Bleibach, Silbergruben) heben das Dorf von den rein bäuerlichen Nachbartalschaften ab. Schon die erste erhaltene Besitzbestätigungsurkunde für Waldkirch vom Jahre 1178 führte Bleibach ausdrücklich als Klosterbesitz auf. Auch Kirchenpatronat und Zehnt gehörten Waldkirch und damit den Waldkircher Klostervögten, den Herren von Schwarzenberg. Als Teil der Herrschaft Schwarzenberg gehörte Bleibach dann bis 1805 zum vorderösterreichischen Breisgau, war folglich ein rein katholisches Dorf, als es badisch wurde.

1813 wurden 519 Einwohner in 86 Familien, die 62 Häuser bewohnten, registriert. Die Zahl verringerte sich durch Abwanderung, stieg aber bis 1939 infolge der Nähe der inzwischen entstandenen Elztäler Industrie auf 989 Einwohner und erreichte 1970 1436 Einwohner.

Ortsteil Siegelau (350 m NN – Fl: 1726 ha – Einw 1979: ca. 630)
Die ersten schriftlichen Bezeugungen von Ort und Kirche Siegelau sind erst aus dem 13. Jh. erhalten. Seit dem 16. Jh. wurde Siegelau fest zur Herrschaft Schwarzenberg gerechnet, und so war es am Ende des 18. Jh. Teil des k. k. Obervogteiamts der Herrschaften Kastel- und Schwarzenberg, unterstand also der vorderösterreichischen Landesherrschaft, bis es 1805 an Baden überging. Hier gehörte es zum Amtsbezirk Waldkirch, mit dem es 1936 an Emmendingen kam. 1813 wurden für Siegelau 532 Einwohner in 90 Familien und 75 Häusern registriert. Die rein landwirtschaftlich orientierte Gemeinde, die sich von der Viehzucht ernährte, konnte einen Bevölkerungszuwachs nicht integrieren, so daß es zu größeren Abwanderungsbewegungen kam. 1939 hatte Siegelau 611 Einwohner, 1970 waren es 632.
Die Beschäftigungsstruktur der heutigen Gemeinde Gutach i. Br. ist eindeutig auf den Industriesektor ausgerichtet. 1706 Beschäftigten (77,6%) in Industrie – Handel – Gewerbe standen nur 260 (11,8%) in Land- und Forstwirtschaft und 340 (10,6%) im Dienstleistungssektor gegenüber. 963 Personen pendelten ein, 637 aus.
Die kommunalen Planungen seit der Gemeindereform betreffen vor allem die Bereitstellung von 2,5 ha Wohnland, den Bau von Straßen und Sportanlagen, die Wasserver- und -entsorgung (u. a. Kauf der bisher von der Fa. Gütermann betriebenen Wasserversorgung für den Ortsteil Gutach) sowie Sanierungsmaßnahmen im Ortsetter Gutach. Gutach ist Erholungsort.

Haslachsimonswald *siehe Simonswald*

Hecklingen *siehe Kenzingen*

Heimbach *siehe Teningen*

Herbolzheim

Fl: 3546 ha – Einw 7716
Die heutige Stadt Herbolzheim besteht aus der alten Stadt Herbolzheim und vier Stadtteilen, die im Zuge der Gemeindereform eingemeindet worden sind: am 1. 1. 1972 Wagenstadt, am 1. 1. 1974 Bleichheim und am 1. 1. 1975 Broggingen und Tutschfelden. Mit den Gemeinden Kenzingen, Rheinhausen und Weisweil besteht seit 1. 7. 1975 der Gemeindeverwaltungsver-

band Kenzingen – Herbolzheim mit Sitz in Kenzingen.
Kulturhistorische Sehenswürdigkeiten s. S. 156 ff.
Stadtteil Stadt Herbolzheim (178,8 m NN – Fl: 1709 ha – Einw 1970: ca. 5050)
Im Bereich von Herbolzheim haben bereits Kelten und Römer gesiedelt. Seit 1108 nannte sich ein kleiner Ortsadel nach Herbolzheim. Verschiedene Anzeichen deuten darauf hin, daß der Ort zeitweise dem Machtbereich der Zähringer eingegliedert war. Als das mit den Zähringern zusammenhängende Nimburger Grafengeschlecht um 1200 ausstarb, stritten sich die Bischöfe von Straßburg und die Stauferherrscher um deren Erbe. Wenn Herbolzheim auch zeitweise in der Hand des Stauferkaisers Friedrich II. gewesen ist, blieb die Stauferherrschaft doch auf jeden Fall Episode. Als um 1250 die staufische Macht zusammenbrach, hatte sich der Bischof von Straßburg mit seinen Ansprüchen auf Herbolzheim endgültig durchgesetzt. Als bischöflich straßburgisches Lehen tauchte Herbolzheim in der folgenden Zeit in den Händen der Herren von Üsenberg auf, die auf der Seite des Straßburger Bischofs gegen die Staufer mitgekämpft hatten. Nach dem Abgang der Üsenberger nahmen die Habsburger die Herrschaft über Herbolzheim an sich. Es war nun Teil Vorderösterreichs und blieb so in der Reformationszeit katholisch. Im 18. Jh., kurz vor dem Übergang an Baden im Jahre 1805, amtierte in dem nun zum vorderösterreichischen „k. k. Obervogteiamt der Herrschaft Kürnberg" gehörenden Herbolzheim ein „Kaiserschultheiß".
Von den Habsburgern hatte Herbolzheim 1589 Markt- und 1593 Zollrechte (3 Jahrmärkte und Wochenmarkt, Zollamt und Zollschranke für Wegzölle) erhalten. Die wie ein Straßendorf sich beiderseits der Nord-Südstraße erstreckende Marktsiedlung war wohl an den Straßenausgängen durch insgesamt 3 Tore gesichert, hatte aber sonst keine Wehranlagen. So brachten die Besetzungen während des 30jährigen Krieges für Herbolzheim größte Verluste; mehrere Jahre soll es ganz ohne Einwohner (um 1600 waren es noch etwa 600) gewesen sein. Doch 1692 hatte es bereits wieder 480 Einwohner, und im 18. Jh. blühte der katholisch-habsburgische Marktflecken rasch auf, wie die erhaltenen Barockbauten (Rathaus von 1780, kath. Pfarrkirche von 1752/54, Wallfahrtskirche Maria Sand von 1747, mehrere Bürgerbauten an der Hauptstraße) zeigen. 1805 badisch geworden, erhielt Herbolzheim 1810 als Ausgleich für den Verlust des bisherigen Amtssitzes das

Stadtrecht verliehen. Es wurde dem Bezirksamt Kenzingen zugeteilt und kam 1872 mit diesem an Emmendingen. Im 19. Jh. stieg die Einwohnerzahl weiter. Sie erreichte 1939 3325 und 1970 schließlich 5048 Einwohner.
Nach der Vorbeiführung der Rheintallinie der Eisenbahn 1840 war der Zwischenraum zwischen der Hauptstraßensiedlung und der Eisenbahnlinie zur Bebauung freigegeben und Herbolzheim breit nach Westen gewachsen. Krankenhausbau (1899), Städtische Wasserleitung (1894/95) und Elektrizitätsversorgung (1899) markieren diese Phase der Expansion und Modernisierung. Gleichzeitig faßte die Industrialisierung in den Gewerben Fuß. Hatte die Bevölkerung ursprünglich vor allem Landwirtschaft und Weinbau getrieben, so hatte schon früher die Spezialisierung auf den Anbau von Hanf verarbeitende Gewerbe- und Handelsbetriebe nach sich gezogen. 1813 z. B. waren von den registrierten 192 Handwerks- und Gewerbeleuten 37 Weber, 9 Schneider und 4 Seiler und Säckler, dazu gab es 3 Gesellschaften, die den Hanf- und Tuchhandel in die Schweiz und nach Frankreich abwickelten. Die einsetzende Industrialisierung ersetzte die bisherige Handweberei durch Maschineneinsatz in einer Leinenwarenfabrik. Der Tabakanbau der Nachbargemeinden hatte schon früh einen Tabakhandel hervorgerufen; um 1850 ging man in Herbolzheim selbst zur maschinellen Tabakverarbeitung über, Zigarrenfabriken entstanden. Im 20. Jh. wurden weitere Betriebe verschiedener Branchen (z. B. Eisenverarbeitung, Fournier, usw.) eröffnet, so daß um 1950 70% der Erwerbstätigen in Industrie – Handel – Gewerbe beschäftigt waren.
Zwar waren Herbolzheim 1935 die Stadtrechte aberkannt worden, doch 1949 wurden sie von der Regierung Wohleb erneut verliehen.
Die Volkszählung 1970 zeigte den erfolgten Wandel der Beschäftigungsstruktur: 2052 Beschäftigte (71,2%) in Industrie – Handel – Gewerbe, 705 Beschäftigte (24,5%) in den Dienstleistungen und 125 (4,3%) in Land- und Forstwirtschaft. 1151 Personen pendelten ein – ihre Zahl hat sich seitdem erhöht – 619 pendelten aus.
Die Kerngemeinde Herbolzheim erbrachte bis zur Gemeindereform folgende kommunale Leistungen: Bereitstellung von 41,4 ha Wohnland und von 76,6 ha Industriegelände, eines beheizten Schwimmbades, 2 Sporthallen und 2 Sportplätze, eines Kleinkaliberschießplatzes und des Schindlerparkes; Errichtung der Grund-, Haupt- und Real-

schule, 2 Kindergärten, einer Kinderkrippe, einer Pumpstation der Wasserversorgung, Ausbau und Befestigung der Gemeindestraßen.
Stadtteil Bleichheim (192,5 m NN – Fl: 737 ha – Einw 1979: ca. 620)
Bleichheim ist erstmals um 1090 urkundlich erwähnt. Beiderseits des Bleichbaches gelegen, gehörte der Ort einerseits zu der südlich des Bleichbaches auf der Kenzinger Mark errichteten Kirnburg und wurde 1488 und 1585 ausdrücklich als Bestandteil der „Herrschaft Kürnberg" angesprochen, andererseits hatte er auch Bindungen zu den Orten nördlich des Bleichbaches und bildete z. B. zusammen mit Herbolzheim, Tutschfelden und Broggingen eine Waldgenossenschaft. Nachdem Bleichheim jahrhundertelang das Schicksal der Herrschaft Kürnberg-Kenzingen geteilt hatte, also spätestens ab 1246 üsenbergisch, dann ab 1298 habsburgisches Lehen der Üsenberger und schließlich ab 1357 wieder als heimgefallenes Lehen habsburgisch gewesen war, blieb es bei Vorderösterreich bis 1805 (bzw. 1797), seit 1682 allerdings nicht als unmittelbares Herrschaftsgebiet, sondern als Lehen der Freiherren (seit 1779 Reichsgrafen) von Kageneck. Im Großherzogtum Baden zählte Bleichheim zuerst zum Bezirksamt Kenzingen, ab 1872 zu Emmendingen. 1813 hatte Bleichheim 560, 1836 bereits 751 Einwohner. Diese Zahl konnte aber auf die Dauer nicht gehalten werden. 1939 waren es noch 614 und 1970 613 Einwohner. Nach der Volkszählung von 1970 nahmen die in Industrie, Handel, Gewerbe Beschäftigten mit 92 Personen (50,3%) die erste Stelle ein, gefolgt von 69 Land- und Forstwirten (37,7%) und 22 im Dienstleistungssektor Tätigen (12%), 119 Personen pendelten aus, 15 ein.
Bis zur Gemeindereform hatte die Gemeinde Bleichheim 4 ha Wohnland bereitgestellt, Kindergarten und Sporthalle errichtet, die Wasserversorgung gesichert und die Verbreiterung der L 106 im Ortsetterbereich eingeleitet. Mit Wirkung vom 1. 1. 1974 wurde Bleichheim der Stadt Herbolzheim eingemeindet.
Stadtteil Broggingen (217,1 m NN – Fl: 525 ha – Einw 1979: ca. 650)
Als -ingen-Ort kann für Broggingen ein hohes Alter vermutet werden. Nach allerdings unsicherer Überlieferung soll es von Ruthard, dem bekannten Vertreter der fränkischen Zentralgewalt am Oberrhein, im Jahre 748 dem Bischof von Straßburg geschenkt worden sein. Trifft dies zu, so ist Broggingen bis zu dieser Schenkung öffentliches Gut gewesen.

Jedenfalls war 1129, als Broggingen erstmals schriftlich beurkundet wurde, der „Hof" Broggingen im
Besitz der Straßburger Bischofskirche, die ihn nun an
die Herren von Üsenberg verlieh. Gewohnheits-
rechtlich wurde Broggingen mit der Zeit als üsen-
bergisches Eigentum angesehen, nach deren Aussterben sich die Markgrafen von Hachberg im 14. Jh.
den Ort sicherten. So ging Broggingen wie die übrigen hachbergischen Orte an die Markgrafschaft Baden-Durlach über und kam mit dieser ans Großherzogtum. Als 1225 das nahe Kloster Ettenheimmünster vom Papst eine Besitzbestätigung erhielt, war
auch das Patronatsrecht in Broggingen dabei. Diese
Rechte des straßburgischen Klosters an der Kirche
von Broggingen sind wahrscheinlich älter, sie könnten auf die Ruthardschenkung zurückgehen. Später
stritt sich Broggingen mehrfach mit dem Kloster: Als
das Dorf wie die ganze Herrschaft Hachberg in der
Reformationszeit zur lutherischen Lehre übertrat,
mußten die bisher ettenheimmünsterischen Zehntrechte gegen Entschädigung abgelöst werden. Im
Großherzogtum gehörte Broggingen seit 1813 zum
Bezirksamt Kenzingen, ab 1872 zum Amt Ettenheim, ab 1879 zu Emmendingen. 1813 hatte das
„lutherische Pfarrdorf" 512 Einwohner. Diese Zahl
veränderte sich kaum: 1939 waren 553 und 1970 599
Einwohner verzeichnet.

Erst die Motorisierung nach dem 2. Weltkrieg und
eine Industrieansiedlung veränderten die Beschäftigungsstruktur auch dieses zuvor rein bäuerlichen
Dorfes nachhaltig: Nach der Volkszählung von 1970
hatte Broggingen nun 176 Beschäftigte (66,2%) in
Industrie – Handel – Gewerbe, 70 (26,3%) in Land-
und Forstwirtschaft und 20 (7,5%) im Dienstleistungssektor. 91 Einpendlern standen 92 Auspendler
gegenüber. Die Pendlertendenz hat seitdem leicht
zugenommen. Bis zur Gemeindereform hatte Broggingen folgende kommunale Leistungen erbracht:
4,5 ha Wohnland und 2 ha Industriegelände bereitgestellt, Grundschule und Kindergarten erbaut, Turnhalle und Sportplatz geschaffen, Ortsstraßen ausgebaut.

Stadtteil Tutschfelden (209,2 m NN – Fl: 242 ha –
Einw 1979: ca. 580)

Tutschfelden, das erstmals 972 urkundlich bezeugt
ist, war entweder altes öffentliches Gut oder erst vor
kurzem vom König den widerspenstigen einheimischen Adligen weggenommener Besitz. Es war auf
jeden Fall in fränkischer und in ottonischer Zeit im
Besitz der Könige, die selbst oder deren Stellvertreter
es stückweise zur Ausstattung von Klöstern vergab-

ten: an die Klöster Gengenbach und Ettenheimmünster, das Kloster Einsiedeln und Kloster Waldkirch.
Spielte folglich Tutschfelden in der Besitzgeschichte
verschiedener Klöster eine Rolle, so sind die politischen Verhältnisse erst nach 1500 klar: 1525 war
Tutschfelden markgräflich, und 1568 hieß es, der
Markgraf zu Baden und Hachberg sei einziger Herr
und Inhaber des Fleckens Tutschfelden mit allen
Rechten. Das Dorf machte folglich die Reformation
mit und gehörte bei der Gründung des Großherzogtums zum „alt-badischen" Grundbestand. Vom
Amtsbezirk Kenzingen kam es 1872 an Emmendingen. 1813 war Tutschfelden ein lutherisches Dorf mit
60 Bürgern, die Getreide, Hanf und Wein erzeugten.
Die Zahl hat sich seitdem nur zögernd erhöht: 1939
419 und 1970 503 Einwohner.

Nach der Volkszählung waren innerhalb des Ortes
noch 98 Beschäftigte (74,8%) in Land- und Forstwirtschaft und nur 24 (16,3%) in Industrie – Handel
– Gewerbe und 9 (6,9%) im Dienstleistungssektor tätig. 145 Personen mußten zur Arbeit auspendeln,
ihre Zahl hat sich seitdem noch erhöht.

Bis zur Gemeindereform hatte Tutschfelden 5,0 ha
Wohnland bereitgestellt, Sportplatz, Schule und
Kindergarten geschaffen, eine eigene Wasserversorgung und 4 Rebumlegungen durchgeführt, Straßen
im Neubaugebiet angelegt und die Straßen im alten
Ortsbereich erneuert. Mit Wirkung vom 1. 1. 1975
wurde Tutschfelden der Stadt Herbolzheim eingemeindet.

Stadtteil Wagenstadt (182,7 m NN – Fl: 333 ha –
Einw 1979: ca. 840)

Wagenstadt („Wagenstat" – „Wagenstatt") ist
erstmals 1316 urkundlich bezeugt, doch liegt die mittelalterliche Geschichte des Ortes weitgehend im
dunkeln. Verschiedene Klöster traten hier als
Grundherren auf (Waldkirch, Schuttern, Wonnental, Tennenbach, St. Peter, Alpirsbach und der Johanniterorden von Freiburg). Eine Spur weist auf alte
Zusammenhänge zu der einst königlichen Mark Kenzingen: noch 1421 gehörten Güter im Wagenstadter
Bann zum Zehnten der St.-Peters-Kirche in Altenkenzingen, der Kirche, die 880 von Kaiserin Richardis an das Kloster Andlau geschenkt worden war, die also
zuvor Königsgut gewesen war.

Die Reformation nahm in Wagenstadt einen verwir-
renden Verlauf. Wagenstadt gehörte damals zur
Herrschaft Lahr-Mahlberg, die gemeinsam von den
Markgrafen von Baden und den Grafen von Nassau
als den Erben der Geroldsecker regiert wurde, bis
Wagenstadt 1627 bei der Trennung des Kondominats

mit der Herrschaft Mahlberg ganz an die badischen Markgrafen kam. Zwischen 1553 und 1570 wurde Wagenstadt auf Regierungsanweisung mit ev. Predigern versorgt, und es galt in der Folgezeit als rein evangelisch. Die folgenden Regentenwechsel muteten den Wagenstädtern aber mehrmals einen Glaubenswechsel zu, und das Ergebnis war ein feindliches Nebeneinander von Katholiken und Evangelischen, bis schließlich 1668 zwischen Beamten der kath. Herrschaft Baden-Baden und der ev. Herrschaft Baden-Durlach vertraglich festgelegt wurde, daß die Kirche von Wagenstadt gemeinsam von Katholiken und Evangelischen benutzt werden und dem ev. Pfarrer von Broggingen der halbe Wagenstädter Zehnt zukommen solle. So hatte Wagenstadt 1813 2 Schulen und wurde „ein Pfarrdorf evangelischer und katholischer Religion" genannt. 1818 hatte der Ort 336 Evangelische und 323 Katholiken. Als Bestandteil der Herrschaft Mahlberg war Wagenstadt im 17. und 18. Jh. baden-badisch. Im neuen Großherzogtum gehörte Wagenstadt zum Bezirksamt Kenzingen und kam 1872 an Emmendingen. Die Bevölkerungszahl betrug 1813 491 Einwohner, 1939 630 und 1970 812. Im gleichen Jahr waren 150 Personen in Industrie – Handel – Gewerbe tätig (61,2%), während die Zahl der in Land- und Forstwirtschaft Beschäftigten auf 72 (29,4%) gesunken war und der Dienstleistungssektor 23 Personen Beschäftigung bot (9,4%). Gleichzeitig wurden 167 Auspendler und 63 Einpendler registriert. Seitdem sind die Auspendlerzahlen noch angestiegen.
Wagenstadt hatte bis zur Gemeindereform 3,5 ha Wohnland und 1,0 ha Industriegelände bereitgestellt, Grundschule, Kindergarten und Turnhalle errichtet, einen Sportplatz eingerichtet und die 1885 erbaute Wasserleitung erweitert. Mit Wirkung vom 1. 1. 1972 wurde Wagenstadt nach der Stadt Herbolzheim eingemeindet.
Seit der Gemeindereform hat die Gesamtgemeinde Herbolzheim auf allen Gebieten neue kommunale Maßnahmen eingeleitet: Es wurden Wohngebiete erschlossen oder geplant (in Herbolzheim 5,6 ha geplant, in Bleichheim 2,6 ha geplant, in Broggingen 2,3 ha geplant, in Tutschfelden 1,4 ha erschlossen, in Wagenstadt 1,5 ha erschlossen), ebenso Industriegelände in Herbolzheim (Altes Stockfeld: 6,3 ha geplant); es wurden Sport- und Freizeiteinrichtungen bereitgestellt (in Herbolzheim das Fußballgebäude erweitert und der Neubau eines Kunstturnhalle-Leistungszentrums geplant, in Wagenstadt das Fußballheim erweitert), die Herbolzheimer Haupt-

und Realschule erweitert und eine Kinderkrippe eingerichtet, weiter wurden Straßen ausgebaut und zur Beseitigung schienengleicher Übergänge in Herbolzheim Straßenneubauten mit Brückenkonstruktionen und Untertunnelungen durchgeführt. Die weitere Bauplanung betrifft den Neubau einer Sonderschule in Herbolzheim, einer Mehrzweckhalle in Tutschfelden, einer Ortsverwaltung mit Feuerwehrgarage in Wagenstadt, dazu den Ausbau der Bleichheimer Einsegnungshalle. Herbolzheim besitzt ein Städtisches Krankenhaus und eine Realschule.

Jechtingen *siehe Sasbach*

Katzenmoos *siehe Elzach*

Kenzingen

Fl: 3694,87 ha – Einw 6860
Die heutige Stadt Kenzingen besteht aus der alten Stadt Kenzingen, Nordweil und Bombach, beide am 1. 12. 1971 eingemeindet, und Hecklingen, das am 1. 1. 1974 angegliedert wurde. Mit den Gemeinden Herbolzheim, Rheinhausen und Weisweil bildet Kenzingen den zum 1. 7. 1975 konstituierten „Gemeindeverwaltungsverband Kenzingen-Herbolzheim" mit Sitz in Kenzingen.
Kulturhistorische Sehenswürdigkeiten s. S. 159 ff.
Stadtteil Stadt Kenzingen (178,8 m NN – Fl: 2542 ha – Einw 1979: ca. 4820)
Erstmals ist Kenzingen 773 genannt. Damals erhielt das fränkische Reichskloster Lorsch hier Besitz. 862 gab der Karolingerkönig Karl der Dicke seiner Gemahlin Richardis einen Hof zu Kenzingen mit der Kirche St. Peter, den sie um 880 ihrem Kloster Andlau im Elsaß schenkte. 972 schließlich schenkte Kaiser Otto der Große weiteren Besitz in Kenzingen mit der Kirche St. Georg an das von ihm begünstigte Kloster Einsiedeln.
Dieses frühe Kenzingen ist aber nicht identisch mit der heutigen Stadt, sondern wurde im 15. Jh. aufgegeben. Als hauptsächliche Grundbesitzerin trat in diesem (Alten-)Kenzingen nach der Schenkung von 880 die Äbtissin des Klosters Andlau auf, welcher der Salhof bei der St.-Peters-Kirche mit Gütern und Rechten in Wagenstadt, Herbolzheim, Bleichheim, Nordweil, Bombach, Malterdingen, Köndringen und Hecklingen gehörte; auch das ursprünglich zur Kenzinger Mark rechnende Ottoschwanden war andlauisch. 1373 verkaufte Andlau seinen Kenzinger Besitz

an das Johanniterordenshaus in Freiburg. Man nimmt an, daß die Herren von Üsenberg, die seit 1248 in Kenzingen sicher nachzuweisen sind, den andlauischen Besitz verwaltet haben. Andererseits gab es in Kenzingen einen seit 1092 bezeugten Ortsadel, dessen Angehörige 1094 „capitaneus de castro Cancingen" und 1242 „miles advocatus" betitelt wurden. Ihr bekanntester Vertreter war der „nobilis vir" Arnold von Kenzingen. Ob er im Dienste der Üsenberger stand oder in dem der Zähringer, oder ob er sich selbst eine eigene kleine Herrschaft aufzubauen versuchte, ist unbekannt. Nach dem Zusammenbruch der staufischen Stellung im Jahre 1246 ist jedenfalls der Herr von Üsenberg, der auf der Seite des Straßburger Bischofs eifrig am Sturz der Staufer mitgeholfen hatte, in Kenzingen aktiv geworden. 1248 begann er mit dem Bau einer Befestigungsanlage, und 1249 gilt als Datum der Gründung des neuen Kenzingen, das 1253 erstmals als Stadt angesprochen wurde. Damals ordnete Rudolf II. von Üsenberg etwa 1 km westlich von Altenkenzingen die neue Anlage an, die in ihrer Planmäßigkeit und im Stadtrecht sich direkt an das Freiburger und damit an das Zähringer Vorbild anschließt.

Ursprünglich bevölkerten Bauern (wohl größtenteils aus Altenkenzingen) und Handwerker die Stadt; um 1300 dürfte Kenzingen 1000–1200 Einwohner erreicht haben. Als nach dem Interregnum Rudolf von Habsburg die Königsmacht zu erneuern versuchte, mußte er die inzwischen von den Üsenbergern in Kenzingen geschaffenen Tatsachen bestätigen (1283). Doch dem König Adolf von Nassau gelang es 1298, dem Üsenberger das castellum Kenzingen abzukaufen, nach dem Sieg des Königs Albrecht von Habsburg mußte der Üsenberger die Herrschaft Kürnberg von diesem zu Lehen nehmen. Nach dem Aussterben der Üsenberger kam das Lehen Kenzingen-Kürnberg 1368 an die Habsburger zurück, die Kenzingen in der Folgezeit nicht als Reichsgut, sondern als Teil ihrer Hausmacht behandelten und zeitweise verpfändeten. 1415 wurde Kenzingen dem geächteten Habsburgerherzog Friedrich von Österreich durch Kaiser Sigismund entzogen und dem Reiche unterstellt – in dieser Zeit war Kenzingen Reichsstadt – wurde aber beim Ausgleich dem österreichischen Herzog wieder zurückgegeben. Zwar wurde es 1470 vom König nochmals als Reichsstadt tituliert, doch es wurde in der Folgezeit wiederholt verpfändet, bis es 1564 endgültig an Österreich zurückkam. Habsburg unterdrückte in der Reformationszeit die evangelischen Tendenzen in Teilen der Kenzinger

Bürgerschaft energisch, so daß die Stadt katholisch blieb.

1618 hatte Kenzingen etwa 2000 Einwohner erreicht. Der 30jährige Krieg brachte der katholisch-habsburgischen Stadt schwere Schäden und einen Bevölkerungsrückgang auf etwa 500 Einwohner. Im 18. Jh. gehörte die k. k. Stadt Kenzingen zum III. Stand der Landstände im Breisgau. Mit dem übrigen Vorderösterreich kam sie 1805 an Baden und war bis 1872 Sitz eines Amtsbezirkes. Seit 1872 gehört sie zu Emmendingen.

Zu Anfang des 19. Jh. herrschten in Kenzingen noch Landwirtschaft und in der Vorhügelzone Rebbau vor. Das auf den Elzwiesen gewonnene Futter ermöglichte Viehmästung, es wurden alle Getreidearten, aber auch Hanf angepflanzt, der z. T. als Rohmaterial nach Norddeutschland und nach der Schweiz gehandelt, z. T. aber selbst verarbeitet wurde (17 Leinenweber). 1813 gab es 164 Handwerker und Gewerbetreibende, die großenteils noch Nebenerwerbslandwirte waren. Mit 3 Zigarren- bzw. Stumpenfabriken und 2 größeren Sägewerken begann die Industrialisierung. 1844 wurde Kenzingen an die Eisenbahnlinie Mannheim–Freiburg angeschlossen. Die erste Volkszählung 1810 ergab 2032 Einwohner, bis 1836 waren bereits 2583 erreicht. Dann aber stagnierte die Entwicklung lange, bis 1939 3079 Einwohner registriert wurden. Kräftige Wanderungsgewinne nach dem 2. Weltkrieg erhöhten die Einwohnerzahl auf 4785 im Jahr 1970.

In diesem Jahr waren 1337 Personen in Industrie – Gewerbe und 1044 in Handel – Verkehr erwerbstätig (zusammen 81,7%), in Land- und Forstwirtschaft arbeiteten noch 316 Personen hauptberuflich (11,7%), während im Dienstleistungssektor 172 Personen (6,6%) Beschäftigung fanden. Seither hat die Landwirtschaft weiter verloren, Industrie – Handel – Gewerbe und Dienstleistungen dagegen zugenommen. 1970 standen 1199 Auspendler 876 Einpendlern gegenüber. Die Pendelbewegung hat sich seitdem verstärkt. Der Bevölkerungsanstieg seit 1950 hat umfangreiche Erweiterungsarbeiten veranlaßt: Erweiterung des Städtischen Krankenhauses, des Wasserversorgungsnetzes und der Kanalisation, Neubau des Gymnasiums. Seit den Eingemeindungen wurden 29 ha Bauland (je 6 ha in Nordweil und Bombach und 17 ha in Kenzingen) und 22 ha Industriegelände (in Kenzingen) bereitgestellt. Die Kenzinger Üsenberghalle ist neu geschaffen worden, in Bombach ist eine Mehrzweckhalle im Bau. Das Gymnasium Kenzingen ist erweitert und der Kindergarten Bombach ausgebaut worden. Rege Aktivitäten wurden auf dem Gebiet der Wasserver- und -entsorgung entwickelt (Neubau Wasserhochbehälter Nordweil, Verlegung des Wasserpumpwerkes Kenzingen und Neubau des Pumpenhauses, Neukanalisierungen in Nordweil, Bombach, Hecklingen und Kenzingen, Bau der Abwasserhauptsammler Bombach, Hecklingen und Nordweil mit Anschluß an die Kläranlagen in Kenzingen und Herbolzheim). Durch Straßenbau wurden in der Kernstadt und in allen Ortsteilen die Neubaugebiete erschlossen, ebenso in allen Ortsteilen Wanderwege angelegt. In Bauplanung befinden sich Maßnahmen der Dorfentwicklung in den Ortsteilen und der Stadtsanierung in Kenzingen, dazu Neubaugebiete in Kenzingen und Hecklingen.

Das Frauenkloster *Wonnental* war 1220 von Rudolf von Üsenberg südlich der Stadt gestiftet und 1253 dem Zisterzienserorden angeschlossen worden. Die Zisterzienserfrauenabtei, in die viele Töchter des breisgauischen und ortenauischen Adels eintraten, hatte u. a. auch in der Stadt Kenzingen und in den benachbarten Ortschaften Besitz. Sie unterstand in geistlicher Hinsicht dem Abt von Tennenbach, der auch zeitweise im Namen der Äbtissin den Wonnentaler Sitz im Prälatenstand der vorderösterreichischen Landstände im Breisgau einnahm. Das im Bauernkrieg verbrannte, dann wiederaufgebaute Kloster wurde 1809 aufgehoben.

Südöstlich der Kirnburg, im Kirnbachtal, war das kleine Paulinerkloster *Kirnhalden* gegründet worden, das 1360 urkundlich wurde. Nachdem das Klösterlein durch den Bauernkrieg und einen Brand heruntergekommen war, wurde es 1585 an das Kloster Wonnental verkauft, das 1669 die Wallfahrtskapelle und 1717 das Badgebäude errichtete. Es wurde nach der Aufhebung von Wonnental privat weiterbetrieben und hatte um 1880 über 200 Kur- und Badegäste. Heute dient es als überregionale Pockenbehandlungsstation.

Stadtteil Bombach (226,5 m NN – Fl: 310 ha – Einw 1979: ca. 500)
Bombach dürfte ursprünglich zur königlichen Mark Kenzingen gehört haben, die sich nach Osten bis zum Pfingstberg erstreckte. Erstmals ist Bombach im Jahre 1144 genannt. Damals gehörte das Gut „Bonbach" mit der Kirche dem Kloster St. Trudpert, was auf hohes Alter (vielleicht 8. Jh.) schließen läßt. Wie Bleichheim und Nordweil gehörte Bombach später zur nahen Burg Kirnburg. Als Teil dieser Herrschaft ist es seit dem 16. Jh. vielfach bezeugt. Mit der Kirnburg machte es die verschiedenen Herrschaftswech-

sel durch, kam schließlich an die Habsburger und blieb dann Teil der vorderösterreichischen Landgrafschaft Breisgau und damit katholisch. Am Ende des 18. Jh. unterstand Bombach so dem vorderösterreichischen „k. k. Obervogteiamt der Herrschaft Kürnberg" und ging dann 1805 an Baden über. Es wurde dem neuen badischen Bezirksamt Kenzingen zugeteilt, mit dem es 1872 zum Amtsbezirk Emmendingen kam. 1836 hatte der rein agrarische Ort 688 Einwohner, eine Zahl, die er nicht halten konnte, da sie sich nur bei größter Bedürfnislosigkeit von der Landwirtschaft ernähren ließ.

Die Abwanderungen der folgenden Generationen verringerten die Einwohnerschaft auf 382 im Jahr 1939. 1970 hatte Bombach 444 Einwohner.

Die Gemeinde hat in der Zeit ihrer Selbständigkeit vor der Gemeindereform einen Sportplatz angelegt, Schule und Kindergarten gebaut (die Schule ist inzwischen aufgelöst), die zentrale Wasserversorgung eingerichtet und Straßen im Ortsbereich asphaltiert. Am 1. 12. 1971 wurde Bombach in die Stadt eingemeindet. Damit gehört es wieder zur alten Mark, aus deren Waldgebiet es einst als Rodungsdorf herausgeschnitten worden sein dürfte.

Stadtteil Hecklingen (183,1 m NN – Fl: 409 ha – Einw 1979: ca. 900)
Flurnamen (wie Hoher Weg, Herweg, Alter Weg, Heidenacker, Heidenstube, Spiegeler, Zigel, Horet) deuten angesichts der außergewöhnlichen strategischen Lage am Eingang zur Breisgauer Bucht auf Anwesenheit schon der Römer. Die Endung des Ortsnamens auf -ingen läßt auf Besiedlung in der frühen Alamannenzeit schließen. Doch erst 1147 ist der Ortsname schriftlich genannt. Die Zähringer scheinen das erste bestimmende Adelsgeschlecht in Hecklingen gewesen zu sein, an sie erinnern Flurnamen (wie „Zeringer Lande"), Besitzungen ehem. Zähringerklöster (z. B. St. Peter) und Rechte der Zähringererben (Grafen von Freiburg). Um 1200 dürften Hecklingen und die Lichteneck in Besitz der wohl von den Zähringern abgespaltenen Grafen von Nimburg gewesen sein. Ob nach dem Aussterben der Nimburger kurz nach 1200 die Staufer sich diesen Teil ihrer Erbschaft sichern konnten, ist ungewiß. Jedenfalls betätigten sich in nachstaufischer Zeit (1264) zwei Adlige, die auch sonst vorher staufische Besitzungen an sich genommen haben – die Grafen von Freiburg und die Herren von Üsenberg – in Hecklingen.

Im 14. Jh. waren die Grafen von Freiburg eindeutige Herren von Hecklingen und Lichteneck, eine Tochter des Grafen von Freiburg brachte die Herrschaft Lichteneck 1357 durch ihre Heirat an die Grafen von Tübingen, bei denen sie bis 1634 blieb. Durch Erbschaften und Verkäufe wechselte die Herrschaft dann mehrfach den Besitzer, bis sie 1774 in die Hände des Grafen von Hennin kam, der sich als Ortsherr in Hecklingen ein neues Schloß erbaute. Wie schon die früheren Inhaber der Herrschaft Lichteneck gehörte er dem Ritterstand der vorderösterreichischen Stände des Breisgaus an. 1805 ging Hecklingen an Baden über. Das Dorf hatte 1813 581, 1939 579 Einwohner. Die Zeit nach dem 2. Weltkrieg brachte einen kontinuierlichen Anstieg bis auf 825 im Jahr 1970.

Bis zur Gemeindereform wurden 4 ha Bauland bereitgestellt und eine zentrale Wasserversorgung angelegt. Die Erbauung der Schule, die Anlegung von Sportplatz und Wanderwegen und die Asphaltierung der Straßen runden das Bild der kommunalen Bemühungen in der letzten Phase der Selbständigkeit Hecklingens ab.

Die Burg *Lichteneck* auf dem vordersten Bergsporn der rebenbebauten Vorbergzone dürfte von den Zähringern oder den Grafen von Nimburg errichtet worden sein. Zur späteren Herrschaft Lichteneck gehörte neben Hecklingen und Forchheim auch ein Anteil an der Gemeinherrschaft Riegel, so daß sie den 2 km breiten Zugang zur Breisgauer Bucht zwischen Kaiserstuhl und der Schwarzwaldvorbergzone völlig in der Hand hatte. Von den Grafen von Freiburg, den Zähringererben im Breisgau, kam die Burg auf dem Erbwege 1356 an die Pfalzgrafen von Tübingen, die sich fortan auch nach Lichteneck nannten. Diese starben 1634 aus. 1675 wurde die Burg von Vauban zerstört.

Stadtteil Nordweil (225,2 m NN – Fl: 434 ha – Einw 1979: ca. 690)

Nordweil, das 1095 erstmals genannt ist, müßte seinem Namen nach eine jüngere Ausbausiedlung des südlicher gelegenen Bombach gewesen sein. Kirchlich ist Nordweil eine Filiale der Pfarrkirche Bleichheim gewesen, doch ist die Nordweiler Kapelle erst im 15. Jh. bezeugt. Nordweil scheint von einem Grundherrn angelegt worden zu sein, es befand sich 1095 im Besitz des Adalbert von Zollern, der es nun an das Kloster Alpirsbach schenkte. Diese Schenkung bestimmte die gesamte weitere Geschichte von Nordweil.

Alpirsbach hielt zäh an diesem Außenbesitz fest und vertauschte ihn nie, mußte aber einheimische Herren mit der Vogtei über Nordweil betrauen (1346 war z. B. der Herr von Üsenberg, 1353 der Markgraf von

Hachberg Inhaber der Nordweiler Vogtei), und was für die Einwohner wichtig war, sie konnten vom weitentfernten Kloster wenig Förderung erwarten. Als in der Reformationszeit das Ende des Klosters schlug und der Herzog von Württemberg das Klostergut an sich zog, da wurden aus „des Gotteshaus zu Alpirsbach Untertanen zu Nordweil" (so 1555) württembergische Untertanen. Sie blieben aber katholisch. Bis 1806 gehörte Nordweil zu Württemberg, dann kam es an Baden und wurde dem Amt Kenzingen zugeteilt, mit dem es 1872 Emmendingen zugeordnet wurde.

Die Einwohnerzahl betrug 1813 650 und veränderte sich nur unwesentlich: 1939 657 und 1970 727 Einwohner.

Nordweil hat in der Nachkriegszeit einen Sportplatz, eine Schule (Bestandteil der Grundschule Hecklingen) und einen Kindergarten, eine zentrale Wasserversorgung mit Quellwasser ohne Hochbehälter und Wanderwege geschaffen.

Kiechlinsbergen *siehe Endingen*

Köndringen *siehe Teningen*

Königschaffhausen *siehe Endingen*

Kollmarsreute *siehe Emmendingen*

Kollnau *siehe Waldkirch*

Leiselheim *siehe Sasbach*

Maleck *siehe Emmendingen*

Malterdingen

195,3 m NN – Fl: 1114 ha – Einw 2193

Malterdingen bildet mit den Gemeinden Freiamt, Sexau und Teningen und der Stadt Emmendingen eine zum 1. 1. 1975 errichtete „Vereinbarte Verwaltungsgemeinschaft" mit Sitz Emmendingen.

Malterdingen, ein alter -ingen-Ort in einem siedlungsgünstigen, nach Südwesten sich öffnenden Seitentälchen der Vorbergzone, ist erstmals 1016 schriftlich genannt. Vereinzelt sind hier freie Leute bezeugt, im 13. Jh. nannte sich ein Rittergeschlecht, das seinen Sitz vielleicht auf der „Burg" südwestlich des Ortes hatte, nach Malterdingen. Neben den

170. Blick auf Waldkirch

171. Waldkirch. Markt-
platz mit Wochenmarkt

Klöstern St. Peter und Schuttern hatte vor allem das Deutschordenshaus Freiburg hier Besitzrechte (Widemhof und Kirchensatz mit Zehnt). 1297 wird bezeugt, daß die Markgrafen von Hachberg den Grafen von Veringen deren Rechte in Malterdingen abkauften, und von da an gehörte der Ort eindeutig zur Markgrafschaft Hachberg, wurde also mit dieser 1420 badisch und 1535 baden-durlachisch.

Mit den übrigen baden-durlachischen Dörfern wurde er im 16. Jh. evangelisch. Nach Schaffung des Großherzogtums gehörte Malterdingen von Anfang an zum Oberamt Emmendingen. Als Teilhaber des Vierdörferwaldes hatte Malterdingen Zugang zu dem jenseits der Nachbargemeinde Heimbach liegenden Hochwald. 1813 war es „ein ansehnlicher Marktflekken", hatte ein „Gesundheitsbad" (Mineralquelle) und das Jahrmarktsrecht. Neben Reben wurde vor allem Hanf angepflanzt. Die Einwohnerzahl stieg von 1124 im Jahr 1813 auf 1694 1939.

Nach dem 2. Weltkrieg setzte durch Zuwanderung und Industrieansiedlung ein stärkerer Anstieg ein: 1970 waren 2195 Einwohner verzeichnet.

Eine tiefgreifende Wandlung der Beschäftigungsstruktur des ehemals rein bäuerlichen Dorfes war 1970 festzustellen: 693 Personen (66,2%) waren in Industrie – Handel – Gewerbe beschäftigt, in Land- und Forstwirtschaft dagegen nur noch 248 (23,7%) und im Dienstleistungssektor 106 (10,1%). Seither geht der Beschäftigungsanteil in der Landwirtschaft weiter zugunsten von Industrie – Handel – Gewerbe zurück. Im gleichen Jahr standen 392 Einpendler 479 Auspendlern gegenüber.

Die kommunalen Anstrengungen konzentrierten sich auf die Bereitstellung von 7,5 ha Wohnland und 9 ha Industriegelände, von Sport- und Spielanlagen, auf einen Kindergarten-Neubau, auf Straßenbau in den Neubaugebieten und auf eine moderne Wasserver- und -entsorgung. 4 ha Wohngebiet und 10 ha Gewerbegebiet befinden sich in Planung.

Kulturhistorische Sehenswürdigkeiten s. S. 163 f.

Mundingen *siehe Emmendingen*

Niederhausen *siehe Rheinhausen*

Niederwinden *siehe Winden i. E.*

Nimburg *siehe Teningen*

Nordweil *siehe Kenzingen*

Oberhausen *siehe Rheinhausen*

Oberprechtal *siehe Elzach*

Obersimonswald *siehe Simonswald*

Oberwinden *siehe Winden i. E.*

Ottoschwanden *siehe Freiamt*

Prechtal *siehe Elzach*

Reute

205 m NN – Fl: 480 ha – Einw 2278

Reute bildet mit den Gemeinden Denzlingen und Vörstetten seit dem 1. 1. 1975 den Gemeindeverwaltungsverband Denzlingen–Vörstetten–Reute mit Sitz Denzlingen.

Der Ort am Nordrand des alten Breisgauer Wildbannes ist trotz seines Namens, der ihn als Rodung zwischen dem Markwald und dem Waldgebiet der Teninger Allmend ausweist, von höherem Alter. Bereits im Jahre 773 ist hier Besitz des fränkischen Reichsklosters Lorsch bezeugt, und im Jahre 993 hat Graf Pyrtilo hier Besitz an das Kloster Sulzburg geschenkt.

Reute ist an dem alten Hertweg von Riegel nach dem Glottertal gelegen.

Schon früh sind zwei Siedlungskerne – Niederreute und Oberreute – mit zwei Pfarrkirchen erkennbar. In Niederreute hatte das Kloster St. Ulrich einen Hof. Da St. Ulrich unter der Vogtei der Grafen von Nimburg stand, ist hier Siedlungs- und Herrschaftseinfluß vom benachbarten Nimburg her denkbar. Reute, das zur Landgrafschaft Breisgau gehörte, war dann 1327 an die Freiburger Patrizier Schnewlin gekommen, wechselte danach mehrfach seine Besitzer, bis es 1629 die Familie von Harsch erwarb, in deren Besitz es bis zum Ende des Alten Reiches blieb. Die von Harsch gehörten zu den Landständen des Breisgaus, die Landesherrschaft blieb also vorderösterreichisch bis zum Übergang an Baden im Jahre 1805. Die Bevölkerung stieg von 683 1836 bis auf 1024 im Jahr 1939.

Nach dem 2. Weltkrieg wurde aus dem vorher abgelegenen Dorf eine günstig gelegene Wohnsiedlung zwischen mehreren Großsiedlungen und in der Nähe der Autobahnauffahrt Freiburg-Nord. 1970 betrug die Bevölkerung 1664 Einwohner.

Im gleichen Jahr waren 465 Beschäftigte (68 %) in Industrie – Handel – Gewerbe, 159 (23,3 %) im Dienstleistungssektor und nur noch 59 (8,7 %) in Land- und
Forstwirtschaft tätig. Seitdem haben die in der Landwirtschaft Beschäftigten nochmals um 3 % abgenommen. 512 Auspendler standen 15 Einpendlern
gegenüber.
Angesichts der Zuzugstendenz und der daraus resultierenden Neubautätigkeit mußte die Gemeinde seit
1970 14,75 ha Wohnland zur Verfügung stellen,
Kindergarten, Grund- und Hauptschule erbauen,
Sporteinrichtungen (Sport- und Mehrzweckhalle
und 3 Sportplätze usw.) erstellen und für Wasserver-
und -entsorgung investieren (Anschluß an Wasserversorgungsverband Mauracherberg und an Abwasserzweckverband Breisgauer Bucht). Dazu wurden
2,15 ha als Gewerbegebiet bereitgestellt.
Kulturhistorische Sehenswürdigkeiten s. S. 164.

Rheinhausen

Fl: 2198 ha – Einw 3082
Die Gemeindereform führte am 1. 5. 1972 die beiden
Dörfer Niederhausen und Oberhausen unter dem
neuen Namen Rheinhausen zu einer Gemeinde zusammen. Rheinhausen ist mit den Städten Kenzingen und Herbolzheim und der Gemeinde Weisweil an
dem zum 1. 7. 1975 konstituierten Gemeindeverwaltungsverband Kenzingen – Herbolzheim mit Sitz
Kenzingen beteiligt.
Der neue Name Rheinhausen erinnert an die schick-
salsmäßige Verbundenheit der beiden Dörfer mit
dem Rhein, der früher unmittelbar westlich an den
Siedlungen entlangströmte (heutiger Wasserlauf
,,Innerer Rhein''). Oft waren die Dörfer im Westen
von den Hochwassern des Rheins und im Osten von
denen der Elz bedroht. Andererseits zogen die beiden
Dörfer aus den nahen Wasserläufen auch ihren Nutzen: Fischerei und Entenjagd und die von den Einwohnern betriebene Lastschiffahrt vornehmlich nach
Straßburg, aber auch bis Mainz, boten neben der
Landwirtschaft zusätzliche Einkünfte. Zum Elsaß bestanden traditionelle Verkehrs- und Handelsverbin-
dungen. Zeitweise erschienen wöchentlich die Straßburger Fischaufkäufer in Oberhausen, und nach der
elsässischen Nachbargemeinde Schönau wurde eine
Rheinüberfahrt unterhalten. Die Rheinregulierung
und Elzkanalisierung (Leopoldskanal) haben den
Dörfern einerseits Entlastung von der Hochwasser-
gefahr und Gewinnung von landwirtschaftlich nutz-

baren Böden, andererseits stetigen Rückgang, ja
schließliches Aussterben der alten Fischer- und
Schifferberufe gebracht. Aus einem zweiten Grunde
gehören die Dörfer zusammen: im Mittelalter war
oft nur von ,,Husen'' die Rede (ab 1152) oder auch
von ,,die zwei Husen die Dörfer'' oder auch ,,die
Dörfer zu Husen''. Sie bildeten einen Bann zusammen, verwalteten sich aber getrennt und teilten die
gemeinsamen Lasten zu 3/5 auf Oberhausen und zu
2/5 auf Niederhausen auf. Mag auch die Besitzgeschichte in Einzelheiten verschiedene Verläufe genommen haben, so hatten beide Dörfer doch den gleichen Oberherrn: sie gehörten zur Herrschaft Kenzingen-Kürnberg, die sich vom Rhein bis zum Streitberg im Osten hinzog.
Kulturhistorische Sehenswürdigkeiten s. S. 165
Ortsteil Niederhausen (168,9 m NN – Fl: 904 ha –
Einw 1979: ca. 1180)
Niederhausen ist schon im Jahre 861 urkundlich bezeugt, doch erst 1343, als Herzog Albrecht von
Österreich Friedrich von Üsenberg mit der Herrschaft Kenzingen-Kürnberg belehnt, wird ausgesagt,
daß Ober- und Niederhausen mit allen Rechten da-
zugehörten. Man nimmt an, daß die frühe Geschichte Niederhausens ähnlich wie die Kenzingens
verlief. Als 1298 Rudolf von Üsenberg Kenzingen
von König Albrecht zu Lehen nehmen mußte, dürfte
auch Niederhausen, das wohl ein früher Ausbauort
von Altenkenzingen war, dabeigewesen sein. Von
1343 an ist die Geschichte des Dorfes klar: es war nun
österreichisches Lehen und blieb es im Grunde fortan
immer, wenn auch die Ortsherren mehrfach wechselten (u. a. die Turner von Freiburg, die Schnewlin
von Landeck, das Deutschordenshaus Freiburg, die
Stadt Straßburg). Durch die straßburgische Ortsherrschaft fand in Niederhausen für einige Jahrzehnte die Reformation Eingang, doch sorgte der Le-
hensoberherr Österreich für die Rückgängigma-
chung des Glaubenswechsels. Nachdem 1702 Habsburg Niederhausen endgültig zurückgekauft hatte,
war das Dorf eine Vogtei unter dem k. k. Obervogteiamt der Herrschaft Kürnberg. 1805 wie das übrige
Vorderösterreich badisch geworden, gehörte es nun
zum Bezirksamt Kenzingen und kam mit diesem
1872 an Emmendingen.
Zu Beginn des 19. Jh. waren die Haupterwerbsquel-
len Ackerbau und Fischerei und vor der Einführung
der Dampfschiffahrt auf dem Oberrhein auch die
Rheinschiffahrt mit Lastkähnen nach Straßburg und
Mainz. Rheinkorrektur, Absinken des Grundwasserspiegels, Verlagerung des Verkehrs zuerst auf die

Oberrheindampfschiffahrt und dann auf den Schienenweg brachten für Niederhausen das Absterben der traditionellen Erwerbszweige der Schleppschifffahrt und der Fischerei und die Konzentration auf die Landwirtschaft, die aber trotz neugewonnener Böden und des im 19. Jh. blühenden Tabakanbaus nur einer begrenzten Einwohnerzahl Nahrung und Erwerb bieten konnte, so daß der Bevölkerungsüberschuß abwandern mußte. 1813 hatte Niederhausen 788 Einwohner, 1939 waren es 919.

Der 2. Weltkrieg brachte dem Grenzdorf große Schäden, doch stoppten die verbesserten Verkehrsmöglichkeiten und die Motorisierung die Abwanderungstendenzen. 1970 hatte Niederhausen 1119 Einwohner.

Ortsteil Oberhausen (172,4 m NN – Fl: 1294 ha – Einw 1979: ca. 1920)

Zwar ist schon vor 1152 von „Husen'' die Rede und hieß es dann 1343 „die zwei Husen die Dörfer'', was auf die Existenz auch Oberhausens hinweist, so fällt die eindeutige Benennung „Oberhausen'' erstmals 1455. Wie Niederhausen ist Oberhausen 1343, als Herzog Albrecht von Österreich den Friedrich von Üsenberg mit der Herrschaft Kenzingen-Kürnberg belehnte, eindeutig Teil der Herrschaft Kürnberg und damit habsburgisches Lehen gewesen. Oberhausen dürfte ebenfalls Ausbauort vom einst königlichen, später andlauischen, dann üsenbergischen Altenkenzingen aus gewesen und 1298 bei der Lehennahme Rudolfs von Üsenberg habsburgisches Lehen geworden sein. Ein Üsenberger hatte 1357 kurz vor dem Abgang des Geschlechtes den Widemhof zu Hausen mit dem seit alters dazugehörenden Kirchensatz an das Deutschordenshaus in Freiburg geschenkt, dem dann die Pfarrei Oberhausen bis 1805 gehörte. Die Landesherrschaft besaß seit 1343 Österreich. So unterstand die Vogtei Oberhausen am Ende des 18. Jh. dem vorderösterreichischen k. k. Obervogteiamt der Herrschaft Kürnberg und war rein katholisch. 1805 an Baden übergegangen, wurde Oberhausen zuerst dem Bezirksamt Kenzingen und 1872 Emmendingen zugeordnet. 1813 ernährten sich die Oberhausener „vorzüglich mit dem Ackerbau und der Fischerei''. Im Laufe des 19. Jh. gewannen Tabakanbau und -verarbeitung große Bedeutung. 1813 hatte der Ort 1342 Einwohner, 1939 waren es 1605. Nach einigen Schwankungen u. a. durch die Einwirkungen des 2. Weltkrieges pendelte sich die Zahl bei 1993 im Jahr 1970 ein. Im gleichen Jahr waren 619 Oberhausener in Industrie – Handel – Gewerbe (69,4%) und im Dienstleistungssektor 170

(19%) tätig, während die Land- und Forstwirtschaft nur noch 104 Personen (11,6%) Beschäftigung bot. 710 Auspendler standen 223 Einpendlern gegenüber. Die Zahl der in der Landwirtschaft Beschäftigten nahm weiter ab.

Der breiten privaten Aufbautätigkeit nach den Zerstörungen des 2. Weltkrieges entsprechen beachtliche kommunale Baumaßnahmen (u. a. eine neue Schule mit Turnhalle und Lehrschwimmbecken in Oberhausen, eine neue Kirche in Niederhausen). Seit der Zusammenlegung beider Gemeinden hat Rheinhausen 6,5 ha Wohnland und 3 ha Industriegelände bereitgestellt, im Ortsteil Oberhausen die Festhalle umgebaut und einen Sportplatz angelegt. Im Ortsteil Niederhausen wurde eine Festhalle neu erbaut. Die Errichtung einer Kläranlage löst das Wasserentsorgungsproblem. In Planung befindet sich ein Baugebiet von 3 ha.

Riegel

183,3 m NN – Fl: 1835 ha – Einw 2892

Riegel ist Mitglied des zum 1. 1. 1975 konstituierten Gemeindeverwaltungsverbandes, „Nördlicher Kaiserstuhl'' mit Sitz in Endingen (zusammen mit Bahlingen, Endingen, Forchheim, Sasbach und Wyhl). Die besondere Lage an der Nordostecke des Kaiserstuhles, wo dieser eine nur 2 km breite Lücke zur Vorbergzone des Schwarzwaldes läßt, dazu am Fuße des zu Befestigungen einladenden Michelsberges hat zusammen mit den siedlungsgünstigen fruchtbaren Böden die frühe Geschichte Riegels bestimmt. Nachdem bereits seit der Jungsteinzeit hier Siedlungen bestanden hatten, wurde Riegel in der Römerzeit neben Breisach und Limburg-Sasbach einer der militärisch-politisch wichtigsten Punkte am Kaiserstuhl. Hier verließ die aus dem Westen kommende Römerstraße den Nordrand des Kaiserstuhls, um die Eingänge zum Glottertal und wohl auch zum Elztal zu erreichen. Auch die Franken haben die strategische Bedeutung Riegels benutzt; schon für die Merowingerzeit kann eine Befestigung als erwiesen angesehen werden. Schriftlich wird Riegel im Mittelalter erstmals 763 und 781 und dann wieder 972 und 948 beurkundet. Riegel war in karolingisch-ottonischer Zeit ein dem König und seinen Amtsträgern zur Verfügung stehender Reichshof, zu dem Leute und Güter in Endingen, Wellingen, Kenzingen, Teningen, Bahlingen, Vogtsburg, Oberbergen, Rotweil, Burkheim, Betzenhausen, Tutschfelden usw. gehörten. Nachdem Kaiser Otto I. diesen Reichshof dem widerspenstigen Grafen Guntram, der ihn in der vorangegangenen Zeit der Schwäche der königlichen Zentralgewalt an sich gebracht hatte, 962 entzogen hatte, übergab er ihn 969 der neugegründeten Abtei Einsiedeln. Auch die nachfolgenden Könige bestätigten Einsiedeln den Riegeler Hof immer wieder. So konnte dieses Kloster mit der Zeit auch die Güter anderer Klöster (Lorsch und Ettenheimmünster) an sich bringen, so daß schließlich ganz Riegel in seiner Hand war. Bei der Entfernung Riegels zum Kloster Einsiedeln konnte es nicht ausbleiben, daß einheimische Adelsgeschlechter als Schirmvögte oder Lehensträger die tatsächliche Gewalt in Riegel ausübten. So baute der Herzog von Zähringen 1160 auf dem Riegeler Michelsberg eine Burg, die einerseits den Einsiedlerhof beschützte, andererseits aber aus strategisch hervorragender Lage den Eingang zur Breisgauer Bucht kontrollierte. In Riegel waren im Mittelalter die Besitzverhältnisse schon sehr vielschichtig. Nicht nur, daß es neben der auf fränkische Zeit zurückgehenden Fronhofskirche St. Martin im 12. Jh. noch drei andere Kirchen (St. Maria, St. Stephan, St. Michael) gab, auch im weltlichen Bereich waren neben den Zähringern und deren Dienstmann Werner von Roggenbach die Herren von Üsenberg Besitzer eines Hofes, im Ort selbst saßen die Truchsessen von Riegel, die vom 12. Jh. bis 1276 nachweisbar sind, und schließlich hatten die Grafen von Nimburg hier einen Hof, um den sich nach dem Aussterben der Nimburger kurz nach 1200 die Zähringer, der Bischof von Straßburg und die Staufer stritten. Nach dem Aussterben der Zähringer und der Staufer scheinen dann die Herren von Üsenberg, die vom Bischof von Straßburg begünstigt wurden, ganz Riegel in ihrer Hand vereinigt zu haben: Die Veste und das Dorf und alles Dazugehörige waren in der ersten Hälfte des 14. Jh. fest in ihrer Hand. 1353 verkaufte das Kloster Einsiedeln seinen Riegeler Fronhof mit den zugehörigen Korn- und Weinzehnten in Riegel und Endingen an den Freiburger Patrizier Johann Malterer, der 1355 Burg und Dorf Riegel mit Mühle und Großhof dazukaufte und so seine Herrschaft Riegel begründete. Nach seinem Tode hatte zunächst seine Witwe die Herrschaft als Witwengut allein in Besitz, dann teilte sie sie unter ihren 11 Enkeln zu 11 gleichen Teilen auf.

So war Riegel seit 1381 lange unter elf, dann einer wechselnden Zahl von Ortsteilherren aufgeteilt, von denen hier nur die Namen der Pfalzgrafen von Tübingen als Herren von Lichteneck, der Ritter von

Landeck und des Abtes von Ettenheimmünster (1483 hat Ettenheimmünster die letzten Riegeler Rechte des Klosters Einsiedeln gekauft) genannt werden können. Nach einer wechselvollen Besitzgeschichte besaßen am Ende des 18. Jh. schließlich der Fürst von Schwarzenberg 22/42 Teile, das Kloster Ettenheimmünster 11/42 Teile und der Graf von Sickingen 9/42 von Riegel. Da diese adligen ,,Mitteilherren'' dem breisgauischen Ritterstand und der Abt von Ettenheimmünster dem Prälatenstand angehörten, stand Riegel insgesamt unter vorderösterreichischer Landeshoheit. Der Anteil des Klosters Ettenheimmünster fiel als erster durch Säkularisation, die beiden anderen Teile 1812 durch Kauf an das Großherzogtum Baden. 1813, nach dem Übergang an Baden, war Riegel ein Marktflecken (3 Jahrmärkte) von 1707 Einwohnern.

Obwohl inzwischen eine Bierbrauerei errichtet worden war, Eisenbahnanschluß bestand und ein Armenkindergarten eingerichtet war, sank die Einwohnerzahl bis 1939 auf 1541, 1970 jedoch war sie auf 2180 angestiegen. 1970 waren 616 Personen (73,5%) in Industrie – Handel – Gewerbe beschäftigt, während im Dienstleistungssektor 154 (18,4%) und in Land- und Forstwirtschaft noch 68 (8,1%) Arbeit gefunden haben. Die zunehmende Wirtschaftskraft von Riegel spiegelt sich in den Pendlerzahlen: 1970 pendelten 644 Personen ein, 320 aus. Bevölkerungsanstieg und starke Pendlerbewegung wurden erst durch die günstige Verkehrslage Riegels ermöglicht (Eisenbahnverbindung und Ortsumfahrung Riegels, Anschlußstelle der Bundesautobahn A 5/E 4). Die rege Neubautätigkeit etwa 1960 bedingte große kommunale Anstrengungen auf den Gebieten der Bereitstellung von Wohnland (22 ha) und Industriegelände (30 ha), von Sporteinrichtungen (Turnhalle, Hartplatz), von Grünanlagen, von Schulen (neue Grund- und Hauptschule, Kindergarten), der Wasserversorgung (Druckleitung- Ringleitung zum Hochbehälter). Geplant sind die Errichtung eines Hochbehälters und einer Mehrzweckhalle. Riegel beherbergt eine Heimsonderschule.

Kulturhistorische Sehenswürdigkeiten s. S. 165 ff.

Sasbach

Fl: 2077,4 ha – Einw 2527

Die heutige Gemeinde Sasbach a. Rh. wird vom Dorf Sasbach und dem am 1. 1. 1973 eingemeindeten Jechtingen und dem am 1. 4. 1974 eingemeindeten

Leiselheim gebildet. Sie ist Mitglied des zum 1. 1. 1975 konstituierten Gemeindeverwaltungsverbandes „Nördlicher Kaiserstuhl" mit Sitz in Endingen (zusammen mit Bahlingen, Endingen, Forchheim, Riegel und Wyhl).
Kulturhistorische Sehenswürdigkeiten s. S. 167 ff.
Ortsteil Sasbach (182,5 m NN – Fl: 1050,8 ha – Einw 1979: ca. 1470)
Sasbach, die erste Dorfsiedlung ostwärts der von den Franken benutzten Rheinübergangsstelle Marckolsheim–Limberg, hatte im Frühmittelalter überörtliche Bedeutung. In karolingische Zeit fallen die ersten schriftlichen Erwähnungen Sasbachs (839, 887). Es war damals Königsgut, das dann aber durch Kaiser Ludwig den Frommen teilweise an das Reichskloster Reichenau geschenkt wurde. Nach einer längeren Pause taucht Sasbach unter den Ottonenkaisern wieder in den Urkunden auf (965, 990, 994, 996/997). Die Rolle des Sasbacher Rheinüberganges in karolingischer und ottonischer Zeit hing wie in merowingischer Zeit eng mit der staatspolitischen Wichtigkeit der West-Ost-Verklammerung des fränkischen Reiches zusammen. Nachdem in der Politik der deutschen Könige die Nord-Süd-Verbindungen wichtiger wurden, verlor auch Sasbach seine überregionale Bedeutung, und in dem alten öffentlichen Gut machten sich einheimische Adlige breit. Zwar gab es noch viele Relikte der alten Königsguteigenschaft (z. B. die Königsfreien in Sasbach und den Nachbardörfern), aber es gibt keine Anzeichen, daß die Könige nach 1000 nochmals versucht haben, den Fiskus Sasbach neu zu organisieren, so wie es die Staufer erfolgreich in Breisach getan haben. Sasbach teilte in den nächsten Jahrhunderten die politischen Schicksale der Limburg, es wurde schließlich von Österreich 1645 an den Freiherrn von Girardi verlehnt, dessen Familie als ritterständisches Mitglied der Breisgauer Stände noch Ende des 18. Jh. die Ortsherrschaft ausübte. Mit dem vorderösterreichischen Breisgau kam Sasbach 1805 an Baden, wurde zuerst vom Oberamt Endingen, ab 1819 vom Bezirksamt Breisach aus verwaltet und gehörte seit dessen Auflösung im Jahre 1924 zu Emmendingen.
Sasbach hatte 1813 803 Einwohner, der 2. Weltkrieg brachte dem Westwalldorf, das 1939 1170 Einwohner hatte, mit Evakuierungsmaßnahmen und Beschuß schwere Rückschläge. Nachdem sich die Gemeinde von den Kriegsfolgen erholt hatte, stieg die Einwohnerzahl auf 1425 im Jahr 1970.
Bis zur Gemeindereform hatte Sasbach 16,5 ha Wohnland und 3,4 ha Gewerbegebiet bereitgestellt, einen Sportplatz angelegt, Schule und Kindergarten erbaut, die Wasserver- und -entsorgung durchgeführt und die Ortsstraßen befestigt. Der Freizeitwert Sasbachs stieg durch die neuangebotenen Wander- und Wassersportmöglichkeiten am gestauten Restrhein (20 km Rundwanderwege, Wasserskiclub).
Als Brückenkopf auf der rechten Oberrheinseite hatten bereits die Römer auf dem Limberg ein Kastell angelegt, und ebenso hatten in der jüngeren Merowingerzeit (7. Jh.) die Franken auf dem südlichen Sporn des Limberges eine Burg errichtet. Seitdem gehörte der Limberg sicherlich zum öffentlichen Gut, das dem König vorbehalten war. Nachdem der Rheinübergang im Mittelalter seine überörtliche Bedeutung immer mehr eingebüßt hatte, nahmen es die späteren Könige hin, daß sich auf der Limburg einheimische Adelsgeschlechter festsetzten: zuerst die Zähringer, im 13. Jh. die Grafen von Habsburg, die dann die Grafen von Urach-Freiburg belehnten. Später verkauften sie die Habsburger an die elsässischen Ritter von Bergheim, die sie 1300 vom Grafen von Freiburg zu Lehen nahmen. Vermutlich seit 1368 waren wieder die Habsburger im Besitz der Limburg. Nachdem Kaiser Sigismund dem 1415 geächteten Herzog Friedrich von Österreich dessen oberrheinischen Besitz aberkannt hatte, verfügte dieser Herrscher 1430 wieder über die „dem Reich verfallene" Veste Limburg und deren aus Rheinzoll und Dörfern bestehenden Zubehör. Die Limburg muß aber wieder an Österreich zurückgekommen sein, sie wurde von diesem verschiedentlich verpfändet und verlehnt, zuletzt 1645 an Girardi von Kastel, dessen Nachkommen sie im Familienbesitz bewahrten.
Ortsteil Jechtingen (188 m NN – Fl: 8399 ha – Einw 1979: ca. 940)
Auf Gemarkung Jechtingen ist schon sehr früh gesiedelt worden: Aus der Jungsteinzeit, der Bronzezeit, der Urnenfelderzeit und der Hallstattzeit sind hier Funde gemacht worden. Die Römer benutzten die relativ schmale Rheinstelle bei der Sponeck zur Anlegung eines durch die Brückenkopfbefestigung am östlichen Ufer gesicherten Übergangs, von dem die „Römerstraße" nach Osten in Richtung Riegel weiterführte. Zwar ist der Dorfname erst relativ spät schriftlich überliefert (1272), doch ist diese -ingen-Siedlung zweifellos von viel höherem Alter, wie Alamannengräber beweisen. In fränkischer Zeit muß Jechtingen zum Sasbacher Reichsbesitzkomplex gehört haben; an die Markgrafen von Baden, danach von Hachberg, in deren Besitz sich Jechtingen zur Zeit der ersten schriftlichen Nennung befand, dürfte

es durch deren Amt als Breisgaugrafen gekommen sein. Seit Anfang des 14. Jh. gehörte Jechtingen zur Herrschaft Burkheim, kam mit dieser 1330 an die Habsburger und machte im Rahmen der Geschichte Burkheims die verschiedenen Verpfändungen und Verlehnungen mit, befand sich so im 18. Jh. als Lehen bei der Familie von Fahnenberg. Als Teil Vorderösterreichs war Jechtingen rein katholisch, kam 1805 an Baden und wurde 1807 dem Oberamt Kenzingen und 1819 dem Bezirksamt Breisach zugeteilt. 1924 kam Jechtingen zum Bezirk Emmendingen und 1936 zum Landkreis Freiburg, bis es zum 1. 1. 1973 dem Kreis Emmendingen zugewiesen wurde. Zu Anfang des 16. Jh. hatte Jechtingen 62 Wohnhäuser (etwa 300–350 Einwohner) besessen. Nach den schweren Verlusten des 30jährigen Krieges füllten schweizerische Einwanderer die Lücken. Das 18. Jh. brachte einen großen Bevölkerungszuwachs, so daß 1799 653 Einwohner gezählt wurden, obwohl es inzwischen um 1760–1773 zu Auswanderungen nach Ungarn gekommen war. Auch im 19. Jh. wiederholte sich der gleiche Vorgang mehrfach: da Jechtingen den Geburtenüberschuß wirtschaftlich nicht integrieren konnte, mußten immer wieder ganze Gruppen auswandern. So stagnierte die Bevölkerungszahl praktisch bis heute: 1813 hatte Jechtingen 753 Einwohner, 1939 803 und 1970 890. 1961 waren in der Land- und Forstwirtschaft 62%, 1971 57% beschäftigt. Nach den Umstrukturierungen in der Landwirtschaft stieg die Auspendlerzahl von 55 (1950) auf 126 (1969). Die Einpendlerzahl mit 20 im Jahr 1969 ist entsprechend gering.

Jechtingen, das jahrhundertelang ein Bauern-, Fischer- und Schifferdorf gewesen war, hat nach dem Wegfall der Fischerei und der Schifferei sich stark auf die Modernisierung der Landwirtschaft verlegt (Rebflurbereinigungen, Intensivierung des Obst- und Weinbaues in großflächigen Anlagen, Betriebsvergrößerungen und Bau von Aussiedlerhöfen). Die Gemeinde hat bis zur Zusammenlegung mit Sasbach 6,6 ha Wohnland bereitgestellt, Schule und Kindergarten gebaut, die zentrale Wasserversorgung und einen Sportplatz angelegt.

Die Burg *Sponeck* dürfte im 13. Jh. gebaut worden sein, um die Fähre über den hier relativ schmalen Rhein zu bewachen. Noch im 15. Jh. war sie ein Reichslehen, der erste nachweisbare Besitzer (Spenli, daher der Name Spanegge) war ein Ritter der Reichsstadt Breisach gewesen. Später geriet die Sponeck in die Hände der Grafen von Württemberg, für die dieser eigene Rheinübergang zu ihrem elsässischen Be-

sitz (Grafschaft Horburg) wichtig war. Nach Trennung der beiden Linien des Hauses Württemberg kam Sponeck zu Mömpelgard, verlor zunehmend an Bedeutung, da die Fähre nun praktisch funktionslos war.

1701 war die Sponeck nur noch Ruine. 1807 ging das Schloßgut an das Großherzogtum Baden über, 1856 wurde es in Privatbesitz überführt und 1917 von dem Maler Hans Adolf Bühler gekauft, der 1930 den Turm als Atelier wiederaufbauen ließ.

Ortsteil Leiselheim (200 m NN – Fl: 1867 ha – Einw 1979: ca. 310)

Leiselheim ist altes fränkisches Königsgut. Es muß ursprünglich zum Fiskus Sasbach gehört haben und hat mehrere Gemeinsamkeiten mit Königschaffhausen, Kiechlinsbergen und Bischoffingen. Noch 1330 wurden in Leiselheim Reichsleute genannt, die seit der Stauferzeit zum Schultheißenamt Breisach gehörten. Die Leiselheimer waren nicht leibeigen, genossen die Freizügigkeit, die Freiheit vom Todfall oder Besthaupt und vom Leibschilling, nur zu Wehraufgebot, Frondienst und Steuer konnten sie herangezogen werden. Sie hatten also den Rechtsstand, der bei Königsleuten, die eine benachbarte Königsburg zu bewachen hatten, üblich war. Siedlungsspuren gehen bis in die Jungsteinzeit zurück, für die Römerzeit ist eine Straße gesichert, auch in frühalamannischer Zeit muß hier gesiedelt worden sein (Grabfunde). Durch die Nähe zu den Brückenköpfen Sasbach und Sponeck war Leiselheim für die Frankenherrscher von Interesse, so daß sie es beim öffentlichen Gut behielten. Wohl in der Karolingerzeit kam der königliche Fronhof dann an die Reichsabtei Reichenau, von dort später an das Domstift Konstanz. Auch andere geistliche und weltliche Grundherren (z. B. Kloster Tennenbach) faßten mit der Zeit in Leiselheim Fuß. Auf eine nicht ganz geklärte Weise ist es im Spätmittelalter den Markgrafen von Baden gelungen, die gesamte Obrigkeit über Leiselheim an sich zu bringen. So erlebte Leiselheim spätestens seit etwa 1500 die weitere Geschichte unter der Orts- und Landesherrschaft der Markgrafen von Baden-Durlach und wurde in der Reformationszeit evangelisch. 1809 kam Leiselheim zum Oberamt Endingen, 1819 zum Amtsbezirk Breisach, 1924 zu Emmendingen. 1936 wurde Leiselheim Freiburg (zuerst Bezirksamt, seit 1939 Landkreis) unterstellt. Mit dem Anschluß an die Gemeinde Sasbach am 1. 4. 1974 kam Leiselheim wieder zum Kreis Emmendingen. Leiselheim hatte 1668 104 Einwohner, 1717 156. Der Anstieg setzte sich fort, bis eine Abwanderungswelle einen beträchtlichen Rückgang verursachte. 1939 betrug die Einwohnerzahl 343, 1970 330, da Erwerbstätige aus dem abgelegenen Kleinbauerndorf abwanderten. Die Berufsstruktur der Einwohner zeigt noch immer ein Überwiegen der Land- und Forstwirtschaft, doch ist der Anteil der in ihr Erwerbstätigen in den letzten Jahrzehnten stetig zurückgegangen: waren es 1950 noch 89%, so 1970 nur noch 67%. Der Anteil der 1970 in Industrie – Handel – Gewerbe Tätigen betrug demgegenüber 22% und in den Dienstleistungen 11%. Von den 330 Einwohnern pendelten 1970 43 Personen aus.

Noch heute ist Leiselheim in erster Linie ein Weinbauerndorf mit überwiegend Kleinbetrieben. Rebflurbereinigungen und Ausweitung des Reblandes durch Umlegungen und innerstrukturelle Verbesserungen der Weinbaubetriebe sollen die Existenz der Winzer auch für die Zukunft sichern. Zugleich wurden die Obstanlagen modernisiert und erweitert. Die finanzschwache Gemeinde hat bis zur Gemeindereform nach Überwindung der schweren Kriegsschäden Anstrengungen zur Modernisierung unternommen: eine Schule mit Turnhalle und Lehrschwimmbecken (1965) und ein Kindergarten wurden gebaut und die Wasserversorgung durchgeführt.

Die Beschäftigungsstruktur der Gesamtgemeinde Sasbach nach dem Stand der Volkszählung von 1970: von insgesamt 1122 Beschäftigten waren 538 (47,96%) in Industrie – Handel – Gewerbe tätig, an zweiter Stelle folgte der Bereich Land- und Forstwirtschaft mit 393 Beschäftigten (35,02%). Im Dienstleistungssektor waren 191 Personen (17,02%) tätig. 445 Auspendler standen 70 Einpendlern gegenüber. Kommunale Leistungen seit den Eingemeindungen: Bereitstellung von Wohnland in Sasbach 2,37 ha, in Leiselheim 2,4 ha; Schaffung von Freizeiteinrichtungen (in Sasbach Limburghalle mit Außenanlagen und Sportplatz, wissenschaftlicher Lehrpfad am Limberg, Segelverein, Bootsvermietung; in Jechtingen Schützenstand und Hundesportplatz; in Leiselheim Eckwaldhütte mit Grillplatz), eines Kindergartens in Jechtingen, Maßnahmen zur Wasserver- und -entsorgung und Ortsstraßenausbau. Sowohl für den Ortsteil Sasbach wie für den Ortsteil Jechtingen sind Neubaugebiete geplant.

Sexau

233,8 m NN – Fl: 1630 ha – Einw 2520
Die Gemeinde Sexau bildet zusammen mit der Gro-

ßen Kreisstadt Emmendingen und mit den Gemeinden Freiamt, Malterdingen und Teningen die zum 1. 1. 1975 geschaffene „Vereinbarte Verwaltungsgemeinschaft Emmendingen".

Sexau wurde 862 von der Kaiserin Richardis an das elsässische Kloster Andlau geschenkt, nachdem sie es von ihrem kaiserlichen Gemahl erhalten hatte. Bis 1344 gehörten Dinghof und alle von ihm abhängenden Rechte wie Schultheißenamt und Gericht der Äbtissin von Andlau, über die Sexauer Kirche konnte sie sogar noch viel länger (1493) verfügen. Als die Karolingerkönige Sexau aus der Hand gaben, war es im wesentlichen ein im Raum des späteren Vordersexau in Elznähe gelegener Salhof mit einigen Hintersassen, der noch von Wald umgeben war. Die wirkliche besiedlungsmäßige Erfassung dürfte erst in andlauischer Zeit vom Salhof den Brettenbach aufwärts erfolgt sein. Dabei beteiligten sich auch Adelskräfte wie die Hachberger, die auf Boden, der eigentlich zum andlauischen Salhof gehörte, ihre Burg Hachberg anlegten. 1284 waren die Herren von Üsenberg neben der Äbtissin von Andlau Besitzer von Sexau; man darf annehmen, daß sie mindestens seit dem Zusammenbruch der staufischen Macht nach 1246 die Vogteirechte über den Andlauer Besitz im Breisgau ausgeübt haben. Um diese Zeit war die Besiedlung der Mark schon so weit fortgeschritten, daß man „zwei Sexau" (1356), nämlich Nieder- und Ober-Sexau (1389) oder Außer- und Inner-Sexau (1413) unterschied. 1344 verkaufte das Kloster Andlau seine Höfe zu Sexau und zu Ottoschwanden an die Markgrafen von Hachberg. Seitdem war Sexau markgräflich, machte also die Reformation mit. Bei der Organisation des neubegründeten Großherzogtums kam Sexau als altes Zugehör des Amtes Hachberg sofort zum Amte Emmendingen. Von 1039 im Jahr 1813 wuchs die Bevölkerung auf 1449 1939. 1970 waren 2103 Einwohner registriert.

Trotz älterer Bergwerke (Silberschmelze, Karolinengrube) war Sexau überwiegend agrarisch bestimmt. Die Daten der Volkszählung geben die tiefgreifende Veränderung der Beschäftigungsstruktur wieder: 640 Personen (63,8%) waren in Industrie – Handel – Gewerbe, 198 (19,7%) in Land- und Forstwirtschaft, 166 (16,5%) in den Dienstleistungen erwerbstätig. Seither hat die Zahl der in der Landwirtschaft Tätigen weiter zugunsten der Dienstleistungen abgenommen. 1970 pendelten 449 Personen aus, 116 ein. Infolge der inzwischen erfolgten Ansiedlung von Industrie- und Gewerbebetrieben hat die Einpendlerzahl zugenommen.

Um den aus dieser Umstrukturierung erwachsenen Erfordernissen zu entsprechen, hat die Gemeinde 13 ha Wohnland und 5 ha Industriegelände bereitgestellt und 2 Sportplätze, eine Turnhalle, eine neue Volksschule, die zentrale Wasserversorgung und Ortskanalisation sowie Ortsstraßen gebaut. In Planung befinden sich weitere 4 ha Wohngelände und 5 ha Gewerbegebiet.

Der Boden der späteren Burg *Hachberg/Hochburg* gehörte ursprünglich eigentlich zur Mark Sexau, ist aber kraft Rodungsrechtes zum Burgenbau abgetrennt worden. Die edelfreien Herren von Hachberg sind von 1102 bis 1197 genannt, doch schon in der Mitte des Jahrhunderts, bei der Stiftung des nahen Klosters Tennenbach, war die Burg im Besitze des Markgrafen Hermann von Baden. Von 1239 bis 1418 nannte sich eine Seitenlinie des Markgrafenhauses nach Hachberg, sie besaß als „Herrschaft Hachberg" die markgräflichen Güter im nördlichen Breisgau, dazu die vom Reiche lehnbare Grafschaft im Breisgau und die Schirmvogtei über das nahe Zisterzienserkloster Tennenbach. 1415 konnten die Markgrafen von Baden die Herrschaft Hachberg zurückkaufen. Bei der Familienteilung der Markgrafschaft 1535 kam Hachberg an die Linie Baden-Durlach. Die Burg war nun Amtssitz der Markgrafschaft und von 1577 bis 1590 Residenz einer Seitenlinie. In mehreren Etappen wurde die mittelalterliche Burganlage den Erfordernissen der immer größer werdenden Amtsverwaltung und Hofhaltung sowie den sich wandelnden Ansprüchen der Befestigungstechnik angepaßt und so zur Festungsresidenz des 16. und 17. Jh., an die bis 1676 Außenwerke hinzugefügt wurden. 1688 wurde das Schloß von den Franzosen gesprengt, seitdem ist es Ruine. Die Verwaltung der Herrschaft Hachberg wurde in die nahe Stadt Emmendingen verlegt. Kulturhistorische Sehenswürdigkeiten s. S. 169.

Siegelau *siehe Gutach i. Br.*

Siensbach *siehe Waldkirch*

Simonswald

Fl: 7521 ha – Einw 2806

Die heutige Gemeinde Simonswald entstand aus dem Zusammenschluß der Gemeinden des Simonswäldertales, der in zwei Stufen erfolgte: am 1. 4. 1970 wurden die Gemeinden Altsimonswald, Haslachsimonswald und Untersimonswald zur Gemeinde Simonswald zusammengeschlossen. Am 1. 4. 1974 wurden die bis dahin selbständigen Gemeinden Obersimonswald und Wildgutach mit der Gemeinde Simonswald vereinigt. Mit der Stadt Waldkirch und der Gemeinde Gutach i. Br. bildet die neue Gemeinde Simonswald die zum 1. 7. 1975 konstituierte „Vereinbarte Verwaltungsgemeinschaft Waldkirch". Kulturhistorische Sehenswürdigkeiten s. S. 169 f.

Ortsteil Simonswald (372 m NN – Fl: 4830 ha – Einw 1979: ca. 1980)

Mehrere Flurnamen vordeutschen Ursprungs (Kalmer, Gumme, Wahlenhof, Kostgefäll) deuten darauf hin, daß das Tal schon in voralamannischer Zeit besiedelt war. Es gehört nach der zum Jahre 1178 erhaltenen ersten Besitzurkunde des Klosters Waldkirch zu dessen alten Besitzungen.

Das Simonswälder Meiertum wurde von der Waldkircher Äbtissin im 14. Jh. regelmäßig als Lehen ausgegeben, später wiederholt verpfändet, bis 1522 Stift Waldkirch das Meiertum und 1550 Österreich die Herrschaft Kastelberg wieder einlösten. Danach blieben die Besitz- und Herrschaftsverhältnisse bis zur napoleonischen Zeit unverändert. Der 30jährige Krieg forderte unter der Bevölkerung große Blutopfer, da die Paßstraße über den Kilpen nach Vöhrenbach und Villingen von strategischem Interesse war und die Talbauern sich erbittert schlugen (1634). Seit 1806 ist das bis dahin rein katholische Tal badisch, es wurde vom Bezirksamt Waldkirch aus verwaltet und kam 1936 mit diesem an Emmendingen. 1813 wurde das Tal als wohlhabend bezeichnet. Haupteinnahmequelle war damals die Schweinezucht. Zusammen mit Obersimonswald hatten Alt- und Untersimonswald 2051 Einwohner. In den ersten Jahrzehnten des 19. Jh. stieg die Bevölkerung noch kräftig an, dann aber konnte die Landwirtschaft auch mit Heimarbeit das Bevölkerungswachstum nicht mehr integrieren, und es kam zu größeren Abwanderungen. So hatte *Altsimonswald* 1836 1291 Einwohner, und bis 1939 war die Zahl auf 768 gesunken. In *Untersimonswald*, das 1836 719 Einwohner hatte, sank die Bevölkerung weniger drastisch, 1939 hatte es 605 Einwohner. Dann aber stiegen in beiden Orten die Zahlen etwas an: in Altsimonswald 902 im Jahr 1961, in Untersimonswald auf 653.

Von der Stiftsvogtei Simonswald war zeitweise das erstmals 1331 genannte *Haslachsimonswald* als eigene Vogtei abgesondert. Nach verschiedenen Verlehnungen und Verpfändungen an Adlige löste das Waldkircher Stift 1519 und 1522 Haslachsimonswald wieder ganz ein und besaß es von da an ungeschmä-

179. Schönes altes Fachwerkhaus in Sexau

Vorhergehende Seite:
178. Sexau mit seiner neugotischen Kirche. Im Hintergrund die Hochburg

180. *Blick von der Hochburg über Sexau*

181. Vörstetten-Schupfholz
182. Vörstetten. Schönes Fachwerk

183. Ortsmitte Vörstetten mit Rathaus und Kirche
184. Die Freiburger Straße in Vörstetten

185. *Winden im Elztal. Blick über den Ortsteil Oberwinden*

186. *Winden im Elztal. Die Wallfahrtskapelle auf dem Hörnleberg*

187. *Winden im Elztal. Ortsteil Niederwinden im Elzgrund*

lert unter der vorderösterreichischen Landeshoheit. 1805 badisch geworden, gehörte Haslachsimonswald zuerst zum Amt Elzach, ab 1819 zum Amt Waldkirch und kam mit diesem 1936 an Emmendingen. 1813 zählte es 314, 1939 263 und 1961 297 Einwohner. Zum 1. 4. 1970 wurde Haslachsimonswald mit Alt- und Untersimonswald zur Gemeinde Simonswald zusammengelegt.

Ortsteil Obersimonswald (422 m NN – Fl: 2295 ha – Einw 1979: ca. 710)
Die ältere Geschichte Obersimonswalds vollzog sich ganz im Rahmen des Gesamttales. Erst spät wird die Ablösung von dem Herrschafts- und Verwaltungsmittelpunkt Altsimonswald (z. B. 1792 eigene Pfarrei) faßbar. Die Talgemeinde gehörte ebenfalls zum Stift Waldkirch, kam durch die Klostervogtei der Kastelberger an die Herrschaft Kastelberg und mit dieser an Vorderösterreich und schließlich 1806 an Baden. Bis 1936 gehörte Obersimonswald zum Amtsbezirk Waldkirch, seitdem zu Emmendingen.

Ortsteil Wildgutach (588 m NN – Fl: 296 ha – Einw 1979: ca. 90)
Das abgelegene Tal ist vom Schwarzwaldkloster St. Peter aus besiedelt worden, zählte zur Pfarrei Neukirch und war immer Besitz von St. Peter. Es ist erstmals 1111 genannt. Mit St. Peter gehörte Wildgutach zum vorderösterreichischen Breisgau, mit dem es 1805 an Baden kam. Bis 1936 zählte es zum Amt Waldkirch, seitdem zu Emmendingen.
1813 hatte Wildgutach 181 Einwohner, durch Verdienstmöglichkeiten in der damals hier heimischen Uhrmacherei nahm die Bevölkerungszahl zu, im letzten Jh. fiel sie jedoch wieder stark ab: 1939 122, 1970 99 Einwohner.
Im gleichen Jahr waren in Simonswald nur noch 303 Beschäftigte (24,9%) in Land- und Forstwirtschaft tätig, dagegen 761 (62,4%) in Industrie – Handel – Gewerbe und 155 (12,7%) in Dienstleistungen; inzwischen sind nur noch 260 Personen in Land- und Forstwirtschaft, dagegen 920 in Industrie – Handel – Gewerbe und im Dienstleistungssektor ungefähr 180 Personen beschäftigt. 1970 standen 443 Auspendler 11 Einpendlern gegenüber.
Nachdem bereits vor der Gemeindereform in den damaligen Einzelgemeinden zusammen 2 ha Wohnland bereitgestellt, eine Sportanlage, ein Schulhaus, eine Wasserversorgungsanlage und Straßen gebaut worden waren, hat die neue Gemeinde Simonswald seit den Eingemeindungen nochmals 3 ha Wohnland, ein beheiztes Schwimmbad, einen Rasensportplatz, Grünanlagen, Wanderwege und eine neue Grund-

und Hauptschule bereitgestellt, dazu die Wasserver- und -entsorgungsanlage erweitert (Bau von 2 Hochbehältern und einer mechanisch-biologischen Kläranlage) und 11 km Straßen gebaut. Weitere Investitionen in Sport- und Freizeiteinrichtungen, Entsorgungsanlagen und Straßenbau sind in Planung. Simonswald ist Luftkurort.

Suggental *siehe Waldkirch*

Teningen

Fl: 4034 ha – Einw 10 538
In die Gemeinde Teningen sind die bis 31. 12. 1974 selbständigen Gemeinden Köndringen, Nimburg und Heimbach eingemeindet. Mit der Stadt Emmendingen und den Gemeinden Malterdingen, Freiamt und Sexau bildet sie seit dem 1. 1. 1975 die „Vereinbarte Verwaltungsgemeinschaft Emmendingen". Kulturhistorische Sehenswürdigkeiten s. S. 170 f.

Ortsteil Teningen (190,5 m NN – Fl: 1607 ha – Einw 1974: ca. 6170)
Für Teningens hohes Alter sprechen Alamannenfunde und die Namensendung auf -ingen. Es dürfte wie Riegel zum öffentlichen Gut gehört haben, das sich Graf Guntram angeeignet und das ihm 962 Kaiser Otto der Große entzogen hatte. Jedenfalls bestätigte 972 Kaiser Otto II. einen Teil Teningens dem Kloster Einsiedeln, und später wurde eine Schenkung Adalberos von Basel über Teninger Gut an das Kloster Sulzburg „Auf Rat des Königs Heinrich II." vollzogen. Von Nimburg her haben dann im 11. Jh. die dortigen Grafen Hand auf Teningen gelegt. Kirchenpatronat und Allmendwald von Teningen waren fest in ihrem Besitz. Als die Grafen von Nimburg nach 1200 ausstarben, wurde auch Teningen wie die übrigen Teile der Nimburger Hinterlassenschaft zwischen dem Herzog von Zähringen, dem Bischof von Straßburg und den Staufern strittig. 1236 konnte sich schließlich der Staufer Friedrich II. alle Rechte des Straßburger Bischofs an Teningen einschließlich Kirchenpatronat als Straßburger Lehen sichern, doch spätestens 1250 fiel alles wieder an den Straßburger Bischof zurück, der später den Grafen von Freiburg damit belehnte. So wurde Teningen Stützpunkt des Grafen von Freiburg und als solcher 1306 von den Freiburger Bürgern in ihrem Kampf gegen ihren Stadtherrn geplündert und verbrannt. Später kam Teningen an die Grafen von Tübingen-Lichteneck, von diesen an die Markgrafen von Hachberg und

wurde mit der Herrschaft Hachberg Teil der Markgrafschaft Baden-Durlach und so in der Reformationszeit evangelisch. Als alter Teil der Herrschaft Hachberg gehörte Teningen im Großherzogtum von Anfang an zum Amt Emmendingen. 1813 war Teningen ,,ein großes schönes Pfarrdorf mit 1158 Seelen". Die Landwirte bauten vor allem Hanf an, daneben gab es bereits eine Hammerschmiede. Die Landwirtschaft ging zum Tabakanbau über, und eine Eisengießerei, eine mechanische Werkstätte, eine Zigarrenfabrik, Hänfereien und eine Kunstmühle wurden angesiedelt. Die fortschreitende Industrialisierung ließ die Bevölkerung bis 1939 auf 2571 Einwohner anwachsen, nach dem 2. Weltkrieg stieg sie nochmals auf mehr als das Doppelte: 5550 im Jahr 1970.

Ortsteil Heimbach (241,3 m NN – Fl: 506 ha – Einw 1979: ca. 880)
Heimbach ist alt (erste Nennung: 759), trotz seines Namens, der eine jüngere Entstehungszeit vermuten läßt. Es dürfte in karolingisch-ottonischer Zeit öffentliches Gut gewesen sein, denn 817 übertrug Kaiser Ludwig der Fromme einzelne Einkünfte, die dem Breisgaugrafen in Heimbach zustanden, an das Reichskloster St. Gallen, behielt dem Königsfiskus aber die übrigen Rechte vor. An die Stelle von St. Gallen trat in Heimbach später immer ausschließlicher das Kloster Schuttern, das aber 1527 seine Heimbacher Rechte außer Kirchenpatronat und Zehnt verkaufte. Das Dorf wechselte in der Folgezeit mehrfach die Besitzer (nacheinander Jakob Stürzel, von Landenberg, Kloster Tennenbach, von Landenberg, von Goll, von Dumenique, von Ulm zu Werenwag). Vor dem Übergang an Baden im Jahre 1805 war es so im Besitz der Adelsfamilie von Dumenique, die dem Ritterstand der Breisgauer Landstände angehörte, unterstand also der vorderösterreichischen Landeshoheit. Das Dorf war durch seine Buntsandsteinbrüche (die u. a. die Steine für das Freiburger Münster geliefert hatten) und die damit verbundene Steinhauerei weitbekannt. Zusammen mit Malterdingen, Köndringen und Mundingen hatte es Anteil an dem ostwärts der Dörfer sich erstreckenden Vierdörferwald. Im Großherzogtum gehörte Heimbach zuerst zum Bezirksamt Kenzingen, dann zu Emmendingen. 1813 hatte es 516 Einwohner, bis 1970 stieg die Zahl auf 844 an.

Ortsteil Köndringen (190,7 m NN – Fl: 904 ha – Einw 1979: ca. 2260)
Der alte -ingen-Ort am Rande der siedlungsgünstigen Vorbergzone und an einem uralten ,,Herweg"

gelegen, hieß seit seiner ersten schriftlichen Nennung im Jahre 977 bis ins 16. Jh. hinein Chuniringa/Kunringen/Künringen. Seine Geschichte ist sicherlich älter als 977, denn das elsässische Kloster Murbach, das auch in Köndringen Besitz hatte, stand mit der alten elsässischen Herzogsfamilie der Etichonen in enger Verbindung und wurde im 8. und 9. Jh. von ihr mit Gütern ausgestattet. Später spielte das Kloster Schuttern, das ebenfalls viel öffentliches Gut erhalten hatte, die entscheidende Rolle in Köndringen. Das erste ausführliche Besitzverzeichnis dieses Klosters von 1136 führt Besitzrechte in Köndringen auf, und ab 1328 besaß Schuttern auch die Köndringer Pfarrkirche. Von 1111 bis 1264 nannte sich ein Ortsadel nach Köndringen. Er hatte seinen Sitz wohl auf der ,,Alten Burg". Um 1200 gehörte er zur Dienstmannschaft der Grafen von Nimburg, nach deren Aussterben Köndringen mehrfach den Besitz gewechselt hat, bis die Herren von Landeck das Dorf ihrer Herrschaft einverleiben konnten. Entscheidend für die weitere Geschichte Köndringens wurden die Kaufverträge von 1511 und 1521, mit denen sich die Markgrafen von Baden den Besitz des ganzen Dorfes sicherten. Von da an gehörte Köndringen eindeutig zum Hachberger Amt der Markgrafschaft, wurde in der Reformationszeit evangelisch und zählte bei der Neuschaffung des Großherzogtums zum alt-badischen Grundstock, der zum Amt Emmendingen kam. 1813 hatte Köndringen 978 Einwohner. Die Zahl wuchs bis 1939 auf 1646.
Die Zeit nach dem 2. Weltkrieg brachte einen deutlichen Anstieg, der vor allem durch die Nähe von Teningen und Emmendingen verursacht sein dürfte: 1970 wurden 2153 Einwohner gezählt.
Die auf der Gemarkung Köndringen liegende *Burg Landeck* wurde erstmals 1260 urkundlich erwähnt. Sie soll von den Herren von Geroldseck erbaut worden sein, die als Inhaber der Vogtei über das Kloster Schuttern versuchten, den schutterischen Besitz im nördlichen Breisgau gegen fremden Zugriff zu sichern und für ihre Herrschaft nutzbar zu machen. Die Burg bestand aus der Ober- und der Niederburg, kam durch Kauf an die Familie Schnewlin aus Freiburg, die sich hier eine Herrschaft (mit den Dörfern Mundingen, Köndringen und einem Anteil an der Gemeinherrschaft Riegel) aufzubauen versuchte. Nach verschiedenen Verpfändungen erwarben schließlich die Markgrafen von Baden-Hachberg die Landeck käuflich, belehnten aber die Schnewlin wieder damit. 1525 zerstörten die aufständischen Bauern die Burg, die seitdem Ruine ist.

Der *Vierdörferwald*, an dem Malterdingen, Köndringen, Mundingen und Heimbach teilhatten, hat sich um das Jahr 1000 als eigene Waldmark herausgebildet. Die Waldgenossenschaftsdörfer schlossen den Wald damit vor den Rodungen des von allen Seiten in das Waldgebiet vordringenden Adels ab und sicherten sich eine streng geregelte Nutzung.

Ortsteil Nimburg (189 m NN – Fl: 1017 ha – Einw 1979: ca. 1630)

Wie Gewannamen andeuten, war am Nordende des Nimburger Berges vermutlich schon länger gesiedelt worden, als die erste schriftliche Nennung von 1052 und der Name „Neuenburg" (novum castrum, Nuemburg) vermuten lassen. Auch der Besitz des elsässischen Klosters Murbach in Nimburg und St. Gallens in Bottingen dürfte in die Karolingerzeit zurückgehen. Der Name Neuenburg zwischen dem Kranz alter -ingen-Orte ringsum an den Rändern von Kaiserstuhl und Vorbergzone deutet auf eine jüngere Besiedlungsstufe hin. Im 11. Jh. nannte sich nach Nimburg ein Adelsgeschlecht, das im Schwarzwald, am Hochrhein und im Aargau Besitzinteressen gehabt hatte, sich aber schließlich im nördlichen Breisgau im Raum Herbolzheim – Köndringen – Emmendingen – Reute eine relativ kompakte Herrschaft aufzubauen verstand. Zentrum war die auf dem Lößhügel südlich des Dorfes Nimburg errichtete Neuenburg mit den Dörfern Nimburg, Bottingen und Teningen mit dem Allmendwald. 1200 gingen die letzten Grafen von Nimburg auf einen Kreuzzug, von dem sie nicht zurückkehrten. Um ihr Erbe, zu dem auch die Vogtei über den im nördlichen Breisgau zahlreichen Klosterbesitz von Sölden und St. Ulrich gehörte, entspann sich zwischen Zähringern, dem Bischof von Straßburg und den Staufern ein langwieriger Streit, da der Nimburger sowohl dem Staufer Heinrich VI. wie nach dessen Tode dem Bischof von Straßburg Zusagen gemacht hatte. 1236 kam es zu einer Einigung. Danach sollte Friedrich II. Burg und Dorf Nimburg, die Vogtei über die Güter der Klöster Sölden und St. Ulrich (u. a. in Denzlingen, Emmendingen, Hecklingen, Köndringen, Kollmarsreute, Reute und Windenreute), die Patronatsrechte der Kirchen Nimburg, Teningen und Emmendingen usw. als Lehen des Straßburger Bischofs besitzen. Nach dem Sturz der Staufer ging der Streit um das Nimburger Erbe weiter, bis sich die Grafen von Freiburg gegenüber den konkurrierenden Markgrafen von Hachberg durchsetzten. Von nun an wurde Nimburg als bischöflich straßburgisches Lehen vom Grafen von Freiburg besessen, bis es 1359 auf dem Erbwege an die Grafen von Tübingen-Lichteneck kam, von denen es 1441 der Markgraf von Baden kaufte. Seitdem war Nimburg baden-durlachisch, wurde in der Reformationszeit evangelisch, gehörte mit der Herrschaft Hachberg zum alt-badischen Grundstock des Großherzogtums und von Anfang an zum Amt Emmendingen.

Im 19. Jh. veränderten sich die Lebensgrundlage des Bauerndorfes und die Bevölkerungszahl kaum: 1813 waren es 811 Einwohner. Auch im 20. Jh. gab es erst nach 1950 einen Bevölkerungsanstieg infolge einer ausgeprägten Neubautätigkeit, die durch verbesserte Verkehrsverbindungen (Motorisierung, Autobahnauffahrt Nimburg) ermöglicht wurde. 1939 hatte Nimburg 1013, 1970 1208 Einwohner.

Im gleichen Jahr waren in der Gesamtgemeinde bei einer Einwohnerzahl von 9755 4518 erwerbstätig, davon 422 (9,4%) in Land- und Forstwirtschaft, 1207 (26,7%) in Industrie – Handel – Gewerbe und 2889 (63,9%) im Dienstleistungssektor. 1601 Personen pendelten ein, 2105 aus.

An kommunalen Leistungen sind anzuführen: Bereitstellung von 25 ha Wohnland und 28,6 ha Industriegelände, von Sport- und Freizeiteinrichtungen (Mehrzweckhalle, Sporthallen, Tennishalle und Tennisfreiplätze, Sportplätze, Reitplatz, Fußballstadion, beheiztes Freibad, Trimm-Dich-Pfad, 4 Baggerseen, ein Lichtspieltheater, Volkshochschule), einer Grund- Haupt- und Realschule und von Kindergärten. Verschiedene Maßnahmen in der Wasserver- und -entsorgung (Erneuerung der Wasserleitung im Ortsteil Heimbach, Erweiterungen in Neubaugebieten) und im Straßenbau. Für die verschiedenen Ortsteile laufen Bauplanungen für die nächsten Jahre, vor allem für das Schul- und Sportzentrum im Ortsteil Teningen.

Tutschfelden *siehe Herbolzheim*

Untersimonswald *siehe Simonswald*

Vörstetten

218,6 m NN – Fl: 789 ha – Einw 1862

Die Gemeinde Vörstetten ist mit den Gemeinden Denzlingen und Reute an dem zum 1. 1. 1975 errichteten „Gemeindeverwaltungsverband Denzlingen – Vörstetten – Reute" (Sitz Denzlingen) beteiligt. Vörstetten liegt an einem von Riegel in südöstlicher Richtung ins Glottertal (und wohl weiter) verlaufenden alten Weg, der hier bezeichnenderweise „Welscher Weg" heißt, also wohl in voralamannische Zeit zurückweist. Aus dem 10. Jh. stammen die ersten konkreten Nachrichten über Vörstetten: 993, als Graf Birchtilo das Kloster Sulzburg ausstattete, wurde unter den Schenkungsgütern auch Besitz in Vörstetten genannt und damit der Ort erstmals schriftlich bezeugt. Auch das Kloster Waldkirch hatte später hier Besitz.

In Vörstetten ist eine alte Vergangenheit als fränkisches Reichsgut wahrscheinlich zu machen – noch 1416 gab es hier „freie Leute", die gut auf die fränkische Zeit zurückgehen können –, und später wurden hier eindeutige Zähringerrechte urkundlich (Rechte des Zähringerklosters St. Peter und der Zähringerdienstmannen von Falkenstein). In der Stauferzeit scheint die alte Reichsguteigenschaft von Vörstetten noch bewußt gewesen zu sein, denn die Stauferkaiser von Friedrich I. bis Friedrich II. haben dem Kloster Tennenbach Bestätigungen für dessen Besitzerwerb in Vörstetten ausgestellt. Vom 15. Jh. ab sind die Herrschaftsverhältnisse in Vörstetten eindeutig: seit 1416/1447 liegen sichere Nachrichten vor, daß Vörstetten nun zur Markgrafschaft Baden-Hachberg gehört. In diesem Herrschaftsverband erlebte Vörstetten die weitere Geschichte, wurde folglich in der Reformationszeit evangelisch. Nach der Schaffung des Großherzogtums gehörte der Ort zuerst zum 2. Landamt Freiburg, dann zum Oberamt Emmendingen. Die Bevölkerungszahl betrug 1813 700 Einwohner und hielt sich im 19. Jh. nahezu konstant. 1939 war sie dann auf 938 gestiegen, und 1970 hatte Vörstetten 1396 Einwohner.

Damit ist Vörstetten aus der reinen Ackerbauerngemeinde des 19. Jh. (Haupterzeugnisse: Weizen, Hanf, Öl, Holz, Viehprodukte) zu einer Auspendlergemeinde geworden. 1970 waren 450 Auspendler und 40 Einpendler zu verzeichnen. Die Zahl der Auspendler nimmt seither zu.

458 Beschäftigte (69,8%) waren in Industrie – Handel – Gewerbe tätig, 108 im Dienstleistungssektor (16,5%) und nur noch 90 (13,7%) in Land- und Forstwirtschaft. Angesichts dieser Entwicklung konzentrierten sich die kommunalen Anstrengungen der letzten Jahre auf die Bereitstellung von Wohnland (7 ha) und von Sport- und Freizeiteinrichtungen (Mehrzweckhalle, Kinderspielplatz), auf Straßenbau und Wasserentsorgung (Anschluß an den Abwasserzweckverband Breisgauer Bucht). Für die nächsten Jahre sind 88 neue Wohneinheiten und 4 ha Gewerbegebiet in Planung.

Kulturhistorische Sehenswürdigkeiten s. S. 172.

Wagenstadt *siehe Herbolzheim*

Waldkirch

Fl: 4847 ha – Einw 18 880
Die heutige Stadt Waldkirch ist aus der Vereinigung der Stadt Waldkirch mit den bis dahin selbständigen Gemeinden Buchholz (1. 1. 1975), Kollnau (1. 1. 1975), Siensbach (1. 1. 1973) und Suggental (1. 7. 1971) entstanden. Waldkirch bildet mit den Gemeinden Gutach i. Br. und Simonswald die zum 1. 7. 1975 konstituierte „Vereinbarte Verwaltungsgemeinschaft Waldkirch".
Kulturhistorische Sehenswürdigkeiten s. S. 172 ff.
Stadtteil Stadt Waldkirch (276,4 m NN – Fl: 2082 ha Einw 1979: ca. 10 370)
Flurnamen und Grab- und Münzfunde belegen die Anwesenheit der Römer im Raume Waldkirch. In fränkischer Zeit hat hier ein Salhof bestanden, dessen St. Martinskirche Filialkirchen in Gundelfingen, Denzlingen (St. Georg) und Nieder- und Oberwinden besaß. So weit dürfte auch der Einzugsbereich des Salhofes Waldkirch gegangen sein. Zu Anfang des 10. Jh. war dieses öffentliche Gut in der Hand des Herzogs Burkhard I. von Alamannien. Zwischen 917 und 926 gründete er darauf das Frauenkloster St. Margaretha, das mit dem Recht auf das ganze politisch noch wenig erfaßte Elztal, aber auch mit Besitzrechten im Altsiedelland des Breisgaus (z. B. in Denzlingen, Königschaffhausen, Tutschfelden, Wyhl-Wellingen) ausgestattet wurde. Durch Übergabe von Herzog Burkhard II. an Kaiser Otto den Großen wurde Waldkirch vom Herzogskloster zum Reichskloster, dem Otto III. 994 eine Urkunde ausstellte, in der er die Übergabe in das kaiserliche Recht bestätigte. Vom Jahre 1178 ist eine erste Besitzliste erhalten, die das Kloster im Besitz der Waldkircher Kirchen St. Walburgis, St. Michael, St. Martin und St. Peter und der Kapellen St. Nicolaus und St. Benedikt, von Bleibach, Ober- und Niederwinden, Simonswald, Elzach, Prechtal, St. Georgen und Wendlingen, Denzlingen, Gündlingen, Ihringen, Wyhl, Königschaffhausen, Tutschfelden und Hugsweier zeigte. Um diese Zeit wurde die Vogtei über das Kloster schon von den Herren von Schwarzenberg ausgeübt, die ihre Burg (1139 erstmals erwähnt) auf Klosterboden hoch über Waldkirch errichtet hatten. Aus dem Amt des Vogtes wurde mit der Zeit eine Herrschaft über das Kloster. Die Herren von Schwarzenberg legten auf Klosterboden die Stadt Waldkirch

an (2. Hälfte des 13. Jh.), errichteten die Kastelburg (1289 erwähnt), entzogen dem Kloster Besitzung um Besitzung, um sich damit eine eigene Adelsherrschaft aufzubauen. 1565 konnte man dann in Umkehrung des ursprünglichen Rechtszustandes behaupten, daß das Margarethenkloster „auf der Herrschaft Schwarzenburg Grund und Boden" stehe. Entscheidend wurde, daß Rudolf von Habsburg seine Lehensoberhoheit über diese Gebiete hatte durchsetzen können. So gehörten sowohl Schwarzenberg wie Kastelburg, die sich von der Vogtsfamilie von Schwarzenberg abgelöst hatte, fortan zum habsburgischen Lehensverband. Zeitweise Verpfändungen blieben Episode, da Österreich beide Herrschaften 1565/1567 wieder an sich ziehen konnte, die wie auch die Stadt Waldkirch Mitglied der Landstände im Breisgau wurden. Im 18. Jh. war Waldkirch Sitz des „k. k. Obervogteiamtes der Herrschaften Kastel- und Schwarzenburg". 1805 erfolgte der Übergang an Baden. Das ursprüngliche Benediktinerfrauenkloster war inzwischen 1431 in ein Chorherrenstift umgewandelt worden. Es wurde 1806 aufgehoben.

Die in der 2. Hälfte des 13. Jh. ummauerte Marktsiedlung Waldkirch erhielt 1300 von den Schwarzenbergern das Stadtrecht nach Freiburger Vorbild und Mitte 15. Jh. einen zweiten Mauerring mit modernen Bastionen gegen die Feuerwaffen. 1705 wurden die Befestigungen von den Franzosen geschleift. Die Bevölkerung Waldkirchs betrug im Jahre 1300 etwa 400, 1475 650 Einwohner. Im 18. Jh. wuchs die Bevölkerung stark an, so daß die Verluste des 30jährigen Krieges bald mehr als ausgeglichen waren: 1794 waren 1750 Einwohner. Das bis dahin rein katholische Waldkirch hatte 1813 2033 Einwohner und war Sitz eines badischen Bezirksamtes. Von den über 400 „Gewerbsleuten und Professionisten" waren 94 Granatenfabrikanten, 2 Kristallschleifer, 1 Orgelmacher und 108 Taglöhner neben den typischen kleinstädtischen Handwerkern. Die traditionelle Edelsteinschleiferei Waldkirchs war also zu Beginn des 19. Jh. bereits stark zurückgegangen.

Dafür setzte nun auf verschiedenen Gebieten die Industrialisierung ein: In der Propstei des aufgehobenen Klosters etablierte sich eine Baumwollspinnerei (1815–1865), um 1858 folgten weitere Spinnereien und zwei Nähseidenfabriken (1918 von Gütermann übernommen und nach Gutach verlegt), 1834 die Orgelbaufabrik, 1883 eine Orchestrionfabrik, 1847 eine Kunstmühle, 1861 eine Fabrik von Seidenbändern usw. 1875 erreichte die Eisenbahn Waldkirch (1901 bis Elzach weitergeführt). Angesichts der so

geschaffenen Arbeitsplätze stieg die Bevölkerung im 19. Jh. kontinuierlich: 1910 5419 Einwohner, und die Stadt modernisierte sich (1874 Erweiterung der aus dem 18. Jh. stammenden Wasserleitung, 1894 Elektrizität, 1900 Kanalisation, 1926 Gasversorgung). Nach 1946 setzte ein neuer Anstieg der Bevölkerung ein: 1970 11172 Einwohner, verbunden mit neuen Industrieansiedlungen (Metallwarenfabriken, Strumpffabrik, Kunststoffabrik, Maschinen- und Apparatebau, usw.) und reger Neubautätigkeit (Krankenhausneubauten).

Die *Kastelburg* über Waldkirch ist von Vögten des Klosters, den Herren von Schwarzenberg, wohl um 1250 erbaut worden und wird 1289 erstmals erwähnt. Ende des 13. Jh. teilten sich die Gebrüder von Schwarzenberg ihre Herrschaft. Der eine, der sich fortan nach der Kastelburg nannte, erhielt die Orte Waldkirch, Kollnau, Kohlenbach, Gutach, Riedern, Bleibach, Oberwinden, halb Suggental und eine Vogtei im Simonswäldertal. Schon Ende des 13. Jh. wurde diese Herrschaft österreichisches Lehen. Die Habsburger verstanden es, sie trotz weiterer Verlehnungen und Verpfändungen (an die von Falkenstein, Schnewlin, Malterer, Grafen von Sulz, von Staufen, Philipp Flach) immer wieder einzuziehen oder einzulösen und als k. k. Kameralherrschaft Kastelberg bis zum Ende des vorderösterreichischen Breisgaus zu bewahren. Die Burg Kastelberg freilich ist 1634 von den kaiserlichen Truppen gesprengt worden und seitdem Ruine. Sie ist heute ein überdurchschnittlich gut erhaltenes Beispiel einer mittelalterlichen Mauerburg in Spornlage.

Stadtteil Buchholz (242,6 m NN – Fl: 573 ha – Einw 1979: ca. 2360)
Buchholz wurde erstmals im 14. Jh. urkundlich genannt, sein Name deutet auf Entstehen in einer relativ jungen Rodungszeit (Buchenwald). 1363 war es ein Meiertum der Abtei Waldkirch, die es zeitweise verlehnte, dann wieder zurückkaufte. Da bei diesen Praktiken des Klosters die Gefahr bestand, daß Buchholz in unerwünschte fremde Hände geriet – 1548 hatten so die Markgrafen von Baden-Hachberg das halbe Dorf in ihrer Hand – kaufte Erzherzog Ferdinand von Österreich 1577 das Dorf zurück. Als österreichisches Lehen kam Buchholz in der Folgezeit an verschiedene Ritterfamilien, schließlich sogar an geadelte Bürgerliche wie einen Freiburger Theologieprofessor und den Freiburger Bürgermeister Beyer, der sich von und zu Buchholz nennen ließ. Dessen Familie starb 1809 aus, und nun gab auch das Großherzogtum Baden, das 1805 Buchholz übernommen

hatte, den Ort als Lehen erneut aus (an den ehem. Landvogt der Ortenau J. Kleinbrod, danach an den Staatsminister von Berstett, der ihn 1835 an den Freiherrn von Gleichenstein verkaufte), bis im Gefolge der Revolution 1848 die grund- und standesherrlichen Rechte abgebaut wurden. Buchholz gehörte im Großherzogtum zum Amtsbezirk Waldkirch, mit diesem kam es 1936 zu Emmendingen. Das damals noch rein katholische Dorf hatte 1813 461 Einwohner. Seither stieg die Bevölkerung nahezu kontinuierlich an: 1939 920, 1970 1726 Einwohner.
Stadtteil Kollnau (273 m NN – Fl: 907 ha – Einw 1979: ca. 4880)
Das 1309 erstmals genannte Dorf (Kolbenouwe) gehörte wie das ganze Elztal ursprünglich dem Kloster Waldkirch und kam über die Klostervogtei der Herren von Schwarzenberg an die Herrschaft der auf der Kastelburg sitzenden Seitenlinie. Als die Herrschaft Kastelberg österreichisches Lehen wurde, kam Kollnau zum vorderösterreichischen Breisgau. So saß am Ende des 18. Jh. in Kollnau ein Vogt, der dem k. k. Obervogteiamt der Herrschaften Kastel- und Schwarzenberg unterstand. Mit dem übrigen vorderösterreichischen Breisgau 1805 an Baden gekommen, zählte Kollnau zum Bezirksamt Waldkirch und ab 1936 zu Emmendingen.
Die im 18. Jh. entstandene herrschaftliche „Eisenfaktorie" – das erste Industriewerk des Elztales – beschäftigte 1813 im Werk 16 Leute und auf Kohleplätzen 12 Köhler und ergab die Jahresproduktion von rd. 200 t Eisen. Zwar wurde die Eisenproduktion in Kollnau bald eingestellt (Wegfall der günstigen Standortbedingungen nach Umstellung der unrentablen Holzverfeuerung auf Kohle), doch an ihre Stelle trat eine Baumwollspinn- und -weberei. Die Bevölkerungszahlen spiegeln die sich vollziehende Industrialisierung und die wachsende Industriearbeiterschaft: 1813 334, 1939 3214 und 1970 4687 Einwohner. Nördlich des alten Bauerndörfchens sind so neue Wohnviertel mit Arbeitersiedlungen entstanden.
Stadtteil Siensbach (318 m NN – Fl: 989 ha – Einw 1979: ca. 640)
Die weitläufige Talgemeinde ist erstmals 1309 urkundlich genannt. Siensbach gehörte selbstverständlich von Anfang an zum Kloster Waldkirch, geriet dann über die Gewohnheitsrechte der Waldkircher Klostervögte unter die Herrschaft der Herren von Schwarzenberg und gehörte so zu den festen Zugehörungen der Burg Schwarzenberg innerhalb des vorderösterreichischen Breisgaus. So war es gegen Ende des 18. Jh. eine Vogtei in dem k. k. Obervogteiamt

der Herrschaften Kastel- und Schwarzenberg und rein katholisch. 1805 badisch geworden, rechnete es zum Bezirk Waldkirch und kam 1936 mit diesem an Emmendingen. Die Bevölkerungszahl 381 von 1813 konnte in der ausgesprochenen Bauernhofgemeinde im 19. Jh. nicht gehalten werden, da es zur Abwanderung überzähliger Arbeitskräfte kam (1880 362, 1939 347 Einw). Die Nachkriegszeit brachte zuerst einen sachten Anstieg, dann in den 60er Jahren eine deutliche Aufwärtsbewegung (1970: 629 Einw), die die wachsende Attraktivität der stadtnahen Landgemeinde spiegelt.
Nach der Volkszählung von 1970 waren in der heutigen Gesamtgemeinde Waldkirch 6265 Personen (73,18) in Industrie – Handel – Gewerbe beschäftigt, in den Dienstleistungen dagegen 1931 (22,56%) und nur noch 365 (4,26%) in Land- und Forstwirtschaft. Gleichzeitig pendelten 2438 Personen zur Arbeit aus. Nachdem die heute in Waldkirch zusammengeschlossenen Orte bereits in der Zeit ihrer Selbständigkeit große kommunale Leistungen erbracht hatten (Bereitstellung von 42 ha Wohnland und 25 ha Industriegelände, Turn- und Festhallen in den einzelnen Orten, Kindergärten, beheizten Freibädern in Waldkirch und Kollnau, Errichtung eines Kurmittelhauses, des Wildgeheges, der Kuranlagen, Schaffung des Stadtrainsees, der Minigolfanlagen und verschiedener Spielplätze, Bau des Gymnasiums, der Realschule und einer Grund- und Hauptschule, Ausbau der Wasserver- und -entsorgung), hat die Gesamtgemeinde seit der Gemeindereform folgende Anstrengungen unternommen: es wurden 13,7 ha Wohnland und 8 ha Industriegelände bereitgestellt, an Sport- und Freizeiteinrichtungen 2 Sporthallen erbaut, ein Freibad erweitert, ein Sportplatz geschaffen, Wanderwege, Grünanlagen, Bolzplätze und Kinderspielplätze hergerichtet, ein Bürgerhaus mit Versammlungsräumen eingerichtet, Turn- und Festhallen in Ortsteilen erweitert, ein Gebäude für die Kurverwaltung mit Freizeiträumen eingerichtet, ein Ortsteilfeuerwehrgerätehaus neu erbaut. Außerdem hat sich die Gemeinde am Bau einer Langlaufloipe und eines Skiliftes beteiligt. Die Bauplanung für die nächsten Jahre sieht die Sporthalle Kollnau, einen Rathausneubau, die Umgestaltung der Kuranlagen und eventuelle Verlegung von Sportstätten, eine Friedhofserweiterung, die Einrichtung von Kleingartenanlagen sowie die Erschließung von 15 ha Wohngebiet, 7 ha Gewerbegebiet und 15 ha Sondergebiet vor, dazu weitere Verbesserung der Wasserversorgung. Waldkirch ist Kneippkurort mit Kneippkur-

mittelhaus, Sanatorium und Bruder-Klaus-Krankenhaus, Heimatmuseum und Tiergehege. Es ist Sitz einer Heimsonderschule für Sehbehinderte und eines Gymnasiums.

Stadtteil Suggental (269 m NN – Fl: 296 ha – Einw 1979: ca. 340)

Suggental ist erstmals 1284 genannt; es gehörte zum Gebiet der Abtei Waldkirch und geriet unter die Herrschaft der Herren von Schwarzenberg. Bei der Familienteilung zwischen der Schwarzenberger und Kastelberger Linie wurde Suggental hälftig geteilt, so daß fortan die eine Hälfte der Abgaben auf die Burg Schwarzenberg und die andere auf die Kastelburg abzuliefern war.

Die Herrschaften hatten diese Regelung für Suggental, die von ihrer übrigen Praxis abwich, wohl getroffen, damit beide Anteil am Badstubenzins des Suggenbades, einer gutbesuchten Eisenquelle, hatten. Die andere einst florierende Einnahmequelle, der Silberbergbau, der 1284 genannt worden war, und für den ein Hangkanal aus dem Kandelgebiet das Wasser herangeleitet hatte, soll der Sage nach durch eine riesige Überschwemmung, die nicht nur die Grubenräume unter Wasser gesetzt, sondern das ganze Tal verwüstet hatte, vernichtet worden sein. Da sowohl die Herrschaft Kastelberg wie auch Schwarzenberg die Lehenshoheit Habsburgs anerkennen mußte, gehörte Suggental zu Vorderösterreich und blieb folglich in der Reformationszeit katholisch. Am Ende des 18. Jh. wurde es von einem Vogt verwaltet, der dem k. k. Obervogteiamt der Herrschaften Kastel- und Schwarzenberg unterstand. 1805 kam Suggental an Baden, wurde dem Amtsbezirk Waldkirch zugeteilt, mit dem es 1936 an Emmendingen angegliedert wurde. Hatte Suggental 1813 178 Einwohner, so fiel die Zahl zunächst, stieg dann bis 1939 auf 205 Einwohner. Die Nachkriegsentwicklung von 194 Einwohnern (1946) auf 351 (1970) spiegelt die steigende Beliebtheit als Wohnsiedlung.

Wasser *siehe Emmendingen*

Weisweil

173,9 m NN – Fl: 1910 ha – Einw 1432

Mit den Gemeinden Kenzingen, Herbolzheim und Rheinhausen gehört Weisweil zum am 1. 7. 1975 konstituierten „Gemeindeverwaltungsverband Kenzingen-Herbolzheim" (Sitz Kenzingen).

Weisweil ist ebenso wie die südlichen Nachbardörfer altes fränkisches Königsgut gewesen und gehörte ursprünglich wohl zum Fiskus Sasbach. Im Jahre 770 aber soll es der Frankenherrscher Karlmann an das elsässische Kloster Ebersmünster geschenkt haben, und die nachfolgenden Frankenkönige bestätigten 810, 817, 824 und 929 diese Schenkung. Damit gehörte Weisweil wie seine elsässische Nachbargemeinde Artolsheim zu dem fast geschlossen sich bis zu den Vogesen hinziehenden Besitzband des Etichonenklosters Ebersmünster und orientierte sich für die nächsten Jahrhunderte stark nach dem Elsaß hin. Für 1349 wird zweifelsfrei bezeugt, daß Weisweil völlig dem Hochstift Straßburg gehörte. Vom Bischof von Straßburg trug der Herr von Üsenberg Dorf und Burg Weisweil zu Lehen. Der – wohl von der Burg aus erhobene – Rheinzoll war ein Reichslehen, das vom König verliehen werden mußte. Neben den Üsenbergern hatten im Spätmittelalter auch die Herren von Lichtenberg Rechte in Weisweil, die ebenfalls vom Straßburger Bischof zu Lehen gingen. Mit dem Ableben der Üsenberger schoben sich noch im 14. Jh. die Markgrafen von Hachberg auch in Weisweil an deren Stelle. Die Hachberger hatten schon 1352 den üsenbergischen Anteil übernommen und sich 1397 auch den Rheinzoll von Weisweil gesichert, erlitten aber bei dem Versuch, den Lichtenbergern ihren Weisweiler Anteil abzujagen, zuerst eine Abfuhr, so daß sie diesen Teil erst 1436 aufkaufen konnten. Von da an blieb der Markgraf von Hachberg „rechte Herr und Inhaber des Fleckens Weisweil" mit allen Rechten einschließlich der hohen Gerichtsbarkeit und des Rheinzolls. Seither verlief die weitere Geschichte von Weisweil unauffällig im Rahmen der Markgrafschaft. So machte es die Reformation mit und wurde zum rein evangelischen Dorf in katholischer, weil vorderösterreichischer Umgebung. Im neugebildeten Großherzogtum kam Weisweil zuerst zum Bezirksamt Kenzingen und mit diesem dann 1872 zu Emmendingen. Die Bevölkerung stieg von 1813 (1130) bis 1880 ständig auf 1765 Einwohner. Sie lebte hauptsächlich vom Anbau von Hanf, später von Tabak und Pferdezucht und Schifferei. Nach 1871 brachte die Einrichtung der Rheinschiffbrücke Weisweil-Schönau eine zusätzliche Belebung. Nach dem 1. Weltkrieg hatte Weisweil stark unter den Nachteilen der erneuten Grenzlage zu leiden. Waren es zuerst der Abbruch der Straßenverbindung zum mittleren Elsaß und das Stocken wirtschaftlicher Investitionen an der als gefährdet angesehenen Grenze, so brachte der 2. Weltkrieg dem Westwalldorf mit dreimaliger Evakuierung und mit 85%iger Zerstörung durch Beschuß einen schweren Rückschlag. Die Bevölkerungsentwicklung spiegelt ihn deutlich: Von 1604 Einwohnern im Jahr 1939 sank sie auf 1132 am Kriegsende.

1970 waren dann immerhin wieder 1492 Einwohner verzeichnet. Im gleichen Jahr waren 170 Personen (25,7%) in Land- und Forstwirtschaft, 401 (60,7%) in Industrie – Handel – Gewerbe und 90 (13,6%) im Dienstleistungssektor tätig. 82 Personen pendelten ein, 212 aus.

Die Gemeinde hat in der jüngsten Vergangenheit 5 ha Wohnland und 8 ha Industriegelände, Sport- und Freizeiteinrichtungen (Sportplatz, Turn- und Mehrzweckhalle, Reitplatz, Schießanlage, Wanderwege und Wassersportmöglichkeiten am gestauten Restrhein) bereitgestellt und eine mechanisch – biologische Kläranlage errichtet.

Kulturhistorische Sehenswürdigkeiten s. S. 175

Wildgutach *siehe Simonswald*

Winden i. Elztal

Fl: 2195 ha – Einw 2575

Winden im Elztal ist am 1. 1. 1975 aus den vorher selbständigen Gemeinden Oberwinden (340 m NN – Fl: 1367 ha – Einw 1592) und Niederwinden (305 m NN – Fl: 828 ha – Einw 1052) gebildet worden. Mit der Stadt Elzach und der Gemeinde Biederbach bildet es den ,,Gemeindeverwaltungsverband Elzach" (seit 1. 1. 1975).

Der Ortsname und auch der ,,Wahlenbauernhof" deuten auf das ursprüngliche Vorhandensein von nichtalamannischen, wohl keltolateinischen Bevölkerungsteilen im Raume der heutigen Gemeinde. Die schriftlich bezeugte Geschichte setzt aber erst mit der Nennung der beiden Ortschaften im Jahre 1178 ein, als Nieder- und Oberwinden unter den Besitzungen des Klosters Waldkirch genannt wurden. In Oberwinden war die Pfarrkirche, der die Filialkapelle in Niederwinden unterstand; sie gehörten beide selbstverständlich dem Kloster Waldkirch. Die weltliche Herrschaftsausübung der ursprünglich waldkirchischen Dörfer kam über die Klostervogtei an Adelsgeschlechter. Schon 1293 gaben die Herren von Schwarzenberg Niederwinden an andere Adlige weiter; zuletzt befand sich Niederwinden so in der Hand der Herren von Bollschweil. Oberwinden dagegen blieb bei der Seitenlinie der Herren von Kastelberg.

Beide Orte unterstanden der Oberherrschaft der vorderösterreichischen Landgrafschaft Breisgau. Am Ende des 18. Jh. gehörte Oberwinden so zum k. k. Obervogteiamt der Herrschaften Kastel- und Schwarzenberg, während Niederwinden den Freiherrn von Bollschweil unterstand, die zum landständischen Breisgauer Adel Vorderösterreichs zählten. 1805 kamen beide Dörfer an Baden, wurden zuerst vom Bezirksamt Elzach aus verwaltet, kamen nach dessen Aufhebung 1819 zum Bezirksamt Waldkirch und mit diesem 1936 zu Emmendingen. 1813 hatte Niederwinden 416, Oberwinden 976 Einwohner. Die Einwohnerzahl Oberwindens stagnierte bis 1939 bei 1003 (1970 1462), die Unterwindens stieg auf 611 (1970 999).

Während die Bevölkerung im 19. Jh. noch ausschließlich von Land- und Forstwirtschaft lebte, waren 1970 hier noch 186 (16,3%) tätig, in Industrie – Handel – Gewerbe 836 (73,4%) und in den Dienstleistungen 117 (10,3%). Die Zahl der hauptberuflichen Landwirte hat abgenommen, die der Nebenerwerbslandwirte zugenommen. 800 Auspendler stehen 40 Einpendlern gegenüber. Seit 1970 wurden in den Gewerbegebieten der Ortsteile neue Betriebe angesiedelt; sie beschäftigen überwiegend einheimische Arbeitskräfte und haben keine signifikante Änderung der Pendlerbewegung bewirkt. Niederwinden hat in der Nachkriegszeit das Baugebiet Oberdorf bereitgestellt und ein Gewerbegebiet erschlossen, Sportplatz und Turnhalle, Grund- und Hauptschule errichtet und Investitionen für Wasserver- und -entsorgung getätigt (u. a. mechanische Kläranlage), dazu 3,5 km Straßen gebaut. Oberwinden hat ebenfalls Neubaugebiete bereitgestellt, Sport- und Turnhalle gebaut, Freizeitanlagen geschaffen (2 Waldparkplätze, beschilderte Wanderwege, Gartenschachanlage), Grund- und Hauptschule sowie Kindergarten errichtet, ebenso Maßnahmen zur Wasserver- und -entsorgung durchgeführt und 11 km Straßen gebaut. Seit dem Zusammenschluß hat die Gemeinde erneut 6 ha Gewerbegebiete erschlossen und große Aktivitäten auf dem Sport- und Freizeitsektor entwickelt (Neubau Sportplatz Niederwinden, Erweiterung der Turn- und Mehrzweckhalle Niederwinden, Kuranlage Oberwinden, Grünanlagen in Niederwinden, Turn- und Mehrzweckhalle Oberwinden geplant), den Kindergarten Niederwinden und die Kläranlage neu erbaut und 3 km Gemeindeverbindungsstraßen ausgebaut.

Kulturhistorische Sehenswürdigkeiten s. S. 175.

Windenreute *siehe Emmendingen*

Wyhl

177,1 m NN – Fl: 1695 ha – Einw 2713
Wyhl bildet mit den Gemeinden Bahlingen, Endingen, Forchheim, Riegel und Sasbach den zum 1. 1. 1975 konstituierten „Gemeindeverwaltungsverband Nördlicher Kaiserstuhl", Sitz Endingen.
Die Gemarkung Wyhl ist altbesiedelt. Das einst auf ihr gelegene, um 1592 abgegangene Dorf Wellingen ist bereits zum Jahre 763 genannt, als Bischof Heddo von Straßburg u. a. seinen von Herzog Ernst von Alamannien erworbenen Hof in Wellingen dem Kloster Ettenheimmünster vermachte. Wyhl selbst wurde erstmals 926 genannt, als Herzog Burkhard von Alamannien hier Besitz an das neugegründete Kloster Waldkirch übergab. In beiden Fällen dürfte es sich um Amtsgut gehandelt haben, das wohl zum benachbarten Königsfiskus Sasbach gehörte. Auch später noch sind weitere Spuren königlich fränkischer Maßnahmen in der Mark Wyhl-Wellingen erkennbar: die Freiheiten der Wyhler und Wellinger, die zwar erst später urkundlich wurden, aber viele Jahrhunderte das Bewußtsein der Wyhler bestimmten und sich in einer starken Beteiligung am Bauernkrieg von 1525 und in ständigem Aufbegehren gegen die Herrschaft der Stadt Endingen bis zum Vorabend der Französischen Revolution immer wieder äußerten. Neben dem freien Bauerngericht von Wyhl deutet auch die Verpflichtung der waffenfähigen Männer von Wyhl und Wellingen zum Verteidigungsdienst auf der Wasserburg Schafgießen auf alte königliche Maßnahmen. Auch der auf der Schafgießenburg erhobene Rheinzoll stand dem Könige zu.
Wyhl geriet unter die Herrschaft des nahen vorderösterreichischen Städtchens Endingen, blieb also in der Reformationszeit katholisch und kam 1805 an Baden, das es zuerst vom Bezirksamt Endingen, ab 1819 vom Bezirksamt Kenzingen aus verwaltete, bis es ab 1872 zu Emmendingen zählte. Die Einwohnerentwicklung des 19. und 20. Jh. zeigt einen steten Anstieg, der nur durch den 2. Weltkrieg, der dem Grenz- und Westwalldorf schwere Schäden brachte, kurzfristig unterbrochen wurde: 1813 1221, 1939 2213, 1970 2688 Einwohner.
Der moderne Wandel der Beschäftigungsstruktur wird an den Daten der Volkszählung von 1970 offenbar: nur 82 Personen (7,4%) waren noch hauptberuflich in der Land- und Forstwirtschaft tätig. Die erste Stelle nahmen Industrie – Handel – Gewerbe mit 891 Beschäftigten (80,2%), die zweite die Dienstleistungen mit 138 Personen (12,4%) ein. Seither hatte sich diese strukturelle Umwandlung eindeutig fortgesetzt: während die Beschäftigten in Land- und Forstwirtschaft abnahmen, stieg die Zahl der in Industrie – Handel – Gewerbe Tätigen weiter an. Der Großteil der Erwerbstätigen, 600 Personen, mußten auspendeln, 45 Erwerbstätige pendelten nach Wyhl ein.
Die kommunalen Leistungen der jüngsten Vergangenheit umfassen die Bereitstellung von 15 ha Wohnland und 15 ha Industriegelände, von Sport- und Freizeiteinrichtungen (Turnhalle, Hartplatz, Rasenplatz, Tennisplätzen, Naturlehrpfad, usw.), einen Schulhausbau, die Wasserentsorgung mit zentraler Kläranlage und den Ausbau des Straßennetzes. In Planung befinden sich die Erweiterung der Wohngebiete und des Industriegebietes, Sporthalle, Gemeinschaftshaus und Schwimmbad. Durch die KKW-Planung auf der Gemarkung Wyhl und die sich daran entzündende Diskussion und Proteste der Kernkraftgegner ist Wyhl in den 70er Jahren weithin bekannt und zum Begriff geworden.
Kulturhistorische Sehenswürdigkeiten s. S. 175 f.

Yach *siehe Elzach*

Kreis und Gemeinden in Zahlen

OZ	Stadt/ Gemeinde	Gemarkungsfläche ha	Wohnbevölkerung						Bevölkerungsdichte EW/qkm	Religionszugehörigkeit in % 1970		
		1. 1. 1981	1871	1939	1950	1961	1970	1. 1. 1981	1. 1. 1981	ev.	kath.	sonst
1	Bahlingen	1265	2314	2286	2500	2664	2850	2943	232,6	89,1	8,5	2
2	Biederbach	3136	1600	1424	1477	1432	1473	1482	47,3	2,6	96,6	0
3	Denzlingen	1697	1497	2488	2937	4099	6458	10298	606,8	52,3	43,0	2
4	Elzach	7527	4946	4696	5051	5612	6199	6382	84,8	12,3	86,9	0
5	Emmendingen	3379	5546	13149	13919	17289	21386	24740	732,2	57,1	38,6	2
6	Endingen	2672	4928	5113	5414	5892	6216	6706	251,0	28,4	69,6	1
7	Forchheim	1078	1425	1033	1125	1094	1079	991	91,9	7,3	90,5	2
8	Freiamt	5292	3356	3378	3572	3868	3988	3916	74,0	92,9	4,7	2
9	Gutach i. Br.	2476	1692	3017	3238	3434	3756	3546	143,2	10,8	87,3	1
10	Herbolzheim	3547	4409	5541	6240	7103	7575	7718	217,6	35,1	63,9	0
11	Kenzingen	3695	4105	4697	5452	6517	6821	6849	185,4	25,8	72,5	1
12	Malterdingen	1114	1545	1694	1840	2006	2195	2191	196,7	91,1	7,6	1
13	Reute	479	722	1024	1141	1346	1664	2312	482,7	8,7	90,0	1
14	Rheinhausen	2197	2387	2524	2582	2780	3112	3096	140,9	5,7	93,1	
15	Riegel	1835	1462	1541	1642	2137	2180	2879	156,9	28,6	70,1	
16	Sasbach	2077	2513	2710	2449	2488	2645	2517	121,2	15,1	83,3	
17	Sexau	1630	1122	1449	1655	1915	2103	2547	156,3	81,1	15,5	
18	Simonswald	7432	2982	2378	2548	2635	2690	2798	37,6	6,2	93,2	
19	Teningen	4028	4210	5895	6518	7701	9755	10586	262,8	69,5	26,5	
20	Vörstetten	789	790	938	1028	1160	1396	1869	236,9	81,9	17,0	
21	Waldkirch	4847	5389	10668	12422	15147	18565	18784	387,5	21,3	75,0	
22	Weisweil	1909	1730	1604	1225	1504	1492	1436	75,2	86,8	11,9	
23	Winden i. E.	2196	1489	1614	1819	2143	2461	2566	116,8	7,8	91,3	
24	Wyhl	1695	1825	2213	2184	2406	2688	2741	161,7	3,2	95,5	
	Landkreis Emmendingen	67992	63984	83074	89978	104372	120747	131893	194,0	39,7	57,6	

usländer n % der Bevölkerung 1. 1. 1981	Anzahl der Wohnungen 1. 1. 1981	Erwerbstätige nach Wirtschaftsbereichen 1970				Insgesamt	Land- und Forstwirtsch. 1980		Verarbeitendes Gewerbe 1980		Handwerk Zahl der Betriebe 31. 3. 1977	OZ
		Land- u. Forstwirt.	Prod. Gewerbe	Handel u. Verkehr	sonst. Wirtschaftsbereiche		Zahl der Betriebe ab 1 ha	Nutzfläche ha	Zahl der Betriebe	Zahl der Beschäft.		
2,9	1159	437	736	135	184	1492	342	842	2	*	51	1
0,6	367	373	287	30	58	748	189	1525	1	*	12	2
5,5	4385	174	1358	511	789	2832	69	602	6	253	71	3
1,8	2157	537	1584	320	496	2937	299	2164	13	775	96	4
6,6	9310	361	5035	2786	3209	11391	139	983	23	2453	202	5
2,5	2514	622	1118	302	372	2414	544	1487	10	568	91	6
0,7	359	227	39	15	31	312	113	1030	–	–	12	7
0,6	1213	311	133	30	86	560	295	2519	5	*	47	8
7,8	1372	260	1816	74	178	2328	105	1071	4	*	41	9
2,9	3011	433	2426	278	818	3955	336	1352	10	1545	89	10
2,8	2461	317	1453	384	711	2865	242	919	7	509	94	11
0,7	840	248	586	107	106	1047	128	381	1	*	28	12
1,3	741	59	357	108	159	683	57	220	–	–	16	13
1,3	1113	175	838	157	237	1407	176	1018	2	*	38	14
3,0	1140	79	569	102	171	921	69	660	3	*	31	15
1,3	979	551	488	93	181	1313	335	972	2	*	29	16
2,7	886	192	244	55	75	566	102	743	2	*	25	17
,1	1001	267	359	48	133	807	144	1256	5	154	32	18
,2	4072	420	3547	375	566	4908	281	1401	13	2199	104	19
,3	656	90	330	128	108	656	42	327	1	*	22	20
,9	7400	363	4778	1066	1836	8043	169	1302	17	2942	181	21
,7	537	170	364	37	90	661	74	631	2	*	18	22
,4	887	186	700	136	117	1139	105	690	3	*	28	23
,0	904	109	837	76	144	1166	131	700	5	229	24	24
,6	49464	6961	29982	7353	10855	55151	4486	24795	137	11627	1382	

erliegen der gesetzlichen Geheimhaltung

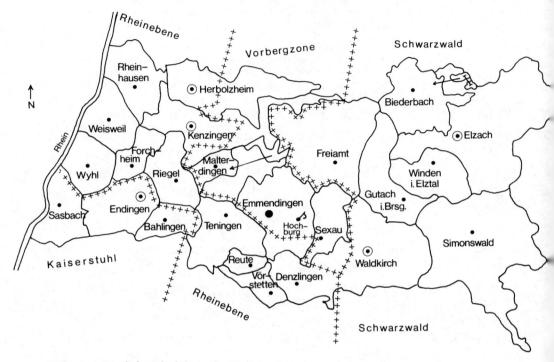

Die naturräumliche Gliederung des Kreises

Wirtschaft im Wandel

Die Landwirtschaft

von Willi Enters, Heinz Frisch, Dieter Grathwohl, Heidi Heuser,
Willi Jöst, Georg Müller und Helmut Scholer

Natürliche Grundlagen

Der Landkreis Emmendingen erstreckt sich im Westen vom Rhein (163 m NN) nach Osten bis zum Kandel (1242 m NN) und Rohrhardsberg (1155 m NN), umfaßt von Nord nach Süd das Emmendinger Vorgebirge und den nördlichen Kaiserstuhl. Demzufolge zeigen die durchschnittlichen Jahrestemperaturen und Jahresniederschläge große Unterschiede: 4,2 bis 9,9° C und 580 bis 1700 mm.

Die Wirtschaftsfläche mit 65288 ha wird zu 43,1 Prozent landwirtschaftlich und 43,8 Prozent forstwirtschaftlich genutzt. Von allen Erwerbstätigen arbeiten 13,2 Prozent in der Land- und Forstwirtschaft.

Drei Naturräume sind zu unterscheiden:
1. die Rheinebene,
2. der Kaiserstuhl und die Vorbergzone,
3. der Schwarzwald; er gehört insgesamt zur sog. Benachteiligten Agrarzone (BAZ); diese wiederum enthält einen Teil des sog. Kerngebiets (KG) und einen Teil des sog. Berggebiets (BG).

Daraus ergaben sich für die land- und forstwirtschaftliche Erzeugung entsprechende Planungsräume mit folgenden Produktionsschwerpunkten:

Rheinebene   Ackerbau, Schweinemast, Bullenmast, Obst, Gemüse, Eier
Kaiserstuhl, Nimberg, Vorbergzone   Wein, Obst, Schweinemast, Bullenmast
Schwarzwald BAZ (Tallagen)   Milch, Bullenmast, Wald, Fremdenverkehr
Schwarzwald KG (Mittellagen)   Milch, Rindermast, Wald, Fremdenverkehr
Schwarzwald BG (Höhenlagen)   Milch, Wald, Fremdenverkehr

Als untere Sonderbehörde für die Landwirtschaft und Landschaft des Landkreises entstand nach dem Zweiten Weltkrieg und nach der Verwaltungsreform das Landwirtschaftsamt Emmendingen-Hochburg. Es geht zurück auf die 1846 gegründete Großherzoglich-Badische Ackerbauschule Hochburg, die ehemaligen Landwirtschaftsschulen Kenzingen und Waldkirch sowie das nach dem Zweiten Weltkrieg gebildete selbständige Landwirtschaftsamt Emmendingen. Dem heutigen Amt mit Hoheits- und Beratungsaufgaben sind angegliedert: eine Staatliche Fachschule für Landwirtschaft (Burschen, einklassig), ein Land- und Hauswirtschaftlicher Lehr- und Gutsbetrieb (126,60 ha), ein Zentrales Versuchsfeld (1,25 ha) und ein Internat für Lehrgänge, Auszubildende und Schüler (100 Bettenplätze), alles untergebracht auf dem Areal der Staatsdomäne Hochburg (5 km ostwärts Emmendingen, am Westhang der Ruine Hochburg, 283 m NN). Die Staatsdomäne war vor 1846 seit der fränkischen Landnahme um 800 n. Chr. Meierhof, später Kammergut der Markgrafen von Baden-Hachberg und Großherzöge von Baden, seit 1918 staatlich. Die Ruine Hachberg, Hochberg oder Hochburg wird 1127 erstmals urkundlich erwähnt. Sie gehört zum Gesamtareal der Staatsdomäne. Das Areal war mit 200 ha bis 1.1.1930 die sog. Abgesonderte Gemarkung Hochburg, danach mit 126,60 ha bei der heutigen Großen Kreisstadt Emmendingen unter Abgabe von 73,40 ha Wald (Masse des sog. Hornwaldes bis auf 10 ha) an die Staatsforstverwaltung.

Agrarstruktur

Geographie, Boden und Klima, aber auch die geschichtliche Entwicklung haben die Landwirtschaft mehr als jeden anderen Wirtschaftszweig geprägt. Ihre Situation und ihre nicht zuletzt durch die vorgegebenen Naturräume bedingte Vielseitigkeit lassen sich in Kürze am besten anhand der wichtigsten Strukturdaten darstellen.

Strukturdaten

Da die Landwirtschaft ein ausgesprochen flächenbezogener Wirtschaftszweig ist, was auch durch die neu zugewachsene Aufgabe der Landschaftspflege bestätigt wird, soll eine Übersicht über die im Landkreis Emmendingen vorhandenen Flächen, nach Naturräumen gegliedert, vorangestellt werden (s. Tab. 1).
Gegenüber früher haben der Wald geringfügig zu- und die landwirtschaftliche Nutzfläche (LF) in erheblichem Umfange abgenommen. Die Zunahme der Siedlungs- und Verkehrsflächen geht fast ausschließlich zu Lasten der LF.
Die 374 ha Rebland in der Spalte „Rheinebene" rühren daher, daß entsprechende Flächen von Winzern aus Orten bewirtschaftet werden, die der Rheinebene zuzuordnen sind (z. B. Forchheim, Wyhl, Teningen usw.). Dieses auf den Betriebssitz ausgerichtete statistische Prinzip kommt auch in Tab. 1 zum Tragen, wo die auf Kaiserstuhl und Vorbergzone entfallende Wirtschaftsfläche größer als die entsprechende Katasterfläche ist.

188. *Denzlingen. Das moderne Sportbad. Im Hintergrund das Neubaugebiet „Grüner Weg"*

189. *Die ev. Kirche in Denzlingen*
190. *Der Storchenturm in Denzlingen*

191. Schul- und Sportzentrum Teningen
192. Das schöngelegene Freibad in Teningen
193. Teningen. Ortsstraße
194. Teningen. Die Zehntscheuer von 1711, heute Gemeindehaus

195. *Die kath. Pfarrkirche in Teningen-Heimbach*

196. *Schönes Fachwerk in Teningen-Köndringen. Im Vordergrund der „Rebstock"*
197. *Teningen-Köndringen. Burg Landeck, wohl Mitte des 13. Jh. von den Geroldseckern erbaut*

Umseitig:
198. *Teningen-Nimburg*
199. *Teningen. Fachwerkhaus Pracht in Bottingen*

Tabelle 1: Flächenübersicht (Wirtschaftsfläche = 100%)

	Rheinebene	Kaiserstuhl/ Vorbergzone	Schwarzwald	Landkreis	insges.
	ha	ha	ha	ha	%
Katasterfläche *	19275	16517	32361	68153	
Wirtschaftsfläche	16723	17180	31385	65288	100
davon landw. Nutzfläche (LF)	8455	9022	10634	28111	43,1
Forstfläche	4980	5052	18535	28567	43,8
Brachland	204	183	143	530	0,8
Öd/Unland	312	576	443	1331	2,0
Gewässer	543	281	111	935	1,4
Sonst. Flächen (z. B. Siedlungs- und Verkehrsflächen)	2229	2066	1519	5814	8,9

* Katasterfläche = Gesamtfläche innerhalb Gemarkungs- bzw. Kreisgrenzen

Tabelle 2: Landwirtschaftliche Bodennutzung (LF 28111 ha = 100%)

	Rheinebene	Kaiserstuhl/ Vorbergzone	Schwarzwald	Landkreis	insges.
	ha	ha	ha	ha	%
Ackerland	6040	4402	2197	12639	45,0
Dauergrünland	1707	1835	8323	11865	42,2
Gartenland	158	153	84	395	1,4
Rebland	374	2130	–	2504	8,9
Obstland	165	495	30	690	2,4
Sonstiges	11	7	–	18	0,1

Daß sich unsere Landwirtschaft trotz erheblicher Verschiebungen zu größeren Einheiten hauptsächlich aus Kleinbetrieben zusammensetzt und damit noch unter dem im Bundesvergleich schon niedrigen Landesdurchschnitt liegt, zeigt Tabelle 3.

Tabelle 3: Betriebsgrößenstruktur der land- und forstwirtschaftlichen Betriebe (Betriebe ab 0,5 ha LF)

LF	Rheinebene		Kaiserstuhl/ Vorbergzone		Schwarzwald		Landkreis insges.	
	Anzahl	%	Anzahl	%	Anzahl	%	Anzahl	%
0,5 – 2 ha	591	43,9	1575	59,9	417	29,2	2583	47,8
2 – 5 ha	350	26,0	620	23,6	322	22,6	1292	23,9
5 – 10 ha	201	14,9	273	10,4	231	16,2	705	13,0
10 – 20 ha	134	10,0	129	4,8	362	25,3	625	11,6
20 – 30 ha	41	3,0	25	1,0	85	6,0	151	2,8
30 – 50 ha	24	1,8	4	0,2	8	0,6	36	0,7
über 50 ha	5	0,4	2	0,1	2	0,1	9	0,2
insgesamt	1346	100	2628	100	1427	100	5410	100

Ebenso wichtig ist die Aufschlüsselung nach Betriebsarten: Die erfaßten 5410 Betriebe gliedern sich in 71 Prozent Nebenerwerbsbetriebe und 29 Prozent Haupterwerbsbetriebe (ein Drittel Zuerwerbs-, zwei Drittel Vollerwerbsbetriebe).

Verbesserung der Agrarstruktur

Der nach dem Zweiten Weltkrieg einsetzende und noch fortwährende Strukturwandel in der Landwirtschaft hat viele Ursachen. Neben der Umstellung von der kriegs- und nach- kriegsbedingten Zwangswirtschaft auf die soziale Marktwirtschaft war es die nunmehr einsetzende Technisierungswelle in der Landwirtschaft, welche die Mängel unserer Agrarstruktur erst richtig erkennen ließ.
In der Rheinebene, am Kaiserstuhl und in der Vorbergzone waren die Nachteile beson- ders groß und beruhten auf einer starken Parzellierung und Besitzzersplitterung, zu ge- ringen Betriebsgrößen, einer ungünstigen Besitzstruktur und alten unzweckmäßigen Betriebsgebäuden in zu engen Hof- und Ortslagen.
Im Schwarzwald mit den ohnedies schlechteren Ertragsbedingungen wurde dagegen die ungenügende Erschließung durch Wege als besonders erschwerend empfunden. Das gilt nicht nur für viele Hofzufahrten sondern auch für die dazugehörigen Fluren und den bäuerlichen Wald.
Entsprechend umfangreich und differenziert sind die Maßnahmen, die zur Behebung der aufgezählten Strukturmängel in den drei Naturräumen unseres Kreises schon früh- zeitig eingeleitet worden sind. Was hier auf dem Gebiet der Flurbereinigung bisher ge- leistet wurde, verdeutlichen folgende Zahlen, die eine Wertung erst zulassen, wenn man sie mit den auf den Landkreis entfallenden landwirtschaftlichen Flächen vergleicht.
In den letzten Jahren wurden durchgeführt: 56 Flurbereinigungsverfahren mit 6400 ha, 10 beschleunigte Zusammenlegungsverfahren (kein neues Wegenetz, kein Gewässer- ausbau) mit 6400 ha, 27 freiwillige Verfahren mit 460 ha; das sind insgesamt 13 260 ha oder 76 Prozent der auf Rheinebene und Kaiserstuhl/Vorbergzone entfallenden LF.
Schwerpunkte gab es im Zuge des Autobahnbaus und des vierspurigen Ausbaus der B 294 (Freiburg–Waldkirch). Hierfür waren Zweckverfahren mit insgesamt 2058 ha Flächen erforderlich; ferner in der Rheinebene, wo mit Hilfe beschleunigter Zusammen- legungsverfahren mit minimalen Eingriffen in die Natur eine für die Existenz vieler Be- triebe entscheidende neue Ordnung geschaffen wurde; schließlich 42 ,,amtliche'' Reb- flurbereinigungen und 22 freiwillige Verfahren mit insgesamt 2837 ha. Zum Mei- nungsstreit über die Rebflurbereinigung sollte daran erinnert werden, daß unsere klein- terrassierte Lößlandschaft bereits Ergebnis einer durch Menschenhand in früheren Jahr- hunderten geschaffenen Melioration ist. Eine Terrassierung war zu allen Zeiten und an

allen Orten notwendig, um an den erosionsgefährdeten Lößabhängen überhaupt Ackerbau und Weinbau treiben zu können.

Ohne die nur mit Hilfe der modernen Technik möglich gewordenen neuen Eingriffe hätte der Weinbau nicht diesen Aufschwung nehmen können, wie das bei uns der Fall war. Ohne diese hohen Investitionen hätten viele Winzerfamilien nach und nach ihre Existenz ebenso verloren wie der badische Wein seine Rolle am Markt.

Nicht zuletzt wegen der außerordentlichen Kostenbelastung, die trotz hoher Staatszuschüsse den Grundstückseigentümern auferlegt ist, wird die Anzahl künftiger Rebflurbereinigungen bescheiden bleiben.

Zur Erschließung der zum Schwarzwaldgebiet zählenden Gemeinden und Weiler wurde zu Beginn der sechziger Jahre mit dem Bau der sog. ,,Grüne-Plan-Wege'' ein erster entscheidender Schritt getan. Ihm folgte rd. ein Jahrzehnt später die Gründung des Bodenverbandes ,,Mittlerer Schwarzwald'' (Sitz in Elzach) mit dem Ziel, den Wirtschaftswegebau besonders in den Berggebieten voranzutreiben. Nachhaltig kann der Landwirtschaft aber auch hier nur durch die Flurbereinigung geholfen werden. Die in den achtziger Jahren zur Durchführung kommenden ,,Schwarzwaldverfahren'' mit ihrem umfangreichen Wegebauprogramm werden viel dazu beitragen, die schwierigen arbeits- und betriebswirtschaftlichen Verhältnisse in den Bergbauernhöfen erheblich zu verbessern.

Gut ausgebaute Wege sind nicht nur für die Landwirtschaft unentbehrlich, sondern kommen auch den Kindern auf ihrem Schulweg und der ganzen Familie zugute. Im übrigen sind solche Wege in der Regel auch Voraussetzung dafür, daß Städter die angebotenen Ferien auf dem Lande annehmen. Im strittigen Einzelfall müssen diese Argumente schwerer wiegen als die durchaus verständliche Abneigung der Natur- und Wanderfreunde gegen eine weitere ,,Asphaltierung und Betonierung des Schwarzwaldes''.

Dorferneuerung und Dorfentwicklung

Obwohl die Maßnahmen zur Verbesserung der Agrarstruktur hauptsächlich auf den Außenbereich zielten, griff der Teilbereich ,,Dorfauflockerung und Aussiedlung'' schon frühzeitig in den innerörtlichen Bereich ein. Von dieser Aussiedlung hinaus in die freie Flur machten vor allem solche landwirtschaftlichen Betriebe Gebrauch, die sich inmitten einer auch nach der Flurbereinigung noch kleinparzellierten Landschaft eine einigermaßen arrondierte Betriebsfläche erhoffen konnten; aber auch solche, die in ihrer engen Orts- und Hoflage einfach keinerlei Existenz- oder gar Entwicklungsmöglichkeit mehr sahen.

Diese besonders für die Haufendörfer der Rheinebene, des Kaiserstuhls und der Vorbergzone charakteristischen Verhältnisse führten in der Folge zur Aussiedlung von 115

Betrieben. In der flächenmäßig nicht viel kleineren Schwarzwaldzone sind es nur 21. Hier sind es gerade die für das Elztal und seine Nebentäler typischen Doppelhöfe mit der in der Regel unter dem Dachfirst verlaufenden Eigentumsgrenze, die eine der beiden unter engsten und meist primitiven Verhältnissen zu leben gezwungenen bäuerlichen Familien zur Aufgabe und zu neuem Beginn veranlaßten.

Inzwischen sind die manchmal als Landschaftszersiedlung apostrophierten Aussiedlungen zum integrierten Bestandteil dieser Landschaft geworden, besonders dann, wenn rechtzeitig etwas für ihre „Grüneinbindung" unternommen worden ist. Schließlich gibt es auch im Landkreis eine ganze Anzahl gut gelungener Beispiele, die heute auch vom Naturfreund und Ästheten akzeptiert werden.

Der Gedanke der Dorferneuerung im umfassenden Sinne, d. h. nicht nur auf die Landwirtschaft allein beschränkt, fiel erst ab Mitte der siebziger Jahre auf fruchtbaren Boden, als mit zunehmendem Umweltbewußtsein für viele nicht mehr das Ballungszentrum Anziehungspunkt, sondern das Leben auf dem flachen Lande oder im Dorf (oft unerfüllbarer) Wunschtraum geworden war. Mit diesen äußeren Anstößen erfolgte und erfolgt bei der ländlichen Bevölkerung selbst laufend eine Neubesinnung auf die inneren Werte des Dorfes. In dieser Situation ist es nur folgerichtig, daß nach 25 Jahren bevorzugter Förderung der Agrarstruktur nunmehr das ganze Dorf mit seinen vielseitigen Funktionen im Mittelpunkt des öffentlichen Interesses steht.

Die heute mit großem finanziellen Einsatz geförderte Dorfentwicklung wird dazu beitragen, den eigenständigen Charakter der ländlichen Orte zu erhalten und entsprechend den gegenwärtigen und künftigen Erfordernissen zu gestalten.

Ziel der Dorfentwicklung ist vor allem, die Lebensbedingungen im Dorf zu heben, wobei u. a. folgende Maßnahmen im Vordergrund stehen: Verbesserung der Wohnverhältnisse in den alten Ortslagen, dorfgemäße Erhaltung und Gestaltung des Ortsbildes, Schaffung von Freizeit- und Erholungseinrichtungen, bedarfsgerechte Führung des Fußgänger- und Fahrzeugverkehrs im Ort und zum Ort, Hilfe bei der Schaffung unentbehrlicher Infrastruktureinrichtungen, landschaftsgerechte Einbindung der Dörfer in ihre Umgebung.

Diese nur unter Mitwirkung der gesamten Bevölkerung erreichbaren Ziele werden bereits von einer großen Anzahl von Gemeinden des Landkreises angesteuert. Als Einstieg in das als Langzeitaufgabe zu betrachtende Programm haben sie mit der Erstellung eines *örtlichen Entwicklungskonzeptes* bereits den Anspruch auf Förderung vielseitiger Einzelmaßnahmen erworben.

Bis Jahresbeginn 1980 flossen 14 Gemeinden des Landkreises mit 24 Orts- bzw. Stadtteilen bereits Staatszuschüsse in Höhe von drei Millionen DM zu, was einem Investitionsvolumen von 7,6 Mio. DM entspricht. Als Zuwendungsempfänger traten dabei private Hausbesitzer ebenso in Erscheinung wie die Gemeindeverwaltungen selbst.

Daß im Rahmen dieser Dorfentwicklungsmaßnahmen auch wertvolle Bausubstanz oder gar dem Zerfall ausgelieferte historische Bauwerke gerettet und einer neuen Funktion zugeführt werden konnten, zeigen zahlreiche Beispiele. Neben Teningen, das sich mit seiner neuen Zehntscheuer geradezu ein Prachtstück geschaffen hat und auf eine Reihe gut gelungener kommunaler und privater Vorhaben verweisen kann, ist besonders Weisweil herauszuheben, das bisher den Gedanken der Dorfentwicklung wohl am konsequentesten verfolgt hat. Die durch Ereignisse des letzten Krieges mit am meisten zerstörte Ortschaft am Oberrhein mit der Hypothek eines der damaligen Notsituation entsprechenden Wiederaufbaues, hat sich inzwischen zu einem dörflichen Kleinod entwickelt, das für den ganzen Kreis Emmendingen und weit darüber hinaus beispielhaft sein dürfte.

Betriebliche Beratung

Rheinebene

Die abwechslungsreiche Rheinebene bewirkt in der Landwirtschaft vielseitige Produktionsrichtungen. Die Bullen- und Schweinemastbetriebe sind Zielvorstellungen der Beratung. In den beengten Haufendörfern ist die Verbesserung der Gebäudeverhältnisse notwendig.
Für die Zukunft wird der Haupterwerbsbetrieb nur dann Entwicklungsmöglichkeiten besitzen, wenn ausreichend Fläche als Grundlage vorhanden ist.

Kaiserstuhl/Vorbergzone

Diese Landschaft hat die Entwicklung der Wein- und Obstbaubetriebe begünstigt. Die reinen Sonderkulturbetriebe ohne Tierhaltung nehmen weiter zu. In vielen Fällen wird der bäuerliche Familienbetrieb daneben gezwungen sein, Rind- und Schweinefleisch zu produzieren, um seine Existenz zu sichern.

Schwarzwald

Der Schwarzwaldbauernbetrieb hat die zusätzliche Aufgabe, die Kulturlandschaft zu pflegen. Seine Existenz beruht auf der Haltung von Milchkühen. Hierzu müssen viele Höfe, die in ihrer Form den Schwarzwald prägten, modernisiert werden. Staatliche Maßnahmen fördern diese Entwicklung, um ein Netz von hauptberuflichen Landwirten zu halten. Die Kulturlandschaft kann langfristig nur auf diese Weise erhalten bleiben.

Ländliche Hauswirtschaft

In kaum einem anderen Zweig der Wirtschaft sind Hauswirtschaft und Erwerbsbereich (Einkommenserwerb) so eng miteinander verflochten wie in der Landwirtschaft. Vor allem im letzten Jahrzehnt hat sich das Funktionsbild der Bäuerin durch wirtschaftliche Entwicklungen, technischen Fortschritt und soziale Wandlungsprozesse in besonderem Maße verändert.

Um den Landfrauen ihre schwierigen Aufgaben zu erleichtern, bietet das Landwirtschaftsamt Entscheidungshilfen auf verschiedenen Ebenen an. Sie können aus betriebswirtschaftlicher und sozialökonomischer Sicht zu allen Fragen der Haushaltsplanung, Haushaltsbuchführung, Haushaltstechnik, Arbeitswirtschaft des Haushalts, des Wohnungsbauwesens, der Familien- und Gesundheitspflege, zu Verbraucher- und Ernährungsfragen, zu Fragen im Bauerngarten, der Ausbildung in der ländlichen Hauswirtschaft, zu sozioökonomischen Problemen und über Fördermaßnahmen informiert oder beraten werden.

„Ferien auf dem Bauernhof", die Nachfragen und die Ansprüche der Erholungssuchenden steigen. Vom Gesamtangebot aller Betten stehen etwa 15 Prozent in landwirtschaftlichen Betrieben. Landwirte, die den Fremdenverkehr zu einem lukrativen Betriebszweig gestalten wollen, können mit Rat und in vielen Fällen mit Tat (staatlicher Beihilfe) rechnen.

In Familien-, Sozial- und Gesundheitsfragen arbeiten Landwirtschaftsamt und Landfrauenverband eng zusammen. Die Geschäftsstelle des Bezirkslandfrauenverbandes Emmendingen im BLFV befindet sich auf der Hochburg. Für die z. Z. 17 Ortsvereine werden ein- und mehrtägige Seminare vermittelt sowie Lehrfahrten durchgeführt. Dadurch bekommen die Bäuerinnen neben beruflicher Fortbildung Einblick in andere Lebens- und Arbeitsbereiche, und nicht zuletzt wird dadurch der Kontakt untereinander gefördert und gepflegt.

Darüber hinaus ist das Landwirtschaftsamt – dank seiner zentralen Lage und glücklichen Verbindung mit dem Lehr- und Gutsbetrieb – die übergebietliche Ausbildungsstätte, in der alle Auszubildenden der ländlichen Hauswirtschaft aus der gesamten Rheinebene – Landkreis Lörrach bis einschließlich Ortenaukreis – geschult werden. Wer im Regierungsbezirk die Prüfung zur „Meisterin der ländlichen Hauswirtschaft" ablegen will, lernt die Hochburg als überregionale Ausbildungsstätte ebenfalls in ein- und mehrtägigen Lehrgängen kennen und legt dort seine Meisterprüfung ab.

Ausbildung, Fachschule, Erwachsenenbildung

Landwirtschaftliche Berufe

Die Einführung neuer Arbeitsverfahren, Technisierung und Maßnahmen zur Rationalisierung der Betriebe zwingen den bäuerlichen Menschen, technische, wirtschaftliche und soziale Zusammenhänge zu erkennen, sich den wandelnden Erfordernissen zu stellen und neue Einsichten zu gewinnen. Dies alles erfordert eine grundlegende Aus- und Fortbildung der in der Landwirtschaft tätigen Personen.

Die Aus- und Fortbildung vollzieht sich in den drei Abschnitten: Berufsausbildung – Fachschulausbildung – Erwachsenenbildung. Mehr als 80 Junglandwirte befinden sich in den anerkannten Ausbildungsberufen Landwirt und Winzer in Ausbildung im elterlichen Betrieb oder in einer der 17 anerkannten Ausbildungsstätten im Kreisgebiet. 16 Ausbildungsplätze für landwirtschaftliche Berufe bietet ganzjährig der Staatliche Lehr- und Gutsbetrieb Hochburg. Die Ausbildung schließen im Landkreis jährlich durchschnittlich 25 Auszubildende mit der Berufsabschlußprüfung ab. Etwa die gleiche Anzahl beginnt alljährlich ihre Ausbildung.

Die Berufsabschlußprüfung ist Voraussetzung zum Besuch der Fachschule für Landwirtschaft in zwei fachtheoretischen Winterhalbjahren und einem fachpraktischen Sommerhalbjahr. Der erfolgreiche Abschluß führt zum ,,Staatlich geprüften Wirtschafter für Landbau''.

Insgesamt 7294 Schülerinnen und Schüler haben die Staatliche Fachschule für Landwirtschaft Hochburg bzw. die ehemaligen Kreislandwirtschaftsschulen Kenzingen und Waldkirch besucht.

Tabelle 4: Schülerzahlen der Landwirtschaftsschulen

Schule	Schüler	Schülerinnen	insgesamt
Hochburg	4192	499	4691
Kenzingen	803	256	1059
Waldkirch	1058	486	1544
insgesamt	6053	1241	7294

Die Staatliche Fachschule für Landwirtschaft Hochburg wird derzeit alljährlich von etwa 25 Junglandwirten besucht. Der Fachschulunterricht bereitet auf die Landwirtschaftsmeisterprüfung vor. Von der Ablegung dieser Prüfung haben seit ihrer Einführung Mitte der fünfziger Jahre 71 Landwirtschafts- und 24 Winzermeister Gebrauch gemacht. Daneben gibt es im Landkreis noch zwei Schweinezucht- und zwei Melkermeister. Der Verein Landwirtschaftlicher Fachschulabsolventen Emmendingen-Hochburg (Ge-

schäftsstelle beim Landwirtschaftsamt) mit über 500 Mitgliedern arbeitet in der berufs-
bezogenen Erwachsenenbildung eng mit der Fachschule zusammen und bietet ganzjähr-
lich ein fachliches Fortbildungsprogramm an.

Ländlich-hauswirtschaftliche Berufe

Wer im Landkreis eine Ausbildung in ländlicher Hauswirtschaft anstrebt, kann sich
beim Landwirtschaftsamt beraten lassen. Dort wird man einerseits informiert über die
Grundausbildung und die zahlreichen Möglichkeiten der darauf aufbauenden ländlich
hauswirtschaftlichen Berufe allgemein; andererseits werden die ausbildenden Betriebe
und die Auszubildenden von hier aus das ganze Jahr über betreut. Es gibt sechs anerkannte Ausbildungsstätten mit neun Ausbildungsplätzen. Die Interessentinnen haben
die Wahl zwischen den Familienbetrieben und dem Großhaushalt bzw. einem Betrieb
am Kaiserstuhl oder einem Milchviehbetrieb, u. a. mit Feriengästen auf dem Bauernhof. Der Schwerpunkt der Ausbildung liegt selbstverständlich immer in der Hauswirtschaft.
Die starke Nachfrage nach Ausbildungsplätzen macht es erforderlich, daß jährlich zu den
ständig anerkannten Ausbildungsbetrieben drei bis sechs gut geführte landwirtschaftliche Betriebe eine kurzfristige Anerkennung zur Ausbildung ihrer eigenen Kinder erhalten. Zwischen 8 und 14 Mädchen sind im Jahresdurchschnitt in der Ausbildung. Sie
sind aus dem eigenen Kreisgebiet und anderen Landkreisen.
Der Hochburger Gutshaushalt selbst wird von einer erfahrenen Meisterin mit zwei
Hauswirtschafterinnen und fünf Auszubildenden der ländlichen Hauswirtschaft geführt. Die Ausbildungsstätte „vor der Tür" hat nicht zuletzt die günstige Auswirkung,
daß im Landkreis 37 ausgebildete Meisterinnen tätig sind.

Agrarmarkt

Im Landkreis überwiegen die kleineren Betriebe. Auf der Erzeugerstufe werden deshalb
in einer kurzen Erntezeitspanne von vielen Betrieben relativ kleine Mengen landwirtschaftlicher Produkte geerntet. Diese müssen von leistungsfähigen Zentrallagern gesammelt und zur verbrauchergerechten Aufbereitung gelagert werden.
Diese Funktion erfüllen Genossenschaften und Landhandel mit modernen Lager- und
Aufbereitungseinrichtungen.
Genossenschaften und Landhandel haben neben der Vermarktung landwirtschaftlicher
Produkte die Aufgabe, die Landwirtschaft mit Betriebsmitteln (Saatgut, Dünger, Fut-
termittel, Pflanzenbehandlungsmittel usw.) zu versorgen.

200. *Blick über das Weindorf Bahlingen*

205. *Reute. Das moderne Schul- und Sportzentrum in Oberreute*
206. *Reute. Blick auf Oberreute*

Von der im Kreisgebiet erzeugten Milch werden mehr als drei Viertel an die Breisgau-Milch Freiburg abgeliefert (1979: 19,4 Mio. kg) und dort zu Trinkmilch und Milcherzeugnissen verarbeitet. Die Milch wird direkt erfaßt. Tanksammelwagen holen die auf den Erzeugerbetrieben bereits tiefgekühlte Milch auf oder bei den Höfen oder an örtlichen Sammelplätzen ab.

In 242 Betrieben des Kreises wird noch Landbutter hergestellt und meist direkt an den Verbraucher abgegeben.

Die Vermarktungsformen und Vermarktungswege auf dem Vieh- und Fleischmarkt haben sich im vergangenen Jahrzehnt erheblich gewandelt. Dies ist in erster Linie bedingt durch die Fortschritte auf dem Gebiete der Kühltechnik und des Transportweges. Das Viehangebot wird immer mehr von genossenschaftlichen und privaten Vieh- und Fleischvermarktungseinrichtungen sowie Schlacht- und Viehhandelsbetrieben erfaßt. Trotzdem verbleibt immer noch ein beachtlicher Restteil, der in Direktverkäufen an Metzgereibetriebe seinen Absatz findet.

Die günstige Lage ermöglicht der Mehrzahl der Geflügelhalter den Direktverkauf von Eiern und Geflügel an Verbraucher, Klein- und Großhandel am Ort, der näheren Umgebung oder im Großraum Freiburg.

Pflanzliche Erzeugung

Das Bild der Landschaft und der Landwirtschaft wird durch die landwirtschaftliche Nutzung des Bodens geprägt. Diese dient der Erwirtschaftung landwirtschaftlicher Einkommen, immer stärker auch der Landschaftspflege und Erholung. Der Anbau von Kulturpflanzen unterliegt im Rahmen der geologischen, klimatischen und topographischen Standortbedingungen den markt- und betriebswirtschaftlichen Entwicklungen.

Rheinebene

Die Rheinebene ist aufgrund der überwiegend ackerfähigen, relativ leichten Böden, hohen Temperaturen und geringen Niederschlägen ein fast reines Ackerbaugebiet geworden. In den vergangenen 20 Jahren verminderte sich das Grünland um die Hälfte. Es beschränkt sich heute auf Flächen mit sehr hohem Grundwasserstand.

Auf dem Ackerland werden mit 85 Prozent die arbeitsproduktiven Kulturpflanzen Getreide und Hybridmais angebaut. 1960 betrug der Getreide-Maisanteil lediglich 55 Prozent. Vorherrschende Getreidearten sind der ertragreiche Winterweizen und die Wintergerste. Die Wintergerste, welche die Winterfeuchtigkeit ausnützen kann, bringt gegenüber der Sommergerste einen 20 Prozent höheren Ertrag. Die starke Ausdehnung

Tabelle 5: Bodennutzung Rheinebene in ha

	1960	1977
Grünland	3151	1707
Ackerland	5590	6039
davon in % Getreide	45,2	60,5
Mais	10,1	24,1
Kartoffeln	17,5	5,3
Zuckerrüben	0,7	1,0
Tabak	1,0	0,6
Futterpflanzen	24,0	6,6
Sonstiges	1,5	1,9

des Getreides und insbesondere des Maises erfolgte auf Kosten der Kartoffeln, der Futterpflanzen und des Grünlandes. Der arbeitsintensive Kartoffelanbau ging aus marktwirtschaftlichen Gründen zurück. Er konzentriert sich heute überwiegend auf spezialisierte Betriebe mit direkter Belieferung der Verbraucher. In der Rheinebene werden außerdem noch 60 ha Zuckerrüben und 40 ha Tabak angebaut. 50 ha Getreide, 60 ha Raps und 100 ha Hybridmais dienen der Gewinnung von Saatgut. Das erzeugte Saatgut muß hinsichtlich der Qualitätseigenschaften bestimmten gesetzlich festgelegten Anforderungen genügen.

Kaiserstuhl/Vorbergzone

Der Kaiserstuhl und die hügelige Vorbergzone sind fruchtbares Ackerbaugebiet mit den Sonderkulturen Wein und Obst. Die Grünlandflächen wurden in den vergangenen 20 Jahren zur Hälfte umgebrochen. Der Grünlandanteil liegt heute bei 30 Prozent der landwirtschaftlichen Nutzfläche.

Tabelle 6: Bodennutzung Kaiserstuhl/Vorbergzone in ha

	1960	1977
Grünland	3431	1835
Ackerland	5564	4401
davon in % Getreide	46,7	57,9
Mais	10,4	23,7
Kartoffeln	16,0	6,0
Futterpflanzen	24,7	9,8
Zuckerrüben	0,5	0,5
Tabak	–	0,2
Sonstiges	1,7	1,9

Auf dem Ackerland werden zu über 80 Prozent die Mähdruschfrüchte Getreide und Hybridmais angebaut. 1960 betrug der Getreide-Maisanteil dagegen 57 Prozent. Der Weizen mit 35 Prozent und der Mais mit 24 Prozent der Ackerfläche sind die vorherrschenden Kulturpflanzen. Durch die starke Ausdehnung des Maises von 10 Prozent auf 24 Prozent der Ackerfläche sank die Bedeutung der Blattfrüchte Kartoffeln und Futterpflanzen in der Fruchtfolge. Der arbeitsintensive Kartoffelanbau und der Futterpflanzenanbau spielen heute in der Vorbergzone aus markt- und betriebswirtschaftlichen Gründen eine untergeordnete Rolle.

Schwarzwald

Aufgrund der Höhenlage, Hangneigung und flachen Ackerkrume wird der Boden hauptsächlich als Wald und als Grünland genutzt. Die Hauptfrüchte auf dem Ackerland sind Hafer, Kartoffeln, Silomais, Roggen und Weizen.

Tabelle 7: Bodennutzung Schwarzwald in ha

		1960	1977
Grünland		8 915	8 323
Ackerland		4 245	2 195
davon in %	Getreide	49,1	60,9
	Mais	1,8	15,2
	Kartoffeln	18,7	17,0
	Futterpflanzen	30,2	6,6
	Sonstiges	0,2	0,3

Durch die Ertragssteigerung auf dem absoluten Grünland und das Vordringen von früh reifenden Maissorten bis in Höhenlagen von 600 m sank der Futterpflanzenanbau von 30 Prozent auf 6 Prozent der Ackerfläche.

Der starke Rückgang der Kartoffeln und des Ackerfutterbaues führte in der Rheinebene und Vorbergzone weitgehend zum Ausbausystem Weizen–Mais. Diese enge Fruchtfolge schafft für kulturspezifische Unkräuter und Krankheiten günstige Wachstums- und Lebensbedingungen. Klettenlabkraut, Ackerfuchsschwanz, Flughafer und insbesondere Windhalm verunkrauten die Getreidebestände. Fuß-, Blatt- und Ährenkrankheiten gefährden den Kornertrag. Im Maisanbau machen sich zunehmend Hirse, Ackerwinde, Amarant, Bingelkraut, Maiszünsler und Stengelfäule breit. Die spezielle Verunkrautung ist heute durch Pflanzenbehandlungsmittel und der Maiszünsler auf biologische Weise mit Hilfe der Schlupfwespe zwar bekämpfbar. Im verstärkten Maisanbau besteht aber die Gefahr der Bodenerosion und Bodenverschlechterung infolge des lange offenliegenden Ackers. Zur Auflockerung des Anbausystems Weizen–Mais wird deshalb im Landkreis ein ausgedehnter Zwischenfruchtbau mit Senf, Raps, Weidelgras usw. durchgeführt.

Weinbau

Herkunft der Rebe

Es ist nicht ausgeschlossen, daß schon die Kelten, das erste geschichtliche Volk in unserem Raum lange vor Christi Geburt, die Trauben der Wildrebe als Speise verwendeten. Die Wildrebe wuchs in den Auewäldern am Oberrhein an großen Bäumen hoch und brachte ihre Trauben in den Baumwipfeln zur Reife. Die letzten zwei Wildreben an der Sponeck bei Jechtingen wurden von Richard Bohn gepflegt und beschützt. Im Jahre 1940 wurden sie durch Kriegshandlungen vernichtet. Von der Wildrebe stammen unsere Reben kaum ab. Vielmehr dürften sie von den Römern und später von den Klöstern aus dem Süden eingeführt worden sein. Sicher ist unsere älteste Traubensorte „Elbling" mit der römischen Weinrebe „Vitis albuelis" identisch. Diese Rebsorte hat heute trotz größter Verbreitung bis nach dem Zweiten Weltkrieg nur noch Seltenheitswert. Die modernen Burgundersorten haben einen weit höheren Anbau- und Vermarktungswert.

Rebveredlung

Die Rebanlagen im Landkreis sind keine wurzelechten Reben mehr. Sie sind veredelt und heißen Pfropfreben. Diese sind aus zwei Teilen, dem Edelreis und der Unterlage, zusammengewachsen. Das Edelreis produziert die Blätter und Trauben. Die gegen die Reblaus widerstandsfähige Unterlage bildet die Wurzeln aus. Die Pfropfung (Veredlung) ist notwendig, weil die Unterlage im Gegensatz zum Edelreis von der Reblaus nicht befallen wird. Jährlich werden 1,9 Millionen solcher Veredlungen im Landkreis durchgeführt. Bei einem normalen 30- bis 40prozentigen Verlust an Veredlungen erwachsen 1,25 Mio. Pfropfreben. Damit können 300 ha mit Reben bepflanzt werden. Die Edelreiser und Unterlagen werden im Landkreis selbst erzeugt. 16 000 Unterlagsrebstöcke liefern jährlich Unterlagen für eine Million Veredlungen und 104 000 Mutterrebstöcke Edelreiser für 5,2 Mio. Pfropfungen. Die Edelreiser werden nur in staatlich anerkannten Mutterrebbeständen geschnitten.

Rebfläche

Die Rebe konnte sich in unserem Jahrhundert nur dort halten, wo ausgezeichnete Qualitätsweine gedeihen. Wenn im Landkreis 2500 ha von 21 800 ha Badisch-Württembergischer Rebfläche stehen, zeigt dies deutlich unsere klimatischen Vorzüge auf. Innerhalb des Anbaugebietes „Baden" kennzeichnet der sog. Bereich die engere Herkunft der badischen Weine. Im Bereich „Kaiserstuhl-Tuniberg" befinden sich 1500 ha und im Bereich „Breisgau" 1000 ha. Der Weinbau im Landkreis liegt in der Weinbauzone B. Diese stellt hohe Anforderungen an die natürlichen Mindestmostgewichte und damit an das Qualitätsniveau.

Von 24 Gemeinden mit 27 Teilorten betreiben 12 Gemeinden mit 17 Teilorten Weinbau. Die Reben stehen alle auf Flächen, die im Rebenaufbauplan des Regierungspräsidiums Freiburg ausgewiesen sind. Für jedes Grundstück ist die Sorte eingetragen, die nach der Standortgüte angepflanzt werden darf. Dieser Rebenaufbauplan wurde von den Winzern, den Genossenschaften und vom Staat erstellt und wird fortgeschrieben.

Tabelle 8: Rebsorten in % der Rebfläche des Landkreises

Sorte	Kaiserstuhl	Vorbergzone
Müller-Thurgau	29	53
Blauer Spätburgunder	30	17
Ruländer	27	20
Silvaner	4	–
Weißer Burgunder	4	4
Traminer, Gewürztraminer	2	2
Riesling	1	2
Sonstige Sorten (Neuzüchtungen)	3	2

Die Verteilung der Rebsorten dürfte sich in den kommenden Jahren leicht verändern. Der Blaue Spätburgunder und der Weiße Burgunder werden auf Kosten des Müller-Thurgau größere Bedeutung gewinnen.

Rebsorten

Müller-Thurgau Eine Spezialität sind die frischen und fruchtigen Müller-Thurgau-Weine. Mit einer harmonischen Säure ausgebaut, haben diese einen großen Liebhaberkreis gefunden. Beliebt ist er als Tischwein zu leichten Speisen und zu einem Vesper.
Burgunder Eine Besonderheit im deutschen Weinbau sind die urbadischen Burgunderreben. Von den drei Burgunderreben, Blauer Spätburgunder, Ruländer (Grauer Burgunder) und Weißer Burgunder ist der *Blaue Spätburgunder* besonders weit verbreitet. Von dieser Traube gewinnt man zwei badische Spezialitäten: den rubinroten, körperrei-

chen, vollen Spätburgunder Rotwein und den fruchtigen Spätburgunder Weißherbst
mit seinem charakteristischen altgolden bis hellroten Farbton. Dieser Farbton entsteht
dadurch, daß die Traube ohne die Beerenhaut vergoren wird. Der Spätburgunder Weißherbst ist ein kräftig vollmundiger Wein mit einer feinen Art und paßt sich fast allen
lukullischen Genüssen vortrefflich an. Er wird wie Weißwein kühl serviert.
Dagegen entfaltet der Spätburgunder Rotwein erst seine volle Blume bei +18 bis
+20° C. Er ist der rechte Gefährte von Wild und anderen dunklen Braten und ist auch zu
Käse gut passend.

Ruländer   Der Ruländerwein wird auch Grauer Burgunder oder Tokayer genannt. Er
hat einen kräftigen, vollmundigen und gehaltvollen Charakter. Er wird wie alle Weiß-
weine bei +10 bis +12° C serviert und kann dann ein festliches Mahl würdig krönen.

Weißer Burgunder   Seine kleinen, gelbgrün durchscheinenden Trauben ergeben einen
vornehmen, kraftvoll harmonischen Tropfen, der elegant über die Zunge geht und ausgezeichnet zu Fisch, Geflügel und weißem Fleisch paßt.

Silvaner   Der Silvaner ist ein feinfruchtiger Wein mit leichter Säure und zartem Bukett.

Traminer, Gewürztraminer   Voll und harmonisch sind sie, die Traminer – besonders
würzig und nuancenreich die Gewürztraminer. Sie entfalten ein Bukett wie Wildrosen,
stark ausgeprägt mit viel Würze.

Sortenerträge

Die im langjährigen Durchschnitt bei guter Bewirtschaftung erzielten Erträge zeigt Tabelle 9.

Tabelle 9: Erträge der Rebsorten

Rebsorte	Trauben kg/a	Wein l/a
Müller-Thurgau	140	105
Silvaner	120	90
Blauer Spätburgunder	100	75
Weißer Burgunder	100	75
Ruländer	90	67
Riesling	75	56
Traminer, Gewürztraminer	60	45
Sonstige (Neuzüchtungen)	120	90

Anbau, Kellerwirtschaft, Vermarktung

Über 4400 Familien bewirtschaften 2500 ha Rebfläche im Landkreis. Der Weinbau wird überwiegend im Neben- oder Zuerwerb betrieben. Die durchschnittliche Rebfläche je Winzer liegt bei 0,57 ha. Für die sonst außerhalb der Landwirtschaft tätigen ,,Hobby-Winzer'' ist die Weinbergsarbeit ein Ausgleich mit dem Vorteil der produktiven Freizeitgestaltung. Große Weinbaubetriebe, Weingüter, Straußwirtschaften und Weinhandlungen gibt es im Landkreis nur wenige. Die 17 Weingüter und sonstigen weinausbauenden privaten Betriebe erfassen, wenn man die Weinhandlungen in Riegel und Königschaffhausen unberücksichtigt läßt, 63,5 ha. Sie bereichern durch ihre Angebote die Vielfalt an Weinen und tragen zur Spezialität und Originalität unserer Weine bei.

Als 1945 der zerstörte und verwilderte Weinbau einen Neubeginn erforderte, ergriffen vorausschauende Winzer die Initiative. In kurzer Zeit konnte die Mehrheit der Winzer überzeugt werden, daß der Wiederaufbau nur in genossenschaftlicher Arbeit gelöst werden könne. In diesem Entschluß liegen die Wurzeln für den Erfolg des hiesigen Weinbaues. Die Winzer, in örtlichen Genossenschaften organisiert, gingen zunächst an die Neuordnung der Produktionsgrundlagen. Die alten minderwertigen Reben (Elbling, Räuschling, Ortlieber) wurden durch neue, widerstandsfähige Qualitäts-Pfropfreben ersetzt. Gemeinsam führte man erfolgversprechende Anbau- und Erziehungsmethoden ein und sorgte für eine qualitätsfördernde Pflege der Sorten. Rebflurbereinigungen paßten die kleinparzellierten, unerschlossenen Rebflächen den modernen, technisierten Produktionsmethoden an.

Was der Verzicht des Winzers auf wirtschaftliche Selbständigkeit, seine Einordnung in eine Leistungsgemeinschaft bedeutet, wird besonders bei den großen Gemeinschaftsaufgaben der Reblandumlegung, der Flurbereinigung und des gemeinsamen Aufbaues der Rebanlagen sichtbar. Die Winzer müssen bei einer Flurbereinigung in der Zeit des Wiederaufbaues und des Heranwachsens der jungen Anlagen nicht nur auf die Erträge verzichten, sondern auch trotz staatlicher Zuschüsse eine hohe finanzielle Selbstbeteiligung leisten.

Mit der Neuordnung der alten Rebanlagen erfolgte der Aufbau einer modernen Kellerwirtschaft in 22 Genossenschaften. Diese schlossen sich der Zentralkellerei Badischer Winzergenossenschaften in Breisach an oder bauten die bestehende örtliche Winzergenossenschaft mit modernen Anlagen aus. Im Landkreis entstanden vier selbstvermarktende Winzergenossenschaften: Jechtingen, Kiechlinsbergen, Königschaffhausen und Sasbach. Die anderen 18 sind dagegen die Trauben voll an die Zentralkellerei abliefernde Mitglieder. Die Zentralkellerei Badischer Winzergenossenschaften in Breisach übernimmt das Traubengut, baut die Weine aus und vermarktet sie. Zur Zentralkellerei Badischer Winzergenossenschaften gehören 22 Winzergenossenschaften des Landkrei-

Tabelle 10: Winzergenossenschaften (WG) im Landkreis Emmendingen

Gemeinde/Teilort	WG	Rebfläche ha	Einzellagen
Bahlingen	Bahlingen	301	Silberberg
Denzlingen	in WG Buchholz und		
	Glottertal	11	Eichberg, Sonnhalde
Emmendingen-Mundingen	Mundingen	64	Alte Burg
Endingen	Endingen	301	Engelsberg, Steingrube, Tannacker
Amoltern	Amoltern	57	Steinhalde
Kiechlinsbergen	Kiechlinsbergen	152	Teufelsberg, Ölberg
Königschaffhausen	Königschaffhausen	120	Hasenberg, Steingrüble
Herbolzheim	Herbolzheim	103	Kaiserberg
Bleichheim	Bleichheim	29	Kaiserberg
Broggingen	Broggingen	72	Kaiserberg
Tutschfelden	Tutschfelden	75	Kaiserberg
Wagenstadt	Wagenstadt	43	Hummelberg
Kenzingen	Kenzingen und Umgebung	100	Hummelberg, Roter Berg
Bombach	in WG Kenzingen und		
	Umgebung	34	Sommerhalde
Hecklingen	in WG Hecklingen und		
	Umgebung	77	Schloßberg
Nordweil	Nordweil	101	Herrenberg
Malterdingen	Malterdingen-Heimbach	131	Bienenberg
Riegel	Riegel	86	St.-Michaels-Berg
Sasbach	Sasbach	135	Limburg, Rote Halde, Lützelberg, Scheibenbruck
Jechtingen	Jechtingen	175	Eichert, Hochberg, Steingrube
Leiselheim	Leiselheim	80	Gestühl
Teningen	–	–	–
Heimbach	in WG Malterdingen-Heimbach	13	Bienenberg
Köndringen	Köndringen	95	Alte Burg
Nimburg-Bottingen	Nimburg-Bottingen	55	Steingrube
Waldkirch	–	–	–
Buchholz	Buchholz	37	Sonnhalde
Sexau	in WG Buchholz	13	Sonnhalden
12 Gemeinden mit 17 Teilorten	22 WG	2 460	–

ses mit 4043 Mitgliedern. In über 2000 Gebinden baut sie mehr als 1000 Spezialitäten der verschiedensten Sorten, Lagen, Qualitäten und Jahrgänge aus. Die Sicherung dieses hohen Produktionsstandes bleibt aktuelle Aufgabe der Zukunft. Dazu sind folgende Voraussetzungen notwendig: Einmal sind Rebfläche und Erträge zur Stabilisierung des

209. *Riegel. Zusammenfluß von Elz, Glotter und Dreisam*
210. *Riegel. Das restaurierte römische Mithräum*

Vorhergehende Seite:
207. *Blick über Riegel mit seiner schönen Barockkirche*
208. *Das Rathaus in Riegel*

Tabelle 11: Weingüter und sonstige weinausbauende Betriebe im Landkreis Emmendingen

Gemeinde/Teilort	Betrieb
Bahlingen	Häuber, Hauptstr. 2
Emmendingen-Hochburg	Landwirtschaftsamt Emmendingen-Hochburg, Lehr- und Gutsbetrieb (Staatsdomäne)
Endingen	Firma Bastian
	Gekle, Rempartstr. 3
	Knab, Hauptstr. 67
	Dr. H. Mackenstein, Königschaffhauserstr. 6
	Schätzle, Wilhelmshöfe 1
Amoltern	Ruthart, Heidehof 1
	Sacherer, Gasthaus „Sonne"
Königschaffhausen	Wein- und Fruchtsaftkellerei
Herbolzheim	–
Broggingen	Sillmann, Dragonerstr. 53
Wagenstadt	Ringwald, Siedlerhof 2
Kenzingen	–
Hecklingen	Striegel, Eckstr. 3
	Staatl. Weinbauinstitut Freiburg
Riegel	Hassler, Leopoldstraße
Sasbach	–
Jechtingen	Helde und Sohn, Emil-Gött-Str. 1
Teningen	–
Nimburg-Bottingen	Fischer, Auf der Ziegelbreite
–	17 Betriebe

Marktes der vermarktungsfähigen Weinmenge anzupassen. Zum anderen ist der Weinbau auch in Zukunft auf die Terrassen- und Hanglagen zu begrenzen. Der Rebenaufbauplan, der das rebfähige Gelände in allen Rebgemarkungen parzellenscharf erfaßt, dient der zukünftigen Abgrenzung der Qualitätsweinbaugebiete.

Tierische Erzeugung

Bedingt durch Boden, Klima und Struktur der Landwirtschaft hat die tierische Veredlungswirtschaft im Landkreis schon immer eine bedeutende Rolle gespielt. Nahezu ein Drittel des Kreisgebietes besteht aus Mittelgebirgslagen und rd. 42 Prozent der gesamten landwirtschaftlichen Nutzfläche aus Dauergrünland, das nur durch den Wiederkäuer Rind genutzt werden kann. Die Bedeutung der Tierhaltung zeigt sich im sehr hohen Anteil der tierischen Erzeugung an den Verkaufserlösen von landwirtschaftlichen Erzeugnissen mit ca. 70 Prozent.

Rindviehhaltung

Mehr als 40 Prozent der gesamten Verkaufserlöse aus tierischen Erzeugnissen entfallen
auf Einnahmen aus dem Verkauf von Milch und Rindfleisch. Damit sind die Verkaufserlöse aus der Rindviehhaltung für einen Großteil der Betriebe Existenzgrundlage. Insbesondere Betriebe mit einem hohen Anteil an Dauergrünland sind nur durch eine intensive Milcherzeugung hauptberuflich zu bewirtschaften. Der Schwerpunkt der Milchviehhaltung liegt daher naturgemäß in Betrieben des Elztales und seiner Seitentäler.

Tabelle 12: Entwicklung der Milchviehhaltung im Kreis von 1960 bis 1977

	Zahl der Kuhhalter				Anzahl der Milchkühe			
Jahr	1960	1977			1960	1977		
Gebiet	%	Zahl	%	± %	%	Zahl	%	± %
Rheinebene Kaiserstuhl	31	433	22	− 71	26	1 481	16	− 57
Vorbergzone	38	430	22	− 76	34	1 435	15	− 68
Schwarzwald	31	1 098	56	− 25	40	6 276	69	+ 20
Kreis	100	1 961	100	− 59	100	9 192	100	− 30

Durch die verstärkte Konzentration der letzten Jahre und Maßnahmen zur Eindämmung
der Milchflut wurde besonders in Kleinbetrieben der Rheinebene und des Kaiserstuhls
die Milchviehhaltung immer häufiger zugunsten der Rindfleischerzeugung oder aber
ganz aufgegeben.
Etwa 36 Prozent des Kuhbestandes stehen in Milchleistungsprüfung und bringen eine
jährliche Leistung je Kuh von:
4104 kg Milch mit 3,8 Fett-Prozenten und 156 Fett-kg.
Auf dem Rindfleischsektor hat sich die heimische Landwirtschaft vor allem auf die Inten-
sivmast von Jungbullen auf der Grundlage des Silomaises eingestellt. Während die Zahl
der rindviehhaltenden Betriebe seit 1960 um 60 Prozent auf 2203 abgenommen hat, erhöhte sich der Gesamtrindviehbestand im Kreisgebiet leicht um vier Prozent auf 27 171
Stück. In der Rheinebene und am Kaiserstuhl wurde der Rindviehbestand um 19 bzw.
35 Prozent verringert, im Schwarzwald dagegen um 50 Prozent aufgestockt.

Schweinehaltung

Etwa ein Viertel der Verkaufserlöse der einheimischen Landwirtschaft entfallen auf Einnahmen aus der Schweinehaltung.

Tabelle 13: Entwicklung der Schweinehaltung im Kreis von 1960 bis 1977

	Zahl der Schweinehalter				Anzahl der Schweine			
Jahr	1960	1977			1960	1977		
Gebiet	%	Zahl	%	± %	%	Zahl	%	± %
Rheinebene	31	955	28	− 58	25	15 723	46	+ 98
Kaiserstuhl	39	1 130	34	− 60	35	9 788	29	− 10
Schwarzwald	30	1 265	38	− 59	40	8 718	25	− 32
Kreis	100	3 350	100	− 54	100	34 229	100	+ 8

Seit 1960 ist die Zahl der Schweinehalter um mehr als die Hälfte zurückgegangen. Nahezu 4000 Betriebe haben die Schweinehaltung aufgegeben. Gleichzeitig haben aber viele Betriebe in der Rheinebene die Schweinehaltung als Betriebszweig auf- und ausgebaut und die Schweinebestände kräftig aufgestockt, nahezu verdoppelt. Besonders in den ackerbaulich orientierten Gebieten der Rheinebene bietet die Schweinemast eine echte Alternative zur Rindviehhaltung.

Die Schweinehaltung erlaubt vor allem auch in der Ferkelerzeugung eine gute Auslastung der familieneigenen Arbeitskräfte und dient der Besserung und Sicherung des Einkommens. Während sich seit 1960 die Anzahl der Zuchtsauen um drei Prozent auf heute 3421 erhöht hat, verringerte sich der Anteil der Zuchtsauen am Gesamtschweinebestand im gleichen Zeitraum um ein Prozent.

Zur besseren Betreuung des Betriebszweiges Schweinehaltung wurden schon vor Jahren ein *Erzeugerring für Schweine* und ein *Ferkelerzeugerring* gegründet.

Pferdehaltung

Mit dem Beginn der Mechanisierung unserer Landwirtschaft setzte ein Rückgang der Pferdehaltung ein. Seit 1960 hat sich die Zahl der Pferdehalter von 2146 auf heute 504 reduziert, der Pferdebestand verringerte sich im gleichen Zeitraum von 2371 auf 763 Stück. Die Pferdezucht spielt nur eine sehr geringe Rolle. Reitsport und einige örtliche Reitervereine haben die Bedeutung des Pferdes in den letzten Jahren wieder merklich ansteigen lassen.

Geflügelhaltung

Während die Zahl der Hühnerhalter seit 1960 um mehr als die Hälfte auf 3285 zurückgegangen ist, erhöht sich die Zahl der Legehennen von 109 121 auf 123 273 Stück, die Mehrzahl davon in Intensivhaltungen.

Schafhaltung

Mit dem Rückgang der Rindviehhaltung einher ging eine Erhöhung des Schafbestandes. Während die Zahl der Schafhalter seit 1960 von 142 auf 167 leicht angestiegen ist, erhöhte sich die Zahl der gehaltenen Schafe von insgesamt 581 auf 1887, die Zahl der Mutterschafe von 374 auf 1065.

Landtechnik

In den fünfziger Jahren setzte der große Umwandlungsprozeß in der Landwirtschaft im Rahmen des allgemeinen wirtschaftlichen Aufschwungs und der stürmischen Entwicklung der Landtechnik ein. Durch neue Arbeitsplätze und gute Einkommensmöglichkeiten im gewerblich-industriellen Bereich begann die Abwanderung von Arbeitskräften aus der Landwirtschaft, die durch eine verstärkte Mechanisierung der Betriebe ersetzt werden mußten. So vollzog sich innerhalb weniger Jahre in der Landwirtschaft ein Wandel von der arbeitsintensiven zur kapitalintensiven Betriebsweise. Die Landtechnik erfaßte die Betriebe. Die menschliche Arbeitskraft wurde durch technische Hilfsmittel ersetzt. Der Schlepperbestand vergrößerte sich von 1949 bis 1976 von 132 auf 4694, eine Steigerung um das 35fache. Somit entfallen auf einen Schlepper ca. sechs Hektar LF. Dafür verringerte sich in gleichem Ausmaß die Zahl der tierischen Zugkräfte auf heute gleich Null.
Eine zweite Mechanisierungswelle in den sechziger Jahren brachte weitere Fortschritte im Landmaschineneinsatz. So stieg die Zahl der Mähdrescher von 1960 mit 30 auf heute 86. Moderne Bestellungs-, Pflege- und Erntegeräte führten nicht nur zu Leistungssteigerung und Arbeitserleichterung, sondern brachten auch eine Verbesserung der Arbeitsqualität und Produktivität der landwirtschaftlichen Erzeugung.
Die moderne Landwirtschaft ist also gekennzeichnet durch eine reichhaltige Ausstattung mit Maschinen und Geräten. Als Folge der Rationalisierung der landwirtschaftlichen Erzeugung mit diesen Arbeitshilfsmitteln ergibt sich eine hohe Kapitalintensität der Landwirtschaft. Sie übersteigt die der gewerblichen Wirtschaft und bringt erhebliche finanzielle Belastungen für den landwirtschaftlichen Betrieb mit sich. Das Ausmaß der Investitionen hat in vielen Fällen die Grenze der Wirtschaftlichkeit überschritten. Der Anteil der Arbeitshilfsmittel am Betriebsaufwand kann je nach Betriebssystem bis zu 25 Prozent betragen.

Der Gartenbau

von Erich Vierneisel

Im Landkreis Emmendingen gibt es dank der klimatischen Verhältnisse und der günstigen Verkehrslage außerordentlich viele Gartenbaubetriebe. Bei dieser intensiven Form der Landbewirtschaftung werden Obst und Gemüse, aber auch Pflanzen, die nicht der Ernährung dienen, angebaut. Daneben wird der Dienstleistungsbereich, zu dem der Garten- und Landschaftsbau, die Friedhofsgärtnerei, die Floristen, der Samenfachhandel sowie die Garten-Center zählen, immer stärker. Auch die Regiebetriebe der Gemeinden zum Bau und zur Pflege öffentlicher Grünflächen müssen ihre Kapazität laufend vergrößern.

Obstbau

Das Bild unserer Landschaft wird in starkem Maße durch den seit Jahrhunderten betriebenen ,,Streuobstbau'' bestimmt. Diese hochstämmigen, z. T. über einhundertjährigen Bäume prägen vielerorts das Gesicht der Landschaft. Die letzten 25 Jahre standen allerdings im Zeichen von großen Obstbaumrodungsaktionen, welche mit erheblichen Landes- und EG-Mitteln gefördert wurden, wobei über 100 ha geschlossene Pflanzungen und auch viele Streuanlagen entfernt wurden.
Selbst der ,,Generalobstbauplan'' des Landes Baden-Württemberg von 1955, dessen Ziel es war, die überalterten und unwirtschaftlichen Obstbaumbestände zu beseitigen, hat es bis heute nicht vermocht, unsere Landschaft entscheidend zu verändern. Dies um so mehr, als Walnuß am Kaiserstuhl und in der Vorbergzone, Mostbirne und Brennkirsche in den mittleren und höheren Lagen des Schwarzwaldes ein jahreszeitlich so abwechselndes Bild in die Landschaft bringen, daß Hemmungen bestehen, diese Einzelbäume und Bestände zu roden, obwohl sie nur in wenigen Fällen wirtschaftlichen Nutzen bringen.
Der moderne Obstbau ist natürlich darauf angewiesen, zeitgemäße Produktionsverfahren anzuwenden, um rentabel wirtschaften zu können. Das bedeutet, gleichmäßig gepflanzte niederstämmige Anlagen mit einer kurzen Umtriebszeit und hohen Durch-

schnittserträgen. Die Umstellung auf Pflanzungen dieser Art ist in der Rheinebene und am Kaiserstuhl in vollem Gange; auch beim Strauchbeerenobst und bei der Erdbeere hat der großflächige Anbau von Marktobst stark zugenommen.

Der größte Teil der Obsternte geht auf dem Frischmarkt als Tafelobst über die gutausgebauten genossenschaftlichen Absatzeinrichtungen, aber auch im Direktverkauf der Erzeuger an Einzelhändler oder Verbraucher. Neben der Deckung des Frischobstbedarfes wird ein großer Teil der Obsternte in 2142 Abfindungs- und vier Verschlußbrennereien zu Alkohol veredelt. Die Abfindungsbrennereien haben das Recht, 50 bzw. 300 l Weingeist monopolbegünstigt zu verarbeiten. Die Bedeutung dieser traditionellen „Hausbrennereien" ist groß und spiegelt sich in den begehrten Produkten wie Schwarzwälder Kirschwasser und den edlen Schnäpsen und Spezialitäten aus Zwetschge, Mirabelle und Williams Christbirne wider.

Tabelle: Obsternte 1979 im Landkreis Emmendingen

	insgesamt	davon Tafelobst	Geldwert (1000 DM)
Äpfel	101 377 dt	31 663 dt	3196
Birnen	38 720 dt	14 039 dt	1616
Süßkirschen	44 902 dt	10 776 dt	7052
Sauerkirschen	2 136 dt	598 dt	363
Zwetschgen	24 319 dt	6 323 dt	1365
Mirabellen	2 213 dt	1 261 dt	205
Aprikosen	13 dt	0 dt	1
Pfirsiche	4 405 dt	3 392 dt	739
Walnüsse	1 945 dt	603 dt	471
Johannisbeeren, rot	2 374 dt	950 dt	414
Johannisbeeren, schwarz	1 448 dt	116 dt	361
Stachelbeeren	155 dt	47 dt	34
Himbeeren	467 dt	117 dt	117
Erdbeeren	8 000 dt	7 500 dt	2250

Der Produktionswert der gesamten Obsternte im Landkreis Emmendingen beläuft sich also auf DM 18 184 000,–.

Marktobst wird nach der Gartenbauerhebung 1972/73 in 939 Betrieben auf einer Fläche von 547 ha angebaut.

Gemüsebau

Auch der Gemüsebau hat sich in den letzten Jahren stark entwickelt und verändert. Die Unterglasflächen betragen z. Z. etwa acht Hektar in 67 Betrieben. Darüber hinaus hat der Folienanbau eine Fläche von ca. 50 ha erreicht. Nach der Gemüse-Haupterhebung 1978 betragen die Anbauflächen von Freilandgemüse zum Verkauf in 227 Betrieben 137,3 ha bei einem Ertrag von 25839 dt.

Unter Einbeziehung der Gemüseanbauflächen der Selbstversorger und der Hobbygärtner können die Anbaufläche und der Ertrag durchaus verdoppelt werden. Der Trend geht auch hier immer mehr zu Feingemüse und gesteigerter Qualität. Der Spargelanbau z. B. wird sich in den nächsten Jahren besonders stark ausweiten.

Blumen und Zierpflanzen

In 52 Betrieben mit einer Fläche von zwölf Hektar werden Blumen und Zierpflanzen kultiviert. Es handelt sich dabei um Stauden, Frühlings- und Sommerblumen, um Topfpflanzen, Blumen und Ziergehölze zum Schnitt. Als eindrucksvolles Beispiel entfallen allein auf Fertig- und Halbfertigwaren von Topfpflanzen ca. zwei Millionen Stück. Von den 22 statistisch erfaßten Blumenarten sind mehr als die Hälfte Pelargonien, Primeln, Petunien, Chrysanthemen und Zyklamen.

Obwohl die Heizenergie immer teurer wird, wird die Kapazität bei der Topfpflanzenkultur immer mehr ausgeweitet. Erst kürzlich hat wieder ein Betrieb mit 3300 qm Glasfläche die Produktion aufgenommen.

Baumschulen

In 15 Betrieben werden Gehölzkulturen gezogen. Vier Betriebe davon mit einer Fläche von 27 ha und 31 vollbeschäftigten Arbeitskräften sind besonders leistungsfähig und über die Kreisgrenzen hinaus wohl bekannt. Die Produktion erstreckt sich auf Obst- und Ziergehölze. Ein Teil der Betriebe hat auch einen erheblichen Zu- und Weiterverkauf. Mehr als die Hälfte der Produktion wird außerhalb des Landkreises abgesetzt.

Garten- und Landschaftsbau

Der Garten- und Landschaftsbau befindet sich im Landkreis Emmendingen auf einem hohen Niveau. Sechs namhafte Betriebe beschäftigen ca. 100 Arbeitskräfte beim „Bau mit Grün". Das bedeutet, Bauen mit Pflanzen zur landschaftsgerechten Einbindung von Gebäuden, Schutz vor Staub und Lärm, Klimaverbesserung, Verschönerung von Stadt und Landschaft. Diese Betriebe tragen stark dazu bei, daß unsere öffentlichen und privaten Grünflächen fachgerecht gebaut und gepflegt werden.

Im gärtnerischen Dienstleistungsbereich sind weiter die Friedhofsgärtnereien, die Floristen und Blumengeschäfte sowie die Gartencenter zu erwähnen, die ebenfalls einen nicht unerheblichen Wirtschaftsfaktor darstellen. Auch die Aufgaben der kommunalen Regiebetriebe wie Stadtgärtnereien haben in den letzten Jahren stark zugenommen.

Beratung und Ausbildung

Der Landkreis unterhält eine Beratungsstelle für Obst- und Gartenbau. Sie berät die Kreisgemeinden auf dem landespflegerischen und grünordnerischen Gebiet, bei der Schaffung von öffentlichen Grünflächen aller Art im bebauten Bereich und bei Begrünungsmaßnahmen im Außenbereich. Bei der Durchführung und Überwachung von Bau- und Pflegemaßnahmen der kreiseigenen ca. elf Hektar großen Grünflächen und des ein Hektar großen Obstlehr- und Versuchsgarten ist sie ebenfalls tätig.

Die Aus- und Fortbildung von Arbeitskräften aus dem öffentlichen und privaten Bereich, z. Z. gibt es z. B. 40 Lehrlinge, wird in Form von Unterricht an der Fachschule für Landwirtschaft Hochburg sowie in eigenen Lehrgängen, Vortragsveranstaltungen, Seminaren und praktischen Unterweisungen durchgeführt. Umfangreiche Aufgabengebiete sind auch die gartenbauliche Statistik und Gutachtertätigkeit.

Fachvereine, die sich mit Gartenbau und Landschaftspflege befassen, unterstützen bürgerliche Aktivitäten wie Wettbewerbe „Unser Dorf soll schöner werden" und „Bürger – es geht um Deine Gemeinde". Die Beratung des Marktobstbaus in Haupt-, Neben- und Zuerwerbsbetrieben umfaßt vor allem Maßnahmen der Erzeuger, die zur Schaffung von leistungs- und wettbewerbsfähigen Pflanzungen führen; dabei spielen produktionstechnische und betriebswirtschaftliche Belange eine entscheidende Rolle.

Der Gartenbau als Hobby

Hobbygärtner und Gartenfreunde, über 1000 sind in zwei Verbänden organisiert, nehmen auch im Landkreis Emmendingen ständig zu. Dies zeigt sich an der wachsenden Nachfrage nach Gartenbaugrundstücken und an dem sehr großen Interesse der Bevölkerung an gartenpraktischen Kursen und Vortragsveranstaltungen über gartenbauliche Themen. Insbesondere ist auch die Jugend in auffallend starkem Maße am ,,Gärtnern'' interessiert.

Wald, Forstwirtschaft und Jagd

von Gerhard Keller

Neben den menschlichen Siedlungen und der Landwirtschaft ist der Wald im Landkreis Emmendingen ein weiteres, wichtiges landschaftsprägendes Element. In seinem derzeitigen Zustand ist er das Ergebnis natürlicher Faktoren, aber auch menschlicher Einflüsse über lange Zeiträume hinweg.

Geschichtliche Entwicklung

Am Ende der Eiszeit war unsere Landschaft baumfrei. Erst allmählich wanderten die Baumarten aus ihren Rückzugsgebieten im Südwesten und Südosten wieder ein. Bis zur alamannischen Landnahme um 400 n. Chr. blieb der Wald praktisch Urwald. Dann griffen die Alamannen, die sich in der Rheinebene und der Vorbergzone niederließen, erstmals fühlbar in das Waldgefüge ein. Der Wald um ihre Siedlungen wurde zur Allmende und damit gemeinschaftlich genutzt. Er diente der Bau- und Brennholzversorgung, aber auch der Waldweide. Der Wald im Gebirge dagegen blieb bis zum Beginn der Besiedlung etwa um das Jahr 1000 Urwald. Klöster und Standesherren vergaben hier Land und Wald als Lehen an Bauern, die aus der Ebene und der Vorbergzone kamen. Die Besiedlung war natürlich mit ganz erheblichen Waldverwüstungen verbunden, aber Rodung des noch im Überfluß vorhandenen Waldes blieb im Mittelalter ein verdienstvolles Werk und eine Voraussetzung für die Entwicklung der Landeskultur. Es gab Holz im Überfluß, denn außer für örtliche Bau- und Heizzwecke wurde es noch nicht benötigt. Schließlich waren aus der Weide, die ja die Beseitigung des Waldes voraussetzte, Nahrung und wichtige Rohstoffe (Milch, Fleisch, Leder, Wolle usw.) zu gewinnen.
Eine noch stärkere Beanspruchung brachte die beginnende Industrialisierung im Zeitalter des Merkantilismus. Große Mengen Holz wurden benötigt für die Glashütten, für die Köhlerei, aber auch die Verhüttung von Eisenerzen. Schon zwischen 1550 und 1600 war in Obersimonswald ein Eisenwerk entstanden, das 1683 nach Kollnau verlegt wurde. Das Eisenerz kam aus dem Markgräflerland; es war rationeller, das Erz zum Holz zu bringen, denn für die Verhüttung einer Gewichtseinheit Erz brauchte man vier Ge-

wichtseinheiten Holz. Nach Schillinger ist der jährliche Holzbedarf in Kollnau um 1700 auf 7000 Festmeter zu beziffern, der sich indessen bis 1730 auf 5400 ,,Bergklafter'', das sind 19000 Festmeter, steigerte. Um diese Holzmengen aufbringen zu können, wurden sogar Holzhauer aus den Alpenländern angeworben und seßhaft gemacht, wie anderswo im Schwarzwald auch, wo ähnliche Waldschlächtereien im Interesse der ersten Industrialisierung stattfanden. Bedeutend war auch der Holzbedarf für militärische Zwecke, also für die Anlage von Feldbefestigungen im Zuge der kriegerischen Auseinandersetzungen zwischen Österreich und Frankreich. Daß hierfür oft nicht mehr genug Holz vorhanden war, geht aus einem ,,Forst- und Gränzvisitationsbeschrieb der K. K. Kameralherrschaft Waldkirch'' aus dem Jahre 1708 hervor. Der vorderösterreichische Jäger-, Forst- und Waldmeister Franz Ignaz Freiherr von und zu Schönau beklagte ganz allgemein den Zustand der Waldungen und meinte, durch das Fehlen von Holz hätte ,,der feindlich laidige Durchbruch an vielen Orten nicht verwehrt'' werden können. – Von dem auf Gemarkung Rohrhardsberg gelegenen Waldbesitz der Gemeinde Elzach heißt es in einer Waldbeschreibung im Jahre 1714: ,,. . . gibt auch etliche Stücklein darin, so ganz blutt und ohne Wald sind''.

In der Vorbergzone und in der Ebene sah es nicht besser aus. Der große Holzbedarf zum Wiederaufbau nach dem Dreißigjährigen Krieg, aber auch eine starke Zunahme der Bevölkerung im 18. Jahrhundert führten zu Übernutzungen, die die Wälder veröden ließen. Besonders kraß müssen die Verhältnisse im ,,Vierdörferwald'' gewesen sein, einem Gemeinschaftswald der Orte Mundingen, Köndringen, Heimbach und Malterdingen. Markgraf Karl Friedrich sah sich jedenfalls 1768 veranlaßt, die unbeschränkten Nutzungsrechte aufzuheben, den Wald zu teilen und die Bewirtschaftung der Teilstücke in die Verantwortung der einzelnen Ortschaften zu legen.

Das 19. Jahrhundert brachte den Wandel. War bisher Holz der Hauptenergieträger, so trat jetzt an seine Stelle die Steinkohle. Die Landwirtschaft stellte sich von der Weidewirtschaft mehr und mehr auf Stallhaltung um, wodurch sich der durch Waldweide und Streunutzung überbeanspruchte Wald regenerieren konnte und viele Flächen zur Aufforstung frei wurden. In gleicher Richtung wirkten die Agrarkrisen dieses Jahrhunderts, die viele landwirtschaftliche Betriebe im Gebirge, d. h. also im Bereich der Grenzertragsböden, zum Erliegen brachten. Sie wurden von Staat, Gemeinden und Privaten aufgekauft und aufgeforstet. Schon um 1820 wurden im Staatswald, aber auch in Gemeindewaldungen, die ersten devastierten Flächen mit Fichte, die sich für die Wiederaufforstung besonders eignete, neu bestockt, die Privaten folgten etwa ab 1870 nach. Parallel lief eine Vorratsanreicherung durch niedrige Einschläge, die den Waldungen sehr zustatten kam und ganz allgemein nach dem Ersten Weltkrieg eine Erhöhung des Einschlags auf den vollen Zuwachs ermöglichte. Wenn unsere Wälder die Autarkiebestrebungen der dreißiger Jahre und die nachfolgenden noch stärkeren Beanspruchun-

gen durch die Besatzungsmächte überstanden, so ist dies im wesentlichen der Aufbau-
arbeit des 19. und dieses Jahrhunderts bis zum 1. Weltkrieg zu verdanken. Die Aufforstungen gingen, bedingt durch die Änderung der Agrarstruktur, bis in unsere Tage weiter. Allein seit 1945 wurden im Kreisgebiet 2800 ha Grenzertragsböden aufgeforstet.

Die standörtlichen Faktoren

Aus den bisherigen Ausführungen ist zu erkennen, daß der Mensch das Bild des Waldes
ganz maßgeblich beeinflußt hat. Die standörtlichen Faktoren dürfen jedoch nicht außer
acht gelassen werden. Waldwachstum ist vor allem standortbedingt, wobei wir unter
Standort eine Waldlage verstehen, die vom Klima (Wärme und Niederschläge) und Boden her einheitliche Wuchsbedingungen aufweist. Entsprechend den starken Höhenun-
terschieden im Kreis von ca. 170 m NN am Rhein bis zur Kandelspitze mit 1242 m NN und
den dadurch bedingten sehr unterschiedlichen klimatischen Bedingungen, aber auch,
von der Geologie her gesehen, den ganz verschiedenen Ausgangslagen für die Bodenbil-
dung, ist es keine Übertreibung, wenn man feststellt, daß eine derartige Vielfalt an
Standorten im Landkreis in deutschen Gauen allenfalls noch in den Nachbarkreisen des
südlichen Oberrheingebietes zu finden ist. Die Differenzierung wird noch erweitert
durch sehr unterschiedliche, aber ausgesprochen wirksame Grundwasserstände in der
Ebene und am Rhein und die Expositionen im Gebirge, im allgemeinen Sprachgebrauch
mit Sommer- und Winterseite umrissen. Von Bedeutung ist natürlich auch, ob die Böden lehmigen, sandigen oder kiesigen Ursprungs sind. Gerade in der Rheinaue wechseln
diese bodenbildenden Elemente und ihre Mächtigkeit auf Schritt und Tritt.
Die durch die verschiedene Ausprägung der Standorte bedingten Waldgesellschaften im
einzelnen aufzuführen, ist hier nicht möglich. Ganz allgemein kann jedoch gesagt werden, daß in den kalkhaltigen *Rheinauen* das Laubholz vorherrscht, ebenso in den *Flußauen*. Diese sind jedoch kalkärmer, und deshalb findet man dort auch gelegentlich Douglasie und Roteiche, beides Ausländer, die auf diesen schwachsauren Böden gut gedeihen, und von denen höhere Erträge erhofft werden als von den Naturwaldgesellschaften.
Ökologen sehen allerdings darin eine Verfälschung der heimischen Flora und lehnen
diese Art der Waldbewirtschaftung genauso ab wie die Einbringung der Wirtschafts-
pappeln in die Rheinauewaldungen. Man muß zugeben, daß der großflächige Anbau
nichtheimischer Holzarten hier wie dort zur Verdrängung seltener Holzarten wie
Silberpappel, Schwarzpappel, Silberweide und Flatterulme führt bzw. geführt hat. Es
wird bei der künftigen Waldbewirtschaftung darauf ankommen, diesen Zielkonflikt
zwischen der Produktionsfunktion der Waldungen und ihrer ökologischen, landschafts-
ästhetischen Funktion genau abzuwägen.

Die *Vorbergzone* ist von den natürlichen Gegebenheiten her ebenfalls ein Laubwaldgebiet, in dem Eiche und Buche, denen Ahorn, Kirsche, Linde und Hainbuche beigesellt sind, große Flächen einnehmen. Vielfach findet man dort aber auch schon meist künstlich eingebrachte Nadelhölzer wie Fichte, Kiefer, Tanne, neuerdings auch die Douglasie. Der *Gebirgswald* nimmt im Landkreis etwa zwei Drittel der Waldfläche ein. Er stockt auf Böden, die aus Buntsandstein, mehr noch aus Granit und Gneis hervorgegangen sind. Gerade die letzteren weisen für das Nadelholz optimale Bedingungen auf. Sehr eindringlich lassen dies besonders starke Exemplare von Tannen mit bis zu 30 Festmetern Inhalt erkennen, wovon einige unter Naturschutz stehen, noch eindrücklicher eine erst 95jährige Douglasie im Staatlichen Kastellwald auf Gemarkung Waldkirch mit 54 m Höhe, der höchste Baum des Landkreises überhaupt. Ähnlich wüchsige Douglasien sind beim Tennenbacher Soldatengrab zu finden.

Die Waldgesellschaften der unteren Schwarzwaldlagen ähneln weitgehend denen der Vorbergzone, der Tannenanteil – und neuerdings der Douglasienanteil – ist allerdings höher. Die mittleren Schwarzwaldlagen gehören zur Tannen-Buchen-Stufe, Bergahorn, gelegentlich auch Spitzahorn, gesellen sich gern dazu. Schließlich zählen die Lagen zwischen 900 und 1200 m NN zur oberen Buchen-Stufe, auch hier gehört etwas Tanne und Bergahorn dazu, aber auch der Vogelbeerbaum. Die obere Buchenstufe ist durch Menschenhand weitgehend verfichtet, da diese Holzart weitaus höhere Erträge bringt als die schon recht mattwüchsige Buche. Auch die Tanne ist hier der Fichte an Leistung unterlegen. Zu den Seltenheiten ist die Eibe zu zählen.

Ein waldreicher Kreis

Wie aus der Tabelle hervorgeht, sind im Kreis Emmendingen rd. 30500 ha mit Wald bedeckt, das entspricht einem Bewaldungsanteil von 45 Prozent. Dieser liegt damit höher als in der Bundesrepublik mit 29 oder in Baden-Württemberg mit 37 Prozent. Ein Blick auf die Abbildung und Tabelle zeigt indessen, daß die Waldverteilung unregelmäßig ist. Der Waldanteil ist im Gebirge sehr viel höher als der Vorbergzone und Ebene. Bahlingen hat beispielsweise nicht einmal ganz sechs Prozent Waldanteil an der Gemeindefläche, während im Gebirge die Gemeinde Simonswald mit 81 Prozent den Vogel abschießt. Ähnlich streuen auch die Waldflächen, die auf einen Einwohner entfallen. Im Kreisschnitt sind es 0,23 ha, in der Bundesrepublik 0,12 und in Baden-Württemberg 0,15 ha. Entfallen in Denzlingen und Bahlingen auf einen Einwohner knapp 0,03 ha Wald, so sind es in Biederbach schon 1,09 ha und in Simonswald gar 2,15 ha, also das über Siebzigfache. Das sind natürlich keine Zufälle, sondern das Ergebnis gewachsener Strukturen, mehr noch der natürlichen Gegebenheiten.

Tabelle: Waldverhältnisse im Landkreis Emmendingen

Gemeinde	Gemeinde-größe ha	Wald-fläche i. G. ha	Bewal-dungs-prozent[1]	Waldbesitzverteilung in ha auf:			
				Land	Gemeinden	Körper-schaften	Private
Forstamt Elzach:							
Biederbach	3 136	1 608	51	145	27[2]	1	1 435
Elzach	7 527	4 946	66	424[3]	739[3]	42	3 741
Winden	2 196	1 326	60	3	553	6	764
Forstamt Emmendingen:							
Denzlingen	1 696	262	15	29[4]	199	–	34
Emmendingen	3 379	1 126	33	348	591	3	184
Freiamt	5 292	2 411	46	376	409	–	1 626
Malterdingen	1 114	337	30	–	334	–	3
Reute	479	115	24	–	35	–	80
Sexau	1 630	763	47	97	238	–	428
Teningen	4 028	1 450	36	542	845	–	63
Vörstetten	789	152	19	–	150	1	1
Forstamt Kenzingen:							
Bahlingen	1 265	71	6	–	53	–	18
Endingen	2 672	453	17	15[5]	126	1	311
Forchheim	1 078	331	31	–	291	40	–
Herbolzheim	3 547	1 092	31	227[6]	857	–	8
Kenzingen	3 694	1 396	38	125	1 206	–	65
Rheinhausen	2 197	573	26	13	516	9	35
Riegel	1 835	115	6	–	107	–	8
Weisweil	1 909	965	51	828	136	–	1
Wyhl	1 695	331	20	14	271	–	46
Forstamt Waldkirch:							
Gutach	2 476	1 255	51	–	158	–	1 097
Simonswald	7 421	5 985	81	1 706[7]	299	–	3 980[7]
Waldkirch	4 847	2 992	62	264	1 803	–	925
Forstamt Breisach:							
Sasbach	2 077	435	21	142	257	–	36
Landkreis i. G.	67 979	30 490	45	5 298	10 200	103	14 889

[1] Waldfläche im Verhältnis zur Gesamtfläche der Gemeinde
[2] Gehören zum Gemeindewald Elzach. Die Gemeinde Elzach hat zusätzlich 26 ha auf Gemarkung Rohrhardsberg.
[3] 15 ha Gemeindewald auf Gemarkung Yach gehören der Gemeinde Simonswald, 32 ha Staatswald werden vom Forstamt Triberg bewirtschaftet.
[4] Bundesforst
[5] Vom FA Breisach bewirtschaftet
[6] Hiervon 58 ha vom FA Ettenheim bewirtschaftet
[7] Vom Staatswald im Bereich der Gemeinde Simonswald bewirtschaften die FÄ Furtwangen, St. Märgen und Triberg 791 ha, 170 ha Privatwald gehören zum Forstamt St. Märgen.

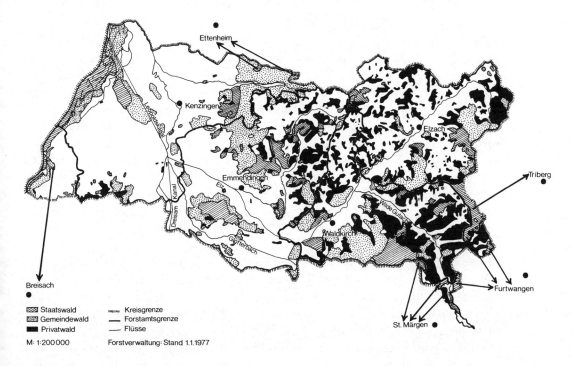

Die Waldverteilung im Kreis

Die Besitzverhältnisse

Bei den Waldbesitzarten überwiegt der Privatwald mit 49 Prozent eindeutig, es folgt der Gemeindewald mit 34 Prozent und der Staatswald mit 17 Prozent. Die entsprechenden Zahlen für das Land lauten: 37:39:24 Prozent. Das Überwiegen des Privatwaldes hat geschichtliche Hintergründe. Nachdem der gebirgige Teil des Kreises erst im Mittelalter besiedelt wurde, zu einer Zeit also, da es die im germanischen Bodenrecht verankerte Allmende nicht mehr gab, wurde die Flur auf die Siedler mehr oder weniger aufgeteilt, sieht man von einigen Flächen ab, mit denen die Grundherren die geschlossenen Siedlungen zur Deckung ihres Holzbedarfes belehnten oder die sie sich selbst vorbehielten. So liegt denn auch der Schwerpunkt des Privatwaldes im Gebirge. Dort sind auch Besitzgrößen anzutreffen, die den bäuerlichen Eigentümern eine Existenz aus dem Wald ermöglichten. Die annähernd 15 000 ha Privatwald im Kreis gehören 3622 Eigentümern, wobei die Besitzgrößen zwischen wenigen Ar und 177 ha schwanken und im Schnitt bei

4,15 ha liegen. Der Privatwald ist in der Ebene und in der Vorbergzone, seltener im Gebirge, sehr stark parzelliert. Insgesamt sind 7955 Parzellen vorhanden, im Schnitt je Besitzer 2,2. Die Durchschnittsfläche der Parzelle beträgt 1,89 ha. – Im Gebirge gehört der Wald meist zu den geschlossenen Hofgütern, die nach altem Brauch, aber auch nach dem Sonderrecht für die geschlossenen Hofgüter vom Jahr 1898 nicht geteilt werden, eine Regelung, die sich in den von der Natur benachteiligten Gebieten als überaus segensreich für die Erhaltung des Bergbauerntums erwiesen hat. – Der Gemeindewald, hier schwächer vertreten als im Landesdurchschnitt, geht in der Ebene und in den Vorbergen auf die Allmende (Markwaldungen) der alamannischen Landnahme zurück, aber auch auf die Ablösung von Holznutzungsrechten in ehemaligen Herrschaftswaldungen. Im Gebirge entstand er aus Lehenswald der Grundherren und aus Aufkäufen von Hofwaldungen in jüngster Zeit. – Der Staatswald ist unterrepräsentiert. Zwischen 1805 und 1812 mediatisierte Herrschafts- und säkularisierte Klosterwaldungen, aber auch aufgekaufte Höfe bilden sein flächenmäßiges Fundament.

Für die Waldungen aller Besitzarten sind im wesentlichen die Forstämter Elzach, Emmendingen, Kenzingen und Waldkirch zuständig. Die Gemeinde Sasbach gehört zum Forstamt Breisach, dessen Waldungen hauptsächlich im Landkreis Breisgau-Hochschwarzwald liegen. Außerdem bewirtschaften die Forstämter Ettenheim, Triberg, Furtwangen und St. Märgen an der Peripherie des Kreises gelegenen Staatswald, der von diesen Forstamtssitzen aus leichter zu erreichen ist als von den Forstämtern im Kreisgebiet. Die Waldungen sind 34, oft aus allen drei Besitzarten gemischten Revieren zugeteilt, die je etwa zur Hälfte von staatlichen und gemeindlichen Revierleitern des mittleren und gehobenen Dienstes betreut werden. Die staatlichen Forstämter sind zuständig für die Bewirtschaftung und Verwaltung des Staatswaldes, die forsttechnische Betriebsleitung im Gemeindewald sowie die Beratung, Betreuung und technische Hilfe im Privatwald.

Zunehmende Bedeutung haben in den letzten Jahren die Forstbetriebsgemeinschaften erhalten, freiwillige Zusammenschlüsse privater und kommunaler Waldbesitzer auf genossenschaftlicher Basis mit den verschiedensten Zielen, z. B. gemeinsam betriebener Wegbau und Wegunterhaltung, Holzverkauf, aber auch Maschineneinsatz. Beispielsweise sind an der Forstmaschinengemeinschaft „Auewald Wyhl" sieben Gemeinden beteiligt, in der Forstbetriebsgemeinschaft „Auewald Emmendingen" haben sich Staats- und Gemeindewald verschiedener Gemeinden zusammengeschlossen. Diese betreibt die größte Pflanzschule in Baden-Württemberg auf genossenschaftlicher Basis.

211. *Reben am Kaiserstuhl*

212. Die „Große Kostgrundtanne", ein Naturdenkmal (Höhe 45 m) im Gemeindewald Elzach-Prechtal

213. Zwei Eiben im Gemeindewald Winden im Elztal

214. Nicht immer lassen die Rehwildbestände solche gelungene Weißtannen-Naturverjüngung zu wie hier im Gemeindewald Waldkirch

Vom Nutzen des Waldes

Der Wald ist im Laufe der letzten Jahre wegen seines landschaftsbestimmenden Charakters zu einem Objekt höchsten kultur- und sozialpolitischen Ranges geworden. Dies hat nicht zuletzt auch dazu geführt, daß der Gesetzgeber sich in jüngster Zeit wie noch nie in seiner Geschichte mit ihm beschäftigt hat. Im Jahre 1975 wurde das Bundeswaldgesetz verabschiedet, ein Jahr später das Landeswaldgesetz, beide nach jahrzehntelangen Vorbereitungen. Den Nutzen des Waldes definieren beide Gesetze mit der Nutz-, Schutz- und Erholungsfunktion.

Nutzfunktion

Der Wald ist natürlich in erster Linie Holzlieferant. Von der forstlichen Betriebsfläche mit 30 490 ha fallen drei Prozent auf Nichtholzbodenfläche (Wege, Umland, Gewässer usw.). Die restlichen 97 Prozent werden von den einzelnen Holzarten bzw. Holzartengruppen wie folgt eingenommen: Fichte 36, Tanne 14, Douglasie 4, Kiefer 3, Lärche und sonstige Nadelhölzer 1, Buche 22, Eiche 5 und sonstige Laubhölzer 12 Prozent. Gerade die letzte Zahl ist besonders interessant. Sie enthält die Vielzahl der von der Statistik einzeln nicht erfaßten Laubbaumarten, insbesondere der Rheinwaldungen. Erfreulicherweise läßt sich feststellen, daß immerhin noch 39 Prozent der Waldfläche mit Laubholz bestockt sind. Wenn die Fichte insgesamt dominiert, so hängt dies nicht zuletzt mit den Aufforstungen von Ödland bzw. Grenzertragsböden der letzten 150 Jahre zusammen. Die Holzerzeugung erfolgt in den Waldungen des Landkreises nach den Grundsätzen der Nachhaltigkeit, ein in der mitteleuropäischen Forstwirtschaft fest verankerter Begriff von hohem moralischen Rang. Nach Speidel (1972) ist unter Nachhaltigkeit die Fähigkeit des Forstbetriebes zu verstehen, ,,dauernd und optimal Holznutzungen, Infrastrukturleistungen und sonstige Güter zum Nutzen der gegenwärtigen und künftigen Generationen hervorzubringen''. Nachhaltige Forstwirtschaft ist also eine Kampfansage an Raubbau, sie fordert augenblicklichen Verzicht im Interesse einer höchsten Dauerleistung.

Im Landkreis werden jährlich, nach Witterungsverhältnissen, aber auch unter Berücksichtigung der jeweiligen Holzmarktlage etwas schwankend, um die 140 000 Festmeter Holz eingeschlagen. Würde man diese Masse zu je einen Meter langem Schichtholz aufarbeiten (das geschieht in der Praxis nicht, denn zwei Drittel des Anfalls kommt als Stammholz auf den Markt bzw. in die Sägen oder die Furnierwerke) und in einer ununterbrochenen Folge von einem Meter Höhe aufsetzen, so käme man mit dieser Jahresproduktion, den Raummeter mit 0,7 Festmester berechnet, von Emmendingen bis beinahe vor die Tore Darmstadts. Der Bruttowert des jährlichen Holzeinschlags kann mit etwa 17 Mio. DM angegeben werden. Nach langen Jahren stagnierender und angesichts der Kostensituation auch ungenügender Preise haben diese seit 1976 so weit angezogen, daß die Gefahr roter Zahlen für die Forstbetriebe gebannt ist. Auf vollen Touren laufen diese jedoch längst nicht alle. In den Waldungen der Vorbergzone und der Ebene ist der Anfall von Brennholz und geringwertigem Industrieholz immer noch sehr hoch, Erbe der ehemaligen Nieder- und Mittelwaldwirtschaft, die vor allem der Sicherung des Brennholzbedarfes mit einem hohen Anteil von nutzholzuntauglichen Stockausschlägen an der Bestockung diente. Die Umstellung auf Hochwald ist seit geraumer Zeit im Gange. Die Früchte dieser Wirtschaft reifen indessen erst langsam heran, der Wald läßt sich Zeit. –

Viele Privatwaldungen sind noch unterbevorratet, weil diese mit ansehnlichen Flächenanteilen aus Erstaufforstungen von Grenzertragsböden entstanden sind und dort noch die vorratsarmen jüngeren Altersklassen überwiegen. Dieser Rückstand dürfte in Bälde aufgeholt sein. Es ist damit zu rechnen, daß der Privatwald in 15 bis 20 Jahren ebensoviel leisten wird wie der Wald der öffentlichen Hand. Außerdem könnte durch eine Flurbereinigung in den stark parzellierten Gebieten die Besitzstruktur noch verbessert und damit die Leistung gesteigert werden. Nicht zuletzt mangelt es im Privatwald auch am Wegaufschluß. Noch nicht überall kann Holz bei vertretbarem Transportaufwand genutzt werden. Während im Staats- und Gemeindewald der Wegaufschluß mit 48 bzw. 47 m mit dem Kfz zu befahrenden Wegen je Hektar Waldfläche eine nahezu optimale Größe jetzt schon erreicht hat, gab es im Privatwald zu Beginn der fünfziger Jahre praktisch kein entsprechendes Wegnetz. Dank der Förderung durch den „Grünen Plan" gelang es, inzwischen die Hälfte des mit 750 km Länge zu veranschlagenden Wegnetzes zu bauen, eine imponierende Leistung, wobei der Waldwegebau ja nicht nur dem Holztransport zugute kommt und damit das wichtigste Rationalisierungsmittel ist, sondern auch zur strukturellen Verbesserung des ländlichen Raumes beiträgt und gern angenommene Wanderwege für Fremdenverkehr und Naherholung schafft. Es ist zu wünschen, daß die staatliche Förderung des Wegebaues im Privatwald weiterhin gewährt wird, zumal es sich hier um geringe Beträge handelt, verglichen beispielsweise mit dem enormen Förderungsaufwand bei der Rebflurbereinigung.

Von Bedeutung ist der Wald natürlich auch als Arbeitsplatz. Zu seiner Bewirtschaftung sind im Kreis jährlich etwa 500 000 Arbeitsstunden erforderlich, wovon 40 bis 60 Prozent auf die Holzhauerei, der Rest auf die übrigen Waldpflegemaßnahmen entfallen. Das entspricht der Arbeitskapazität von etwa 380 hauptberuflichen Waldarbeitern. Zur Verfügung stehen jedoch nur 190. Das bedeutet, daß die Hälfte des Arbeitsvolumens von nicht regelmäßig beschäftigten Arbeitskräften geleistet wird. Zu dieser Gruppe gehören auch die Privatwaldbesitzer, die in aller Regel ihren Wald selbst bewirtschaften, ja durch das Arbeitseinkommen aus dem Wald wird Privatwald für den Besitzer wirtschaftlich erst interessant. In einem bäuerlichen Betrieb des Simonswälder Tales wurde beispielsweise festgestellt, daß das Reineinkommen je geleisteter Arbeitsstunde im Wald DM 24,50 beträgt (1976). Die Waldarbeit wird im Staats- und Gemeindewald zu ca. 50 Prozent als Akkordarbeit geleistet, die Verdienste halten jeden Vergleich mit der Industrie aus.

Die Weiterverwendung des Holzes

Der größte Teil des im Kreis produzierten Holzes wird von den 24 Sägewerken des Kreisgebietes, denen auch gelegentlich Hobelwerke angegliedert sind, aufgenommen. Ein Betrieb schneidet im größeren Umfang Eisenbahnschwellen aus Buchenholz. Die Schnittware wird meist außerhalb des Kreises abgesetzt und geht bis nach Holland, in das deutsche Küstengebiet, nach Italien, ja sogar in den Vorderen Orient. Eichenstammholz und solches aus Edellaubhölzern wird vielfach auch an Käufer außerhalb des Kreises verkauft. Für diese meist aus den Vorbergen und der Ebene stammenden Hölzer werden dann wohl auch bei Versteigerungen Spitzenerlöse zwischen DM 700,– und DM 1600,– je Festmeter erzielt. Solche Preise können natürlich nur angelegt werden, wenn daraus hochwertige Furniere für die Möbelindustrie erzeugt werden können. Eine Veredlung erfahren auch die geringwertigen Sortimente des Industrieholzes, z. B. in einem Holzwollebetrieb, der im Kreis liegt, mehr noch in Papier-, Zellstoff-, Span- und Faserplattenfabriken in Baden-Württemberg, der Pfalz und in Bayern. Aber auch eine Vielzahl von Kleinbetrieben lebt vom Holz: Da sind die Wagner, die Rechenmacher, die Stiel-, Rebpfahl-, Treppen- und Fensterhersteller und die Drechslereien. Auch die Herstellung von Uhrgehäusen, Jägerzäunen, Balkonverkleidungen und Ziergeräten ist typisch für diese Spezialisierung auf bestimmte Holzprodukte, für welche fleißige Leute und Tüftler immer wieder eine Marktlücke entdecken.

Schutz- und Erholungsfunktion

Daß der Wald nicht nur Rohstoff- und Einkommensquelle ist, sondern uns in vielfacher anderer Weise dient, ist heute Allgemeinwissen. Besonders deutlich wird dies in der 1975 von der Landesforstverwaltung durchgeführten Waldfunktionskartierung, in der die Wälder mit besonders wichtigen Schutz- und Erholungsfunktionen dargestellt sind. So gibt es denn auch im Kreisgebiet 19 000 ha Bodenschutzwald, das sind Waldungen mit einer Geländeneigung von mehr als 30°; ferner sind 5000 ha als Klimaschutz-, Immissionsschutz- und Erholungswaldungen ausgewiesen. Von besonderer Bedeutung sind die 3000 ha Wasserschutzwald zur Sicherung einer quantitativ und qualitativ ausreichenden Wasserversorgung. Nicht selten überlagern sich in einzelnen Waldungen mehrere Funktionen. Wasserschutzwald soll die Stetigkeit der Wasserspende und Hochwasserschutz durch Verzögerung des Abflusses sichern. Während die Wasserspende der Quellen im Gebirge weitgehend von der Höhe der Niederschläge abhängt, wird die Kapazität der Tiefbrunnen in den Waldungen von der Höhe des Grundwasserstandes beeinflußt. Es ist nicht zu übersehen, daß es hier schon zu Übernutzungen gekommen ist. Wenn die feuchtigkeitsliebenden Eschen oder Erlen vom Gipfel her dürr werden, ist dies immer ein Alarmzeichen. Hier muß dem Wald als Wasserspeicher durch Bewässerungsmaßnahmen, Bau von Sperriegeln und dergleichen geholfen werden. In diesem Zusammenhang verdient ein Großversuch im Staats- und Gemeindewald der Teninger Allmend hervorgehoben zu werden, wo man durch Anlage von neun Kilometer Gräben und Versickerungsteichen jährlich sechs Millionen Kubikmeter Wasser aus Elz und Glotter zuführt, um die immer stärkeren Grundwasserentnahmen, aber auch die Unterlassung der Bewässerung infolge Aufgabe der Wiesenwirtschaft zugunsten von Sonderkulturen (Mais) und die Versiegelung der Böden infolge Bebauung auszugleichen. Erste Anzeichen einer Besserung sind festzustellen; seit ein bis zwei Jahrzehnten trockene Bäche führen wieder ganzjährig Wasser, die frühere Fischfauna hat sich wieder eingefunden.

In dem noch verhältnismäßig intakten Naturraum Wald befinden sich zahlreiche Naturdenkmale, er ist aber auch flächenmäßige Basis für Schutzgebiete aller Art, worüber an anderer Stelle berichtet wird. – Daß der Wald mancherlei Früchte bietet, soll hier nur der Vollständigkeit halber erwähnt werden. Für Heidelbeere, Himbeere und Brombeere aus dem Walde gibt es immer noch viele Liebhaber, von den Pilzen ganz zu schweigen. Pilzsammeln ist eine Art Volkssport geworden, man merkt es daran, daß es immer weniger gibt. – Christbäume und Zierreis finden dankbare Abnehmer und bringen auch dem Waldbesitzer willkommene Nebeneinnahmen.

Wer unsere öffentlichen Waldungen von einst mit ihrem heutigen Zustand vergleicht, dem fällt vor allem die Fülle von Erholungsmaßnahmen, die im Wald entstanden sind, auf. Wanderwege und Bänke gab es dort ja schon immer, aber neu hinzugekommen sind Rundwanderwege, Reitwege, Langlaufloipen, Waldsportpfade, Wanderparkplätze, Skiabfahrten, Grillhütten, Brunnen usw. Der Aufwand hierfür war und ist beträchtlich. Allein im Staatswald des Kreises wurden 1978 DM 60000,– für Neuanlage und Unterhaltung ausgeben. Gerade die Revierleiter, wie man heute die Förster von einst nennt, haben hier Phantasie, Witz und hohen persönlichen Einsatz bewiesen, um für das Publikum den Aufenthalt im Walde so angenehm wie möglich zu gestalten. Kein Zweifel: ohne Wald in unseren Breiten keine Erholungslandschaft, ohne Wald kein Fremdenverkehr.

Wild und Jagd

Ähnlich vielfältig wie die forstlichen sind auch die jagdlichen Verhältnisse im Kreisgebiet. Dabei sind die niederwildreichen Jagden der Ebene und der Vorbergzone ergiebiger als die zwar vielseitigen, aber ganz anders gearteten kargen Bergjagden. Die zu be-
jagende Fläche des Kreisgebietes beträgt rd. 64000 ha, die auf 125 Jagdbezirke aufgeteilt
sind. Davon sind 84 gemeinschaftliche Jagdbezirke und 31 Eigenjagden, d. h. also Jagden, auf denen mindestens 75 ha im Zusammenhang im Eigentum ein und derselben
Person oder einer Personengemeinschaft stehen. Der relativ hohe Anteil der Eigenjagden hängt, wie wir gesehen haben, mit der durch die Siedlungsgeschichte bedingten Besitzstruktur des mittleren Schwarzwaldes zusammen. Durch die Vielzahl der Eigenjagden werden die gemeinschaftlichen Jagdbezirke im Gebirge immer wieder unterbrochen,
so daß die Revierverhältnisse, weil die Jagden verhältnismäßig klein sind, nicht als eben
der Hege förderlich bezeichnet werden können. Hinzu kommen noch zehn staatliche
Jagdbezirke, die jedoch nur sieben Prozent der Gesamtjagdfläche des Kreises ausmachen.
Fünf davon sind in Selbstverwaltung der Forstämter, fünf weitere verpachtet. Im Jahre
1977 wurden 622 Jagdscheininhaber im Kreisgebiet gezählt. Die Jagdstrecke (Stückzahl)
belief sich im Jagdjahr 1976/77 (1. 4.–31. 3.) auf:

Rotwild	10	Steinmarder	50
Gamswild	19	Iltisse	51
Schwarzwild	58	Wiesel	278
Rehwild	2190	Rebhühner	450
Hasen	1732	Fasanen	4095
Kaninchen	350	Schnepfen	33
Füchse	700	Wildtauben	274
Dachse	8	Wildenten	1209
Edelmarder	7		

Die einzelnen Wildarten

Beim *Niederwild* ist der Bestand an Rehwild als gut anzusprechen, örtlich sind sogar
überhöhte Bestände festzustellen, so daß die natürliche Verjüngung der Waldungen wegen starken Verbisses in Frage gestellt ist. An Mardern, Füchsen und sonstigem Raub-
wild fehlt es ebensowenig wie an Enten, Tauben und Schnepfen. Die Waldschnepfe brü-
tet sogar bei uns in den Hochlagen, weil sie dort ähnliche Verhältnisse vorfindet wie in
ihrer nordischen Heimat. Bei Hase, Fasan und Rebhuhn ist leider ein Rückgang des Bestandes in den letzten Jahren offensichtlich. Die Gründe sind vielfältig: Witterungsein-

flüsse, Zunahme von Bussard und Habicht, die neuerdings ganzjährig geschützt sind, mangelnde Deckung in einer Landschaft, die immer mehr ausgeräumt wird, weil agrarökonomischen und landwirtschaftstechnischen Gesichtspunkten mehr Bedeutung beigemessen wird als ökologischen, von dem Einsatz von Herbiziden, Pestiziden und einseitigem Pflanzenanbau erst gar nicht zu reden.

An *Hochwild* kommen in bescheidenem Umfang Sauen, Rotwild, Gamswild und das Auerhuhn vor. Das Rotwild ist vom Nord- und Südschwarzwald nach dem Kriege zugewandert, darf hier aber nicht gehegt werden, weil der Landkreis Emmendingen nicht zu einem der fünf von der Regierung festgelegten Rotwildgebiete Baden-Württembergs gehört. Das Gamswild ist ebenfalls hier heimisch geworden. Der etwa 100 Stück starke Bestand stammt von Abkömmlingen der in den dreißiger Jahren im Feldberggebiet ausgesetzten Gamsen, die sich von dort aus strahlenförmig über den ganzen Schwarzwald bis zur rauhen Alb ausdehnten. Der derzeit auf 30 Hahnen geschätzte Bestand an Auerwild ist trotz Abschußverbots leider rückläufig. Die Ursachen sind nicht geklärt. Vermutet werden: Beunruhigung durch Wanderwege, Skiloipen und intensive Forstwirtschaft, die den dem Auerwild zuträglichen Biotop zu dessen Nachteil verändert haben.

Ausblick in die Zukunft

Angesichts der Gefahren, die der Menschheit durch Übervölkerung und Erschöpfung der Rohstoff- und Energiequellen drohen, kommt dem Wald und seiner Erhaltung eine besondere Bedeutung zu. Holz ist ein Rohstoff, der bei geringem Energieverbrauch ohne jede Umweltbelastung, ja sogar unter Förderung der Umweltqualität produziert werden kann (für die Erzeugung eines gleichen Volumens Aluminium wird die neunzigfache Energiemenge benötigt). Insofern gewinnt Holz einen ganz neuen Stellenwert. Neben der Rohstofferzeugung nimmt die Schutz- und Erholungsfunktion des Waldes weiter an Bedeutung zu. Es ist deshalb nicht von ungefähr, daß im Regionalplan für den Südlichen Oberrhein eine Anerkennung der Forstwirtschaft und „die Sicherung der vielfältigen Funktionen des Waldes im Rahmen der gesetzlich vorgeschriebenen nachhaltigen Nutzung und Pflege der Wälder" verankert ist. Es wird insbesondere die Erhaltung der Wälder in Stadtnähe, in verdichteten und waldarmen Räumen gefordert. Ziel des Waldbaues muß es sein, katastrophensichere Mischbestände unter Beteiligung des Laubholzes zu schaffen, also naturnahe Waldungen, die am ehesten den vielfältigen Beanspruchungen gewachsen sind. Die eindrucksvollen Bemühungen um Ertragssteigerung und Rationalisierung finden ihre Grenze in den traditionellen Rücksichten auf das Gemeinwohl, besonders wichtig für ein Gebiet, das mit großen Teilen in der Nahzone eines Verdichtungsraumes liegt.

Literatur

Keller, G.: Ergebnisse der Zustandserfassung im Privatwald eines Schwarzwaldforstamtes. In: Allgemeine Forstzeitschrift, 2/1978

Regionalplan Südlicher Oberrhein 1979

Schillinger, E.: Kollnau – ein vorderösterreichisches Eisenwerk des 18. Jahrhunderts. In: Alemannisches Jahrbuch 1954

Speidel, G.: Planung im Forstbetrieb. Hamburg und Berlin 1972

Simonswald, Porträt eines Schwarzwaldtales. 1978

Waldbauer, H.: Der Kreis Emmendingen. Stuttgart und Aalen 1964

Druckschriften und Akten der Landesforstverwaltung Stuttgart, der Forstdirektion Freiburg und verschiedener Forstämter

Die Wirtschaft im Landkreis Emmendingen

von Dieter Körschges

Historische Grundlagen

Der Landkreis erstreckt sich vom Rhein über das Kaiserstuhlgebiet, die Vorbergzone bis in die höchsten Regionen des Schwarzwaldes. Diese Mannigfaltigkeit der Topographie ist auch die Grundlage für die Wirtschaft des Kreises. Die Landwirtschaft und der Rebanbau insbesondere im Kaiserstuhl und das Holz des Schwarzwaldes boten den Ortsansässigen Beschäftigung. Aufgrund der guten Wasserqualität im Elztal siedelten sich hier auch schon früh Textilbetriebe an. Und nicht zuletzt im Fremdenverkehr wurde – häufig im Nebenerwerb – eine Einkommensquelle gesehen, die allerdings im Gegensatz zu den Gebieten des südlichen Hochschwarzwaldes fast ausschließlich auf die Sommersaison beschränkt ist.

Die relativ periphere Lage des Kreises im Südwesten der Bundesrepublik und die Grenze zu Frankreich im Westen beeinträchtigten die wirtschaftliche Entwicklung insbesondere in der ersten Hälfte unseres Jahrhunderts erheblich. Diese Auswirkungen sind in der heutigen Wirtschaftsstruktur des Kreises noch festzustellen. So ist der Kreis vom Land Baden-Württemberg als Landesförderungsgebiet mit Wirtschaftsschwäche ausgewiesen. Wenn sich auch im Simonswälder- und im Elztal aus einer Heimarbeit die Uhrenindustrie entwickelte und sich in der Rheinebene Tabakindustrie angesiedelt hat, ist doch die Einstufung des Kreises in das Landesförderungsprogramm eine Notwendigkeit. Die Förderung besteht in zinsgünstigen, längerfristigen Darlehen der Landeskreditbank oder in Zuschüssen.

Raumordnung

Die Basis für die Entfaltung wirtschaftlicher Aktivitäten ist eine gutausgebaute Infrastruktur. Im Landesentwicklungsplan Baden-Württemberg sind Waldkirch und Emmendingen als Mittelzentren ausgewiesen, die auch Versorgungsfunktionen für das Umland übernommen haben. Nach Vorstellung der Landesplaner soll die wirtschaftliche

221. Die Ruine Kirnberg
bei Herbolzheim-Bleich-
heim, erwähnt bereits
1203, wird zur Zeit re-
stauriert

222. Herbolzheim-
Wagenstadt

Entwicklung vornehmlich in Entwicklungsachsen stattfinden, die die verschiedenen Zentren Baden-Württembergs miteinander verbinden. So verläuft eine große Achse in Nord-Süd-Richtung von Lahr über Herbolzheim, Kenzingen, Riegel, Malterdingen, Teningen, Emmendingen und Denzlingen nach Freiburg. Hierbei sollen in den Orten Teningen und Herbolzheim gewerbliche und industrielle Entwicklungsmöglichkeiten größeren Umfangs zur Stützung des regionalen Arbeitsplatzangebotes realisiert werden. Aber auch in den anderen Gemeinden soll den Betrieben nach Vorstellung der Landesplanung entsprechendes Gewerbegelände zur Verfügung gestellt werden. Eine weitere Entwicklungsachse verläuft von Freiburg über Denzlingen, Waldkirch, Gutach und Elzach nach Nordosten. In dem 1979 verabschiedeten Regionalplan wird eine Entwicklungsachse von Emmendingen über Riegel, Endingen bis zum Rheinübergang nach Sasbach gefordert, wobei insbesondere in einer Sondernovelle „Kaiserstuhlgebiet" zum Landesentwicklungsplan ein maßvoller gewerblicher Ausbau dieses Raumes angestrebt wird, damit die ortsansässige Bevölkerung auch an ihrem Wohnort ihr Auskommen finden kann und nicht auf die langen Pendelwege nach Emmendingen bzw. zum Oberzentrum Freiburg angewiesen ist. In der Volkszählung 1970 wurde ermittelt, daß allein aus Emmendingen 1774, Denzlingen 1366, Teningen 573, Kenzingen 379, Herbolzheim 253, Endingen 269 und aus Elzach immer noch 280 Berufspendler täglich nach Freiburg fahren.

Verkehrsverhältnisse

Wie schon oben beschrieben, bedeutete die Grenz- und Randlage des Kreises in der Bundesrepublik für die ortsansässige Wirtschaft einen Wettbewerbsnachteil. Dieser wurde, zumindest was den Straßenverkehr betrifft, durch den Bau der Autobahn von Karlsruhe nach Basel in den sechziger Jahren verringert. Schwierigkeiten bestehen allerdings noch bei den West-Ost-Verbindungen. Der Rhein bildet im Westen eine natürliche Grenze zu Frankreich und kann im Landkreis erst seit Sommer 1961 von der Zivilbevölkerung auf einer Pontonbrücke überquert werden. Die Industrie- und Handelskammer Südlicher Oberrhein bemüht sich seit Jahren – ja schon seit Jahrzehnten – um den Bau einer festen Rheinbrücke zwischen Sasbach und Marckolsheim. Insbesondere auch deswegen, weil auf einem mehr als 70 km langen Abschnitt zwischen Breisach und Kehl gegenwärtig keine leistungsfähigen Rheinübergänge zur Verfügung stehen.
1979 wurden 1 698 062 Reisende vom deutschen Zoll bei Sasbach gezählt. Das bedeutet, daß mehr als 12 000 Omnibusse und 500 000 Pkw 1979 über den provisorischen Rheinübergang fuhren. Aufgrund der Tonnagebeschränkung ist es verständlich, daß die Anzahl der Lkw nicht so hoch liegt, aber mit mehr als 2000 ist sie immer noch beachtlich.

Sowohl für den Fremdenverkehr, die Grenzpendler, als auch für die Wirtschaft ist der
Bau eines festen Rheinübergangs hier dringend notwendig. Nach Übereinkunft mit der
französischen Seite soll mit dem Bau der Rheinbrücke, die ca. 5,4 Mio. DM kosten soll
(davon die Hälfte für die deutsche Seite), im Laufe des Jahres 1981 begonnen werden.
Damit wäre dann die Verkehrsinfrastruktur des Landkreises Emmendingen wesentlich
verbessert und das Problem der wirtschaftsgeographischen Randlage entschärft.
Um auch die Orte zwischen Sasbach und Riegel, die gegenwärtig von der Landesstraße
113 durchschnitten werden, zu entlasten und damit den Verkehrslärm aus diesen historischen Gemeinden herauszunehmen und außerdem den Verkehrsfluß zu verbessern,
ist ein Neubau der Verbindungsstraße zwischen Riegel und Sasbach mit einer Umgehung der Orte Endingen, Königschaffhausen und Sasbach notwendig. Der Bau dieser
neuen Straße kann als Umweltschutzmaßnahme gesehen werden, die den Bürgern des
nördlichen Kaiserstuhlgebietes zugutekommt; er soll jetzt ebenfalls in Angriff genommen werden.
Im nördlichen Bereich des Kreises ist nach Auffassung der Industrie- und Handelskammer ein weiterer Anschluß im Raum Kenzingen/Herbolzheim an die Bundesautobahn
begrüßenswert. Hierdurch können die Ortsdurchfahrten in diesen beiden Städten im
Zuge der B 3 zumindest für den regionalen Verkehr entlastet werden, da dieser dann
voraussichtlich die nahe gelegene Autobahn benützen wird.
Im Entwurf zur Fortschreibung des Bundesverkehrswegeplans ist eine Umgehung von
Emmendingen mit dem Ortsteil Wasser durch die B 3 ebenso vorgesehen, wie die Fortführung der B 294 mit Umgehungen von Waldkirch und Elzach. Trotz der allgemeinen
Finanzknappheit kann man hoffen, daß die Dringlichkeit dieser Straßenbaumaßnahmen
auch von Land und Bund weiterhin anerkannt wird.
Der Kreis wird von der Bundesbahnlinie Basel–Freiburg–Karlsruhe in Süd-Nord-Rich-
tung erschlossen. Gegenwärtig hat diese Eisenbahnlinie fast ihre Kapazitätsgrenze erreicht. Technische Modernisierungen sollen eine Kapazitätserweiterung auf diesem Abschnitt ermöglichen.
Dank intensiver Bemühungen aller Betroffenen konnte eine Stillegung der Elztalbahn
zwischen Denzlingen und Elzach verhindert werden. Die Deutsche Bundesbahn verfolgt
die Pläne zu einer sog. Netzoptimierung nicht mehr, vielmehr gehen die Bemühungen
dahin, zwischen Elzach, Freiburg und Breisach einen taktmäßigen Fahrplan einzuführen, der die Attraktivität insbesondere der Elztalbahn erhöhen könnte.
Der nördliche Kaiserstuhl wird von Riegel über Endingen, Königschaffhausen, Sasbach
und Jechtingen durch die Kaiserstuhlbahn der Südwestdeutsche Eisenbahnen AG auf
Normalspur an die Rheintalschiene angebunden.

Arbeitsmarkt

Die Wohnbevölkerung auf der Fläche des jetzigen Landkreises stieg von 63 990 im Jahr 1871 auf 129 845 1979 an. Der Ausländeranteil ist mit 4,2 Prozent der zweitniedrigste aller Kreise in Baden-Württemberg, wo der Durchschnitt bei 9,1 Prozent liegt. Dies ist nicht zuletzt darauf zurückzuführen, daß ein Großteil der ausländischen Arbeitskräfte, die im Landkreis Emmendingen arbeiten, Elsässer sind, die in Frankreich leben und täglich auf ihrem Weg zum deutschen Arbeitsplatz den Rhein überqueren.

Tabelle 1 gibt Auskunft über die Entwicklung der Arbeitslosen seit 1953. Die Arbeitslosenquoten im Landkreis liegen im allgemeinen unter den Durchschnittswerten für die Bundesrepublik, denn die wirtschaftlichen Schwankungen sowohl im konjunkturellen Aufschwung als auch in rezessiven Phasen verliefen im Vergleich zum Bund gedämpfter, der Landkreis verfügt also über eine relative Stabilität. Dies ergibt sich u. a. aus der vorhandenen Betriebsgrößenstruktur: Die mittelständischen Betriebe, die hier überwiegen, überstehen konjunkturelle Abschwünge im allgemeinen besser; dafür wirkt sich dann aber auch ein Aufschwung nicht mit so großen positiven Wachstumsraten wie z. B. in Ballungsräumen aus.

Bis 1977 war die Zahl der männlichen Arbeitslosen immer größer als diejenigen der weiblichen. Im März 1980 ist es umgekehrt. Eine Ursache ist wohl, daß ein großer Teil der weiblichen Arbeitslosen nur eine Teilzeitbeschäftigung sucht und die Bereitschaft zu pendeln, relativ gering ist.

Für 1977 weist das Arbeitsamt Freiburg nach, daß 67 Prozent der versicherungspflichtigen Arbeitnehmer Arbeiter waren und nur 33 Prozent Angestellte, ein im Vergleich zu den benachbarten Kreisen relativ hoher Anteil an Arbeitern. Der Anteil der Teilzeit-

Tabelle 1: Arbeitslose

Jahresdurchschnitt	männlich	weiblich	zusammen	Quote in %
1953	440	304	744	2,5
1956	636	188	824	2,6
1959	248	36	284	0,8
1962	29	15	44	0,1
1965	27	7	34	0,1
1968	124	26	150	0,4
1971	72	69	141	0,3
1974	249	216	465	1,0
1977	776	684	1460	3,1
März 1980	525	593	1118	2,4

Quelle: Arbeitsamt Freiburg

beschäftigten war mit acht Prozent auch relativ hoch, denn ein Teil der Frauen, insbesondere in der Textilindustrie, ist teilzeitbeschäftigt.

Beschäftigtenstruktur

Tabelle 2 gibt Auskunft über die Entwicklung der versicherungspflichtig beschäftigten Arbeitnehmer zwischen 1974 und 1979. Auffallend ist, daß die Zahl der Arbeitnehmer im verarbeitenden Gewerbe um mehr als zwölf Prozent abgenommen hat. Der Anteil dieses Wirtschaftszweiges nahm damit von 61,6 Prozent auf 53,6 Prozent aller Arbeitnehmer ab. Die größten Branchen waren die Elektrotechnik mit 3030 vor der Textilverarbeitung mit 2393 und den EBM-Waren, Spielwaren und Schmuck mit insgesamt 2166 Beschäftigen. Aber auch die Nahrungs- und Genußmittelbranche mit 1631, der Maschinenbau mit 1430, die Sägeindustrie und Holzverarbeitung mit 1146, der Fahrzeugbau mit 1099 und der Stahl- und Leichtmetallbau mit 1007 Arbeitskräften beschäftigen jeweils mehr als 1000 Leute.

Tabelle 2: Versicherungspflichtig beschäftigte Arbeitnehmer

	31. 3. 1979	30. 6. 1977	30. 6. 1974
Land- und Forstwirtschaft, Fischerei	424	373	277
Energie, Bergbau	201	190	187
verarbeitendes Gewerbe	17361	17193	19757
Baugewerbe	3568	3376	3281
Handel	2661	2497	2428
Verkehr, Nachrichtenübermittlung	519	460	504
Kreditinstitute, Versicherungsgewerbe	748	738	668
Dienstleistungen	4970	4388	3293
Organisationen ohne Erwerbscharakter, private Haushalte	349	308	306
Gebietskörperschaften, Sozialversicherungen	1568	1477	1398
insgesamt	32369	31000	32099

Quelle: Arbeitsamt Freiburg

Die Gesamtzahl ist mit etwas mehr als 32000 Arbeitnehmern relativ konstant geblieben. Die größte Zuwachsrate von mehr als 50 Prozent innerhalb der fünf Jahre ist im Sektor Dienstleistungen zu verzeichnen: Von den insgesamt 4970 Arbeitskräften arbeiteten 2063 im Gesundheits- und Veterinärwesen, 822 in Wissenschaft, Kunst und Publizistik und 645 im Bereich Gaststätten und Beherbergung.

Betriebe und Beschäftigte im verarbeitenden Gewerbe

Tabelle 3 enthält aus statistischen Gründen nur Informationen über Unternehmen mit mehr als 20 Beschäftigten. Aus diesem Grunde sind die Zahlen von den Tabellen 2 und 3 nicht direkt miteinander vergleichbar.

Bei der Anzahl der Betriebe im Landkreis dominiert der Stahl-, Maschinen- und Fahrzeugbau vor den Sägereien, der Holzbe- und -verarbeitung.

Dieses Bild verschiebt sich etwas bei den Beschäftigten, wo Textilindustrie und elektrotechnische Industrie dem Stahl-, Maschinen- und Fahrzeugbau folgen. Bei den Umsätzen liegt der Stahl-, Maschinen- und Fahrzeugbau (262,2 Mio. DM Jahresumsatz) vor der Textil- und Bekleidungsindustrie (224,4 Mio. DM Jahresumsatz).

Im Vergleich mit dem Jahre 1979 ist der Gesamtumsatz des Kreises im verarbeitenden Gewerbe um 6,7 Prozent angestiegen. Dieser Wert fällt erheblich gegenüber dem Landesdurchschnitt in Baden-Württemberg (+ 8,1%) ab. Auch wenn der Verfasser sich schwer tut, von sog. Wachstumsbranchen mit Zukunftsaussichten zu sprechen, kann man doch davon ausgehen, daß im Landkreis Emmendingen die Wirtschaftsstruktur

Tabelle 3: Betriebe, Beschäftigte, Umsatz und Auslandsumsatz im verarbeitenden Gewerbe 1980 in Unternehmen mit mehr als 20 Beschäftigten

Branche	Betriebe	Beschäftigte	Umsatz [1] in 1000 DM ohne MwSt.	Auslandsumsatz [1] in 1000 DM ohne MwSt.
Bergbau, Steine u. Erden, Feinkeramik u. Glas	11	307	46488	+)
Stahl-, Maschinen- und Fahrzeugbau	23	3228	262247	75701
Elektrotechnische Industrie	15	2494	192154	46216
Feinmechanische Industrie und optische Industrie	5	615	44473	+)
Stahlverformung, Ziehereien, Kaltwalzwerke, Eisen-, Blech- und Metallwaren	15	1851	171078	20105
Chemie, Kunststoff-, Kautschuk- und Asbestverarbeitung	9	835	65253	+)
Sägereien, Holzbe- und -verarbeitung	21	398	53630	3032
Papiererzeugung und -verarbeitung, Druck	6	585	59989	+)
Textil und Bekleidung	10	2498	224445	75538
Nahrungs- und Genußmittel	11	911	154569	+)
Sonstige	8	840	53092	9249
Insgesamt	134	14562	1327418	272009

1) Umsatz (eigene Herstellung und Handelsumsatz) nicht frei von regionalen Überschneidungen
+) Die Daten unterliegen der gesetzlichen Geheimhaltung einzelbetrieblicher Angaben
Quelle: IHK '80, Jahresbericht der IHK Südlicher Oberrhein, Freiburg

insbesondere im verarbeitenden Gewerbe nicht so günstig wie im Landesdurchschnitt in Baden-Württemberg ist, hier für dynamische Unternehmen also noch Raum sein müßte.

Dies kann auch mit dem Umsatz je Beschäftigten im verarbeitenden Gewerbe nachgewiesen werden:

Im gesamten Bezirk der Industrie- und Handelskammer Südlicher Oberrhein erreichte dieser Wert 126 213,– (Baden-Württemberg DM 125 372,–). Der Landkreis erreichte jedoch mit DM 84 895,– Umsatz je Beschäftigten nur 67 Prozent des Landeswertes (1978 waren es immerhin noch 71,6 %). Die Steigerung im Kreis mit + 6,7 Prozent liegt über dem Landesdurchschnitt von 5,7 Prozent.

Zieht man die oben erläuterten Kennziffern als Kriterium für die Produktivitätsentwicklung heran, so zeigt sich, daß zumindest große Teile der Industrie im Landkreis erheblich aufzuholen haben, wenn man nicht weiter in der wirtschaftlichen Entwicklung im Vergleich mit den anderen Landkreisen in Baden-Württemberg zurückfallen will.

Wird der Auslandsumsatz näher untersucht – aufgrund des Datenschutzes einzelbetrieblicher Angaben gibt Tabelle 3 nur relativ wenig Auskunft bezüglich der branchenmäßigen Gliederung – so ist im Landkreis gegenüber dem Vorjahr eine Steigerung um 10,9 Prozent zu beobachten. Dieser Wert liegt unter dem Landesdurchschnitt von 11,4 Prozent, und dennoch ist der Anteil des Auslandsumsatzes am Gesamtumsatz mit 21,0 Prozent im Vergleich zum Landesdurchschnitt (26,5 %) relativ niedrig. Die Industrie scheint hier jedoch aufzuholen.

Die Wirtschaftsschwäche des Kreises wird auch durch die Industriedichte (Industriebeschäftigte bezogen auf die Wohnbevölkerung) belegt: Sie liegt mit 111 erheblich unter dem Landesdurchschnitt von 161, hat sich jedoch in den letzten beiden Jahren verbessert.

Bruttoinlandsprodukt

Betrachtet man das Bruttoinlandsprodukt (BIP) als einen Indikator für die Wirtschaftskraft einer Region, so liegt der Landkreis Emmendingen, zumindest was die Zuwachsraten im Vergleich mit dem Landesdurchschnitt angeht, nicht besonders günstig. Seit 1974 war eine Steigerung um 7,9 Prozent auf 1695 Mio. DM für 1976 zu beobachten. Die Land- und Forstwirtschaft hatte mit 5,8 Prozent daran einen mehr als doppelt so hohen Anteil wie im Landesdurchschnitt. Auch der Anteil des warenproduzierenden Gewerbes (57,8 %) liegt mit 3,2 Prozent-Punkten über dem Landesdurchschnitt. Handel und Verkehr haben einen Anteil von 9,5 Prozent (Landesdurchschnitt 12,5 %) und die übrigen Dienstleistungen von 26,9 Prozent (Landesdurchschnitt 30,4 %) am BIP. Bezieht man das BIP auf die Einwohner, so erreicht der Landkreis mit DM 13 090,– nur

69 Prozent des Landeswertes. Eine Erklärung kann darin gesehen werden, daß der Anteil der Auspendler in die benachbarten Landkreise relativ groß ist im Vergleich zur Anzahl derjenigen, die aus der Nachbarschaft im Landkreis ihre Arbeitsstätte haben. So kann auch erklärt werden, daß das Bruttoinlandsprodukt bezogen auf die Wirtschaftsbevölkerung – mit DM 15 120,- – höher liegt. Der Wert liegt allerdings immer noch 20-Prozent-Punkte unter dem Durchschnitt des Landes Baden-Württemberg.

Firmenzugehörigkeit nach Wirtschaftszweigen

Aus Tabelle 4 ist zu erkennen, daß ca. ein Drittel der im Handelsregister eingetragenen Firmen Industriebetriebe sind. Allerdings haben nach Informationen der Industrie- und Handelskammer von den 286 Industriebetrieben nur fünf mehr als 500 Beschäftigte. Dieses, genauso wie die mit 1676 fast doppelt so hohe Anzahl von nicht eingetragenen Gewerbetreibenden, belegt, daß im Landkreis der Klein- und Mittelbetrieb vorherrscht.

Tabelle 4: Firmenzugehörigkeit nach Wirtschaftszweigen (1. 1. 1981)

	Im Handelsregister eingetragene Firmen			nicht eingetragene Gewerbetreibende
	insges.	davon Hauptsitz	Zweigniederlassung	
Industrie (einschl. Bauindustrie)	286	282	4	102
Energiewirtschaft und Wasserversorgung	–	–	–	2
Großhandel	112	111	1	96
Einzelhandel	279	277	2	659
Handelsvermittlung (ohne Kredit- und Versicherungsvermittlung)	16	16	–	115
Kreditinstitute (einschl. Kreditvermittlung)	3	3	–	4
Versicherungsgewerbe (einschl. Versicherungsvermittlung)	7	7	–	131
Verkehr und Nachrichtenübermittlung	27	25	2	73
Sonstige Dienstleistungen	204	203	1	494
Summe	934	924	10	1 676

Quelle: IHK Südlicher Oberrhein, Freiburg

Energieversorgung

Eine Erdgasleitung durchläuft den Kreis in Nord-Süd-Richtung. Die Bemühungen gehen gegenwärtig dahin, das Kaiserstuhlgebiet und auch die Schwarzwaldtäler an die Erdgasversorgung anzuschließen.

Schwierigkeiten hinsichtlich der Elektrizitätsversorgung treten z. Z. noch im Elztal auf. Die bestehenden Stromleitungen reichen sowohl für die Wirtschaft als auch für die Wohnbevölkerung nicht mehr aus. Deshalb sind erhebliche Investitionen im Elztal blokkiert. Alle Beteiligten sind sich darüber einig, daß eine zusätzliche Stromleitung gebaut werden muß. Nur wie sie geführt werden soll (Verkabelung, Nord- oder Südtrasse), war lange Zeit umstritten. Im Interesse der Wirtschaft und der Bevölkerung sollte hier alsbald eine Lösung gefunden werden, die sich jetzt in der Übereinstimmung aller betroffenen Gemeinden anzubahnen scheint.

Aber ein anderes Problem soll hier nicht verschwiegen werden: das Kernkraftwerk Wyhl. Gegenwärtig ist in Nordbaden eine Kraftwerksleistung von ca. 830 Megawatt (MW) installiert, wobei hier nur 710 MW verbraucht werden. In Mittelbaden ist eine ähnliche Relation zu beobachten: installierte Leistung 900 MW, Verbrauch 820 MW. In Südbaden kehrt sich dieses Verhältnis in erschreckender Weise um. Hier stehen 60 MW Kraftwerksleistung einem Verbrauch von 690 MW gegenüber. Diese erhebliche Differenz hätte durch das Kernkraftwerk Wyhl geschlossen werden können. Der Bau dieses Kraftwerks hat sich jedoch erheblich verzögert, und es muß nun gerichtlich geklärt werden, ob und wann es gebaut werden kann.

Ausblick

Die zukünftige Entwicklung einer Region von der Größe des Landkreises Emmendingen muß im Zusammenhang mit der wirtschaftlichen Entwicklung im Land, in Europa und in bezug auf die Energieversorgung auch in der Weltwirtschaft gesehen werden. Detaillierte quantifizierbare Prognosen sind daher kaum möglich, insbesondere nicht im Hinblick auf die für die Wirtschaftsentwicklung notwendige Rohstoffversorgung und damit verbundene Verflechtung mit anderen Wirtschaftsräumen.

Das Bemühen aller Verantwortlichen muß dahin gehen, die Strukturanpassung der Wirtschaft im Landkreis zu erleichtern. Hierbei sollten jedoch marktwirtschaftliche Prinzipien nicht außer acht gelassen werden. Es ist notwendig, im Landkreis, der zwischen dem industriestarken Lahrer und Offenburger Raum und der Großstadt Freiburg liegt, neue Arbeitsplätze in wirtschaftsstabilen Unternehmen zu schaffen. Hierbei sind infrastrukturelle Vorleistungen wie z. B. ein ausreichendes Energieangebot, günstige Verkehrsverbindungen und ein entsprechendes Angebot an Gewerbegelände erforderlich und eingeleitet. Dies alles muß vor einem Hintergrund geschehen, der auch auf die ökologischen Gegebenheiten in einer Landschaft mit hohem Freizeitwert Rücksicht nimmt. Eine Abwägung der Interessen ist hier notwendig und auch möglich.

Das Handwerk

von Franz Zeller

Die Funktionen des Handwerks

Das typische Merkmal der Handwerkswirtschaft ist die Deckung des Bedarfs an individuellen Produktionen, Lieferungen und Leistungen. Dies geschieht sowohl für die privaten Haushalte als auch für Industrie, Handel und öffentliche Hand. Das Handwerk unterscheidet sich, soweit es produziert, von der Industrie insbesondere dadurch, daß nicht serienmäßig auf Lager, sondern in der Regel auf direkte Nachfrage produziert wird; d. h. die Güter werden nach individuellen Wünschen in geringer Stückzahl, mehr manuell-maschinell, weniger automatisiert, hergestellt. Die Güter des Handwerks finden ihren Absatz nicht über Groß- oder Zwischenhandel, sondern entweder im Einzelhandel oder direkt an den Endverbraucher.

Zum Handwerk im Landkreis Emmendingen gehören einerseits Gruppen wie das Baugewerbe, Elektro- und Metallgewerbe mit Betriebsgrößen von z. T. über 100 Beschäftigten und eindeutig produzierendem Charakter, andererseits aber auch viele Klein- und Mittelbetriebe – von der Schneiderei über die Schreinerei und Bäckerei bis zum Modellbauer und Zahntechniker –, die überwiegend Reparatur-, Dienstleistungs- und Versorgungsfunktionen erfüllen. Das Handwerk setzt also im wesentlichen dort ein, wo die

Tabelle 1: Die Hauptgruppen des Handwerks

Bau und Ausbaugewerbe
Metallgewerbe
Holzgewerbe
Bekleidungs-, Textil- und Ledergewerbe
Nahrungsmittelgewerbe
Gewerbe für Gesundheits- und Körperpflege
sowie chemisches und Reinigungsgewerbe
Glas-, Papier, keramische und sonstige Gewerbe

Massenproduktion der Industrie nicht möglich bzw. überfordert ist (Sonderanfertigungen, Präzisionsleistungen).

Entwicklung des Handwerks

Die Entwicklung des Handwerks im Landkreis Emmendingen wurde auch in den siebziger Jahren wie in der gesamten Bundesrepublik Deutschland durch zwei einander entgegengesetzte Tendenzen gekennzeichnet: Die Zahl der Betriebe hat weiterhin abgenommen, während die Zahl der Beschäftigten beachtlich angestiegen ist. Erstmals 1978/79 war der Saldo der Betriebsschließungen bzw. der Betriebsneugründungen positiv, und die Tendenz hält seither an. Dieser Konzentrationsprozeß ist durchaus positiv zu bewerten, denn die durchschnittliche Beschäftigungszahl von 6,5 Beschäftigten je Betrieb deutet auf gesunde und stabile Betriebsstrukturen. Insgesamt waren am 1. Januar 1980 bei der zuständigen Handwerkskammer Freiburg i. Br. 1382 Handwerksbetriebe in der Handwerksrolle eingetragen, die 8841 Handwerker beschäftigen. Das sind rd. 19 Prozent aller Erwerbstätigen des Landkreises Emmendingen.

Tabelle 2: Unternehmen, tätige Personen, Löhne und Gehälter, Umsatz des Handwerks 1976/77

Handwerksgruppen	Anzahl der Unternehmen am 31. 3. 1977	Tätige Personen ohne Heimarbeiter am 30. 9. 1976		Bruttolohn und -gehaltssumme 1976 in Tsd. DM	Umsatz ohne Umsatzsteuer 1976 Handwerksumsatz in Tsd. DM
		insgesamt	darunter Arbeitnehmer		
Handwerk insgesamt	1382	8841	6906	123568	603497
Bau- und Ausbaugewerbe	337	2974	2538	51481	163767
Metallgewerbe	383	2578	2063	35832	115856
Holzgewerbe	141	758	584	10266	37380
Bekleidungs-, Textil- und Ledergewerbe	151	346	145	1902	7618
Nahrungsmittelgewerbe	225	1438	1026	16014	253484
Gewerbe für Gesundheits- und Körperpflege sowie chemische und Reinigungsgewerbe	112	458	306	3586	10017
Glas-, Papier-, keramische und sonstige Gewerbe	33	289	244	4487	15376

* Quelle: Statistik von Baden-Württemberg Band 252 ,,Das Handwerk 1977'';
  Ergebnisse der Handwerkszählung 1977

Die meisten Handwerksbetriebe gehören mit 27,7 Prozent zum Metall- und Elektrogewerbe, gefolgt mit 24,4 Prozent im Bau- und Ausbaugewerbe. Es folgen mit 16,3 Prozent die Betriebe des Nahrungsmittelgewerbes, mit 10,9 Prozent die des Bekleidungs-, Textil- und Ledergewerbes, mit 10,2 Prozent die des Holzgewerbes und mit 8,1 Prozent die Betriebe der Gruppe Gesundheit und Körperpflege. Betriebe des Glas-, Papier- und keramischen Gewerbes machen dagegen nur 2,4 Prozent aus. Entsprechend konzentriert sind auch die Beschäftigten auf die einzelnen Handwerksgruppen verteilt. Allein im Bau- und Ausbaugewerbe sowie im Metall- und Elektrogewerbe sind 62,8 Prozent aller im Handwerk Beschäftigten tätig. Die restlichen 27,2 Prozent verteilen sich auf die anderen genannten fünf Handwerksgruppen (s. Tabelle 2).

Lehrlingsausbildung und Meisterprüfungen

Neben der großen arbeitsmarktpolitischen Bedeutung ist die berufliche Ausbildung der jungen Generation von besonderer Wichtigkeit. Eine große Ausbildungsleistung haben die Handwerksbetriebe in den letzten Jahren vollbracht. Durch Bereitstellung zusätzlicher Ausbildungsplätze ist es gelungen, die Entlaßschüler aus den geburtenstarken Jahrgängen in Lehrverhältnissen unterzubringen und ihnen eine qualifizierte Ausbildung zu geben. Jetzt im Jahre 1980/81 gibt es im Landkreis Emmendingen 1765 Lehrlinge. Das ist eine Steigerung von rd. 20 Prozent gegenüber dem Vorjahr. Dafür soll auch an dieser Stelle allen Ausbildungsbetrieben gedankt sein. Das Handwerk muß sich auch in den kommenden Jahren sehr anstrengen, um die Facharbeiter für die nächsten zwei Jahrzehnte auszubilden.

Auch die Meisterausbildung im Landkreis Emmendingen hat sich in den letzten Jahren in erfreulicher Weise entwickelt. Die Zahl der jährlichen Meisterprüfungen liegt in den letzten Jahren bei etwa 30. Die jungen Meister stammen aus 26 verschiedenen Handwerksberufen. Sicher ist das Existenzgründungsprogramm des Landes Baden-Württemberg mit seinen finanziellen Starthilfen und Anreizen dafür mitverantwortlich. Aber auch der Mut zur selbständigen Existenzgründung bei der jungen Generation nimmt sicherlich wieder zu.

Wirtschafts- und Gewerbeförderung

In engem Zusammenhang mit der Existenzgründung sind auch die Gewerbeförderungsmaßnahmen des Landes Baden-Württemberg als moderne Mittelstandsförderungs- und Handwerksförderungsmaßnahmen für die positive Entwicklung des Handwerks zu sehen. Die Zahl der Gewerbeförderungsanträge und die Summe der bewilligten Darlehen über die Landeskreditbank Baden-Württemberg und die Bürgschaftsbank Baden-Württemberg nahm seit Inkrafttreten des Mittelstandsförderungsgesetzes im Jahre 1974/75 erheblich zu. Bei 168 gestellten Anträgen wurden rd. 16. Mio. DM an Mittelstandsförderungsmitteln gewährt. Diese Handwerksförderung wird in der Regel über die Handwerkskammer Freiburg vorberaten, vorbereitet und abgewickelt. Damit leistet die Selbstverwaltungsorganisation des Handwerks einen wichtigen und unverzichtbaren Beitrag zu Existenzsicherung, Existenzfestigung und Arbeitsmarktpolitik im Landkreis Emmendingen.

Fremdenverkehr und Naherholung

von Volker Watzka

Die Gesamtsituation

Der Landkreis Emmendingen weist – im Gegensatz etwa zu den Kreisen Calw oder Freudenstadt oder gar dem früheren Landkreis Hochschwarzwald – keinen einheitlichen Landschaftstypus als fremdenverkehrsgünstigen Gebietscharakter auf. Wohl sind die landschaftlichen Reize unserer Raumschaft insgesamt keineswegs geringer zu bewerten als anderwärts, aber es fehlt an der geschlossenen topographischen Situation, die zu einer besonderen Eignung des gesamten Landkreises als Fremdenverkehrsraum führen könnte. Das wird durch einen vergleichenden Blick auf die Übernachtungszahlen 1978 in den genannten Kreisen mit etwa gleicher Bevölkerungsdichte deutlich:

Tabelle 1: Besucherstatistik des Kreises Emmendingen im Vergleich

Landkreis	Einwohner	Übernachtungen
Breisgau-Hochschwarzwald	195 200	5 647 900
Freudenstadt	96 600	4 181 000
Calw	128 323	3 488 600
Emmendingen	130 608	1 212 100

Der auffallende Unterschied in der Besucherstatistik sagt indessen nicht aus, daß die Bettenbelegung in den für Urlaubserholung geeigneten Gebieten vergleichsweise schwach wäre, er weist vielmehr darauf hin, daß im Landkreis nur teilweise klassische Ferienerholungsgebiete sind. Auch im Hinblick auf Ausbau und Förderung des Fremdenverkehrs ist deshalb eine Unterscheidung nach den Landschaftstypen Schwarzwaldregion, Vorbergzone und Rheinebene sinnvoll.

Das östliche Kreisgebiet mit seinen vom Elztal durchschnittenen Schwarzwaldbergen vom Hünersedel im Norden bis zum Kandel im Süden umfaßt die herkömmliche Ferienerholungslandschaft mit den Hauptorten Waldkirch und Elzach sowie den ausgedehnten

Streugemeinden Simonswald und Biederbach. Hierzu zählt auch die Freiämter Markung, in der gegenwärtig mit Erfolg große Anstrengungen zur Erhöhung der Anziehungskraft für Erholungssuchende unternommen werden, erwähnt sei hier das neue
Kurhaus mit Hallenbad.

Den landschaftlichen Gegenpol bildet die Rheinebene, wozu aus dem Gesichtspunkt des
Fremdenverkehrs die sich von Buchholz und Sexau bis Herbolzheim hinziehende Vorbergzone zu rechnen ist. In der Rheinebene trifft man – abgesehen von bescheidenen,
aber erfolgversprechenden Ansätzen z. B. in Endingen und Sasbach – kaum klassische
Ferienerholung an. Andererseits finden wir hier eine Fülle von attraktiven Angeboten
für den sog. Naherholungsverkehr. Erwähnt seien in diesem Zusammenhang nur
die warmen Rebhänge der Kaiserstuhlregion, die vielfältigen Wassersportmöglichkeiten
auf dem Rhein bei Sasbach und Weisweil, die Rheinauewälder mit den verzweigten
Altrheinarmen und die Burgruinen des Breisgaues und auf Sasbacher Gemarkung. Die
früheren Reichsstädte Endingen und Kenzingen bemühen sich in sicherlich richtiger
Einschätzung der gegebenen Möglichkeiten um die Schaffung attraktiver Einrichtungen
zur weiteren Erhöhung des Reizes der anheimelnden historischen Altstadtatmosphäre
für den Naherholungs- und Ausflugsverkehr.

Das klassische Fremdenverkehrsgebiet

Das Elztal mit Seitentälern ist nicht gleich in den Anfängen des Fremdenverkehrs im
Schwarzwald für die ,,Sommerfrischler'' erschlossen worden; Schwerpunkte des gerade
aufkommenden Erholungsurlaubs waren ab Mitte des letzten Jahrhunderts vielmehr die
bekannten Heilbäder des Schwarzwaldes, aber auch Luftkurorte im Hochschwarzwald
wie beispielsweise Schluchsee, Lenzkirch und Friedenweiler. Im Elztal folgte der eher
zaghafte Beginn eines nennenswerten Zustroms von Erholungsurlaubern aus den Städten – scherzhaft und treffend von den Einheimischen als Luftschnapper bezeichnet – der
Erschließung durch die Eisenbahn. Sie erreichte 1901 Elzach als Endstation der Elztalbahn. Die Gastwirte, insbesondere aus Oberprechtal, holten die Gäste mit dem Fuhr-
werk vom Bahnhof ab.

In Prechtal haben um die Jahrhundertwende Bürgermeister und Ortspfarrer erkannt,
daß der Fremdenverkehr eine bedeutende Einnahmequelle für die ortsansässige Bevölkerung darstellt, sei es unmittelbar durch Einnahmen aus Beherbergung, sei es mittelbar
durch seine wirtschaftlichen Ausstrahlungen auf Dienstleistungsgewerbe und Handwerk. Die Bestrebungen zur Förderung des Fremdenverkehrs waren um so verdienstvol-
ler, als um diese Zeit herkömmliche Schwarzwälder Industriezweige wie Glasbläserei,
Strohflechterei, Schnefeln und Löffelschmieden aufgegeben werden mußten.

Ende der zwanziger Jahre kam dann zunehmend neben den Gaststätten- und Hotelübernachtungen die private Zimmervermietung auf, die dann nochmals etwa ab 1950 bis heute eine ganz erhebliche Aufwärtsentwicklung erfuhr.

Wirtschaftliche Bedeutung

Die wirtschaftliche Bedeutung des Fremdenverkehrs für die Bevölkerung im östlichen Kreisgebiet kann gar nicht hoch genug bewertet werden. Allein der Umsatz aus Übernachtungen wird für 1980 auf 30 Mio. DM geschätzt; er kommt im wesentlichen mittelständischen Betrieben, privaten Vermietern und Landwirten zugute. Der wirkliche Umsatz liegt weit darüber, wenn man die Ausgaben der Gäste über den ganzen Tag hin mit einbezieht. Die vom Fremdenverkehr ausgehenden Impulse wirken sich darüber hinaus auf das gesamte Wirtschaftsleben, insbesondere auf Handwerke, Handel und andere Dienstleistungsbetriebe aus. Über diese vielfältigen sekundären Wirkungen gibt es keine statistischen Aussagen. Der Verkehrsverband Schwarzwald rechnet den gesamten Auswirkungen des Fremdenverkehrs einen Anteil von drei Prozent des Bruttoinlandsproduktes zu.
Ein relativ junger Zweig des Fremdenverkehrs sind die „Ferien auf dem Bauernhof". Die Ferien abseits von Lärm und Gefahren des Straßenverkehrs inmitten der ursprünglichen Landschaft hautnah mit dem bäuerlichen Leben zu verbringen, wird bei Großstädtern immer beliebter. Schwerpunkte sind Biederbach, Simonswald, Elzach und Freiamt. Die Landwirte machen von dieser Möglichkeit des Zuerwerbs, soweit die Bäuerin die damit verbundene Arbeit verkraften kann, zunehmend Gebrauch. Dies läßt sich z. B. auch aus den vorgelegten Bauanträgen für Leibgedinghäuser oder Hoferweiterungen ablesen, in denen zunehmend Räume für Gästebeherbergung ausgewiesen werden. Das Land Baden-Württemberg subventioniert den Einbau von Gästezimmern, soweit sich das Vorhaben in maßvollem Rahmen als Nebenerwerbsquelle hält.

Wechselbeziehungen zwischen Landschaft und Fremdenverkehr

Repräsentative Umfragen haben ergeben, daß vor allem die abwechslungsreiche Mittelgebirgslandschaft den Schwarzwald für den Besucher – vorwiegend Familien und ältere Menschen – anziehend macht. Zunehmend wird erkannt, daß ein Zuviel an Landschaftserschließung und ein Zuviel an sog. Freizeiteinrichtungen eine Landschaft ihrer Eignung zu echter Erholung berauben kann. Erholungslandschaft soll kein Rummelplatz sein, Landschaftsgebrauch darf nicht in Landschaftsverbrauch umschlagen. Von ausufernden

Feriensiedlungen, exponierten Campingplätzen und unmaßstäblichen Hotelhochbauten konnte die Schwarzwaldregion im Landkreis bisher im Interesse des Erlebniswertes der Landschaft und damit letztlich der erholungssuchenden Urlauber freigehalten werden. Daß diese von Gemeinden und Baubehörden bisher beachteten Grundsätze richtig sind, folgt schon daraus, daß gegenwärtig alles auf eine Entwicklung hindeutet, wonach der Vorsprung der Landschaft auf der Rangliste der für die Wahl eines Urlaubsziels bestimmenden Faktoren sich in Zukunft noch vergrößern wird.

Zur Statistik

Als Indikator für die Fremdenverkehrsintensität in einer Gemeinde wird die Zahl der Übernachtungen pro 100 Einwohner und Jahr angenommen, wobei das Ergebnis von 1000 (Ü/100 E) sehr gut ist. Tabelle 2 zeigt die Werte, die sich für die Saison Winterhalbjahr 78/79/Sommerhalbjahr 1979 in den Kreisgemeinden ergeben, die eine Statistik führen.

Tabelle 2: Fremdenverkehrsintensität 1978/79

Gemeinde	Übernachtungen pro 100 E
Elzach	3 420
Emmendingen	113
Endingen	365
Freiamt	2 527
Gutach/Breisgau	710
Kenzingen	211
Sexau	588
Simonswald	3 683
Waldkirch-Kollnau	1 061
Winden	1 792

Die Statistik bestätigt im Grunde nur die hohe Bedeutung des Fremdenverkehrs in den Schwarzwaldgemeinden einschließlich Freiamt. In nahezu allen Berichtsgemeinden hat die Zahl der Betten in den Jahren 1976 bis 1979 stetig zugenommen – ein im Schwarzwald keineswegs durchgängig zu beobachtender Trend.

223. *Ortsmitte von Wyhl*

Umseitig:
224. *Die kath. Pfarrkirche Wyhl, erbaut 1761 von Johann Baptist Hering*
225. *Wyhl. Am romantischen Altrhein*

228. Rheinhausen. Das romantische Naturschutzgebiet „Taubergießen"
229. Rheinhausen. Einmündung des Leopoldkanals in den Rhein

Vorhergehende Seite:
226. Das Rathaus in Rheinhausen-Oberhausen
227. Rheinhausen. Rathausplatz mit Kirche in Niederhausen

Tabelle 3: Entwicklung des Fremdenverkehrs 1976–1979

Gemeinde	Zahl der Betten			
	1976	1977	1978	1979
Elzach	1617	1659	1698	1751
Gutach i. Br.	389	412	412	463
Winden	443	455	541	468
Emmendingen	267	269	318	360
Endingen	207	200	268	288
Freiamt	951	988	1055	1047
Kenzingen	115	167	167	191
Sexau	146	145	185	203
Simonswald	1222	1166	1171	1203

Was schließlich die Aufenthaltsdauer der Gäste in Tagen pro Aufenthalt im Landkreis im Vergleich zu ähnlich strukturierten Landkreisen (Rheinebene/Schwarzwald) angeht, so schneidet der Landkreis Emmendingen insgesamt gut ab – ein Zeichen dafür, daß die Besucher sich hier wohlfühlen.

Tabelle 4: Durchschnittliche Aufenthaltsdauer

Landkreis	Aufenthaltsdauer in Tagen (Ø der Jahre 1976–1979)
Rastatt	5,43
Ortenaukreis	5,65
Breisgau-Hochschwarzwald	7,77
Emmendingen	7,15

Die Naherholung

Während man unter Ferienerholung Urlaubsreisen von mindestens fünftägiger Dauer versteht, umfaßt „die Naherholung" die Tages- und Wochenenderholung sowie den Ausflugsverkehr. Als Einzugsgebiet für Naherholung kommt nach allgemein gefestigter Ansicht ein Radius bis 80 km mit einer Pkw-Fahrtzeit bis maximal eineinhalb Stunden in

Betracht, d. h. daß vorwiegend Menschen aus dem Ballungsraum Freiburg in den Kreis kommen.

Besonders im Frühjahr und im Herbst sind Kaiserstuhlgebiet und Rheinuferzone beliebte Ziele für Ausflügler und Kurzurlauber mit ein oder zwei Übernachtungen am Wochenende, weil dann das Klima besonders angenehm ist und die landschaftlichen Reize mit Blütenpracht bzw. Laubfärbung am stärksten ausgeprägt sind.

Die Kaiserstuhlregion ist nicht nur ein Paradies für Wander- und Weinfreunde, sondern dank ihrer besonderen klimatischen Bedingungen und ihrer erdzeitlichen Entstehungsgeschichte ein vielbesuchtes Ziel von Zoologen, Botanikern und Geologen weit über die Grenzen Deutschlands hinaus. Der unter maßgeblicher Beteiligung des Landkreises entstandene Lehrpfad auf dem Limberg bei Sasbach bietet hierzu besonderes Anschauungsmaterial, gibt Hinweise auf historische Besonderheiten und belehrt anhand vieler Beispiele in natura über Weinbau und Forstwirtschaft sowie über den Rheinausbau und die Wasserwirtschaft.

Der Rheinuferzone und den angrenzenden Rheinauewäldern mit den verzweigten Altrheinarmen von Sasbach über Wyhl, Weisweil bis Rheinhausen sind im Landesentwicklungsplan Baden-Württemberg Naherholungsfunktionen zugewiesen. Der Rhein bietet sich zum Segeln, Rudern und Wasserskifahren (Sasbach) an, beherbergt aber auch umfangreiche Liegeplatzanlagen für den Motorbootbetrieb (Weisweil). Der weitere Ausbau dieser und zusätzlicher Freizeiteinrichtungen am Rhein entspricht zwar dem dringenden Bedürfnis vieler Hobbywassersportler auch aus dem Großraum Freiburg, auf der anderen Seite müssen Gemeinden und Behörden die berechtigten Belange und Forderungen des Naturschutzes für dieses Refugium seltener Pflanzen und vom Aussterben bedrohter Vogelarten berücksichtigen. Die im Interesse des örtlichen Dienstleistungsgewerbes wünschenswerte Entwicklung der bestehenden Naherholungseinrichtungen muß daher behutsam und maßvoll nach sorgfältiger Abwägung teilweise konträrer Interessen erfolgen, um eine „Verrummelung" als tödliche Gefahr für diese bereits zum großen Teil unter Naturschutz gestellte Auelandschaft mit ihren seltenen und wertvollen Biotopen zu vermeiden.

Zunehmend wird heute der Wald in seiner Erholungsfunktion erkannt und gewürdigt. Zahlreiche Wanderparkplätze, Schutzhütten sowie ein engmaschiges Netz gutausgebauter Waldwege erschließen die Wälder dem Wanderer und Spaziergänger. Die Schaffung und Unterhaltung dieser Einrichtungen ist ein Verdienst der Landesforstverwaltung. Ausgewiesene Reit- und Radwanderwege durchziehen das Kreisgebiet in allen Richtungen; zum Baden und Angeln laden zahlreiche Baggerseen ein, die oft dank des inzwischen reich entwickelten Uferbewuchses natürlichen Seen gleichen.

Im übrigen ist die Versorgung des Kreisgebietes mit Freizeiteinrichtungen insgesamt zufriedenstellend. Turn- und Sporthallen, Sportplätze und Freibäder gibt es in genügender

Zahl. Der enormen Zunahme der Anhänger des Tennissports entspricht es, daß neben vier Hallenanlagen im Kreisgebiet inzwischen jede Gemeinde ihre Tennisplätze hat. Die besonders reizvoll gelegene Freilichtbühne in Emmendingen bereichert in der Sommerzeit die kulturellen Angebote um eine besondere Attraktion. Schöne Heimatmuseen und das überregional bedeutende Oberrheinische Narrenmuseum in Kenzingen bieten viel Wissenswertes und Interessantes.

Auch seltener ausgeübte Sportarten werden im Kreisgebiet gepflegt, so z. B. Go-Kart-fahren in Teningen und Drachenfliegen auf dem Hörnleberg und dem Kandel. Der Waldkircher Hausberg ist außerdem ein reizvolles Wintersportgebiet. Zwei Abfahrts-hänge mit Schleppliften beim Kandelgipfel bieten dem Abfahrtsläufer neben dem Sport auch herrliche Fernblicke. Für Langläufer stehen sieben Kilometer gepflegter Loipen zur Verfügung. Abfahrts- und Langlauf sind auch auf dem an der Grenze zum Schwarz-wald-Baar-Kreis gelegenen Rohrhardsberg (1135 mNN) möglich.

Die Gemeinden als Träger der Fremdenverkehrsarbeit

Im Rahmen ihrer umfassenden Zuständigkeit als Selbstverwaltungskörperschaften sind die Gemeinden in vielfacher Hinsicht um Förderung des Fremdenverkehrs und Schaffung von Naherholungseinrichtungen bemüht. In der Schwarzwaldregion haben eine Reihe von Gemeinden durch besondere Anstrengungen auf dem Gebiet der Schaffung einer hohen Anforderungskriterien genügenden Infrastruktur ihre staatliche Anerkennung als ,,prädikatisierte" Fremdenverkehrsorte erreicht. Hierfür müssen in einem langwierigen Prüfungsverfahren außer der besonders umweltfreundlichen Infrastruktur eine Reihe von vorgegebenen klimatischen und landschaftlichen Forderungen erfüllt werden. Die Stadt Waldkirch hat als eine von insgesamt fünf Gemeinden des gesamten Schwarzwaldes die staatliche Anerkennung als ,,Kneippkurort" erhalten, der Stadt Elzach ist als ,,Luftkurort" und den Gemeinden Gutach und Winden als ,,Erholungs-orte" das begehrte, weil werbewirksame Prädikat verliehen worden.

Die erfolgreichste Werbung ist seit je die Mund-zu-Mund-Propaganda des zufriedenen Gastes. Darüber hinaus ist bei dem starken Konkurrenzkampf im Reisegewerbe eine gezielte und zugkräftige Werbung notwendig. Die überörtliche gemeinsame Werbung war ein Hauptanliegen, das zur Gründung von sog. Fremdenverkehrsgemeinschaften führte. Im Landkreis Emmendingen besteht die Fremdenverkehrsgemeinschaft Elztal und Seitentäler mit Sitz in Elzach, zu der sich die meisten Gemeinden im östlichen Kreisgebiet zusammengeschlossen haben. Der Fremdenverkehrsgemeinschaft Kaiserstuhl-Tuniberg mit Sitz in Breisach gehören die Kaiserstuhlgemeinden des Landkreises an. Darüber hinaus haben sich im Jahr 1980 die Gemeinden Freiamt, Herbolzheim, Kenzingen und Sexau mit Seelbach und Schuttertal im Ortenaukreis zur gemeinsamen Förderung des Fremdenverkehrs in einem losen Verbund unter dem Namen „Feriendreieck mittlerer Schwarzwald" zusammengeschlossen. Der Schwerpunkt der Zusammenarbeit ist über die Werbung bei Messen u. a. hinaus die Gästebetreuung. So wird neben überall gültiger Kurkarte und gemeinsamem Veranstaltungskalender ein spezielles Gästeprogramm für das Gesamtgebiet erarbeitet. In diesem kooperativen Leistungsangebot scheint allgemein eine Zukunftschance zur Erhöhung der Attraktivität von Fremdenverkehrsräumen zu liegen. Dementsprechend sind auf Landkreisebene Bestrebungen im Gange, zu einem Leistungsverbund zwischen den „klassischen" Fremdenverkehrsgemeinden der Schwarzwaldregion und den Gemeinden des westlichen Kreisgebietes in der Weise zu gelangen, daß z. B. dem Gast im Elztal Busfahrten zu Weinproben am Kaiserstuhl und zum Besuch von attraktiven Naherholungseinrichtungen oder Veranstaltungen im mittleren und westlichen Kreisgebiet möglichst regelmäßig angeboten werden. Neben der damit verbundenen Steigerung des Erlebniswertes des Gesamtgebietes für den Gast und damit des Anreizes zum Wiederkommen wird dadurch insbesondere das Dienstleistungsgewerbe in den so unterschiedlichen Raumschaften gefördert.

Hilfen und Beiträge des Landkreises

Da dem Landkreis allgemein die Förderung des Wohles seiner Einwohner obliegt, erschöpfen sich die Beiträge des Landkreises Emmendingen zum Fremdenverkehr natürlich nicht in solchen koordinierenden Anregungen. Finanziell am stärksten wirken sich die Zuschüsse des Kreises an die beiden Fremdenverkehrsgemeinschaften Elztal und Seitentäler sowie Kaiserstuhl-Tuniberg zur Unterstützung ihrer Werbearbeit aus. Ein weiterer Beitrag in dieser Richtung ist ein im Jahre 1981 nach einem Drehbuch des Kreisplanungsamtes hergestellter Werbefilm über den Landkreis. Der Landkreis hat im Mai 1981 erstmals eine neuartige Freizeitkarte für das gesamte Kreisgebiet herausgegeben, in der u. a. ein zusammenhängendes attraktives Netz von Radwanderwegen enthalten ist. Diese Karte wird auch dem erholungssuchenden Gast eine Fülle von Anregungen bieten.
Schließlich verdienen in diesem Zusammenhang die alljährlich unter reger Beteiligung der Kreisgemeinden durchgeführten Ortsverschönerungswettbewerbe Erwähnung. Die Fülle der von der fachkundigen Kommission unter Vorsitz des Landrats gegebenen Anregungen zur Verbesserung des Ortsbildes durch attraktive Gestaltung und Grünschmuck von privaten und öffentlichen Gebäuden, Plätzen und sonstigen Einrichtungen hat durch die Jahre hindurch zu sichtbaren Erfolgen geführt. Dieses erfreuliche Ergebnis trägt mit dazu bei, daß die Anziehungskraft des Landkreises ständig zugenommen hat.

Ausblick

Bei einer Gesamtwürdigung der in den letzten Jahren erreichten Zunahme des Erholungsurlaubs und der Vielzahl von Naherholungseinrichtungen ist eine optimistische
Prognose für die künftige Entwicklung im Kreisgebiet gerechtfertigt. Der Schwerpunkt
muß dabei auf qualitativem Ausbau statt quantitativer Erweiterung liegen. Besonderes
Augenmerk ist auch künftig der Erhaltung einer intakten Landschaft als Grundlage des
Fremdenverkehrs zu widmen. In der zunehmenden Kooperation der Fremdenverkehrsorte und in der Erhöhung der gemeinsamen Anstrengungen für einen Leistungsverbund
zwischen den westlichen Kreisgemeinden und den Schwarzwaldgemeinden liegt die
Herausforderung, aber auch die Chance der Zukunft.

Wirtschaft im Bild

Unternehmen stellen sich vor

(Firmenkurzbiographien ab Seite 353)

1. *Hauptverwaltung des Vertriebs- und Servicebereiches der Zeppelin-Metallwerke GmbH in Garching bei München. Im Vordergrund das moderne Bildungs- und Informationszentrum*

2. Wehrle-Werk AG, *Emmendingen. Fertigung eines Wärmeaustauschers für die chemische Industrie*

3. *Blick in eine der großen Fertigungshallen der* Wehrle-Werk AG *in Emmendingen*

4. *Luftaufnahme der Firma* Gütermann & Co., *Gutach-Breisgau*

5.–8.
Aluminiumwerk
Tscheulin GmbH,
Teningen. Tiefdruck
(links), Veredlung
und Weiterverar-
beitung (rechts)

Firma August Ganter KG,
Schuhfabrik, *Waldkirch*
9. *Verwaltungsgebäude
an der B 294*
10. *Arbeit an der Spitzen-
zwickmaschine*

11./12. *Firma* **Upat GmbH & Co.**, *Emmendingen. Von hier aus gehen* Upat-*Befestigungs-mittel in alle Welt.*
Ausschnitt aus der Metallfertigung (unten)

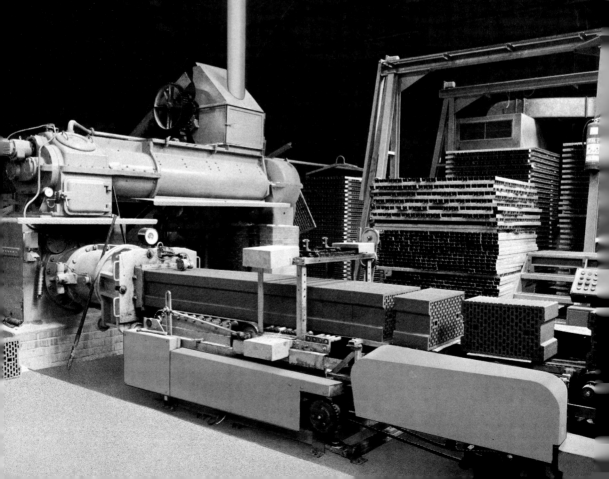

13.–16. Franz Winkler KG,
POROTON-Ziegelwerk, *Kenzingen.*
Der Strang tritt aus der Presse und
wird in Formlinge zerteilt (links).
Automatischer Weitertransport
bis in die Trockenkammern und
Blick auf die Ausfahrt des 80 m
langen Tunnelofens (rechts)

Otto Sick KG, Kellereimaschinen und -geräte, *Emmendingen*
17. *Werks- und Verwaltungsgebäude*
18. *Modernste NC- sowie CNC-gesteuerte Präzisionsfertigung in klimatisierten Räumen*
19. *Computergesteuerte vollautomatische Bearbeitungszentrale*

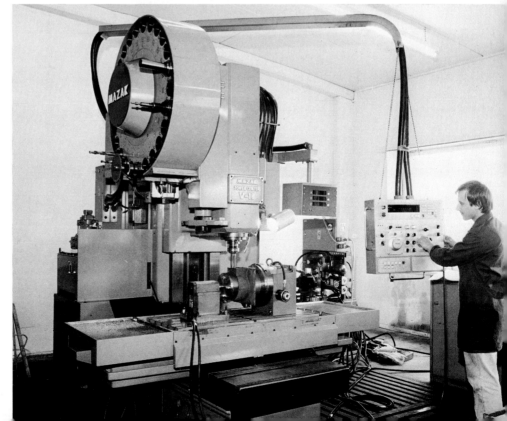

Anton Tränkle KG,
Präzisionsdrehteile-
Werke, *Triberg-Elzach*
20. Werksansicht
21. *Ausschnitt aus der
Produktionshalle des
Werkes in Elzach*

22./23. Elektro-Unternehmen Flösch, *Emmendingen*

FRAKO, Kondensatoren- und Apparatebau GmbH, *Teningen*
24. Luftaufnahme Stammwerk Teningen
25. Blick in eine Produktionshalle für Aluminium-Elektrolyt-Kondensatoren

26. *Luftaufnahme des Werkes Maurer in Malterdingen der Klöckner-Ferromatik GmbH*
27. *Endmontage der Klöckner-Ferromatik-Spritzgießmaschinen*

Schanzlin Maschinenfabrik GmbH, *Weisweil*
28. Schanzlin-*Schlepper beim Mäheinsatz auf dem Gelände einer großen Kläranlage
im Kreis Emmendingen*
29. Schanzlin-*Kommunalschlepper bei der Sportplatzpflege im Kreis Emmendingen*

30. Mildebrath GmbH, Sonnenwärmetechnik, *Sasbach. Brauchwasseranlage mit acht Kollektoren*

PLEWA-Werke GmbH,
Zweigniederlassung Süd-West,
Teningen-Nimburg
31. Luftaufnahme
32. Produktionshalle
33. Montierte, freistehende
Schornsteinanlage aus
Fertigteilen
34. Herstellung geschoßhoher
Schornsteine

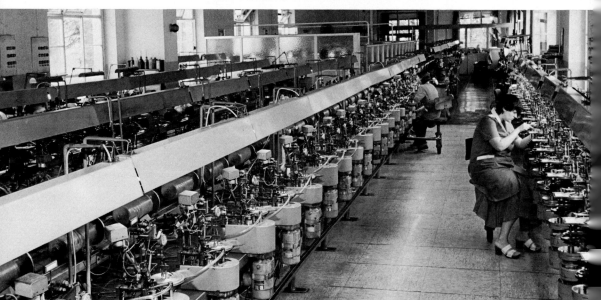

Badische Industrie-Edelstein-Gesellschaft mbH, *Elzach*
35. *Firmenansicht*
36. *Lagersteinherstellung auf Automaten eigener Fabrikation*

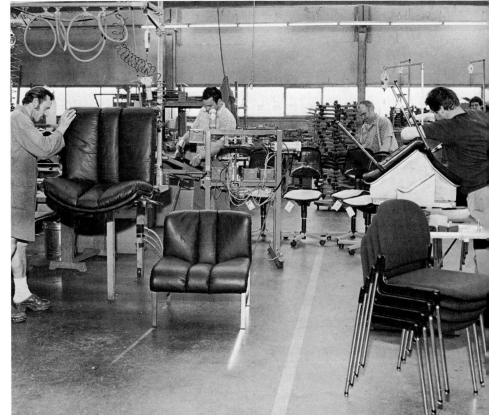

37./38.
Firma Girsberger
GmbH, Büro-
Sitzmöbelfabrik,
Endingen. Hand-
werkliches Können
(das Bild unten
zeigt Montageplät-
ze) garantiert die
Girsberger-Qualität

39./40. *Luftansicht der* Kollnauer Spinnerei und Weberei AG, *Waldkirch-Kollnau und Blick in die 1981 fertiggestellte moderne Webmaschinen-Anlage mit 102 Luftdüsen-Webmaschinen Fabrikat Rüti L 5000*

41./42. Firma
Siegfried Haller
GmbH, Uhrenfabrik,
Simonswald.
Arbeitsplatz in
der Endmontage
mit Blick auf den
Uhrenprüfstand
(unten)

47./48. *Das neue Firmengelände der Firma* Erwin Sick GmbH, Optik-Elektronik, *Waldkirch. Blick in die Optikfertigung (unten): Auch heute noch werden Präzisionsteile von Hand poliert*

49. *Werk II,* Fr. Xaver Bayer, Isolierglasfabrik *in Elzach. Fabrikation von* VITROTHERM-
Isolierglas

50. *Transportbetonwerk und Produktionshalle für Betonfertigteile der Firma* Karl Burger KG, Bauunternehmung *in Waldkirch*

51. *Luftaufnahme der Firma* Hötzel-Beton GmbH, Betonsteinwerke, *Werk 4, Wyhl*

52. Riegeler Brauerei, *Riegel*

53. *Luftaufnahme der Firma* August Faller KG, Großdruckerei und Verpackungswerk, *Waldkirch*

54. *Ein Teil der modernen Fotosatzanlage bei der Firma* Meisterdruck GmbH, *Reute*
55. *Automatisches Sudhaus der* Brauerei A. Mutschler Söhne, *Waldkirch. Das neue Brau-
haus wurde im Juni 1980 in Betrieb genommen*

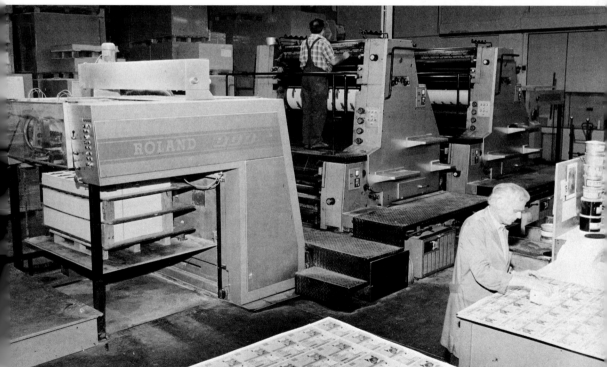

56./57. Gesamtansicht und Blick in die moderne Offsetdruckerei der Firma St. Göppert KG in Waldkirch

58./59. *Werksansicht und Produktionsstätte der Firma* Spürgin & Co. GmbH, Betonfertigteilwerk, *Teningen*

60. Hauptverwaltung
und Geschäftsleitung
der Grebau Greschbach
Industriebau GmbH
& Co., Karlsruhe
61. Verwaltungsgebäude
Grebau Werk Herbolz-
heim

62. *Firma* Zehnder-Beutler GmbH, *Werk 1 in Riegel a. K.*

63. *Eine der Werkshallen der Firma* Zikun Fahrzeugbau GmbH, *Riegel*

64. *Am Eingang zum historischen Marktplatz von Endingen findet man neben dem Rats-*
brunnen die Gebäude der Kaiserstühler Volksbank eG

Sparkasse Elztal
65. *Hauptstelle Waldkirch*
66. *Hauptstelle Elzach*

Firma
Vollherbst-
Druck, *Endingen*
67. *Vorderansicht
des Druckerei-
gebäudes*
68. *Offsetsaal,
im Vordergrund
eine Vierfarben-
Offsetmaschine*

69. *Kasse und Servicebereich im Kundenraum der* Volksbank Emmendingen eG

Firma Willi
Heitzmann,
Bauunternehmen,
Teningen
70. Typische
BAUMEISTER-
Haus-Siedlung
von Firma Willi
Heitzmann,
schlüsselfertig
erstellt im Bau-
gebiet ,,Erb-
äcker'' in
Teningen
71. Schwestern-
wohnheim
(Kreiskrankenhaus
Emmendingen),
erstellt von
der ARGE
Heitzmann/Joos

Sparkasse Nördlicher Breisgau, *Emmendingen*
72. *Hauptstelle und Service-Zentrum Emmendingen*
73. *Geschäftsstelle Kenzingen*

Winzergenossenschaft Jechtingen eG, *Sasbach-Jechtingen*
74. Westansicht des 1962/63 erbauten Kellereigebäudes (Fassungsvermögen 3,5 Mio. Liter)
75. Ortsansicht mit Eichertkapelle Madonna in den Reben. Beste Einzellage des Ortsteiles
Jechtingen

76. *Verwaltungsgebäude und Kellereianlagen der* Winzergenossenschaft Kiechlinsbergen im Kaiserstuhl eG, *Endingen-Kiechlinsbergen*

77. Winzergenossenschaft Königschaffhausen am Kaiserstuhl eG, *Endingen-Königschaff-hausen*

78. Der Winzerkeller der Winzergenossenschaft Sasbach eG in *Sasbach am Kaiserstuhl*

79. Bürogebäude mit Lager- und Werkstatträumen sowie Wohnungen der Firma Weber GmbH, Heizung – Lüftung, *Waldkirch*

80. L. Bastian, Weingut – Kellerei, *Endingen*
81. *Teilansicht der modernen Flaschenfüllerei der Firma* Gebrüder Klausmann, Hirschenbrauerei *in Waldkirch*

82. Weingut Leopold Schätzle, *Endingen*
83. *Firma* Gebr. Bechtold GmbH, Marmor- und Betonsteinwerk, *Denzlingen*

92. Abwasserzweckverband Breisgauer Bucht, *Freiburg. Klärwerk Forchheim: Blick auf Nachklärbecken und Schlammbehandlungsanlage*

Firmenkurzbiographien

Die Zahlen in Klammern verweisen auf die Abbildungsnummern in „Wirtschaft im Bild"

Abwasserzweckverband Breisgauer Bucht,
Freiburg (92)

In den frühen 60er Jahren beschlossen die Stadt Freiburg i. Br., die Gemeinde Gundelfingen, andere Gemeinden und kleinere, bereits bestehende Verbände, Kläranlagen zu erweitern, an günstigere Orte zu verlegen oder neue Kläranlagen zu bauen. Damit wären in unmittelbarer Nähe der Stadt Freiburg mehrere Kläranlagen zu erstellen und zu betreiben gewesen, eine Situation, die nicht befriedigen konnte. Die Frage der Beseitigung der Abwässer aus dem „Zartener Becken", dem als Wasserschutzgebiet besondere Bedeutung zukommt, war nicht geklärt. Auch in anderen Bereichen des Breisgaus gab es ungelöste Fragen der Abwasserentsorgung.
Bei der Suche nach einer Lösung mußte Rücksicht auf die im Raum der Breisgauer Bucht besonders engen Zusammenhänge zwischen Abwasser, Oberflächenwasser, Grundwasser und Wasserversorgung genommen werden. Eingehende Untersuchungen der Landesanstalt für Gewässerkunde bestätigten recht früh die Befürchtung, daß bei der für den Raum der Breisgauer Bucht aufgestellten Bevölkerungs- und Industrieprognose in kurzer Zeit die Restbelastung der in mechanisch-biologischen Einzelkläranlagen gereinigten Abwässer so groß sein würde, daß sie von den vorhandenen leistungsschwachen Wasserläufen nicht mehr schadlos verarbeitet werden könnte. Daraufhin wurden 4 großräumige Varianten untersucht. Die sehr eingehende Gewichtung ihrer Vor- und Nachteile ergab einen klaren Ausschlag zugunsten der „Vorschlagsvariante Riegel", die den Bau der Verbandskläranlage im Raum Riegel-Forchheim und die Ableitung der gereinigten Abwässer in den Vollrhein bei Kappel vorsah. Diese Lösung wurde durch die wasserrechtliche Entscheidung des Reg.-Präs. Freiburg vom 20. 12. 1979 dahingehend modifiziert, daß die zunächst mech.-biol. gereinigten Abwässer in den Leopoldskanal einzuleiten sind. Innerhalb der

Jahre 1980 bis 1985 hat der Verband Untersuchungen über notwendige Einrichtungen zur weitergehenden Reinigung durchzuführen und erforderliche Anlagen zur weitergehenden Reinigung zu erstellen und in Betrieb zu nehmen.
Der Abwasserzweckverband Breisgauer Bucht wurde am 15. 12. 1966 gegründet. Ihm gehören die Städte Endingen a. K., Freiburg i. Br., Waldkirch i. Br. und 27 weitere Gemeinden des Breisgaus mit etwa 280 000 Einwohnern an.
Am 1. 7. 1967 eröffnete der Abwasserzweckverband seine Geschäftsstelle und nahm seine Bautätigkeit auf.
Um seine Aufgaben durchführen zu können, hat der Abwasserzweckverband Breisgauer Bucht rd. 150 km Kanäle mit Innendurchmessern zwischen 25 cm und 4 m sowie eine mechanisch-biologische Kläranlage gebaut, die auf 600 000 Einwohnergleichwerte ausgelegt ist. Die Investitionskosten für Kanäle und Kläranlage betrugen rd. 250 Mio. DM. Hieran haben sich das Land Baden-Württemberg und die Bundesrepublik Deutschland mit etwa einem Drittel beteiligt und damit die Belastung der Bürger aus Investitionen erheblich gesenkt.
Im Jahre 1980 ging das Gesamtsystem termingemäß in Betrieb.

Aluminiumwerk Tscheulin GmbH,
Teningen (5–8)

Aus der Erkenntnis, daß der Absatzmarkt für Aluminiumfolien immer größer würde, z. B. in der Verpackungs- oder Elektroindustrie, befaßte sich das Unternehmen seit 1913 mit dem Walzen von Aluminium zu dünnen Folien. Nach dem 1. Weltkrieg wurde, im nunmehr sich „Breisgau Walzwerk GmbH" nennenden Werk, die Produktion erweitert und Walzgerüste angeschafft, die ein kontinuierliches Walzen von Bändern und Folien ermöglichten.

Ab 1926, unter der Firmierung „Aluminiumwerk
Tscheulin GmbH", begann das Unternehmen auch
mit der sog. Veredlung von Aluminiumfolien bzw.
dünnen Bändern. Sie wurden lackiert, farblos oder
farbig, bedruckt oder mit Papieren, später auch mit
Kunststoff-Folien zu Kombinationen kaschiert.
Die Anlagen der Aluminiumwerk Tscheulin GmbH
wurden 1945 vollständig demontiert, und erst ab
1948 konnte mit dem Wiederaufbau begonnen werden. Neben neuen Walzgerüsten und entsprechenden Hilfsmaschinen wurden auch Veredlungsma-
schinen angeschafft, so daß schon nach kurzer Zeit
ein vielseitiges Lieferprogramm vorhanden war.
Auch die Produktion von Zierkapseln für Wein- und
Bierflaschen wurde aufgenommen. Im Laufe der
Jahre wurde das Aluminiumwerk Tscheulin GmbH
in ein reines Folienveredlungswerk umgewandelt.
Die Druckkapazität wurde erweitert; neben den
schon vorhandenen Flexodruck- wurden auch Tief-
druckmaschinen aufgestellt.
Heute fertigt das Aluminiumwerk Tscheulin GmbH
mit seinen 850 Mitarbeitern vorzugsweise Packstoffe
für flexible und halbstarre Verpackungen für den Le-
bensmittelbereich. Den jeweiligen Anforderungen
entsprechend werden Papiere, Karton, Kunststoff-
folien und Gewebe mit Aluminium kombiniert.
Diese Verbunde mit Aluminiumfolien, dünnen Bändern usw. werden beschichtet, lackiert und/oder bedruckt, geprägt, gestanzt, zu Schmalrollen und
Formaten geschnitten u. ä. Abnehmer sind die Hersteller und Abpacker aus dem gesamten Lebensmit-
telbereich, einschließlich der Getränkeindustrie, sowie von Tabakwaren und von chemischen und phar-
mazeutischen Produkten. Darüber hinaus gehören
auch Verbunde für technische Zwecke zum Fabrikationsprogramm, z. B. für den Isolierbedarf, zur Ka-
belherstellung usw.
Das Unternehmen besitzt eine eigene graphische Abteilung für Entwürfe und Vorlagenherstellung und
eine eigene Druckformherstellung für Tief- und Fle-
xodruck sowie gut ausgerüstete Laboratorien zum
Entwickeln neuer Produkte.

Badenwerk AG, Karlsruhe   (88, 89)

Die öffentliche Stromversorgung des gesamten
Landkreises Emmendingen erfolgt durch die Badenwerk AG, und zwar – mit Ausnahme der Stadt
Elzach, des Ortsteils Gutach der Gemeinde Gut-
ach/Breisgau und eines Teils des Stadtteils Kollnau
der Stadt Waldkirch – in allen Gemeinden und Städten des Kreises unmittelbar, d. h. bis zum Hausan-
schluß jeder Kundenanlage.
Das Badenwerk gehört zu den führenden Elektrizi-
tätsversorgungsunternehmen (EVU) der Bundesrepublik. Das unmittelbare und mittelbare Versorgungsgebiet umfaßt mehr als 80% des Landesteils
Baden. Es erstreckt sich vom Rhein-Main-Neckar-
Raum bis zum Bodensee, wobei ein großer Teil unmittelbar vom Badenwerk versorgt wird, während
der andere Teil von anderen EVU, wie z. B. Stadt-
werken, beliefert wird, die die elektrische Energie
zum größten Teil vom Badenwerk beziehen.
Das Badenwerk ist gesetzlich verpflichtet, alle in seinem Versorgungsgebiet lebenden Einwohner, Industrie, Handel, Gewerbe und Landwirtschaft mit elektrischer Energie zu versorgen. Sitz des Badenwerks
ist Karlsruhe, wo sich die Hauptverwaltung befindet.
Zur Erledigung der laufenden Arbeiten in den Netzen
und Kundenanlagen sind im Versorgungsgebiet des
Badenwerks 10 Betriebsverwaltungen eingerichtet.
Der westliche Teil des Landkreises Emmendingen bis
einschließlich Kollnau, Stadt Waldkirch, ist der Betriebsverwaltung Kaiserstuhl mit Sitz in Rheinhausen bei Herbolzheim zugeordnet; der östliche Teil des
Landkreises mit den Gemeinden oberhalb Gut-
ach/Breisgau, im oberen Elztal und im Simonswäldertal, wird durch die Betriebsverwaltung Kinzigtal
mit Sitz in Hausach/Kinzigtal betreut. Die Anzahl
der vom Badenwerk aus dem Niederspannungsnetz
(380/220 V) versorgten Kundenanlagen im Landkreis Emmendingen beträgt rd. 47000 (Zahl ohne
oberes Elztal und Simonswäldertal), die Anzahl der
aus dem Mittelspannungsnetz (20 kV) versorgten
Kundenanlagen (mit firmeneigenen Transformato-
renstationen) rd. 230 (Zahl ohne oberes Elztal und
Simonswäldertal).
Abgesehen von einigen kleinen Wasserkräften mit
insgesamt ca. 1700 kW Leistung an der Elz und der
Wilden Gutach, muß der Strombedarf des Landkreises Emmendingen, ca. 80000 kW – wie derjenige des
gesamten südlichen Oberrheingebiets –, bisher ausschließlich durch Bezug aus dem Hoch- und Höchst-
spannungsnetz gedeckt werden. Die Einspeisung aus
dem Hochspannungsnetz in das Versorgungsgebiet
erfolgt über an den jeweiligen Lastschwerpunkten errichtete 110/20 kV-Umspannanlagen (meistens Frei-
luftanlagen). Hiervon gibt es im Landkreis Emmendingen bisher 3 Anlagen – Herbolzheim, Teningen
und Buchholz –, eine vierte bei Bleibach ist derzeit in

der Planung. Die Fortleitung von den Umspannanlagen in die einzelnen Gemeinden und Städte erfolgt über ein weitverzweigtes Mittelspannungsnetz. Die Betriebsverwaltung Kaiserstuhl hat derzeit 145, die Betriebsverwaltung Kinzigtal 112 Beschäftigte.

Badische Industrie-Edelstein-Gesellschaft mbH, Elzach (35, 36)

Die „Schliffi", wie man in Elzach die Badische Industrie-Edelstein-Gesellschaft mbH (BIEG) nennt, wurde 1949 als Rechtsnachfolgerin der Badischen Saphirschleifwerke gegründet. Diese waren eine Tochtergesellschaft der IG.-Farbenindustrie AG. Im Rahmen der Entflechtung des Konzerns nach 1945 wurde das Werk Elzach selbständig und ging mit französischer Mehrheitsbeteiligung in privaten Besitz über. Nach Ausscheiden der französischen Gruppe wird das Unternehmen seit 1975 als rein deutsches Familienunternehmen geführt.
Wie der Name schon sagt, wurde das Unternehmen gegründet, um synthetischen Saphir und Rubin für technische Zwecke zu verarbeiten. BIEG-Erzeugnisse sind heute unter den Markenzeichen BIEG-JEWELS und BIEG-AUTOMATION bis weit über die Grenzen Deutschlands hinaus ein Begriff und garantieren für Qualität und Präzision. So wird z. B. im traditionellen Fertigungsbereich der Lagersteine und anderer Teile aus Saphir und Rubin mit Toleranzen im my-Bereich gearbeitet. Mit Lagersteinen für Uhren, Wassermessern und Elektrizitätszählern, Meßinstrumenten aller Art sowie Saphir- und Diamantspitzen wird, mit einem Exportanteil von ca. 30% in fast alle Erdteile, eine breite Palette von Branchen angesprochen.
Der internationalen Entwicklung der Branche – der Wettbewerb findet sich hauptsächlich in der Schweiz, Italien, Frankreich und Japan – wurde durch eine rechtzeitige Verbesserung der Fertigungsabläufe Rechnung getragen. Von einer früher vorwiegend handwerklichen Fertigung mit hohem manuellem Anteil konnte man im Laufe der Jahre zu einer fast weitgehend automatisierten industriellen Fertigung kommen. Dabei wurden die heute eingesetzten Automaten und Maschinen fast ausschließlich in der dem Unternehmen seit Bestehen angegliederten mechanischen Werkstätte gebaut. Die ständige Verbesserung und Angleichung des Automatenparks aufgrund moderner Technologien und verbesserter Werkzeuge und Materialien bedingt auch heute noch

einen hohen Aufwand an Forschung und Entwicklungsarbeit.
Zur Verbesserung der Struktur des Unternehmens wurde die Angebotspalette besonders in den letzten Jahren erweitert. Dabei standen im Vordergrund der Ausbau der Halbzeug-Fertigung zur größeren Unabhängigkeit vom Ausland, Investitionen zur Aufnahme der Produktion von Kleinteilen aus Hartmetall und Edelstahl sowie der Ausbau der mechanischen Werkstätte zu einer selbständigen Maschinenbauabteilung. Mit der Aufnahme der Produktion von Kleinteilen aus Hartmetall und Edelstahl konnten weitere Branchen angesprochen werden. Wie bei Rubin und Saphir können auch hier anspruchsvolle Teile mit engen Toleranzen und besonderer Oberflächengüte angeboten werden. Die beim Bau der eigenen Automaten gewonnenen Erfahrungen wurden beim Maschinenbau umgesetzt. Heute werden vorwiegend Montagestraßen für Musikkassetten, Videokassetten sowie Montageautomaten für die Feinwerktechnik angeboten.
Neben der Serienfertigung für die Industrie werden in einer Spezialabteilung Sonderanfertigungen aus Rubin, Saphir, Keramik und Hartmetall für Forschung und Entwicklung hergestellt. Der dadurch bestehende Kontakt zu namhaften Universitätsinstituten und anderen Forschungszentren wirkt sich auch auf die eigene Forschung und Entwicklung befruchtend aus. So stehen dem Unternehmen durch diese Kontakte Anlagen für extreme Messungen und Prüfungen zur Verfügung, die sonst nur ein Forschungslabor unterhalten kann.
Derzeit beschäftigt die BIEG insgesamt 150 Mitarbeiter, dazu zeitweise bis zu 10 Auszubildende als Mechaniker, Fachrichtung Maschinenbau.

L. Bastian, Weingut – Kellerei, Endingen (80)

1868 gründete der Geometer Leopold Bastian das Weingut, das er 1884 mit dem Neubau westwärts des Königschaffhauser Tors zur Weinkellerei mit einer Lagerkapazität von einer Mio. Liter in 250 Holzfässern erweiterte.
Franz-Josef Bastian, der Sohn des Gründers, hat die ersten badischen Weine auf Flaschen gefüllt und 1900 bei der Weltausstellung in Paris und 1910 in Brüssel einen großen Preis mit seinen Weinen errungen. Durch Erforschung und Bekämpfung der Rebschädlinge hat er sich große Verdienste im Weinbau er-

worben. Vor 1914 lagerte er in 4 eigenen und 8 gemieteten Kellern sowie 7 Filialen im Reichsgebiet
über 3 Mio. Liter Wein. Hauptabsatzgebiete waren
das Elsaß sowie Nord- und Ostdeutschland. Wichtige
Absatzgebiete gingen durch den 1., später durch den
2. Weltkrieg verloren.

1938 übernahm die Enkelin des Gründers, Elisabeth
Neymeyer, die Kellerei mit ihrem Mann, Franz
Neymeyer, der als tüchtiger Weinfachmann aus
Wettelbrunn kam. Sie führt das Erbe auch heute
noch mit den beiden Söhnen Franz-Josef und Bern-
hard weiter.

Das Weingut hat eine Rebfläche von 5,5 ha am Endinger Engelsberg, Hecklinger Schloßberg und Wet-
telbrunner Maltesergarten. Die Kellerei nimmt
Trauben von 350 Weinbauern mit ca. 200 ha Reben
auf. Nach Keltern und Ausbau werden die Weine in
alle Bundesländer verkauft.

Fr. Xaver Bayer, Möbel-Innenausbau – Fensterbau –
Fabrikation von Isolierglas ,,VITROTHERM'',
Elzach (49)

Die Gründung des Unternehmens erfolgte 1903 in
Waldkirch/Breisgau. Damals waren 5 Schreiner beschäftigt. Nach dem 2. Weltkrieg und in den Jahren
des wirtschaftlichen Aufschwungs hatte das Unternehmen Elzach – Berlin – Hamburg ca. 70 Beschäftigte, Schreiner, Glaser und Angestellte.

Der Firmengründer Fr. Xaver Bayer übergab 1954
seinem gleichnamigen Sohn das Unternehmen. 1973
wurde das Unternehmen in eine Personengesell-
schaft umgewandelt, wobei die Söhne von Fr. Xaver
Bayer als gleichberechtigte Gesellschafter aufgenommen wurden.

Die bestehenden Teilbetriebe wurden rechtlich ver-
selbständigt. So entstanden die Fr. Xaver Bayer,
Schreinerei – Glaserei, Elzach; Fr. Xaver Bayer, Isolierglasfabrik, Elzach (Gründung 1957); Fr. Xaver
Bayer, Isolierglasfabrik, Berlin (Gründung 1964);
Rudolf Ihde, Bauglaserei, Hamburg (übernommen
1969).

In dem 1973 erbauten Werksgebäude in Berlin wurde
die Produktion eines Schallschutzkompakt-Elemen-
tes mit Bezug aufgenommen, das es ermöglicht, insbesondere hochschalldämmende Fenster damit aus-
zurüsten.

1976 nahm die Isolierglasfabrik in Elzach die Produktion von Verbundsicherheitsgläsern ,,VITRO-
PHON'' und beschußsicherem Panzerglas auf, wo-

durch die Produktpalette Glas abgerundet wurde.
Die langjährige Erfahrung auf dem Gebiete Glas
macht die Firma Fr. Xaver Bayer zu einem kompeten-
ten Partner bei allen Problemen mit dieser Materie.
Zur Zeit beschäftigt die Firma Fr. Xaver Bayer in den
Betrieben Elzach, Berlin und Hamburg insgesamt 78
Mitarbeiter, davon 6 Auszubildende.

Gebr. Bechtold GmbH, Marmor- und Betonstein-
werk, Denzlingen (83)

1931 begann Georg Bechtold, der Vater der jetzigen
Firmeninhaber, mit einem Zementwarengeschäft als
Einmannbetrieb. Dieses Geschäft wurde, zeitweise
sogar neben einer Arbeit als Kriegsdienstverpflich-
ter in einem größeren Betrieb in der näheren Umgebung, bis 1945 geführt. Nach dem Krieg nahm der
jetzige Mitinhaber, Otto Bechtold, die Arbeit im väterlichen Betrieb auf. Ab 1950 beschäftigte das Unternehmen schon mehrere Mitarbeiter, nachdem auf
dem Wohngrundstück in der Hindenburgstraße in
Denzlingen eine kleinere Werkstatt gebaut worden
war. Wenige Jahre später wurde hier nochmals ein
größeres Werkstattgebäude errichtet und die entsprechenden Produktionseinrichtungen angeschafft.
Wenig später wurde wegen Platzmangels das ehemalige Gewerbeanwesen Siegel in der Waldkircher
Straße gepachtet.

1961 übernahm Otto Bechtold den väterlichen Betrieb. 1962/63 wurde im Gewerbegebiet Markgrafenstraße ein Grundstück erworben und eine Werkhalle
mit Büroräumen erstellt, die nach einigen Jahren erweitert wurden. Nachdem in diesem Neubau die Ma-
schinenanlagen installiert waren, beschäftigte das
Unternehmen über 20 Mitarbeiter.

1964 trat der jetzige Mitinhaber, Artur Bechtold, als
kaufmännischer Geschäftsführer in die Firma ein;
dem Mitinhaber Otto Bechtold wurde die technische
Betriebsleitung übertragen.

Die Entwicklung auf dem Bausektor erforderte eine
Spezialisierung auf reine Treppenbauarbeiten, unter
Einstellung der vorherigen Serienproduktion von Be-
ton- und Waschbetonplatten und geschliffenen Be-
tonwerksteinplatten. Es wurde eine Montagetreppe
entwickelt, für die Gebrauchsmusterschutz besteht
bzw. bestanden hat. Das Unternehmen hat heute die
baurechtliche Zulassung für 2 Arten von Montagetreppen und stellt andere Montagetreppen in Lizenz
her, die zusammen mit herkömmlichen Treppenbe-

lägen mit entsprechendem Zubehör auch montiert bzw. verlegt werden.

Am 1. 1. 1974 wurde die heutige Gesellschaft gegründet; die vorherige reine Betonstein-Firma wurde eingebracht. Ebenfalls mit der Gesellschaft vereinigt wurde der bis zu diesem Zeitpunkt bestehende Naturstein- bzw. Steinmetzbetrieb des dritten Gesellschafters, Steinmetzmeister Rudolf Bechtold, zu dem auch eine Grabmalabteilung gehörte. Heute führen ca. 10 Beschäftigte hauptsächlich die Be- und Verarbeitung von Natur- und Betonwerkstein und deren Verlegung durch eigene Verlegerkolonnen aus. Die als handwerklicher Nebenbetrieb eingetragene Steinmetzabteilung befaßt sich u. a. mit Fassadenrenovierungen, hauptsächlich an Sandsteinmaterialien, und betreibt das Grabmalgeschäft.

Die Firma Gebr. Bechtold GmbH feierte 1981 ihr 50jähriges Firmenjubiläum.

Karl Burger KG, Bauunternehmung,
Waldkirch (50)

1925 gründete Baumeister Karl Burger das Unternehmen, das er mit Umsicht und großer Tatkraft zu seiner heutigen Bedeutung führte.

Besonderen Wert legte er stets auf eine gleichbleibende Leistungsfähigkeit durch einen jeweils modern ausgerüsteten Maschinenpark. So konnten zahlreiche repräsentative öffentliche Hoch- und Brückenbauten (u. a. Landratsamt Emmendingen) sowie Ingenieurbauten für Industrie und Gewerbe ausgeführt werden. Einen weiteren Schwerpunkt bildet der Wohnbau in Form von Ein- und Mehrfamilienhäusern.

Seit 1954 Familien-KG, ist nun die zweite Generation mit Dipl.-Ing. Bruno Burger und Dipl.-Kfm. Hermann Ihle in der Verantwortung. 1965 errichtete die Firma ein eigenes Transportbetonwerk, das 1975 erneuert und um eine Produktionshalle für Betonfertigteile erweitert wurde. Von dort aus werden Unternehmen wie auch Privatabnehmer mit Transportbeton und Fertigteilen beliefert.

Das Unternehmen beschäftigt rd. 100 Mitarbeiter, davon derzeitig 12 Auszubildende. Die große Anzahl langjähriger Mitarbeiter ist kennzeichnend für das gute Betriebsklima, gleichzeitig aber auch Basis jahrzehntelanger Erfahrung und anerkannter Leistungsfähigkeit der Karl Burger KG auf allen Gebieten des Hoch- und Ingenieurbaus.

Emil Färber GmbH & Co.,
Großschlächterei, Vieh- und Fleischgroßhandel,
Emmendingen (84, 85)

Vor über 100 Jahren, im Mai 1877, wurde die Firma Emil Färber als Viehhandlung in Villingen gegründet. Kunden waren vorwiegend die Metzger vom Hochschwarzwald, Heuberg und der Baar. Während des 2. Weltkriegs wurden große Umsätze getätigt, da Schlachtungen und Viehversand zwangsweise angeordnet waren. Nach dem Kriege war die Firma beauftragt, das anfallende Schlachtvieh an die Besatzungsmacht zu liefern und die Metzgereien zu versorgen.

1948 trat Heinrich Gisinger in die Firma ein; der Firmenname wurde geändert in ,,Emil Färber & Co.''. Nach der Währungsreform kam auch für die Firma Färber & Co. ein Aufschwung. 1956 wurde erstmals neben dem Viehhandel im Schlachthof Villingen in eigener Regie geschlachtet und Fleisch gehandelt und 1963 in Waldshut die erste Filiale eingerichtet. Heute bestehen insgesamt 35 Filialen; hierzu gehören im Kreis Emmendingen die Filialen Emmendingen und Waldkirch. Alle Filialen kaufen und verkaufen selbständig, werden aber zentral verwaltet. Im Laufe der Jahre gründete das Unternehmen einige Tochterbetriebe; außerdem erfolgten Beteiligungen an in- und ausländischen Firmen.

Am 1. 10. 1969 wurde die Verwaltung und damit der Sitz der Firma von Villingen nach Emmendingen verlegt. Aufgrund eines Schlachthof-Strukturplanes waren verschiedene Gemeinden nicht mehr bereit, ihren Schlachthof weiterzubetreiben. Die Firma Färber war daher gezwungen, entweder einige Filialen aufzugeben oder die Schlachthöfe zu übernehmen. So gingen u. a. die Schlachthöfe in Emmendingen und Waldkirch in den Besitz der Firma über. Alle Schlachthöfe werden jedoch weiterhin öffentlich betrieben.

Von Anfang an war es das Bestreben der Firma Färber & Co., ein Mittler zwischen Landwirtschaft und Verbraucher zu sein. Dieses Ziel steht auch heute noch im Vordergrund der Geschäftspolitik.

August Faller KG,
Großdruckerei und Verpackungswerk,
Waldkirch (53)

Firmengründer war der 1850 geborene August Faller, der am 1. 5. 1882 eine Steindruckerei eröffnete, die sich bis zu seinem Tode im Jahre 1917 kräftig entwickelte und über 100 Mitarbeiter beschäftigte.

In der Geschäftsführung folgten dann sein Sohn Ernst und sein Schwiegersohn Hermann Schoenle als verantwortliche Gesellschafter. 1923 wurde der Offsetdruck aufgenommen und ausgebaut. Es konnte nun ein großer überregionaler Kundenkreis bedient werden. Dies veranlaßte Emil Wiebe in Berlin, qualitätsverlangende Kunden aus Berlin und den östlichen Gebieten der August Faller KG zuzuführen. Diese Ausdehnung war nach dem 2. Weltkrieg zunichte geworden, und erst 1952, durch den neuen Generationswechsel, den Enkel Heinz Faller und Dr. Gerhard Wiebe, den Sohn Emil Wiebes, wurden die grundsätzlichen Entscheidungen für die weitere Entwicklung der Firma getroffen.

Die Faltschachtelproduktion wurde ausgebaut. Mit einem Neubau in der Freiburger Straße ging es 1956 weiter aufwärts. 1970 vergrößerte das Unternehmen die Produktionskapazität mit einer vollklimatisierten großen Halle. Nun konnten alle Lager, die in der Stadt verteilt waren, im bisherigen Produktionsraum zusammengefaßt werden.

Bekannte Markenartikelhersteller sind Kunden der August Faller KG. Überall, wo farbig bedruckte Pakkungen aufgerissen werden, ist die Faller KG unter deren Herstellern. Das Fertigungsprogramm umfaßt heute Faltschachteln für die pharmazeutische Industrie und andere Industriezweige, Mehrstückpackungen, Pralinenpackungen, Schokoladeneinschläge und Bieretiketten.

1968 gründete die August Faller KG mit drei anderen Unternehmen der Branche die Copaco. Diese Zusammenarbeit mittelständischer Unternehmen ermöglicht auch die Konkurrenz mit den ganz großen Herstellern der Branche.

Das Unternehmen bietet jungen Leuten Ausbildungsplätze als Drucker, Fachrichtung Flachdruck, als Verpackungsmittelmechaniker und als Industriekaufmann.

Elektro-Unternehmen Flösch,
Emmendingen   (22, 23)

Elektromeister Max Flösch gründete das Unternehmen im Jahre 1931 in Bötzingen a. K. Er installierte und verkaufte elektrische Erzeugnisse.

Unternehmerisches Denken und Handeln waren schon für die erste Erweiterung und den Umzug aus dem damals rein landwirtschaftlich strukturierten Bötzingen in den aufstrebenden Industrieort Teningen im Frühjahr 1939 ausschlaggebend. Der 2. Weltkrieg beendete abrupt die Weiterentwicklung. 1948 war ein völliger Neubeginn – mit 5 Mitarbeitern – erforderlich.

1951 erfolgte ein Umzug in die Schillerstraße 19. Dieses Anwesen wurde nach und nach ausgebaut und die Mitarbeiterzahl bis zum Jahre 1960 auf 30 erhöht. Im gleichen Jahr traten die beiden Söhne und heutigen Inhaber, Willi und Paul Flösch, in die Firma ein. Willi Flösch hatte bis dahin eine technische Ausbildung, Paul Flösch eine kaufmännische Ausbildung erhalten.

1961 begann der Betrieb auch mit der Ausführung von Freileitungsbauarbeiten; ein Radio-Fernseh-Reparaturdienst mit eigener Werkstatt und ein Kundendienst für Waschmaschinen und Kühlschränke wurden eingerichtet.

1971 erfolgte der erste Bauabschnitt des jetzigen Geschäftshauses mit 1400 qm Nutzfläche in zwei Geschossen. Damit waren die Voraussetzungen für ein weiteres Wachstum geschaffen. Die 1971 gefällte, nicht einfache Entscheidung, aus dem Dorf in einen Außenbezirk zu ziehen, hat sich als richtig erwiesen, da die Kunden eine bequeme Anfahrt und viele Parkplätze zu schätzen wissen. Ein weiterer, 1976 fertiggestellter Neubau hat ca. 1100 qm Nutzfläche, davon 250 qm Bürofläche. Er dient ausschließlich dem handwerklichen Teil des Unternehmens und wird von den Abteilungen Elektroinstallation, Freileitungs- und Kabelbau genutzt.

Flösch ist auch 1981 noch ein reines Familienunternehmen und im Besitz der Familien Willi Flösch, Elektromeister, und Paul Flösch, Elektrokaufmann. In den drei Firmen Max Flösch OHG, Flösch Elektrounternehmen GmbH und Gaess Sanitär GmbH werden ca. 200 Mitarbeiter beschäftigt, darunter immer über 30 Auszubildende, worauf das Unternehmen besonderen Wert legt.

Die enorme Entwicklung zeigen die folgenden Zahlen: 1971 beschäftigte das Unternehmen 70 Mitarbeiter bei einem Umsatz von 2,5 Mio. DM, 1981 erarbeiteten 200 Mitarbeiter einen Jahresumsatz von 14 Mio. DM.

FRAKO, Kondensatoren- und Apparatebau GmbH,
Teningen   (24, 25)

1928 wurde die Frankfurter Kondensatorenfabrik GmbH (FRAKO) in Frankfurt/Main gegründet. 1932 übersiedelte das Unternehmen aus wirtschaftlichen Gründen nach Teningen. Der allgemeine wirtschaftliche Aufschwung in der 2. Hälfte der 30er Jahre sowie die laufende Verbesserung der Fertigungsverfahren waren maßgebend für eine rasche und zielstrebige Aufwärtsentwicklung in der Region Teningen/Köndringen.

Die Fabrikation erstreckte sich zunächst auf Papier-Kondensatoren für die Rundfunkgeräte-Industrie und die damalige Reichspost. Bereits 1933 wurde das Fertigungsprogramm auf Aluminium-Elektrolyt-Kondensatoren ausgedehnt und 1934 in kleinerem Umfang die Herstellung von Stromrichtern, speziell von Batterieladegeräten, aufgenommen. Bei Ausbruch des 2. Weltkriegs waren bereits 400 Mitarbeiter beschäftigt.

Nach der Währungsreform, 1948, begann ein rascher Aufschwung; der Maschinenpark wurde erneuert und bauliche Erweiterungen vorgenommen. Entwicklungsabteilungen erarbeiteten und erarbeiten laufend die Voraussetzungen für neue Fertigungszweige und qualitative Verbesserungen der Produkte.

Die technologisch anspruchsvollen Erzeugnisse von FRAKO weisen einen anerkannt hohen Qualitätsstand auf. Die steigende Nachfrage und die Lage auf dem Arbeitsmarkt in den 60er Jahren führten zur Gründung von Zweigwerken in Herbolzheim, Rheinhausen, Ihringen, Sasbach und Sexau. In dem Unternehmen arbeiteten Ende 1980 rd. 1300 Personen.

Die betriebliche soziale Fürsorge für die Mitarbeiter wird als bedeutsame Aufgabe anerkannt und durch die Schaffung von sozialen Einrichtungen unter Beweis gestellt. Auch der Aus- und Weiterbildung der Mitarbeiter wird große Bedeutung beigemessen.

Das umfangreiche Produktionsprogramm umfaßt heute:

Aluminium-Elektrolyt-Kondensatoren für die Rundfunk-, Fernseh-, Phono-, Meß-, Steuerungs-, Regel- und Fernmeldetechnik sowie für die Datenverarbeitung, Elektronen-Fotoblitzgeräte, Auto-Elektronik und alle anderen Gebiete der Elektrotechnik.

Stromrichter-Geräte in geregelter und gesteuerter Ausführung für die Stromversorgung in der Nachrichtentechnik, Energieversorgungsanlagen, elektronische Datenverarbeitungsanlagen für die Batterieladung sowie für spezielle Bedarfsfälle.

FRAKO-Papier- und Kunstfolien-Kondensatoren werden zur Kompensation von Entladungslampen und zum Betrieb von Motoren, FRAKO-Leistungs-Kondensatoren und Blindleistungsregelanlagen für die Energieeinsparung eingesetzt.

FSE-GmbH,
Synthetik- und Kunststoff-Verarbeitung,
Emmendingen (86)

Die FSE-GmbH – frühere Firmenbezeichnung „Flechterei und Seilerei Emmendingen" – wurde 1964 vom heutigen Geschäftsführer, Erwin Krammel, gegründet. Während die Vorgängerfirma „Meyer-Sansboeuf" fast ausschließlich Naturfasern verarbeitete, hat sich die neugegründete Firma FSE auf die Fertigung von Zwirnen, Schnüren und Tauwerk aus synthetischen Garnen (z. B. Perlon, Nylon, Trevira) spezialisiert. Eine rasante Umsatzentwicklung machte bald eine Vergrößerung der Produktions- und Lagerflächen notwendig. Bereits 1973 wurde ein nach modernsten Gesichtspunkten gebauter und eingerichteter Neubau mit einer Produktions- und Lagerfläche von etwa 4000 qm in der Denzlinger Straße bezogen.

FSE gehört heute zu den führenden Unternehmen der Flecht- und Seilindustrie. Produziert werden Papierführungsseile für Papiermaschinen, Kegelstellseile, Motoranwerfseile, Jalousieschnüre, Netzschnüre usw. Darüber hinaus bietet FSE ein umfangreiches Tauwerk-Sortiment für Wassersportler, d. h. für die Ausrüstung von Segelbooten, Motorbooten und Windsurfern. FSE, weithin bekannt als „der Tauspezialist", ist seit 1981 „offizieller Ausstatter der Segel-Nationalmannschaft des Deutschen Seglerverbandes".

Der Verkauf von FSE-Erzeugnissen erfolgt über den Fach-Einzelhandel, den Großhandel sowie direkt an die Industrie. Exportiert wird in nahezu alle europäischen Länder sowie in zahlreiche Überseeländer. Die Bearbeitung des Marktes erfolgt durch spezialisierte Vertretungen bzw. Vertriebsfirmen.

Nicht nur im Betrieb wurde in den vergangenen Jahren ständig rationalisiert und investiert, sondern auch in der Verwaltung. So werden nicht nur die gesamte Buchhaltung, sondern die komplette Auftragsbearbeitung, Arbeitsvorbereitung, Maschinenplanung etc. über EDV abgewickelt.

FSE beschäftigt derzeit etwa 75 Mitarbeiter. Der Jahresumsatz beträgt ca. 10 Mio. DM.

August Ganter KG, Schuhfabrik, Waldkirch
(9, 10)

Schuhmachermeister August Ganter gründete die
Firma 1922. Zunächst stellte das Unternehmen Ar-
beitsschuhe mit Holzsohlen für verschiedene Berufe
her. Bedingt durch die Reform- und Kneipp-Bewe-
gung nahm es auch die Produktion von Sandalen auf,
die im Laufe der Jahre immer stärker ausgebaut wurde.

Anfang der 50er Jahre befaßte sich die August Ganter
KG mit der Herstellung von Korkfußbett-Sandalen
und Hausschuhen. Diese führten sich auf dem Markt
sehr gut ein, so daß die Fabrikationsstätten laufend
erweitert werden mußten. So besteht seit 1960 ein
Zweigwerk in Schuttertal, Ortsteil Schweighausen,
mit ca. 70 Mitarbeitern. Im Jahre 1979 konnte ein Fabrikneubau in Waldkirch, Mauermattenstraße, bezogen werden, wo bisher nur ein Zweigwerk bestand.
Seit einigen Jahren werden auch Straßenschuhe für
Kinder, Damen und Herren in einer fußgerechten
Ausarbeitung mit hochwertigen Materialien hergestellt. Täglich fertigen 275 Beschäftigte ca. 2000 bis
2200 Paar Sandalen, Hausschuhe und Straßenschuhe. Die Absatzgebiete sind die Bundesrepublik, die
europäischen Staaten, die USA und Kanada. Der Exportanteil beläuft sich auf 27 Prozent.

Der Firmengründer verstarb 1964. Geleitet wird das
Unternehmen heute von Max und Paul Ganter. Die
August Ganter KG hat seit vielen Jahren ein Alters-
versorgungswerk für ihre Mitarbeiter eingerichtet.
Jährlich bildet das Unternehmen mehrere Jugendli-
che zum Industriekaufmann und Schuhfertiger aus.

Gasbetriebe GmbH, Emmendingen   (91)

Aufgabe der Gasbetriebe GmbH ist die Versorgung
anderer mit Elektrizität, Gas und Wasser sowie der
Verkauf und die Installation von Energieverbrauchs-
geräten.

Die Gasbetriebe GmbH wurde im Jahre 1902 in Berlin gegründet. Ihr erfolgreiches Schaffen ist dadurch
gekennzeichnet, daß im Laufe der Jahrzehnte über
100 Gaswerke, vom Saargebiet bis Schlesien, vom
Norden Deutschlands bis in den Süden, gebaut und
betrieben wurden.

1952 wurde der Sitz der Gesellschaft von Berlin nach
Bad Oeynhausen verlegt.

1967 erfolgte die Eingliederung der Gasbetriebe
GmbH in den Bereich der Thüringer Gas Aktienge-

sellschaft, München, und seit 1. 1. 1979 ist der Sitz
des Unternehmens ebenfalls in München.

Gleichzeitig wurde für die Betriebsstätten Bad
Schönborn, Bühl, Emmendingen und Tuttlingen die
Hauptverwaltung von Bad Oeynhausen nach Em-
mendingen verlegt.

Die stürmische Aufwärtsentwicklung mit dem Bezug
von Erdgas ab 1972 bewirkte eine umfangreiche Ausdehnung der Rohrnetze in zahlreichen weiteren Gemeinden und Städten auf insgesamt 500 km.

Girsberger GmbH, Büro-Sitzmöbelfabrik,
Endingen   (37, 38)

1963 bestand das Unternehmen aus 4 Mitarbeitern,
einem Polsterermeister, einem Polsterer, einem Rei-
senden und einem Büroangestellten. Was damals
noch so bescheiden angefangen hatte, entwickelte
sich in den vergangenen Jahren zu einem hochspezialisierten Industriebetrieb, der sich heute über ein Gelände von 1500 qm erstreckt. Die deutsche Tochter
des traditionsreichen Schweizer Sitzmöbel-Unter-
nehmens Girsberger zieht stolze Bilanz: Über 50
Mitarbeiter und die Verkaufszahlen beweisen, daß
sich die Investition am Kaiserstuhl gelohnt hat – für
die ganze Region.

Das malerisch gelegene Kaiserstuhl-Städtchen Endingen wurde nicht zuletzt deshalb als Standort aus-
gewählt, weil es – neben der verkehrsgünstigen Lage – eine für die Produktion der Girsberger-Quali-
tätsstühle unabdingbare Voraussetzung erfüllte:
Handwerkliches Können hat im Kaiserstuhl-Gebiet
eine gute Tradition. Man scheute bei Girsberger
keine Investitionskosten, um das Endinger Werk zu
einem Schaustück des Gesamtunternehmens auszubauen. Handwerkliches Können und großer Einsatz
der Girsberger-Mitarbeiter gewährleisten einen hohen Qualitätsstandard, vom erstklassigen Bürosessel
bis zum handlichen Girsberger-Bürodrehstuhl.
Heute ist Girsberger einer der 10 bedeutendsten Hersteller auf dem Markt.

Ein schöner Erfolg, der sich im vergangenen Jahr in
einer großzügigen Erweiterung des Betriebs nieder-
schlug: Ein Fabrikhallenanbau und ein zusätzliches
Bürogebäude sichern die Produktionskapazität für
die Zukunft. Dies gibt Sicherheit, auch für die Mitarbeiter.

Aus der umfangreichen Bürostuhl-Palette ist das
neueste Girsberger-Produkt, der ,,consens'', besonders hervorzuheben, ein nach den neuesten arbeits-

medizinischen Erkenntnissen entwickelter Bürostuhl. Ein formschönes, universell einsetzbares Modellprogramm, das in Fachkreisen große Anerkennung und Beachtung fand.
Heute schon hat sich Girsberger einen festen Platz auf dem internationalen Markt erobert. Eine Niederlassung in den USA unterstreicht die weltweite Aktivität von Girsberger.

St. Göppert KG, Offsetdruckerei, Waldkirch
(56, 57)

1906 von Kommerzienrat Stanislaus Göppert als Steindruckbetrieb gegründet, entwickelte sich der Betrieb – durch die beiden Weltkriege jeweils stark zurückgeworfen – doch stetig aufwärts. Parallel dazu ging auch die technische Weiterentwicklung des Steindrucks zum Offsetdruck.
Im Jahre 1958 ging die Geschäftsführung an den Enkel des Gründers, Dipl.-Volkswirt Armin Lummel, über. Es wurden dann modernste technische Maschinen angeschafft, bis zur völlig neu konzipierten Anlage der gesamten technischen Gebäude.
Die Produktpalette umfaßt heute die Herstellung aller Arten von Faltschachteln mit allen erdenklichen Veredelungen (Lackieren, Kalandrieren, Bronzieren, Goldfolien-Prägedruck usw.), eigene Reproduktion, Plakate aus Karton, Wellpappe und Papier, Prospekte und Broschüren bis hin zu Festkartonagen und Tonbandkassetten.
Nach dem Höchststand von 1960 mit 450 Personen beschäftigt das Unternehmen jetzt – bei wesentlich erhöhtem Ausstoß – 220 Mitarbeiter.

Grebau Greschbach Industriebau GmbH & Co.,
Werk Herbolzheim (60, 61)

Das heutige Werk Herbolzheim im Breisgau wurde 1912 unter dem Namen Stahlbau Greschbach GmbH & Co. errichtet. 1955 erwarb Stahlbau Greschbach das Eisenwerk Grötzingen. Diese Unternehmung war 1855 als Eisenwerk Grötzingen gegründet worden.
Der Name Grebau entstand 1967. Heute ist er ein Begriff für Qualität und neue Ideen auf dem Bausektor. 1978 fusionierten die Firmen Grebau Greschbach Industriebau GmbH & Co. und Stahlbau Greschbach GmbH & Co. unter dem Namen Grebau Greschbach Industriebau GmbH & Co. mit Sitz in Karlsruhe. Die gesamte Produktion wurde im Werk Herbolzheim zusammengefaßt.
Das Produktionsprogramm umfaßt heute *Konzepte und Bausysteme* wie Bausystem Karlsruhe, Hallensysteme für den Export, Tennishallen, Konzepte für Hallenanlagen; *Ergänzungsprogramme* wie Karlsruher Wabe, V-Lichtdach, Stahlbautechnik, Engineering sowie *Ausbauprogramme* wie Kranbautechnik, Türen, Tore, Fensteranlagen, Geländer, Stahlformteile.
Grebau ist zu finden in Karlsruhe; Zweigwerke und Niederlassungen bestehen in Herbolzheim, Wassertrüdingen, Bagdad (Irak); Außenbüros und regionale Fachberatungen in Riegel, Schnaittach und Hannover.
Firmeninhaber sind die Familien Michalowsky und Greschbach; Geschäftsführer Dipl.-Ing. Wolfgang Michalowsky, Manfred Greschbach und Manfred Bähr.

Gütermann & Co., Gutach-Breisgau (4)

1864 machte sich in Wien Max Gütermann, bis dahin Angestellter in einem Seidenhandelshaus, selbständig, um die bis zu dieser Zeit aus Oberitalien bezogene Nähseide selbst herzustellen. Auf der Suche nach einem günstigen Standort für eine größere Fabrikation fand er im Elztal bei Waldkirch eine stillgelegte Mühle mit schon ausgebauter kleiner Wasserkraftanlage. Dort wurde 1867 der Betrieb errichtet und die Arbeit schon im Herbst mit 30 Arbeitskräften aufgenommen.
War es bis dahin üblich, Nähseide nach Gewicht zu kaufen, führte Gütermann den Verkauf nach Längeneinheiten ein und in dem Zusammenhang die metrische Bezeichnung für die Fadenstärke, die erst in den 70er Jahren dieses Jahrhunderts durch das internationale Tex-System abgelöst wurde.
Waren damals nur Strängchen, Holzspulen oder bewickelte flache Pappkärtchen auf dem Markt und mit unverständlichen Maßen und Gewichtseinheiten ausgezeichnet, so entwickelte Gütermann die damals revolutionäre Kreuzwicklung auf Papphülsen, die schließlich Standard für alle Nähfadenhersteller wurde.
Nach dem 1. Weltkrieg und der Inflation 1923 war Gütermann der erste, der es wagte, das Röllchen Nähseide für 10 Rentenpfennig zu verkaufen, gegen den Widerstand der Branche, jedoch mit größtem Erfolg.

Anfang der 30er Jahre entwickelte Gütermann ein modernes Verkaufsgerät, den „Gütermann-SVK", der die Ware offen für den Verbraucher anbot, während man bis dahin die Spulen noch in Schubladen, in Schränken aufbewahrte. Auch das ist heute Standard der Branche.

Nach dem 2. Weltkrieg setzte die Entwicklung der Chemiefaser ein. Gütermann entwickelte den langfasergesponnenen Polyester-Nähfaden zu einem Qualitätsbegriff, der die Nachfolge von „Gütermann⁵ Nähseide" angetreten hat und dieses in langen Jahrzehnten bewährte Produkt in vielen Qualitätskriterien noch merklich übertrifft.

Mitte der 60er Jahre entwickelte Gütermann als erster eine Plastikspule mit Fadenverwahrung, die für Ordnung im Nähkorb der Hausfrau sorgt.

Zusammen mit 13 weiteren Gütermann-Gesellschaften in Europa und in Übersee versorgt Gütermann nicht nur den Handelsmarkt, sondern auch die verarbeitende Industrie mit einem Sortiment von Nähfäden, die ganz speziell und spezifisch auf diese hochgezüchteten Anforderungen abgestimmt sind.

Das Unternehmen wird nun in der 4. Generation von den Nachkommen des Gründers geführt und beschäftigt allein in Gutach im Breisgau rd. 800 Mitarbeiter.

Nach wie vor gilt der Leitspruch des Gründers: „Wir wollen besten Nähfaden auf wirtschaftlichste Weise herstellen und so verkaufen, daß ihn der Verbraucher so billig wie möglich erhalten kann!" Auf dieser Grundlage des Qualitätsbewußtseins beruhen die Anerkennung der Marke Gütermann auf dem Markt und damit die Sicherheit der Arbeitsplätze für die Mitarbeiter.

Siegfried Haller GmbH, Uhrenfabrik,
Simonswald   (41, 42)

Siegfried Haller gründete die Firma 1948 in St. Georgen (Schwarzwald). Er kaufte im Jahre 1953 in Simonswald ein größeres Anwesen und baute die Firma weiter aus. Zunächst stellte das Unternehmen Schlagwerke her, spezialisierte sich nach 1950 jedoch auf die Fabrikation von Jahresuhren. Diese Fabrikation wurde bis zum heutigen Tage beibehalten. Die Siegfried Haller GmbH fertigt mechanische und elektronische Werke und Quarz-Jahresuhren in einer großen Vielzahl von Mustern, bis hin zu ganz modernen Stiluhren.

Die Firma hat sich gut entwickelt. Im Jahre 1980

wurde das Unternehmen in eine GmbH umgewandelt und die drei Söhne in die Firma aufgenommen. Der Absatzmarkt für die Uhren der Siegfried Haller GmbH beschränkt sich nicht nur auf Deutschland; europäische und außereuropäische Länder wird in großem Stil exportiert.

Willi Heitzmann, Bauunternehmen,
Teningen   (70, 71)

Maurermeister Willi Heitzmann gründete das Unternehmen im Jahre 1958. Aus kleinen Anfängen entwickelte sich eine Firma, die heute zu den leistungsfähigsten in ganz Südbaden gehört. Die ersten 6 Jahre wurden ausschließlich Rohbauten, Ein-, Zwei- und Mehrfamilienhäuser für private Bauherren und Bauträgergesellschaften erstellt. 1964 wurde der Bau von Kanalisationen mit aufgenommen. Diese Sparte entwickelte sich bis heute zu einer Tiefbauabteilung, die hauptsächlich Kanalarbeiten für Gemeinden und Postkabelarbeiten für die Bundespost durchführt.

1968 wurde ein weiterer Betriebszweig, das schlüsselfertige Bauen zum Festpreis, aufgegriffen. Zusammen mit ca. 10 weiteren mittelständischen Bauunternehmen aus Baden-Württemberg wurde die Baumeisterhaus-Kooperation ins Leben gerufen. Sie ist heute die größte Baukooperation ihrer Art in der Bundesrepublik. 60 mittelständische Bauunternehmen sind diesem Verbund angeschlossen. Der ständige Erfahrungsaustausch mit Mitgliedsfirmen von der Planung über die Durchführung bis zur Finanzierung kommt jedem Mitglied und somit auch der Kundschaft zugute. Bis heute hat die Firma Heitzmann über 800 Baumeisterhäuser im Raum Offenburg bis Lörrach und Waldshut zur vollen Zufriedenheit ihrer Kundschaft gebaut. Als freies Wohnungsunternehmen betätigt sich das Unternehmen auch auf dem Gebiet der Errichtung und des Verkaufs von Reihenhäusern und Eigentumswohnungen. Heitzmann beschäftigt heute 150 Mitarbeiter bei einem Jahresumsatz von 20 Mio. DM. In Schopfheim und Lahr werden 2 Niederlassungen unterhalten. Ein solider, treuer Stamm von Mitarbeitern, eine arbeits- und verantwortungsfreudige Führungsmannschaft sichern Leistungs- und Konkurrenzfähigkeit. Jedes Jahr werden einige Lehrlinge als Maurer oder Betonbauer ausgebildet. Die 3 Geschäftsbereiche Hochbau, Tiefbau und schlüsselfertiges Bauen werden auch in Zukunft die 3 erfolgreichen Säulen im Betrieb bilden.

Herz-Kreislauf-Klinik Waldkirch

Aus 50jähriger Tradition und zukunftsschauender Initiative ist Waldkirch ein Ort der Heilpflege und der Erholung geworden. In dieses Rahmenkonzept fügt sich die 1972 eröffnete Herz-Kreislauf-Klinik Waldkirch ein. Die Klinik dient dem Ziel, Patienten mit organisch und funktionell bedingten Störungen der Herz-Kreislauf-Funktion entsprechend den modernen Anforderungen der präventiven und rehabilitativen Kardiologie zu behandeln. Neben den allgemein üblichen klinisch-kardiologischen Behandlungsmethoden ist ein zentrales Behandlungsprinzip der Klinik die körperliche Aktivierung des Patienten mit Hilfe einer mehrdimensionalen integrierten Übungs- und Bewegungstherapie, ergänzt durch balneologische Anwendungen einschließlich Kneippverfahren und Sauna. Form und Intensität der bewegungstherapeutischen Maßnahmen werden auf der Grundlage hochspezialisierter Testkombinationen individuell programmiert. Diese Tests umfassen die Analyse der Herz-Kreislauf-Funktion in Ruhe und unter körperlicher Belastung. Verschiedenartige Überwachungsmethoden garantieren während des ganzen Behandlungsverlaufs, daß der Arzt über die Wirkung der angewandten Maßnahmen ständig informiert bleibt. Auf diese Weise wird dem Patienten ein Optimum an Sicherheit nach dem neuesten Stand der Wissenschaft gegeben.

In regelmäßigen von Ärzten und Psychologen geleiteten Gruppendiskussionen wird der Wissensstoff der modernen Gesundheitslehre allen Patienten zugänglich gemacht. Spezielle Programme widmen sich den vielschichtigen Fragen der Streßbewältigung, auch werden moderne Verfahren zur Entspannung wie etwa das autogene Training angeboten.

Eine den neuesten Erkenntnissen der Ernährungswissenschaft entsprechende Kost mit Einschluß von Spezialdiäten fördert die Heilbehandlung und wirkt gesundheitsstörenden Faktoren (Übergewicht, Fettstoffwechselstörungen, Diabetes etc.) entgegen. Dem Ärzteteam sind 3 Psychotherapeuten zugeordnet, wodurch gewährleistet ist, daß sich der Patient im Bedarfsfalle auch einer psycho-physischen Simultan-Therapie unterziehen kann.

Hauptindikation ist die medizinisch notwendige Behandlung von Erkrankungen des Herz-Kreislauf-Systems, insbesondere bei Koronarleiden bzw. nach Herzinfarkt, bei Herzfehlern sowie nach Herzoperationen aller Art. Seit Einführung des Prinzips der ,,Anschlußheilbehandlung'' wird die Klinik in zu-nehmendem Maße von Patienten belegt, die erst vor kurzem aus der Akut-Klinik entlassen wurden, und die mit Hilfe sorgfältig überwachter sowie individuell dosierter Methoden in das Alltags- und Berufsleben zurückgeführt werden. Die Behandlungsprinzipien der Herz-Kreislauf-Klinik sind aber auch anwendbar auf Patienten mit vegetativ bedingten Herz-Kreislauf-Störungen jeder Genese, insbesondere hypotone und hypertone Regulationsstörungen bzw. labile Hypertonie.

Z. Z. wird im Interesse einer noch konsequenteren Erfüllung der speziellen medizinischen Zielsetzungen der Klinik ein umfangreicher Erweiterungsbau errichtet.

Hötzel-Beton GmbH, Betonsteinwerke,
Eggenstein – Karlsruhe – Wyhl a. K. (51)

1911 gründete Karl Hötzel in Eggenstein eine kleine ,,Cementwarenfabrik''.

Nach dem 1. Weltkrieg stieg die Nachfrage nach Bordsteinen und Gehwegplatten so stark, daß der Bedarf durch Handfertigung nicht mehr gedeckt werden konnte. Maschinen wurden angeschafft, und die eigentliche Betonwaren-Produktion begann.

Nach dem 2. Weltkrieg machten sich Karl Hötzel und Sohn Hermann an den Wiederaufbau und an die Betriebserweiterung. 1952 entstand das Werk 2 in Karlsruhe West, 1961 das Werk 3 in Eggenstein beim Rheinkieswerk, 1967 das Werk 4 in Wyhl am Kaiserstuhl, 1969 das Werk 5 in Karlsruhe-Neureut und 1977 das Werk 6 in Eggenstein, eines der modernsten in Europa.

Das heutige Fertigungsprogramm umfaßt eine reichhaltige Produktpalette für den Straßenbau, für den Garten- und Landschaftsbau und für den Sportstätten- und Gleisbau. Inzwischen zählt das Unternehmen ca. 300 Mitarbeiter und produziert ca. 300000 Tonnen Betonwaren jährlich. Der Name Hötzel-Beton bürgt für Qualität und ist bekannt für individuelle Problemlösungen. Nicht zuletzt deshalb gelang es der marktorientierten Firmenleitung, Absatzmärkte in einem großen Teil des EG-Raumes zu erschließen.

Kaiserstühler Volksbank eG, Endingen (64)

Nach dem Vorbild anderer Städte entstand im Jahre 1868 in Endingen eine Bank, die sich ,,Spar- und

Vorschußverein'' nannte. Mit dem Erlaß des Genossenschaftsgesetzes wurde der Spar- und Vorschußverein 1873 umgewandelt in eine Genossenschaft mit der Firmierung ,,Volksbank Endingen''.

Seit ihrem Bestehen betreut diese Volksbank nicht nur Bürger von Endingen, sondern Personen aller Stände vom Kaiserstuhl und der näheren Rheinebene.

Um diese Öffnung nach außen auf die Dauer zu demonstrieren, firmierte die Bank im Jahre 1956 um in ,,Kaiserstühler Volksbank''.

In ihrer Tätigkeit ist die Kaiserstühler Volksbank nicht nur in Endingen anzutreffen. Es gibt seit Jahren Zweigstellen in Bahlingen, Riegel und Wyhl. Vor kurzer Zeit gab es Fusionen mit den Raiffeisenbanken in Forchheim und Sasbach, wo die dort bisher selbständigen Banken nun noch besser mit vereinter Kraft dem Kunden dienstbar sind.

Mit diesen Verschmelzungen unterhält die Volksbank in Forchheim und Sasbach Warenabteilungen, die auf die Bedürfnisse der Landwirtschaft und des Weinbaues ausgerichtet sind.

In der derzeitigen Konstellation ist die Kaiserstühler Volksbank getragen von über 5000 Mitgliedern als Träger und Anteilseigner. Diese Bank präsentiert sich als modernes Geldinstitut mit einem gediegenen Service rund ums Geld.

Wie in den Gründertagen ist ihre Funktion ausgerichtet auf die Förderung ihrer Mitglieder und Geschäftsfreunde. Über all die vielen Jahrzehnte hinweg beruht ihre Existenz auf dem Prinzip der Freiwilligkeit nach der genossenschaftlichen Maxime der Selbsthilfe, Selbstverwaltung und Selbstverantwortung. In dieser Verfassung versteht sich die Kaiserstühler Volksbank als Bank für alle, sie bietet stets mehr als Geld und Zinsen.

Gebrüder Klausmann, Hirschenbrauerei,
Waldkirch   (81)

Die Hirschenbrauerei wurde im Jahre 1868 durch die Brüder Karl und Heinrich Klausmann gegründet, die hinter dem seit 1831 im Familienbesitz befindlichen Gasthaus ,,Zum Hirschen'' eine Brauerei erstellten und unter der Firma Gebrüder Klausmann führten. Da sich die Räumlichkeiten durch stetige Ausstoßerhöhung bald als zu beengt erwiesen, wurde von den Söhnen der Firmengründer, die ebenfalls Karl und Heinrich hießen, im Jahre 1904 am Waldstrain ein neues, stattliches Brauereigebäude mit Gaststätte er-

baut. Der Sohn von Karl Klausmann führte dann von 1931 an den Brauereibetrieb als kundiger Fachmann weiter. Nach seinem Tode im Jahre 1957 wurden seine Schwestern Hedwig Klausmann und Klara Neff Eigentümerinnen des Unternehmens. Als Klara Neff 1967 starb, trat deren Sohn Bernhard, der schon mehrere Jahre in der Firma tätig war, an ihre Stelle. Die Hirschenbrauerei vertreibt ihre Produkte hauptsächlich an die Gastronomie, unterhält aber auch einen Getränkeheimdienst. Erlesene Rohstoffe und das aus einem eigenen Tiefbrunnen im Felsgestein des Kandelmassivs geförderte Wasser sind in Verbindung mit traditioneller handwerklicher Braukunst für die Güte und Bekömmlichkeit der nach dem Reinheitsgebot gebrauten Waldkircher Hirschenbiere verantwortlich.

Ausschlaggebend für den Geschäftserfolg dieser mittelständischen Privatbrauerei ist neben der Qualität ihrer Biere vor allem auch der gute persönliche Kontakt zu ihrer Kundschaft.

Um das Angebot zu erweitern, wurden in den vergangenen Jahren auch alkoholfreie Getränke und Spezialbiere namhafter Produzenten in das Warensortiment aufgenommen.

Im Jahre 1972 wurde durch den Bau einer neuen Flaschenfüllerei, die mit modernsten Anlagen ausgestattet ist, dem steigenden Flaschenbierabsatz Rechnung getragen.

Durch gleichbleibende hervorragende Qualität ihrer Biere und gute persönliche Kundenbetreuung wird sich die Hirschenbrauerei auch in Zukunft gegen die Konkurrenz der Groß- und Konzernbrauereien behaupten und sich ihren Marktanteil sichern.

Klöckner-Ferromatik GmbH,
Malterdingen   (26, 27)

Die Klöckner-Ferromatik GmbH ist eine Tochtergesellschaft der Klöckner-Werke AG in Duisburg und führt 2 Produktionsbereiche.

Im Werk Maurer, Malterdingen, werden Kunststoffspritzgießmaschinen gefertigt. Das Werk wurde 1973 übernommen. Bereits vor der Übernahme wurden schon viele Jahre Kunststoffspritzgießmaschinen im Werk Maurer hergestellt. Das Unternehmen zählt heute zu den führenden Herstellern von Spritzgießmaschinen in Europa und hat seine dominierende Position im Schließkraftbereich von 200 bis 5000 kN. Mit 30 000 qm überdachten Werkshallen auf 100 000 qm Gelände wurden ideale Voraussetzungen für eine moderne Produktion geschaffen; es werden inzwischen ca. 560 Mitarbeiter beschäftigt. In der Ausbildungsabteilung werden insgesamt 30 Auszubildende in den Berufen Maschinenschlosser, Dreher und Werkzeugmacher ausgebildet.

Die Innovation im Werk Maurer führte über die M- und MH-Typen zu den heute bekannten Baureihen der MS- und F-Maschinen. Bereits 1969 waren die Maschinen der M-Reihe als erste in der Bundesrepublik serienmäßig mit einer elektronischen Steuerung ausgerüstet – ein Meilenstein im Spritzgießmaschinenbau.

Der Arbeitsbereich der Maschinen erstreckt sich sowohl auf hochpräzise technische Kunststoffteile, als auch auf Haushaltsartikel, optische Teile, dünnwandige Verpackungsartikel und Teile für die Pharmaindustrie.

Der Export des Unternehmens wird weltweit durch eigene Tochtergesellschaften und Handelsvertretungen gewährleistet.

Kollnauer Spinnerei und Weberei AG, Waldkirch-Kollnau (39, 40)

Im Jahre 1869 gründeten einige unternehmerisch denkende Männer aus Baden und dem benachbarten Elsaß auf dem Gelände eines ehemaligen großherzoglichen Hüttenwerkes eine Textilfabrik, wobei die Standortwahl nicht zuletzt durch die vorhandene Wasserkraft der Elz bestimmt wurde.

Die erste Maschinenausstattung der Spinnerei und Weberei stammte aus der nahen Textilstadt Mülhausen. Das Geschäft blühte, und in den Jahren von 1890 bis 1928 wurden beide Produktionszweige wesentlich erweitert. Das Ende des 2. Weltkrieges brachte eine teilweise Demontage, erst das Jahr 1948 kann als neuer Anfang gelten. Mit veralteten Maschinen waren diese Jahre des Wiederbeginns sehr schwierig, so daß das Unternehmen auf Kapazitätsausweitungen verzichten mußte. Nur eine totale Erneuerung des Maschinenparkes konnte die Zukunft sichern, dies allerdings nicht ohne Verzicht: Die Firma versagte sich jeden Neubau. Neue Maschinen in alten Gebäuden waren wichtiger. Dieser Grundsatz gilt auch heute noch.

Seine Flexibilität bewies das Unternehmen u. a. in der Programmgestaltung. Anfangs fertigte es nur glatte und einfache Gewebe, in den 30er Jahren ging das Unternehmen auf schaft- und jacquardgemusterte Bett- und Tischwäsche über, die von Druck-,

Beschichtungs- und Deko-Artikeln abgelöst wurden. Heute werden nahezu ausschließlich Oberbekleidungsstoffe gewebt, mit Schwerpunkt Cordgewebe in allen modernen Varianten und Konstruktionen. Cord aus Kollnau ist zu einem Begriff geworden.

Im Jahre 1970 wurde dem Unternehmen eine Spinnerei für synthetische Nähfäden in einem Neubau hinzugefügt.

Die Besitzverhältnisse der Aktien waren seit der Gründung des Unternehmens mancher Änderung unterworfen. Die Gesellschaftsform jedoch blieb stets unverändert. Plötzliche Wechsel in der Werksleitung gab es nicht. Eine kontinuierliche Leitung des Betriebes sorgte für eine stetige und folgerichtige Entwicklung.

Meisterdruck GmbH, Reute (54)

Gedruckt wird immer – und täglich mehr. Diese Erkenntnis veranlaßte den Firmengründer, von Dortmund nach Freiburg zu ziehen und dort 1968 eine veraltete Druckerei zu kaufen. Mit viel Engagement und solidem Fachwissen wurde diese Druckerei auf den neuesten Stand der Technik gebracht. 1973 konnte der Betrieb in einen Neubau nach Reute verlegt werden.

Die Meisterdruck GmbH ist heute eine der modernst eingerichteten Druckereien. Der Buchdruck wird noch gepflegt, der Offsetdruck ist allerdings das dominierende Arbeitsverfahren für die dort hergestellten Farbprospekte, Kataloge und Zeitschriften. Der Satz wird fast ausschließlich auf drei neuen Fotosetzmaschinen hergestellt. Neben der Modernisierung des Maschinenparks und der Einführung neuer Methoden und Systeme wurde auf die Ausbildung von Lehrlingen und die Weiterbildung des Stammpersonals großen Wert gelegt. Daher können die Facharbeiter von Meister in Reute mehr, und die Kunden wissen das zu schätzen.

Mildebrath GmbH, Sonnenwärmetechnik, Sasbach (30)

Gegründet wurde die Firma im Jahre 1973 von Werner Mildebrath als Elektrounternehmen. Nur ca. 2 Jahre war das Unternehmen jedoch auf diesem Gebiet tätig. Aufgrund der auftretenden Energieverknappung und Verteuerung machte sich der Firmengründer und heutige Mitinhaber der Mildebrath GmbH bereits im Jahre 1975 auf die Suche nach alternativen Energiequellen. Technische und theoretische Kenntnisse brachte er von seinem 1973 gegründeten Radio-Fernseh-Elektroinstallationsgeschäft mit, und so machte er sich mit seinen eigenen bescheidenen Mitteln an den Bau der ersten Sonnenenergieanlage. Diese auf seinem eigenen Anwesen installierte Anlage fand so großes Interesse, daß er mit einigen wenigen versierten Mitarbeitern bei erheblich steigender Nachfrage in die Produktion einstieg. So hat die Firma heute bereits über 300 Anlagen erstellt, u. a. in Spanien, Italien, Frankreich und Ägypten, wo die Nutzung der Sonnenenergie noch wesentlich günstigere Nutzungsverhältnisse vorfindet. Dort werden die Anlagen zum Teil auch in Lizenz hergestellt. Diese Anlagen sind sowohl für Brauchwasser, Heizungsunterstützung, gewerbliche Warmwasserbereitung und auch zur Schwimmbadbeheizung eingesetzt. So wurde z. B. auch im Auftrag des Landkreises Emmendingen bei dessen Gewerbeschule eine Anlage mit 42 Sonnenkollektoren auf die neue Turnhalle gebaut.

Die 1976, 1977 und 1978 in Sasbach veranstalteten Sasbacher „Sonnentage" wurden schon damals von der Bevölkerung als Information sehr stark angenommen. Auch durch diese Öffentlichkeitsarbeit und durch weitere Beteiligungen an Ausstellungen wuchs die Nachfrage immer stärker, so daß die Firma eine neue Montagehalle 1979/80 mit 1000 qm baute, wo heute 15 Beschäftigte Arbeit finden.

Die qualitativ sehr hochwertigen Kollektoren sind für die weitere Entwicklung des Unternehmens die beste Werbung, und so schaut das Unternehmen mit Zuversicht in die Zukunft.

A. Mutschler Söhne, Brauerei,
Waldkirch   (55)

Die Gründung der Brauerei Mutschler geht auf das Jahr 1836 durch eine Familie Landerer zurück. Der ursprüngliche Brauereiname war „Brauerei zur Arche". Am 14. 2. 1902 kaufte Braumeister August Mutschler der Familie Landerer die Brauerei zur Arche ab. Das bis zu diesem Zeitpunkt nicht über den Stand eines Kleinbetriebes hinausgekommene Unternehmen erlebte nun dank einer gründlichen und durchgehenden Reorganisation einen raschen Aufstieg. Im Jahre 1905 wurde bereits in Freiburg in der Waldkircher Straße in einem von der Brauerei 1904 erbauten Gaststättengebäude eine Vertriebszweig-

stelle eröffnet. In den Jahren 1903 bis 1916 wurden in Waldkirch 5 Gaststättenanwesen aufgekauft, die heute noch im Besitz des Unternehmens sind. Schon 1913 wurde der erste Lastkraftwagen Typ Mannesmann zum rationellen Transport angeschafft. Durch Fleiß, Können und Umsicht wurde das Unternehmen zur Blüte geführt und der eigentliche Grundstein für das heutige Unternehmen gelegt.

August Mutschler verstarb im Jahre 1932. Ab diesem Zeitpunkt wurde das Unternehmen von den beiden Söhnen August und Otto Mutschler weitergeführt. Nachdem August Mutschler im 2. Weltkrieg an den Folgen einer schweren Kriegsverletzung starb, wurde das Unternehmen von Otto Mutschler allein weitergeführt. Otto Mutschler verstarb im Jahre 1974. Das Unternehmen ist danach an seine einzige Tochter Ellen übergegangen und wird seither unter der Leitung ihres Ehemannes, Ingenieur Rudolf Schmidt, geführt.

Zum 100jährigen Bestehen des Unternehmens wurde im Jahre 1936 ein genereller Umbau der Brauerei vorgenommen, um dem damaligen technischen Stand und Ausstoßvolumen gerecht zu werden. Weitere technische Neuerungen erfolgten bis heute, und den 1980 erfolgten Einbau eines modernen Sudhauses kann man sicherlich als Krönung des Brauereibetriebes ansehen. Dadurch ist es gelungen, bis in die heutige Zeit die Wettbewerbsfähigkeit und Eigenständigkeit zu erhalten und qualitativ hochwertige Biere auf den Markt zu bringen. Um den künftigen gesunden Fortbestand des Unternehmens zu sichern, werden seit einigen Jahren neben den Biersorten Export, Pilsener und Malztrunk auch alkoholfreie Erfrischungsgetränke hergestellt. Zur Abrundung des Getränkesortiments werden auch Spezialbiere wie Weizenbier, Diät-Pilsener, alkoholfreies Bier, Altbier sowie Brunnen-Limonaden als Handelsware mitvertrieben.

Der gute Absatz und die Zufriedenheit ihrer Kundschaft geben der Brauerei Anlaß, mit Zuversicht der weiteren Entwicklung entgegenzusehen. „Hopfen und Malz, Gott erhalts" soll weiterhin der Leitfaden des Unternehmens sein bei der Herstellung eines hochwertigen und bekömmlichen Bieres.

PLEWA-Werke GmbH, Teningen-Nimburg
                                                                      (31–34)

Mit dem Namen PLEWA verbindet sich eine lange Tradition und reiche Erfahrung im Bereich des Schornsteinbaus. PLEWA – ein Begriff auf diesem

Sektor – ist eine Abkürzung und aus dem Namen des Hauses Plein-Wagner entstanden.

Die Geschichte des Unternehmens beginnt im Jahre 1868 mit dem Tage, an dem der 32jährige Jacob Plein-Wagner den Schritt von der handwerklichen Fertigung zum Industriebetrieb wagte. Firmensitz war und ist auch heute noch Speicher, ein Ort nördlich von Trier.

Die PLEWA Süd-West ist eine Niederlassung dieses Unternehmens. Sie nahm im Jahre 1969 zunächst in Umkirch ihre Arbeit auf und siedelte 1974 nach Nimburg über, wo auf einem 25000 qm großen Gelände ein Beton-Fertigteilwerk und Handelslager entstand. Produziert werden Mantelsteine für den Montageschornstein, geschoßhohe, dreischalige Schornsteine für den Fertighausbau sowie freistehende Schornsteinanlagen.

Das Handelslager führt sämtliche Materialien und Zubehör für den Schornsteinbau, offene Kamine mit eingebautem Warmluftaggregat und Kaminaufsätze. PLEWA-Fertigteilschornsteine werden in das gesamte Bundesgebiet geliefert. Wichtiger Abnehmerkreis ist vor allem ein Großteil der bedeutendsten Fertighaushersteller. Das Absatzgebiet für Montageschornsteine und Handelswaren umfaßt den gesamten süddeutschen Raum.

Der sich seit geraumer Zeit abzeichnende Käufertrend zum problemlosen Fertigteilschornstein machte bei PLEWA Süd-West eine Ausweitung der Produktion erforderlich. Durch einen in jüngster Zeit fertiggestellten Hallenneubau wurde die Produktionsfläche verdoppelt. Z. Z. werden ca. 80 Mitarbeiter beschäftigt.

Spinnerei und Zwirnerei Ramie Aktiengesellschaft, Emmendingen (87)

Die Gesellschaft wurde als Aktiengesellschaft im Jahre 1889 von dem späteren Kommerzienrat Franz Josef Baumgartner gegründet. Sie war eine Fortsetzung der seit langer Zeit an gleicher Stelle bestehenden Hanfspinnerei. Der Firmengründer hatte ein Verfahren entwickelt, das es ermöglicht, die von Natur aus wenig biegsame Faser spinnbar zu machen, ohne daß die Festigkeit verlorenging. Dadurch war es möglich, ein besonders widerstands- und strapazierfähiges Garn auf den Markt zu bringen.

Durch die Marktentwicklung ist heute die Verarbeitung der Ramiefaser vollkommen in den Hintergrund getreten und hat den synthetischen Fasern

Platz gemacht, die als 100% Synthetik oder als Mischgarne zusammen mit Wolle, Zellwolle oder Leinen verarbeitet werden. Dabei hat sich die Gesellschaft gegen starken Konkurrenzdruck, insbesondere aus Ostasien, aber auch aus Europa, den EG-Ländern und im eigenen Lande durchzusetzen. Dies wiederum ist nur möglich durch ständige Lieferbereitschaft, hochwertige Qualität und laufende Anpassung an die modische Entwicklung.

Um die Präsenz im wachsenden Euromarkt zu sichern, wurde im Jahre 1975 unter mehrheitlichem Einfluß von Ramie die Textil-Holding GmbH gegründet; dadurch stehen jetzt 3 weitere, ausbaufähige Betriebsstätten zur Verfügung.

Zur Durchführung ihrer Produktion verfügt die Gesellschaft über einen modernen, im weiten Umfang auch elektronisch gesteuerten Maschinenpark. Laufende Investitionen in nicht unerheblichem Umfang stellen sicher, daß dieser Maschinenpark nicht veraltet und immer dem neuesten Stand der technischen Entwicklung angepaßt ist. Hinzu kommt die gesunde finanzielle Basis, die es ermöglicht, auch schwere Zeiten durchzustehen.

Diese erfolgreiche Arbeit durch fast ein Jahrhundert wäre nicht möglich gewesen ohne eine Belegschaft, die langjährig treu zum Unternehmen steht und zum Teil seit Generationen mit ihm verbunden ist. Jubiläen von 25 Jahren sind bei Ramie üblich; auch solche von 40 Jahren sind jährlich zu feiern; selbst die seltene 50jährige Betriebszugehörigkeit hat es mehrfach gegeben. Der Pflege dieser guten Beziehungen zur Belegschaft gilt das besondere Augenmerk der Geschäftsleitung. Um diese Verbundenheit auch für die Zukunft zu erhalten, wird der Ausbildung des Nachwuchses in den verschiedensten Bereichen besondere Aufmerksamkeit gewidmet.

Auf dieser Basis ist es der Geschäftsleitung in den nun bald 100 Jahren des Bestehens der Gesellschaft immer wieder gelungen, sich laufend den ständig wechselnden Erfordernissen des Marktes anzupassen und damit nicht nur den Bestand des Unternehmens zu sichern, sondern auch die gesunde Basis zu schaffen, die es ermöglicht, vertrauensvoll in die Zukunft zu blicken.

Riegeler Brauerei, Riegel (52)

Am Fuße des Kaiserstuhls, wo Elz, Glotter und Dreisam zusammenfließen, liegen eng an den Berg geschmiegt Riegel und die Riegeler Brauerei.

Mit dem Bierbrauen nahm es 1822 in Riegel seinen Anfang. Aus diesen Anfängen entstand 1834 die Riegeler Brauerei, die schon bald darauf ihren endgültigen Standort unterhalb der imposanten Felswand des Michaelsberges einnahm. Hier entstanden unter 80 m Fels die kühlen Felsenkeller, die dem Riegeler Bier seine große Frische und lange Haltbarkeit gewähren. Seit rund 150 Jahren wird Riegeler Bier dort unter Verwendung auserlesener Rohstoffe und der Kunst seiner erfahrenen Braumeister hergestellt, sorgfältig gepflegt und gelagert.

Das wichtigste Dokument, das es zum Thema Bierbrauen gibt, ist das Reinheitsgebot aus dem Jahre 1516. Nach diesem Gesetz wird auch heute noch das Riegeler Bier gebraut. Doch schon bei der Auswahl der wertvollen Rohstoffe setzen die erfahrenen Braumeister ihr ganzes Können und Wissen ein. In einem Jahr tragen sie 110 000 kg auserlesenen Hopfen aus den besten Anbaugebieten zusammen, benötigen 350 000 l Hefe und 7 Mio. kg Malz, hergestellt aus ausgewählter und gehaltvoller Braugerste. Das kristallklare Wasser – 150 Mio. l im Jahr – gewinnen sie aus den tiefen Quellgründen des Kaiserstuhls. Mit diesen wertvollen Rohstoffen versorgt, beginnen die Braumeister mit dem Brauen, einer Kunst, die trotz modernster Technik nichts von ihrer Tradition verloren hat. Denn auch heute noch ist die Kunst des Bierbrauens in Riegel überlieferten Rezepten verpflichtet, die die Qualität der Riegeler Biere und das Ansehen der Riegeler Brauerei geprägt haben. Denn nur so ist es zu verstehen, daß jährlich 132 Mio. Gläser à 0,25 l mit Riegeler Bier gefüllt werden.

300 Mitarbeiter der Riegeler Brauerei sind täglich bemüht, über 13 Verkaufsniederlassungen, 260 Getränke-Großhändler und 40 Lebensmittelgroßhandlungen zu beliefern. Das Riegeler Qualitätsbier-Sortiment umfaßt Riegeler Felsen Pils, felsenfrisch und ausgesprochen feinwürzig, Riegeler Spezial Export, vollmundig, ausgewogen, Riegeler Altbadisch heller Bock, ein besonderes, starkes Spezialbier, Riegeler Altbadisch dunkler Bock, ein kräftiges Spezialbier von edler Reife nach überlieferten Rezepten und Riegeler Urbadisch dunkles Export, eine dunkle, würzige Exportbier-Spezialität.

Harry Roth, Präzisionsdrehteile GmbH,
Waldkirch   (43, 44)

Die Firma wurde im Jahre 1937 von Harry Roth in Villingen als Einzelunternehmen gegründet.

1950 nahm die Harry Roth Metallschraubenfabrik und Präzisionsdreherei ihre Produktion in Waldkirch auf und bezog im Jahre 1954 einen Fabrikneubau an der Siensbacher Straße. In den Jahren 1956 und 1958 sind wesentliche Erweiterungen an der Fabrikanlage vorgenommen worden. 1963 wurde das Unternehmen in eine Kommanditgesellschaft umgewandelt; es errichtete im Jahre 1968 zur Produktionserweiterung eine neue Fabrikationshalle.

Das Unternehmen fertigt Präzisionsdrehteile und Baugruppen aus sämtlichen zerspanbaren Werkstoffen und gilt als Spezialist für die Verarbeitung von rostfreien Edelstählen. Beliefert werden die optische Industrie, Wärme- und Energiewirtschaft, Medizintechnik, der Apparate- und Instrumentenbau, die Textilindustrie und der Maschinenbau.

An modernsten Zerspanungsmaschinen werden heute über 180 Mitarbeiterinnen und Mitarbeiter beschäftigt.

Zur Jahresmitte 1980 wurde eine Betriebsaufspaltung vorgenommen und die gesamte Fabrikation der Harry Roth Präzisionsdrehteile GmbH übertragen. Das Unternehmen wird heute von Geschäftsführer Alfred Bammert geleitet.

Weingut Leopold Schätzle, Endingen   (82)

Winzer- und Kellermeister Leopold Schätzle gründete den Betrieb 1970 mit einer relativ kleinen Produktionsfläche. Das Weingut hatte eine sehr schnelle Aufwärtsentwicklung; daher konnte schon 1972 ein Aussiedlerhof mit Kellerei erstellt werden.

Die Betriebsschwerpunkte sind Weinbau mit eigener Kellerwirtschaft und selbständige Vermarktung, Rebschulen (Pfropfrebenerzeugung) und Brennerei. Das neu aufgebaute Weingut zählt zu den vorbildlichsten und modernsten seiner Art. Im Rebschulbereich werden z. T. selbstentwickelte, neueste Methoden angewandt. In der Kellerwirtschaft wurden bei rationeller Gebäudeeinrichtung eine Traubenannahme- und eine Maischebehandlungsanlage ebenfalls selbst entwickelt. Daher wurde diesem Weingut anläßlich der DLG-Ausstellung 1980 in Hannover der Preis des Bundesministers für Ernährung, Landwirtschaft und Forsten als einzigem Weinbaubetrieb der Bundesrepublik verliehen.

Weit über die Kreisgrenzen hinaus als begehrter Lehrbetrieb bekannt, der z. Z. 4 Ausbildungsplätze sowohl für die Ausbildung zum Winzer als auch für die Ausbildung zum Weinhandelsküfer zur Verfügung stellt, dient das Weingut Schätzle dem Landwirtschaftsamt des Kreises Emmendingen als Prüfungsbetrieb.

Die einzelnen Weinbergslagen „Oberbergener Baßgeige", „Endinger Engelsberg", „Kenzinger Hummelberg" und „Bombacher Sommerberg" liegen in den Bereichen Kaiserstuhl-Tuniberg und Breisgau. In der Erzeugung stehen die bekanntesten Rebsorten Südbadens. Alljährliche hohe und höchste Auszeichnungen zeugen von der Qualität der Weine, u. a. der Bundesehrenpreis anläßlich der Bundesweinprämiierung 1977.

Besitzer und Betriebsleiter Schätzle verstand es, in kürzester Zeit seinen Familienbetrieb im ganzen Bundesgebiet und über die Grenzen hinaus bekanntzumachen, wobei er von seiner Frau tatkräftig unterstützt wird. Sehr geschätzt sind der individuelle Service und die Weinproben, die im Hause Schätzle des öfteren in größerem Rahmen fachmännisch und humorvoll zelebriert werden. Der Verkauf erfolgt zu ca. 90% an den Endverbraucher.

Schanzlin Maschinenfabrik GmbH, Weisweil (28, 29)

Die Stammfirma wurde vom Großvater des heutigen Firmeninhabers Horst Schanzlin im Jahre 1908 in Fahrnau im Wiesental gegründet, bis dann 1953 eine Betriebsverlagerung durch die damaligen Firmeninhaber Walter und Max Schanzlin nach Weisweil erfolgte. Nach dem Tode von Max Schanzlin (1954) und Walter Schanzlin (1970) erfolgte die Firmenweiterführung durch den Sohn, Horst Schanzlin. Das Familienunternehmen Schanzlin gehört heute zu den bedeutenden Herstellern von Spezial-Traktoren, Kommunalfahrzeugen sowie Getriebeteilen für Lkw in Europa.

Durch die jahrzehntelangen Verbindungen mit dem In- und Ausland werden die Spezial-Traktoren und Kommunalfahrzeuge über eine Händler- und Service-Organisation in fast allen europäischen Ländern und in der Bundesrepublik vertrieben. Die Traktoren und Fahrzeuge werden vorwiegend im Wein-, Obst- und Gartenbau, in Baumschulen, Sonderkulturen, in der Landschaftspflege und Gestaltung, bei Kommunalbehörden, Städten und Gemeinden und in der Industrie eingesetzt. Vielseitige Anbaugeräte wie Frontlader, Fräsen, Laubschneider, Mulchgeräte, Mähwerke und Schneeräumgeräte ermöglichen einen ganzjährigen Einsatz im Sommer- und Winterdienst

und entsprechen einem hohen technischen Stand. Die Herstellung der Präzisionsgetriebe erfolgt auf modernsten CNC-Bearbeitungszentren und Drehmaschinen mit hoher Genauigkeit.

Z. Z. werden ca. 100 Mitarbeiter beschäftigt. Auch die Ausbildung von Maschinenschlossern und Industriekaufleuten betrachtet das Unternehmen als eine wichtige Aufgabe.

Die Vielfalt der Produkte und der große Abnehmerkreis im In- und Ausland ermöglichen auch für die weitere Zukunft eine gute und sichere Entwicklung des Unternehmens.

Emil Schmolck KG, Unimog-Generalvertretung, Emmendingen (90)

1947 gründete Emil Schmolck in Emmendingen eine Landmaschinenhandlung mit Reparaturwerkstatt. Trotz der schlechten Startbedingungen in jenen Nachkriegsjahren wuchs der Geschäftsumfang so rasch, daß die zunächst gepachteten Räume bereits Anfang der 50er Jahre käuflich erworben und großzügig ausgebaut werden konnten.

Die 1953 übernommene Unimog-Generalvertretung führte in den folgenden Jahren zu einer weiteren beträchtlichen Umsatzausweitung über den landwirtschaftlichen Sektor hinaus. Die Geschäftsräume über der Elz wurden bald zu klein, und deshalb 1964 ein neuer, wesentlich größerer Betrieb in der Weiherstraße eröffnet. Das Lieferprogramm umfaßt heute den Vertrieb von Unimog, MB-trac und Zusatzgeräten für den kommunalen, gewerblichen, land- und forstwirtschaftlichen Einsatz sowie Traktoren und landwirtschaftliche Geräte aller Art. Eine gut eingerichtete Werkstatt, verbunden mit geschultem Fachpersonal und einem großen Ersatzteillager, sorgen für hervorragenden Kundendienst an den gelieferten Fahrzeugen.

Als zusätzlicher Betriebszweig wurde 1964 eine Auto-Elektrikwerkstatt aufgenommen, die unter der Firma Emil Schmolck GmbH firmiert. Diese Firma entwickelte sich ebenfalls so günstig, daß 1977 der Umzug in einen modernen Neubau auf demselben Betriebsgelände erfolgte. Mit der Neueröffnung wurde der Betrieb vom Hause Bosch als Bosch-Dienst eingestuft. Er ist mit den modernsten Testgeräten ausgerüstet. Gut geschulte Spezialisten stehen für alle vorkommenden Reparaturarbeiten an Pkw und Lkw, für Einbau und Reparatur von Standheizungen, Fahrtenschreibern, für Achsvermessungen, Ver-

gasereinstellungen usw. zur Verfügung. Als Blau-
punkt-Autoradio-Spezialist wird eine große Auswahl
von Radios angeboten.

Neben diesen beiden Unternehmen wird in Müllheim seit 1966 noch eine Daimler-Benz-Vertrags-
werkstatt für Pkw und Lkw, ebenfalls in einem neuen
Betrieb, unterhalten.

Das Unternehmen beschäftigt insgesamt ca. 90 Mitarbeiter.

Schurter GmbH, Fabrik elektrotechnischer
Artikel, Endingen   (45, 46)

Das Unternehmen wurde am 11. 6. 1970 als selbständige Tochtergesellschaft der H. Schurter AG, Lu-
zern, gegründet. Noch im selben Jahr konnte in den
gemieteten Räumen der alten Zigarrenfabrik in der
Königschaffhauser Straße 21 mit Montagearbeiten
begonnen werden. 1971 wurde von der Stadt Endingen ein eigenes Grundstück im Industriegebiet erworben. 1973 konnten eine Kunststoffpresserei und
ein Werkzeugbau angegliedert werden. Infolge
Platzmangels mußte 1975 der Werkzeugbau ins
,,Ostal" ausgegliedert werden. Noch im gleichen
Jahr wurden vom Stammhaus die Vertretungsrechte
für die Bundesrepublik Deutschland an die Schurter
GmbH in Endingen übertragen, auch erfolgte eine
Umstrukturierung der Vertretergebiete. Im Oktober
1978 konnte der auf eigenem Werkgelände
(16000 qm) erstellte Neubau mit einer Nutzfläche
von 2000 qm bezogen werden.

Das derzeitige Fabrikationsprogramm der Schurter
GmbH umfaßt Bauteile für die Elektronikindustrie in
den Bereichen: sichern – schalten – anzeigen – verbinden. Der Kundenkreis ist sehr breit gestreut und
umschließt folgende Industriezweige: allgemeine In-
dustrieelektronik, Fernmeldetechnik, Fotokino, Bü-
roorganisation, Medizintechnik, Meßgerätetechnik.
In einer modern eingerichteten Werkzeugmacherei
werden Vorrichtungen für die Montageabteilung
und Werkzeuge für die eigene Duroplast- und Ther-
moplastverarbeitung hergestellt. Ausbildungsplätze
stehen für Werkzeugmacher, Industriekaufmann
und technische Zeichner zur Verfügung. In der 1979
eingerichteten, eigenen Entwicklungsabteilung entstehen zukunftsorientierte Bauteile von morgen.
Schurter nimmt an allen wichtigen Ausstellungen
und Messen im In- und Ausland teil. Z. Z. werden
ca. 110 Mitarbeiter beschäftigt.

Erwin Sick GmbH, Optik-Elektronik,
Waldkirch   (47, 48)

1946 gründete Erwin Sick in Vaterstetten bei München ein Ingenieurbüro. Daraus entwickelte sich eine
Forschungs- und Produktionsstätte für photoelektronische Geräte. Das erste Sick-Patent, die ,,licht-
elektrische Schranke", wurde 1951 als ,,schöpferi-
sche Sonderleistung" ausgezeichnet. Heute ist die
Sick-Lichtschranke das Standard-Gerät auf der ganzen Welt. Ebenso bekannt sind der Sick-Unfall-
schutz-Lichtvorhang und viele weitere Erfindungen.
Aus Platzgründen siedelte der Betrieb 1954 nach
Oberkirch/Baden um, 1956 nach Waldkirch. 1960,
mit 175 Mitarbeitern, wurde das ,,Institut für Automation" in München zur Entwicklung neuer Geräte,
insbesondere für Umweltschutz und von Scannern
für die Oberflächenkontrolle gegründet.

Aus dem ehemaligen Einmannbetrieb wurde ein
weltweit operierendes, bekanntes Unternehmen für
photoelektronische Geräte. Viele Patente entstanden. 1977 bezog das Unternehmen, inzwischen Erwin Sick GmbH, Optik-Elektronik, ein neues Werk
in Waldkirch, das – auf die grüne Wiese gebaut – eine
Goldmedaille als ,,schöner Industriebau" vom Bun-
desminister für Raumordnung, Bauwesen und Städ-
tebau erhielt.

Das heutige Firmenprogramm umfaßt photoelektronische Geräte für Arbeits- und Umweltschutz, Ver-
kehrssicherheit, Automation, Steuern und Regeln,
Oberflächenkontrolle, Textil- und Informations-
technik. Dieses überlegene Programm verlangt laufend eine gute, z. T. spezielle Ausbildung der Mitarbeiter. Hauptsächlich werden Feinoptiker, Feinme-
chaniker, Feingeräteelektroniker, Nachrichtengerä-
temechaniker, Werkzeugmacher und technische
Zeichner ausgebildet.

Mit insgesamt über 850 Mitarbeitern ist die Erwin
Sick GmbH, Optik-Elektronik, heute das größte Spe-
zialunternehmen für photoelektronische Geräte und
Anlagen. Rechtlich selbständige Tochtergesellschaften in Frankreich, Großbritannien, den Niederlanden, der Schweiz und den USA sowie Vertretungen
in über 80 Ländern repräsentieren das Unternehmen.

Otto Sick KG, Kellereimaschinen und -geräte,
Emmendingen   (17–19)

Als am 15. 7. 1909 der Blechnermeister Otto Sick
durch eine Anzeige im örtlichen Tageblatt, den

„Breisgauer Nachrichten", die Eröffnung eines Blechnerei- und Installationsgeschäftes bekanntgab, wurde der Grundstein zu einem Unternehmen gelegt, das in seinen Wirkungsbereichen Weltgeltung erlangen sollte.

Während das Unternehmen unter seinem Gründer Otto Sick, dem Großvater des heutigen Firmeninhabers und Geschäftsführers Peter Sick, durch die Wirren zweier Kriege hinweg noch seinen handwerklichen Charakter behalten hatte, begann unter der Leitung von Otto Sick, dem Sohn des Firmengründers, nach dem Kriege der rasche und steile Aufschwung eines Unternehmens, das – mit seinen Produkten im Weinland Baden verhaftet – auch in anderen weinproduzierenden Regionen und Ländern schnell Fuß faßte.

Von zwei Grundsätzen, die sicherlich auch heute noch ihre Gültigkeit besitzen, ging das Unternehmen aus: zum einen Maschinen und Geräte herzustellen und zu beherrschen, die sonst niemand herstellt, zum anderen auf die Herstellung der Produkte zu verzichten, an denen sich andere bereits erfolgreich versucht hatten. Schwarzwälder Präzision und badischer Erfindergeist ließen ein Maschinenprogramm entstehen, das weltweit in den Unternehmen der Wein- und Sektindustrie zu finden ist.

Die Otto Sick KG, mit über 200 Mitarbeitern, präsentiert sich heute in ihrem neuen Verwaltungsgebäude, modern und aufgeschlossen. Das ständige Bemühen um neue und erfolgreiche technische Lösungen wird auch in diesem neuen Gebäude offenkundig. Als hätte man die Probleme der aktuellen Energiekrise vorausgeahnt, gewinnt man hier die für Heizung und Kühlung erforderliche Energie über Wärmepumpen aus dem Grundwasser. Durch moderne Datenverarbeitungsgeräte werden kaufmännische und technische Bereiche optimal und schnell gesteuert. Im Bereich der Fertigung sorgen numerisch gesteuerte Werkzeugmaschinen und komplette Bearbeitungszentren – zusammen mit qualifiziertem Fachpersonal und erfahrenen Monteuren – für den gleichbleibend hohen Qualitätsstandard der Sick-Maschinen.

Der Erfolg des Unternehmens basiert heute auf 5 wesentlichen Bereichen: dem klassischen Maschinenbau, der Innovation und Verfahrenstechnik, der Planung und Projektierung, der Industrieprodukte als Zulieferbetrieb und dem EDV- und Berichtservice.

Sparkasse Elztal, Waldkirch und Elzach (65, 66)

Die „Sparkasse Elztal" ist durch Zusammenschluß der früheren Bezirkssparkassen Waldkirch und Elzach am 1. Januar 1978 entstanden.

Die Sparkasse in Waldkirch, 1855 nach über 10jährigem Zögern der Stadt und letztlich auf Anweisung des Großherzoglichen Bezirksamtes gegründet, feierte 1980 das 125jährige Bestehen.

In Elzach wurde die Sparkasse wenig später, im Jahre 1873, gegründet.

Durch die Fusion im Jahre 1978 wurde das gesteckte Ziel, auf einer größeren geschäftlichen Basis die Leistungsfähigkeit zu erhöhen, voll erreicht. Dies beweisen die seitherigen Ergebnisse des größten Kreditinstituts im Bereich des Elztales und seinen Seitentälern und des Glottertals. In den 2 Hauptstellen Waldkirch und Elzach sowie den 18 Zweigstellen werden den rd. 39 000 Einwohnern der zu versorgenden 8 Gemeinden alle zeitgemäßen Angebote über Geldanlage und Kredite, Bankdienstleistungen und die Abwicklung des Zahlungsverkehrs geboten. Für die Bewältigung dieser vielfältigen und für die heimische Bevölkerung und Wirtschaft wichtigen Aufgaben beschäftigt die Sparkasse Elztal 119 Mitarbeiter.

Aus den Bilanzzahlen Ende 1980 geht hervor, daß die Sparkasse eine Bilanzsumme von mehr als 276 Mio. DM und ein Geschäftsvolumen von 280 Mio. DM aufweist. Die Passivseite enthält neben den 175 Mio. DM Spareinlagen und Sparkassenbriefen 55 Mio. DM befristete Einlagen und Sichteinlagen. Auf der Aktivseite werden über 209 Mio. DM Gesamtkredite ausgewiesen.

Auf den fast 59 500 Kundenkonten wurden 1980 insgesamt 1 800 000 Buchungsposten abgewickelt. Die Zuwachsraten in allen wesentlichen Geschäftssparten lagen in den letzten Jahren über den entsprechenden Vergleichszahlen, so daß die Erwartungen auf ein weiteres Wachstum der Sparkasse Elztal als realistisch zu bezeichnen sind.

Sparkasse Nördlicher Breisgau, Emmendingen (72, 73)

Mit einer Bilanzsumme von über 500 Mio. DM, mit mehr als 200 Beschäftigten und einem Netz von 42 Geschäftsstellen, ist die Sparkasse Nördlicher Breisgau das bedeutendste selbständige Geld- und Kreditinstitut im Kreis Emmendingen. Erst kürzlich konnte das neue Hauptstellengebäude seiner Bestimmung übergeben werden. Mit diesem Neubau hat sich das Institut nicht nur ein ausreichend großes und kundengerechtes Service-Zentrum geschaffen, sondern durch die Ausgewogenheit des Gebäudes und die Anpassung an die baulichen Gegebenheiten in der Nachbarschaft wesentlich zur harmonischen Neugestaltung des Emmendinger Marktplatzes beigetragen. Die Sparkasse ist stets bestrebt, bei Neu- oder Umbauten von Geschäftsstellen nicht nur ihre wirtschaftlichen Ziele zu verwirklichen, sondern auch durch ansprechende Bauwerke zur Verschönerung von Ortsteilen und Einkaufszentren beizutragen. Auch die Um- und Erweiterungsbauten der Geschäftsstelle Kenzingen wurden nach diesem Grundsatz durchgeführt. Es ist dort ebenfalls gelungen, kundengerechte Bedienung und Beratung in einer ansprechenden, großen Kundenhalle nach modernsten Gesichtspunkten einzurichten und trotzdem Alt- und Neubau so zu integrieren, daß das Bauwerk in Richtung Stadt den vertrauten Anblick bietet.

Die Städte Emmendingen und Kenzingen waren bis vor wenigen Jahren Sitz selbständiger Sparkassen. Die Bezirkssparkasse Emmendingen wurde 1837 als „Hochberger Ersparnisgesellschaft" in Emmendingen gegründet. Zum Geschäftsbereich der Bezirkssparkasse gehörten neben der Stadt Emmendingen die Gemeinden Bahlingen, Bötzingen, Denzlingen, Eichstetten, Freiamt, Malterdingen, Reute, Sexau, Teningen und Vörstetten. Zum Geschäftsbereich der Bezirkssparkasse Kenzingen, gegründet 1854 als „Sparverein Kenzingen", gehörten neben der Stadt Kenzingen die Städte Endingen und Herbolzheim und die Gemeinden Forchheim, Rheinhausen, Riegel, Weisweil und Wyhl.

Mit Wirkung vom 1. 3. 1976 schlossen sich die Bezirkssparkasse Emmendingen und die Bezirkssparkasse Kenzingen zur Sparkasse Nördlicher Breisgau mit Sitz in Emmendingen zusammen. Die Vereinigung der beiden Sparkassen diente dem Ziel, das Leistungsangebot zu erweitern und die Wettbewerbsfähigkeit zu steigern. Rückblickend hat sich der Zusammenschluß in jeder Hinsicht bewährt.

Die Sparkasse war stets bestrebt, ihre Organisationsform, ihr Angebot und ihre Geschäftstätigkeit den Bedürfnissen ihrer Kunden anzupassen. Zu den traditionellen Aufgaben der Sparförderung und des langfristigen Kredits traten in den letzten Jahrzehnten der bargeldlose Zahlungsverkehr, die kurzfristige Finanzierung und die Dienstleistungen eines Universalkreditinstituts, insbesondere auch die Beratung in Bauspar- und Versicherungsangelegenheiten, der Kauf und Verkauf von Wertpapieren und deren Verwaltung im Auftrag des Kunden, der An- und Verkauf ausländischer Zahlungsmittel, der Kauf und Vertrieb von Gold, Münzen und Medaillen in Gold und Silber, die Vermittlung von Immobilien sowie die vielseitige Nutzung der Girokonten durch Daueraufträge, Lastschriften, Eurocheques mit Scheckkarten, Geldausgabeautomaten und vieles andere mehr. Mit diesem Angebot und ihrem dichten und leistungsfähigen Netz von Geschäftsstellen fördert die Sparkasse Nördlicher Breisgau das gesamte Wirtschaftsgeschehen im Geschäftsbereich und leistet durch ihre Geschäftstätigkeit einen beachtlichen Beitrag zum Wohle von 100 000 Einwohnern dieses Gebiets.

Spürgin & Co. GmbH, Betonfertigteilwerk, Teningen   (58, 59)

Die Firma Spürgin & Co. GmbH wurde 1964 durch den geschäftsführenden Gesellschafter, Bau-Ingenieur Fritz Spürgin, in Teningen gegründet. Zunächst richtete Fritz Spürgin neben einem Ingenieurbüro für Baustatik ein Lieferwerk für Transportbeton in Teningen ein. Ein Jahr später wurde ein Zweigwerk in Kenzingen und 1968 ein Werk in Umkirch errichtet.

Die Herstellung von Beton-Fertigelementen war jedoch von Anfang an Voraussetzung für die Firmengründung. So wurde bereits 1965 ein Deckensystem entworfen, das sich auf dem Markt sehr kurzfristig positiv durchgesetzt hat. Das Ziel war, mit dem neuen Deckensystem eine optimale Rationalisierung in der Bauausführung zu erreichen. Somit wurde auf dem ursprünglichen Betriebsgelände in der Tullastraße die Produktion dieser Decken sowie nach und nach auch die Herstellung weiterer Fertigelemente aufgenommen.

Da die Betriebsstätte nun zu klein wurde, erwarb das Unternehmen 1970 im neu erschlossenen Industriegebiet, Gewann Rohrlache, ein Grundstück mit ca. 50000 qm und begann 1972 mit dem Aufbau einer neuen Produktionsstätte mit einer Produktionsfläche von ca. 6000 qm. Die endgültige Betriebsverlegung konnte 1974 abgeschlossen werden.

Inzwischen wurde die Produktion auf ein neues Deckensystem mit der Hohldecke „fix-fertig" erweitert. Diese bringt eine weitere Rationalisierung in der Bauausführung mit sich.

1978 gründete das Unternehmen eine Zweigniederlassung in Selestat in Frankreich; dort werden bisher ausschließlich Großflächendeckenplatten hergestellt. Die Firma beschäftigt durchschnittlich ca. 80 Mitarbeiter.

Anton Tränkle KG, Präzisionsdrehteile-Werke, Triberg—Elzach (20, 21)

Die Anton Tränkle KG entwickelt und fertigt hochwertige Präzisionsdrehteile bis 120 mm Durchmesser. In den Werken Triberg und Elzach sichern qualitätsbewußte Fachkräfte das hohe Güteniveau der Großserienfertigung, unterstützt durch eine bedarfsgerechte statistische Qualitätskontrolle.
Bearbeitet werden NE-Metalle wie Kupfer, Messing und Aluminium, aber auch Automatenstahl, nichtrostende Stähle und Sonderlegierungen.
Der moderne Maschinenpark umfaßt Index-Revolver-Einspindel-, Gildemeister-Mehrspindel-Drehautomaten, Lang-, Ringdreh- und Sondermaschinen sowie umfangreiche Weiterbearbeitungsaggregate.
Um den vielfältigen Zerspanungsaufgaben gerecht zu werden, hat die Anton Tränkle KG eine der leistungsfähigsten Fertigungsstätten für Präzisionsdrehteile in Europa aufgebaut. Ein umfangreicher Werkzeug- und Vorrichtungsbau sowie die Ausstattung mit universellen Produktionsmaschinen gewährleisten eine optimale Fertigung der vielfältigsten Drehteile und ermöglichen ein Höchstmaß an Flexibilität.
Form- und maßgedrehte Tränkle-Präzisionsdrehteile findet man in den unterschiedlichsten Industrieprodukten – von der Sanitärarmatur bis zum Heizungsthermostaten, von der Steckkupplung bis zum Regelgerät, vom Hydraulikaggregat bis zur Ölpumpe, vom Auto bis zum Flugzeug. Das Leistungsangebot umfaßt auch die galvanische Oberflächenbehandlung und die Komplettierung von Baugruppen.
Die Entwicklung der Anton Tränkle KG in den letzten 30 Jahren zeigt auf einen Blick das Vertrauen, das die Industrie der Firma entgegenbringt – in guten und weniger guten Zeiten. Dies ist das wertvollste Kapital des Unternehmens.

Upat GmbH & Co., Emmendingen (11, 12)

Max Langensiepen gründete die Upat GmbH & Co. am 4. 6. 1926 in Hamburg; sie ist seit 1951 in Emmendingen ansässig.

Die Firma hat der Befestigungstechnik bedeutende Impulse gegeben. So wurden z. B. 1929 Norm- und 1939 Kunststoffdübel von Upat-Technikern erfunden. Upat machte die Verwendung von Dübeln nach dem Krieg populär und führte vor allem die Schwerbefestigung in Deutschland ein, womit völlig neue Möglichkeiten des Befestigens im Baubereich erschlossen wurden. Schon Mitte der 50er Jahre bot Upat als eine der ersten Firmen ein Schlagbohrmaschinen-Programm für Handwerk und Industrie an. In den 60er Jahren wurde die Schwerbefestigung durch den chemischen UKA-3-Verbundanker erweitert.
Upat gehört heute zu den führenden Unternehmen der Befestigungstechnik in Europa. Angeboten werden Problemlösungen vom kleinsten Dübel bis zum Schwerlast-Verbundanker, vom Druckknopf für die Holztäfelung bis zur Spezialbefestigung in Leichtbaustoffen – samt den dazugehörigen Werkzeugen, von der Schlagbohrmaschine bis zum Bohrhammer. In den meisten Produktgruppen hält Upat hohe Marktanteile.
Die Produktion in Emmendingen umfaßt die Bereiche Kunststoff-Spritzerei, Metallbearbeitung – spanlos und spanabhebend, die chemische Fertigung und den Werkzeugbau. Einen breiten Raum bei den Aktivitäten des Unternehmens nehmen Forschung und Entwicklung, der technische Beratungsdienst und die Schulung von Anwendern und Bauplanern aus dem In- und Ausland ein.
Der Service für Elektrowerkzeuge verteilt sich auf 15 Vertragswerkstätten im ganzen Bundesgebiet und die zentrale Servicestelle in Emmendingen. Der Verkauf in der Bundesrepublik erfolgt über den Fachhandel. Mit steigendem Anteil wird in alle europäischen und in zahlreiche Überseeländer exportiert.
Die Firma Upat GmbH & Co. beschäftigt ca. 350 Mitarbeiter und zahlreiche Zulieferer. Großes Gewicht wird auf die Ausbildung des kaufmännischen und handwerklichen Nachwuchses gelegt.

Volksbank Emmendingen eG (69)

Der Gedanke der Selbsthilfe für Handwerk und Kleingewerbetreibende durch genossenschaftlichen Zusammenschluß als Mittel zur Überwindung der sozialen Not war auch bei der Gründung der Volksbank Emmendingen im Jahr 1875 maßgebend.
Die Bank entwickelte sich in den folgenden Jahrzehnten gut und überstand die Inflation im Jahr 1923 und

die Bankenkrise 1931. Am 20. Juni 1948 wurde die Reichsmark durch die neue Valuta Deutsche Mark ersetzt. Die DM-Eröffnungsbilanz der Volksbank begann mit DM 924228,02.
Beim 75jährigen Bestehen der Volksbank im Jahre 1950 zeigte die Bilanzsumme von 3,6 Mio. DM, welche Bedeutung die Volksbank inzwischen erlangt hatte. Nach 1955 begann die Zeit der Rationalisierung und Ausweitung. 1961 wurde das Buchungssystem geändert; das Lochkartenverfahren wurde eingeführt. Es folgten Zweigstelleneröffnungen 1956 in Ottoschwanden, 1959 in Kenzingen, 1964 in Malterdingen und Sexau, 1965 die erste Stadtzweigstelle im Neubaugebiet in der Schillerstraße 3. Die Mitgliederzahl von 3000 wurde überschritten, so daß anstelle der Generalversammlung die Vertreterversammlung eingeführt werden mußte.
Zusammen mit der 90-Jahr-Feier am 30. 7. 1966 konnte die Einweihung des großen Erweiterungsbaus, der den Gebäudekomplex Marktplatz 2 mit dem Westend verbindet, vorgenommen werden. 1968 folgten die Eröffnungen der Zweigstellen Mundingen und Köndringen. 1970 bezogen die Zweigstellen Ottoschwanden und Kenzingen modernisierte Räumlichkeiten.
Am 1. 6. 1970 fand der Zusammenschluß der Volksbank Emmendingen mit der Spar- und Kreditbank Teningen statt. Die Mitgliederzahl erhöhte sich damit auf fast 6000. Ein Jahr später kaufte die Volksbank das Nachbargrundstück Marktplatz 4, um für die Zukunft die Ausdehnungsmöglichkeiten zu sichern.
Es folgten 1973 die Übernahme des Geldgeschäftes der Raiffeisenkasse Ottoschwanden mit der Zweigstelle Reichenbach in der Gemeinde Freiamt, 1974 die Eröffnung der Zweigstelle Windenreute und der Stadtzweigstelle im Einkaufszentrum Schillerstraße 19, 1975 die Eröffnung einer weiteren Stadtzweigstelle in der Mundinger Straße 39.
Am 5. 9. 1975 feierte die Bank das 100jährige Bestehen. Die Mitgliederzahl betrug 7925, die Bilanzsumme DM 138158000,–, der Personalbestand 101 Angestellte und 8 Auszubildende.
Mit der Eröffnung der Stadtzweigstelle Kaufland, Lessingstraße 17, im Jahre 1976 verfügte die Volksbank über 13 Zweigstellen und eine Niederlassung. Zu dieser Zeit wurde das Reisevermittlungsgeschäft aufgenommen. 1978 folgte die Aufnahme des Immobilien- und Versicherungsgeschäfts.
Am 21. 2. 1980 wurde in der Volksbank das Fiducia-Online-System zum Einsatz gebracht. Fast zur gleichen Zeit begannen die Umbaumaßnahmen zur Vergrößerung der Schalterhalle und die Aufstockung zur Schaffung weiterer Büroräume.
Das Jahr 1980 schloß mit einer Bilanzsumme von DM 253843000,–. 9510 Mitglieder sind Teilhaber und Miteigentümer der Bank. Die Volksbank hat seit Gründung ihre Aufgabe, die wirtschaftliche Förderung und Betreuung der Mitglieder, erfüllt. Die Summe der Gesamtkredite betrug zum 31. 12. 1980 DM 215000000,–.

Vollherbst-Druck, Endingen   (67, 68)

Die Familie Vollherbst ist, soweit man es zurückverfolgen kann, ein altes Endinger Geschlecht. Der Urgroßvater des heutigen Inhabers hat mit der im Jahre 1856 gegründeten Buchbinderei den Grundstock zum heutigen Werk gelegt. Der zugleich als Stadtrechner und Weinbauer tätige Handwerker hat sich seinerzeit als äußerst fleißiger Mann einen Namen gemacht. Das Geschäft seines Vaters übernehmend, schloß der Großvater des heutigen Besitzers, Alexander Vollherbst, der Buchbinderei ein Schreibwarengeschäft an. Der Vater des heutigen Inhabers, Franz Anton Vollherbst, trat schließlich das Erbe an, und mit einem klaren Blick für die Möglichkeiten eines handwerklich wachsenden Betriebes ergänzte er im Jahre 1921 den Betrieb mit einer Tiegeldruckpresse. Damit legte er den Grundstein zur heutigen Druckerei. Sein Sinn für gediegene Handwerksarbeit und für alles Schöne machte ihn bald über die Grenzen Endingens hinaus bekannt.
Der heutige Inhaber Franz Vollherbst übernahm 1950 den Betrieb. Er gab mit seinem Entschluß, inmitten des rebumgrenzten Kaiserstuhls sich auf den Druck von Weinetiketten zu spezialisieren, dem Unternehmen neue Impulse. Die stets fortschreitende Entwicklung machte bald den Bau eines modernen Betriebsgebäudes notwendig.
Mit dem Neubau im Jahre 1964 wurden auch Maschinen und Geräte fortlaufend modernisiert. Der hohe Leistungsstand des technischen Betriebes und ein qualitäts- und leistungsorientiertes Fachpersonal brachten eine schwungvolle Aufwärtsentwicklung. Bei der Erstellung des neuen Betriebsgebäudes im Jahre 1964 waren es 28 Mitarbeiter. Die fortlaufende Erweiterung und Modernisierung des Maschinenparks brachte auch eine Vergrößerung des Personalbestandes auf 90 Mitarbeiter im Jahre 1973. Heute beschäftigt Vollherbst-Druck 105 Mitarbeiter.

Die Betriebs- und Produktionsfläche umfaßt heute 3300 qm. Am Anfang der Entwicklung des Hauses Vollherbst standen die Buchbinderei und der Buchdruck mit dem herkömmlichen Bleisatz, wie es jener Zeit entsprach. Heute, nach 125 Jahren stolzer Familientradition, verfügt der Betrieb über elektronische Fotosatzanlagen, eine computergesteuerte Kopiermaschine und neben zahlreichen anderen für die Weiterverarbeitung erforderlichen Maschinen und Geräten auch hochmoderne Zwei- und Vierfarbenoffsetmaschinen. Vollherbst-Druck ist mit diesen hochentwickelten Maschinen und Geräten schwierigen und auch auflagenstarken Aufgaben gewachsen. Trotz der modernen Technik bleibt jedoch den Mitarbeitern eine Fülle von Verantwortung in bezug auf Qualität und Service. Neben der Produktion von Etiketten aller Art hat Vollherbst-Druck auch eine reichhaltige Palette vielfältiger Druckarbeiten für Handwerk, Handel und Industrie.

Weber GmbH, Heizung – Lüftung, Waldkirch (79)

Das Unternehmen wurde 1964 als Filialbetrieb der Firma Ernst Weber KG in Ringsheim gegründet. Zeitgleich mit dem Bezug des neuen Verwaltungsgebäudes mit Lager- und Werkstatträumen im Jahre 1972 wurde die Filiale, die bisher eine KG war, in eine GmbH umgewandelt.
Die Firma Weber GmbH beschäftigt durchschnittlich 24 Mitarbeiter. Ausgeführt und vielfach im eigenen Büro projektiert werden alle Heizungsanlagen sowie Lüftungs- und Klimaanlagen bis zu einer mittleren Größenordnung. Mit dem Einbau und der Verwertung von Wärmepumpen, Wärmerückgewinnungs- und Solaranlagen befaßt sich die Firma Weber GmbH schon einige Jahre mit Erfolg. Für sämtliche gelieferten und montierten Anlagen wird der hauseigene Kundendienst zur Wartung und Betreuung zur Verfügung gestellt bzw. angeboten.

Wehrle-Werk AG, Energie- und Umwelttechnik, Emmendingen (2, 3)

Im Jahre 1860 gründete *Wilhelm Wehrle* die Firma „Mechanische Werkstätte und Kesselschmiede von W. Wehrle in Emmendingen": In handwerklicher Fertigung wurden Schlosserarbeiten für Kirchen und Schulen, ab 1865 auch Ausrüstungen für Brauereien hergestellt. Da am bisherigen Standort in der Stadt-

mitte Kühlschiffe für Bierbrauereien aus Platzmangel nicht gefertigt werden konnten, verlegte er 1866 seinen Betrieb auf unbebautes Gelände außerhalb der Stadt. 1887 übernahm *Otto Wehrle* das Geschäft seines Vaters auf eigene Rechnung mit 12 Beschäftigten und stellte in einer 1888 neu gebauten größeren Werkstatt mit Büro, die er in den folgenden Jahren mehrmals erweiterte, komplette Brauereianlagen für das In- und Ausland her, außerdem Behälter und Apparate für die Elektroindustrie. Schon um die Jahrhundertwende wurden kleinere Dampfkessel gebaut und dieses Programm – nachdem der Schwiegersohn von Otto Wehrle, Ing. *Otto Steinberg*, im Jahre 1911 in das Unternehmen eintrat – auf größere Flammrohrkessel und schließlich komplette Wasserrohrkesselanlagen erweitert.
1920 wurde das Unternehmen in eine Familien-Aktiengesellschaft umgewandelt.
Für die Herstellung und den Versand der immer größer werdenden Apparate wurden 1927 ein Gleisanschluß zum Bahnhof und 1928 eine große Montagehalle auf die schon 1913 eingezogene Bismarckstraße gebaut.
Nach dem 2. Weltkrieg beschlagnahmte die Besatzungsmacht das Werk für die Instandsetzung von Lokomotivkesseln; 76 % der Maschinen wurden demontiert. Erst nach der Währungsreform konnte mit dem Wiederaufbau der Firma begonnen werden; dabei unterstützte Dipl.-Ing. *Rolf Steinberg* seinen Vater: Zunächst wurden gebrauchte und später neue Maschinen beschafft, dann ein Generalbebauungsplan als Voraussetzung zur rationellen Umgestaltung des ganzen Betriebes aufgestellt. 1955 hat die Stadt Emmendingen die untere Wilhelmstraße, die die Firma in 2 Teile trennte und die Produktion erheblich störte, eingezogen und an die Gesellschaft verkauft; damit waren die Voraussetzungen für die Errichtung von 3 Hallen mit 7200 qm Fläche und modernen Einrichtungen geschaffen. In diesen Hallen werden außer Hochdruckdampfkesseln für Heizkraftwerke, die neben elektrischer Energie Fernwärme erzeugen, auch sehr große Apparate für die chemische und pharmazeutische Industrie gefertigt.
In den letzten Jahren wurde der Anlagenbau auf den Gebieten der Energie- und Umwelttechnik verstärkt: komplette Fernheizwerke, Abwärmeverwertungs- und Abhitzekesselanlagen, Tierkörperverwertungsanlagen, Abwasserreinigungs- und Klärschlammbehandlungsanlagen. Die Sicherung des Unternehmens durch Weiterentwicklung dieses Programmes ist Aufgabe der jetzt leitenden Herren, Dipl.-Ing.

Heinz Gerhard Henning, Dipl.-Volkswirt Gerhard
Vögtle und Dipl.-Ing. Volker Steinberg.
Für die Mitarbeiter wurden vorbildliche soziale Einrichtungen geschaffen, z. B. eine betriebliche Al-
tersversorgung eingerichtet und eine Wohnungs-
baugesellschaft gegründet, die 72 Miet- und 68
Eigentumswohnungen seit 1949 gebaut hat.

Franz Winkler KG, POROTON-Ziegelwerk,
Kenzingen   (13–16)

1930 erwarb Georg Ritter den Ziegeleibetrieb. Nach
der Betriebsstillegung von 1939 bis nach dem
2. Weltkrieg nahmen Georg Ritter und sein Schwiegersohn Franz Winkler 1949 die Herstellung von
Ziegelsteinen und Hochlochziegeln wieder auf. 1956
wurde der Betrieb in eine KG umgewandelt. Gleichzeitig wurde ein neues Maschinenhaus gebaut.
Nach dem Tode von Georg Ritter im Jahre 1958 trat
seine Ehefrau Th. Ritter als Gesellschafterin in die
KG ein. 1963 kamen Alfons Winkler und Ewald
Winkler als weitere Gesellschafter hinzu.
In den Jahren 1963/64 entstand eine große Produktionshalle, und der erste Tunnelofen wurde gebaut.
1969 erwarb das Unternehmen die Lizenz von der
POROTON AG Lugano zur Herstellung von
POROTON-Ziegelsteinen in Klein- und Großblock-
formaten. Die gesamte Betriebsanlage wurde 1977
erweitert durch den Neubau eines großen Tunnelofens und eines Klima-Trockners, den Einbau einer
automatischen Setzanlage und einer Verpackungsan-
lage sowie den Neubau eines Verwaltungsgebäudes.
Die Gesamtkosten hierfür beliefen sich auf 2,4 Mio.
DM. In den Jahren 1978/79 folgte nochmals eine
Tunnelofen-Verlängerung und der Neubau eines
Trockners sowie Erweiterungen der Elektrowerkstatt
und des Büros, wofür die Gesamtkosten 1,2 Mio. DM
betrugen.
Die Gründung der Firma POROTON-Ziegel GmbH
als Produktions- und Vertriebsgesellschaft erfolgte
am 1. 10. 1979.
Auf einer Betriebsfläche von 4 ha stellt das Unternehmen 34 Mio. POROTON-Steine her. Die
POROTON-Mauerziegel werden aus Ton, Lehm
oder tonigen Massen unter Beigabe von Stryropor-
kügelchen gefertigt. Sie verdampfen beim Brennvor-
gang rückstandslos. Es entstehen in sich abgeschlossene Hohlräume, die dem Stein die entsprechende
Dämmwirkung geben. Ihre Farbe richtet sich nach
dem verwendeten Grundmaterial. Wenn der Eisen-

gehalt darin überwiegt, sind die Ziegel rot. Ist dagegen der Kalkgehalt größer, sind sie gelblich. PORO-
TON-Mauerziegel gibt es als Hochlochziegel in den
verschiedensten Abmessungen. Porosierung und Lo-
chung der Steine haben 2 Vorteile: Zunächst erzielt
man dadurch eine größere Wärmedämmung. Darüber hinaus werden die Ziegel „handlicher" und
können selbst bei großen Formaten sehr gut vermauert werden. Die typischen Eigenschaften der PORO-
TON-Ziegel sind guter Wärmeschutz, Wärmespei-
cherung, Schalldämmung, gutes Feuchteverhalten,
kein Nachschwinden und guter Putzgrund.
Das Unternehmen beschäftigt 24 Mitarbeiter.
Hauptabnehmer der Produkte ist der Baustoffgroß-
handel in Freiburg und in den Kreisen Emmendingen, Breisgau-Hochschwarzwald, Schwarzwald-
Baar-Kreis und Offenburg, Waldshut.

Winzergenossenschaft Jechtingen eG,
Sasbach-Jechtingen   (74, 75)

Die Sorge um die Erzeugung einer guten Weinquali-
tät und die Frage des Absatzes waren in den 20er Jahren am Kaiserstuhl sehr groß. 30 fortschrittliche
Winzer haben am 14. 10. 1924 die Winzergenossenschaft Jechtingen unter dem Vorsitz des damaligen
Bürgermeisters gegründet. In der Dorfmitte konnte
ein Grundstück erworben werden, auf dem der erste
Winzerkeller mit einem Fassungsvermögen von ca.
100 000 Litern erbaut wurde. Der wirtschaftliche
Fortschritt und der geringe Vorteil ließen in der Auf-
bauzeit sehr zu wünschen übrig.
Erst ab 1960 – unter einer neuen Verwaltung – konnten neue Zielvorstellungen verwirklicht werden.
Dazu gehörte auch ein neues Betriebsgebäude, das
1962/63 am südlichen Rande des Dorfes, am Helgen-
berg, mit einem Fassungsvermögen von 1 Mio. Liter
gebaut wurde. Nun war die Möglichkeit geschaffen,
die gestiegene Traubenproduktion auch zu erfassen.
Die Mitgliederzahl stieg nach dieser Zeit auf über
150. Durch die Flurbereinigung im Gewann Eichert,
dann Hochberg und zuletzt im Gewann Steingrube
war die Lebensgrundlage der Winzergenossenschaft
mit damals 160 ha Rebfläche geschaffen. Die Winzer
von Jechtingen hat dies veranlaßt, ihre Weine auf
Ortsebene auszubauen. Die gute Entwicklung und
die erzielten Verkaufserfolge führten dazu, das Fassungsvermögen im 2. Bauabschnitt um eine weitere
Mio. Liter aufzustocken.
Immer mehr Winzer traten der Genossenschaft im

Laufe der Jahre bei. Dies hatte zur Folge, daß mit dem 3. und bis jetzt letzten Bauabschnitt ein Fassungsvolumen von 3,5 Mio. Litern erreicht ist. Die Mitgliederzahl beträgt heute 230.

Die Steigerung der Qualität der Jechtinger Weine, verbunden mit einer einwandfreien Kellerwirtschaft, hat wesentlich dazu beigetragen, diese Existenzgrundlage für die Jechtinger Winzerfamilien zu schaffen. In der Zwischenzeit werden über 200 ha Rebfläche von den Genossenschaftswinzern bearbeitet. Die 3 Einzellagen der Gemarkung Jechtingen sind: Lage 1, Eichert, angebaut werden hier die Hauptsorten Ruländer, Spätburgunder, Gewürztraminer; Lage 2, Hochberg, angebaut werden die Sorten Müller-Thurgau, Silvaner und Spätburgunder; Lage 3, Steingrube, hier werden die Sorten Müller-Thurgau, Weißer Burgunder und Spätburgunder angebaut. Fast das ganze badische Weinsortiment ist vertreten.

Die Winzergenossenschaft Jechtingen beschäftigt im technischen Bereich 11, im kaufmännischen Bereich 6 Mitarbeiter. Ausgebildet werden im technischen Bereich Weinhandelsküfer, im kaufmännischen Bereich der Kaufmann im Groß- und Außenhandel.

Absatzgebiete für die Weine der Winzergenossenschaft Jechtingen sind Baden-Württemberg mit Schwerpunkt Karlsruhe, Pforzheim, Stuttgart, Zollern-Alb-Kreis, Bodenseegebiet und die Fremdenverkehrsgebiete Bayerns.

Winzergenossenschaft Kiechlinsbergen im Kaiserstuhl eG, Endingen-Kiechlinsbergen (76)

Die Winzergenossenschaft Kiechlinsbergen wurde am 15. 1. 1930 von 35 Winzern und Winzerinnen gegründet. Da im Winter 1928/29 die Reben vollständig erfroren waren, erhofften sich die Winzer, durch den Zusammenschluß eine gewisse Stabilität auf dem Markt zu erreichen. Nur mühsam und unter großem persönlichen Einsatz von Mitgliedern und Verwaltung ging es vorwärts. Vom damaligen Ortsgeistlichen wurde der Keller unter dem Pfarrhaus zur Verfügung gestellt.

Ein Stillstand in der Entwicklung des Unternehmens erfolgte zwangsläufig in den Kriegs- und Nachkriegsjahren. Die dann einsetzende Entwicklung führte dazu, daß heute über 90% der Rebfläche von der Genossenschaft erfaßt werden. Die Mitgliederzahl stieg ständig.

In den Weinbergen wurde die Umstellung der Elb-ling-Rebe auf „Edelsorten" (Ruländer, Spätburgunder, Gewürztraminer usw.) vorgenommen. Von 1950 bis 1979 wurden rd. 100 ha Rebfläche flurbereinigt, um eine bessere Bewirtschaftung zu erreichen. Ein erster Kellerneubau konnte 1965 eingeweiht werden; er hatte ein Fassungsvermögen von 1,5 Mio. Litern. Nach mehreren kleinen Vergrößerungen des Lagerraums wurden von 1972 bis 1974 die Kellereianlagen mit Verwaltungsgebäude auf 2,7 Mio. Liter Einlagerungsmöglichkeiten in Fässern, Tanks und Flaschen erweitert.

1980, nach 50jähriger Entwicklung, ist die Genossenschaft zum größten Unternehmen des Dorfes geworden. Ihre 288 Mitglieder bewirtschaften ca. 160 ha Rebfläche. Das Fassungsvermögen der Kellereianlagen beträgt heute 3,3 Mio. Liter und entspricht damit zwei durchschnittlichen Jahresernten.

Winzergenossenschaft Königschaffhausen am Kaiserstuhl eG, Endingen-Königschaffhausen (77)

Im Gründungsjahr 1933 verzeichnete die Winzergenossenschaft 31 Mitglieder. 2 Jahre später war die Mitgliederzahl bereits auf 123 gestiegen. Heute gehören über 300 Mitglieder der Winzergenossenschaft an, das sind fast alle Winzer von Königschaffhausen. Der Anfang war schwer, aber das Unternehmen faßte langsam Fuß auf dem Markt. Durch die Kriegsereignisse und die Beschlagnahmung der Weinbestände und Kellerräume wurde das Unternehmen stark zurückgeworfen. Ein neuer Anfang konnte erst 1948 gemacht werden. Der Aufbau der heutigen Kellerei erfolgte in 4 Hauptabschnitten in den Jahren 1950 bis 1960, 1964, 1974 und 1980. Die heutige Lagerkapazität beträgt ca. 4 Mio. Liter, davon 0,7 Mio. Liter Flaschenlager und 3,3 Mio. Liter Faßlagerraum. Von Anfang an stand die Qualität im Vordergrund. Die Winzergenossenschaft Königschaffhausen erhielt viele Auszeichnungen bei den Gebietsweinprämierungen und Bundesweinprämierungen, so den Ehrenpreis des Landkreises Emmendingen, Ehrenpreise des Regierungspräsidiums Freiburg in den Jahren 1967 und 1974; 1977 wurde der Betrieb durch das Weinbauministerium Baden-Württemberg mit der Silbernen Preismünze für besondere Leistungen im Weinbau ausgezeichnet.

Am 24. 11. 1962 konnte die erste Eiswein-Lese in Königschaffhausen eingebracht werden. Seitdem wird immer wieder mit gutem Erfolg versucht, Eisweine einzubringen. Die Winzergenossenschaft bietet ein umfangreiches Sortiment an Qualitätsweinen und Prädikatsweinen an: Kabinett, Spätlesen, Auslesen, Beeren- und Trockenbeerenauslesen. Die Weinsorten teilen sich auf in Müller-Thurgau (ca. 50%), Ruländer (ca. 25%), Spätburgunder (ca. 20%), Gewürztraminer (ca. 3%), Riesling, Weißer Burgunder, Muskat Ottonel (ca. 2%). Bekannt ist das Unternehmen besonders für Spätburgunder Weißherbst und klassische Ruländer. Die Lagen von Königschaffhausen sind Hasenberg und Steingrüble. Abnehmer ist hauptsächlich der Weinfachhandel und die Gastronomie, vor allem in Baden-Württemberg, aber auch im ganzen Bundesgebiet. Die Winzergenossenschaft Königschaffhausen beschäftigt z. Z. 20 Mitarbeiter.

Winzergenossenschaft Sasbach eG,
Sasbach   (78)

Die wirtschaftliche Not der Winzer gab den Anstoß zur Gründung der Winzergenossenschaft in Sasbach am 10. 7. 1935. 45 Landwirte hatten sich damals zusammengeschlossen, um ihre Trauben gemeinsam zu verwerten und den Wein zusammen zu verkaufen.
18 Jahre lang hatte die Genossenschaft keine eigenen Arbeitsräume; der Wein wurde im Keller unter dem Sasbacher Pfarrhaus eingelagert. Ganze 300 Hektoliter konnten dort untergebracht werden.
Die Kriegsereignisse brachten eine völlige Einstellung des Geschäftsbetriebes. Erst 1948 begann mit einer guten Weinlese der wirtschaftliche Aufschwung der Genossenschaft. 1953 wurde dann der Winzerkeller, wie er in Sasbach noch heute genannt wird, gebaut; das Fassungsvermögen betrug 2000 Hektoliter. In 4 weiteren Bauabschnitten wurde die Kapazität der Genossenschaftskellerei auf heute über 20 000 Hektoliter erhöht. Ursache für diese enorme Ausweitung des Betriebes war hauptsächlich das Vertrauen der Winzer in ihre Genossenschaft. Heute wird die Genossenschaft von 260 Mitgliedern getragen; sie bringen die Trauben aus über 100 ha Rebfläche zur gemeinsamen Verwertung und Vermarktung.
In 4 Lagen mit den bekannten Namen Limburg, Rote Halde, Lützelberg und Scheibenbuck ist die Rebsorte mit dem größten Traubenaufkommen der Müller-Thurgau. Der Spätburgunder hat im Vergleich zu größeren Weinbaugebieten nicht nur mengenmäßig

eine herausragende Bedeutung. Unterhalten sich Weinkenner über die besten badischen Rotweine, so fällt dabei unweigerlich der Name Sasbach. Aber auch die Weinsorten Müller-Thurgau, Ruländer und der Weiße Burgunder aus Sasbach sind von beispielhaft hoher Qualität. Weinfreunde nicht nur in Baden, sondern in der ganzen Bundesrepublik und auch im Ausland wissen von der hohen Qualität der Sasbacher Genossenschaftsweine.

Zehnder-Beutler GmbH, Lahr   (62)

Die Zehnder GmbH Stahlrohr-Radiatoren, Riegel, und die Eisenwerk Ernst Beutler KG, Lahr, haben fusioniert. Am 1. 1. 1980 begann damit in Riegel und Lahr eine neue Ära, zumindest für alle jene, die im Wärmekörperbau beschäftigt sind. 2 bedeutende Unternehmen dieser Branche haben, rechtzeitig zu Beginn des neuen Jahrzehnts, eine Entscheidung getroffen, die langfristig den Firmen einen ausreichenden Markt und den Mitarbeitern Arbeitsplätze sichern wird. Die neue Firma heißt Zehnder-Beutler GmbH Wärmekörper, mit Verwaltungssitz in Lahr, Almweg 34.
Nur 30 Kilometer voneinander entfernt entstehen in beiden Werken hochwertige Wärmekörper. Dabei muß sich das Unternehmen gegen einen starken Importdruck aus dem Ausland behaupten.
Die bisherigen Unternehmen Zehnder und Beutler sind die Gesellschafter der neuen Firma. Das Werk I Riegel produziert Elemente bzw. Glieder sowie die Kopfstücke für Röhrenradiatoren, die von Beutler bislang aus der Schweiz importiert wurden. Im Werk II Lahr werden aus den Elementen die fertigen Wärmekörper gebaut und versandfertig gemacht. Der Versand erfolgt ebenfalls von Lahr aus und zwar zum Teil mit der eigenen Lkw-Flotte und zum Teil durch Speditionsunternehmen. Der Außendienst der beiden Firmen ist zusammengefaßt. Geschäftsführer der Zehnder-Beutler GmbH sind Hans-Jakob Zehnder, Ernst Beutler und Richard Dieterle.
Der Markttrend geht zur Spitzenqualität. Dort sind die Zehnder-Wärmekörper angesiedelt, die seit Januar 1980 in 8 Produktfamilien gruppiert sind:
– Röhrenradiator mit 2 bis 6 Säulen hintereinander in Bauhöhen von 20 bis zu 700 cm
– Einsäuler, ein leistungsfähiger Wärmekörper, nur 3 cm tief, mit Bauhöhen von 20 bis 300 cm
– Radiavektor, eine dezente Lösung, die Strahlungswärme und Konvektion bei kleinstem Platzbedarf geschickt kombiniert

– Radiapaneel, eine schlanke, elegante Heizwand, horizontal und vertikal verwendbar, bis 600 cm lang
– Planogarant, ein Flachheizkörper der Sonderklasse, der an der Front über eine vollkommen glatte Fläche verfügt, Bauhöhe 25 bis 85 cm
– Plattenheizkörper P, robust und bewährt, mit 3 mm Wandstärke und beidseitig glatten Flächen, Bauhöhe 11 bis 72 cm
– Stahlflachradiator in 4 zweckmäßigen Bauhöhen zwischen 45 und 98 cm
– Deckenstrahlplatten, der praktische Weg, körperfreundliche Raumwärme in Großräumen zu erzeugen, Breite 50 bis 180 cm in beliebiger Länge.

Zehnder-Beutler legt größten Wert darauf, Planern, Architekten, Heizungsbauern und Bauherren die technischen Möglichkeiten und das Design zur Hand zu geben, mit denen in der Wohnung wie in Werkshallen humane Lösungen möglich werden.

Zeppelin-Metallwerke GmbH,
Teningen-Nimburg (1)

Am 8. 9. 1908 gründete Graf Ferdinand von Zeppelin die „Luftschiffbau Zeppelin GmbH". Dies sollte der Anfang beispielloser Erfolge eines Industrieunternehmens in Europa werden; Erfolge, die bis in unsere Tage anhalten.

Aus der Luftschiffbau Zeppelin GmbH waren im Laufe der Jahre viele Zweigfirmen hervorgegangen, von denen einige zu Weltruhm gelangten, wie beispielsweise die Zahnradfabrik Friedrichshafen (ZF), deren Getriebe und Achsen in zahlreichen Automobilmarken der Welt eingebaut werden. Das direkte Nachfolgeunternehmen der Zeppelinschen Gründung, die Zeppelin-Metallwerke GmbH, ist in zwei Bereiche gegliedert: den Fertigungsbetrieb in Friedrichshafen am Bodensee und den Vertriebs- und Servicebereich für Produkte des amerikanischen Herstellers Caterpillar mit dem Hauptsitz in Garching bei München. Zur Zeit verfügt dieser Bereich über 20 zeppelineigene Niederlassungen für Vertrieb und Service von Caterpillar Erdbewegungsgeräten, Gabelstaplern und Motoren. Weitere Produkte anderer Hersteller runden das Vertriebsprogramm ab. Alle Niederlassungen, so auch die Niederlassung Teningen-Nimburg, liegen an verkehrsgünstigen Punkten und sind nach modernsten Erkenntnissen gebaut. Technische Ausrüstung, personelle Besetzung, Größe und Standort, Ersatzteilbevorratung etc., sind speziell auf die Bedürfnisse der Kunden des jeweili-

gen Gebietes zugeschnitten und werden ständig den sich ändernden Verhältnissen angepaßt.

Zur Versorgung aller Niederlassungen mit Ersatzteilen und Austauschaggregaten steht das Zentrallager in Köln zur Verfügung. Das Zentrallager liefert 93 % aller Teile am Tag der Bestellung, 98 % innerhalb von 24 Stunden aus.

Allen Niederlassungen steht ein großer Stamm hervorragend qualifizierter Mitarbeiter zur Verfügung, deren Spezialisierung von der Organisations- und Projektberatung bis zur technischen Betreuung, insbesondere in den Fachgebieten Elektrik, Hydraulik und Motoren reicht. Dieses Team qualifizierter Fachleute gewährleistet den umfassenden und schnellen „After Sales Service", den die Zeppelin-Metallwerke bieten und der auch ständig Projekte deutscher Unternehmen in Afrika sowie im Vorderen und Mittleren Orient betreut.

Die kurzen Wege von und zu den Niederlassungen in der Bundesrepublik und 250 Kundendienst-Fahrzeuge, zum großen Teil mit Autotelefon ausgerüstet, und das wegen seiner Schnelligkeit berühmte vollautomatische System der Ersatzteilversorgung sind die äußeren Merkmale der Zeppelin-Service-Organisation.

Zikun Fahrzeugbau GmbH, Riegel (63)

Im Jahre 1971 begannen Maschinenbautechniker Konrad Kunzweiler und Fahrzeugtechniker Peter Ziegler in den alten Ökonomiegebäuden der Riegeler Mühle mit dem Bau von Pkw-Anhängern. Schon während der Gründungszeit gingen einige Aufträge für Lkw-Aufbauten und -Anhänger ein. Dies bedeutete einen Ansporn zur Erweiterung der bisherigen Werkstatt und zur Einstellung mehrerer Mitarbeiter. Die Firma Zikun konnte damit eine Bedarfslücke schließen, und ihre Fertigungspalette wurde immer umfangreicher. So stellt das Unternehmen Anhänger von 400 kp bis 40 000 kp, Kippaufbauten, Normalpritschen, Möbelwagen, Viehtransporter, Getränke- und Kranaufbauten her. Diese Fahrzeuge und Aufbauten werden in der ganzen Bundesrepublik und auch im Ausland verkauft. Durch Qualität und Flexibilität hat dieses junge Unternehmen Anerkennung in der Fachwelt gefunden.

Zikun beschäftigt zur Zeit nahezu 30 Mitarbeiter, darunter auch Facharbeiter, die in diesem Betrieb ihre Ausbildung erhalten haben, und mehrere Auszubildende.

Namen- und Sachregister

Gemeinderegister

Fotonachweis

Die Zahlen verweisen auf die Abbildungsnummern. WiB = Firmenbilder in ,,Wirtschaft im Bild''

Foto-Berthold, Freiburg: WiB 31
W. Boll, Teningen: 33, 35, 36, 39, 41, 42, 44, 45
Luftbild Brugger, Stuttgart: WiB 24 (2/49956 C),
53 (2/34829), 88 (2/50162 C)
Luftbild Elsäßer, Stuttgart: WiB 5 (9/54040),
51 (9/52681)
J. Gaiser, Weißenhorn: 4–7, 10–23, 48, 49, 83, 84,
86–103, 107–124, 126–141, 143–150, 152–154,
156–159, 161–165, 167–210, 215–221, 226–229.
WiB 9–12, 18, 19, 32, 34–38, 40, 42, 47, 48, 50,
54–59, 63, 67, 69–74, 76–79, 81–87, 90–92
W. Gruber, Müllheim: 1, 3, 9, 38, 43, 104–106, 125,
211
Dr. G. Hügin, Denzlingen: 26, 27

D. Knoch, Emmendingen: 28–32, 40
Kutschera, Freiburg: WiB 65
Landesdenkmalamt Freiburg: 50–81
H. Mäntele, Elzach: 212, 213
M. Mehlig, Lahr: Umschlag, 2, 8
Moser Studio, Freiburg: WiB 25
Mühlbauer, Breisach: 82, WiB 64, 75, 80
K. Nunn, Emmendingen: 151
B. Reichenbach, Herbolzheim: 37
Ringwald, Waldkirch: WiB 45, 46
F. Saumer, Freiburg: 34
M. Schwörer, Wyhl: 24, 25
D. Seiffert, Staufen: 46
R. Widmaier, Althengstett: 85

Bei den nicht nachgewiesenen Bildern handelt es sich um Eigen- bzw. Werkfotos der in den Bildunterschriften
genannten Gemeinden und Firmen